7년 연속 전체 수석 합격자 배출

조경국

경제학원론

1차 | 기본서

#1 미시편

조경국 편저

동영상강의 www.pmg.co.kr

브랜드만족 1위 박문각

근거자료 후면표기

제4판

박문각

박문각 감정평가사

감정평가사 등 각종 자격시험 1차 및 7급 공무원 채용시험에서 경제학이 차지하는 비중은 절대적이다. 다양한 시험에서 경제학은 **미시, 거시 및 국제경제학**의 다양한 분야별로 출제가 되고 있기 때문에 다른 과목들과 비교할 때 훨씬 방대한 분량을 학습해야 한다. 또한 경제학은 수험생들이 매우 기피하는 수식 및 그래프와 같은 수학적 기법의 사용이 필수적이기 때문에 난이도 면에서도 다른 과목들을 가히 압도하고도 남음이 있다. 결국 경제학은 각종 시험 준비에 있어서 최대의 걸림돌일 뿐만 아니라 수험생들에게 수험기간 내내 괴로움과 좌절을 안겨 주는 존재가 되고 있다.

그러나 이를 다른 관점에서 바라보자. 만일 경제학을 정복할 수만 있다면 합격으로 가는 길에 있어서 최대 난관을 제거할 수 있게 되고 고통스러운 수험생활을 보다 수월하게 극복해 낼 수 있다는 뜻이 된다. 다양한 시험과목 중에서 무엇보다도 경제학을 잘 마스터해 놓을 경우 그로 인한 긍정적 효과는 타과목 공부 및 전반적인 수험과정으로 파급되어 합격의 가능성을 더욱 높여줄 수 있다. 본서는 수험생들이 경제학에 보다 쉽게 접근하고 이를 통해 목표로 삼고 있는 각종 시험에서 원하는 성과를 얻을 수 있도록 도움을 주기 위해 집필되었다.

저자는 과거 舊 행정고등고시(現 5급공채시험) 재경직에 합격하여 미시경제정책의 핵심부서라고 할 수 있는 경쟁당국(공정거래위원회)에서 다양한 경험을 쌓았으며, 이후에는 숭실대학교 경제학과에서 교수로 근무하며 경제학을 강의해 왔다. 이를 통해 경제관료로서 경제정책 집행과 대학교수로서 경제이론 연구 및 강의라는 귀중한 경험을 쌓게 되었다. 본서는 그러한 과정에서 축적된 경제이론 및 정책에 대한 치열한 문제의식과 최선의 해법을 반영한 결과물임과 동시에 각종 시험을 준비하는 수험생들에게 합격으로 가는 길을 보여주는 가이드라인이다.

본서의 특징은 다음과 같다.

첫째, 구성에 있어서 논리적 완결성을 지향하였다. 제시되는 Theme, 목차 및 본문의 내용이 마치 하나의 보고서나 논문과 같이 정연한 체계하에 어우러져서 논리의 전개에 전혀 비약이 없도록 하였다. 아울러 서술에 있어서 평이한 문장, 간결한 문장을 사용하였다. 많은 수험생들에게 있어서 경제학 교과서를 읽어내는 것 자체가 쉽지 않다는 것을 잘 알고 있다. 따라서 현학적이고 어려운 설명을 배제하고 이해하기 쉬운 용어를 사용하여 간결하게 설명하였다.

둘째, 미시경제학의 경우 핵심이론의 직관적·논리적 설명과 동시에 수식과 그래프의 사용을 수험 목적 내에서 최소한도로만 병행하였다. 수험 수준을 넘는 불필요한 수식이나 그래프는 철저히 배제하였다. 거시경제학의 경우 수험생들이 그 체계를 제대로 잡지 못해서 헤매는 경우가 많다. 본서에서는 수험의 목적에 가장 적합한 거시이론의 체계를 확립하여 수험생들이 길을 잃지 않고 중심을 잘 잡을 수 있도록 하였다. 국제경제학의 경우 그 중요성에도 불구하고 많은 수험서에서 제대로 다루고 있지 않다는 문제점이 있다. 본서에서는 국제경제 수험 준비에 있어 필요하고도 충분한 내용을 수험 수준에 정확히 맞춰 완벽한 스탠다드로 제시하였다.

셋째, 본서는 이론과 문제가 괴리되지 않도록 이론과 문제를 이어주는 친절한 징검다리 역할을 하는 교재이다. 많은 수험생들이 경제이론을 공부해도 막상 기출문제를 접하면 도대체 어떻게 풀어야 하는지 몰라서 혼란스러워 하곤 한다. 결국 이론을 공부해도 문제를 못 푸는구나 하는 자괴감에 빠져서 급기야는 이론은 소홀히 하고 기출문제만 외우는 식의 최악의 공부법에서 빠져나오지 못하는 경우가 많다. 본 교재는 친절한 이론 설명과 함께 핵심적인 기출예제 풀이를 통해서 이론과 문제의 갭을 줄이고 이론으로부터 문제로 자연스럽게 연착륙하는 방법을 제시하고 있다.

다양한 경제학 교재 집필에 이어 또다시 한정된 짧은 시간 동안 책을 집필한다는 것은 역시 변함없이 고되면서도 희열 넘치는 일이다.

수험생들의 합격을 기원한다.

조경국

CONTENTS
이 책의 차례

PREFACE

PART 04 생산이론

PART 05 생산물시장이론

CONTENTS
이 책의 차례

PART 08 시장실패이론

PART 09 기타 미시경제이론

합격까지 박문각

PART

01

경제학의 기초

Chapter 01

경제학이란

THEME 01 경제와 경제문제

1 서양과 동양의 어원적 접근

그리스어로 oikonomia는 oiko는 집을 의미하고 nomia는 관리를 의미한다. 따라서 집안살림의 관리, 근검절약이라는 의미가 있다. 서양에서는 애초에 경제는 이렇게 개인 및 가정적 차원에서 출발하였다. 한편 동양에서는 세상 혹은 국가를 다스리고 국민을 구제하는 경세제민의 관점으로서 국가적 차원에서 경제를 접근하였다. 사실상 경세제민이란 대유적 표현으로 하자면 잘 먹고, 잘 입고, 좋은 집에서 사는 것이다. 이를 위해서는 "소비"가 중요하고 소비를 가능케 하는 "생산"이 뒷받침되어야 한다. 그리고 소비의 최종 목표는 행복으로서 효용 혹은 후생으로 이어진다.

2 경제

어원적 접근을 발전시켜 경제를 정의해보자. 재화나 서비스의 생산, 분배, 교환, 소비와 관련되는 각종 사회질서, 제도 및 인간의 행위를 통칭하여 경제라고 한다.

3 경제문제

앞에서 최종 목표로서의 행복을 위해서 소비와 생산이 중요함을 알았다. 그러나 현실적으로 많이 생산하고 또 많이 소비하고 싶지만 그렇지 못하다는 것이 문제이며 이것이 바로 경제문제이다. 경제문제의 본질은 희소성의 문제로서 생산하기 위한 투입자원이 한정되어 희소하다는 것이며 이로 인해 소비하기 위한 생산물이 한정되고 희소하다는 것이다. 이러한 희소성하에서 경제학자 새뮤얼슨은 경제의 3대 문제를 무엇을 어떻게 누구를 위하여 생산할 것인가의 문제라고 보았다. 한편 맨큐교수는 경제문제를 희소한 자원의 관리 문제라고 지적한 바 있다.

4 경제행위와 경제법칙 및 경제원칙

1) 경제법칙

경제와 관련된 각종 경제행위, 예를 들어 소비행위 및 생산행위는 필연적으로 득이 있으면 실이 있다. 예를 들어 소비를 하게 되면 만족과 즐거움이 생겨나지만 이를 위해서는 가격에 해당하는 금액을 지불해야 한다. 생산을 하게 되면 수입을 얻을 수 있지만 이를 위해서는 비용이라는 대가를 지불해야만 한다. 이는 공짜 점심은 없다는 말로 요약할 수 있는데 이를 경제법칙이라고 하며 경제학적 개념으로는 비용 및 최적화와 관련된다. 특히 이때 비용은 기회비용으로서 어느 대안을 선택함으로써 포기한 모든 자원의 가치를 말하며 어느 대안을 선택함으로써 포기할 수밖에 없는 다수의 다른 대안들 중에서 가장 가치 있는 것의 순편익으로 측정한다. 즉, 차선의 기회의 가치가 된다.

2) 경제원칙

합리적인 경제행위는 득과 실의 차이를 최대화하여 순수한 이득을 최대로 하는 것이다. 득실의 차이를 최대화하여 순수한 득을 최대로 하는 행동 혹은 선택을 하는 것을 경제원칙이라고 하며 경제학적 개념으로는 최적화, 효율성, 한계적 사고와 관련된다. 예를 들면 소비행위를 하는 경우 편익이 발생하지만 가격을 지불해야 하는 비용도 발생하게 된다. 이때 최적화된 소비행위는 가격 및 소득의 예산제약하에서 효용을 극대화하는 것으로서 한계편익 혹은 한계효용과 가격을 일치시키는 수준에서 소비량을 결정하게 된다. 생산의 예도 들어보자. 생산행위를 하는 경우에도 수입이라는 편익이 발생하지만 요소구입에 따른 비용도 발생하게 된다. 따라서 최적화된 생산행위는 여러 제약하에서 이윤을 극대화하는 것으로서 한계비용과 가격을 일치시키는 수준에서 생산량을 결정하게 된다.

THEME 02 경제문제의 해결과 경제학

1 경제문제의 해결

경제문제란 쉽게 말해서 많이 생산하고 또 많이 소비하고 싶지만 그렇지 못하다는 것이므로 이를 완벽하게 해결할 수는 없더라도 "잘" 생산하고 "잘" 소비하는 것이 불완전하나마 문제해결의 열쇠가 될 수 있다. 이는 현실의 제약조건들을 받아들이고 그 가운데 소비와 생산의 합리적 선택이 바로 경제문제의 해결이라는 의미이다. 이를 통해서 희소한 자원이 관리되고 무엇을 어떻게 누구를 위하여 생산할 것인지에 대해 결정할 수 있다.

2 경제문제의 해결과 경제체제

1) 자본주의 시장경제체제

자본주의 시장경제체제는 경제문제를 시장을 통해 해결하고자 하는 경제체제로서 시장은 사실상 인류 탄생과 함께 해온 유구한 역사를 가지고 있다. 이러한 시장을 통해서 소비와 생산의 문제, 희소한 자원 문제 등을 해결하고자 하는 경제체제가 자본주의 시장경제체제이다. 기본적으로 경제문제는 희소성의 문제이므로 희소한 자원의 효율적 배분(소비와 생산의 할당)이 핵심적인 문제해결의 열쇠이다. 이러한 배분방식을 시장을 통해서 결정한다는 의미이다.

2) 사회주의 계획경제체제

사회주의 계획경제체제는 희소한 자원의 배분을 시장을 통해서 하는 것이 아니라 기본적으로 정부의 계획에 의해서 결정하는 방식이다. 따라서 계획경제체제는 중앙정부로 자원배분에 관한 의사결정의 권한이 집중된다는 특징을 가지고 있다. 이와 함께 사회주의 계획경제체제는 생산수단의 사유화를 제한하고 사회화 혹은 국유화를 통해서 보다 높은 수준의 형평성을 실현하고자 한다.

3 대한민국의 경제문제의 해결 및 경제체제

그렇다면 우리나라 대한민국은 먹고 사는 문제, 자원배분의 문제, 즉 경제문제를 어떻게 해결하고 있는가? 이는 경제체제로서 매우 중요하고 본질적인 사항이기 때문에 국민들의 합의를 모아서 헌법에 그 약속과 규칙을 담아 두었다. 대한민국 헌법에 의하면 대한민국의 경제체제는 기본적으로 자본주의 시장경제체제를 채택하고 있음을 그 해석을 통해서 알 수 있다. 시장을 통해 최적화된 소비 및 생산을 유도하고 자원의 효율적인 배분을 달성하는 것을 근간으로 하되 필요한 경우에는 정부가 개입할 수 있도록 하고 있다. 이는 자본주의 시장경제체제를 근간으로 하되 일부 수정을 가한 수정 자본주의 체제를 택했다고 할 수 있다.

> *** 대한민국 헌법**
> 제119조 제1항
> 대한민국의 경제질서는 개인과 기업의 경제상의 자유와 창의를 존중함을 기본으로 한다.
>
> 제119조 제2항
> 국가는 균형있는 국민경제의 성장 및 안정과 적정한 소득의 분배를 유지하고 시장의 지배와 경제력의 남용을 방지하며 경제주체간의 조화를 통한 경제민주화를 위하여 경제에 관한 규제와 조정을 할 수 있다.

4 경제문제의 해결과 경제학

1) 의의

경제학이란 희소성이라는 제약하에서 인간의 소비와 생산욕구를 충족시키기 위해서 자원을 어떻게 배분하고 관리하고 활용할 것인지에 관해 연구하는 학문으로 궁극적으로 사람들이 어떻게 결정을 내리는지에 대해 연구하는 학문이다. 쉽게 말하면 먹고 사는 문제, 희소성의 문제, 경제문제를 잘 해결하기 위해서 코칭해주고 도와주는 학문인 것이다.

2) 경제학의 분업과 분과

① 미시경제학

개별 시장(추상적)에서 개별경제주체들의 합리적 행동의 원리와 성과 및 정책에 대하여 연구하는 학문을 미시경제학이라고 한다. 이는 희소한 자원을 시장을 통해 어떻게 효율적으로 활용, 배분하는가를 분석하는 데 초점을 맞추고 있다.

② 거시경제학

전체 시장(추상적)에서 국가경제 · 국민경제 차원의 총체적 운행의 원리와 성과 및 정책에 대하여 연구하는 학문을 거시경제학이라고 한다. 이는 경기변동 및 성장의 원인과 그 메카니즘을 밝혀 경제의 안정적 성장을 도모하는 데 관심이 있다.

③ 산업조직경제학

경쟁적 혹은 독점적인 개별 시장에서 나타나는 기업의 실제행동과 그 원리, 성과 및 정책에 대하여 연구하는 학문을 산업조직경제학이라고 한다. 이는 독과점의 원인 및 폐해를 밝히고 그에 대한 치유를 통해 시장에서 효율적 자원배분 달성에 대한 분석을 중시하고 있다.

3) 경제학의 흐름

① 미시경제학

18, 19세기에 고전학파에 의하여 미시경제학이 탄생하고 정립되었으나 19세기 후반부터 형성된 트러스트 및 독점에 의해서 미시적 시장실패의 폐해가 나타나고 20세기 들어서서 1930년대 대공황하에서 실업이라고 하는 거시적 시장실패가 나타나면서 한계를 노정하였다.

② 산업조직경제학 및 공정거래법경제학

트러스트와 독점의 폐해를 분석하고 독점규제를 위한 이론적 기반을 닦으면서 1920년대부터 본격적으로 산업조직경제학이 태동되었다. 특히 독점규제를 위한 정부의 각종 법적 제도와 집행을 경제이론적으로 분석하면서 반독점경제학(공정거래법경제학)으로 더욱 발전하게 되었다.

③ 거시경제학

1930년대의 대공황 앞에서 미시경제학은 현실을 설명하지도 못했을 뿐만 아니라 더 이상 올바른 정책적 처방을 내놓지도 못하고 있었다. 대공황하에서 촉발된 실업이라고 하는 거시적 시장실패를 극복하기 위해 케인즈에 의하여 거시경제학이 등장하면서 정부의 적극적 개입이 유력한 정책대안으로 떠오르게 되었다.

Chapter 02

경제학 들어가기

THEME 01 경제학의 기본원리

이하에서는 Principles of Economics(N. Gregory Mankiw 저)의 경제학의 10대 기본원리를 중심으로 살펴본다.

1 개인의 의사결정 차원

1) 모든 선택에는 대가가 있다.

세상에 공짜 점심은 없다. 무엇인가를 얻으려고 하면 그 대가로 무엇인가를 포기해야 한다. 소비와 생산의 경제행위에도 대가가 있으며, 효율성과 형평성의 관계에도 상충이 있다.

2) 선택의 대가는 그것을 얻기 위해 포기한 그 무엇이다.

올바른 의사결정을 하기 위해서는 다른 대안을 선택할 경우의 득과 실을 따져볼 필요가 있다. 특히 기회비용이란 어떤 선택을 하는 대가로 포기한 것을 의미한다.

3) 합리적 판단은 한계적으로 이루어진다.

합리적으로 사고하고 결정하기 위해서는 행동이나 계획을 조금씩 바꾸어 나가면서 적응하는 한계적 변화가 필요하다. 특히 한계적 이득이 한계적 비용보다 더 큰 경우에만 의사결정이 타당하다.

4) 사람들은 경제적 유인에 반응한다.

경제적 유인이란 보상이나 처벌과 같이 사람으로 하여금 행동하도록 만드는 원인이 되는 것을 의미한다. 사람들이 의사결정에 고려하는 이득과 비용은 바로 경제적 유인이며 사람들은 이에 반응한다. 높은 가격은 소비자로 하여금 소비를 줄이도록 작용할 것이며 반면 생산으로 하여금 생산을 늘리도록 작용할 것이다.

2 개인 간 상호작용 차원

1) 자유거래는 모든 사람을 이롭게 한다.

개인이 살아가면서 필요한 것들을 얻기 위해 직접 모든 것을 할 필요는 없다. 자신이 가장 잘 할 수 있는 일을 하면서 나머지는 다른 사람들과 거래를 통해서 도움을 받는 것이 이로운 일이다. 이는 국가 차원에서도 마찬가지로 통용된다.

2) 일반적으로 시장이 경제활동을 조직하는 좋은 수단이다.

가계와 기업들이 시장에서 상호작용하는 과정에서 마치 보이지 않는 손에 이끌리는 것처럼 행동하여 바람직한 성과를 나타낸다. 정부가 개입하여 시장가격의 자유로운 움직임을 제한하는 것은 가계와 기업의 의사결정을 왜곡하고 사회에 큰 폐해를 초래한다.

3) 경우에 따라 정부가 시장 성과를 개선할 수 있다.

시장의 가격기구는 바람직한 성과를 가져오는 매우 좋은 메커니즘이지만 시장의 보이지 않는 손은 정부가 법을 잘 집행하고 시장거래의 기본이 되는 제도를 잘 유지할 때 비로소 그 역할을 제대로 수행할 수 있다. 또한 시장에서의 성과가 시장지배력이나 외부효과에 의해서 제대로 달성되지 못할 경우 이를 시장실패라고 하는데 정부는 이때 개입하여 시장을 통한 경제적 효율성을 높일 수 있다.

3 국가 전체 차원

1) 한 나라의 생활수준은 그 나라의 생산능력(생산성)에 달려 있다.

국가 간 생활수준의 격차의 근본원인은 생산성의 차이이다. 생산성이 높은 나라는 생활수준이 높고 소득도 높다. 생산성을 향상시키기 위해서는 잘 교육받은 근로자들이 좋은 장비와 최고의 기술로 생산에 임해야 하며 이를 위해서 정부는 정책적 노력을 다해야 한다.

2) 통화량이 지나치게 증가하면 물가는 상승한다.

물가수준이 전반적으로 상승하는 인플레이션은 그 배후에 통화량의 증가가 있다. 정부가 통화량을 증가시키면 화폐의 가치가 떨어지고 물가는 오르게 되어 있다.

3) 단기적으로는 인플레이션과 실업 사이에 상충관계가 있다.

통화량의 증가는 장기적으로 인플레이션을 초래하지만 단기적으로는 다른 효과를 초래한다. 통화량이 증가하면 사람들의 지출이 증가하고 그로 인해 재화와 서비스에 대한 수요가 증가하여 가격이 상승한다. 가격상승은 기업의 생산증가를 가져오고 이로 인해 고용도 늘어나고 실업률은 하락한다.

THEME 02 경제학의 기초개념

1 합리성

경제학에서는 기본적으로 모든 경제주체가 합리적이라는 가정을 채택하고 있다. 합리성이란 주어진 어떤 목표를 가장 효율적으로 달성하는 것으로서 경제법칙 및 경제원칙에 입각한 사고방식이다. 경제법칙이란 득(편익)이 있으면 실(비용)이 있음을 의미하고, 경제원칙이란 득실의 차이를 극대화하는 것을 말한다. 제1장의 내용을 다시 참고하라.

2 비용

1) 명시적 비용

어느 대안을 선택함으로써 포기한 자원의 가치로서 실제로 지출된 금전적 비용이다. 대안 선택을 위해 실제로 지출하여야 하는 비용으로 회계장부에 기록된 회계적 비용이다.

2) 암묵적 비용

어느 대안을 선택함으로써 포기한 자원의 가치로서 실제로 지출된 비용은 아니지만, 얻을 수 있었던 수익의 감소로 인한 비용이다. 대안 선택을 위해서는 금전적 비용 이외에도 추가로 포기한 자원들(예를 들어 시간 등)이 있으며 그에 대한 가치가 바로 암묵적 비용이 된다.

3) 기회비용

어느 대안을 선택함으로써 포기한 모든 자원의 가치가 그 대안의 기회비용이 된다. 이는 어느 대안을 선택함으로써 포기할 수밖에 없는 다수의 다른 대안들 중에서 가장 가치 있는 것의 순편익으로 측정한다. 즉, 차선의 기회의 가치가 된다. 기회비용은 명시적 비용과 암묵적 비용을 더하여 구할 수 있다. 즉 '금전적 지출액 + 포기한 대안의 순편익'이 된다.

4) 매몰비용

매몰비용은 회수불가능한 비용으로서 일단 지출된 뒤에는 어떤 선택을 하든지 간에 다시는 회수할 수 없는 비용이다. 이는 기회비용이 0이라는 것을 의미한다. 매몰비용은 어떻게 해도 회수할 수 없으므로 앞으로의 선택에 영향을 주어서는 안 된다. 즉 기회비용이 0이므로 의사결정과정에서 고려해서는 안 된다.

5) 고정비용

매몰비용의 예로서 고정비용을 들 수 있다. 그러나 다음에 주의해야 한다. 고정비용은 고정투입요소에 대한 비용(예 공장부지, 기계 임차에 따른 비용)을 말하는데 이는 회수가능한 비용과 회수불가능한 비용(매몰비용)으로 구성된다. 즉 모든 고정비용이 매몰비용인 것은 아니다. 재판매가 가능한 생산시설에 소요된 비용의 경우, 고정비용으로서 일부는 회수가능한 비용이 된다. 따라서 고정비용이면서 회수불가능한 매몰비용인 경우도 있고 회수가능한 비용인 경우도 있다.

3 소비활동과 기회비용적 사고

1) 의의

소비로 인한 비용은 개인의 소비활동 과정에서 실제로 발생하는 지출과 실제로는 발생하지 않았으나 해당 소비로 인해 추가적으로 포기한 대안의 가치를 총괄하는 개념이다.

2) 명시적 비용

개인의 소비활동 과정에서 실제로 발생하는 지출로서 예를 들면 도서구입비, 영화관람비, 빵값 등이다.

3) 암묵적 비용

개인의 소비활동 과정에서 실제로 발생한 지출은 아니지만 해당 소비로 인해서 포기한 다른 대안으로부터 얻을 수 있는 수익으로서 예를 들면 영화관람의 경우 시간을 포기한 것이며 이로 인해 얻을 수 있는 수익으로서의 임금이 된다.

4 생산활동과 기회비용적 사고

1) 의의

생산으로 인한 비용은 기업의 생산활동 과정에서 실제로 발생하는 지출과 실제로는 발생하지 않았으나 해당 생산으로 인해 추가적으로 포기하는 대안의 가치를 총괄하는 개념이다.

2) 명시적 비용

기업의 생산활동 과정에서 실제로 발생하는 지출로서 예를 들면 원료구입비, 노동임금, 자본 임대료 등이다.

3) 암묵적 비용

기업의 생산활동 과정에서 실제로 발생한 지출은 아니지만 생산활동으로 인해서 포기한 다른 활동으로부터 얻을 수 있는 수익으로서 예를 들면 자신 소유 및 거주 건물의 임대료 등이다.

5 기회비용의 사용

1) 경제법칙과 경제원칙

모든 경제행위에는 얻게 되는 득이 있으면 잃게 되는 실이 있으며, 이때 잃게 되는 것은 기회비용의 관점에서 측정하게 된다.

2) 무차별곡선과 기회비용

특정 소비자의 주관적 선호체계 내에서 동일한 효용을 유지한다는 가정하에서 재화 간 선택은 특정재화를 선택하면 다른 재화의 일부는 포기해야 하는 관계로서 기회비용적 관점을 전제로 하고 있다.

3) 등량곡선과 기회비용

특정생산자의 주관적 기술체계 내에서 동일한 생산량을 유지한다는 가정하에서 요소 간 선택은 특정요소를 선택하면 다른 요소의 일부는 포기해야 하는 관계로서 기회비용적 관점을 전제로 하고 있다.

4) 생산가능곡선과 기회비용

특정생산자의 주관적 기술체계 내에서 생산의 파레토효율을 유지한다는 가정하에서 재화 간 선택은 특정재화를 선택하면 다른 재화의 일부는 포기해야 하는 관계로서 기회비용적 관점을 전제로 하고 있다.

6 생산가능곡선

1) 의의

생산가능곡선이란 한 경제에서 최대한 생산해 낼 수 있는 상품의 조합을 연결한 곡선으로서 생산함수와 생산요소의 부존제약에서 도출할 수 있다.

2) 특징

① 생산가능곡선과 기울기

생산가능곡선은 우하향하며 그 기울기는 점점 커진다(원점에 대하여 오목). 이는 상품 생산에 있어서 기회비용이 점점 커지는 것을 의미한다. 만일 생산가능곡선이 원점에 대해 오목한 경우 기회비용 체증을 반영하는 것이다. 생산가능곡선의 기울기의 절댓값은 한계전환율이라고 하며 이는 한계비용의 비율로 표시할 수 있다.

② 생산가능곡선과 기회비용

특정생산자의 주관적 기술체계 내에서 생산의 파레토효율을 유지한다는 가정하에서 재화 간 선택은 특정재화를 선택하면 다른 재화의 일부는 포기해야 하는 관계로서 기회비용적 관점을 전제한다.

③ 생산가능곡선과 자원의 희소성

특정재화의 생산이 증가할수록 기회비용은 체증한다. 이는 자원의 희소성을 반영하고 있기 때문이다. 특정재화의 기회비용이 증가하는 경우 다른 재화의 기회비용은 상대적으로 감소한다.

④ 생산가능곡선과 파레토효율

생산가능곡선상의 점은 생산의 효율성을 반영하고 있다. 생산가능곡선 바깥은 실현 불가능하며 내부는 비효율을 의미한다.

3) 생산가능곡선의 도출

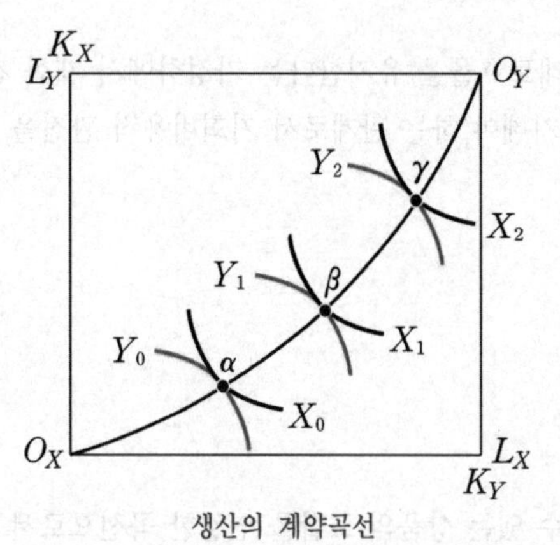

생산의 계약곡선

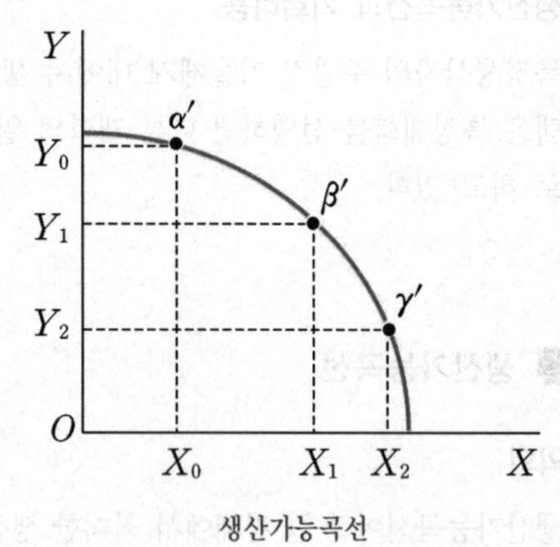

생산가능곡선

4) 생산가능곡선과 경제성장

경제성장이 발생할 경우 생산가능곡선이 바깥으로 확장되는데 만일 특정 재화를 중심으로 경제성장이 발생할 경우 특정 재화에 편향되게 생산가능곡선이 확장된다. 이 경우 한계전환율의 변화에 특히 유의해야 한다. 특정재화에 편향된 성장의 경우 특정 재화의 한계전환율은 경제성장 이전에 비하여 감소하므로 기회비용 감소하며 다른 재화는 상대적으로 기회비용이 증가한다.

7 경제이론과 경제모형

경제이론이란 경제에 존재하는 다양한 변수들 사이의 관계를 단순화시켜 놓은 것으로서 현실 경제를 이해하기 위한 추상화된 도구이다. 이를 통해 현실 경제현상을 체계적으로 이해할 수 있다. 이러한 경제이론은 구체적으로 수리적인 방식 혹은 기하적인 방식으로 표현이 가능한데 이를 경제모형이라고 한다. 경제모형 설정의 기본적인 출발점은 가정으로서 가정을 통해서 현실을 단순하게 추상화할 수 있다. 따라서 경제모형은 반드시 일정한 가정하에서 다양한 변수와 변수 간 관계식으로 구성되고 표현된다. 경제모형을 통한 분석결과 얻어지는 명제나 가설들은 많은 경우 조건부 예측의 형태를 취하면서 현실경제를 설명해줄 수 있다. 이러한 명제나 가설들은 반드시 현실 경제의 구체적인 데이터 수집 및 계량경제적 분석을 통하여 그 타당성을 검증받아야 한다.

8 경제변수

1) 의의

먼저 변수(variable)란 특정개념을 조작적으로 정의하여 특정 수치값을 부여함으로써 개념의 특성을 측정해주는 개체를 말한다. 이는 특성에 대한 적절한 측정을 통하여 수치값이 부여될 수 있는 개념이다.

2) 외생변수와 내생변수

변수를 외생변수와 내생변수로 분류해 볼 수 있는데, 외생변수(exogenous variable)란 고려하고 있는 경제모형 밖에서 결정되는 변수로서 외부에서 일정하게 주어지는 변수를 말하고 반면 내생변수(endogenous variable)는 고려하고 있는 경제모형 안에서 결정되는 변수로서 모형의 균형으로 도출할 수 있는 변수를 말한다.

3) 유량변수와 저량변수

변수를 유량변수와 저량변수로도 분류해 볼 수 있는데 유량변수(flow variable)란 일정기간을 두고 그 양을 측정해야 하는 경제변수로서 예를 들면 수요량, 공급량, 소득 등이 있다. 반면 저량변수(stock variable)는 특정시점에서 그 양을 측정해야 하는 경제변수로서 통화량이나 재산 등을 예로 들 수 있다.

4) 변수 간 관계

변수와 변수는 다양한 관계성을 지니고 있고 이것이 바로 경제모형의 핵심이다. 상관관계란 두 변수 사이에 성격은 분명하지 않아도 어떤 관계가 존재함을 의미하고 인과관계란 한 변수에 생긴 변화가 다른 변수의 변화를 유발하는 관계가 존재함을 의미한다(원인과 결과의 관계).

9 최적화와 균형

경제모형은 많은 경우 최적화와 균형의 모형으로 이루어져 있다. 예를 들어서 소비자의 효용극대화 모형, 시장균형 모형이 그것이다. 먼저 최적화는 가계나 기업과 같은 개별경제주체들이 제약조건하에서 효용이나 이윤을 극대화하는 것을 의미한다. 가계의 최적화행위가 모여서 시장수요가 되고 기업의 최적화행위가 모여서 시장공급이 된다. 이렇게 개별경제주체들의 최적화행위는 시장에서 만나게 되는데 이 과정에서 나타나는 것이 바로 시장균형이다. 균형이란 참가한 경제주체들의 상반된 힘이 팽팽하게 맞아 떨어진 상태로서 일단 이 상태가 달성되면 다른 교란요인이 없는 한은 그대로 유지되는 경향을 보인다. 시장에서 소비자의 힘은 수요곡선으로 표출되고 수요곡선의 수요량 혹은 수요가격으로 대변된다. 반면 생산자의 힘은 공급곡선으로 표출되고 공급곡선의 공급량 혹은 공급가격으로 대변된다. 따라서 균형은 수요와 공급의 힘이 같도록 수요량과 공급량이 일치하고 수요가격과 공급가격이 일치하는 상태이다.

필수예제

비용에 관한 설명으로 옳은 것을 모두 고른 것은? ▶ 2017년 감정평가사

ㄱ. 기회비용은 어떤 선택을 함에 따라 포기해야 하는 여러 대안들 중에 가치가 가장 큰 것이다.
ㄴ. 생산이 증가할수록 기회비용이 체감하는 경우에는 두 재화의 생산가능곡선이 원점에 대해 볼록한 형태이다.
ㄷ. 모든 고정비용은 매몰비용이다.
ㄹ. 동일한 수입이 기대되는 경우, 기회비용이 가장 작은 대안을 선택하는 것이 합리적이다.

① ㄱ, ㄴ ② ㄱ, ㄹ ③ ㄴ, ㄷ ④ ㄱ, ㄴ, ㄹ ⑤ ㄴ, ㄷ, ㄹ

출제이슈 기회비용

핵심해설 **정답** ④

설문을 검토하면 다음과 같다.

ㄱ. 옳은 내용이다.
어느 대안을 선택함으로써 포기한 모든 자원의 가치가 그 대안의 기회비용이 된다. 기회비용은 어느 대안을 선택함으로써 포기할 수밖에 없는 다수의 다른 대안들 중에서 가장 가치 있는 것의 순편익으로 측정한다. 즉, 차선의 기회의 가치가 된다.

ㄴ. 옳은 내용이다.
생산가능곡선은 기회비용적 관점을 반영하고 있다. 특정생산자의 주관적 기술체계 내에서 생산의 파레토 효율을 유지한다는 가정하에서 재화 간 선택은 특정재화를 선택하면 다른 재화의 일부는 포기해야 하는 관계가 되므로 기회비용 차원에서 접근이 가능하다. 일반적으로 원점에 대해 오목한 생산가능곡선은 자원의 희소성 및 기회비용 체증을 반영한다. 만일 생산가능곡선이 원점에 대해 볼록한 경우라면, 특정재화의 생산이 증가할수록 기회비용은 체감함을 의미한다.

ㄷ. 틀린 내용이다.
고정비용은 고정투입요소에 대한 비용(예 공장부지, 기계 임차에 따른 비용)으로서 회수가능한 비용과 회수불가능한 비용(매몰비용)으로 구성된다. 모든 고정비용이 매몰비용인 것은 아니다. 재판매가 가능한 생산시설에 소요된 비용의 경우, 고정비용으로서 일부는 회수가능한 비용이 된다. 따라서 고정비용이면서 회수불가능한 매몰비용인 경우도 있고 회수가능한 비용인 경우도 있다. 회수불가능한 매몰비용은 기회비용이 0이라는 것을 의미하므로 의사결정과정에 고려해서는 안 된다.

ㄹ. 옳은 내용이다.
선택가능한 각각의 대안에 대하여 편익과 비용을 구한 후 순편익이 가장 큰 대안을 선택하는 것이 합리적이다. 만일 모든 대안에 있어서 편익이 동일하다면, 설문에서와 같이 동일한 수입이 기대된다면, 비용이 가장 작은 대안을 선택하는 것이 합리적이다. 특히, 주의할 것은 경제적 의사결정에서의 비용은 회계적 비용이 아니라 경제적 비용으로서 기회비용을 의미하며 명시적 비용과 함께 암묵적 비용을 포괄한다.

직장인 K는 거주할 아파트를 결정할 때, 직장까지 월별 통근시간의 기회비용과 아파트 월별 임대료만을 고려한다. 통근시간과 임대료가 다음과 같은 경우 K의 최적 선택은? (단, K의 통근 1시간당 기회비용은 1만원이다)

▶ 2018년 지방직 7급

거주아파트	월별통근시간 (단위: 시간)	월별 임대료 (단위 : 만원)
A	10	150
B	15	135
C	20	125
D	30	120

① A 아파트　② B 아파트　③ C 아파트　④ D 아파트

출제이슈 기회비용

핵심해설 **정답** ③

기회비용의 측정방법은 다음과 같다.

1) 명시적 비용

① 어느 대안을 선택함으로써 포기한 자원의 가치로서 실제로 지출된 금전적 비용이다.

② 대안 선택을 위해 실제로 지출하여야 하는 비용으로 회계장부에 기록된 회계적 비용이다.

2) 암묵적 비용

① 어느 대안을 선택함으로써 포기한 자원의 가치로서 실제로 지출된 비용은 아니지만, 얻을 수 있었던 수익의 감소로 인한 비용이다.

② 대안 선택을 위해서는 금전적 비용 이외에도 추가로 포기한 자원들(예를 들어 시간 등)이 있으며 그에 대한 가치가 바로 암묵적 비용이 된다.

3) 기회비용의 산식

= 금전적 지출액 + 포기한 대안의 순편익

설문을 검토하면 다음과 같다.

설문에서 아파트 관련 의사결정 시 편익은 고려하지 않고 오직 통근시간의 기회비용과 임대료만을 고려한다고 하였으므로 이에 기하여 각각의 대안에 대한 기회비용을 구하면 다음과 같다.

대안 A : 10 + 150 = 160, 대안 B : 15 + 135 = 150, 대안 C : 20 + 125 = 145, 대안 D : 30 + 120 = 150
따라서 기회비용이 가장 작은 대안 C, 즉 C 아파트를 선택하는 것이 최적이다.

원점에 대해 오목한 생산가능곡선에 대한 설명으로 옳지 않은 것은? ▸ 2017년 지방직 7급

① 기술진보가 이루어지면 생산가능곡선은 원점으로부터 바깥쪽으로 이동한다.
② 생산가능곡선이 원점에 대해 오목한 것은 재화 생산의 증가에 따른 기회비용이 체증하기 때문이다.
③ 원점에 대해 볼록한 사회무차별곡선이 주어진다면 생산가능곡선 선상의 한 점에서 최적의 생산수준이 결정된다.
④ 생산가능곡선의 외부에 위치하는 점은 비효율적인 생산점인 반면, 내부에 위치하는 점은 실현이 불가능한 생산점이다.

출제이슈 기회비용과 생산가능곡선

핵심해설 **정답 ④**

생산가능곡선은 다음과 같은 성격을 가진다.

1) 생산가능곡선과 기회비용

특정생산자의 주관적 기술체계 내에서 생산의 파레토효율을 유지한다는 가정하에서 재화 간 선택은 특정재화를 선택하면 다른 재화의 일부는 포기해야 하는 관계로서 기회비용적 관점을 전제한다.

2) 생산가능곡선은 자원의 희소성 및 기회비용 체증을 반영한다.

① 특정재화의 생산이 증가할수록 기회비용은 체증한다.
② 특정재화의 기회비용이 증가하는 경우 다른 재화의 기회비용은 상대적으로 감소한다.

3) 생산가능곡선은 생산의 파레토효율을 반영한다.

① 생산가능곡선상의 점은 생산의 효율성을 반영한다.
② 생산가능곡선 바깥은 실현 불가능하며 내부는 비효율을 의미한다.

설문을 검토하면 다음과 같다.

① 옳은 내용이다.
기술진보가 이루어지면 이전과 동일한 생산요소를 투입하고도 더 많은 생산물을 산출해 낼 수 있기 때문에 생산가능곡선은 바깥쪽으로 확장하여 이동한다.

② 옳은 내용이다.
생산가능곡선이 우하향하는 것은 자원의 희소성과 기회비용을 반영한 것이며, 생산가능곡선이 원점에 대해 오목한 것은 재화 생산의 증가에 따라 기회비용이 증가하기 때문이다.

③ 옳은 내용이다.
사회적 최적 수준의 생산은 생산제약 하에서 사회후생을 극대화할 때 달성되는데, 이를 기하적으로 나타내면 사회무차별곡선과 생산가능곡선이 접할 때가 된다.

④ 틀린 내용이다.
생산가능곡선의 외부에 위치하는 점은 실현이 불가능한 생산점이며, 내부에 위치하는 점은 비효율적인 생산점이다.

02

수요와 공급이론

Chapter

03 수요와 공급이론

THEME 01 시장

1 시장의 추상적 정의

시장이란 상품을 사고자 하는 사람과 팔고자 하는 사람들의 총체적인 집합으로서 수요자와 공급자가 계약과 거래를 위해 만나는 장소가 된다. 이는 반드시 물리적이거나 지리적인 장소일 필요는 없으며 거래를 위한 유형 및 무형의 플랫폼을 의미하는 것이다.

2 시장의 구체적 정의

현실에서는 경제이론적으로 뿐만 아니라 법정책적 필요성에 의하여 시장을 매우 구체적으로 정의하고 있는바 이를 시장획정(Market Definition)이라고 한다. 이는 대체가 가능한 재화와 서비스를 적절히 구분하여 하나의 시장으로 획정하는 경제적 기법으로서 다양한 계량경제기법과 설문조사 등이 수반된다. 현실에서 획정된 시장의 사례를 보면 소주시장, 맥주시장, 다채널유료방송시장 등을 들 수 있다.

3 강학상 시장의 유형

1) 미시경제학

미시경제학은 개별시장을 다루고 있다. 다만 다뤄지고 있는 시장은 X재 시장이라든지 노동시장, 자본시장 등으로 매우 추상적인데 이는 추상적 상품을 통해서 언제든지 구체적 재화와 서비스로 전환가능하기 때문이다. 미시경제학에서는 거래되는 상품의 본질에 따라서 시장을 크게 생산물시장, 생산요소시장으로 구분한다. 또한 시장의 조직형태에 따라서 경쟁시장, 독점시장, 과점시장 등으로 구분할 수도 있다.

2) 거시경제학

거시경제학은 전체시장을 다루고 있다. 전체시장에서의 거래대상은 이른바 집적재(aggregate goods)로서 고도로 추상화된 상품이며 이는 해석을 통해서 사실상 실질 GDP가 된다. 거시경제학에서는 시장을 상품시장, 화폐시장, 노동시장, 채권시장 등으로 분류하고 있다.

4 시장의 특징

1) 가격신호를 바탕으로 자원배분

시장에서 수요자와 공급자의 상호작용을 통해서 가격이 형성되고 균형이 달성된다. 이 균형에서는 균형가격을 시그널로 하여 수요자와 공급자가 각자 자신의 최적의 의사결정을 하게 되고 이 과정에서 희소한 생산자원과 생산물들이 배분된다.

2) 균형에서의 자원배분은 효율적

특히 경쟁시장의 균형으로부터 달성되는 자원배분은 효율적임이 입증되어 있다. 이는 일반균형과 파레토효율 간의 관계인 후생경제학 제1정리로 분석할 수 있다.

3) 균형이 항상 효율적인 것은 아니며 바람직한 것도 아님

문제는 시장에서의 균형이 항상 효율적인 것은 아니라는 것이다. 경쟁시장이라고 하더라도 시장실패를 야기하는 외부성이나 정보의 문제 등이 상존하기 때문이다. 또한 자원배분 측면에서 효율적인 균형이라고 하더라도 항상 사회적으로 바람직하지 않을 수도 있다. 효율적 자원배분이 소득분배 측면에서도 바람직하여 사회후생을 극대화시키는 배분이라는 보장이 없기 때문이다.

THEME 02 시장구조(수요측면)

1 수요스케줄 혹은 수요표

시장에서 주어진 특정가격에 대하여 소비자, 즉 수요자들이 수요하고자 하는 수량의 계획으로서 가격과 수요량을 각각 대응시킨 표를 의미한다.

2 수요법칙과 예외

시장에서 가격이 오르면 수요량은 감소하고 반대로 가격이 내리면 수요량은 증가하는 것이 일반적인 현상으로서 수요량과 가격은 역의 관계에 있음을 수요의 법칙이라고 한다. 그러나 수요법칙에 예외가 있을 수 있는데 가격이 오름에도 불구하고 수요량이 감소하지 않고 오히려 증가하는 현상을 보이는 것이다. 예를 들어 기펜재의 경우 가격이 오르면 오히려 수요량이 늘어난다. 기펜재는 소득증가에도 불구하고 소비가 감소하는 이른바 열등재로서 매우 특이한 재화를 말하는데 이후 소비이론에서 다루게 될 대체효과보다 소득효과가 더 큰 경우이다. 그리고 또 다른 수요법칙의 예외로서 베블렌 효과는 고가품이나 사치품의 경우 소비자들이 과시욕구를 위해서 가격이 오를수록 소비가 많아질 수 있음을 의미하는데 이러한 과시적 소비를 나타내는 재화의 경우에는 수요의 법칙이 성립하지 않을 수 있다.

3 수요함수

수요법칙을 수리적으로 표현하면 다음과 같은 함수식으로 나타낼 수 있다.

$Q_D = f(P,\ P',\ M,\ T)$

(Q_D : 수요량, P : 해당 재화의 가격, P' : 연관재화의 가격, M : 소득, T : 기호 및 기타 요인을 포괄)

이때, 수요함수의 기울기가 음수라는 것이 바로 수요법칙을 나타내는 것이다. 이를 미분의 기호로 표시하면 $\frac{dQ_D}{dP} < 0$과 같이 나타낼 수 있다. 한편, 위의 수요함수식은 매우 일반적이므로 1차형태의 선형함수를 통해 구체적으로 나타내면 $P = a - bQ$로 나타낼 수 있는데 이를 역수요함수라고 한다.

4 수요곡선

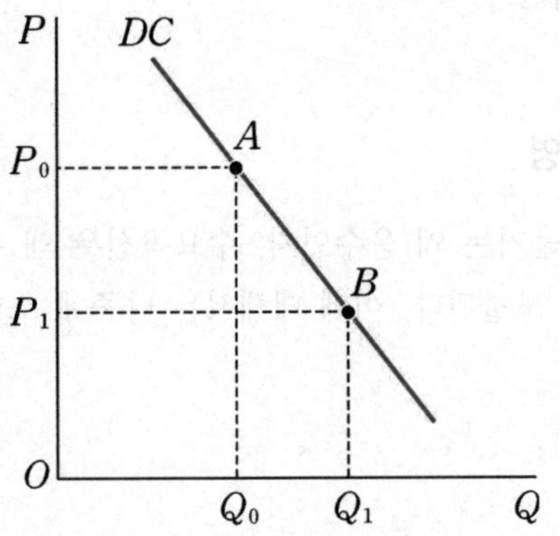

(그림 3-1)

1) 우하향하는 수요곡선

가격과 수요량 간의 관계를 기하적으로 표시한 것을 수요곡선이라고 하며 가격과 수요량 평면에서 우하향하는 형태를 보인다. 그러나 기펜재 혹은 베블렌 효과가 있는 재화의 경우에는 우상향하게 된다.

2) 수요곡선의 기울기와 네트워크 효과

다른 사람들의 수요에 영향을 받는 것으로서 밴드웨건(bandwagon) 효과가 있는 경우에는 다른 사람들의 수요량 증가로 인해 전체 수요가 오히려 더 늘게 되므로 시장수요곡선은 이를 반영하여 보다 완만하게 될 것이며, 반대로 스놉(snob) 효과가 있는 경우에는 다른 사람들의 소비와 차별화 시키려는 경향이 나타나면서 시장수요곡선은 보다 가파르게 될 것이다.

① 밴드웨건 효과

밴드웨건 효과는 가격이 하락하여 타인의 소비가 증가할수록 본인의 효용을 증가시켜서 본인의 소비가 증가하는 현상으로서 가격 하락 시 수요량의 증가를 더욱 증폭시켜서 수요곡선이 완만하게 형성되는 원인으로 작용한다(가격 하락 → 타인소비 증가 → 본인소비 증가).

② 스놉 효과

스놉 효과는 가격이 하락하여 타인의 소비가 증가할수록 본인의 효용을 감소시켜서 오히려 본인의 소비는 감소하는 현상으로서 가격 하락 시 수요량의 증가를 어느 정도 상쇄하여 수요곡선이 가파르게 형성되는 원인으로 작용한다(가격 하락 → 타인소비 증가 → 본인소비 감소).

3) 수요곡선의 높이

수요곡선의 높이는 수요자가 지불할 의향(willingness to pay)이 있는 최대가격으로서 수요가격이 된다. 이는 수요에 따른 한계편익의 크기를 의미한다.

5 수요법칙, 수요함수, 수요곡선의 도출 및 증명

가격이 오르면 왜 수요량은 감소하는지, 수요함수의 기울기는 왜 음수인지, 수요곡선은 왜 우하향하는지에 대한 증명은 예산제약하 효용극대화 과정에서 도출된다. 이에 대해서는 나중에 소비이론에서 살펴보게 될 것이다.

6 수요곡선 자체의 이동

1) 의의

수요곡선 자체의 이동은 수요의 변화로 인하여 수요곡선 자체가 이동하는 것을 의미한다. 가격이 불변인 상황에서 수요량에 영향을 미치는 다른 요인이 변화할 때 수요량이 변화하는 것을 수요의 변화라고 한다.

2) 수리적 분석

수요함수가 $Q = a + bP + cI$ 라고 하자. 이때 소득이 변화할 때, 이에 따른 수요량의 변화를 다음과 같이 수리적으로 표현할 수 있다.

$I = I_0 \rightarrow I_1$(소득 감소) or I_2(소득 증가) $\rightarrow$ $Q = Q_0 \rightarrow Q_1$(수요량 감소) or Q_2(수요량 증가)

3) 기하적 분석

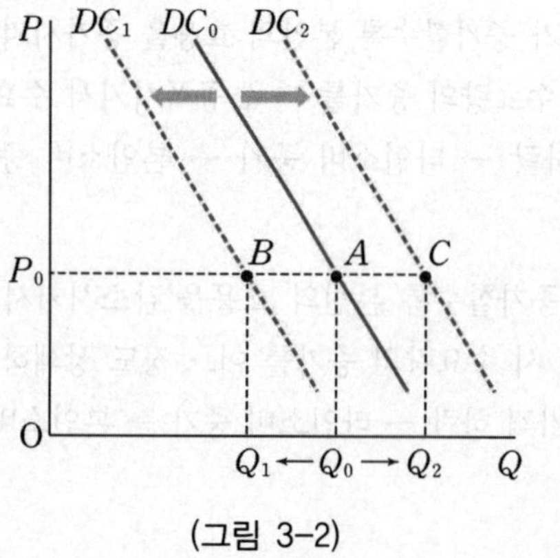

(그림 3-2)

4) 수요곡선의 이동 및 수요변화의 원인

수요곡선의 이동을 가져오는 수요변화의 원인으로는 소득의 변화, 다른 재화 가격의 변화, 기호의 변화 등을 들 수 있다. 예를 들어 해당 재화의 가격이 변하지 않는 상황에서 소득만 증가한 경우 해당 재화가 정상재라면 수요량이 늘어나는 것을 의미한다.

7 수요곡선 선상의 이동

1) 의의

수요곡선 선상의 이동은 가격변화에 따라서 수요량이 변화하여 수요곡선을 따라서 선상에서 이동하는 것을 의미한다. 가격 이외의 요인들이 불변인 상황에서 가격 요인이 변화할 때 수요량이 변화하는 것을 수요량의 변화라고 한다.

2) 수리적 분석

수요함수가 $Q = a + bP + cI$ 라고 하자. 이때 가격이 변화할 때, 이에 따른 수요량의 변화를 다음과 같이 수리적으로 표현할 수 있다.

$P = P_0 \rightarrow P_1$ (가격 상승) or P_2(가격 하락) → $Q = Q_0 \rightarrow Q_1$(수요량 감소) or Q_2(수요량 증가)

3) 기하적 분석

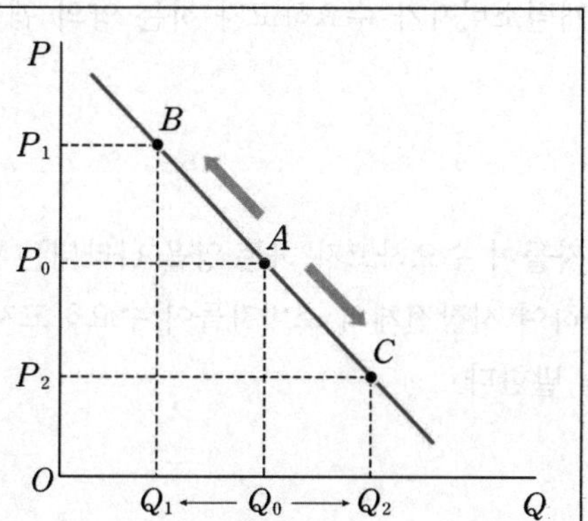

(그림 3-3)

4) 수요곡선상의 이동 및 수요량 변화의 원인

수요곡선상의 이동을 가져오는 수요량 변화의 원인으로는 소득, 다른 재화 가격, 기호 등이 변화하지 않는 가운데 가격의 변화를 들 수 있다.

8 수요함수와 재화의 성격 판정

1) 재화가격 상승 시 수요량의 변화

해당 재화가 정상재 혹은 열등재인 경우 해당 재화가격이 상승하면 수요량은 감소하고, 해당 재화가 기펜재인 경우에는 해당 재화가격이 상승함에 따라서 수요량은 증가한다.

2) 소득 증가 시 수요량의 변화

해당 재화가 정상재인 경우 소득이 증가하면 수요량이 증가하고, 해당 재화가 열등재인 경우 소득증가에 따라서 수요량이 오히려 감소한다.

3) 연관재화(해당 재화)의 가격 상승 시 해당 재화(연관재화)의 수요량의 변화

연관재화가 대체재인 경우 연관재화 가격이 상승하면 해당 재화에 대한 수요량이 증가하고, 연관재화가 보완재인 경우에는 연관재화 가격의 상승에 따라서 해당 재화에 대한 수요량은 감소한다.

9 개별수요와 시장수요

1) 개별수요

개별수요함수는 주어진 가격하에서 개별 소비자가 수요하고자 하는 양을 나타내는 식을 의미한다. 개별수요곡선은 주어진 가격과 그에 대응하여 개별소비자가 수요하고자 하는 양의 궤적을 가격과 수요량 평면에 표시한 것을 말한다.

2) 시장수요

시장수요함수는 주어진 가격하에서 시장전체의 소비자들이 수요하고자 하는 양을 나타내는 식을 의미한다. 시장수요곡선은 주어진 가격과 그에 대응하여 시장전체의 소비자들이 수요하고자 하는 양의 궤적을 가격과 수요량 평면에 표시한 것을 말한다.

3) 개별수요와 시장수요

시장수요곡선은 개별수요곡선을 다음과 같이 수평합하여 도출할 수 있다. 이때 시장수요곡선은 개별수요곡선보다 더 완만하게 나타난다. 만일 사적재화가 아니라 공공재인 경우라면 공공재에 대한 개별수요곡선을 수직합하여 시장수요곡선을 도출해야 한다.

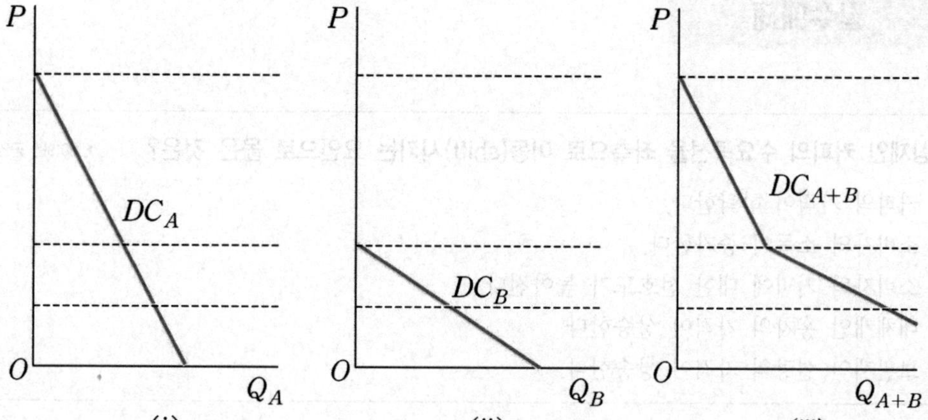

(i) 〈개별수요자 A의 수요〉

(ii) 〈개별수요자 B의 수요〉

(iii) 〈시장전체의 수요〉

(그림 3–4)

필수예제

정상재인 커피의 수요곡선을 좌측으로 이동(shift)시키는 요인으로 옳은 것은? ▸ 2019년 공인노무사

① 커피의 가격이 하락한다.
② 소비자의 소득이 증가한다.
③ 소비자의 커피에 대한 선호도가 높아진다.
④ 대체재인 홍차의 가격이 상승한다.
⑤ 보완재인 설탕의 가격이 상승한다.

출제이슈 수요곡선의 이동과 수요곡선상의 이동

핵심해설 **정답 ⑤**

수요곡선의 이동과 수요곡선상의 이동을 구분하는 것이 중요하다.

1) 수요곡선의 이동 및 수요변화의 원인

① 수요곡선 자체의 이동은 수요의 변화가 일어났다고 한다.

② 가격이 불변일 때, 다른 요인(소득, 연관재화가격, 기호)이 변화하면 수요량이 변화한다.

③ 수리적 분석
수요함수가 $Q=a+bP+cP'+dP''+eI$ (P: 해당 재화가격, P', P'' : 연관재화가격, I: 소득)
$I=I_0 \rightarrow I_1$(소득 감소) or I_2(소득 증가)
$P'=P'_0 \rightarrow P'_1$(연관재가격 상승) or P'_2(연관재가격 하락)
$Q=Q_0 \rightarrow Q_1$(수요량 감소) or Q_2(수요량 증가)

2) 수요곡선상의 이동 및 수요량 변화의 원인

① 수요곡선상의 이동은 수요량의 변화가 일어났다고 한다.

② 다른 요인이 불변일 때, 가격이 변화하면 수요량이 변화한다.

③ 수리적 분석
수요함수가 $Q=a+bP+cP'+dP''+eI$ (P: 해당 재화가격, P', P'' : 연관재화가격, I: 소득)
$P=P_0 \rightarrow P_1$(가격 상승) or P_2(가격 하락)
$Q=Q_0 \rightarrow Q_1$(수요량 감소) or Q_2(수요량 증가)

설문을 검토하면 다음과 같다.

① 틀린 내용이다.
수요곡선상의 이동은 재화가격의 변화에 기인한다. 커피가격이 변화할 경우 커피에 대한 수요곡선상에서 이동한다.

※ ②, ③, ④ 수요곡선 자체의 이동은 소득, 다른 재화 가격, 선호의 변화에 기인한다. 소득이나 선호가 변화하거나 대체재, 보완재 가격이 변화할 경우 전력에 대한 수요곡선 자체가 이동한다.

② 틀린 내용이다.
소비자의 소득이 증가하는 경우, 동일한 가격에서 수요량이 증가하므로 이를 수요의 증가라고 표현한다. 이때는 수요곡선이 우측으로 이동한다.

③ 틀린 내용이다.
소비자의 커피에 대한 선호도가 높아지는 경우, 동일한 가격에서 수요량이 증가하므로 이를 수요의 증가라고 표현한다. 이때는 수요곡선이 우측으로 이동한다.

④ 틀린 내용이다.
대체재인 홍차의 가격이 상승하는 경우, 홍차를 소비하고 있던 소비자 중 일부가 홍차의 대체재로서 커피로 이동하기 때문에, 동일한 커피 가격에서 커피 수요량이 증가하므로 이를 커피 수요의 증가라고 표현한다. 이때는 커피 수요곡선이 우측으로 이동한다.

⑤ 옳은 내용이다.
보완재인 설탕의 가격이 상승하는 경우, 설탕의 수요량이 감소하고 이에 따라 설탕과 보완적으로 소비되던 커피의 수요량도 동일하게 감소한다. 즉 동일한 커피 가격에서 커피 수요량이 감소하므로 이를 커피 수요의 감소라고 표현한다. 이때는 커피 수요곡선이 좌측으로 이동한다.

재화 X의 가격이 상승할 때 나타나는 효과에 대한 서술로 가장 옳은 것은? ▸ 2016년 서울시 7급

① 재화 X와 대체관계에 있는 재화 Y의 가격은 하락한다.
② 재화 X와 보완관계에 있는 재화 Y의 수요량은 증가한다.
③ 재화 X가 정상재라면 수요량은 감소한다.
④ 재화 X가 열등재라면 수요량은 증가한다.

출제이슈 수요함수와 재화의 성격

핵심해설 **정답 ③**

재화가격의 변화에 따른 재화의 성격은 다음과 같다.

1) 해당 재화의 가격 상승 시 해당 재화의 수요량의 변화
① 해당 재화가 정상재인 경우 : 수요량 감소
② 해당 재화가 열등재인 경우 : 수요량 감소
③ 해당 재화가 기펜재인 경우 : 수요량 증가

2) 연관재화(해당 재화)의 가격 상승 시 해당 재화(연관재화)의 수요량의 변화
① 연관재화가 대체재인 경우 : 수요량 증가, 가격 상승
② 연관재화가 보완재인 경우 : 수요량 감소, 가격 하락

설문을 검토하면 다음과 같다.

① 틀린 내용이다.
특정재화의 가격이 상승할 경우 해당 재화에 대한 수요량이 감소하고 그와 대체관계에 있는 재화에 대한 수요가 증가하므로 대체재의 가격이 상승한다.

② 틀린 내용이다.
한편, 해당 재화에 대한 수요량이 감소하기 때문에 그와 보완관계에 있는 재화에 대한 수요 또한 감소하여 보완재의 가격은 하락한다.

③ 옳은 내용이다.
특정재화의 가격이 상승할 경우 해당 재화가 정상재라면 수요량은 감소한다. 대체효과에 의하여 수요량이 감소하고, 소득효과에 의하여도 수요량이 감소한다.

④ 틀린 내용이다.
특정재화의 가격이 상승할 경우 해당 재화가 열등재라면 수요량의 변화는 불확실하다. 대체효과에 의하여 수요량이 감소하지만, 소득효과에 의하여 수요량이 증가하기 때문에 두 효과를 모두 고려하여야 수요량의 최종 변화 방향을 알 수 있다. 기펜재인 열등재라면, 가격 상승 시 수요량이 증가하지만, 기펜재가 아닌 열등재라면, 가격 상승 시 수요량이 감소한다.

다음은 사과와 배의 수요함수를 추정한 식이다. 이에 대한 설명으로 옳지 않은 것은?

▸ 2016년 국가직 7급

• 사과의 수요함수 : $Q_A = 0.8 - 0.8P_A - 0.2P_B + 0.6I$
• 배의 수요함수 : $Q_B = 1.1 - 1.3P_B - 0.25P_A + 0.7I$
(단, Q_A는 사과수요량, Q_B는 배수요량, P_A는 사과가격, P_B는 배가격, I는 소득을 나타낸다.)

① 사과와 배는 보완재이다.
② 사과와 배는 모두 정상재이다.
③ 사과와 배는 모두 수요법칙이 성립한다.
④ 사과와 배는 모두 가격 및 소득과 무관한 수요량은 없다.

출제이슈 수요함수와 재화의 성격

핵심해설 **정답** ④

수요함수와 재화의 성격은 다음과 같다.

1) 수요함수

$Q = a + bP + cP' + dP'' + eI$ (P : 해당 재화가격, P', P'' : 연관재화가격, I : 소득)

2) 수요의 결정요인과 재화의 성격

① 가격 : 가격탄력성, 기펜재 여부

i) $b < 0$, 수요법칙 성립
ii) $b > 0$, 수요법칙 불성립, 기펜재

② 소득 : 소득탄력성, 정상재, 사치재, 필수재, 열등재

i) 수요함수가 로그변수로 이루어진 경우, 소득탄력성 $e > 1$, 정상재, 사치재
ii) 수요함수가 로그변수로 이루어진 경우, 소득탄력성 $0 < e < 1$, 정상재, 필수재
iii) 수요함수가 로그변수로 이루어진 경우, 소득탄력성 $e < 0$, 열등재

③ 연관재가격 : 교차탄력성, 보완재, 대체재

i) $c < 0$, 보완재
ii) $d > 0$, 대체재

설문을 검토하면 다음과 같다.

① 옳은 내용이다.
사과와 배의 수요함수에 의하면, 배의 가격 상승 시 사과의 수요가 감소하고, 반대로 사과의 가격 상승 시 배의 수요가 감소하므로, 배와 사과는 보완재 관계에 있음을 알 수 있다.

② 옳은 내용이다.
사과와 배의 수요함수에 의하면, 소득 증가 시 사과에 대한 수요와 배에 대한 수요가 모두 증가하므로, 배와 사과는 정상재이다.

③ 옳은 내용이다.
사과와 배의 수요함수에 의하면, 사과의 가격 상승 시 사과의 수요량이 감소하고, 배의 가격 상승 시 배의 수요량이 감소하므로, 배와 사과 모두 수요법칙이 성립함을 알 수 있다.

④ 틀린 내용이다.
사과와 배의 수요함수에 의하면, 사과와 배 모두 가격 및 소득과 무관한 수요량이 각각 0.8, 1.1임을 알 수 있다.

사적 재화인 X재 시장의 수요자는 A와 B만으로 구성되어 있다. 재화 X에 대한 A의 수요함수는 $q_A = 10 - 2P$, B의 수요함수는 $q_B = 15 - 3P$일 때, X재의 시장수요함수는? (단, q_A는 A의 수요량, q_B는 B의 수요량, Q는 시장수요량, P는 가격이다.) ▸ 2019년 공인노무사

① $Q = 10 - 2P$
② $Q = 10 - 3P$
③ $Q = 15 - 2P$
④ $Q = 15 - 3P$
⑤ $Q = 25 - 5P$

출제이슈 **시장수요함수의 도출**

핵심해설 **정답 ⑤**

시장수요함수는 각각의 개별수요함수를 수평으로 합하여 도출할 수 있다. 시장수요함수를 수리적으로 도출함에 있어서 주의할 것은 반드시 가격이 일정한 수준에서 시장에 존재하는 개별주체들의 수요량을 합산하는 것이므로 개별수요함수를 $q_A = q_A(P)$로 정리한 후에, $q_A(P)$를 합산하여 시장수요를 도출한다. 즉, 주어진 가격 수준에서 시장수요 Q는 $q_A + q_B$로 이루어지므로 $Q = q_A + q_B = q_A(P) + q_B(P)$가 되는 것이다.

참고로 만일 각각의 개별수요함수를 수직으로 합하게 되면, 이는 소비량이 일정한 수준에서 시장에 존재하는 개별주체들의 수요량이 아닌 수요가격을 합산하는 것이며 이는 사적 재화에 대한 시장수요함수가 아니라 공공재에 대한 시장수요함수가 되는 것이므로 주의를 요한다. 자세한 내용은 공공재 파트에서 다루게 된다.

위의 내용에 따라서 설문을 검토하면 다음과 같다.
재화 X에 대한 A의 수요함수는 $q_A = 10 - 2P$, B의 수요함수는 $q_B = 15 - 3P$일 때, X재의 시장수요함수는 $Q = q_A + q_B = (10 - 2P) + (15 - 3P) = 25 - 5P$가 된다.
따라서 시장수요함수는 $Q = 25 - 5P$가 된다.

THEME 03 수요의 탄력성

1 의의

해당 재화의 가격, 소득, 연관재화의 가격 등이 변화함에 따라서 해당 재화에 대한 수요량이 얼마나 민감하게 변화하는지 그 정도를 측정하는 지표를 수요의 탄력성이라고 한다.

2 종류와 활용

수요의 탄력성은 가격탄력성, 소득탄력성, 교차탄력성이 있는데 이는 수요량에 영향을 주는 요인에 따른 분류이다.

1) 가격탄력성

가격 변화에 따른 수요량의 반응을 측정하는 지표로서 가격 변화 시 기업의 총수입 변화 분석 및 조세의 초과부담 분석 등에 활용할 수 있다.

2) 소득탄력성

소득 변화에 따른 수요량의 반응을 측정하는 지표로서 재화의 구분(정상재, 사치재, 필수재, 열등재)과 현금보조의 효과 분석에 활용할 수 있다.

3) 교차탄력성

연관 재화 가격 변화에 따른 수요량의 반응을 측정하는 지표로서 재화의 구분(대체재, 보완재)과 구체적인 시장획정(Market Definition) 분석에 활용할 수 있다.

3 가격탄력성

1) 개념

수요의 가격탄력성이란 수요량 변화율을 가격변화율로 나눈 값으로서 가격이 변화할 때 그에 따른 수요량이 얼마나 민감하게 반응하는지 측정한다.

2) 산식 : $e_p = -\dfrac{\dfrac{\Delta Q}{Q}\ (\text{수요량변화율})}{\dfrac{\Delta P}{P}\ (\text{가격변화율})}$

3) 기하적 분석

수요의 가격탄력성은 수요곡선(그림 3-5)을 이용하여 다음과 같이 표시할 수 있다.

$$e_p = -\frac{\frac{\Delta Q}{Q}}{\frac{\Delta P}{P}} = -\frac{\Delta Q}{\Delta P} \cdot \frac{P}{Q} = \frac{c}{a} \cdot \frac{b}{c} = \frac{b}{a}$$

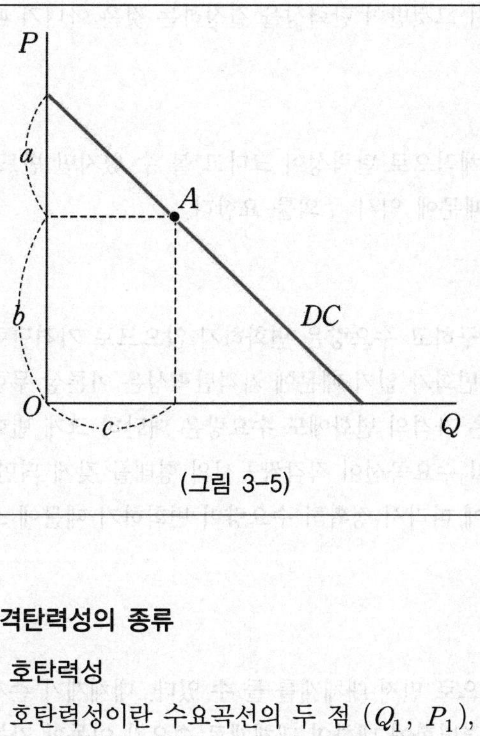

(그림 3-5)

4) 가격탄력성의 종류

① 호탄력성

호탄력성이란 수요곡선의 두 점 $(Q_1,\ P_1), (Q_2,\ P_2)$ 사이에서 측정한 탄력성을 의미한다. 그런데 두 점 중 어느 점을 출발점으로 삼느냐에 따라서 탄력성이 달라지는 문제점이 있을 수 있으므로 일반적으로 $P_1,\ P_2$ 대신 $\frac{P_1 + P_2}{2}$, $Q_1,\ Q_2$ 대신 $\frac{Q_1 + Q_2}{2}$를 사용한다.

② 점탄력성

점탄력성이란 수요곡선의 한 점에서 측정한 탄력성으로서 가격변화가 아주 미세한 미분개념을 사용하며 다음과 같이 표현한다.

$$e_p = -\frac{\frac{dQ}{Q}\ (\text{수요량 변화율})}{\frac{dP}{P}\ (\text{가격 변화율})}$$

5) 가격탄력성의 구성요소

① 가격 및 수요량

가격탄력성을 측정하고자 하는 지점 즉 최초의 수준이 중요하다. 가격수준이 높으면 탄력성이 대체적으로 크다고 볼 수 있지만 반드시 그것만이 탄력성을 결정하는 것은 아니기 때문에 주의를 요한다.

② 기울기

기울기가 작아서 수요곡선이 완만하면 대체적으로 탄력성이 크다고 볼 수 있지만 반드시 그것만이 탄력성을 결정하는 것은 아니기 때문에 역시 주의를 요한다.

6) 특수한 수요곡선과 가격탄력성

수직의 수요곡선의 경우 가격의 변화에도 불구하고 수요량은 변화하지 않으므로 가격탄력성은 0이 된다. 한편 수평의 수요곡선의 경우 가격변화가 없기 때문에 가격탄력성은 이론상 무한대가 된다. 좀 더 직관적으로 설명하자면 아주 작은 가격의 변화에도 수요량은 대단히 크게 변화하기 때문에 무한탄력적이 된다고 할 수 있다. 만일 수요곡선이 직각쌍곡선의 형태를 갖게 되면 가격탄력성은 1이 된다. 이 경우는 가격의 변화율에 따라서 정확히 수요량이 변화하기 때문에 소비자들의 지출액은 항상 일정하다.

7) 가격탄력성의 결정요인

가격탄력성의 크기에 영향을 줄 수 있는 요인으로 먼저 대체재를 들 수 있다. 대체재가 존재하고 또 다수로 다양하게 존재하면 특정재화의 가격변화에 대하여 대체재로 수요가 이동할 가능성이 매우 큼을 의미한다. 따라서 이때는 가격탄력성이 크다고 할 수 있다. 만일 재화의 성격이 필수재인 경우에는 가격이 변화하더라도 수요량의 변화는 크지 않을 것이나 반면 사치재인 경우에는 가격변화에 대하여 수요량이 매우 민감하게 반응할 수 있다. 고려하는 기간의 길이가 길면 그 기간 동안 소비자가 대체재를 찾아볼 수도 있고 다른 생산자에 의해 대체재가 개발될 수도 있기 때문에 가격탄력성이 크다고 할 수 있다.

8) 가격탄력성의 활용

가격탄력성을 활용하여 가격변화에 따른 기업의 총수입 변화를 측정해보자.

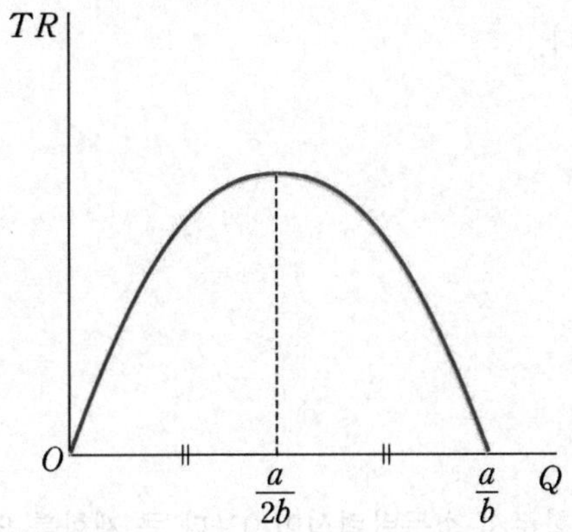

(그림 3-6)

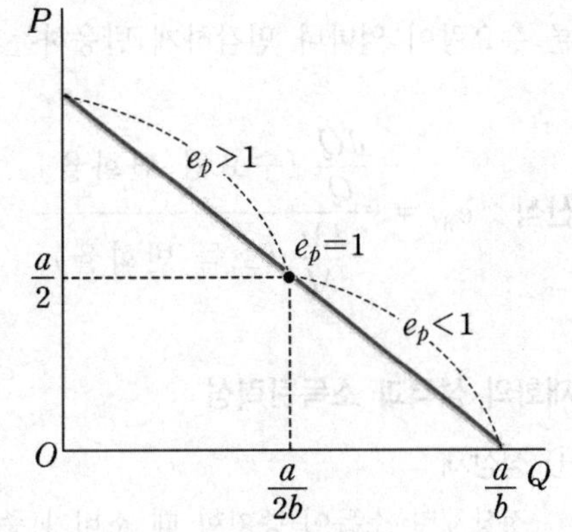

(그림 3-7)

기업의 총수입 $TR = P \cdot Q$로서 가격과 판매량을 곱한 것이고 수요함수 $P = p(Q) = a - bQ$로서 선형의 역수요함수를 가정하자. 이때, 총수입이 극대화가 달성될 조건은 다음과 같다.

$$\therefore\ TR = (a - bQ) \cdot Q = aQ - bQ^2 = -b(Q - \frac{a}{2b})^2 + \frac{a^2}{4b}$$

$\therefore\ P = \frac{a}{2},\ \ Q = \frac{a}{2b},\ \ e_P = 1$일 때, 기업의 총수입 TR은 최대가 된다.

특히 수요의 가격탄력성에 따라서 기업의 가격책정이 총수입에 미치는 영향은 다음과 같다.

① $e_P > 1$인 영역

i) 가격 인상 → 수요량 감소 → 총수입 감소

ii) 가격 인하 → 수요량 증가 → 총수입 증가

② $e_P < 1$인 영역

i) 가격 인상 → 수요량 감소 → 총수입 증가

ii) 가격 인하 → 수요량 증가 → 총수입 감소

4 소득탄력성

1) 개념

수요의 소득탄력성이란 수요량 변화율을 소득변화율로 나눈 값으로서 소득이 변화할 때 그에 따른 수요량이 얼마나 민감하게 반응하는지 측정한다.

2) 산식 : $e_M = \dfrac{\dfrac{dQ}{Q}\text{(수요량 변화율)}}{\dfrac{dM}{M}\text{(소득 변화율)}}$

3) 재화의 성격과 소득탄력성

① 정상재

정상재란 소득이 증가할 때 소비가 증가하는 재화로서 소득탄력성이 0보다 큰 재화를 의미한다. 특히 소득탄력성이 0보다 크고 1보다 작은 경우에는 필수재라고 하며 소득탄력성이 1보다 큰 경우에는 사치재로 분류할 수 있다.

② 열등재

열등재란 소득이 증가할 때 소비가 감소하는 재화로서 소득탄력성이 0보다 작은 재화를 의미한다.

5 교차탄력성

1) 개념

수요의 교차탄력성이란 수요량 변화율을 다른 재화가격의 변화율로 나눈 값으로서 다른 재화의 가격이 변화할 때 그에 따라 해당 재화의 수요량이 얼마나 민감하게 반응하는지 측정한다. 이때 다른 재화의 가격이란 대체재나 보완재와 같은 연관재화의 가격을 말한다.

2) 산식 : $e_c = \dfrac{\dfrac{dQ}{Q}\text{(수요량 변화율)}}{\dfrac{dP_R}{P_R}\text{(다른 재화가격의 변화율)}}$

3) 재화의 성격과 교차탄력성

대체재의 가격이 상승하는 경우 해당 재화에 대한 수요량이 증가할 것이므로 대체재의 교차탄력성은 0보다 크다. 반면, 보완재의 가격이 상승하는 경우 해당 재화에 대한 수요량도 보완재와 함께 감소할 것이므로 보완재의 교차탄력성은 0보다 작다. 해당 재화와 다른 재화 간에 대체나 보완의 관계가 성립하지 않고 서로 독립적일 경우에는 교차탄력성의 절댓값이 0에 가까워진다.

필수예제

상품수요가 $Q_d = 5{,}000 - 2P$이다. $P = 2{,}000$에서 수요의 가격탄력성과 소비자의 지출액은?

▸ 2018년 보험계리사

① 0.25 ; 2,000 ② 0.25 ; 2,000,000
③ 1 ; 1,000,000 ④ 4 ; 2,000,000

출제이슈 가격탄력성의 계산

핵심해설 **정답 ④**

수요의 가격탄력성을 기하학적으로 도출하면 다음과 같다.

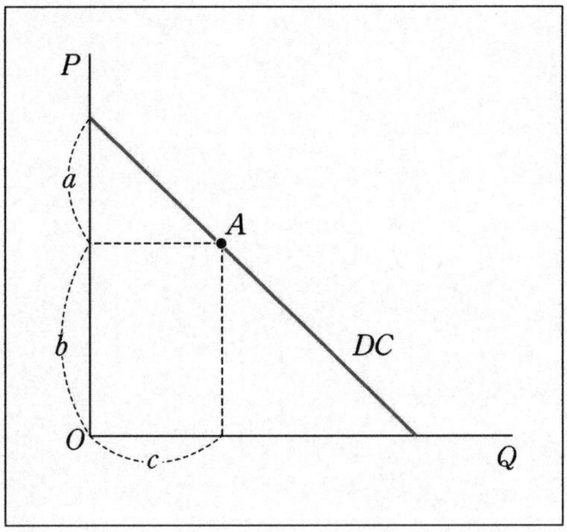

$$e_p = -\frac{\frac{dQ}{Q}}{\frac{dP}{P}} = -\frac{dQ}{dP}\cdot\frac{P}{Q} = \frac{c}{a}\cdot\frac{b}{c} = \frac{b}{a}$$

설문에서 주어진 자료를 이용하여 가격탄력성을 구하면 다음과 같다.

① 수요함수 $Q_d = 5{,}000 - 2P$를 변형하면, $P = 2{,}500 - 0.5Q$가 된다.

② 수요의 가격탄력성을 구하기 위한 기하적 산식에서 $a + b = 2{,}500$으로 P축 절편이다.

③ 가격이 $P = 2{,}000$이므로 $b = 2{,}000$이 된다.

④ 따라서 위 ②에서 $a + b = 2{,}500$, 위 ③에서 $b = 2{,}000$이므로 $a = 500$이 된다.

⑤ 수요의 가격탄력성은 $\frac{b}{a}=\frac{2,000}{500}=4$가 된다.

⑥ 추가적으로 가격은 $P=2,000$이므로 이때, 수요함수에 가격을 대입하여 수요량(판매량)을 구하면, $Q=1,000$이 된다. 그러므로 지출액(판매액)은 가격과 수요량(판매량)을 곱한 2,000,000이 된다.

참고로 수리적으로 수요의 가격탄력성 산식을 이용하여 도출하면 더욱 쉽다.

현재 가격이 $P=2,000$이고, $Q=1,000$이며, 수요함수에서 $\frac{\Delta Q}{\Delta P}=-2$가 된다.

따라서 수요의 가격탄력성은 다음과 같다.

$$e_p=-\frac{\frac{\Delta Q}{Q}\ (\text{수요량 변화율})}{\frac{\Delta P}{P}\ (\text{가격 변화율})}=-\frac{\Delta Q}{\Delta P}\frac{P}{Q}=2\times\frac{2,000}{1,000}=4\text{가 된다.}$$

X재 시장에 소비자는 갑과 을만이 존재하고 X재에 대한 갑과 을의 개별수요함수가 각각 $Q_D = 10 - 2P$, $Q_D = 15 - 3P$이다. X재의 가격이 2.5일 때, 시장수요의 가격탄력성은? (단, Q_D는 수요량, P는 가격이고, 수요의 가격탄력성은 절댓값으로 표시한다.) ▸ 2016년 감정평가사

① 0.5 ② 0.75 ③ 1
④ 1.25 ⑤ 1.5

출제이슈 시장수요함수의 도출과 가격탄력성의 계산

핵심해설 **정답 ③**

수요의 가격탄력성을 기하적으로 도출하면 다음과 같다.

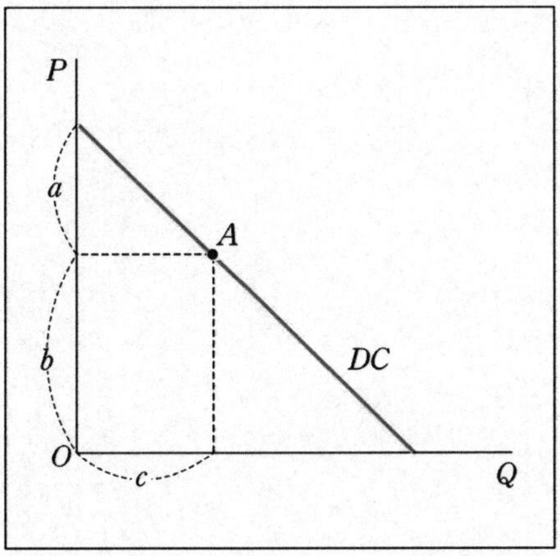

$$e_p = -\frac{\frac{dQ}{Q}}{\frac{dP}{P}} = -\frac{dQ}{dP}\cdot\frac{P}{Q} = \frac{c}{a}\cdot\frac{b}{c} = \frac{b}{a}$$

설문에서 주어진 자료를 이용하여 먼저 시장수요함수를 구한 후 가격탄력성을 구하면 다음과 같다.

1) 시장수요함수 구하기

① 갑과 을의 개별수요함수가 $Q_D = 10 - 2P$, $Q_D = 15 - 3P$ 이므로 시장수요함수는 이들을 수평합하여 구한다.

② 개별수요함수를 수평합하면 $Q = (10 - 2P) + (15 - 3P) = 25 - 5P$ 가 된다.

③ 위에서 시장수요함수를 변형하면 $P = 5 - 0.2Q$ 가 된다.

2) 가격탄력성 구하기

① 수요의 가격탄력성을 구하기 위한 기하적 산식에서 $a+b=5$으로 P축 절편이다.

② 가격이 $P=2.5$이므로 $b=2.5$이 된다.

③ 따라서 위 ①에서 $a+b=5$, 위 ②에서 $b=2.5$이므로 $a=2.5$이 된다.

④ 수요의 가격탄력성은 $\frac{b}{a}=\frac{2.5}{2.5}=1$이 된다.

참고로 수리적으로 수요의 가격탄력성 산식을 이용하여 도출하면 더욱 쉽다.

현재 가격이 $P=2.5$이고, 이를 수요함수에 대입하면 $Q=12.5$이며, 수요함수에서 $\frac{\Delta Q}{\Delta P}=-5$가 된다.

따라서 수요의 가격탄력성은 다음과 같다.

$$e_p=-\frac{\frac{\Delta Q}{Q}\text{(수요량변화율)}}{\frac{\Delta P}{P}\text{(가격변화율)}}=-\frac{\Delta Q}{\Delta P}\frac{P}{Q}=5\times\frac{2.5}{12.5}=1\text{이 된다.}$$

시간당 임금이 5,000에서 6,000으로 인상될 때, 노동수요량이 10,000에서 9,000으로 감소하였다면 노동수요의 임금탄력성은? (단, 노동수요의 임금탄력성은 절댓값이다.) ▸ 2018년 공인노무사

① 0.67%　② 1%　③ 0.5
④ 1　⑤ 2

출제이슈 노동수요의 임금탄력성

핵심해설 **정답** ③

가격탄력성의 개념과 산식은 다음과 같다.

1) 개념

① 가격변화에 따른 수요량 변화 정도를 측정

② 가격이 변화할 때 그에 따른 수요량이 얼마나 민감하게 반응하는지 측정

2) 계산식 $e_p = -\dfrac{\dfrac{dQ}{Q}\ (\text{수요량 변화율})}{\dfrac{dP}{P}\ (\text{가격 변화율})}$

특히, 가격이 노동의 가격인 임금이고, 수요량이 노동에 대한 수요량일 경우에는 노동수요에 대한 가격탄력성이므로 노동수요의 임금탄력성이라고 할 수 있으므로 다음과 같이 변형가능하다.

노동수요의 임금탄력성 $e_W = -\dfrac{\dfrac{dL}{L}\ (\text{노동수요량 변화율})}{\dfrac{dW}{W}\ (\text{임금 변화율})}$

현재 임금이 $W=5{,}000$에서 $W=6{,}000$으로 상승함에 따라서 노동수요는 $L=10{,}000$에서 $L=9{,}000$으로 감소하였으므로 이를 노동의 임금탄력성에 대입하면 다음과 같다.

노동수요의 임금탄력성 $e_W = -\dfrac{\dfrac{dL}{L}}{\dfrac{dW}{W}} = -\dfrac{\dfrac{-1{,}000}{10{,}000}}{\dfrac{1{,}000}{5{,}000}} = \dfrac{10\%}{20\%} = \dfrac{0.5\%}{1\%} = 0.5$

즉, 임금이 1% 변화함에 따라서 노동수요가 0.5% 변화함을 나타낸다. 주의할 점은 노동의 임금탄력성을 비롯한 수요의 가격탄력성은 순수한 숫자이지 %가 아니며, 다만, 그 해석에 있어서 %로 해석된다.

K 시네마가 극장 입장료를 5에서 9로 인상하였더니 매출액이 1,500에서 1,800으로 증가하였다. 중간점공식(호탄력도)을 이용하여 수요의 가격탄력성을 구하면? (단, 소수점 셋째자리에서 반올림)

▸ 2018년 보험계리사

① 0.32
② 0.42
③ 0.70
④ 1.13

출제이슈 호탄력성의 계산

핵심해설 **정답 ③**

1) 수요량의 변화 구하기

먼저 수요량의 변화를 구하면 다음과 같다.
입장료가 5일 때, 매출액이 1,500이므로 판매량(수요량)은 300이 된다.
입장료가 9일 때, 매출액이 1,800이므로 판매량(수요량)은 200이 된다.
따라서 가격이 5에서 9로 상승함에 따라서 수요량은 300에서 200으로 감소한 것이다.

2) 호탄력성 구하기

호탄력성의 산식은 다음과 같다.

$$e_p = -\frac{\dfrac{\Delta Q}{\dfrac{Q_1+Q_2}{2}}}{\dfrac{\Delta P}{\dfrac{P_1+P_2}{2}}} = -\frac{\dfrac{\Delta Q}{Q_1+Q_2}}{\dfrac{\Delta P}{P_1+P_2}}$$

설문의 자료를 위의 산식에 대입하여 호탄력성을 구하면 다음과 같다.

$$e_p = -\frac{\dfrac{\Delta Q}{Q}}{\dfrac{\Delta P}{P}} = \frac{\dfrac{100}{\dfrac{300+200}{2}}}{\dfrac{4}{\dfrac{5+9}{2}}} = \frac{\dfrac{100}{500}}{\dfrac{4}{14}} = \frac{1}{5} \times \frac{14}{4} = 0.7$$

어느 재화의 가격이 1천 원에서 1% 상승하면 판매 수입은 0.2% 증가하지만, 5천 원에서 가격이 1% 상승하면 판매 수입은 0.1% 감소한다. 이 재화에 대한 설명으로 옳은 것은? (단, 수요곡선은 수요의 법칙이 적용된다.) ▸ 2018년 국가직 7급

① 가격이 1천 원에서 1% 상승 시, 가격에 대한 수요의 탄력성은 탄력적이다.
② 가격이 5천 원에서 1% 상승 시, 가격에 대한 수요의 탄력성은 비탄력적이다.
③ 가격이 1천 원에서 1% 상승 시, 수요량은 0.2% 감소한다.
④ 가격이 5천 원에서 1% 상승 시, 수요량은 1.1% 감소한다.

출제이슈 가격탄력성과 기업의 총수입
핵심해설 **정답 ④**

총수입 TR은 다음과 같이 계산된다.

$TR = PQ$, P: 가격, Q: 거래량

이를 변화율 형태로 근사하여 쓰면 다음과 같다.
총수입 변화율 = 가격변화율 + 거래량(수요량) 변화율

설문에서 가격이 1천 원에서 1% 상승하면 판매 수입은 0.2% 증가한다고 하였으므로
이는 수요량 변화율은 −0.8%를 의미한다. 따라서 ③은 틀린 내용이 된다.

따라서 가격변화율과 수요량 변화율을 조합하면, 수요의 가격탄력성은 0.8이 된다.
이는 수요가 비탄력적임을 의미하므로 ①은 틀린 내용이 된다.

또한 가격이 5천 원에서 가격이 1% 상승하면 판매 수입은 0.1% 감소한다고 하였으므로
이는 수요량 변화율은 −1.1%를 의미한다. 따라서 ④는 옳은 내용이다.

따라서 가격변화율과 수요량 변화율을 조합하면, 수요의 가격탄력성은 1.1이 된다.
이는 수요가 탄력적임을 의미하므로 ②는 틀린 내용이 된다.

재화의 특성에 관한 설명으로 옳은 것은? ▸ 2024년 감정평가사

① 사치재는 수요의 가격탄력성이 1보다 큰 재화를 말한다.
② 열등재는 가격이 오르면 수요가 감소하는 재화를 말한다.
③ 절댓값으로 볼 때, 가격효과가 소득효과보다 큰 열등재를 기펜재(Giffen goods)라고 한다.
④ 두 상품이 완전 대체재이면 무차별 곡선은 원점에 대하여 볼록한 모양이다.
⑤ 수요가 가격 탄력적인 상품을 판매하는 기업이 가격을 내리면 판매수입은 증가한다.

출제이슈 재화의 성격 / 가격탄력성과 기업의 총수입

핵심해설 **정답 ⑤**

수요가 탄력적인 구간에서는 가격이 하락하는 경우, 가격하락의 효과보다도 수요량 증가의 효과가 더 크기 때문에 총수입이 증가한다. 반대로 수요가 비탄력적인 구간에서는, 가격이 상승하는 경우, 가격상승의 효과가 수요량 감소의 효과보다 더 크기 때문에 총수입 혹은 소비자의 지출액이 증가한다.

정상재란 소득이 증가할 때 소비가 증가하는 재화로서 소득탄력성이 0보다 큰 재화를 의미한다. 특히 소득탄력성이 0보다 크고 1보다 작은 경우에는 필수재라고 하며 소득탄력성이 1보다 큰 경우에는 사치재로 분류할 수 있다. 한편, 열등재란 소득이 증가할 때 소비가 감소하는 재화로서 소득탄력성이 0보다 작은 재화를 의미한다.

열등재란 소득이 증가할 때 소비가 감소하는 재화로서 소득탄력성이 0보다 작은 재화를 의미한다. 특히 열등재의 일종인 기펜재의 경우 가격변화에 따른 대체효과의 절대적 크기보다 소득효과의 절대적 크기가 더 크기 때문에 수요곡선은 우상향하며 수요법칙이 성립하지 않는다. 그러나 기펜재가 아닌 열등재의 경우 대체효과의 절대적 크기가 소득효과의 절대적 크기보다 더 크기 때문에 수요곡선은 우하향하며 수요법칙은 성립한다.

소비자 갑의 X재에 대한 수요곡선은 $Q_d = \frac{B}{2P}$ 이다. 시장가격 $P=10$, 소비자 갑의 소득 $B=200$일 때, X재 수요의 소득탄력성은?

▸ 2019년 보험계리사

① 0.25
② 0.5
③ 1
④ 1.5

출제이슈 소득탄력성의 계산

핵심해설 **정답** ③

소득탄력성은 소득 변화에 따른 수요량 변화 정도를 측정하는 지표로서 소득이 변화할 때 그에 따른 수요량이 얼마나 민감하게 반응하는지를 나타내며 그 산식은 다음과 같다.

$$\text{소득탄력성 } e_M = \frac{\frac{dQ}{Q}\ (\text{수요량 변화율})}{\frac{dM}{M}\ (\text{소득 변화율})}$$

설문에서 주어진 자료를 위의 산식에 대입하면 다음과 같다.

1) 기초 데이터

① 수요함수 $Q_d = \frac{M}{2P}$

② 가격 $P=10$, 소득 $M=200$, 참고로, 소득은 B 대신 M의 기호를 사용하였다.

③ 수요량 $Q_d = \frac{M}{2P} = \frac{200}{2 \times 10} = 10$

2) 소득탄력성

$$e_M = \frac{\frac{dQ}{Q}}{\frac{dM}{M}} = \frac{dQ}{dM}\frac{M}{Q} = \frac{1}{2P}\frac{M}{Q} = \frac{1}{2 \times 10} \times \frac{200}{10} = 1$$

참고로, 이 경우는 가격 및 소득의 정보가 없더라도 수요함수만으로 수요의 소득탄력성을 구할 수 있다.

$$e_M = \frac{\frac{dQ}{Q}}{\frac{dM}{M}} = \frac{dQ}{dM}\frac{M}{Q} = \frac{1}{2P}\frac{M}{Q} = \frac{1}{2P}\frac{2PQ}{Q} = 1$$

즉, 이러한 경우는 항상 소득탄력성이 1임을 알 수 있다. 뿐만 아니라 가격탄력성도 1로서 일정하다.

돼지고기 수요의 닭고기 가격에 대한 교차탄력성이 2일 때, 돼지고기 수요량이 10% 감소하였다. 이 경우 닭고기 가격은 얼마나 감소하였는가? ▶ 2015년 국가직 9급

① 1% ② 2%

③ 5% ④ 10%

출제이슈 교차탄력성

핵심해설 **정답 ③**

교차탄력성의 개념, 산식은 다음과 같다.

1) 개념

① 다른 재화가격 변화에 따른 수요량 변화

② 다른 재화가격이 변화할 때, 그에 따른 수요량이 얼마나 민감하게 반응하는지 측정

2) 계산식 $$e_c = \frac{\frac{dQ}{Q}\ (\text{수요량 변화율})}{\frac{dP_R}{P_R}\ (\text{다른 재화가격의 변화율})}$$

설문에서 주어진 자료를 위의 산식에 대입하면 다음과 같다.

$$e_c = \frac{\text{돼지고기 수요량의 변화율}}{\text{닭고기 가격의 변화율}} = \frac{-10\%}{x} = 2$$

따라서 닭고기 가격은 5% 하락하였음을 알 수 있다.

이 경우 돼지고기와 닭고기는 서로 대체관계에 있어서 교차탄력성이 양수이며, 닭고기 가격이 하락하는 경우 돼지고기에 대한 수요가 감소함을 잘 보여주고 있다.

THEME 04 시장구조(공급측면)

1 공급스케줄 혹은 공급표

시장에서 주어진 특정가격에 대하여 생산자, 즉 공급자들이 공급하고자 하는 수량의 계획으로서 가격과 공급량을 각각 대응시킨 표를 의미한다.

2 공급법칙

시장에서 가격이 오르면 공급량은 증가하고 반대로 가격이 내리면 공급량도 감소하는 것이 일반적인 현상으로서 공급량과 가격은 정의 관계에 있음을 공급의 법칙이라고 한다.

3 공급함수

공급법칙을 수리적으로 표현하면 다음과 같은 함수식으로 나타낼 수 있다.

$Q_S = f(P, W, R, T)$

(Q_S : 공급량, P : 해당 재화의 가격, W : 노동임금, R : 자본임대료, T : 기술)

이때, 공급함수의 기울기가 양수라는 것이 바로 공급법칙을 나타내는 것이다. 이를 미분의 기호로 표시하면 $\frac{dQ_S}{dP} > 0$과 같이 나타낼 수 있다. 한편, 위의 공급함수식은 매우 일반적이므로 1차형태의 선형함수를 통해 구체적으로 나타내면 $P = c + dQ$로 나타낼 수 있는데 이를 역공급함수라고 한다.

4 공급곡선

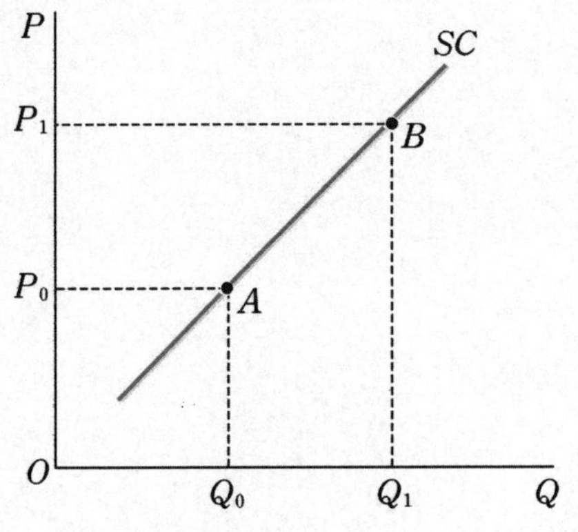

(그림 3-8)

1) 우상향하는 공급곡선

가격과 공급량 간의 관계를 기하적으로 표시한 것을 공급곡선이라고 하며 가격과 공급량 평면에서 우상향하는 형태를 보인다.

2) 공급곡선의 높이

공급곡선의 높이는 공급자가 수취할 의향(Willingness to accept)이 있는 최소가격으로서 공급가격이 된다. 이는 공급에 따른 한계비용의 크기를 의미한다.

5 공급법칙, 공급함수, 공급곡선의 도출 및 증명

가격이 오르면 왜 수요량은 증가하는지, 공급함수의 기울기는 왜 양수인지, 공급곡선은 왜 우상향하는지에 대한 증명은 기술제약 및 시장제약하 이윤극대화 과정에서 도출된다. 이에 대해서는 나중에 살펴보게 될 것이다.

6 공급곡선 자체의 이동

1) 의의

공급곡선 자체의 이동은 공급의 변화로 인하여 공급곡선 자체가 이동하는 것을 의미한다. 가격이 불변인 상황에서 공급량에 영향을 미치는 다른 요인이 변화할 때 공급량이 변화하는 것을 공급의 변화라고 한다.

2) 기하적 분석

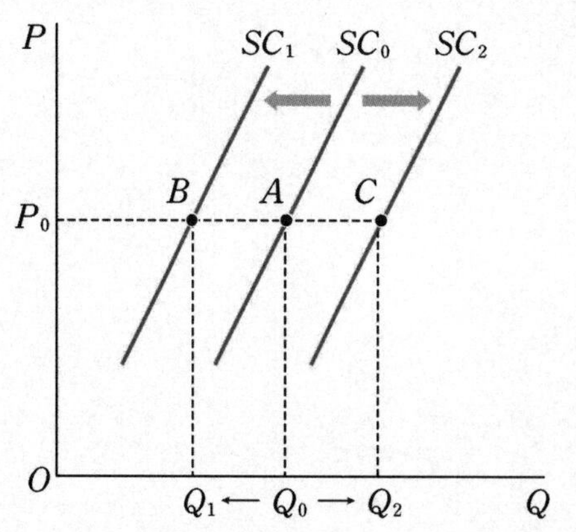

(그림 3-9)

3) 수리적 분석

공급함수가 $Q = a + bP + cW$라고 하자. 이때 임금이 변화할 때, 이에 따른 공급량의 변화를 다음과 같이 수리적으로 표현할 수 있다.

$W = W_0 \rightarrow W_1$(임금 상승) or W_2(임금 하락) $\rightarrow Q = Q_0 \rightarrow Q_1$(공급량 감소) or Q_2(공급량 증가)

4) 공급곡선의 이동 및 공급변화의 원인

공급곡선의 이동을 가져오는 공급변화의 원인으로는 생산요소 가격의 변화, 기술수준의 변화 등을 들 수 있다. 예를 들어 해당 재화의 가격이 변하지 않는 상황에서 기술이 발전한 경우 해당 재화의 공급량이 늘어나는 것을 의미한다.

7 공급곡선 선상의 이동

1) 의의

공급곡선 선상의 이동은 가격변화에 따라서 공급량이 변화하여 공급곡선을 따라서 선상에서 이동하는 것을 의미한다. 가격 이외의 요인들이 불변인 상황에서 가격 요인이 변화할 때 공급량이 변화하는 것을 공급량의 변화라고 한다.

2) 기하적 분석

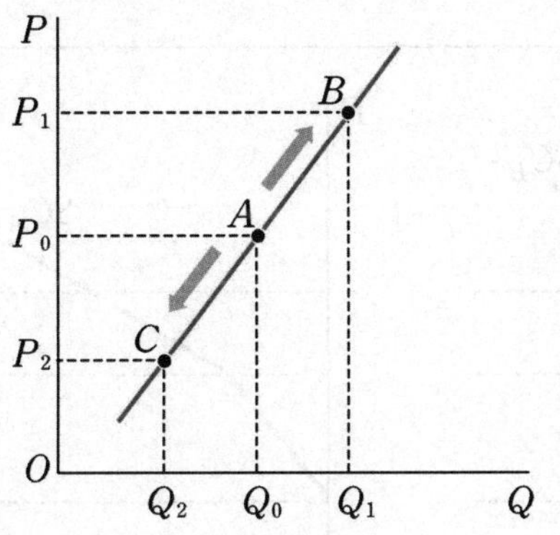

(그림 3-10)

3) 수리적 분석

공급함수가 $Q = a + bP + cW$라고 하자. 이때 가격이 변화할 때, 이에 따른 공급량의 변화를 다음과 같이 수리적으로 표현할 수 있다.

$P = P_0 \rightarrow P_1$(가격 상승) or P_2(가격 하락) $\rightarrow Q = Q_0 \rightarrow Q_1$(공급량 증가) or Q_2(공급량 감소)

4) 공급곡선상의 이동 및 공급량 변화의 원인

공급곡선상의 이동을 가져오는 공급량 변화의 원인으로는 임금, 임대료, 기술 등이 변화하지 않는 가운데 가격의 변화를 들 수 있다.

8 개별공급과 시장공급

1) 개별공급

개별공급함수는 주어진 가격하에서 개별공급자가 공급하고자 하는 양을 나타내는 식을 의미한다. 개별공급곡선은 주어진 가격과 그에 대응하여 개별공급자가 공급하고자 하는 양의 궤적을 가격과 공급량 평면에 표시한 것을 말한다.

2) 시장공급

시장공급함수는 주어진 가격하에서 시장전체의 공급자들이 공급하고자 하는 양을 나타내는 식을 의미한다. 시장공급곡선은 주어진 가격과 그에 대응하여 시장전체의 공급자들이 수요하고자 하는 양의 궤적을 가격과 공급량 평면에 표시한 것을 말한다.

3) 개별공급과 시장공급

시장공급곡선은 개별공급곡선을 다음과 같이 수평합하여 도출할 수 있다. 이때 시장공급곡선은 개별공급곡선보다 더 완만하게 나타난다.

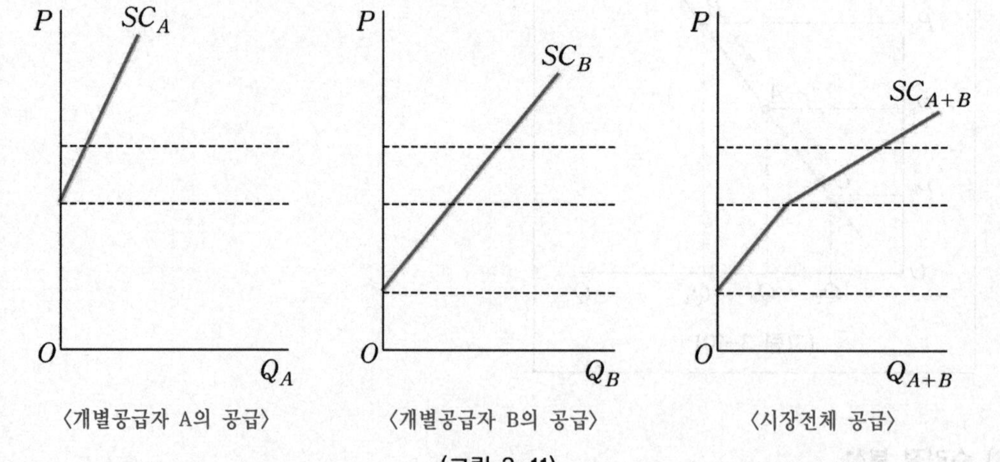

(그림 3-11)

필수예제

단기적으로 100개의 기업이 존재하는 완전경쟁시장이 있다. 모든 기업은 동일한 총비용함수 $TC(q) = q^2$을 가진다고 할 때, 시장공급함수(Q)는? (단, p는 가격이고 q는 개별기업의 공급량이며, 생산요소의 가격은 불변이다.) ▸ 2018년 지방직 7급

① $Q = p/2$ ② $Q = p/200$ ③ $Q = 50p$ ④ $Q = 100p$

출제이슈 시장공급함수의 도출

핵심해설 **정답 ③**

시장공급곡선은 개별공급곡선을 수평합하여 도출한다.

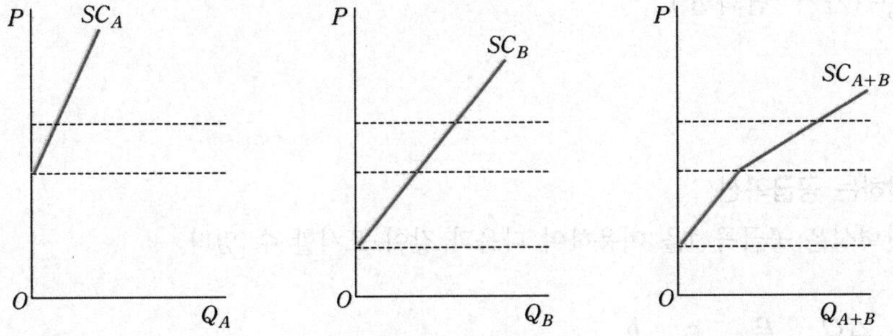

〈개별공급자 A의 공급〉 〈개별공급자 B의 공급〉 〈시장전체 공급〉

설문에서 주어진 자료를 이용하여 수리적으로 시장공급곡선을 구하면 다음과 같다.

1) 개별기업의 공급곡선

개별기업의 총비용이 $C(q) = q^2$이므로 한계비용은 $MC(q) = 2q$가 된다.
따라서 개별기업의 공급함수는 $P = 2q$가 된다.

2) 시장공급곡선

이때, 개별기업의 공급곡선을 수평합하여 시장공급곡선을 도출하면 다음과 같다.
$P = 2q$, $q = 0.5P$ $\therefore$ $100q = Q = 50P$ 시장공급곡선은 $Q = 50P$가 된다.

THEME 05 공급의 탄력성

1 개념

해당 재화의 가격이 변화함에 따라서 해당 재화의 공급량이 얼마나 민감하게 변화하는지 그 정도를 측정하는 지표를 공급의 가격탄력성이라고 한다. 공급의 가격탄력성은 공급량 변화율을 가격변화율로 나눈 값이 된다.

2 공급의 가격탄력성

1) 산식 : $e = \dfrac{\dfrac{\Delta Q}{Q}\text{(공급량 변화율)}}{\dfrac{\Delta P}{P}\text{(가격 변화율)}}$

2) 기하적 분석

① 원점에서 출발하는 공급곡선

공급의 가격탄력성은 공급곡선을 이용하여 다음과 같이 표시할 수 있다.

$$e = \frac{\frac{\Delta Q}{Q}}{\frac{\Delta P}{P}} = \frac{\Delta Q}{\Delta P} \cdot \frac{P}{Q} = \frac{a}{b} \cdot \frac{b}{a} = 1$$

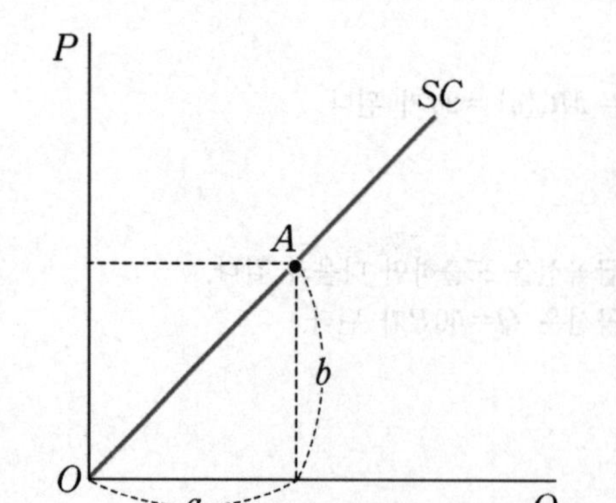

(그림 3-12)

② 종축에서 출발하는 공급곡선

공급의 가격탄력성은 공급곡선을 이용하여 다음과 같이 표시할 수 있다.

$$e = \frac{\frac{dQ}{Q}}{\frac{dP}{P}} = \frac{dQ}{dP} \cdot \frac{P}{Q} = \frac{a}{c} \cdot \frac{b+c}{a} = \frac{b+c}{c} > 1$$

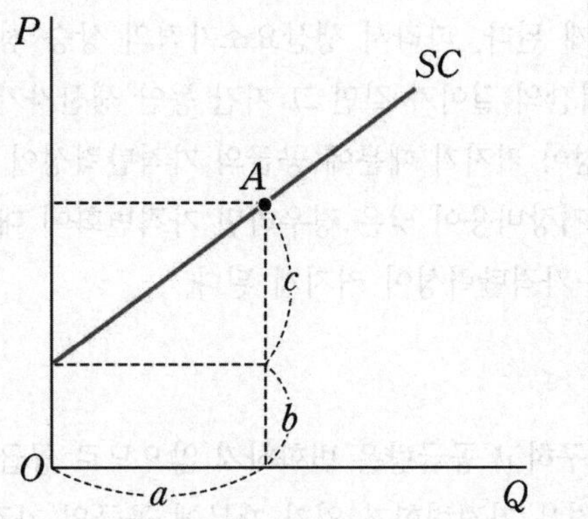

(그림 3-13)

③ 횡축에서 출발하는 공급곡선

공급의 가격탄력성은 공급곡선을 이용하여 다음과 같이 표시할 수 있다.

$$e = \frac{\frac{dQ}{Q}}{\frac{dP}{P}} = \frac{dQ}{dP} \cdot \frac{P}{Q} = \frac{b}{c} \cdot \frac{c}{a+b} = \frac{b}{a+b} < 1$$

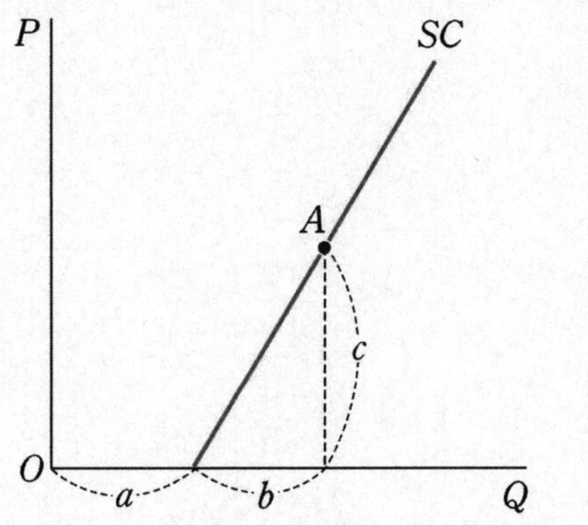

(그림 3-14)

3) 결정요인

공급의 가격탄력성의 크기에 영향을 줄 수 있는 요인으로 먼저 유휴설비를 들 수 있다. 유휴설비가 존재하는 경우에는 특정재화의 가격변화에 대하여 공급자들이 신속하고도 어려움 없이 생산을 증가시켜 공급할 수 있음을 의미한다. 따라서 이때는 공급의 가격탄력성이 크다고 할 수 있다. 생산요소가격의 변화 정도도 영향을 줄 수 있다. 생산을 증가시키는 경우 그에 대한 파생적 수요로서 생산요소수요가 증가하므로 요소가격이 상승하게 될 것이다. 이때 생산요소가격의 상승 정도가 크지 않다면 보다 용이하게 생산을 증가시킬 수 있겠지만 만일 생산요소가격의 상승 정도가 매우 큰 경우에는 생산 증가가 어렵게 된다. 따라서 생산요소가격의 상승 정도가 크면 공급의 가격탄력성은 작게 된다. 고려하는 기간의 길이가 길면 그 기간 동안 생산자가 공급량을 변화시키는 데 필요한 준비를 다 마칠 가능성이 커지기 때문에 공급의 가격탄력성이 크다고 할 수 있다. 또한 재화의 저장가능성이 크거나 저장비용이 낮은 경우라면 가격변화에 대하여 공급량 증가로 쉽게 대응할 수 있으므로 공급의 가격탄력성이 커지게 된다.

4) 특수한 공급곡선과 가격탄력성

수직의 공급곡선의 경우 가격의 변화에도 불구하고 공급량은 변화하지 않으므로 공급의 가격탄력성은 0이 된다. 한편 수평의 공급곡선의 경우 가격변화가 없기 때문에 공급의 가격탄력성은 이론상 무한대가 된다. 좀 더 직관적으로 설명하자면 아주 작은 가격의 변화에도 공급량은 대단히 크게 변화하기 때문에 무한탄력적이 된다고 할 수 있다. 만일 공급곡선이 원점을 통과하는 직선의 형태를 갖게 되면 공급의 가격탄력성은 1이 된다. 이 경우는 가격의 변화율에 따라서 정확히 공급량이 변화하기 때문에 가격과 공급량의 비율은 항상 일정하다.

필수예제

재화 X의 공급함수가 $Q = 10P - 4$이다. $P = 2$일 때, 공급의 가격탄력성은? (Q는 공급량, P는 가격이다.)

▸ 2019년 공인노무사

① 0.5　② 0.75　③ 1　④ 1.25　⑤ 2.5

출제이슈 공급의 가격탄력성 계산

핵심해설 **정답 ④**

공급의 가격탄력성은 가격 변화 시 공급량이 얼마나 민감하게 변화하는지 그 정도를 측정하는 지표로서 다음과 같은 산식으로 계산된다.

$$e = \frac{\frac{\Delta Q}{Q}\text{(공급량 변화율)}}{\frac{\Delta P}{P}\text{(가격 변화율)}}$$

특히, 공급곡선이 종축에서 출발하는 경우 공급의 가격탄력성은 1보다 크며 산식은 다음과 같다.

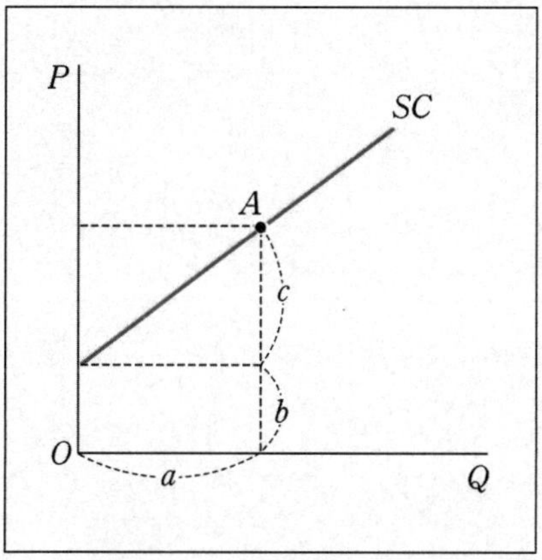

$$e = \frac{\frac{dQ}{Q}}{\frac{dP}{P}} = \frac{dQ}{dP} \cdot \frac{P}{Q} = \frac{a}{c} \cdot \frac{b+c}{a} = \frac{b+c}{c} > 1$$

설문에서 주어진 자료를 위의 산식에 대입하여 구하면 다음과 같다.

재화 X의 공급함수가 $Q=10P-4$이므로 이를 변형하면, $P=0.1Q+0.4$가 된다. $P=2$이므로 $Q=16$이 된다.

따라서 위의 산식에서 $a=Q=16$, $b=0.4$, $b+c=P=2$가 되며, 이로부터 $c=1.6$임을 알 수 있다.

이를 산식에 대입하면, $e=\frac{2}{1.6}=1.25$가 된다.

참고로, 공급곡선이 $Q=10P-4$이고 $P=2$, $Q=16$인 상황에서 공급의 가격탄력성을 수리적으로 도출하면 다음과 같다.

$$e=\frac{\frac{dQ}{Q}}{\frac{dP}{P}}=\frac{dQ}{dP}\cdot\frac{P}{Q}=10\cdot\frac{2}{16}=1.25$$

수요와 공급의 가격탄력성에 관한 설명으로 옳은 것을 모두 고른 것은? ▸ 2024년 감정평가사

ㄱ. 수요곡선이 수직선인 경우, 수요의 가격탄력성은 수요곡선상의 모든 점에서 동일하다.
ㄴ. 수요곡선이 직각쌍곡선 형태인 경우, 수요의 가격탄력성은 수요곡선상의 모든 점에서 동일하다.
ㄷ. 공급곡선이 원점을 지나는 직선인 경우, 공급의 가격탄력성은 기울기와 관계없이 동일하다.
ㄹ. 수요곡선이 우하향하는 직선인 경우, 수요의 가격탄력성은 수요곡선상의 모든 점에서 동일하다.

① ㄱ ② ㄱ, ㄴ
③ ㄱ, ㄴ, ㄷ ④ ㄴ, ㄷ, ㄹ
⑤ ㄱ, ㄴ, ㄷ, ㄹ

출제이슈 수요와 공급의 가격탄력성

핵심해설 **정답** ③

수요곡선이 우하향하는 직선인 경우, 수요곡선상의 각 점에서 측정하는 가격탄력성은 모두 상이하다.

수요곡선이 수직선이면 가격이 변화하더라도 수요량은 언제나 일정함을 의미하므로 수요의 가격탄력성은 0으로 일정하다.

공급곡선이 원점을 통과하는 경우, 공급의 가격탄력성은 임의의 모든 점에서 항상 1이 된다.
따라서 기울기가 다른 공급곡선이라도 원점을 통과한다면 공급의 가격탄력성은 모두 1이다.

THEME 06 시장균형

1 의의

시장균형이란 시장에서 나타난 상반된 힘으로서 수요의 힘과 공급의 힘이 동일한 상태를 말한다. 수요의 힘은 수요량 및 수요가격으로 표출이 되며, 공급의 힘은 공급량 및 공급가격으로 표출이 된다. 따라서 균형이란 수요량과 공급량이 동일하거나 수요가격과 공급가격이 일치하는 것을 의미하게 된다.

2 성격

균형은 다른 새로운 변화가 생기지 않는 한, 즉 교란요인이 없는 한 그 균형상태가 유지되려는 특성을 보인다. 소비자와 생산자와 같은 경제주체들의 최적화 행위로부터 수요와 공급의 힘이 나타나고 두 힘이 만나는 시장에서 두 힘 간의 균형이 나타나고 시장균형을 통해 자원이 배분되고 구체적인 경제현상이 발현된다.

3 균형과 불균형

위에서 살펴본바, 균형은 수요량과 공급량이 동일한 상태이다. 이를 달리 표현하면 수요량에서 공급량을 차감한 초과수요가 0인 상태이다. 반면 불균형이란 수요의 힘과 공급의 힘이 일치하지 않은 상태로서 수요량과 공급량이 일치하지 않아서 초과수요가 0이 아닌 상태이다.

4 도달과정(불균형의 조정과정)

1) 왈라스적 가격조정

시장에서 불균형, 즉 초과수요가 존재하는 경우 왈라스적 가격조정에 의하면 가격이 상승하게 된다. 가격상승으로 초과수요가 점차 감소하고 그 조정은 초과수요가 0이 될 때까지 계속되어 결국 초과수요가 0이 되고 균형을 다시 회복하게 된다.

수식으로 표현하면 $\frac{dED\downarrow}{dP\uparrow} < 0$이 되고 이를 왈라스적 균형의 안정성 조건이라고 한다.

2) 마샬적 수량조정

시장에서 불균형, 즉 초과수요가격이 존재하는 경우 마샬적 수량조정에 의하면 거래량이 증가하게 된다. 거래량 증가로 초과수요가격이 점차 하락하고 그 조정은 초과수요가격이 0이 될 때까지 계속되어 결국 초과수요가격이 0이 되고 균형을 다시 회복하게 된다.

수식으로 표현하면 $\frac{dEP \downarrow}{dQ \uparrow} < 0$이 되고 이를 마샬적 균형의 안정성 조건이라고 한다.

5 시장균형 모형

1) 시장수요 $Q_D = a - bP$ **또는** $P = a - bQ_D$

2) 시장공급 $Q_S = c + dP$ **또는** $P = c + dQ_S$

3) 시장균형 $Q_D = Q_S$

① 균형가격

② 균형거래량

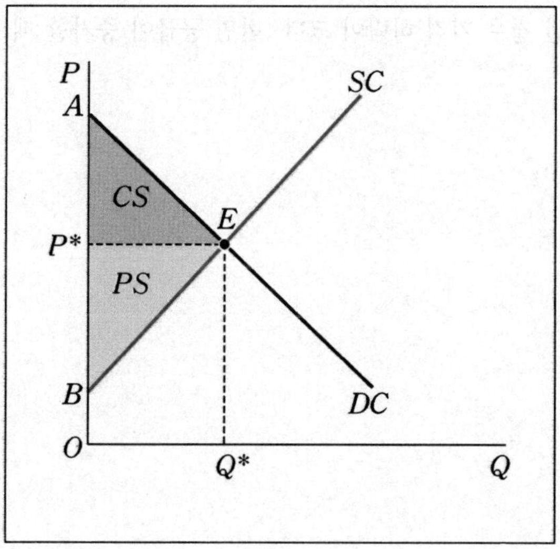

6 시장균형의 변화

1) 수요 측 요인의 변화

수요에 영향을 미치는 요인으로서 소득이나 선호가 변화하는 경우 수요곡선이 이동하여 시장균형이 변화하게 된다.

2) 공급 측 요인의 변화

공급에 영향을 미치는 요인으로서 노동비용이나 자본비용이 변화하거나 기술에 변화가 있는 경우 공급곡선이 이동하여 시장균형이 변화하게 된다.

7 시장균형의 변화와 탄력성

1) 거래량의 변화

공급이 증가할 때 수요곡선이 탄력적이고 공급곡선이 비탄력적인 경우 거래량 증가가 크다. 반면 공급이 증가할 때 수요곡선이 비탄력적이고 공급곡선이 탄력적인 경우 거래량 증가가 작다.

2) 가격의 변화

공급이 증가할 때 수요곡선이 비탄력적인 경우 가격 하락이 크다. 반면 공급이 증가할 때 수요곡선이 탄력적인 경우 가격 하락이 작다.

필수예제

재화 X에 대한 시장수요함수, 시장공급함수가 각각 $Q_D = -4P + 1600$, $Q_S = 8P - 800$일 때, 균형가격(P^*)와 균형거래량(Q^*)은? (단, Q_D는 수요량, Q_S는 공급량, P는 가격이다.)

▸ 2018년 감정평가사

① $P^* = 190$, $Q^* = 840$
② $P^* = 195$, $Q^* = 820$
③ $P^* = 200$, $Q^* = 800$
④ $P^* = 205$, $Q^* = 780$
⑤ $P^* = 210$, $Q^* = 760$

출제이슈 시장균형의 도출

핵심해설 **정답** ③

시장에서의 균형은 수요와 공급의 힘이 일치할 때 달성된다. 수리적으로는 수요함수의 수요량과 공급함수의 공급량이 일치할 때 시장균형이 달성된다.

설문에서 시장수요함수, 시장공급함수가 각각 $Q_D = -4P + 1600$, $Q_S = 8P - 800$이므로 시장균형은 $-4P + 1600 = 8P - 800$일 때 달성된다. 이때, 균형가격은 $P = 200$이 된다.

위에서 구한 균형가격을 수요함수나 공급함수에 대입하면 균형거래량을 구할 수 있으며 균형거래량은 $Q = 800$이 된다.

노동시장에서 노동수요곡선은 $L_D = 1{,}000 - W$이고 노동공급곡선은 $L_S = -100 + W$이다. 이때, 균형임금(W^*)과 균형노동량(L^*)은? (L_D는 노동수요량, L_S는 노동공급량, W는 노동 1단위당 임금이다.)

▸ 2019년 공인노무사

① W^* : 550, L^* : 450
② W^* : 450, L^* : 550
③ W^* : 400, L^* : 600
④ W^* : 350, L^* : 650
⑤ W^* : 300, L^* : 700

출제이슈 시장균형의 도출

핵심해설 **정답 ①**

시장에서의 균형은 수요와 공급의 힘이 일치할 때 달성된다. 수리적으로는 수요함수의 수요량과 공급함수의 공급량이 일치할 때 시장균형이 달성된다.

설문에서 노동수요함수, 노동공급함수가 각각 $L_D = 1{,}000 - W$, $L_S = -100 + W$이므로
시장균형은 $1{,}000 - W = -100 + W$일 때 달성된다. 이때, 균형임금은 $W = 550$이 된다.

위에서 구한 균형임금을 노동수요함수나 노동공급함수에 대입하면 균형고용량을 구할 수 있으며 균형고용량은 $L = 450$이 된다.

X재화의 시장수요곡선은 $Q=300-2P+4I$ 이고, 시장공급곡선은 $Q=3P-50$이다. I가 25에서 20으로 감소할 때, X재화의 시장균형가격의 변화는? (단, Q는 수량, P는 가격, 그리고 I는 시장에 참가하는 소비자들의 소득수준을 나타낸다.)

▸ 2012년 국가직 9급

① 2만큼 하락 ② 4만큼 하락
③ 6만큼 하락 ④ 8만큼 하락

출제이슈 소득의 변화와 시장균형의 변화

핵심해설 정답 ②

시장균형은 다음과 같은 연립방정식 체계를 통해서 수리적으로 도출할 수 있다.

1) 시장수요 $Q_D=a+bP$ 또는 $P=a-bQ_D$

2) 시장공급 $Q_S=c+dP$ 또는 $P=c+dQ_S$

3) 시장균형 $Q_D=Q_S$

설문에서 주어진 자료를 이용하여 소득이 25에서 20으로 감소한 경우 시장균형의 변화를 구해야 한다.

1) 소득이 25인 경우, 시장수요곡선은 $Q=400-2P$, 시장공급곡선은 $Q=3P-50$이므로 시장균형은 $Q=220$, $P=90$이다.

2) 소득이 20인 경우, 시장수요곡선은 $Q=380-2P$, 시장공급곡선은 $Q=3P-50$이므로 시장균형은 $Q=208$, $P=86$이다.

3) 따라서 소득감소로 인하여 수요가 감소하여 가격이 하락하고 거래량이 감소하였다. 이때 시장균형가격은 4만큼 하락하였다.

Chapter 04

수요와 공급이론의 응용

THEME 01 소비자잉여와 생산자잉여

1 소비자잉여(CS)

1) 의의

시장에서 소비자가 상품구입을 위해서 지불할 의사가 있는 최대금액과 실제지불액의 차이를 소비자잉여라고 한다.

2) 기하적 분석

가격이 P^*일 때 소비자가 지불할 의사가 있는 최대금액은 $\square AOQ^*E$에 해당하는 면적만큼이 된다. 왜냐하면, $\square AOQ^*E$에 해당하는 면적만큼의 돈을 포기하고 Q^*만큼을 구입하여 소비하게 되면 효용에 변화가 없기 때문이다. 그런데 실제로 소비자가 지불하는 금액은 $\square P^*OQ^*E$으로서 지불할 의사가 있는 금액에 미달된다. 따라서 $\triangle AP^*E$만큼의 이득을 얻게 되는데 이를 소비자잉여라고 한다.

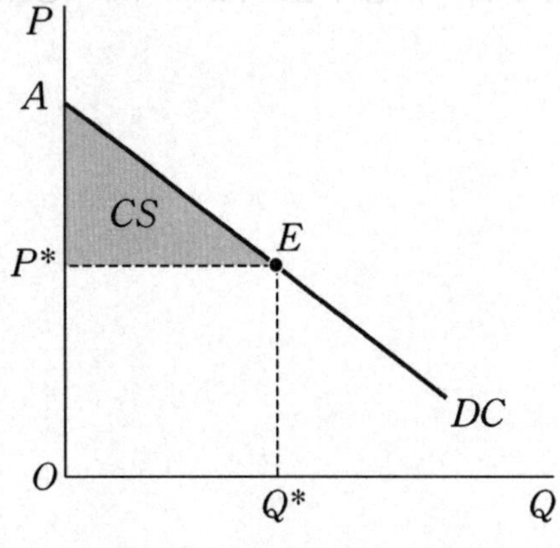

(그림 4-1)

3) 소비자잉여와 가격변화

위의 수요곡선에서 만일 시장가격이 P^*보다 하락하는 경우에는 하락한 가격에서 수평선을 그어 수요곡선과 만나는 점을 구하면 사다리꼴 모양의 소비자잉여의 증가분이 생겨나는 것을 쉽게 알 수 있다. 이처럼 소비자잉여는 가격변화에 따라 소비자의 후생수준의 변화를 측정하는 개념이다.

4) 소비자잉여와 보상수요곡선

소비자잉여가 시장에서 가격변화에 따라서 소비자 후생이 얼마나 변화하는지를 측정하는 개념이라면 이때의 가격변화는 순수한 가격변화로서 소득효과가 제거된 개념이다. 따라서 소비자잉여의 측정은 소득효과가 포함된 보통수요곡선이 아니라 소득효과가 제거된 보상수요곡선을 통해서 측정할 수 있다. 만일 수요의 소득탄력성이 0인 경우라면 소득효과가 0이 되기 때문에 보상수요곡선과 보통수요곡선이 일치하게 된다.

2 생산자잉여(PS)

1) 의의

시장에서 생산자가 상품판매를 하고 그 대가로 수취하여야 할 최소금액과 실제수취액의 차이를 생산자잉여라고 한다.

2) 기하적 분석

가격이 P^*일 때 생산자가 수취하여야 할 최소금액은 $\square BOQ^*E$에 해당하는 면적만큼이 될 것이다. 왜냐하면, $\square BOQ^*E$에 해당하는 면적만큼의 돈을 받고 Q^*만큼을 생산하게 되면 비용에 변화가 없기 때문이다. 그런데 실제로 생산자가 수취하는 금액은 $\square P^*OQ^*E$으로서 수취하여야 할 금액을 초과한다. 따라서 $\triangle P^*BE$만큼의 이득을 얻게 되는데 이를 생산자잉여라고 한다.

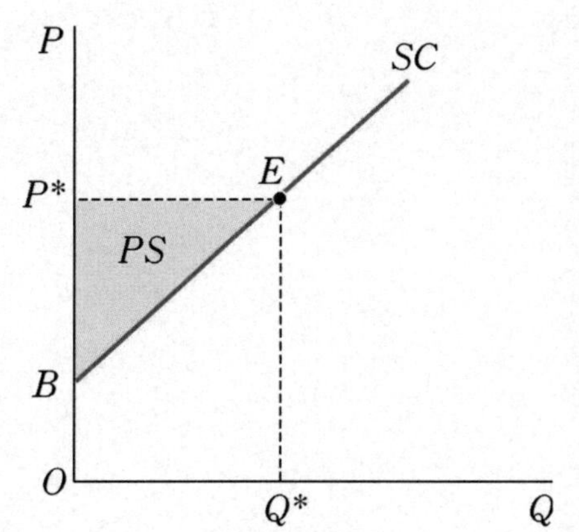

(그림 4-2)

3 사회총잉여

소비자잉여와 생산자잉여를 더한 것으로 시장균형으로부터 달성되는 사회후생이다.

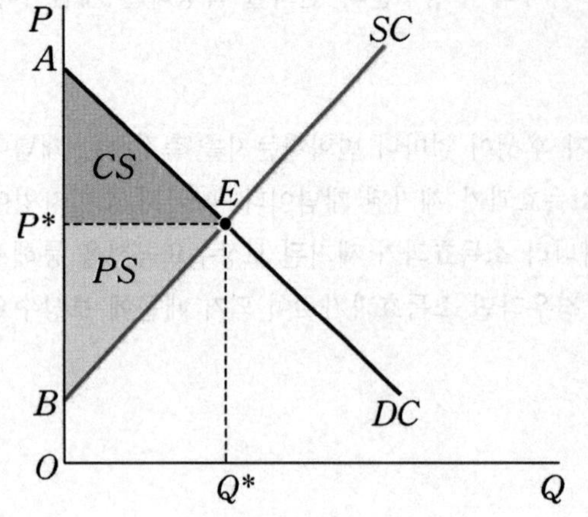

(그림 4-3)

필수예제

시장수요함수와 시장공급함수가 각각 $Q_D = 36 - 4P$, $Q_S = -4 + 4P$일 때, 시장균형에서 (ㄱ) 생산자잉여와 (ㄴ) 소비자잉여는? (단, Q_D는 수요량, Q_S는 공급량, P는 가격이다.)

▸ 2023년 감정평가사

① ㄱ : 32, ㄴ : 32
② ㄱ : 25, ㄴ : 25
③ ㄱ : 25, ㄴ : 32
④ ㄱ : 32, ㄴ : 25
⑤ ㄱ : 0, ㄴ : 64

출제이슈 시장균형의 도출 및 잉여의 계산

핵심해설 **정답** ①

시장의 균형(균형가격과 균형거래량), 소비자잉여, 생산자잉여를 기하학적으로 표시하면 아래와 같다.

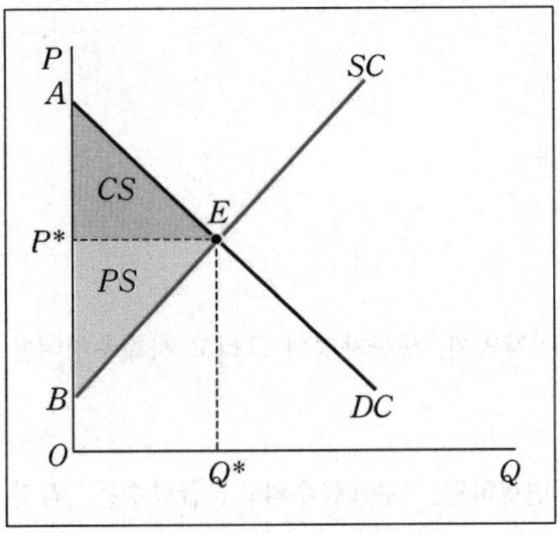

설문에서 주어진 수요함수와 공급함수를 이용하여 시장균형 및 소비자잉여, 생산자잉여 그리고 사회총잉여를 구하면 아래와 같다.

수요함수는 $Q_D = 36 - 4P$, 공급함수는 $Q_S = -4 + 4P$이므로 이를 변형하면, 수요함수와 공급함수는 각각 $P = 9 - 0.25Q$, $P = 0.25Q + 1$이다. 이때, 수요함수의 종축절편은 $A = 9$, 공급함수의 종축절편은 $B = 1$이 된다. 수요와 공급이 일치하는 시장균형은 $P = 5$, $Q = 16$이 된다.

$$CS = \frac{(A - P^*)Q^*}{2} = \frac{(9-5) \times 16}{2} = 32$$

$$PS = \frac{(P^* - B)Q^*}{2} = \frac{(5-1) \times 16}{2} = 32$$

완전경쟁시장에서 수요곡선은 $Q_d = 8 - 0.5P$이고 공급곡선은 $Q_s = P - 4$라고 할 때, 균형가격(P)과 소비자잉여(CS)의 크기는? (단, Q_d는 수요량, Q_s는 공급량이다.) ▸ 2018년 공인노무사

① $P=4$, $CS=8$ ② $P=4$, $CS=16$ ③ $P=8$, $CS=8$
④ $P=8$, $CS=16$ ⑤ $P=10$, $CS=8$

출제이슈 시장균형의 도출 및 잉여의 계산

핵심해설 **정답** ④

시장의 균형(균형가격과 균형거래량), 소비자잉여, 생산자잉여를 기하적으로 표시하면 아래와 같다.

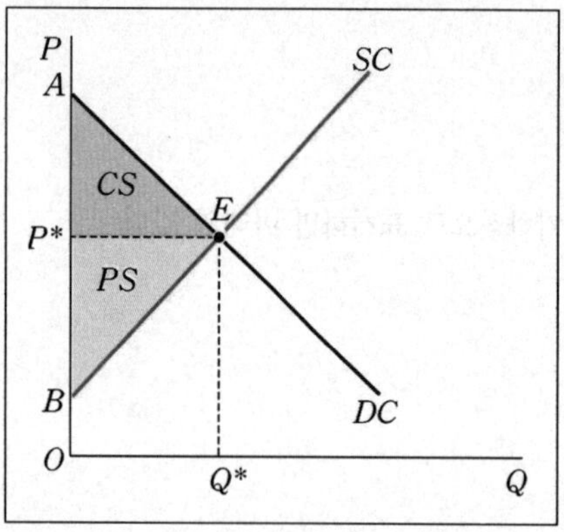

설문에서 주어진 수요함수와 공급함수를 이용하여 시장균형 및 소비자잉여, 생산자잉여 그리고 사회총잉여를 구하면 아래와 같다.

수요함수 $Q_d = 8 - 0.5P$, 공급함수 $Q_s = P - 4$이므로 이를 변형하면, 수요함수와 공급함수는 각각 $P = 16 - 2Q$, $P = Q + 4$이다. 이때, 수요함수의 종축절편은 $A = 16$, 공급함수의 종축절편은 $B = 4$가 된다. 수요와 공급이 일치하는 시장균형은 $P = 8$, $Q = 4$가 된다.

$$CS = \frac{(A - P^*)Q^*}{2} = \frac{(16-8)\times 4}{2} = 16$$

$$PS = \frac{(P^* - B)Q^*}{2} = \frac{(8-4)\times 4}{2} = 8$$

X재에 대한 시장수요곡선과 시장공급곡선이 다음과 같을 때 옳지 않은 것은? (단, Q^D는 수요량, Q^S는 공급량, P는 가격이다.)

▸ 2020년 국가직 7급

- 시장수요곡선 : $Q^D = 100 - P$
- 시장공급곡선 : $Q^S = -20 + P$

① 균형 시장가격은 60이다.
② 균형 시장거래량은 40이다.
③ 소비자잉여는 800이다.
④ 생산자잉여가 소비자잉여보다 크다.

출제이슈 시장균형의 도출 및 잉여의 계산

핵심해설 **정답** ④

시장의 균형(균형가격과 균형거래량), 소비자잉여, 생산자잉여를 기하적으로 표시하면 아래와 같다.

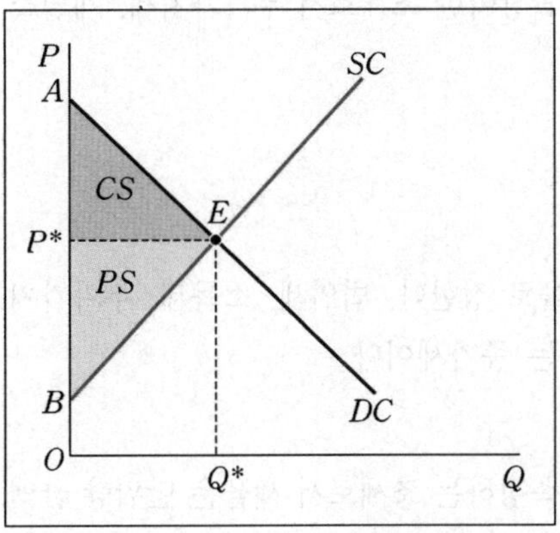

설문에서 주어진 수요함수와 공급함수를 이용하여 시장균형 및 소비자잉여, 생산자잉여 그리고 사회총잉여를 구하면 아래와 같다.

수요함수 $P = 100 - Q$, 공급함수 $P = 20 + Q$이다. 이때, 수요함수의 종축절편은 $A = 100$, 공급함수의 종축절편은 $B = 20$이 된다. 수요와 공급이 일치하는 시장균형은 $P = 60$, $Q = 40$이 된다.

$$CS = \frac{(A - P^*)Q^*}{2} = \frac{(100 - 60) \times 40}{2} = 800$$

$$PS = \frac{(P^* - B)Q^*}{2} = \frac{(60 - 20) \times 40}{2} = 800$$

여기서는 소비자잉여와 생산자잉여가 800으로서 같다.

THEME 02 조세부과

1 조세

1) 의의

정부가 재정수입을 목적으로 과세요건을 충족하는 자연인, 법인에게 개별적인 반대급부가 없이 강제적으로 징수하는 금품이나 경제적 부담을 조세라고 한다.

2) 직접세와 간접세

① 직접세

조세를 부담하는 자와 조세를 납부할 의무가 있는 자가 동일한 조세로서 소득세, 법인세, 상속세, 증여세 등이 직접세에 해당한다.

② 간접세

조세를 부담하는 자와 조세를 납부할 의무가 있는 자가 상이한 조세로서 부가가치세, 개별소비세, 주세 등이 간접세에 해당한다.

3) 종가세와 종량세

① 종가세

과세표준을 화폐단위로 측정하는 조세로서 세율은 비율로 정한다. 법인세, 소득세, 부가가치세, 상속세, 증여세, 종합부동산세 등 대부분의 조세는 종가세이다.

② 종량세

과세표준을 화폐 이외의 단위(개수, 중량, 부피 등)로 측정하는 조세로서 세율은 단위당 금액으로 정한다. 개별소비세, 주세 등 일부가 종량세에 해당한다.

2 조세의 효과

조세가 부과되면 소비자가 인식하는 가격과 생산자가 인식하는 가격이 괴리되어 가격왜곡이 생겨난다. 조세부과 이전의 가격과 조세부과 이후의 인식가격 간의 차이로 인해서 소비자와 생산자에 조세부담이 생겨날 뿐만 아니라 사회 전체적으로는 모든 주체들의 부담을 초과하는 추가적인 부담이 생겨나는데 이를 초과부담이라고 한다. 초과부담은 조세로 인한 사회총잉여의 감소분으로서 비효율성을 보여준다.

3 조세부담의 귀착(incidence)

1) 법적 귀착(statutory incidence)

세법상으로 누가 조세를 납부해야 할 의무를 지는가의 문제이다. 세법상 조세납부 의무자에게 법적 귀착이 일어난다.

2) 경제적 귀착(economic incidence)

법상으로 조세납부 의무자가 있다고 하더라도 경제적으로 실제 조세부담을 지는 자가 따로 있을 수 있는데 이를 경제적 귀착이라고 한다. 경제적 귀착이 되는 자는 법적 귀착자와 거래관계에 있는 자가 된다.

4 생산자에게 물품세 부과 시 효과

1) 기하적 분석

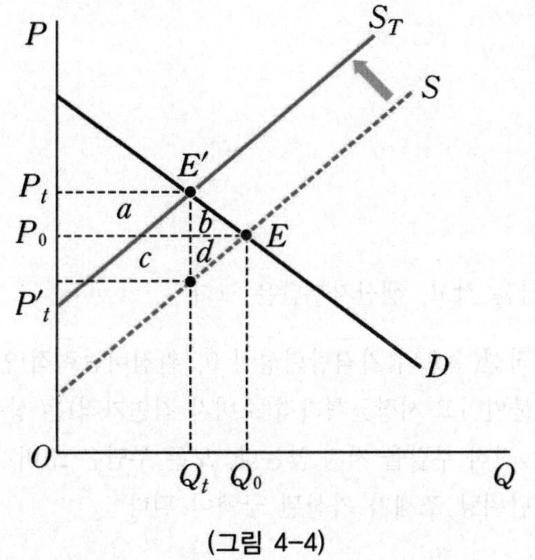

(그림 4-4)

2) 조세부과의 효과

① 가격의 이원화

생산자에게 조세가 부과됨으로 인해서 생산자의 한계비용곡선은 상방으로 이동하게 된다. 따라서 조세부과 후의 시장균형에서는 조세부과 전보다 가격이 상승하게 된다. 소비자는 조세부과 후 상승한 가격 P_t를 가격으로 인식하게 되는 반면, 생산자는 P_t에서 조세를 납부하고 남은 P_t'만큼을 가격으로 인식하게 된다.

② 조세의 부담

소비자는 조세부과 후 상승한 가격 P_t와 조세부과 전의 가격 P_0의 차이인 $P_t - P_o$를 부담하게 되며, 생산자는 조세부과 후 수취한 가격 P_t'와 조세부과 전의 가격 P_0의 차이인 $P_o - P_t'$를 부담하게 된다.

③ 조세수입

소비자부담과 생산자부담을 더한 금액 $(P_t - P_0) + (P_0 - P_t') = P_t - P_t'$이 정부의 단위당 조세수입이 된다.

④ 사회총잉여 증감

조세부과 이전과 조세부과 이후를 잉여관점에서 분석해보자. 조세부과로 인한 소비자잉여의 감소분은 $-(a+b)$가 되고 생산자잉여의 감소분은 $-(c+d)$가 된다. 한편, 정부조세수입은 $+(a+c)$이 되어 각 변화분을 모두 더해서 사회총잉여의 변화분을 구하면 $-(b+d)$가 된다. 이는 조세부과로 인해서 사회총잉여가 $-(b+d)$만큼 감소했음을 의미하며 이를 자중손실이라고 한다.

5 조세의 귀착과 탄력성

1) 수요의 탄력성과 조세부담의 귀착

① 수요의 가격탄력성이 클수록 소비자부담은 작고, 생산자부담은 크다.

② 수요가 완전히 고정되어 수요곡선이 수직선(수요의 가격탄력성이 0, 완전비탄력적)인 경우 생산자에게 조세가 부과되면, 거래량은 불변이고 시장균형가격(소비자 직면가격)은 상승하며 생산자 직면가격은 불변이므로 생산자는 전혀 부담을 지지 않는다. 모든 부담은 소비자가 지게 되며, 소비자 직면가격은 이전보다 단위당 조세가 가산된 금액이 된다.

③ 수요가 완전히 탄력적이어서 수요곡선이 수평(수요의 가격탄력성이 ∞, 완전탄력적)인 경우 생산자에게 조세가 부과되면, 거래량은 감소하고 시장균형가격(소비자 직면가격)은 불변이며 생산자 직면가격은 하락하므로 소비자는 전혀 부담을 지지 않는다. 모든 부담은 생산자가 지게 되며, 생산자 직면가격은 이전보다 단위당 조세가 차감된 금액이 된다.

2) 공급의 탄력성과 조세부담의 귀착

① 공급의 가격탄력성이 클수록 생산자부담은 작고, 소비자부담은 크다.

② 공급이 완전히 고정되어 공급곡선이 수직선(공급의 가격탄력성이 0, 완전비탄력적)인 경우 생산자에게 조세가 부과되면, 거래량은 불변이고 생산자 직면가격은 하락하며, 시장균형가격(소비자 직면가격)은 불변이므로 소비자는 전혀 부담을 지지 않는다. 모든 부담은 생산자가 지게 되며, 생산자 직면가격은 이전보다 단위당 조세가 차감된 금액이 된다.

③ 공급이 완전히 탄력적이어서 공급곡선이 수평(공급의 가격탄력성이 ∞, 완전탄력적)인 경우 생산자에게 조세가 부과되면, 거래량은 감소하고 시장균형가격(소비자 직면가격)은 상승하며 생산자 직면가격은 불변이므로 생산자는 전혀 부담을 지지 않는다. 모든 부담은 소비자가 지게 되며, 소비자 직면가격은 이전보다 단위당 조세가 가산된 금액이 된다.

6 조세의 초과부담과 탄력성

1) 수요의 탄력성과 조세의 초과부담

수요의 가격탄력성이 클수록 초과부담은 크고, 수요의 가격탄력성이 작을수록 초과부담은 작다. 만일 수요가 가격에 대해 완전비탄력적이면 초과부담은 없다.

2) 공급의 탄력성과 조세의 초과부담

공급의 가격탄력성이 클수록 초과부담은 크고, 공급의 가격탄력성이 작을수록 초과부담은 작다. 만일 공급이 가격에 대해 완전비탄력적이면 초과부담은 없다.

필수예제

수요함수와 공급함수가 각각 $D=10-P$와 $S=3P$인 재화에 1원의 종량세를 공급자에게 부과했다. 이 조세의 경제적 귀착(economic incidence)에 대한 설명으로 옳은 것은? (단, D는 수요량, S는 공급량, P는 가격을 나타낸다.) ▸ 2017년 국가직 7급

① 소비자 : 0.75원, 생산자 : 0.25원
② 소비자 : 0.5원, 생산자 : 0.5원
③ 소비자 : 0.25원, 생산자 : 0.75원
④ 소비자 : 0원, 생산자 : 1원

출제이슈 조세부담의 귀착

핵심해설 **정답 ①**

조세의 경제적 효과는 다음과 같다.

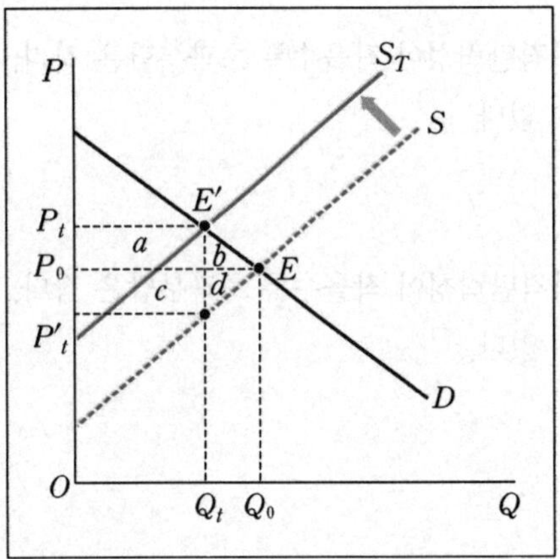

공급자에게 조세가 부과되는 경우 소비자 인식가격 P_t, 생산자 인식가격 P_t'로 가격이 괴리된다.
이에 따라서 소비자부담은 P_t-P_o, 생산자부담은 P_o-P_t'이 되며, 정부의 조세수입은
$T=$ 소비자부담 $+$ 생산자부담 $=P_t-P_t'$이 된다.

이하에서 설문을 검토하면 다음과 같다.

1) 조세부과 이전의 균형

① 조세부과 이전 수요곡선이 $D=10-P$ 이고 공급곡선은 $S=3P$ 이므로 시장균형은 수요와 공급이 일치하는 $10-P=3P$ 에서 달성된다.

② 따라서 균형가격은 $P=2.5$이고, 균형거래량은 $Q=7.5$이 된다.

2) 생산자에게 조세부과 이후의 균형

① 조세부과 이전 공급곡선은 $S=3P$ 이므로 이를 변형하면 $P=\frac{1}{3}Q$이고 단위당 1원의 조세부과 이후 공급곡선은 $P=\frac{1}{3}Q+1$이 된다.

② 수요곡선이 $D=10-P$ 이므로 시장균형은 수요와 공급이 일치하는 $10-Q=\frac{1}{3}Q+1$에서 달성된다.

③ 따라서 균형거래량은 $Q=6.75$이고, 균형가격은 $P=3.25$가 된다.

④ 이때, 소비자 직면가격은 3.25이고, 생산자 직면가격은 균형가격 3.25에서 조세액 1을 차감한 2.25가 된다.

⑤ 조세부과 이전 균형가격은 $P=2.5$이고 조세부과 이후 소비자 직면가격이 3.25, 생산자 직면가격이 2.25이므로 소비자 조세부담은 0.75, 생산자의 조세부담은 0.25가 되어 소비자와 생산자부담의 합 1이 조세액 1과 일치한다.

⑥ 이때, 전체조세수입은 과세 후 균형거래량 6.75에 단위당 1원을 고려한 6.75원이 된다.

타이어에 대한 수요(Q^D)와 공급(Q^S)함수가 각각 $Q^D = 700 - P$와 $Q^S = 200 + 4P$로 주어져 있다. 정부가 소비자에게 타이어 1개당 10원의 세금을 부과한다면, 공급자가 받는 가격(P_S)과 소비자가 지불하는 가격(P_D)은? (단, P는 가격을 나타낸다.) ▸ 2011년 국가직 7급

	P_S	P_D
①	98원	108원
②	100원	110원
③	108원	98원
④	110원	100원

출제이슈 조세부담의 귀착

핵심해설 **정답 ①**

조세의 경제적 효과는 다음과 같다.

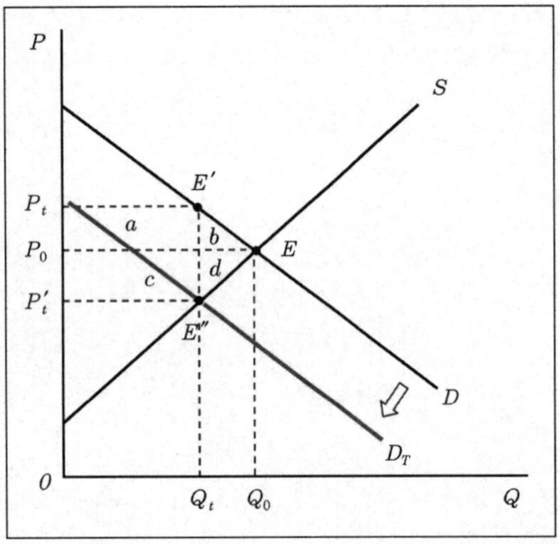

수요자에게 조세가 부과되는 경우 소비자 인식가격 P_t, 생산자 인식가격 P_t'로 가격이 괴리된다.
이에 따라서 소비자부담은 $P_t - P_o$, 생산자부담은 $P_o - P_t'$이 되며, 정부의 조세수입은
$T =$ 소비자부담 $+$ 생산자부담 $= P_t - P_t'$이 된다.

이하에서 설문을 검토하면 다음과 같다.

1) 조세부과 이전의 균형

① 조세부과 이전 수요곡선이 $Q^D = 700 - P$이고 공급곡선은 $Q^S = 200 + 4P$이므로 시장균형은 수요와 공급이 일치하는 $700 - P = 200 + 4P$에서 달성된다.

② 따라서 균형가격은 $P = 100$이고, 균형거래량은 $Q = 600$이 된다.

2) 소비자에게 조세부과 이후의 균형

① 조세부과 이전 수요곡선은 $Q^D = 700 - P$이므로 이를 변형하면 $P = 700 - Q$이고 단위당 10원의 조세부과 이후 수요곡선은 $P = 700 - Q - 10$이 된다. 이를 변형하면 $Q = 690 - P$가 된다.

② 공급곡선이 $Q^S = 200 + 4P$이므로 시장균형은 수요와 공급이 일치하는 $690 - P = 200 + 4P$에서 달성된다.

③ 따라서 균형가격은 $P = 98$이고, 균형거래량은 $Q = 592$가 된다.

④ 이때, 생산자 직면가격은 98이고, 소비자 직면가격은 균형가격 98에서 조세액 10을 가산한 108이 된다.

⑤ 조세부과 이전 균형가격은 $P = 100$이고 조세부과 이후 소비자 직면가격이 108, 생산자 직면가격이 98이므로 소비자 조세부담은 8, 생산자의 조세부담은 2가 되어 소비자와 생산자부담의 합 10이 조세액 10과 일치한다.

⑥ 이때, 전체조세수입은 과세 후 균형거래량 592에 단위당 10을 고려한 5,920이 된다.

정부가 제품 1개당 10만큼의 종량세를 부과할 때, 나타나는 현상에 관한 설명으로 옳지 않은 것은? (단, 수요곡선은 우하향하고 공급곡선은 우상향한다.) ▸ 2019년 공인노무사

① 공급자에게 종량세를 부과하면 균형가격은 상승한다.
② 수요자에게 종량세를 부과하면 균형가격은 하락한다.
③ 종량세를 공급자에게 부과하든 수요자에게 부과하든 정부의 조세수입은 같다.
④ 종량세를 공급자에게 부과하든 수요자에게 부과하든 경제적 순손실(deadweight loss)은 같다.
⑤ 수요의 가격탄력성이 공급의 가격탄력성보다 클 경우 공급자보다 수요자의 조세부담이 크다.

출제이슈 조세부과의 효과

핵심해설 **정답 ⑤**

조세부과의 경제적 효과는 다음과 같다.

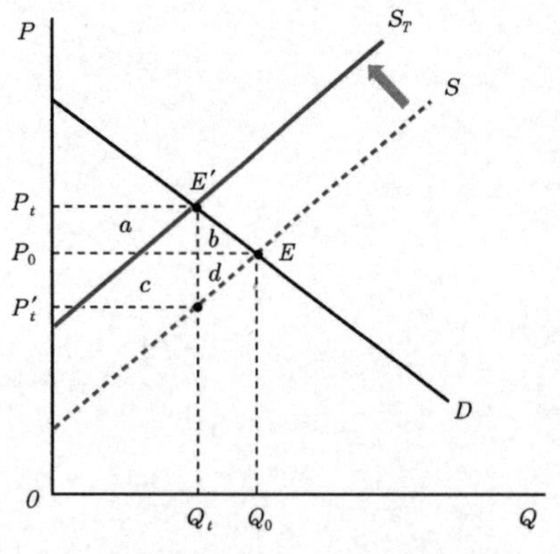

〈공급자에게 부과되는 경우〉

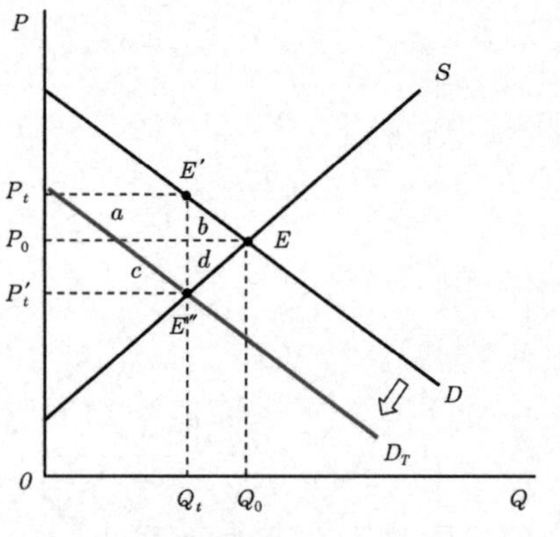

〈수요자에게 부과되는 경우〉

공급자에게 조세가 부과되는 경우 소비자 인식가격 P_t, 생산자 인식가격 P_t'로 가격이 괴리된다.
이에 따라서 소비자부담은 $P_t - P_o$, 생산자부담은 $P_o - P_t'$이 되며, 정부의 조세수입은
$T =$ 소비자부담 + 생산자부담 $= P_t - P_t'$이 된다.

한편, 수요자에게 조세가 부과되는 경우 소비자 인식가격 P_t, 생산자 인식가격 P_t'로 가격이 괴리된다.
이에 따라서 소비자부담은 $P_t - P_o$, 생산자부담은 $P_o - P_t'$이 되며, 정부의 조세수입은
$T =$ 소비자부담 + 생산자부담 $= P_t - P_t'$이 된다.

위의 분석에 의하면 조세가 공급자에게 부과되든지, 수요자에게 부과되든지 관계없이 조세부담의 귀착은 동일하다. 또한 조세의 부과로 인하여 균형거래량이 감소하는 것도 동일할 뿐만 아니라 정부의 조세수입도 동일하다.

한편, 조세부과로 인하여 소비자잉여는 $-(a+b)$만큼 감소, 생산자잉여는 $-(c+d)$만큼 감소하고 정부조세수입의 증가분은 $+(a+c)$이 되어 결국 사회총잉여의 순감소분은 $-(b+d)$이 되어 비효율성이 노정된다. 이것도 역시 조세가 공급자에게 부과되든 수요자에게 부과되든 동일하다.

위의 내용에 따라서 설문을 검토하면 다음과 같다.

① 옳은 내용이다.
공급자에게 종량세를 부과하면 공급곡선이 좌상방으로 이동하면서 균형가격은 상승한다.

② 옳은 내용이다.
수요자에게 종량세를 부과하면 수요곡선이 좌하방으로 이동하면서 균형가격은 하락한다. 그러나 소비자는 조세부담이 있으므로 실질적인 소비자부담은 균형가격의 하락에도 불구하고 상승한다.

③ 옳은 내용이다.
종량세를 공급자에게 부과하든 수요자에게 부과하든 납부의 주체만 차이가 있을 뿐, 과세 후 균형거래량은 동일하기 때문에 정부의 조세수입은 같다.

④ 옳은 내용이다.
종량세를 공급자에게 부과하든 수요자에게 부과하든 소비자 직면가격, 생산자 직면가격 그리고 균형거래량 분석이 동일하므로 경제적 순손실(deadweight loss)도 동일하다.

⑤ 틀린 내용이다.
수요의 가격탄력성이 공급의 가격탄력성보다 클 경우 수요자의 조세부담이 상대적으로 작고, 공급자의 조세부담이 상대적으로 커진다.

노동수요는 $L_d = 19,000 - w$, 노동공급은 $L_s = -4,000 + w$이고, 정부가 근로시간당 1,000의 세금을 부과할 때, 근로자가 받을 세후 임금과 정부의 조세수입을 각각 순서대로 올바로 나열한 것은? (단, w는 시간당 임금)

▶ 2018년 보험계리사

① 11,000 ; 7,000,000　② 11,000 ; 7,500,000
③ 11,500 ; 7,000,000　④ 12,000 ; 7,500,000

출제이슈 조세부담의 귀착(근로소득세)

핵심해설 **정답** ①

재화시장에 조세가 부과되었을 경우나 노동시장에 조세가 부과되었을 경우나 분석방법은 동일하다.

1) 조세부과 이전의 균형

① 조세부과 이전 노동수요곡선이 $L_d = 19{,}000 - w$이고 노동공급곡선은 $L_s = -4{,}000 + w$이므로 노동시장균형은 노동수요와 노동공급이 일치하는 $19{,}000 - w = -4{,}000 + w$에서 달성된다.

② 따라서 균형임금은 $w = 11{,}500$이고, 균형고용량은 $L = 7{,}500$이 된다.

2) 생산자(근로자)에게 조세부과 이후의 균형

① 조세부과 이전 노동공급곡선은 $L_s = -4{,}000 + w$이므로 이를 변형하면 $w = L + 4{,}000$이고 단위(근로시간)당 1,000의 조세부과 이후 노동공급곡선은 $w = L + 4{,}000 + 1{,}000$이 된다.

② 노동수요곡선이 $L_d = 19{,}000 - w$이므로 시장균형은 수요와 공급이 일치하는 $19{,}000 - L = L + 5{,}000$에서 달성된다.

③ 따라서 균형고용량은 $L = 7{,}000$이고, 균형임금은 $w = 12{,}000$이 된다.

④ 이때, 노동수요자(기업)가 직면하는 임금은 12,000이고, 노동공급자(근로자)가 직면하는 임금은 균형임금 12,000에서 조세액 1,000을 차감한 11,000이 된다.

⑤ 조세부과 이전 균형임금은 $w = 11{,}500$이고 조세부과 이후 노동수요자가 직면하는 임금은 12,000, 노동공급자가 직면하는 임금은 11,000이므로 노동수요자의 조세부담은 500, 노동공급자의 조세부담은 500이 되어 노동수요자와 노동공급자의 부담의 합 1,000이 조세액 1,000과 일치한다.

⑥ 이때, 전체조세수입은 과세 후 균형고용량 7,000에 단위당 1,000을 고려한 7,000,000이 된다.

따라서 설문에서 근로자가 받을 세후 임금은 11,000이며, 정부의 조세수입은 7,000,000이다.

정상적인 수요곡선과 공급곡선에서 일반적으로 조세는 경제적 비용을 유발한다. 이러한 현상에 대한 설명으로 옳지 않은 것은? ▸ 2017년 국가직 9급

① 주어진 수요곡선하에서 공급의 가격탄력성이 비탄력적일수록 세금 부과에 의한 경제적 순손실은 작다.
② 주어진 공급곡선하에서 수요의 가격탄력성이 비탄력적일수록 세금 부과에 의한 경제적 순손실은 작다.
③ 세금이 부과되면 거래량이 감소하고 소비자잉여와 생산자잉여가 감소한다.
④ 세금이 부과되면 소비자잉여의 감소분과 생산자잉여의 감소분의 합은 정부의 조세수입과 같아지게 된다.

출제이슈 조세의 초과부담

핵심해설 **정답** ④

조세의 초과부담 및 귀착과 수요 및 공급의 가격탄력성의 관계는 다음과 같다.

1. 조세의 초과부담 및 귀착과 수요탄력성
   1) 수요탄력성이 클수록 초과부담이 크다, 시장왜곡이 크다, 자원배분의 비효율성이 크다.
   2) 수요가 완전비탄력적인 경우
      ① 조세부담은 소비자가 모두 부담
      ② 시장거래량은 불변, 소비자 직면가격(과세 후 시장가격)은 상승, 공급자 직면가격은 불변
      ③ 생산자잉여는 불변

2. 조세의 초과부담 및 귀착과 공급탄력성
   1) 공급탄력성이 클수록 초과부담이 크다, 시장왜곡이 크다, 자원배분의 비효율성이 크다.
   2) 공급이 완전비탄력적인 경우
      ① 조세부담은 생산자가 모두 부담
      ② 시장거래량은 불변, 소비자 직면가격(과세 후 시장가격)은 불변, 공급자 직면가격은 하락
      ③ 소비자잉여는 불변

설문을 검토하면 다음과 같다.

①, ② 옳은 내용이다.
수요 또는 공급의 가격탄력성이 작을수록 세금부과에 따른 경제적 순손실의 크기는 줄어든다.

③ 옳은 내용이다.
과세로 인하여 거래량은 감소하고 소비자잉여 및 생산자잉여는 감소한다.

④ 틀린 내용이다.
과세로 인한 소비자잉여 및 생산자잉여의 감소분의 합은 정부의 조세수입보다 더 크다. 이는 조세의 초과부담으로 인하여 발생하는 경제적 순손실이다.

완전경쟁시장에서 수요곡선은 $Q_D = 120 - p$이고 공급곡선은 $Q_s = 2p$이다. 여기에 정부가 개당 30원의 종량세를 부과하였다면, 세금으로 인한 경제적 순손실(deadweight loss)은 얼마인가?

▸ 2016년 서울시 7급

① 300원　　② 400원
③ 500원　　④ 600원

출제이슈 조세의 초과부담 계산
핵심해설 **정답 ①**

조세의 경제적 효과는 다음과 같다.

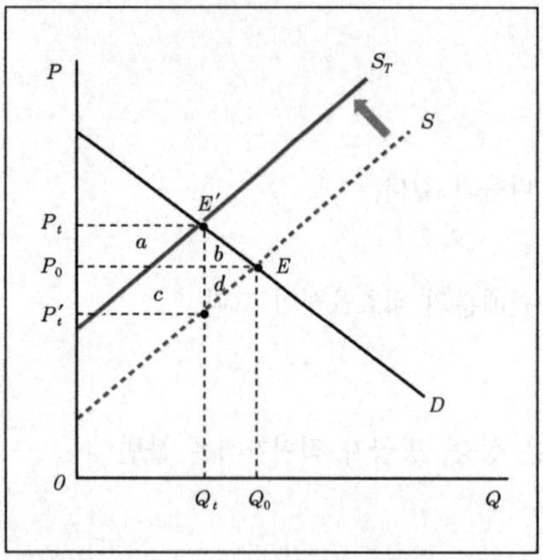

공급자에게 조세가 부과되는 경우 소비자 인식가격 P_t, 생산자 인식가격 P_t'로 가격이 괴리된다. 이에 따라서 소비자부담은 $P_t - P_o$, 생산자부담은 $P_o - P_t'$이 되며, 정부의 조세수입은 $T =$ 소비자부담 + 생산자부담 $= P_t - P_t'$이 된다.

한편, 조세부과로 인하여 소비자잉여는 $-(a+b)$만큼 감소, 생산자잉여는 $-(c+d)$만큼 감소하고 정부조세수입의 증가분은 $+(a+c)$이 되어 결국 사회총잉여의 순감소분은 $-(b+d)$가 되어 비효율성이 노정된다.

설문의 자료를 이용하여 자중손실을 구하면 다음과 같다.

1) 조세부과 이전의 균형

① 조세부과 이전 수요곡선이 $Q_D = 120 - P$이고 공급곡선은 $Q_s = 2P$이므로 시장균형은 수요와 공급이 일치하는 $120 - P = 2P$에서 달성된다.

② 따라서 균형가격은 $P = 40$이고, 균형거래량은 $Q = 80$이 된다.

2) 생산자에게 조세부과 이후의 균형

① 조세부과 이전 공급곡선은 $Q_s = 2P$이므로 이를 변형하면 $P = 0.5Q$이고 개당 30원의 조세부과 이후 공급곡선은 $P = 0.5Q + 30$이 된다.

② 수요곡선이 $Q_D = 120 - P$이므로 시장균형은 수요와 공급이 일치하는 $120 - Q = 0.5Q + 30$에서 달성된다.

③ 따라서 균형가격은 $P = 60$이고, 균형거래량은 $Q = 60$이 된다.

3) 자중손실 계산

설문에서 조세부과 이전의 균형은 $P = 40$, $Q = 80$이고, 조세부과 이후의 균형은 $P = 60$, $Q = 60$이다. 따라서 단위당 조세액 $T = 30$, 과세로 인한 거래량의 감소분 $\Delta Q = 20$이 된다.

따라서 사회총잉여의 순감소분은 $(b+d) = EB = \dfrac{T \times \Delta Q}{2} = \dfrac{30 \times 20}{2} = 300$(원)이 된다.

THEME 03 가격규제

1 가격규제

1) 의의

정부가 시장에서 형성되는 균형가격이 사회적 관점에서 너무 높거나 혹은 너무 낮다고 판단할 경우에는 시장에 개입하여 가격의 하한 혹은 상한을 설정할 수 있는데, 이를 가격규제라고 한다. 가격규제에는 가격의 상한을 설정하는 최고가격제(가격상한제, Price Ceiling)와 하한을 설정하는 최저가격제(가격하한제, Price Floor)가 있다. 최고가격제로는 대표적으로 분양가 상한제를, 그리고 최저가격제로는 대표적으로 최저임금제를 예로 들 수 있다.

2) 가격규제의 효과

시장에서 자유롭게 형성되어야 할 가격에 제약을 가해서 거래가격의 상한이나 하한을 통제하게 되면 수급량이 괴리되고 이로 인해서 당연히 가격변화 압력이 나타난다. 그러나 가격은 통제되고 있기 때문에 가격변화의 압력은 다른 식으로 우회로를 찾게 된다. 결국 가격규제로 인해서 사회총잉여는 감소하여 비효율을 노정하게 된다.

2 최고가격제의 효과

1) 기하적 분석

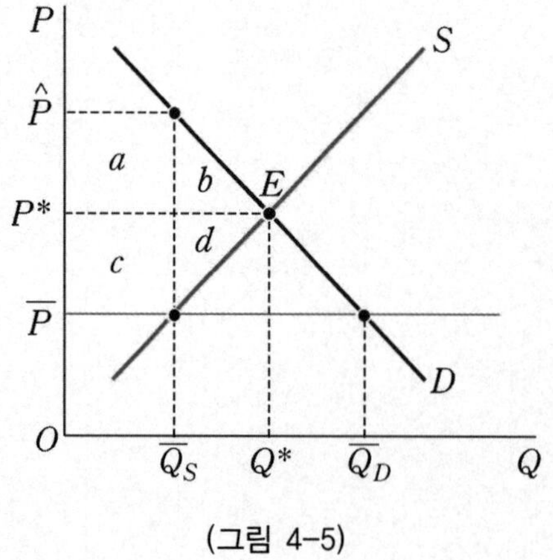

(그림 4-5)

2) 최고가격제의 효과

① 거래가격 통제

정부가 시장의 균형가격이 사회적인 관점에서 너무 높다고 판단하여 거래가격을 $P = \overline{P}$를 상한으로 하도록 통제한다.

② 수급량 괴리

정부규제에 의하여 새로이 설정된 가격의 상한에 의하여 예전의 시장가격보다 통제가격은 하락하였으므로 수요량은 $Q^* \rightarrow \overline{Q_D}$와 같이 증가하게 된다. 한편, 공급량은 가격의 하락에 따라서 $Q^* \rightarrow \overline{Q_s}$ 와 같이 감소하게 되어 수요량과 공급량이 일치하지 않고 괴리를 보이며 초과수요상태가 된다. 특히 초과수요량은 증가한 수요량과 감소한 공급량의 합으로 이루어지므로 $(\overline{Q_D} - Q^*) + (Q^* - \overline{Q_S})$가 되어 결국 $(\overline{Q_D} - \overline{Q_S})$가 된다.

③ 가격압력

$(\overline{Q_D} - \overline{Q_S})$만큼의 초과수요에 따라서 시장에서 가격상승 압력이 생긴다. 그럼에도 불구하고 정책적으로 가격의 상한이 고정되어 있기 때문에 가격상승 압력은 우회로를 찾아서 표출된다. 예를 들면 정상적인 시장거래에서는 가격을 정책적인 상한 이상으로는 받을 수 없기 때문에 암시장이 생겨날 수도 있다.

④ 사회총잉여 감소

최고가격제 도입 이전과 이후를 잉여관점에서 분석해보자. 최고가격제로 인한 소비자잉여의 감소분은 $-b+c$가 되고 생산자잉여의 감소분은 $-c-d$가 된다. 한편, 이 과정에서 정부의 수입변화는 없으며 이 점이 조세수입이 발생하는 조세부과와 구별된다. 소비자잉여와 생산자잉여의 변화분을 모두 더해서 사회총잉여의 변화분을 구하면 $-(b+d)$가 된다. 이는 최고가격제로 인해서 사회총잉여가 $-(b+d)$만큼 감소했음을 의미하며 이를 자중손실이라고 한다.

⑤ 부작용

분양가 상한제나 임대료 상한제의 경우 가격규제로 인해서 주택의 질적 수준이 저하되고 비가격방식의 임대방식이 출현하여 거래에 왜곡을 가중시킬 수 있다. 단기에도 주택공급이 감소하지만 장기에는 더욱 감소할 가능성이 크다.

3 최저가격제의 효과(미숙련 노동시장)

1) 기하적 분석

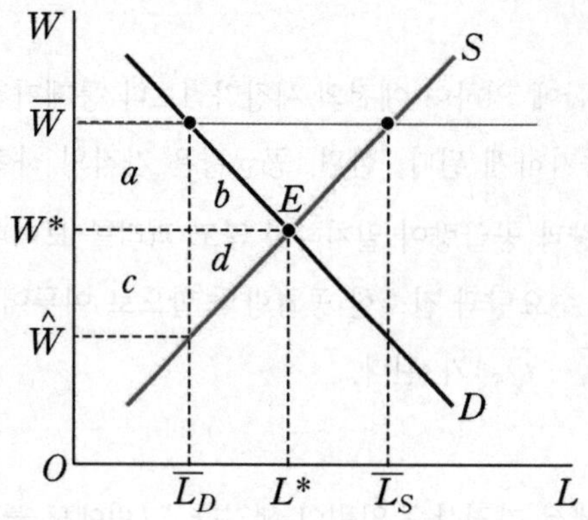

(그림 4-6)

2) 최저가격제의 효과

① 노동임금 통제

정부가 노동시장의 균형임금이 사회적인 관점에서 너무 낮다고 판단하여 노동임금을 $W=\overline{W}$를 하한으로 하도록 통제한다.

② 수급량 괴리(실업발생)

정부규제에 의하여 새로이 설정된 임금의 하한에 의하여 예전의 균형임금보다 통제임금은 상승하였으므로 미숙련 노동공급량은 $L^* \rightarrow \overline{L_S}$와 같이 증가하게 된다. 한편, 미숙련 노동수요량은 통제임금의 상승에 따라서 $L^* \rightarrow \overline{L_D}$와 같이 감소하게 되어 노동수요량과 노동공급량이 일치하지 않고 괴리를 보이며 노동의 초과공급상태가 된다. 특히 노동의 초과공급량은 증가한 노동공급량과 감소한 노동수요량의 합으로 이루어지므로 $(\overline{L_S}-L^*)+(L^*-\overline{L_D})$가 되어 결국 $(\overline{L_S}-\overline{L_D})$가 된다.

③ 가격압력

$(\overline{L_S}-\overline{L_D})$만큼의 노동초과공급에 따라서 미숙련 노동시장에서 가격하락 압력이 생긴다. 그럼에도 불구하고 정책적으로 가격의 하한이 고정되어 있기 때문에 가격하락 압력은 우회로를 찾아서 표출된다. 예를 들면 정상적인 시장거래에서는 가격을 정책적인 하한 이하로는 받을 수 없기 때문에 대신 노동환경이 악화되는 부작용이 생길 수 있다.

④ 사회총잉여 감소

최저임금제 도입 이전과 이후를 잉여관점에서 분석해보자. 최저임금제로 인한 노동수요자의 후생감소분은 $-a-b$가 되고 노동공급자의 후생감소분은 $+a-d$가 된다. 한편, 이 과정에서 정부의 수입변화는 없으며 이 점이 조세수입이 발생하는 조세부과와 구별된다. 노동수요자의 후생감소분과 노동공급자의 후생감소분을 모두 더해서 사회총잉여의 변화분을 구하면 $-(b+d)$가 된다. 이는 최저임금제로 인해서 사회총잉여가 $-(b+d)$만큼 감소했음을 의미하며 이를 자중손실이라고 한다.

⑤ 부작용

노동환경의 질적 수준이 저하될 수 있으며 비가격방식의 근로계약방식이 출현하면서 근로계약에 왜곡을 가져와 비효율성이 노정된다. 정부는 부작용을 완화하기 위해서 보조금을 지급하거나 수요증대를 위한 각종 인센티브를 제공할 수도 있다.

필수예제

최고가격제에 관한 설명으로 옳은 것을 모두 고른 것은? ▸ 2017년 공인노무사

ㄱ. 암시장을 출현시킬 가능성이 있다.
ㄴ. 초과수요를 야기한다.
ㄷ. 사회적 후생을 증대시킨다.
ㄹ. 최고가격은 시장의 균형가격보다 높은 수준에서 설정되어야 한다.

① ㄱ, ㄴ ② ㄱ, ㄷ ③ ㄱ, ㄹ ④ ㄴ, ㄷ ⑤ ㄷ, ㄹ

출제이슈 최고가격규제의 효과

핵심해설 **정답** ①

최고가격규제는 정부가 정책적 목적으로 시장균형가격보다 낮은 수준으로 거래가격을 통제하는 것을 의미하며 그 경제적 효과는 다음과 같다.

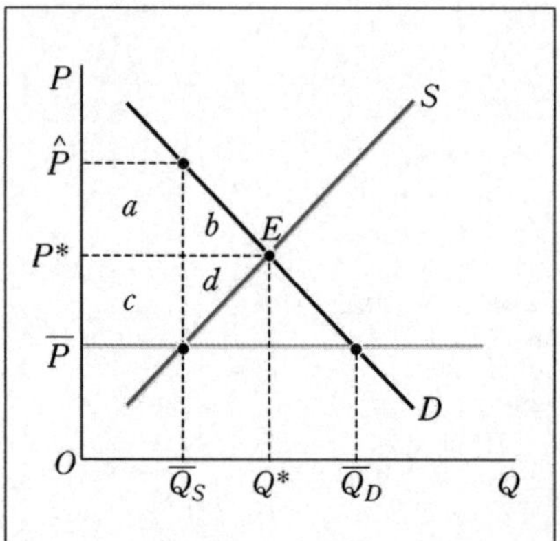

1) 거래가격을 인위적으로 $P=\overline{P}$ 수준으로 통제, 고정한다.

2) 통제가격에서 수요량이 증가하고 공급량이 감소하여 초과수요가 발생한다.

3) 초과수요로 인하여 가격상승압력이 발생함에도 가격은 고정되어 있어 여러 부작용이 생겨난다.
① 암시장 출현
② 주택의 질적 수준 저하
③ 비가격방식의 임대방식 출현, 비효율성 노정
④ 장기적 주택공급의 감소

4) 가격규제의 자중손실로 인해서 사회총잉여가 감소한다.
① 소비자잉여의 감소분 $-b+c$
② 생산자잉여의 감소분 $-c-d$
③ 사회총잉여의 감소분 = ① + ② = $-(b+d)$

설문을 검토하면 다음과 같다.

ㄱ. 옳은 내용이다.
초과수요로 인하여 가격상승압력이 발생함에도 가격은 정부가 정책적으로 낮은 수준으로 최고가격을 설정하여 고정되어 있으므로 암시장을 출현시킬 가능성이 있다.

ㄴ. 옳은 내용이다.
시장균형가격 수준보다 정부가 정책적으로 낮은 수준으로 최고가격을 설정하기 때문에 초과수요를 야기한다.

ㄷ. 틀린 내용이다.
앞의 그래프에서 최고가격제도로 인한 사회적 후생의 감소분은 다음과 같으며, 사회적 후생은 증가하지 않고 감소하게 되므로 틀린 내용이다.
① 소비자잉여의 변화분 $-b+c$
② 생산자잉여의 감소분 $-c-d$
③ 사회총잉여의 감소분 = ① + ② = $-(b+d)$

ㄹ. 틀린 내용이다.
시장균형가격 수준보다 정부가 정책적으로 낮은 수준으로 최고가격을 설정하여야만, 소비자가 기존의 높은 시장가격이 아닌 낮은 가격수준으로 소비가 가능하게 된다.

보청기의 수요함수가 Q = 370 – 3P이고 공급함수가 Q = 10 + 6P이다. 보청기 보급을 위해서 정부가 보청기 가격의 상한을 36으로 정하였다. 이때 발생하는 초과수요를 없애기 위해 정부가 보청기 생산 기업에게 보청기 한 대당 지급해야 하는 보조금은? (단, Q는 생산량, P는 가격을 나타낸다.)

▸ 2014년 지방직 7급

① 6　② 8
③ 10　④ 12

출제이슈 최고가격규제와 보조금 지급

핵심해설 **정답** ①

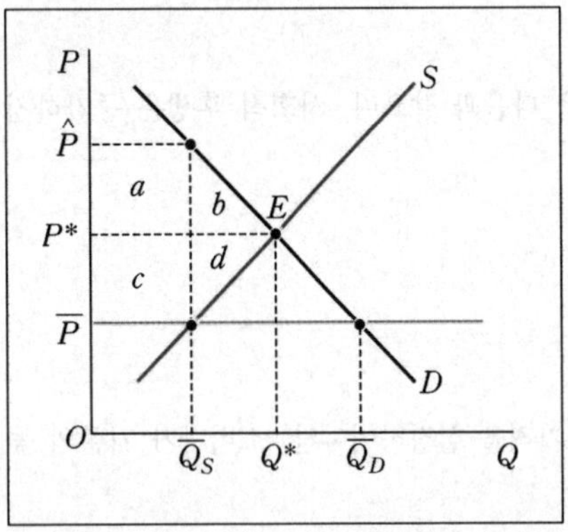

가격상한제로 인하여 발생한 초과수요는 $(\overline{Q_D}-Q^*)+(Q^*=\overline{Q_S})=(\overline{Q_D}-\overline{Q_S})$이다.
이때, 정부는 초과수요 해소를 위하여 공급측에 보조금을 지급할 수 있다.

규제 이전 시장가격 $P^*=40$원이고, 상한가격 $\overline{P}=36$원이다.
상한가격 36원 하에서 수요 $\overline{Q_D}=262$, 공급 $\overline{Q_S}=226$으로서 초과수요는 36이 된다.

초과수요 36을 해소하기 위하여 정부는 보조금을 S만큼 지급하여 공급을 늘리도록 유인할 수 있다.
따라서 보조금 지급 이전 공급곡선 $Q=10+6P$에서 보조금 S지급 이후 공급곡선 $Q=10+6(P+S)$
$Q-36=10+6P$ 이 된다. 이는 원래의 공급곡선을 횡축 방향으로 36(초과수요의 크기)만큼 평행이동하도록 보조금 S를 지급함을 의미한다.

$Q=10+6(P+S)$와 $Q-36=10+6P$는 동일해야 하므로 보조금 규모 S는 6(원)이 된다.

X재에 대한 수요곡선은 $Q_d = 10,000 - P$, 공급곡선은 $Q_s = -2,000 + P$이다. 현재의 시장균형에서 정부가 최저가격을 8,000으로 정하는 경우 최저가격제 도입으로 인한 거래량 감소분과 초과공급량은? (단, P는 X재의 가격이다.) ▸ 2019년 보험계리사

① 2,000 ; 2,000 ② 2,000 ; 4,000
③ 4,000 ; 4,000 ④ 4,000 ; 6,000

출제이슈 최저가격제의 효과

핵심해설 정답 ②

1) 최저가격제 도입 이전

① X재에 대한 수요는 $Q_d = 10,000 - P$, 공급은 $Q_s = -2,000 + P$이므로 시장균형은 수요와 공급이 일치하는 $10,000 - P = -2,000 + P$에서 달성된다.

② 따라서 균형가격은 $P = 6,000$이고, 균형거래량은 $Q = 4,000$이 된다.

2) 최저가격제 도입 이후

① 시장에서의 균형가격인 $P = 6,000$보다 더 높은 수준인 $\overline{P} = 8,000$에서 정부가 정책적으로 최저가격을 설정한 경우 이에 따라서 수요량은 $Q_d = 2,000$으로 감소하고, 공급량은 $Q_s = 6,000$으로 증가한다. 즉, 초과공급은 $Q_s - Q_d = 6,000 - 2,000 = 4,000$이 된다.

② 결국 시장에서 $\overline{P} = 8,000$의 가격으로 거래량은 $\overline{Q} = 2,000$의 수준에서 거래가 일어난다. 이는 최저가격제 도입 이전의 거래량인 $Q = 4,000$보다 줄어들어 그 감소량은 $Q - \overline{Q} = 4,000 - 2,000 = 2,000$이 된다.

따라서 설문에서 최저가격제 도입으로 인한 거래량 감소분은 $Q - \overline{Q} = 4,000 - 2,000 = 2,000$이 되고, 초과공급량은 $Q_s - Q_d = 6,000 - 2,000 = 4,000$이 된다.

최저임금이 완전히 적용되는 시간제 근로시장에서 노동수요곡선은 $W = 10,000 - 100 \times L$, 노동공급곡선은 $W = 100 \times L$, 최저임금은 5,500원이다. 시간제 근로자와 사용자가 입게 되는 자중손실(deadweight loss)의 합은? (단, W는 시간당 임금, L은 노동시간) ▸ 2013년 국가직 9급

① 500원 ② 1,000원
③ 2,000원 ④ 2,500원

출제이슈 최저임금제의 효과

핵심해설 **정답 ④**

최저임금제는 정부가 정책적 목적으로 시장균형임금보다 높은 수준으로 임금을 통제하는 것을 의미하며 그 경제적 효과는 다음과 같다.

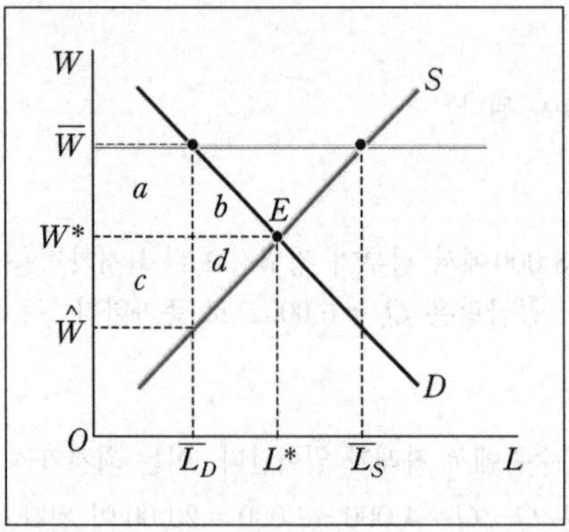

1) 노동임금을 인위적으로 $W = \overline{W}$ 수준으로 통제, 고정한다.

2) 통제임금에서 노동공급이 증가하고 노동수요가 감소하여 노동의 초과공급이 발생한다.

3) 임금규제의 자중손실로 인해서 사회총잉여가 감소한다.
   ① 노동수요자의 후생감소분(소비자잉여의 감소분) $-a-b$
   ② 노동공급자의 후생감소분(생산자잉여의 감소분) $+a-d$
   ③ 사회총잉여의 감소분 = ① + ② = $-(b+d)$

최저임금제로 인한 자중손실은 사회총잉여 감소로 측정될 수 있다. 노동수요자의 후생감소분은 $-a-b$, 노동공급자의 후생감소분은 $+a-d$이며 사회총잉여의 감소분은 $-(b+d)$이 된다.

사회총잉여의 감소분은 $-(b+d)$를 구하기 위해서 설문에서 주어진 자료를 활용하면 다음과 같다.
최저임금제 시행 이전 균형고용량 $L^* = 50$, 시장균형임금 $W^* = 5,000$
최저임금제 시행 이후 노동수요량 $\overline{L_D} = 45$, 노동공급량 $\overline{L_S} = 55$, 최저임금 $\overline{W} = 5,500$, $\hat{W} = 4,500$
따라서 사회총잉여의 감소분은 $-(b+d)$의 면적은 $\dfrac{(5,500-4,500)\times(50-45)}{2} = 2,500$(원)이 된다.

정부의 실효성 있는 가격규제의 효과에 관한 설명으로 옳은 것은? (단, 수요곡선은 우하향, 공급곡선은 우상향한다.)

▸ 2024년 감정평가사

① 가격상한제가 실시되면, 시장에서의 실제 거래량은 실시 이전보다 증가할 것이다.
② 가격하한제가 실시되면, 시장에서의 실제 거래량은 실시 이전보다 증가할 것이다.
③ 최저임금제는 가격상한제에 해당하는 가격규제이다.
④ 가격하한제가 실시되면, 초과수요가 발생하여 암시장이 형성된다.
⑤ 가격상한제와 가격하한제 모두 자중손실(deadweight loss)이 발생한다.

출제이슈 가격규제와 비효율성

핵심해설 **정답** ⑤

정부가 시장에서 형성되는 균형가격이 사회적 관점에서 너무 높거나 혹은 너무 낮다고 판단할 경우에는 시장에 개입하여 가격의 하한 혹은 상한을 설정할 수 있는데, 이를 가격규제라고 한다. 가격규제에는 가격의 상한을 설정하는 최고가격제(가격상한제, Price Ceiling)와 하한을 설정하는 최저가격제(가격하한제, Price Floor)가 있다. 최고가격제로는 대표적으로 분양가상한제를 그리고 최저가격제로는 대표적으로 최저임금제를 예로 들 수 있다.

시장에서 자유롭게 형성되어야 할 가격에 제약을 가해서 거래가격의 상한이나 하한을 통제하게 되면 수급량이 괴리되고 이로 인해서 당연히 가격변화 압력이 나타난다. 그러나 가격은 통제되고 있기 때문에 가격변화의 압력은 다른 식으로 우회로를 찾게 된다. 결국 가격규제로 인해서 사회총잉여는 감소하여 비효율을 노정하게 된다. 가격상한제든 가격하한제든 관계없이 시장에 대한 정부개입으로 인해서 자중손실이 발생한다.

합격까지 박문각

PART

03

소비이론

Chapter

05 소비이론

THEME 01 선호체계

1 선호관계 및 선호체계

선호관계란 특정 소비자에게 있어 수많은 상품조합 간 비교를 통하여 설정된 서열의 관계를 의미하고, 선호체계는 이렇게 설정된 관계 전체를 의미한다.

2 선호체계의 공리

합리적인 소비자라면 갖추어야 할 선호체계의 성격을 공리라고 하며 선호체계를 효용함수의 세계에서 분석하기 위한 기초가 된다. 선호체계의 공리가 만족되면 연속적인 효용함수로 표현할 수 있음이 증명되어 있다.

1) 완전성

소비가능집합 내의 모든 상품조합들은 비교 가능하다는 것으로서 모든 상품조합에 대하여 선호서열을 확정할 수 있다는 의미이다. 만일 소비가능집합 내에 존재하는 임의의 두 상품조합을 A, B라고 하면 반드시 A와 B 간에는 선호서열이 확정되어야 한다. 즉 A를 B보다 더 선호하거나, 반대로 B를 A보다 선호하거나 아니면 A와 B가 선호측면에서 무차별해야 한다. A와 B 간 선호서열을 판정할 수 없는 경우가 없어야 한다.

2) 이행성

선호서열이 일관성을 가져야 한다는 의미이다. 예를 들어 상품조합 A를 B보다 선호하고 B를 C보다 선호하는 경우에는 A를 C보다 선호해야 한다는 것이다. 만일 일관되지 못한 선호라면 위와 같은 경우에 C를 A보다 선호하는 결과가 나올 수도 있다.

3) 연속성

상품조합 안의 내용이 조금씩 변화한다면 그로 인한 만족감·효용의 변화도 조금씩 변화해야 한다는 의미이다. 만일 상품조합 안의 내용이 조금 바뀌었음에도 효용이 매우 크게 변화한다면 이는 연속성을 위배한 것이다. 이 공리는 투입이 조금 바뀌면 산출도 조금 바뀐다고 하는 극히 상식적인 내용을 반영한다. 특히 사전편찬법적 선호체계에서는 연속성의 공리에 위배되고 있다. 사전편찬식이란 사전을 자음과 모음의 순서로 편찬하면서 하나의 자음 순서가 모두 끝나야만 그 다음 자음이 등장할 수 있으며 아무리 모음의 서열이 앞서더라도 자음 서열이 뒤진 경우에는 등장할 수 없는 방식이다. 사전편찬식 선호체계란 어떤 재화가 아무리 소비량이 많더라도 이를 무시하고 우선 선호되는 재화를 기준으로 먼저 선호를 나누는 방식이다. 예를 들어 사전편찬식으로 우선 선호되는 재화를 X라고 하자. 현재 상품조합이 $A(X_0, Y_0)$인데 Y재의 소비량은 불변인데 X재 소비량을 늘려나가면 상품조합은 $B(X_0+\Delta X,\ Y_0)$이 되고 당연히 효용은 증가한다. 한편, 우선 선호되는 재화X로 인해 $A(X_0, Y_0)$보다 $C(X_0+\Delta X,\ Y_0-\Delta Y)$가 효용이 더 크다. 또한 $B(X_0+\Delta X,\ Y_0)$는 $C(X_0+\Delta X,\ Y_0-\Delta Y)$보다 효용이 더 크다. 결국 현재 상품조합 $A(X_0, Y_0)$에서 출발하여 X재 소비량을 늘려감에 따라서 A보다는 높고 B보다 낮은 효용을 수준을 지나서 B에 도착해야 하는데 곧바로 B에 도착한 것이다. 이는 선호가 점진적으로 변화하여야 한다는 연속성을 위배한 것이다.

4) 단조성

소비를 많이 하면 할수록 만족감・효용도도 증가해야 한다는 의미로서 "다다익선"으로 이해하면 쉽다. 단조성을 강단조성과 약단조성으로 구분하기도 한다. 약단조성이란 상품조합 내의 재화소비량이 모두 다 증가하여야만 효용이 증가하는 성질이며 강단조성이란 상품조합 내의 재화 중 적어도 하나의 재화소비량이 늘기만 해도 효용이 증가하는 성질을 의미한다. 이는 결과적으로 효용의 포화상태, 극대화된 효용은 존재하지 않는다는 의미이다. 이를 국지적 불포화성(local non-satiation)이라는 개념으로 약화시켜 표현하기도 하는데, 어떤 임의의 상품조합과 매우 유사하면서도 그보다는 더 만족을 주는 상품조합은 반드시 존재함을 의미한다.

5) 볼록성

극단적인 소비보다는 평균적인 소비를 선호한다는 의미이다. 즉, 어느 한 상품에만 치우친 소비보다는 골고루 여러 상품을 소비하는 것을 더 선호한다는 것이다. 엄격하게는 이를 선호체계의 공리에서 제외하기도 한다. 참고로 앞으로 무차별곡선과 소비자의 최적선택을 통해서 공부하겠지만 미리 여기서 볼록성을 만족하지 않는 선호체계로서의 효용함수의 예를 들면 다음과 같다. $U=U(X)=X^2+Y^2$는 원점에 대해 오목한 무차별곡선의 형태를 보이며 재화상대가격에 따라서 특정재화에 소비를 집중적으로 몰아서 해야만 효용이 커진다는 특징이 있다.

THEME 02 효용함수와 무차별곡선

1 효용함수

1) 의의

앞에서 살펴본 일정한 공리를 만족하는 소비자의 선호체계를 효용의 수치로 나타낸 함수를 효용함수라고 한다. 이는 상품조합으로부터 얻을 수 있는 주관적 만족을 구체적 수치로 나타내 주는 함수이다.

2) 수리적 표현

① $U = U(X, Y)$ ② $U = U(X)$

3) 다양한 효용

① 총효용 $TU = f(Q)$ ② 평균효용 $AU = \dfrac{TU}{Q}$ ③ 한계효용 $MU = \dfrac{dTU}{dQ}$

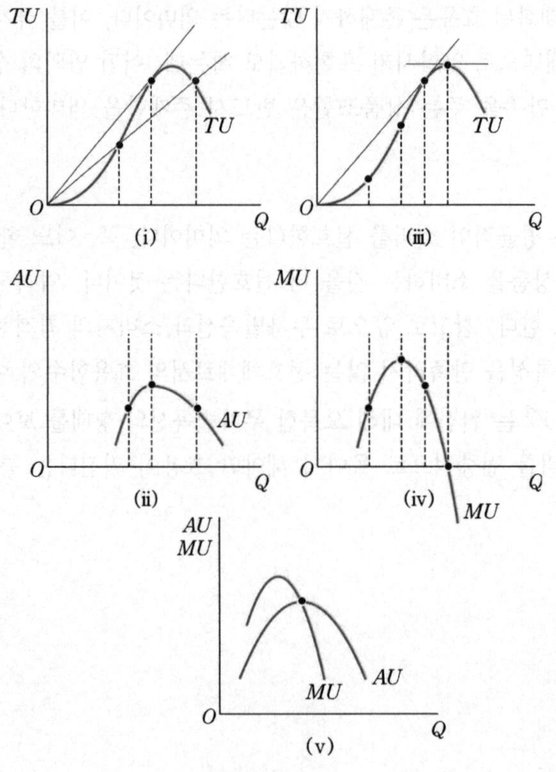

(그림 5-1)

평균효용은 정의상 총효용을 소비량으로 나눈 값으로서 이를 기하적으로 나타내면, 원점과 총효용곡선상의 한 점을 연결한 반직선의 기울기가 된다. 이때, 평균효용이 최대가 되는 때는 원점을 지나는 직선이 총효용곡선과 접하는 점에서 나타난다.

한계효용은 정의상 추가적인 효용과 이를 위해서 소요되는 추가적인 소비량 간의 비율로서 이를 극한의 개념을 이용하면 총효용의 미분값을 소비량의 미분값으로 나눈 값이다. 이를 기하적으로 나타내면, 총효용곡선상의 한 점에서 접선의 기울기가 된다.

4) 한계효용 체감의 법칙 혹은 가정

어떤 상품의 소비를 늘려감에 따라서 한계효용은 궁극적으로 점차 줄어들게 되는데 이를 한계효용체감의 법칙이라고 한다. 엄밀하게는 한계효용체감의 가정이라고 하는 것이 타당하다.

2 무차별곡선

1) 의의

특정 소비자에게 같은 수준의 효용을 주는 상품조합을 연결한 곡선을 무차별곡선이라고 한다. 이는 2상품 효용함수 $U = U(X, Y)$, $U = U_0, U_1, U_2, \dots$ 의 기하적 표현이라고 할 수 있다. 원래는 이를 3차원 공간에서 효용곡면으로 나타내야 하지만 분석의 편의를 위해서 2차원 평면에서 무차별곡선으로 나타낸다.

2) 기수적 효용과 서수적 효용

무차별곡선은 기수적 효용함수에 단조변환을 거쳐 얻은 다양한 효용함수들을 의미하므로 서수적 효용이라고 할 수 있다. 서수적 효용은 선호순서에만 관심을 가질 뿐 효용의 절대적 크기와 절대적 크기 간 차이에 대해서는 관심을 가지지 않는다.

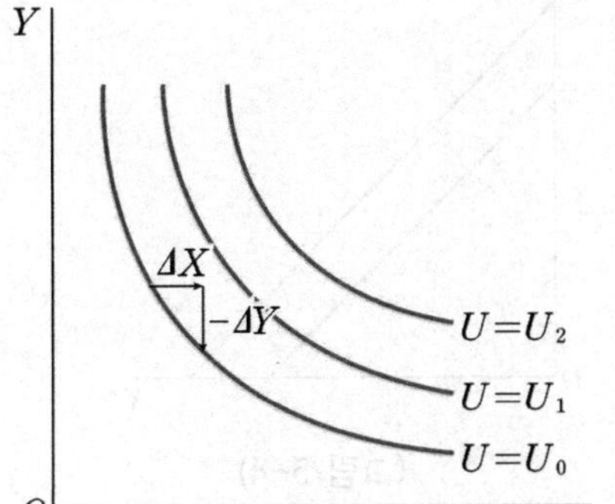

(그림 5-2)

3) 성질

① 무차별곡선은 그 정의상 당연히 소비자의 선호체계를 반영하므로 무차별곡선이 그려지는 평면에서 한 점을 지나는 무차별곡선은 반드시 존재한다.

② 무차별곡선은 우하향한다.

③ 무차별곡선은 교차하지 않는다.

④ 무차별곡선은 원점에서 멀리 떨어질수록 큰 효용을 의미한다.

⑤ 무차별곡선은 원점에 대해 볼록하다.

4) 기울기 : $-\dfrac{\Delta Y}{\Delta X}$

① 한계대체율의 정의

무차별곡선의 정의에 의하여 두 상품 간 교환, 즉 대체가 발생해도 효용은 불변이며 이때, 두 상품 간 대체 혹은 교환의 비율을 한계대체율이라고 한다.

$$\Delta X \Leftrightarrow -\Delta Y \qquad \therefore MU_X \cdot \Delta X = -MU_Y \cdot \Delta Y$$

$$\therefore -\frac{\Delta Y}{\Delta X} = \frac{MU_X}{MU_Y} \rightarrow MRS_{X,Y}(\text{한계대체율})$$

② 한계대체율의 의미

한계대체율은 특정 소비자에 있어서 주관적인, X재 1단위의, Y재로 표시한, 실물 가격이라는 의미를 갖는다. 왜냐하면, 두 상품 간 $\Delta X \Leftrightarrow -\Delta Y$의 교환비율은 $1 \Leftrightarrow -\dfrac{\Delta Y}{\Delta X}$의 교환비율을 의미하기 때문이다.

5) 다양한 무차별곡선

① *CD* 효용함수

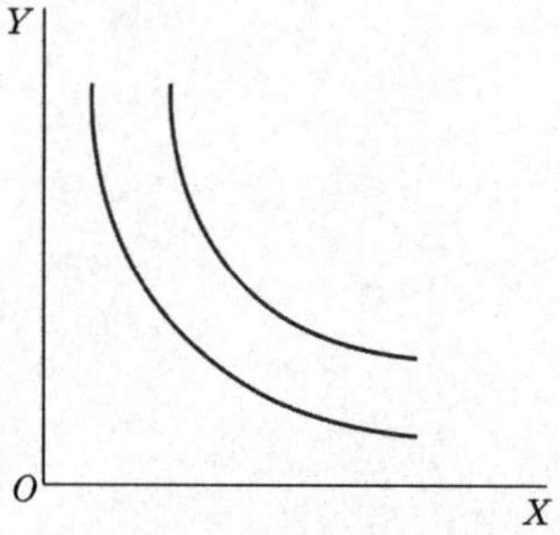

(그림 5-3)

$$U = A\ X^{\alpha}\ Y^{\beta}$$

② 선형 효용함수

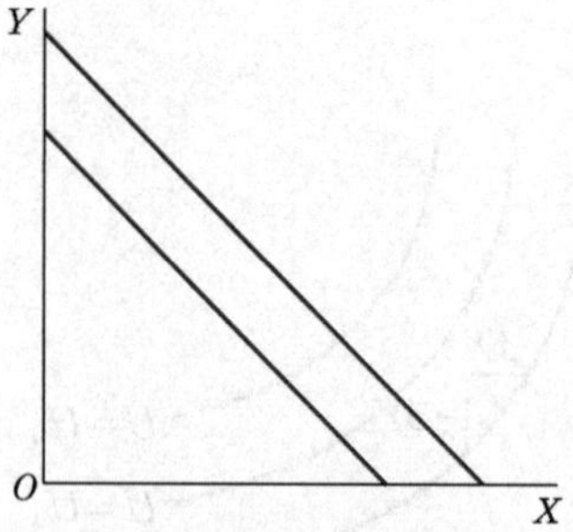

(그림 5-4)

$$U = \frac{X}{a} + \frac{Y}{b}$$

③ 레온티에프 효용함수

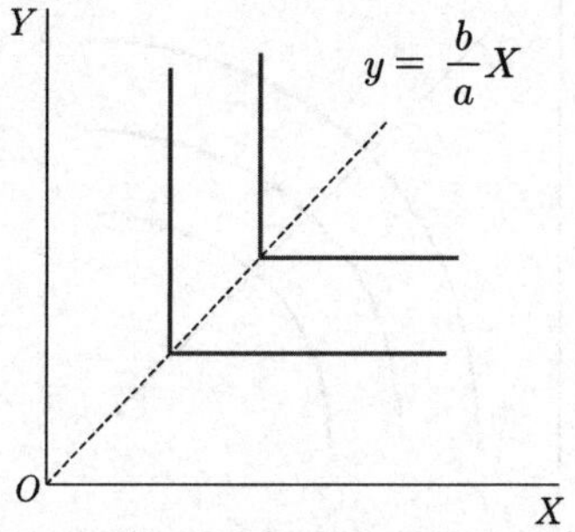

(그림 5-5)

$$U = Min\left\{\frac{X}{a}, \frac{Y}{b}\right\}$$

④ 준선형 효용함수

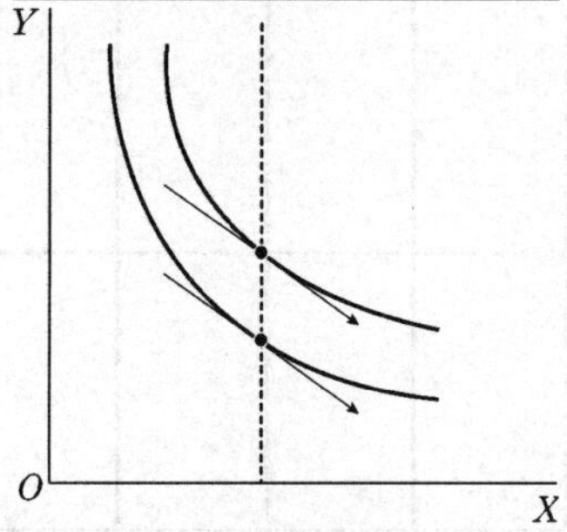

(그림 5-6)

$$U = \ln X + Y$$

6) 예외적 무차별곡선

앞에서 살펴 본 무차별곡선은 소비를 고려하고 있는 두 상품 모두 효용을 가져다주는 재화의 성격을 가지고 있지만, 현실에서는 비효용을 초래하거나 효용에 기여하지 못하는 비재화나 중립재가 존재하는 경우를 상정해 볼 수 있다. 예를 들어 손실의 위험이 발생하는 자산의 경우 이 자산의 수익률의 기댓값은 커질수록 효용이 증가하지만 반대로 수익률의 분산이나 표준편차가 커지는 경우 효용은 감소하게 될 것이다. 이때 위험자산의 선택은 사실상 수익률의 평균과 분산의 선택으로서 평균은 재화의 역할을, 분산은 비재화의 역할을 하게 된다.

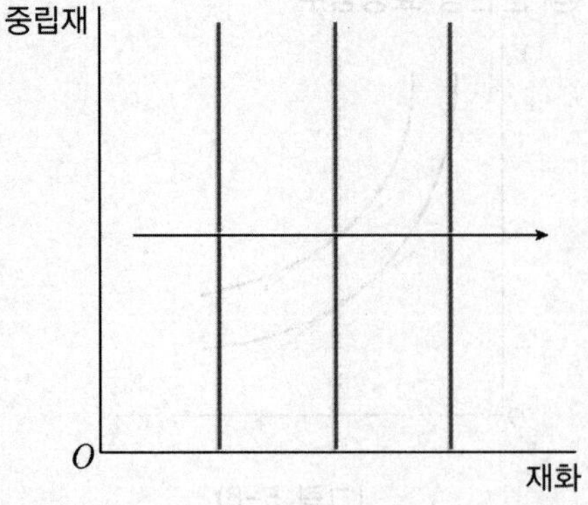

(그림 5-7)

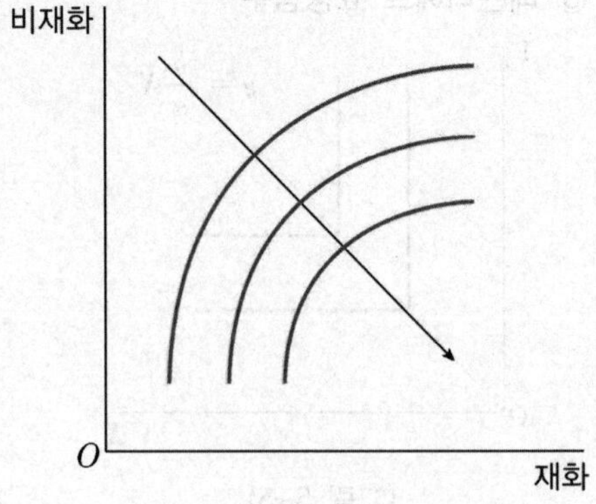

(그림 5-8)

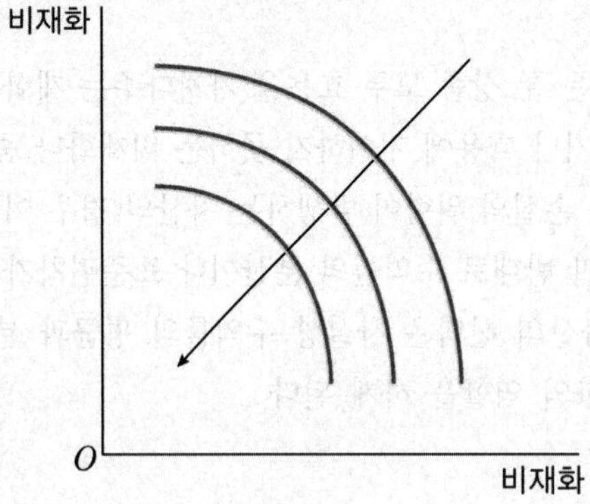

(그림 5-9)

필수예제

무차별곡선(indifference curve)에 대한 설명으로 가장 옳은 것은? ▸ 2017년 서울시 7급

① 선호체계에 있어서 이행성(transitivity)이 성립한다면, 무차별곡선은 서로 교차할 수 있다.
② 두 재화가 완전대체재일 경우의 무차별곡선은 원점에 대해서 오목하게 그려진다.
③ 무차별곡선이 원점에 대해서 볼록하게 생겼다는 것은 한계대체율체감의 법칙이 성립하고 있다는 것을 의미한다.
④ 두 재화 중 한 재화가 비재화(bads)일 경우에도 상품조합이 원점에서 멀리 떨어질수록 더 높은 효용수준을 나타낸다.

출제이슈 **무차별곡선**
핵심해설 **정답** ③

무차별곡선의 성질은 다음과 같다.

1) 소비자의 선호체계를 반영한다.
2) 임의의 소비점을 지나는 무차별곡선이 존재한다(완전성).
3) 우하향한다(대체성).
4) 교차하지 않는다(이행성).
5) 원점에서 멀리 떨어질수록 큰 효용을 갖는다(단조성).
6) 원점에 대해 볼록하다(한계대체율 체감).

설문을 검토하면 다음과 같다.

① 선호체계의 공리 중 이행성이 성립한다면 서로 다른 무차별곡선은 교차하지 않는다.
② 두 재화가 완전대체재일 경우 무차별곡선은 우하향하는 직선의 형태로 나타난다.
④ 비재화의 무차별곡선의 경우 비재화의 소비량이 적어야 효용이 크기 때문에 원점에 가까울수록 더 높은 효용수준을 나타내는 경우도 있다.

위험회피자인 갑은 기대수익률이 증가하면 효용이 증가하나 위험이 증가하면 효용이 감소한다. 가로축에 기대수익률, 세로축에 위험을 표시한 평면에서 갑의 무차별곡선은? ▸ 2019년 보험계리사

① 우하향한다. ② 수직이다.
③ 우상향한다. ④ 수평이다.

출제이슈 비재화의 무차별곡선

핵심해설 **정답 ③**

설문에서 기대수익률이 증가하면 효용이 증가하나 위험이 증가하면 효용이 감소하는 경우 기대수익률은 재화, 위험은 비재화의 성격을 가진다. 비재화는 원점에 가까워질수록 효용이 증가하고 재화는 원점에서 멀어질수록 효용이 증가한다. 따라서 이를 가로축에 기대수익률, 세로축에 위험을 표시한 평면에서 조합하여 그리면 우상향하는 형태가 된다. 무차별곡선은 정의상 동일한 효용을 주는 상품조합의 집합이므로 현재 소비조합 상태에서 만일 기대수익률이 감소한다면, 효용이 감소하기 때문에 이를 상쇄하기 위해서 위험이 감소하여 효용이 증가하여야 한다. 따라서 무차별곡선이 우상향하는 것을 다시 한번 확인할 수 있다.

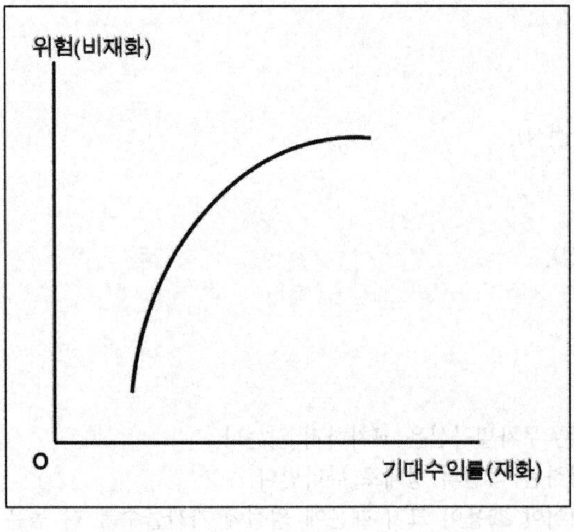

두 재화 X, Y에 대해 효용을 극대화하는 갑의 효용함수가 $U(X, Y) = (X+2)(Y+1)$이다. 한계대체율이 4이고, X재 선택은 14일 때, Y재의 선택은? (단, 한계대체율은 $\left|\frac{dY}{dX}\right|$이다.)

▶ 2024년 감정평가사

① 10 ② 18 ③ 32
④ 63 ⑤ 68

출제이슈 한계대체율

핵심해설 **정답 ④**

한계대체율은 두 재화 간의 주관적 교환비율로서 두 재화의 한계효용의 비율로 나타낼 수 있으며, 기하적으로는 무차별곡선의 기울기가 된다.

설문에서 한계대체율 $(\frac{MU_X}{MU_Y})$을 구하면 $\frac{MU_X}{MU_Y} = \frac{Y+1}{X+2}$이 된다.

이때, 한계대체율이 4이며 X재 선택이 14임을 고려하여 다시 쓰면 아래와 같다.

$$\frac{MU_X}{MU_Y} = \frac{Y+1}{X+2} = \frac{Y+1}{14+2} = 4$$

이를 풀면 $Y = 63$이 된다.

THEME 03 예산제약

1 예산제약식

일정하게 주어진 소득으로 소비 대상인 두 상품을 최대한 구입하는 경우 두 상품의 소비량 간의 관계식을 예산제약식이라고 하며 이는 소비가 소득의 제약을 받고 있음을 의미한다.

$P_X\ X + P_Y\ Y = M$, 단, P_X, P_Y, M은 상수

2 예산선

1) 의의

주어진 소득으로 구입가능한 모든 상품조합의 궤적을 연결한 자취로서 위에서 살펴 본 예산제약식의 기하적 표현이다.

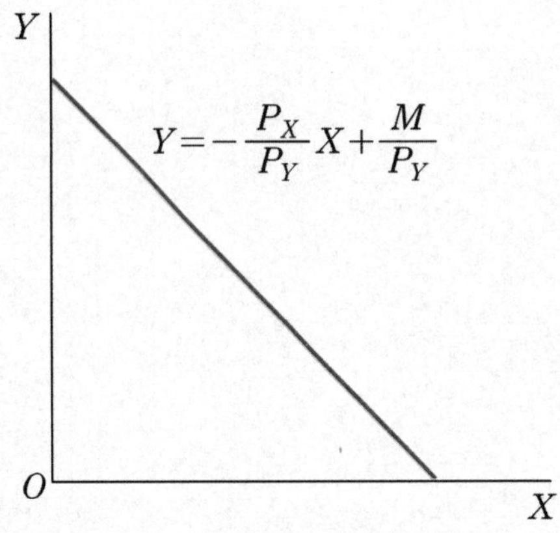

(그림 5-10)

2) 성질

① 예산선은 소비자가 직면하는 재화의 가격, 벌어들이는 소득 등 상품시장과 노동시장 등의 상황을 반영하고 있다.

② 예산선은 우하향하는 직선으로 나타난다.

③ 가격이 일정한 경우, 소득이 클수록 예산선의 소비가능영역이 확대된다.

3) 기울기 : $-\dfrac{\Delta Y}{\Delta X}$

① 상대가격의 정의

예산선의 기울기는 두 상품 간의 가격의 비율로 표시되며 이를 상대가격이라고 한다. 이는 특정 재화 소비를 늘리기 위해서는 포기해야 하는 다른 재화의 소비량으로서 기회비용 성격을 가진다.

$\Delta X \Leftrightarrow -\Delta Y \quad \therefore \; P_X \; \Delta X = -P_Y \; \Delta Y$

$\therefore \; -\dfrac{\Delta Y}{\Delta X} = \dfrac{P_X}{P_Y}$ → 상대가격

② 상대가격의 의미

상대가격은 시장에 참여하는 모든 주체들에게 있어서 객관적인, X재 1단위의, Y재로 표시한, 실물 가격이라는 의미를 갖는다. 왜냐하면 소비자가 구입가능한 두 상품 간 $\Delta X \Leftrightarrow -\Delta Y$의 대체비율은 $1 \Leftrightarrow -\dfrac{\Delta Y}{\Delta X}$의 대체비율을 의미하기 때문이다.

4) 예산선의 이동

① 소득의 변화에 따라서 예산선은 우상방 혹은 좌하방으로 평행이동한다.

② 재화가격의 변화에 따라서 예산선은 회전이동한다.

5) 다양한 예산선

① 현금보조 시 예산선

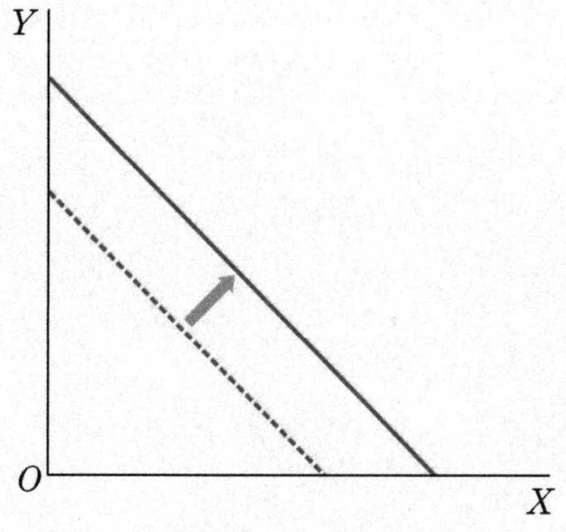

(그림 5-11)

② 현물보조 시 예산선

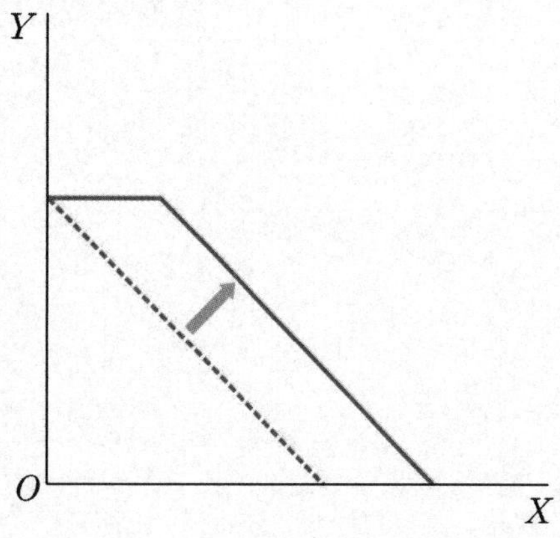

(그림 5-12)

③ 가격할인 시 예산선

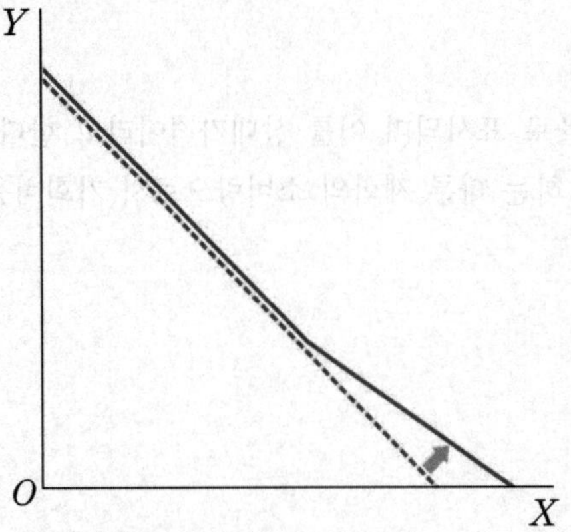

(그림 5-13)

④ 구입제한 시 예산선

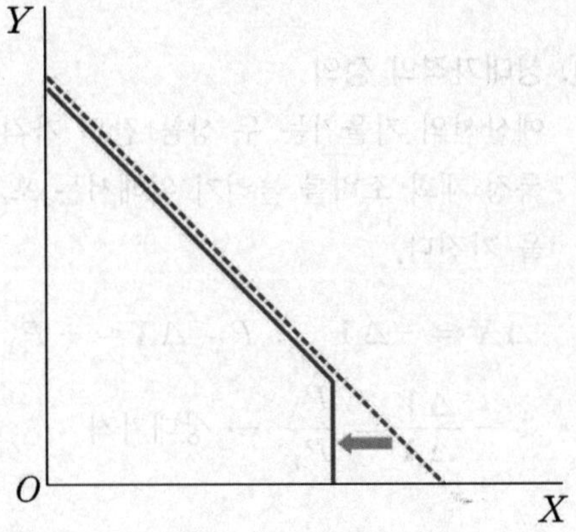

(그림 5-14)

필수예제

다음 (　　)에 들어갈 내용으로 옳은 것은? ▸ 2024년 감정평가사

아래 그림과 같이 두 재화 X, Y에 대한 갑의 예산선이 AC에서 BC로 변했을 때, Y재 가격이 변하지 않았다면, X재 가격은 (ㄱ)하고, 소득은 (ㄴ)한 것이다.

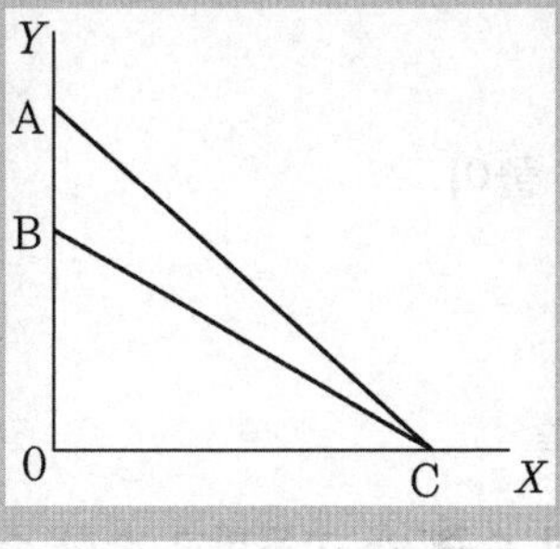

① ㄱ: 하락, ㄴ: 감소
② ㄱ: 하락, ㄴ: 증가
③ ㄱ: 불변, ㄴ: 감소
④ ㄱ: 상승, ㄴ: 증가
⑤ ㄱ: 상승, ㄴ: 불변

출제이슈 예산선의 이동

핵심해설 **정답** ①

1) Y재 가격의 상승

Y재 가격이 상승하는 경우, 예산선은 횡축절편을 중심으로 시계 반대방향으로 회전이동하면서 예산집합이 축소된다.

2) X재 가격의 하락

X재 가격이 하락하는 경우, 예산선은 종축절편을 중심으로 시계 반대방향으로 회전이동하면서 예산집합이 확장된다.

3) 소득의 변화

소득이 감소하는 경우, 예산선은 평행하게 원점을 향해서 이동하면서 예산집합이 축소된다.

따라서 Y재 가격이 절대적으로 상승하는 1)의 효과는 상대가격의 하락과 소득의 감소로 분해가능하므로 이는 2)와 3)의 조합으로 달성가능하다.

THEME 04 소비자 최적선택

1 의의

주어진 예산제약하에서 소비자가 자신의 효용을 극대화한 상태가 소비자의 최적선택이며 이를 소비자 균형이라고 하기도 한다.

2 수리적 분석 : 수리모형과 풀이

$$\underset{X,\,Y}{Max}\ U = U(X, Y)$$
$$s,t. \quad P_X X + P_Y Y = M$$

1) 기초수준에서의 접근(중학교 수학 수준 vs 고등학교 수학 수준)

$U = XY$ -------------- ①

$1{,}000X + 500Y = 10{,}000$ ---- ②

$Max\ U$ --------------- ③

2) 고급수준에서의 접근(라그랑지 승수법)

$£ = XY + \lambda(1{,}000 - 1{,}000X - 500Y)$

3 기하적 분석

기하적으로 볼 때, 소비자의 최적선택은 예산선과 무차별곡선이 접하는 $E_0(X_0, Y_0)$에서 달성된다. 이때 예산선의 기울기와 무차별곡선의 기울기는 같으며, 최적선택은 항상 제약조건인 예산선 위에서 달성된다.

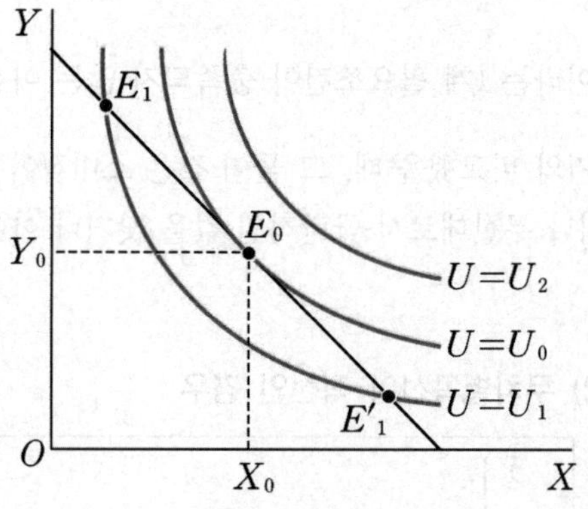

(그림 5-15)

4 수리적 분석과 기하적 분석의 동시적 활용

1) 기하적 분석의 활용

* 소비자 최적선택에서 예산선과 무차별곡선이 접한다.

① (−) 무차별곡선의 기울기 = (−) 예산선의 기울기

cf 소비자 최적선택이 될 수 있는 다양한 후보군으로서 ICC

② 소비자 최적선택은 예산선 위에서 달성

2) 수리적 분석의 활용

① (−) 무차별곡선의 기울기 = (−) 예산선의 기울기

→ 한계대체율 ($\frac{MU_X}{MU_Y}$) = 상대가격 ($\frac{P_X}{P_Y}$) ---------- (i)

② 균형은 예산선 상에서 달성

→ $P_X \cdot X + P_Y \cdot Y = M$ ------------------ (ii)

③ 위의 (i), (ii) 연립방정식 체계를 풀이

5 예외적인 소비자 균형(1계 필요조건이 달성되지 않는 경우)

여기에서 한계대체율 ($\frac{MU_X}{MU_Y}$) = 상대가격 ($\frac{P_X}{P_Y}$)이라는 1계 필요조건이 충족되지 않는 이유는 무차별곡선의 기울기가 항상 일정하여 예산선의 기울기와 비교했을 때, 그 둘이 같은 소비점이 존재하지 않기 때문이다. 혹은 무차별곡선의 기울기가 0이나 무한대로서 극단적인 값을 갖거나 아예 존재하지 않는 경우이다.

1) 무차별곡선이 L자인 경우

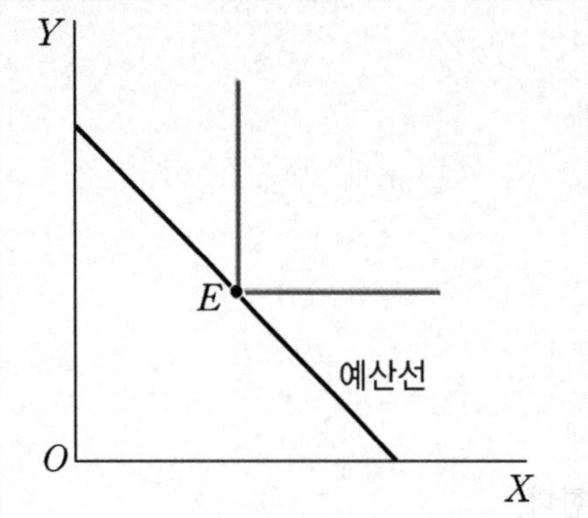

(그림 5-16)

2) 무차별곡선이 직선인 경우

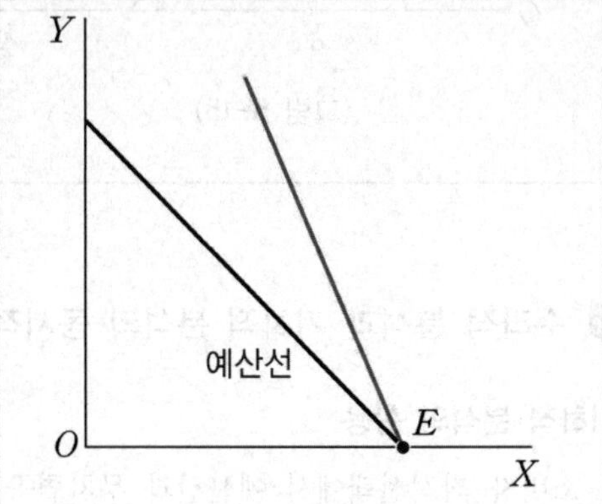

(그림 5-17)

3) 1계조건과 2계조건

효용극대화 1계조건이 만족되었다고 해서 반드시 효용극대화가 달성된다는 것은 아니다. 경우에 따라서는 효용극대화가 아니라 오히려 효용극소화가 될 수도 있기 때문이다. 따라서 1계조건 이외에 2계조건을 통해서 효용극대화 여부를 판정할 필요가 있다. 이러한 2계조건은 무차별곡선의 형태와 밀접한 관련이 있는데 무차별곡선이 원점에 대하여 볼록한 경우에는 효용극대화 2계조건을 충족한다.

만일 무차별곡선이 원점에 대하여 오목한 경우에는 효용극대화 1계조건을 충족했다고 하더라도 효용극대화가 달성될 수 없다. 이렇게 원점에 대하여 오목한 무차별곡선의 경우 효용극대화는 내부해가 아니라 모서리해 또는 코너해에서 달성되므로 주의할 필요가 있다.

그런데 무차별곡선이 원점에 대하여 볼록하더라도 상당히 가파르거나 완만하여 예산선과 비교할 때, 동일한 기울기를 갖지 못하는 경우에는 역시 모서리해를 갖게 된다. 이는 무차별곡선이 L자이거나 직선인 경우와 유사하게 한계대체율 ($\frac{MU_X}{MU_Y}$) = 상대가격 ($\frac{P_X}{P_Y}$)이라는 1계 필요조건이 충족되지 않는다.

필수예제

재화 X와 Y만을 소비하는 A의 무차별곡선과 예산제약선에 관한 설명으로 옳지 않은 것은? (단, 무차별곡선은 원점에 대해 볼록하며, MU_X는 X재의 한계효용, MU_Y는 Y재의 한계효용, P_Y는 Y재의 가격이다.)

▸ 2019년 공인노무사

① 무차별곡선의 기울기는 한계대체율이다.
② $\frac{MU_Y}{MU_X} > \frac{P_Y}{P_X}$인 경우에 Y재의 소비를 줄이고 X재의 소비를 늘려야 효용이 증가할 수 있다.
③ 예산제약선의 기울기는 두 재화가격의 비율이다.
④ 효용극대화는 무차별곡선과 예산제약선의 접점에서 이루어진다.
⑤ 한계대체율은 두 재화의 한계효용비율이다.

출제이슈 소비자 최적선택

핵심해설 **정답** ②

소비자 최적선택은 예산선과 무차별곡선이 접하는 $E_0(X_0, Y_0)$에서 달성되며, 그 조건은 다음과 같다.

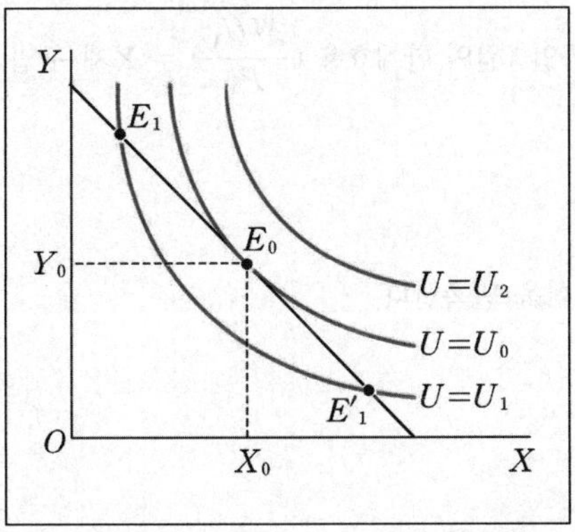

1) 한계대체율 $(\frac{MU_X}{MU_Y})$ = 상대가격 $(\frac{P_X}{P_Y})$이어야 하며 이는 X재 구입 1원의 한계효용 $(\frac{MU_X}{P_X})$ = Y재 구입 1원의 한계효용 $(\frac{MU_Y}{P_Y})$임을 의미한다. 이때, 한계대체율은 무차별곡선의 기울기이며, 상대가격은 예산선의 기울기가 된다.

2) 또한 균형은 반드시 예산선 상에서 달성되어야 하므로 다음의 식을 만족한다.
$P_X X + P_Y Y = M$

PART • 03

②는 틀린 내용이다.

$\frac{MU_Y}{MU_X} > \frac{P_Y}{P_X}$인 경우는 위의 그래프에서 E_1'과 같은 경우로서 Y재의 소비를 늘리고 X재의 소비를 줄여야 효용이 증가할 수 있다. 이는 Y재에 대한 소비자의 평가가 시장에서의 평가보다 더 크기 때문에 Y재 소비를 늘리면 효용을 더 증진시킬 수 있음을 의미한다. 마찬가지로 Y재 1원어치 효용이 X재 1원어치 효용보다 크다는 것을 의미하므로 Y재 소비를 늘려야 하는 것이다.

두 상품 X재와 Y재를 소비하는 홍길동의 효용함수는 $U(X, Y) = XY + 3$이다. 홍길동의 소득이 10,000원이고, X재와 Y재의 가격이 각각 1,000원과 500원일 때, 홍길동의 효용을 극대화하는 X재와 Y재의 소비량은? (단, X재와 Y재의 소비량은 0보다 크다.) ▸ 2011년 지방직 7급

① (2, 16)　② (5, 10)
③ (6, 8)　④ (8, 4)

출제이슈 소비자 최적선택 도출
핵심해설 **정답** ②

소비자 최적선택은 예산선과 무차별곡선이 접하는 점에서 달성되며, 그 조건은 다음과 같다.

1) 한계대체율 ($\frac{MU_X}{MU_Y}$) = 상대가격 ($\frac{P_X}{P_Y}$)이어야 하며 이는 X재 구입 1원의 한계효용 ($\frac{MU_X}{P_X}$) = Y재 구입 1원의 한계효용 ($\frac{MU_Y}{P_Y}$)임을 의미한다.

2) 또한 균형은 반드시 예산선 상에서 달성되어야 하므로 다음의 식을 만족한다.
$P_X \cdot X + P_Y \cdot Y = M$

설문의 자료를 위의 산식에 대입하면 다음과 같이 풀 수 있다.

$U = U(X, Y)$　　$U = XY + 3$ ------------①

$P_X X + P_Y Y = M$　　$1{,}000X + 500Y = 10{,}000$ ----②

$Max\ U$　　$Max\ U$----------------③

$\frac{MU_X}{MU_Y} = \frac{P_X}{P_Y}$　　$\frac{Y}{X} = \frac{1{,}000}{500}$

$P_X X + P_Y Y = M$　　$1{,}000X + 500Y = 10{,}000$

위의 식을 풀면 $X = 5, Y = 10$이 된다.

소비자 갑이 두 재화 X, Y를 소비하고 효용함수는 $U(x,y)=xy$ 이다. X, Y의 가격이 각각 5원, 10원이다. 소비자 갑의 소득이 1,000원일 때, 효용극대화 소비량은? (단, x는 X의 소비량, y는 Y의 소비량이다.) ▸ 2018년 감정평가사

① x=90, y=55　② x=100, y=50　③ x=110, y=45
④ x=120, y=40　⑤ x=130, y=35

출제이슈 소비자 최적선택 도출

핵심해설 **정답** ②

소비자 최적선택은 예산선과 무차별곡선이 접하는 점에서 달성되며, 그 조건은 다음과 같다.

1) 한계대체율 ($\frac{MU_X}{MU_Y}$) = 상대가격 ($\frac{P_X}{P_Y}$)이어야 하며 이는 X재 구입 1원의 한계효용 ($\frac{MU_X}{P_X}$) = Y재 구입 1원의 한계효용 ($\frac{MU_Y}{P_Y}$)임을 의미한다.

2) 또한 균형은 반드시 예산선 상에서 달성되어야 하므로 다음의 식을 만족한다.
$P_X \cdot X + P_Y \cdot Y = M$

설문의 자료를 위의 산식에 대입하면 다음과 같이 풀 수 있다.

$U = U(X, Y)$	$U = xy$ ―――――――――――――― ①
$P_X X + P_Y Y = M$	$5x + 10y = 1{,}000$ ―――――――― ②
$Max\ U$	$Max\ U$ ―――――――――――――――― ③
$\frac{MU_X}{MU_Y} = \frac{P_X}{P_Y}$	$\frac{y}{x} = \frac{5}{10}$
$P_X X + P_Y Y = M$	$5x + 10y = 1{,}000$

위의 식을 풀면 $x=100$, $y=50$이 된다.

어느 소비자에게 X재와 Y재는 완전대체재이며 X재 2개를 늘리는 대신 Y재 1개를 줄이더라도 동일한 효용을 얻는다. X재의 시장가격은 2만원이고 Y재의 시장가격은 6만원이다. 소비자가 X재와 Y재에 쓰는 예산은 총 60만원이다. 이 소비자가 주어진 예산에서 효용을 극대화할 때 소비하는 X재와 Y재의 양은?

▸ 2019년 서울시 7급

	X재(개)	Y재(개)
①	0	10
②	15	5
③	24	2
④	30	0

출제이슈 예외적인 소비자 최적선택

핵심해설 **정답 ④**

소비자 최적선택은 한계대체율 ($\frac{MU_X}{MU_Y}$) = 상대가격 ($\frac{P_X}{P_Y}$)이어야 하는데 예외적인 소비자 균형에서는 1계 필요조건이 불필요하다. 그러한 경우는 다음과 같다.

1) 무차별곡선이 직선인 경우 : 완전대체

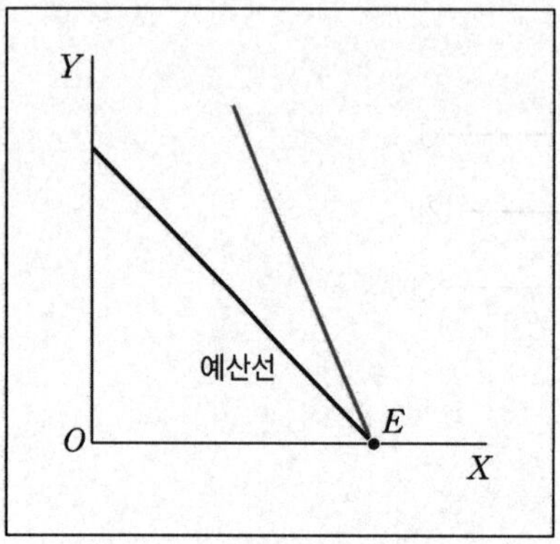

2) 무차별곡선이 L자형인 경우 : 완전보완

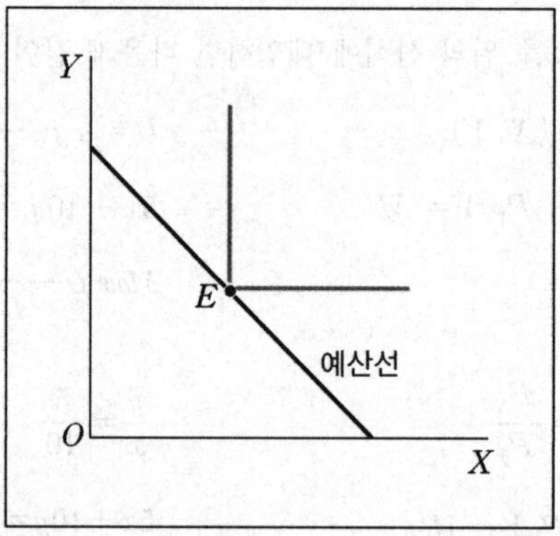

여기에서 한계대체율 ($\frac{MU_X}{MU_Y}$) = 상대가격 ($\frac{P_X}{P_Y}$)이 충족되지 않는 이유는 무차별곡선의 기울기가 항상 일정하여 예산선과의 기울기와 비교했을 때, 같은 소비점이 존재하지 않기 때문이다. 이러한 경우 설문에서 $\frac{MU_X}{MU_Y}=\frac{1}{2}>\frac{P_X}{P_Y}=\frac{2}{6}$ 이므로 항상 X재만 소비한다.

소비자 갑의 효용함수는 $U=\min\{X,\ 2Y\}$, X재 가격은 1, Y재 가격은 2, 갑의 소득은 10이다. 효용을 극대화하는 X재의 수요량은? ▸ 2018년 보험계리사

① 2 ② 2.5
③ 4 ④ 5

출제이슈 예외적인 소비자 최적선택

핵심해설 **정답 ④**

소비자 최적선택은 한계대체율 ($\frac{MU_X}{MU_Y}$) = 상대가격 ($\frac{P_X}{P_Y}$) 이어야 하는데 예외적인 소비자 균형에서는 1계 필요조건이 불필요하다. 그러한 경우는 다음과 같다.

1) 무차별곡선이 직선인 경우 : 완전대체

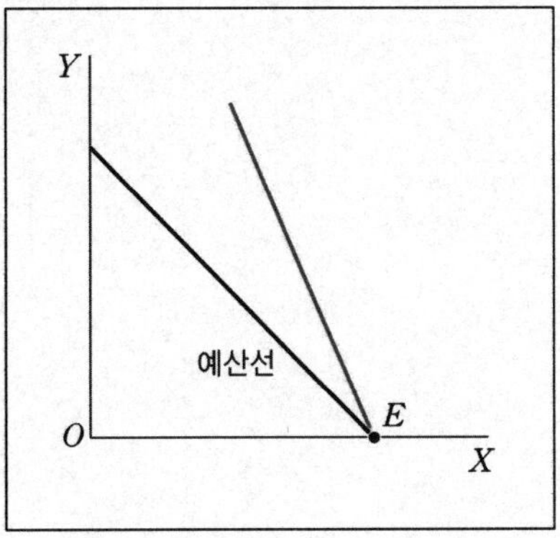

2) 무차별곡선이 L자형인 경우 : 완전보완

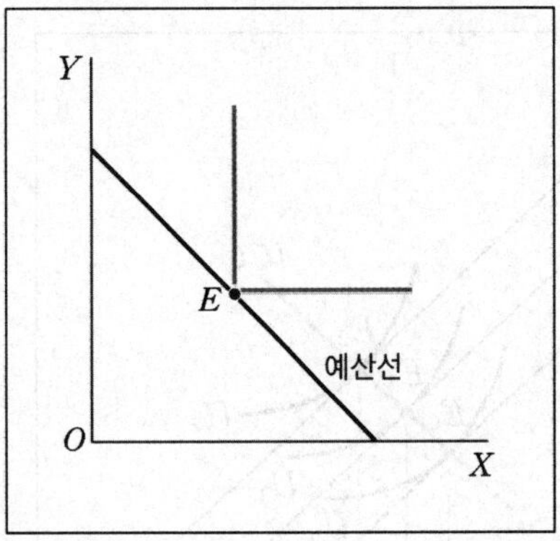

여기에서 한계대체율 ($\frac{MU_X}{MU_Y}$) = 상대가격 ($\frac{P_X}{P_Y}$) 이 충족되지 않는 이유는 무차별곡선이 ㄴ자형태로서 꺾이는 지점에서는 수학적으로 한계대체율이 정의되지 않기 때문이다. 이러한 경우에 효용이 극대화되는 소비점은 항상 무차별곡선이 꺾이는 점이 되며, 그 소비점은 반드시 예산선 위에 존재하여야 한다. 따라서 무차별곡선이 꺾이는 점의 궤적과 예산선의 교점이 소비자 최적선택이 된다.

설문에서 $X=2Y$와 예산선 $X+2Y=10$이 만나는 점에서 효용극대화 소비가 이루어진다. 따라서 이를 연립하여 풀면 $X=5$, $Y=2.5$가 된다.

THEME 05 소비자 최적선택의 변화(소득변화)

1 의의

주어진 제약조건 중 소득이 변화함에 따라 소비자의 효용극대화 선택도 변화하게 되며 이를 소득소비곡선과 엥겔곡선으로 묘사할 수 있다.

2 기하적 분석

1) 소득소비곡선(ICC)

소득변화에 따른 새로운 소비자 최적선택점(균형점)을 연결한 곡선을 소득소비곡선이라고 한다.

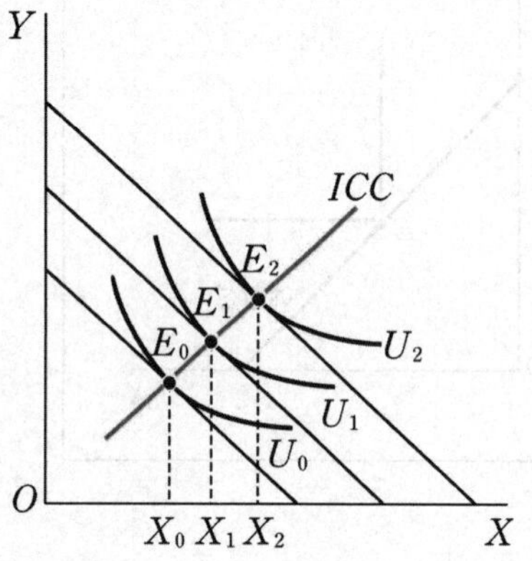

(그림 5-18)

2) 엥겔곡선(EC_X)

소득변화에 따른 새로운 최적의 소비 선택점 중에서 특정상품의 소비량만을 소득과 대응시켜 연결한 곡선을 엥겔곡선이라고 한다. 이는 소득과 특정상품 소비량 간 관계식이라고 할 수 있다.

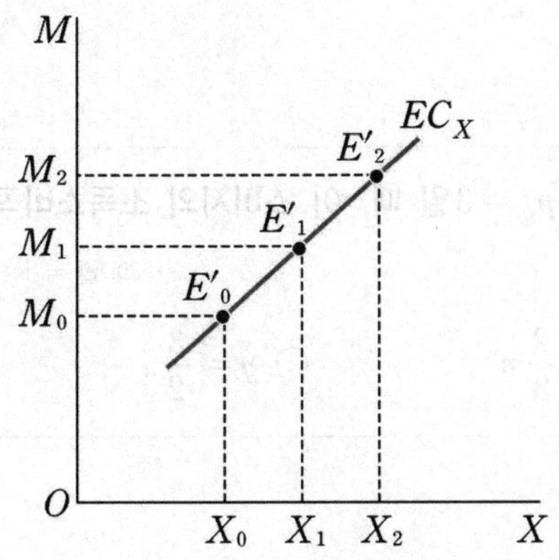

(그림 5-19)

3 수리적 분석

$$\underset{X,Y}{Max}\ U = U(X, Y)$$
$$s.t. \quad P_X X + P_Y Y = M'$$

$U = XY$ ―――――――――――――― ①

$1{,}000X + 500Y = 20{,}000$ ―――― ②

$Max\ U$ ――――――――――――――― ③

4 소득소비곡선과 엥겔곡선의 유형

1) 소득소비곡선의 유형

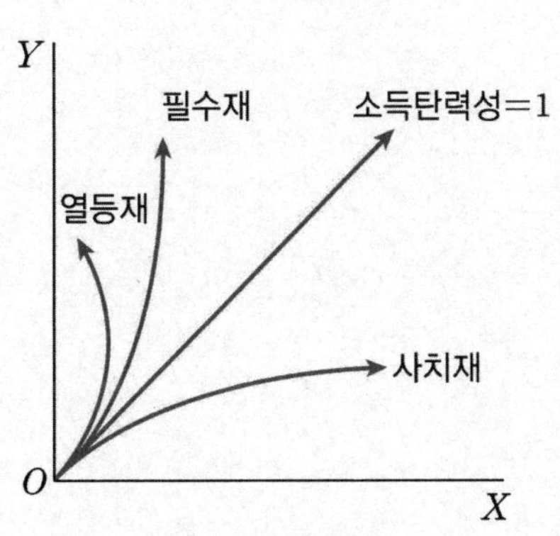

(그림 5-20)

2) 엥겔곡선의 유형

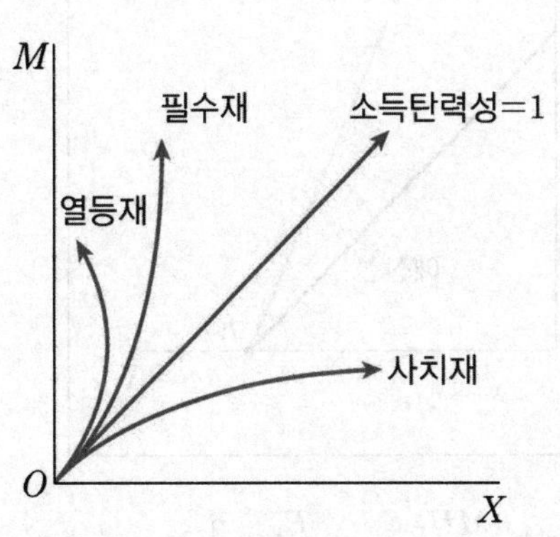

(그림 5-21)

필수예제

효용함수가 $u(x,y)=x+y$인 소비자가 있다. $p_x=2,\ p_y=3$일 때, 이 소비자의 소득소비곡선 (income-consumption curve)을 바르게 나타낸 식은? ▸ 2017년 국가직 7급

① $x=0$ ② $y=0$ ③ $y=\frac{2}{3}x$ ④ $y=\frac{3}{2}x$

출제이슈 소득의 변화와 소비자 최적선택의 변화

핵심해설 정답 ②

소득의 변화에 따른 새로운 소비자 최적선택도 역시 한계대체율 ($\frac{MU_X}{MU_Y}$) = 상대가격 ($\frac{P_X}{P_Y}$)을 만족하여야 한다. 그런데 예외적인 경우에는 한계대체율 ($\frac{MU_X}{MU_Y}$) = 상대가격 ($\frac{P_X}{P_Y}$)이 충족되지 않는다. 그 이유는 설문과 같이 무차별곡선의 기울기가 항상 "1"로 일정하여 예산선과의 기울기와 비교했을 때, 그 둘이 같은 소비점이 존재하지 않기 때문이다.

이러한 경우는 아래의 그래프와 같은 횡축 상에서 항상 최적소비가 달성된다. 왜냐하면, $\frac{MU_X}{MU_Y}>\frac{P_X}{P_Y}$이므로 항상 X재만 소비하는 것이 유리하기 때문이다. 따라서 소득이 증가함에 따라서 항상 X재만 소비하므로 소득소비곡선은 X축 자체가 된다.

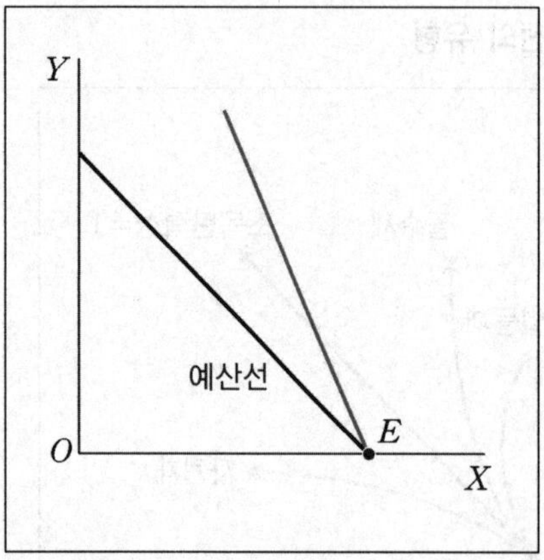

설문에서 $\frac{MU_X}{MU_Y}=1>\frac{P_X}{P_Y}=\frac{2}{3}$ 이므로 항상 X재만 소비한다. 따라서 소득이 증가함에 따라서 항상 X재만 소비하므로 소득소비곡선은 X축 자체가 된다.

THEME 06 소비자 최적선택의 변화(가격변화)

1 의의

주어진 제약조건 중 가격이 변화함에 따라 소비자의 효용극대화 선택도 변화하게 되며 이를 가격소비곡선과 수요곡선으로 묘사할 수 있다.

2 기하적 분석

1) 가격소비곡선(PCC)

가격변화에 따른 새로운 소비자 최적선택점(균형점)을 연결한 곡선을 가격소비곡선이라고 한다.

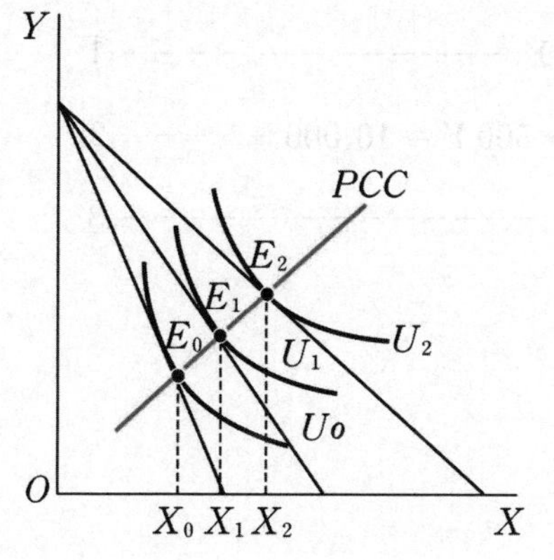

(그림 5-22)

2) 수요곡선(DC_X)

가격변화에 따른 새로운 최적의 소비 선택점 중에서 특정상품의 소비량만을 그 가격과 대응시켜 연결한 곡선을 수요곡선이라고 한다. 이는 가격과 특정상품 소비량 간 관계식이라고 할 수 있다.

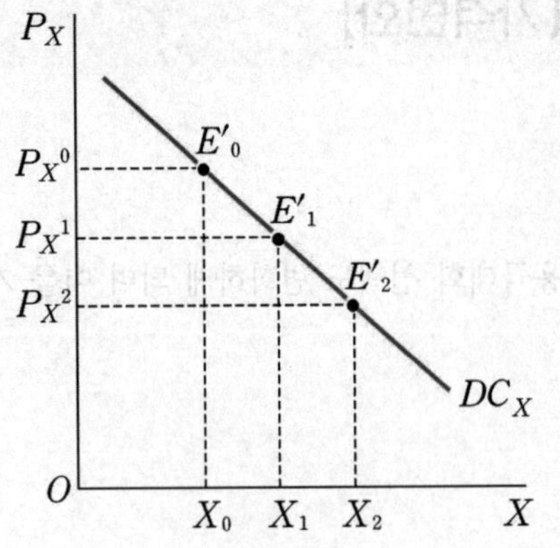

(그림 5-23)

3 수리적 분석

$$\underset{X,Y}{Max}\ U = U(X, Y)$$
$$s,t.\quad P_X{}'X + P_Y\ Y = M$$

$U = XY$ -------------- ①

$500X + 500Y = 10{,}000$ ------ ②

$Max\ U$ ---------------- ③

4 가격소비곡선의 유형

1) 가격탄력성 = 1

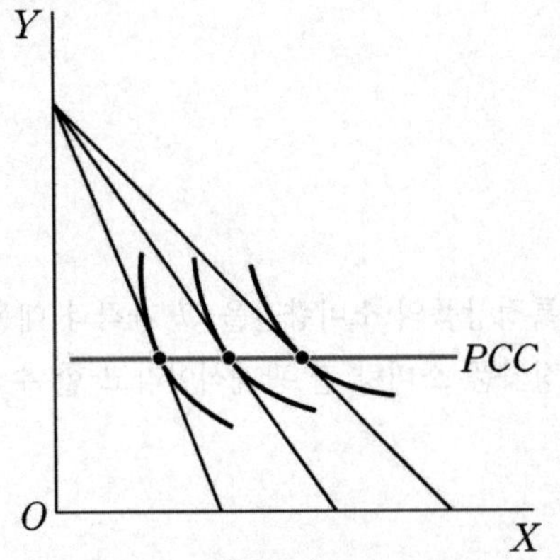

(그림 5-24)

2) 가격탄력성 < 1

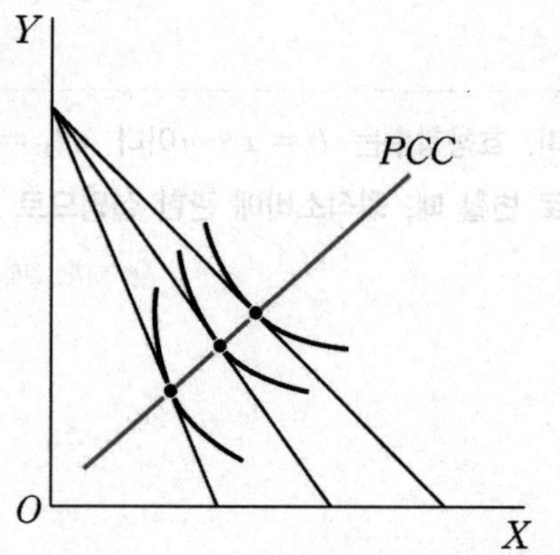

(그림 5-25)

3) 가격탄력성 > 1

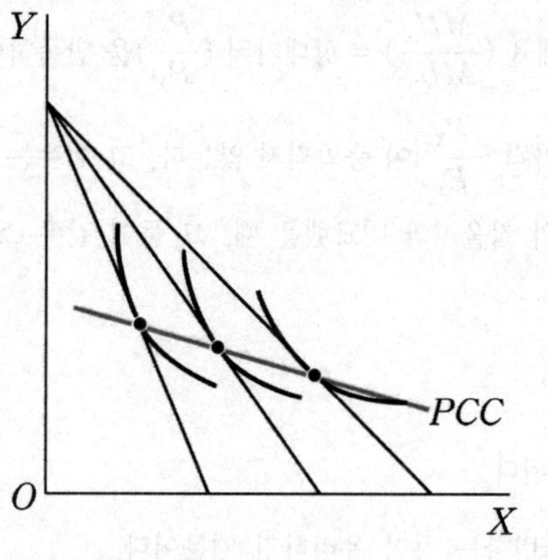

(그림 5-26)

필수예제

소득이 600인 소비자 갑은 X재와 Y재만을 소비하며, 효용함수는 $U = x + y$이다. $P_X = 20$, $P_Y = 15$이던 두 재화의 가격이 $P_X = 20$, $P_Y = 25$로 변할 때, 최적소비에 관한 설명으로 옳은 것은? (단, x는 X재 소비량, y는 Y재 소비량이다.) ▸ 2017년 감정평가사

① X재 소비를 30단위 증가시킨다.
② X재 소비를 40단위 증가시킨다.
③ Y재 소비를 30단위 증가시킨다.
④ Y재 소비를 40단위 증가시킨다.
⑤ Y재 소비를 30단위 감소시킨다.

출제이슈 가격의 변화와 소비자 최적선택의 변화

핵심해설 **정답 ①**

가격의 변화에 따른 새로운 소비자 최적선택도 역시 한계대체율 ($\frac{MU_X}{MU_Y}$) = 상대가격 ($\frac{P_X}{P_Y}$)을 만족하여야 한다. 그런데 예외적인 경우에는 한계대체율 ($\frac{MU_X}{MU_Y}$) = 상대가격 ($\frac{P_X}{P_Y}$)이 충족되지 않는다. 그 이유는 설문과 같이 무차별곡선의 기울기가 항상 "1"로 일정하여 예산선과의 기울기와 비교했을 때, 그 둘이 같은 소비점이 존재하지 않기 때문이다.

1) $P_X = 20$, $P_Y = 15$인 경우 소비자 최적선택

이러한 경우는 종축(Y축) 상에서 항상 최적소비가 달성된다.

왜냐하면, $\frac{MU_X}{MU_Y} = 1 < \frac{P_X}{P_Y} = \frac{20}{15}$이므로 항상 Y재만 소비하는 것이 유리하기 때문이다.

소득이 600이고 Y재의 가격이 15이므로 Y재의 소비량은 40이 되고 X재 소비량은 0이다.

2) $P_X = 20$, $P_Y = 25$인 경우 소비자 최적선택

이러한 경우는 횡축(X축) 상에서 항상 최적소비가 달성된다.

왜냐하면, $\frac{MU_X}{MU_Y} = 1 > \frac{P_X}{P_Y} = \frac{20}{25}$이므로 항상 X재만 소비하는 것이 유리하기 때문이다.

소득이 600이고 X재의 가격이 20이므로 X재의 소비량은 30이 되고 Y재 소비량은 0이다.

3) 따라서 위의 내용을 정리하면, 가격의 변화에 따라서 Y재의 소비량은 40 감소하고 X재 소비량은 30 증가한다.

THEME 07 가격효과와 수요곡선의 도출

1 의의

특정 재화의 가격변화가 재화의 최적 소비량에 미치는 효과를 가격효과라고 하며 이는 대체효과와 소득효과로 구성된다.

2 대체효과

1) 의의

가격 변화 → 상대가격 변화 → (상대적으로 싸진 재화의 소비량에 미치는 효과 / 상대적으로 비싸진 재화의 소비량에 미치는 효과)

2) 기하학적 분석

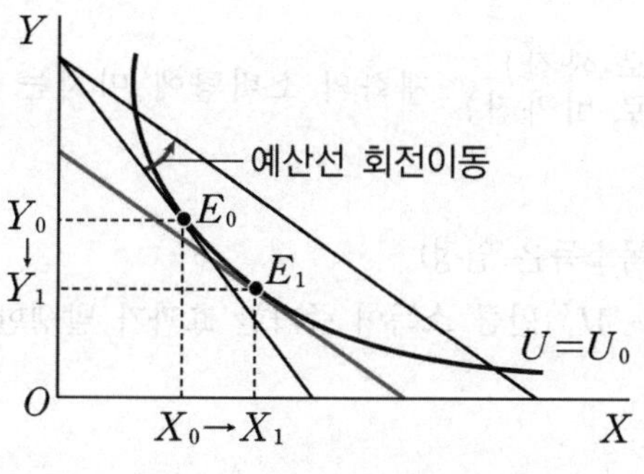

(그림 5-27)

① X재 가격 하락

→ 상대가격 변화 → X재 상대적으로 싸짐 → X재 소비량 증가($X_0 \rightarrow X_1$) / Y재 상대적으로 비싸짐 → Y재 소비량 감소($Y_0 \rightarrow Y_1$)

② 왜 그럴까? (대체효과가 발생하는 이유의 증명)

대체효과가 발생하는 원인은 가격의 변화에 따라서 소비행위를 조절함으로써 지출을 극소화하여 실질소득을 증가시키는 데 있다.

i) E_0에서의 지출액 $P_X X_0 + P_Y Y_0 = M$

ii) E_1에서의 지출액 $P'_X X_1 + P_Y Y_1 = M'$

$\downarrow \quad \uparrow \quad - \quad \downarrow \quad \downarrow$

3) 수리적 분석

$$\underset{X,Y}{Min}\, E = P_X{}'X + P_Y Y$$
$$s.t. \quad U = U(X, Y) = U_0$$

$E = 500X + 500Y$ ---- ①

$U = XY = 50$ ------- ②

$Min\, E$ ----------- ③

4) 대체효과점 E_1의 성격

효용 : 최초의 효용 U_0 유지
지출 : 최초의 지출 M보다 더 낮은 M' 지출(지출극소화 달성)

3 소득효과

1) 의의

① 가격변화 → 실질소득변화 → {(상대적으로 싸진) / (상대적으로 비싸진)} 재화의 소비량에 미치는 효과

② 소득이 변화한 이유

i) 명목상의 소득은 M으로 일정하다. (명목소득은 일정)

ii) 그러나 지출극소화에 의해 사실상 $(M - M')$만큼 소득이 증가한 효과가 발생한다. (실질소득의 증가)

2) 기하적 분석

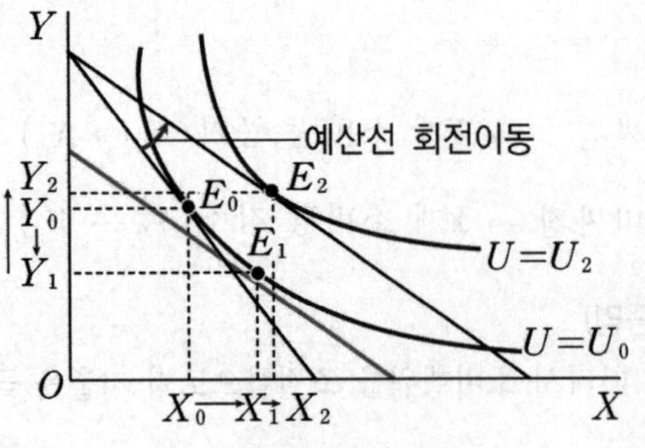

(그림 5-28)

① X재가격 하락 → 실질소득 변화 → $\begin{cases} X\text{재 소비량 증가 } (X_1 \rightarrow X_2) \\ Y\text{재 소비량 증가 } (Y_1 \rightarrow Y_2) \end{cases}$

② 왜 그럴까?(소득효과가 발생하는 이유의 증명)

i) E_0에서의 지출액 : M

ii) E_1에서의 지출액 : M'

iii) E_2에서의 지출액 : M

∴ 가격하락으로 소득이 사실상 $(M - M')$만큼 더 증가하고 이를 추가적인 재화구입에 사용함으로써 효용을 극대화할 수 있다.

3) 소득효과점 E_2의 성격

$\begin{cases} \text{효용 : 최초의 효용 } U_0\text{보다 더 높은 } U_2 \text{ 효용(새로운 효용 극대화 달성)} \\ \text{지출 : 최초의 지출 } M \text{ 유지} \end{cases}$

4 가격효과와 수요곡선의 도출

1) 의의

가격효과에 의하여 가격과 수요량 간 관계를 나타내는 수요곡선을 도출할 수 있는데 특히, 가격효과 중 대체효과를 반영하는 수요곡선을 보상수요곡선, 가격효과 모두를 반영하는 수요곡선을 통상수요곡선이라고 한다.

$\begin{cases} \text{대체효과} \rightarrow \text{보상수요곡선} \\ \text{대체효과 + 소득효과} \rightarrow \text{통상수요곡선} \end{cases}$

2) 기하적 분석

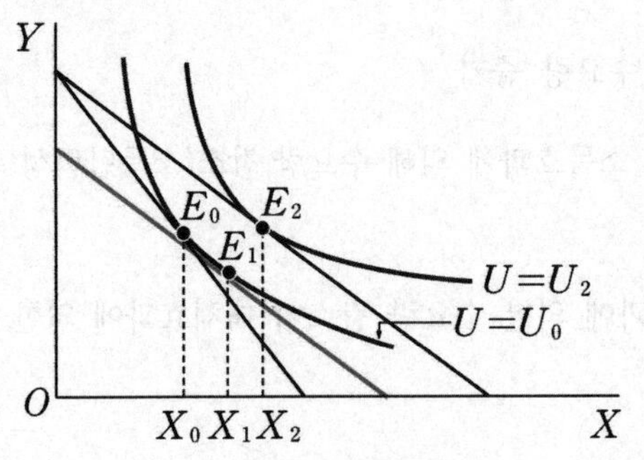

(그림 5-29)

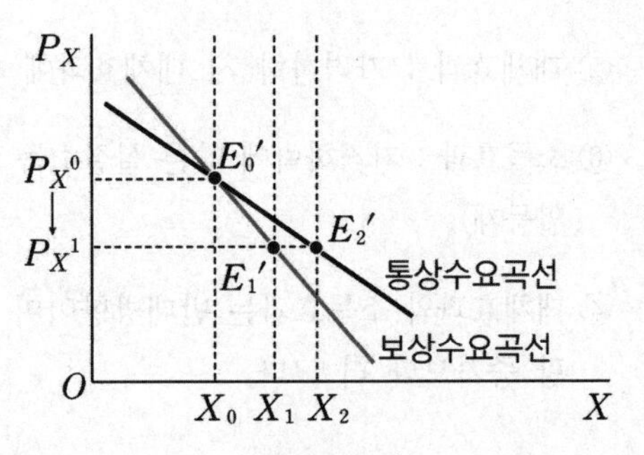

(그림 5-30)

3) 수리적 분석

$$\underset{X,Y}{Max}\ U = U(X, Y)$$
$$s,t. \quad P_X X + P_Y Y = M$$

$$U = XY \text{ ------------- ①}$$
$$P_X X + 500Y = 10,000 \text{ ------ ②}$$
$$Max\ U \text{ ---------------- ③}$$

5 가격효과와 재화의 분류

1) 정상재

① 수요법칙의 성립 : 가격하락 시 수요량 증가

② 대체효과 : 가격하락 시 대체효과에 의하여 수요량 증가

③ 소득효과 : 가격하락에 따른 실질소득 증가 시 소득효과에 의해 수요량 증가(소득탄력성 양수)

④ 대체효과와 소득효과는 동일방향

2) 열등재

① 수요법칙의 성립 : 가격하락 시 수요량 증가

② 대체효과 : 가격하락 시 대체효과에 의하여 수요량 증가

③ 소득효과 : 가격하락에 따른 실질소득 증가 시 소득효과에 의해 수요량 감소(소득탄력성 음수)

④ 대체효과와 소득효과는 반대방향이며, 대체효과에 의한 수요량 증가가 소득효과에 의한 수요량 감소보다 더 크다.

3) 기펜재

① 수요법칙의 예외 : 가격하락 시 수요량 감소

② 대체효과 : 가격하락 시 대체효과에 의하여 수요량 증가

③ 소득효과 : 가격하락에 따른 실질소득 증가 시 소득효과에 의해 수요량 감소(소득탄력성 음수, 열등재)

④ 대체효과와 소득효과는 반대방향이며 소득효과에 의한 수요량 감소가 대체효과에 의한 수요량 증가보다 더 크다.

6 "보상"의 의미와 "보상"수요곡선

1) 보상

① 가격이 하락하는 경우, 소득을 덜어내어 실질소득(효용)을 가격변화 이전의 수준으로 유지하도록 하는 것을 보상이라고 한다.

② 반대로 가격이 상승하는 경우, 소득을 더해주어 실질소득(효용)을 가격변화 이전의 수준으로 유지하도록 하는 것을 의미한다.

2) 보상수요곡선 vs 통상수요곡선

① 보상수요곡선이란 가격이 변화하는 경우, 실질소득이 변화 없는 상태에서 구한 수요곡선으로서 이는 실질소득 변화 없이 순수하게 가격변화에 의해서 초래되는 수요량 변화를 나타내는 수요곡선을 의미한다.

② 통상수요곡선이란 가격이 변화하는 경우, 실질소득도 변화하는 상태에서 구한 수요곡선으로서 이는 실질소득 변화가 반영된 가격변화에 의해서 초래되는 수요량 변화를 나타내는 수요곡선을 의미한다.

3) 슬러츠키 보상수요곡선과 슬러츠키 방정식

앞서 살펴본 보상은 실질소득을 효용 측면에서 파악하여 가격변화 이전의 수준을 유지하도록 하는 것이었다. 만일 실질소득을 소비 측면에서 파악하여 가격변화 이전의 수준, 즉 소비수준을 유지하도록 하는 경우 이를 슬러츠키 보상이라고 하며, 이에 따라 도출한 보상수요곡선을 슬러츠키 보상수요곡선이라고 한다. 특히 슬러츠키 보상을 사용하여 가격효과를 대체효과와 소득효과의 합으로 수학적 분해가 가능한데 이를 슬러츠키 방정식이라고 한다.

7 보상변화와 동등변화

1) 보상변화

소비자 효용을 가격변화가 일어나기 이전의 수준으로 되돌리기 위하여 필요한 소득의 변화를 보상변화라고 한다.

2) 동등변화

소비자 효용을 가격변화가 일어난 이후의 수준으로 만들기 위하여 필요한 소득의 변화를 동등변화 혹은 대등변화라고 한다.

3) 보상변화와 동등변화의 공통점

만일 보상변화와 동등변화를 부호와 상관없이 절댓값으로만 파악할 경우, 이 둘은 가격변화에 따른 소비자 후생변화를 구체적인 화폐단위 혹은 실물단위로 측정해주는 것이 된다.

8 간접효용함수와 지출함수

1) 간접효용함수

지금까지 살펴본 효용함수는 소비되는 각 재화의 소비량이 설명변수로서 효용이 재화소비량에 의해 결정되고 있었다. 이를 직접효용함수라고도 한다. 그러나 간접효용함수는 주어진 소득과 가격 수준에서 최대한 달성가능한 효용의 수준을 나타내는 함수이다. 즉 직접효용함수가 재화소비량의 함수라면, 간접효용함수는 소득과 가격의 함수가 된다. 간접효용함수는 통상수요함수를 직접효용함수에 대입하여 도출할 수 있다.

2) 지출함수

지금까지 살펴본 효용함수는 주어진 가격과 소득하에서 소비자의 효용극대화 과정을 통해서 최대한의 효용수준을 알려준다. 그러나 지출함수는 주어진 가격하에서 소비자의 지출극소화 과정을 통해서 최소한의 지출수준을 알려준다. 즉 지출함수란 재화의 가격이 주어졌을 때 특정한 효용수준을 달성하기 위해서 필요한 최소한의 지출액을 보여주는 것이다.

3) 쌍대관계

주어진 재화가격하에서 특정한 소득수준이 달성할 수 있는 최대한의 효용수준과 역시 주어진 재화가격하에서 특정한 효용수준을 달성하기 위해서 필요한 최소한의 지출수준은 사실상 동전의 앞면과 뒷면과 같이 매우 밀접한 관계에 있다. 이를 쌍대관계라고 한다.

필수예제

( )에 들어갈 내용으로 옳은 것은? ▶ 2019년 공인노무사

소비자 A는 정상재인 X재와 Y재만을 소비한다. X재 가격이 하락하면, (ㄱ)로 인해 X재와 Y재의 소비는 증가한다. 동시에 (ㄴ)로 인해 상대적으로 싸진 X재의 소비는 증가하고 상대적으로 비싸진 Y재의 소비는 감소한다. 단, 소비자 A의 무차별곡선은 원점에 대해 볼록하다.

① ㄱ : 소득효과, ㄴ : 대체효과
② ㄱ : 소득효과, ㄴ : 가격효과
③ ㄱ : 대체효과, ㄴ : 소득효과
④ ㄱ : 대체효과, ㄴ : 가격효과
⑤ ㄱ : 가격효과, ㄴ : 대체효과

출제이슈 가격효과
핵심해설 정답 ①

가격효과는 대체효과와 소득효과로 나누어지는데 이는 다음과 같다.

1) 대체효과에 의하면, 지출극소화의 원리에 따라서 상대적으로 저렴해진 재화소비를 늘려서 지출액을 줄일 수 있다.

$$X\text{재가격하락} \rightarrow \text{상대가격 변화} \rightarrow \begin{cases} X\text{재 상대적으로 싸짐} \rightarrow X\text{재 소비량 증가}(X_0 \rightarrow X_1) \\ Y\text{재 상대적으로 비싸짐} \rightarrow Y\text{재 소비량 감소}(Y_0 \rightarrow Y_1) \end{cases}$$

2) 소득효과는 지출극소화에 의해 절감한 지출액(실질소득의 증가)을 소비에 활용하여 효용을 증진시키는 것을 의미한다.

$$X\text{재 가격 하락} \rightarrow \text{실질소득 변화} \rightarrow \begin{cases} X\text{재 소비량 증가}(X_1 \rightarrow X_2) \\ Y\text{재 소비량 증가}(Y_1 \rightarrow Y_2) \end{cases}$$

위의 내용에 따라서 설문을 검토하면 다음과 같다.

X재 가격이 하락하면, (ㄱ : 소득효과)로 인해 X재와 Y재의 소비는 증가한다. 동시에 (ㄴ : 대체효과)로 인해 상대적으로 싸진 X재의 소비는 증가하고 상대적으로 비싸진 Y재의 소비는 감소한다.

보상수요(compensated demand)에 관한 설명으로 옳지 않은 것은? ▸ 2019년 감정평가사

① 가격변화에서 대체효과만 고려한 수요개념이다.
② 기펜재의 보상수요곡선은 우하향하지 않는다.
③ 소비자잉여를 측정하는 데 적절한 수요개념이다.
④ 수직선 형태 보상수요곡선의 대체효과는 항상 0이다.
⑤ 소득효과가 0이면 통상적 수요(ordinary demand)와 일치한다.

출제이슈 **가격효과와 보상수요**

핵심해설 **정답 ②**

설문을 검토하면 다음과 같다.

① 옳은 내용이다.
가격변화로 인한 가격효과는 대체효과와 소득효과로 분해된다. 가격효과를 반영한 것이 통상수요라면 대체효과만 반영한 것이 보상수요이다.

② 틀린 내용이다.
기펜재의 경우에도 대체효과는 정상재와 마찬가지로 작동한다. 따라서 기펜재의 보상수요곡선은 우하향한다. 다만, 기펜재의 통상수요곡선은 수요법칙의 예외로서 우상향한다.

③ 옳은 내용이다.
소비자잉여는 소비자들이 지불할 용의가 있는 금액과 실제 지불액과의 차이를 의미하며 이는 소비자의 수요곡선을 통해서 측정될 수 있다. 그런데 수요곡선 중 통상의 수요곡선은 순수한 가격변화에 따른 소비자의 수요량 변화뿐만 아니라 실질소득의 변화에 따른 수요량 변화까지 반영한 것이다. 따라서 실질소득의 변화를 제거하고 순수한 가격변화에 의하여 도출된 보상수요곡선을 이용하여 소비자잉여를 측정하는 것이 더 적절하다고 할 수 있다. 보상수요곡선은 효용을 일정하게 유지한 채 상대가격의 변화에 따른 재화 간 대체를 통해서 도출된 것이므로 보상수요곡선 상의 임의의 점에서는 모두 효용이 동일하다. 따라서 보상수요곡선은 동일한 효용을 유지한다는 전제하에서 지불할 용의가 있는 금액을 측정해준다. 만일 통상수요곡선을 이용하는 경우에는 소비자들이 지불할 용의가 있는 금액이 실질소득의 변화에 따라서 과대 혹은 과소 측정되어 왜곡될 수 있다.

④ 옳은 내용이다.
보상수요곡선이 수직이라는 것은 재화가격의 변화에도 불구하고 대체효과에 의한 수요량 변화가 없음을 의미하므로 대체효과는 0이 된다.

⑤ 옳은 내용이다.
가격효과를 반영한 것이 통상수요이므로 소득효과가 0인 경우에는 가격효과 자체가 대체효과를 의미하여 결국 통상수요와 보상수요가 일치하게 된다.

재화의 가격변화에 따른 수요량의 변화에 관한 설명으로 옳은 것은? ▸ 2017년 보험계리사

① 두 재화가 완전보완재일 때, 대체효과는 항상 0이다.
② 소득효과는 항상 양(+)의 값을 갖는다.
③ 가격효과는 항상 음(-)의 값을 갖는다.
④ 기펜재의 대체효과는 항상 양(+)의 값을 갖는다.

출제이슈 가격효과

핵심해설 정답 ①

가격효과는 대체효과와 소득효과로 나누어지는데 이는 다음과 같다.

1) 대체효과에 의하면, 지출극소화의 원리에 따라서 상대적으로 저렴해진 재화소비를 늘려서 지출액을 줄일 수 있다.

$$X\text{재가격하락} \rightarrow \text{상대가격 변화} \rightarrow \begin{cases} X\text{재 상대적으로 싸짐} \rightarrow X\text{재 소비량 증가}(X_0 \rightarrow X_1) \\ Y\text{재 상대적으로 비싸짐} \rightarrow Y\text{재 소비량 감소}(Y_0 \rightarrow Y_1) \end{cases}$$

2) 소득효과는 지출극소화에 의해 절감한 지출액(실질소득의 증가)을 소비에 활용하여 효용을 증진시키는 것을 의미한다.

$$X\text{재 가격 하락} \rightarrow \text{실질소득 변화} \rightarrow \begin{cases} X\text{재 소비량 증가}(X_1 \rightarrow X_2) \\ Y\text{재 소비량 증가}(Y_1 \rightarrow Y_2) \end{cases}$$

위의 내용에 따라서 설문을 검토하면 다음과 같다.

① 옳은 내용이다.
두 재화가 완전보완재일 때, 재화 간 상대가격이 변화하더라도 그에 따른 대체는 전혀 발생하지 않는다. 즉 대체효과는 항상 0이라는 의미이다.

② 틀린 내용이다.
가격변화로 인하여 실질소득이 증가하더라도 재화에 대한 소비의 증감여부는 불분명하다. 왜냐하면, 정상재인 경우에는 실질소득의 증가로 인해 소비가 증가하지만, 열등재의 경우에는 소비가 오히려 감소하기 때문이다. 따라서 소득효과가 항상 양(+)의 값을 갖는 것은 아니다. 참고로 여기서 양(+)이라는 것은 가격의 변화방향과 소득효과에 의한 재화소비의 변화방향이 같다라는 의미로 해석하기로 한다.

③ 틀린 내용이다.

가격효과는 대체효과와 소득효과로 분해된다. 정상재의 경우 대체효과와 소득효과의 방향이 모두 일치하여 가격효과를 발생시킨다. 즉, 가격하락 시 대체효과와 소득효과에 의해서 재화소비가 증가하는 것이므로 가격효과가 음(−)의 값을 갖는다. 참고로 여기서 음(−)이라는 것은 가격의 변화방향과 재화소비의 변화방향이 반대라는 의미로 해석한다. 그러나 기펜재의 경우 대체효과와 소득효과의 방향이 정반대로 나타나면서 가격효과를 발생시킨다. 즉, 가격하락 시 대체효과에 의하여 재화소비가 증가하지만, 소득효과에 의해서는 재화소비가 큰 폭으로 감소하여 결과적으로 소비가 감소하게 된다. 이런 경우 가격의 방향과 재화소비의 방향이 일치하게 되어 가격효과는 양(+)의 값을 갖는다. 참고로 여기서 양(+)이라는 것은 가격의 변화방향과 재화소비의 변화방향이 일치한다는 의미로 해석한다. 따라서 가격효과가 항상 음(−)의 값을 갖는 것은 아니다.

④ 틀린 내용이다.

기펜재의 경우 대체효과와 소득효과의 방향이 정반대로 나타나면서 가격효과를 발생시킨다. 즉, 가격하락 시 대체효과에 의하여 재화소비가 증가하지만, 소득효과에 의해서는 재화소비가 큰 폭으로 감소하여 결과적으로 소비가 감소하게 된다. 이런 경우 가격의 방향과 대체효과에 의한 재화소비의 방향이 반대가 되므로 대체효과는 음(−)의 값을 갖는다. 참고로 여기서 음(−)이라는 것은 가격의 변화방향과 대체효과에 의한 재화소비의 변화방향이 상반된다는 의미로 해석한다.

갑은 X재와 Y재 두 재화를 1 : 1 비율로 묶어서 소비한다. X재의 가격과 수요량을 각각 P_X와 Q_X라고 한다. 소득이 1,000이고 Y재의 가격이 10일 때 갑의 X재 수요함수로 옳은 것은? (단, 소비자는 효용을 극대화하고 소득을 X재와 Y재 소비에 모두 지출한다.) ▸ 2016년 감정평가사

① $Q_X = \dfrac{1{,}000}{(10+P_X)}$

② $Q_X = 990 - P_X$

③ $Q_X = 500 - P_X$

④ $Q_X = 1{,}000 - P_X$

⑤ $Q_X = \dfrac{500}{P_X}$

출제이슈 수요함수의 도출

핵심해설 정답 ①

1) 효용함수의 도출

먼저 설문에서 소비자 갑이 X재와 Y재 두 재화를 1 : 1 비율로 묶어서 소비하는 것은 전형적인 완전보완재의 소비로서 그 효용함수는 $U = \min\{X, Y\}$가 된다.

2) 소비자 최적선택의 도출

소비자 최적선택은 한계대체율 ($\dfrac{MU_X}{MU_Y}$) = 상대가격 ($\dfrac{P_X}{P_Y}$)이어야 하는데 예외적인 소비자 균형에서는 1계 필요조건이 불필요하다. 그러한 경우는 다음과 같다.

① 무차별곡선이 직선인 경우 : 완전대체

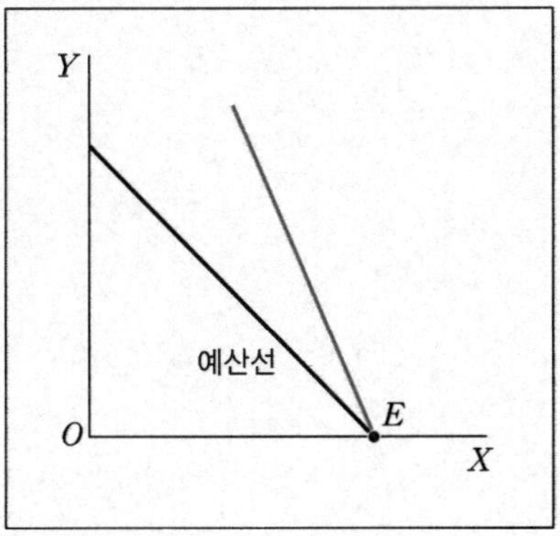

② 무차별곡선이 L자형인 경우 : 완전보완

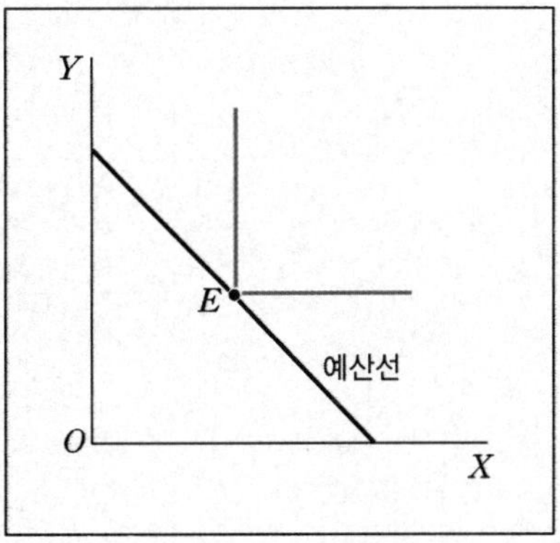

여기에서 한계대체율 ($\frac{MU_X}{MU_Y}$) = 상대가격 ($\frac{P_X}{P_Y}$)이 충족되지 않는 이유는 무차별곡선이 ㄴ자형태로서 꺾이는 지점에서는 수학적으로 한계대체율이 정의되지 않기 때문이다. 이러한 경우에 효용이 극대화되는 소비점은 항상 무차별곡선이 꺾이는 점이 되며, 그 소비점은 반드시 예산선 위에 존재하여야 한다. 따라서 무차별곡선이 꺾이는 점의 궤적과 예산선의 교점이 소비자 최적선택이 된다.

설문에서 $X = Y$와 예산선 $P_X X + 10Y = 1{,}000$이 만나는 점에서 효용극대화 소비가 이루어진다. 그런데 현재 P_X가 특정값으로 주어지지 않았으므로 부정방정식이 된다. 따라서 특정한 소비자 최적선택점은 도출할 수 없으나 수요함수의 도출은 가능하다.

3) 수요함수의 도출

위에서 도출된 식 $X = Y$와 예산선 $P_X X + 10Y = 1{,}000$을 이용하여 수요함수를 도출할 수 있다.
$X = Y$를 예산선에 대입하면 다음과 같다.
$P_X X + 10X = 1{,}000$

따라서 $X = \frac{1{,}000}{(P_X + 10)}$이 된다.

Chapter 06

소비이론의 응용

THEME 01 여가-소득 선택 모형

1 의의

1) 노동공급의 의사결정

소비자인 동시에 노동자인 경제주체가 자신이 가진 24시간을 아래와 같이 여가와 노동에 적절히 배분하여 효용극대화하는 과정에서 노동공급의 의사결정이 자연스럽게 나타나게 된다. 이를 분석하는 도구는 앞에서 살펴본 상품선택의 효용극대화 모형이다.

$$\text{노동자의 } 24\text{시간} \begin{cases} \text{여가시간}(l) \\ \text{노동시간}(24-l) \rightarrow \text{소득} \end{cases}$$

2) 여가-소득 선택 모형

노동자는 자신이 가용한 24시간이라는 시간제약과 임금을 고려한 소득제약하에서 자신의 효용을 극대화하기 위해서 최적의 여가시간과 노동시간, 소득을 선택해야 한다. 이는 마치 두 상품에 대한 선택과 마찬가지로 여가와 소득의 선택을 의미한다.

2 효용함수

노동자의 효용은 여가와 노동을 통한 임금소득에서 나오므로 다음과 같이 표현할 수 있다.

$U = U(l, M)$

단, l : 여가시간, M : 노동소득

3 무차별곡선

1) 그래프

위의 효용함수를 2차원 평면 위에 기하적으로 표시하면 다음과 같다.

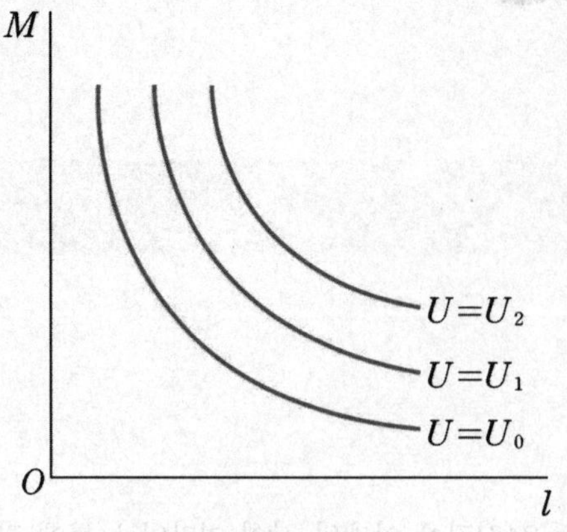

(그림 6-8)

2) 기울기 : $-\dfrac{\Delta M}{\Delta l}$

효용함수, 즉 무차별곡선의 기울기는 무차별곡선의 정의에 의하여 두 상품 간 교환 여기서는 여가와 소득 간, 즉 대체가 발생해도 효용은 불변이며 이때, 여가와 소득 간 대체 혹은 교환의 비율이 한계대체율이다.

$\Delta l \Leftrightarrow -\Delta M \;\therefore\; \Delta l \cdot MU_l = -\Delta M \cdot MU_M$

$\therefore\; -\dfrac{\Delta M}{\Delta l} = \dfrac{MU_l}{MU_M} = MRS_{l,M}$ (한계대체율)

이미 살펴본 바와 같이 한계대체율은 특정 소비자에 있어서 주관적인, X재 1단위의, Y재로 표시한, 실물 가격이라는 의미를 갖는다. 왜냐하면, 두 상품 간 $\Delta X \Leftrightarrow -\Delta Y$의 교환비율은 $1 \Leftrightarrow -\dfrac{\Delta Y}{\Delta X}$의 교환비율을 의미하기 때문이다. 여가와 소득 간 선택에서도 같은 논리가 적용된다. 한계대체율은 특정 소비자 혹은 노동자에 있어서 주관적인, 여가 1단위의, 소득으로 표시한 가격이라는 의미를 갖는다. 즉, 여가와 소득 간 $\Delta l \Leftrightarrow -\Delta M$의 교환비율은 $1 \Leftrightarrow -\dfrac{\Delta M}{\Delta l}$의 교환비율을 의미한다.

4 예산제약

1) 도출

노동시간$(24-l)$ + 여가시간$(l) = 24$, 여기서 양변에 $\overline{W}$를 곱하면 다음과 같다.

$\overline{W}(24-l)+\overline{W}l = 24\overline{W}$, 이를 소득변수를 이용하여 다시 표현하면 다음과 같다.

$M + \overline{W}l = 24\overline{W}$, M은 노동소득

cf 위에서 노동의 가격, 노동소득의 가격, 여가의 가격, 전체소득의 의미를 잘 파악하자.

2) 기울기 : $-\dfrac{\Delta M}{\Delta l}$

$\Delta l \Leftrightarrow -\Delta M \quad \therefore \Delta l \cdot \overline{W} = -\Delta M \cdot 1$

$\therefore -\dfrac{\Delta M}{\Delta l} = \dfrac{\overline{W}}{1}$ = 상대가격

⇒ 여가 l 1단위의 소득 M으로 표시한 가격

예산선의 기울기는 두 상품(여기서는 여가와 소득) 간의 가격의 비율로 표시되며 이를 상대가격이라고 한다. 이는 여가의 소비를 늘리기 위해서는 포기해야 하는 소득의 양으로서 기회비용 성격을 가진다.

참고로 이미 앞에서 살펴본바, 상대가격은 시장에 참여하는 모든 주체들에게 있어서 객관적인, X재 1단위의, Y재로 표시한, 실물 가격이라는 의미를 갖는다. 왜냐하면 소비자가 구입가능한 두 상품 간 $\Delta X \Leftrightarrow -\Delta Y$의 대체비율은 $1 \Leftrightarrow -\dfrac{\Delta Y}{\Delta X}$의 대체비율을 의미하기 때문이다. 여가와 소득 간 선택에서도 같은 논리가 적용된다. 상대가격은 객관적인, 여가 1단위의, 소득으로 표시한 가격이라는 의미를 갖는다. 즉, 여가와 소득 간 $\Delta l \Leftrightarrow -\Delta M$의 교환비율은 $1 \Leftrightarrow -\dfrac{\Delta M}{\Delta l} = \dfrac{\overline{W}}{1}$의 교환비율을 의미한다.

3) 예산선의 변화와 이동

임금 $\overline{W}$ 즉 여가가격의 변화에 따라서 예산선은 회전이동한다. 단, 주의할 것은 보통의 경우 선택대상이 되는 재화가격이 상승하면 예산선이 축소되는 방향으로 회전이동하지만, 여가－소득 간 선택에서는 여가가격이 상승하는 경우 예산선이 확장되는 방향으로 회전이동한다는 점이다. 이는 나중에 살펴볼 가격효과에도 큰 영향을 미치게 된다.

5 최적선택

1) 의의

주어진 시간 및 임금제약하에서 소비자 혹은 노동자가 자신의 효용을 극대화한 상태가 소비자의 최적선택이 된다.

2) 기하적 분석

기하적으로 볼 때, 노동자의 최적선택은 예산선과 무차별곡선이 접하는 $E(l^*, M^*)$에서 달성된다. 이때 예산선의 기울기와 무차별곡선의 기울기는 같으며, 최적선택은 항상 제약조건인 예산선 위에서 달성된다.

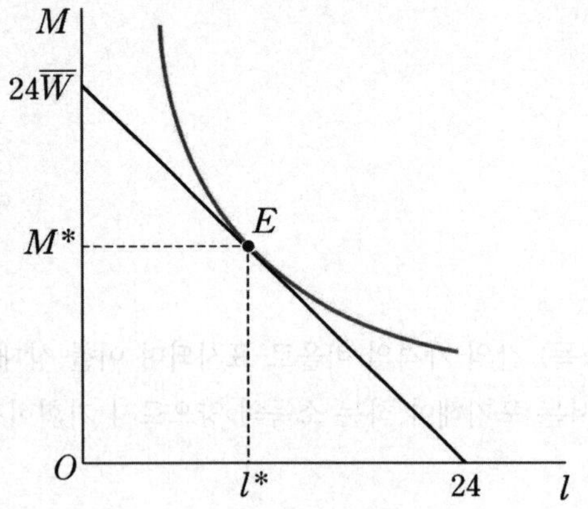

(그림 6-9)

3) 수리적 분석

$$\begin{cases} U = U(l, M) & \text{--------①} \\ \overline{W}\ l + M = 24\ \overline{W} & \text{------②} \\ Max\ U & \text{------------③} \end{cases}$$

6 최적선택의 변화(임금 $\overline{W}$ 상승 시)

1) 임금 $\overline{W}$ 상승 시 노동공급이 증가하는 경우(대체효과 > 소득효과)

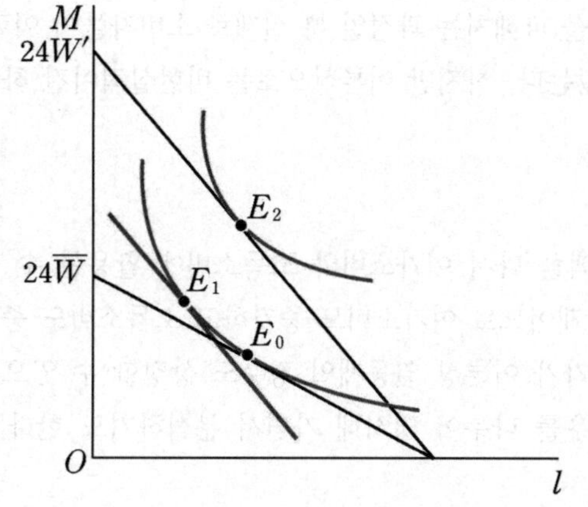

(그림 6-10)

① 대체효과 $E_0 \rightarrow E_1$

i) 여가가격 상승 $\overline{W} \rightarrow W'$

임금이 상승하는 경우 여가의 가격, 즉 기회비용이 상승하게 됨을 의미한다. 이로 인해서 예산선이 횡축인 소득축 방향으로 확장하며 이동한다. 주의할 것은 일반적으로 상품선택에 있어서 상품의 가격이 상승할 경우에는 예산집합이 축소되는 방향으로 예산선이 이동하지만 소득 – 여가 선택모형에서는 여가의 가격이 상승하는 경우에 예산집합이 오히려 확대되는 방향으로 이동한다는 것이다. 이는 해당 모형이 여가소비량 – 노동공급량 – 소득이 연관되어 있기 때문에 발생하는 것이다.

ii) 여가소비 감소, 소득 증가

여가가격의 상승은 엄밀하게 여가가격의 절대적 상승과 소득가격의 불변은 여가가격의 상대적 상승과 소득가격의 상대적 하락을 의미한다. 이때는 상대적으로 가격이 상승한 여가소비를 줄이고 상대적으로 가격이 하락한 소득소비를 늘릴 경우 이전과 동일한 효용을 달성하면서도 오히려 지출액을 줄일 수 있다는 장점이 있다. 상대적으로 싸진 재화의 소비를 늘려서 상대적으로 비싸진 재화의 소비를 대체하게 되면 이전보다 지출액을 줄일 수 있게 되는데 이를 대체효과라고 한다. 왜 이렇게 되는지에 대한 수리적 분석은 앞서 배운 소비이론의 대체효과 부분을 참조하라.

② 소득효과 $E_1 \rightarrow E_2$

i) 실질소득 증가

앞에서 대체효과에 의해서 이전의 효용은 동일하게 유지한 채로 지출액을 이전보다 줄이는 것이 가능했다. 절감한 지출액은 바로 실질소득의 증가를 의미한다. 물론 이는 이론적 분석에서 엄밀하게 소비자의 행동원리를 파헤치는 과정일 뿐 실제로 소비자들이 이런 원리를 하나하나 느껴가며 소비하지는 않는다. 하지만 이론상으로는 비현실적이긴 하지만 이와 같이 엄밀하게 분석한다.

ii) 여가소비 증가, 소득 증가

이제 대체효과에 의해서 절감한 지출액을 다시 여가소비와 소득소비에 활용할 수 있게 되었다. 여가와 소득 모두 당연히 정상재이므로 여가소비도 증가하고 소득소비도 증가하게 된다. 다만, 일부견해에 의하면 여가가 이론상 열등재인 경우도 상정할 수 있으므로 여가가 정상재인 경우와 열등재인 경우를 나누어 명시해 가면서 분석하기도 한다.

③ 총효과 $E_0 \rightarrow E_2$(대체효과>소득효과)

대체효과와 소득효과를 모두 합하여 정리해보자. 임금 $\overline{W}$이 상승하는 경우, 대체효과에 의하여 여가소비는 감소하지만, 소득효과에 의하여 여가소비는 증가한다. 만일 대체효과가 소득효과보다 크다면, 임금상승에 따라서 대체효과에 의한 여가소비의 감소가 소득효과에 의한 여가소비의 증가보다 더 크기 때문에 여가소비는 감소할 것이다. 여가소비 감소에 따라서 노동공급은 증가한다. 그리고 소득은 대체효과 및 소득효과 모두에 의해서 증가하므로 확실히 증가한다.

2) 임금 $\overline{W}$ 상승 시 노동공급이 감소하는 경우(대체효과 < 소득효과)

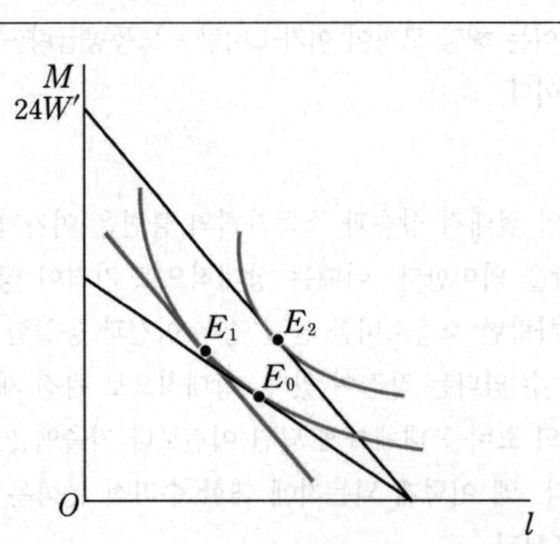

(그림 6-11)

① **대체효과** $E_0 \rightarrow E_1$

앞에서 살펴본 대체효과분석과 동일하다.

i) 여가가격상승 $\overline{W} \rightarrow W'$

ii) 여가소비 감소, 소득 증가

② **소득효과** $E_1 \rightarrow E_2$

앞에서 살펴본 소득효과분석과 동일하다.

i) 실질소득증가

ii) 여가소비 많이 증가, 소득 증가

③ **총효과** $E_0 \rightarrow E_2$**(대체효과 < 소득효과)**

대체효과와 소득효과를 모두 합하여 정리해보자. 임금 $\overline{W}$이 상승하는 경우, 대체효과에 의하여 여가소비는 감소하지만, 소득효과에 여가소비는 증가한다. 만일 소득효과가 대체효과보다 크다면, 임금상승에 따라서 대체효과에 의한 여가소비의 감소보다 소득효과에 의한 여가소비의 증가가 더 크기 때문에 여가소비는 증가할 것이다. 여가소비 증가에 따라서 노동공급은 감소한다. 그리고 소득은 대체효과 및 소득효과 모두에 의해서 증가하므로 확실히 증가한다.

필수예제

근로자가 자신의 노동시간을 마음대로 선택할 수 있는 상황에서 임금이 상승했을 때 노동공급에 관한 설명으로 옳지 않은 것을 모두 고른 것은? ▸ 2016년 공인노무사

ㄱ. 대체효과가 소득효과보다 크면 노동공급량이 감소한다.
ㄴ. 임금의 상승은 여가의 기회비용을 상대적으로 높인다.
ㄷ. 대체효과는 여가의 소비를 줄이고 노동공급량을 증가시킨다.
ㄹ. 소득효과는 여가의 소비를 늘리고 노동공급량을 감소시킨다.

① ㄱ
② ㄴ
③ ㄱ, ㄴ
④ ㄱ, ㄴ, ㄹ
⑤ ㄴ, ㄷ, ㄹ

출제이슈 여가 – 소득 선택모형에서 임금률 상승의 효과

핵심해설 **정답** ①

여가–소득 선택모형에서 임금률 상승의 효과는 다음과 같다.

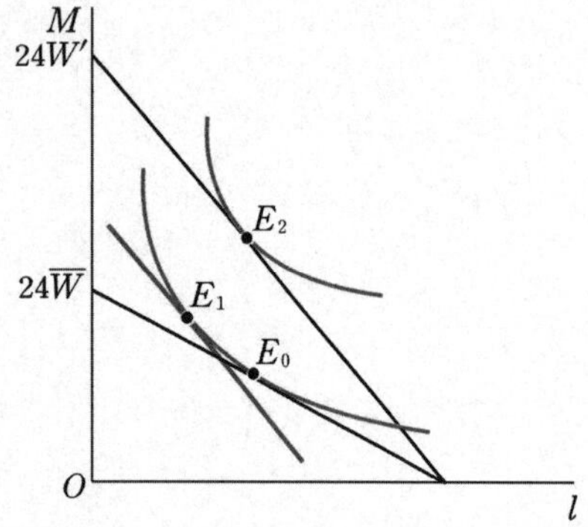

대체효과>소득효과, 임금 상승, 노동공급 증가

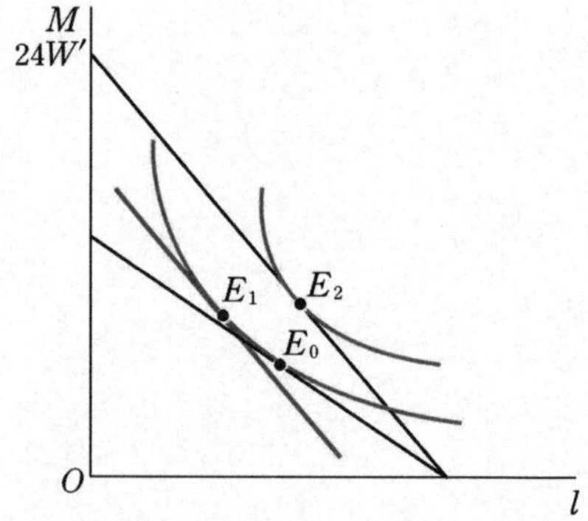

대체효과<소득효과, 임금 상승, 노동공급 감소

1) 임금 $\overline{W}$ 상승 시 노동공급이 증가하는 경우(대체효과 > 소득효과)

① 대체효과 $E_0 \to E_1$: 여가가격 상승 $\overline{W} \to W'$, 여가소비 감소

② 소득효과 $E_1 \to E_2$: 실질소득 증가, 여가소비 증가

③ 총효과 $E_0 \rightarrow E_2$(대체효과 > 소득효과) : 여가소비 감소, 노동공급 증가

④ 참고로 정상재의 경우 대체효과와 소득효과는 동일한 방향이나, 정상재 여가의 경우 대체효과와 소득효과의 방향이 반대라는 것에 유의해야 한다.

2) 임금 $\overline{W}$ 상승 시 노동공급이 감소하는 경우(대체효과 < 소득효과)

① 대체효과 $E_0 \rightarrow E_1$: 여가가격 상승 $\overline{W} \rightarrow W'$, 여가소비 감소

② 소득효과 $E_1 \rightarrow E_2$: 실질소득 증가, 여가소비 많이 증가

③ 총효과 $E_0 \rightarrow E_2$(대체효과 < 소득효과) : 여가소비 증가, 노동공급 감소

④ 참고로 정상재의 경우 대체효과와 소득효과는 동일한 방향이나, 정상재 여가의 경우 대체효과와 소득효과의 방향이 반대라는 것에 유의해야 한다.

위의 내용에 기초하여 설문의 내용을 검토하면 다음과 같다.

ㄱ. 틀린 내용이다.
대체효과가 소득효과보다 크면 여가소비가 감소하고 노동공급량이 증가한다.

ㄴ. 옳은 내용이다.
임금은 여가의 기회비용이라는 성격을 갖는다. 따라서 임금의 상승은 여가의 기회비용을 상대적으로 높인다.

ㄷ. 옳은 내용이다.
임금이 상승하는 경우 여가의 기회비용이 상대적으로 상승하기 때문에 대체효과에 의하여 여가의 소비를 줄이고 노동공급량을 증가시킨다.

ㄹ. 옳은 내용이다.
임금이 상승하는 경우 실질소득이 증가하고 예산집합이 확대되기 때문에 소득효과에 의하여 여가의 소비가 증가하고 노동공급량은 감소한다.

노동공급의 여가－소득 선호모형에서 근로시간당 임금에 대한 세율 인하의 효과에 관한 설명으로 옳지 않은 것은?

▸ 2018년 보험계리사

가. 대체효과는 노동공급을 증가시킨다.
나. 여가가 정상재이고 절댓값 기준으로 소득효과가 대체효과보다 큰 경우 노동공급이 감소된다.
다. 여가가 열등재일 경우 소득효과는 노동공급을 감소시킨다.

① 가 ② 가, 나 ③ 가, 다 ④ 나, 다

출제이슈 여가－소득 선택모형에서 임금에 대한 세율인하의 효과

핵심해설 **정답 없음, 참고로 "가"와 "나"가 옳은 지문이다.**

근로시간당 임금에 대한 세율이 인하되는 경우 세후의 임금이 상승하는 효과가 발생하므로 세율 인하의 효과와 임금 상승의 효과는 유사하다.

여가－소득 선택모형에서 임금에 대한 세율 인하의 효과는 다음과 같다.

1) 임금에 대한 세율 인하 시 노동공급이 증가하는 경우(대체효과 > 소득효과)

① 대체효과 : 여가가격 상승, 여가소비 감소
② 소득효과 : 실질소득 증가, 여가소비 증가
③ 총효과 : 여가소비 감소, 노동공급 증가

2) 임금에 대한 세율 인하 시 노동공급이 감소하는 경우(대체효과 < 소득효과)

① 대체효과 : 여가가격 상승, 여가소비 감소
② 소득효과 : 실질소득 증가, 여가소비 많이 증가
③ 총효과 : 여가소비 증가, 노동공급 감소

위의 내용에 기초하여 설문의 내용을 검토하면 다음과 같다.

가. 옳은 내용이다.
임금에 대한 세율 인하 시 여가의 기회비용이 상승하므로 상대적으로 비싸진 여가소비를 줄이게 된다. 따라서 노동공급은 증가한다.

나. 옳은 내용이다.
임금에 대한 세율 인하 시 여가의 기회비용이 상승하므로 상대적으로 비싸진 여가소비를 줄이게 된다. 따라서 대체효과에 의하여 노동공급은 증가한다. 한편 임금에 대한 세율 인하는 실질소득의 증가를 가져오므로 여가소비를 늘리는 방향으로 작용하게 된다. 따라서 소득효과에 의하여 노동공급은 감소한다. 만일 소득효과가 대체효과보다 큰 경우 노동공급이 감소한다.

다. 틀린 내용이다.
임금에 대한 세율 인하는 실질소득의 증가를 가져온다. 여가는 정상재임이 분명하며 열등재라는 것에는 동의할 수 없으나 선해하여 만일 열등재라고 가정한다면, 실질소득의 증가가 여가의 감소를 가져오고 결국 소득효과가 노동공급의 증가를 가져온다.

갑의 효용함수는 $U = \sqrt{LF}$ 이며 하루 24시간을 여가(L)와 노동($24 - L$)에 배분한다. 갑은 노동을 통해서만 소득을 얻으며 소득은 모두 식품(F)을 구매하는 데 사용한다. 시간당 임금은 10,000원, 식품의 가격은 2,500원이다. 갑이 예산제약하에서 효용을 극대화할 때, 여가시간과 구매하는 식품의 양은?

▸ 2018년 감정평가사

① $L = 8,\ F = 64$
② $L = 10,\ F = 56$
③ $L = 12,\ F = 48$
④ $L = 14,\ F = 40$
⑤ $L = 16,\ F = 32$

출제이슈 여가 – 소득 선택모형

핵심해설 **정답** ③

여가 – 소득 선택모형은 다음과 같다.

$$\begin{cases} U = U(l, M) \text{ --------- ①} \\ \overline{W}\, l + M = 24\, \overline{W} \text{ ------ ②} \\ Max\ U \text{ -------------- ③} \end{cases} \qquad \begin{cases} U = \sqrt{LF} \text{ --------------- ①} \\ 10{,}000L + 2{,}500F = 240{,}000 \text{ --- ②} \\ Max\ U \text{ ------------------ ③} \end{cases}$$

여기서 효용극대화는 효용함수의 $MRS_{L,F}$(한계대체율) $= -\dfrac{dF}{dL} = \dfrac{MU_L}{MU_F} = \dfrac{F}{L}$ 와 상대가격(4)을 일치시키는 것이 출발점이다. 따라서 $\dfrac{F}{L} = 4$가 된다. 이 식과 위의 $10{,}000L + 2{,}500F = 240{,}000$을 연립하여 풀면, $L = 12,\ F = 48$이 된다.

THEME 02 시점간 소비선택 모형

1 의의

1) 생애주기가설

거시경제학의 소비이론 중 생애주기가설에 의하면 일반적으로 소득발생시기와 소비발생시기는 다르기 때문에 현재소비와 미래소비를 현명하게 결정해야 한다. 즉, 소득흐름과 소비흐름이 상이하기 때문에 효용극대화를 위한 소비를 결정하는 과정에서 저축과 차입의 의사결정이 수반된다.

2) 시점간 소비선택 모형

시점간 소비선택 모형은 소득제약을 고려하여 제약 조건하 효용을 극대화하는 최적의 현재소비, 미래소비를 선택하는 것을 분석하고 있다.

2 효용함수

소비자의 효용은 현재소비와 미래소비에서 나오므로 다음과 같이 표현할 수 있다.

$U = U(C_1, C_2)$

단, C_1 : 1기소비 또는 현재소비, C_2 : 2기소비 또는 미래소비

3 무차별곡선

1) 그래프

위의 효용함수를 2차원 평면 위에 기하적으로 표시하면 다음과 같다.

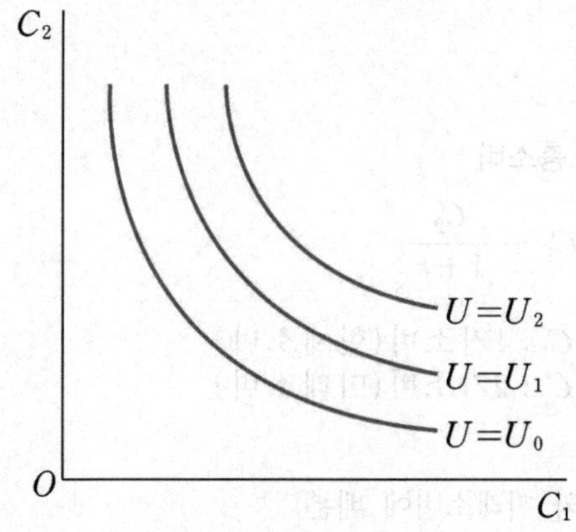

(그림 6-12)

2) 기울기 : $-\dfrac{\Delta C_2}{\Delta C_1}$

효용함수, 즉 무차별곡선의 기울기는 무차별곡선의 정의에 의하여 두 상품 간 교환(여기서는 현재소비와 미래소비 간 대체)이 발생해도 효용은 불변이며 이때, 현재소비와 미래소비 간 대체 혹은 교환의 비율이 한계대체율이다.

$$\Delta C_1 \Leftrightarrow -\Delta C_2 \ \therefore\ \Delta C_1 \cdot MU_{c_1} = -\Delta C_2 \cdot MU_{c_2}$$

$$\therefore -\frac{\Delta C_2}{\Delta C_1} = \frac{MU_{C_1}}{MU_{C_2}} = MRS_{C_1, C_2}\text{(한계대체율)}$$

이미 살펴본 바와 같이 한계대체율은 특정 소비자에 있어서 주관적인, X재 1단위의, Y재로 표시한, 실물 가격이라는 의미를 갖는다. 왜냐하면, 두 상품 간 $\Delta X \Leftrightarrow -\Delta Y$의 교환비율은 $1 \Leftrightarrow -\dfrac{\Delta Y}{\Delta X}$의 교환비율을 의미하기 때문이다. 현재소비와 미래소비 간 선택에서도 같은 논리가 적용된다. 한계대체율은 특정 소비자에 있어서 주관적인, 현재소비 1단위의, 미래소비로 표시한 실가격이라는 의미를 갖는다. 즉, 현재소비와 미래소비 간 $\Delta C_1 \Leftrightarrow -\Delta C_2$의 교환비율은 $1 \Leftrightarrow -\dfrac{\Delta C_2}{\Delta C_1}$의 교환비율을 의미한다.

4 예산제약

1) 도출

① 총소득

$$Y_1 + \frac{Y_2}{1+r}$$

Y_1 : 1기소득(현재소득)
Y_2 : 2기소득(미래소득)

② 총소비

$$C_1 + \frac{C_2}{1+r}$$

C_1 : 1기소비(현재소비)
C_2 : 2기소비(미래소비)

③ 제약 : 총소득 = 총소비(총소득을 현재소비와 미래소비에 배분)

$$Y_1 + \frac{Y_2}{1+r} = C_1 + \frac{C_2}{1+r} \qquad \therefore\ C_2 = -(1+r)C_1 + [(1+r)Y_1 + Y_2]$$

2) 기하적 분석

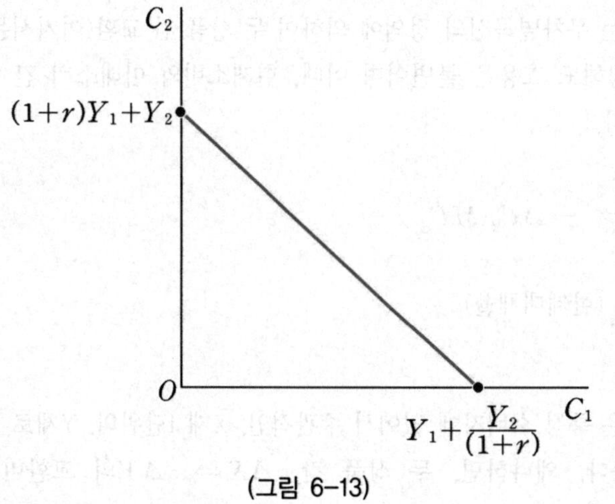

(그림 6-13)

3) 기울기 : $-\dfrac{\Delta C_2}{\Delta C_1}$

$$\Delta C_1 \Leftrightarrow -\Delta C_2 \qquad \therefore\ \Delta C_1 \cdot P_{C_1} = -\Delta C_2 \cdot P_{C_2}$$

여기서 $P_{C_1} = 1$, $P_{C_2} = \dfrac{1}{1+r}$ 임을 고려하면 다음과 같다.

$$\therefore\ -\frac{\Delta C_2}{\Delta C_1} = \frac{P_{C_1}}{P_{C_2}} = \frac{1}{\frac{1}{1+r}} = 1+r = \text{상대가격}$$

예산선의 기울기는 두 상품(여기서는 현재소비와 미래소비) 간의 가격의 비율로 표시되며 이를 상대가격이라고 한다. 이는 현재소비를 늘리기 위해서는 포기해야 하는 미래소비의 양으로서 기회비용 성격을 가진다.

참고로 이미 앞에서 살펴본바, 상대가격은 시장에 참여하는 모든 주체들에게 있어서 객관적인, X재 1단위의, Y재로 표시한, 실물 가격이라는 의미를 갖는다. 왜냐하면 소비자가 구입가능한 두 상품 간 $\Delta X \Leftrightarrow -\Delta Y$의 대체비율은 $1 \Leftrightarrow -\dfrac{\Delta Y}{\Delta X}$의 대체비율을 의미하기 때문이다. 현재소비와 미래소비 간 선택에서도 같은 논리가 적용된다. 상대가격은 객관적인, 현재소비 1단위의, 미래소비로 표시한 실물가격이라는 의미를 갖는다.
즉, 현재소비와 미래소비 간 $\Delta C_1 \Leftrightarrow -\Delta C_2$의 교환비율은

$1 \Leftrightarrow -\dfrac{\Delta C_2}{\Delta C_1} = \dfrac{P_{C_1}}{P_{C_2}} = \dfrac{1}{\dfrac{1}{1+r}} = 1+r$의 교환비율을 의미한다.

4) 최초부존점과 예산제약

1기 소득이 Y_1이고 2기 소득이 Y_2일 때, 저축의 경우 Y_1 중 일부를 저축하여 C_2에 사용하고 차입의 경우 Y_2 중 일부를 차입하여 C_1으로 사용함으로써 소비가능영역이 비약적으로 확장된다. 즉, 금융시장에 의하여 소비기회가 확장되어 예산집합이 확대되는 것이다.

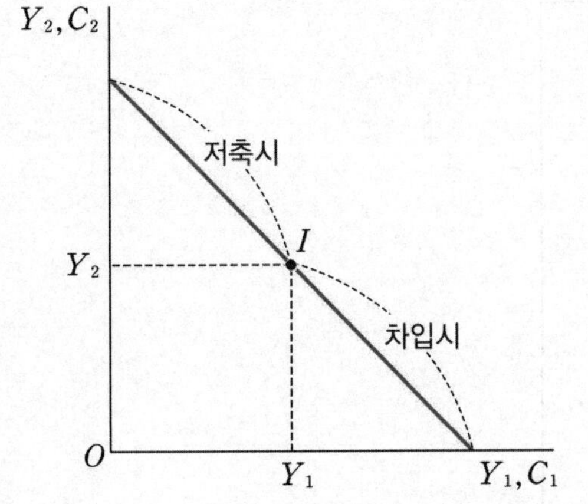

(그림 6-14)

5) 예산선의 변화와 이동

① 이자율 상승 시($r \rightarrow r'$)

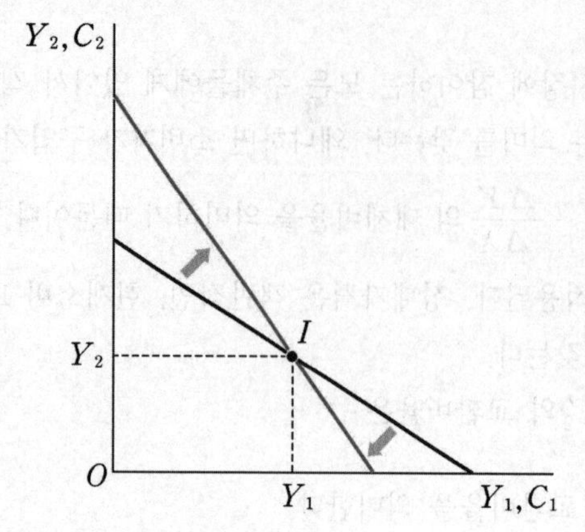

(그림 6-15)

i) 예산선의 변화

$$C_2 = -(1+r)C_1 + [(1+r) \cdot Y_1 + Y_2] \rightarrow C_2 = -(1+r')C_1 + [(1+r') \cdot Y_1 + Y_2]$$

ii) 예산선은 최초부존점 $I(Y_1, Y_2)$를 중심으로 하여 시계방향으로 회전이동한다.

② 이자율 하락 시 ($r \rightarrow r''$)

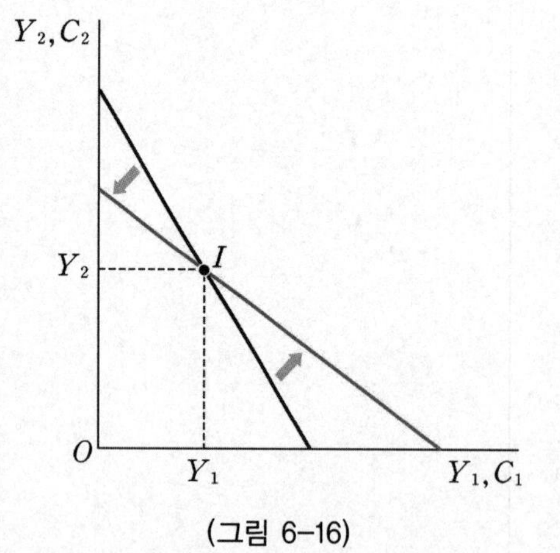

(그림 6-16)

i) 예산선의 변화

$$C_2 = -(1+r)C_1 + [(1+r) \cdot Y_1 + Y_2] \rightarrow C_2 = -(1+r'')C_1 + [(1+r'') \cdot Y_1 + Y_2]$$

ii) 예산선은 최초부존점 $I(Y_1, Y_2)$를 중심으로 하여 시계반대방향으로 회전이동한다.

5 소비자 최적선택

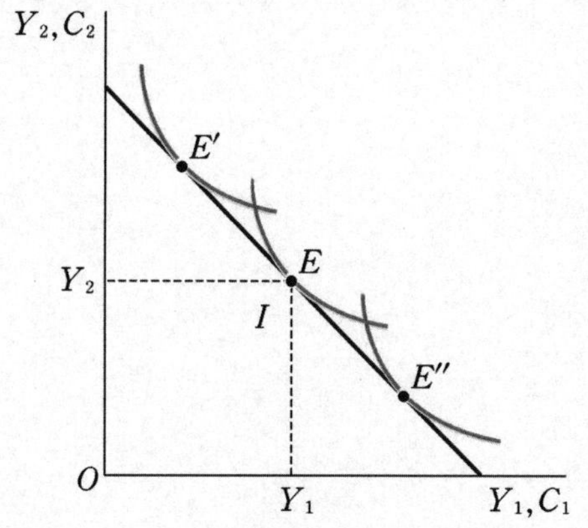

(그림 6-17)

1) 균형

예산선과 무차별곡선이 접하는 E(혹은 E', E'')에서 균형이 달성된다.

2) 균형의 성격

동일한 예산선이더라도 무차별곡선에 따라서 다른 균형이 시현된다. 즉 저축이 발생하는 균형 E', 차입이 발생하는 균형 E'', 저축 혹은 차입이 없는 균형 E 가 나타날 수 있다.

3) 수리모형 사례

2기간 소비선택모형에서 소비자의 효용함수는 $U(C_1, C_2) = C_1 C_2$이고,

예산제약식은 $C_1 + \frac{C_2}{1+r} = Y_1 + \frac{Y_2}{1+r}$이다. (단, C_1은 1기의 소비, C_2는 2기의 소비, Y_1은 1기의 소득으로 100, Y_2는 2기의 소득으로 121, r은 이자율로 10%이다)

$$\begin{cases} U = U(C_1, C_2) \text{ -------- ①} \\ C_1 + \frac{C_2}{1+r} = Y_1 + \frac{Y_2}{1+r} \text{ --- ②} \\ Max\ U \text{ -------------- ③} \end{cases} \qquad \begin{cases} U = C_1 C_2 \text{ ----------- ①} \\ C_1 + \frac{C_2}{1.1} = 100 + \frac{121}{1.1} \text{ -- ②} \\ Max\ U \text{ ----------- ③} \end{cases}$$

이때, 한계대체율은 $\frac{C_2}{C_1}$이고 예산선의 기울기인 상대가격은 1.1이 되며 둘은 일치해야 한다.

따라서, $C_2 = 1.1C_1$이다. 이를 예산선과 함께 연립하여 풀면 $C_1 = 105$, $C_2 = 115.5$가 된다.

6 소비자 최적선택의 변화 : 저축자의 경우

1) 이자율 상승 시$(r - r')$: 저축이 증가하는 경우

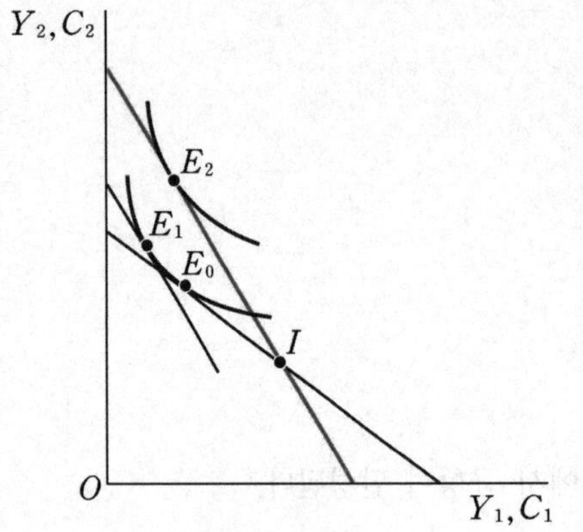

(그림 6-18)

① 대체효과 $E_0 \to E_1$

i) 이자율 상승과 현재소비 및 미래소비의 가격

먼저 현재소비가격과 미래소비가격에 대하여 살펴보자. 현재를 기준으로 하는 경우 현재소비가격이 1이고 미래소비가격은 $\frac{1}{1+r}$이 된다. 그런데 미래를 기준으로 하여 가격을 보면 현재소비가격은 $1+r$이고 미래소비가격은 1이 된다. 따라서 현재를 기준으로 하든 미래를 기준으로 하든 관계없이 현재소비와 미래소비의 상대가격은 $1+r$이 됨을 알 수 있다.

이제 이자율이 상승하는 경우 현재소비와 미래소비의 가격에 미치는 효과를 보도록 하자. 현재를 기준으로 하는 경우 현재소비가격이 1로서 불변이지만 미래소비가격은 $(\frac{1}{1+r} \to \frac{1}{1+r'})$로서 하락하게 된다. 그런데 미래를 기준으로 하여 가격을 보면 현재소비가격은 $(1+r \to 1+r')$로 상승하지만 미래소비가격은 1로서 불변이다. 그리고 현재소비의 미래소비에 대한 상대가격은 $(1+r \to 1+r')$로 상승한다.

정리하면, 이자율이 상승하는 경우 어느 시점을 기준으로 하든 관계없이 현재소비가격은 상대적으로 상승하고 미래소비가격은 상대적으로 하락함을 알 수 있다.

ii) 이자율 상승과 예산선

이자율이 상승하는 경우 앞에서 분석한 바와 같이 초기부존점을 중심으로 미래소비의 예산집합은 확대되고 현재소비의 예산집합은 축소되는 형태로 예산선이 시계방향으로 회전이동하게 된다. 미래소비의 예산집합의 확대는 미래소비가격의 상대적 하락이 반영된 것이며 현재소비의 예산집합의 축소는 현재소비가격의 상대적 상승이 반영된 것이다.

iii) 현재소비 감소, 미래소비 증가

이자율 상승으로 인해서 현재소비가 상대적으로 비싸지고 미래소비가 상대적으로 싸진 경우, 상대적으로 가격이 상승한 현재소비를 줄이고 상대적으로 가격이 하락한 미래소비를 늘릴 경우 이전과 동일한 효용을 달성하면서도 오히려 지출액을 줄일 수 있다는 장점이 있다. 상대적으로 싸진 미래소비를 늘려서 상대적으로 비싸진 현재소비를 대체하게 되면 이전보다 지출액을 줄일 수 있게 되는데 이를 대체효과라고 한다. 왜 이렇게 되는지에 대한 수리적 분석은 앞서 배운 소비이론의 대체효과 부분을 참조하라.

② 소득효과 $E_1 \rightarrow E_2$

i) 저축자 소득증가

앞에서 대체효과에 의해서 이전의 효용은 동일하게 유지한 채로 지출액을 이전보다 줄이는 것이 가능했다. 절감한 지출액은 바로 실질소득의 증가를 의미한다. 물론 이는 이론적 분석에서 엄밀하게 소비자의 행동원리를 파헤치는 과정일 뿐 실제로 소비자들이 이런 원리를 하나하나 느껴가며 소비하지는 않는다. 하지만 이론상으로는 비현실적이긴 하지만 이와 같이 엄밀하게 분석한다. 이때, 주의할 것은 이자율 상승으로 인해서 실질소득의 증가를 경험하는 주체는 저축자라는 것이다. 차입자의 경우에는 위와 같은 과정을 독자들이 다시 한번 밟아보기 바란다.

ii) 현재소비 증가, 미래소비 증가

이제 대체효과에 의해서 절감한 지출액을 다시 현재소비와 미래소비에 활용할 수 있게 되었다. 여가와 소득 모두 당연히 정상재이므로 현재소비도 증가하고 미래소비도 증가하게 된다.

③ 총효과 $E_0 \rightarrow E_2$(대체효과 > 소득효과)

대체효과와 소득효과를 모두 합하여 정리해보자. 이자율이 상승하는 경우, 대체효과에 의하여 현재소비는 감소하지만, 소득효과에 의하여 현재소비는 증가한다. 만일 대체효과가 소득효과보다 크다면, 이자율 상승에 따라서 대체효과에 의한 현재소비의 감소가 소득효과에 의한 현재소비의 증가보다 더 크기 때문에 현재소비는 감소할 것이다. 현재소비 감소에 따라서 저축은 증가한다. 그리고 미래소비는 대체효과 및 소득효과 모두에 의해서 증가하므로 확실히 증가한다.

참고로 차입자의 경우 이자율 상승 시 실질소득이 감소한다는 것에 유의하면서 분석하면 다음과 같다.

i) 대체효과 : 현재소비 상대가격 상승, 현재소비 감소, 미래소비 증가
ii) 소득효과 : 차입자 소득감소, 현재소비 감소, 미래소비 감소
iii) 총효과 : 현재소비 감소, 미래소비 불분명

특히, 차입자는 저축자와 달리 대체효과와 소득효과의 방향이 일치하여 이자율 상승 시 항상 현재소비가 감소한다.

2) 이자율 상승 시 ($r \to r'$) : 저축이 감소하는 경우

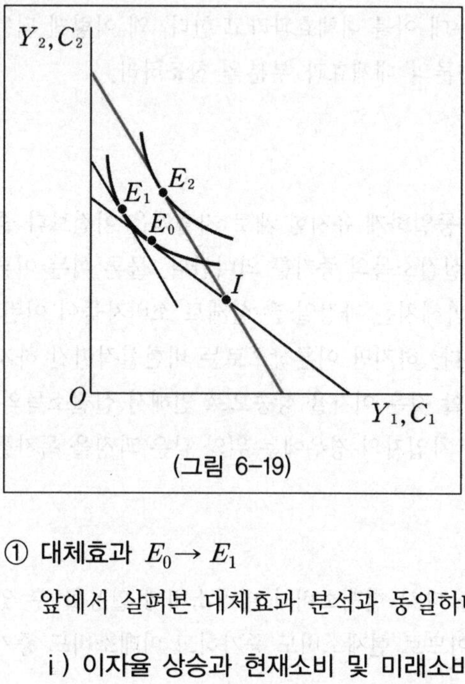

(그림 6-19)

① **대체효과 $E_0 \to E_1$**

앞에서 살펴본 대체효과 분석과 동일하다.

i) 이자율 상승과 현재소비 및 미래소비의 가격

현재소비의 미래소비에 대한 상대가격은 $(1+r \to 1+r')$로 상승한다.

ii) 이자율 상승과 예산선

이자율이 상승하는 경우 앞에서 분석한 바와 같이 초기부존점을 중심으로 미래소비의 예산집합은 확대되고 현재소비의 예산집합은 축소되는 형태로 예산선이 시계방향으로 회전이동하게 된다.

iii) 현재소비 감소, 미래소비 증가

이자율 상승으로 인해서 현재소비가 상대적으로 비싸지고 미래소비가 상대적으로 싸진 경우, 상대적으로 가격이 상승한 현재소비를 줄이고 상대적으로 가격이 하락한 미래소비를 늘릴 경우 이전과 동일한 효용을 달성하면서도 오히려 지출액을 줄일 수 있다.

② 소득효과 $E_1 \rightarrow E_2$

앞에서 살펴본 소득효과 분석과 동일하다.

ⅰ) 저축자 소득증가

이자율 상승으로 인해서 실질소득의 증가를 경험하는 주체는 저축자이다. 차입자의 경우에는 위와 같은 과정을 독자들이 다시 한번 밟아보기 바란다.

ⅱ) 현재소비 증가, 미래소비 증가

이자율 상승에 따른 저축자의 실질소득 증가로 현재소비도 증가하고 미래소비도 증가한다.

③ 총효과 $E_0 \rightarrow E_2$(대체효과 < 소득효과)

대체효과와 소득효과를 모두 합하여 정리해보자. 이자율이 상승하는 경우, 대체효과에 의하여 현재소비는 감소하지만, 소득효과에 의하여 현재소비는 증가한다. 만일 소득효과가 대체효과보다 크다면, 이자율 상승에 따라서 소득효과에 의한 현재소비의 증가가 대체효과에 의한 현재소비의 감소보다 더 크기 때문에 현재소비는 증가할 것이다. 현재소비 증가에 따라서 저축은 감소한다. 그리고 미래소비는 대체효과 및 소득효과 모두에 의해서 증가하므로 확실히 증가한다.

3) 이자율 하락 시($r \rightarrow r''$) : 저축이 감소하는 경우

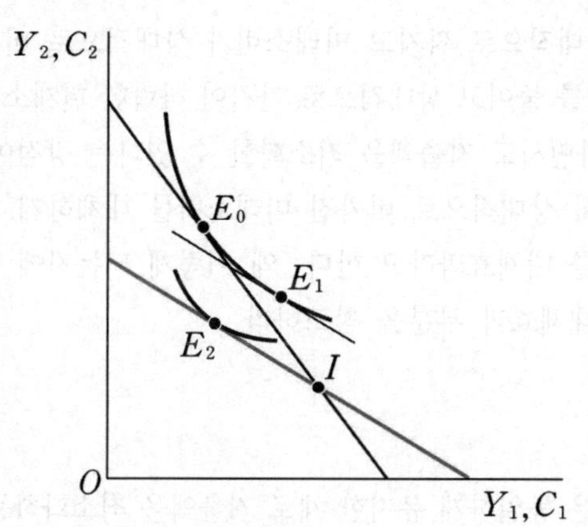

(그림 6-20)

① 대체효과 $E_0 \rightarrow E_1$

ⅰ) 이자율 하락과 현재소비 및 미래소비의 가격

먼저 현재소비가격과 미래소비가격에 대하여 살펴보자. 현재를 기준으로 하는 경우 현재소비가격이 1이고 미래소비가격은 $\frac{1}{1+r}$이 된다. 그런데 미래를 기준으로 하여 가격을 보면 현재소비가격은 $1+r$이고 미래소비가격은 1이 된다. 따라서 현재를 기준으로 하든 미래를 기준으로 하든 관계없이 현재소비와 미래소비의 상대가격은 $1+r$이 됨을 알 수 있다.

이제 이자율이 하락하는 경우 현재소비와 미래소비의 가격에 미치는 효과를 보도록 하자. 현재를 기준으로 하는 경우 현재소비가격이 1로서 불변이지만 미래소비가격은 $(\frac{1}{1+r} \rightarrow \frac{1}{1+r'})$로서 상승하게 된다. 그런데 미래를 기준으로 하여 가격을 보면 현재소비가격은 $(1+r \rightarrow 1+r')$로 하락하지만 미래소비가격은 1로서 불변이다. 그리고 현재소비의 미래소비에 대한 상대가격은 $(1+r \rightarrow 1+r')$로 하락한다.

정리하면, 이자율이 하락하는 경우 어느 시점을 기준으로 하든 관계없이 현재소비가격은 상대적으로 하락하고 미래소비가격은 상대적으로 상승함을 알 수 있다.

ii) **이자율 하락과 예산선**

이자율이 하락하는 경우 앞에서 분석한 바와 같이 초기부존점을 중심으로 미래소비의 예산집합은 축소되고 현재소비의 예산집합은 확대되는 형태로 예산선이 시계반대방향으로 회전이동하게 된다. 미래소비의 예산집합의 축소는 미래소비가격의 상대적 상승이 반영된 것이며 현재소비의 예산집합의 확대는 현재소비가격의 상대적 하락이 반영된 것이다.

iii) **현재소비 증가, 미래소비 감소**

이자율 하락으로 인해서 현재소비가 상대적으로 싸지고 미래소비가 상대적으로 비싸진 경우, 상대적이 가격이 상승한 미래소비를 줄이고 상대적으로 가격이 하락한 현재소비를 늘릴 경우 이전과 동일한 효용을 달성하면서도 지출액을 최소화할 수 있다는 장점이 있다. 상대적으로 싸진 현재소비를 늘려서 상대적으로 비싸진 미래소비를 대체하게 되면 지출액을 최소화할 수 있게 되는데 이를 대체효과라고 한다. 왜 이렇게 되는지에 대한 수리적 분석은 앞서 배운 소비이론의 대체효과 부분을 참조하라.

② **소득효과 $E_1 \rightarrow E_2$**

i) **저축자 소득감소**

앞에서 대체효과에 의해서 이전의 효용은 동일하게 유지한 채로 지출액을 최소화하는 것이 가능했다. 지출액을 최소화했어도 이전의 지출액과 비교하면 증가했으므로 이는 바로 실질소득의 감소를 의미한다. 물론 이는 이론적 분석에서 엄밀하게 소비자의 행동원리를 파헤치는 과정일 뿐 실제로 소비자들이 이런 원리를 하나하나 느껴가며 소비하지는 않는다. 하지만 이론상으로는 비현실적이긴 하지만 이와 같이 엄밀하게 분석한다. 이때, 주의할 것은 이자율 하락으로 인해서 실질소득의 감소를 경험하는 주체는 저축자라는 것이다. 차입자의 경우에는 위와 같은 과정을 독자들이 다시 한번 밟아보기 바란다.

ii) 현재소비 감소, 미래소비 감소

이제 대체효과에 의해서 최소화한 지출액이라도 이전보다 증가하였으므로 소득감소를 반영하여 다시 현재소비와 미래소비를 감소시켜야만 한다. 여가와 소득 모두 당연히 정상재이므로 현재소비도 감소하고 미래소비도 감소하게 된다.

③ 총효과 $E_0 \rightarrow E_2$(대체효과 > 소득효과)

대체효과와 소득효과를 모두 합하여 정리해보자. 이자율이 하락하는 경우, 대체효과에 의하여 현재소비는 증가하지만, 소득효과에 의하여 현재소비는 감소한다. 만일 대체효과가 소득효과보다 크다면, 이자율 하락에 따라서 대체효과에 의한 현재소비의 증가가 소득효과에 의한 현재소비의 감소보다 더 크기 때문에 현재소비는 증가할 것이다. 현재소비 증가에 따라서 저축은 감소한다. 그리고 미래소비는 대체효과 및 소득효과 모두에 의해서 감소하므로 확실히 감소한다.

4) 이자율 하락 시($r \rightarrow r''$) : 저축이 증가하는 경우

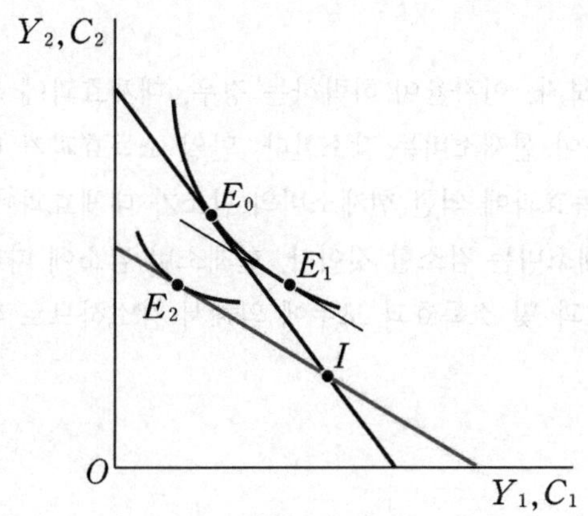

(그림 6-21)

① 대체효과 $E_0 \rightarrow E_1$

앞에서 살펴본 대체효과 분석과 동일하다.

i) 이자율 하락과 현재소비 및 미래소비의 가격

현재소비의 미래소비에 대한 상대가격은 $(1+r \rightarrow 1+r')$로 하락한다.

ii) 이자율 하락과 예산선

이자율이 하락하는 경우 앞에서 분석한 바와 같이 초기부존점을 중심으로 미래소비의 예산집합은 축소되고 현재소비의 예산집합은 확대되는 형태로 예산선이 시계반대방향으로 회전이동하게 된다.

iii) 현재소비 증가, 미래소비 감소

이자율 하락으로 인해서 현재소비가 상대적으로 싸지고 미래소비가 상대적으로 비싸진 경우, 상대적으로 가격이 상승한 미래소비를 줄이고 상대적으로 가격이 하락한 현재소비를 늘릴 경우 이전과 동일한 효용을 달성하면서도 지출액을 최소화할 수 있다는 장점이 있다.

② 소득효과 $E_1 \rightarrow E_2$

앞에서 살펴본 소득효과 분석과 동일하다.

i) 저축자 소득감소

이자율 하락으로 인해서 실질소득의 감소를 경험하는 주체는 저축자이다. 차입자의 경우에는 위와 같은 과정을 독자들이 다시 한번 밟아보기 바란다.

ii) 현재소비 감소, 미래소비 감소

이자율 하락에 따른 저축자의 실질소득 증가로 현재소비도 감소하고 미래소비도 감소한다.

③ 총효과 $E_0 \rightarrow E_2$(대체효과 < 소득효과)

대체효과와 소득효과를 모두 합하여 정리해보자. 이자율이 하락하는 경우, 대체효과에 의하여 현재소비는 증가하지만, 소득효과에 의하여 현재소비는 감소한다. 만일 소득효과가 대체효과보다 크다면, 이자율 하락에 따라서 소득효과에 의한 현재소비의 감소가 대체효과에 의한 현재소비의 증가보다 더 크기 때문에 현재소비는 감소할 것이다. 현재소비 감소에 따라서 저축은 증가한다. 그리고 미래소비는 대체효과 및 소득효과 모두에 의해서 감소하므로 확실히 감소한다.

필수예제

효용을 극대화하는 갑은 1기의 소비(c_1)와 2기의 소비(c_2)로 구성된 효용함수 $U = U(c_1, c_2) = c_1 c_2^2$을 가지고 있다. 갑은 시점간 선택(intertemporal choice)모형에서 1기에 3,000만원, 2기에 3,300만원의 소득을 얻고 이자율 10%로 저축하거나 빌릴 수 있다. 1기의 최적선택에 관한 설명으로 옳은 것은? (단, 인플레이션은 고려하지 않는다.) ▸ 2018년 감정평가사

① 1,000만원을 저축할 것이다.
② 1,000만원을 빌릴 것이다.
③ 저축하지도 빌리지도 않을 것이다.
④ 1,400만원을 저축할 것이다.
⑤ 1,400만원을 빌릴 것이다.

출제이슈 시점간 소비선택 모형

핵심해설 **정답** ①

시점간 소비선택 모형은 다음과 같다.

$$\begin{cases} U = U(C_1, C_2) \text{ --------- ①} \\ C_1 + \dfrac{C_2}{1+r} = Y_1 + \dfrac{Y_2}{1+r} \text{ --- ②} \\ Max\ U \text{ ---------------- ③} \end{cases} \qquad \begin{cases} U = C_1 C_2^2 \text{ ------------ ①} \\ C_1 + \dfrac{C_2}{1.1} = 3{,}000 + \dfrac{3{,}300}{1.1} \text{ -- ②} \\ Max\ U \text{ ---------------- ③} \end{cases}$$

시점간 소비선택 모형도 일반적인 소비선택 모형과 유사하다. 소비자 최적선택은 예산선과 무차별곡선이 접하는 점에서 달성되며, 그 조건은 다음과 같다.

1) 한계대체율 ($\dfrac{MU_{C_1}}{MU_{C_2}}$) = 상대가격 $(1+r)$이어야 한다.

2) 또한 균형은 반드시 예산선 상에서 달성되어야 하므로 다음의 식을 만족한다.

$$C_1 + \frac{C_2}{1+r} = Y_1 + \frac{Y_2}{1+r}$$

따라서, 설문에서 한계대체율은 $\dfrac{C_2}{2C_1}$이고 예산선의 기울기인 상대가격은 1.1이 되며 둘은 일치해야 한다.

따라서 $C_2 = 2.2C_1$이다. 이를 예산선과 함께 연립하여 풀면 $C_1 = 2{,}000$, $C_2 = 4{,}400$이 된다. (단위 : 만원)

설문을 검토하면 ①만 옳은 내용이다.
왜냐하면, 1기 소득이 3,000만원인데 1기 소비는 2,000만원이므로 저축이 1,000만원이 된다.

2기간 소비선택 모형에서 소비자의 효용함수는 $U(C_1, C_2) = C_1 C_2$이고, 예산제약식은 $C_1 + \frac{C_2}{1+r} = Y_1 + \frac{Y_2}{1+r}$이다. 이 소비자의 최적소비 행태에 대한 설명으로 옳지 않은 것은? (단, C_1은 1기의 소비, C_2는 2기의 소비, Y_1은 1기의 소득으로 100, Y_2는 2기의 소득으로 121, r은 이자율로 10%이다)

▸ 2017년 지방직 7급

① 한계대체율과 $(1+r)$이 일치할 때 최적소비가 발생한다.
② 1기보다 2기에 소비를 더 많이 한다.
③ 1기에 이 소비자는 저축을 한다.
④ 유동성 제약이 발생하면 1기의 소비는 감소한다.

출제이슈 시점간 소비선택 모형

핵심해설 **정답 ③**

시점간 소비선택 모형은 다음과 같다.

$$\begin{cases} U = U(C_1, C_2) \text{ --------- ①} \\ C_1 + \frac{C_2}{1+r} = Y_1 + \frac{Y_2}{1+r} \text{ --- ②} \\ Max\ U \text{ ---------------- ③} \end{cases} \qquad \begin{cases} U = C_1 C_2 \text{ ----------- ①} \\ C_1 + \frac{C_2}{1.1} = 100 + \frac{121}{1.1} \text{ -- ②} \\ Max\ U \text{ ------------- ③} \end{cases}$$

시점간 소비선택 모형도 일반적인 소비선택 모형과 유사하다. 소비자 최적선택은 예산선과 무차별곡선이 접하는 점에서 달성되며, 그 조건은 다음과 같다.

1) 한계대체율 $(\frac{MU_{C_1}}{MU_{C_2}})$ = 상대가격 $(1+r)$이어야 한다.

2) 또한 균형은 반드시 예산선 상에서 달성되어야 하므로 다음의 식을 만족한다.

$$C_1 + \frac{C_2}{1+r} = Y_1 + \frac{Y_2}{1+r}$$

따라서, 설문에서 한계대체율은 $\frac{C_2}{C_1}$이고 예산선의 기울기인 상대가격은 1.1이 되며 둘은 일치해야 한다.

따라서 $C_2 = 1.1C_1$이다. 이를 예산선과 함께 연립하여 풀면 $C_1 = 105$, $C_2 = 115.5$가 된다.

설문을 검토하면 다음과 같다.

① 한계대체율과 상대가격이 일치할 때 최적소비가 가능하다.
② $C_1 = 105$, $C_2 = 115.5$이므로 2기의 소비는 1기보다 많다.
③ 틀린 내용이다. $C_1 = 105$, $C_2 = 115.5$이고 $Y_1 = 100$, $Y_2 = 121$이므로 1기는 차입이 발생한다.
④ 유동성이 발생하는 경우 차입이 어려워지기 때문에 1기의 소비는 감소한다.

다음은 두 기간에 걸친 어느 소비자의 균형조건을 보여준다. 이 소비자의 소득 부존점은 E이고 효용극대화 균형점은 A이며 이 경제의 실질이자율은 r이다. 이에 대한 설명으로 옳지 않은 것은? (단, 원점에 볼록한 곡선은 무차별곡선이다.) ▸ 2018년 지방직 7급

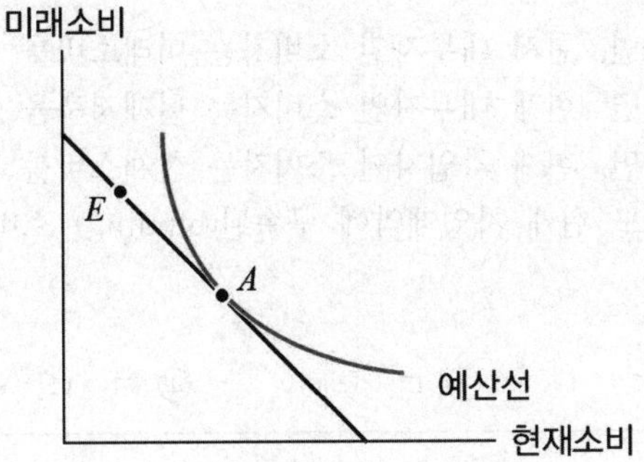

① 실질이자율(r)이 하락하면, 이 소비자의 효용은 감소한다.
② 효용극대화를 추구하는 이 소비자는 차입자가 될 것이다.
③ 현재소비와 미래소비가 모두 정상재인 경우, 현재소득이 증가하면 소비평준화(Consumption smoothing) 현상이 나타난다.
④ 유동성 제약이 있다면, 이 소비자의 경우 한계대체율은 $1+r$보다 클 것이다.

출제이슈 시점간 소비선택 모형
핵심해설 **정답 ①**

시점간 소비선택 모형도 일반적인 소비선택 모형과 유사하다. 소비자 최적선택은 예산선과 무차별곡선이 접하는 점에서 달성되며, 그 조건은 다음과 같다.

1) 한계대체율 ($\frac{MU_{C_1}}{MU_{C_2}}$) = 상대가격 $(1+r)$이어야 한다.

2) 또한 균형은 반드시 예산선 상에서 달성되어야 하므로 다음의 식을 만족한다.

$$C_1 + \frac{C_2}{1+r} = Y_1 + \frac{Y_2}{1+r}$$

설문을 검토하면 다음과 같다.

①, ② E가 소득 부존점이고 A가 소비점이므로 이 소비자는 현재 차입하여 소비한다.
만일 이자율이 하락하는 경우 이 소비자는 차입비용이 감소하고 예산집합(차입영역)은 확대되어 효용은 증가한다.

③ 현재소득이 증가하는 경우 예산선이 우측으로 평행이동하고 원점에 대해 볼록한 무차별곡선과 만나는 점에서 효용극대화가 달성되고 이는 소비평준화를 의미한다.

④ 유동성 제약이 있다면, 한계대체율이 상대가격보다 더 큰 상황이 된다.

PART · 03

피셔(I.Fisher)의 기간 간 선택(intertemporal choice)모형에서 최적소비선택에 관한 설명으로 옳은 것을 모두 고른 것은? (단, 기간은 현재와 미래이며, 현재소비와 미래소비는 모두 정상재이다. 무차별곡선은 우하향하며 원점에 대하여 볼록한 곡선이다.) ▸ 2019년 감정평가사

ㄱ. 실질이자율이 상승하면, 현재 대부자인 소비자는 미래소비를 증가시킨다.
ㄴ. 실질이자율이 하락하면, 현재 대부자인 소비자는 현재저축을 감소시킨다.
ㄷ. 실질이자율이 상승하면, 현재 차입자인 소비자는 현재소비를 감소시킨다.
ㄹ. 미래소득이 증가하여도 현재 차입제약에 구속된(binding) 소비자의 현재소비는 변하지 않는다.

① ㄱ, ㄴ　② ㄴ, ㄷ　③ ㄷ, ㄹ　④ ㄱ, ㄷ, ㄹ　⑤ ㄴ, ㄷ, ㄹ

출제이슈 시점간 소비선택 모형
핵심해설 **정답 ④**

시점간 소비선택 모형에서 이자율 상승의 효과는 다음과 같다.

이자율 상승으로 인하여 상대적으로 미래소비 가격은 하락하고 ($\frac{1}{1+r} \rightarrow \frac{1}{1+r'}$), 현재소비 가격은 상승하게 된다. 이로 인한 가격효과를 대체효과와 소득효과로 나누어서 다음과 같이 분석해보자. 이때, 유의할 점은 첫째, 이자율 상승에 따라 최초 소득부존점을 중심으로 회전이동한다는 점과 둘째, 저축자와 차입자에 따라서 분석결과가 상이할 수 있다는 것이다. 아래의 그래프는 우선 저축자를 중심으로 분석한 것이다.

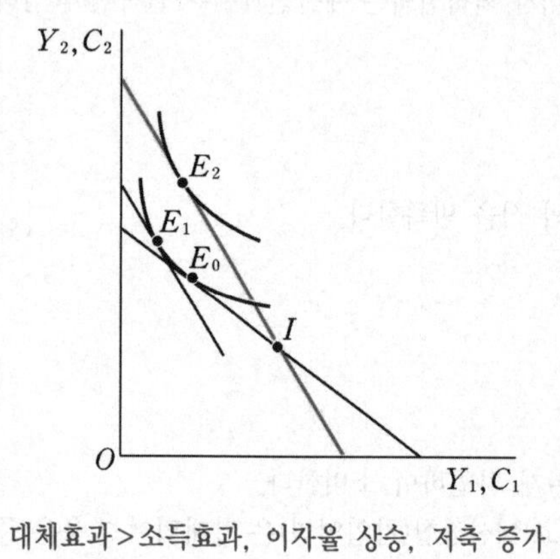

대체효과>소득효과, 이자율 상승, 저축 증가

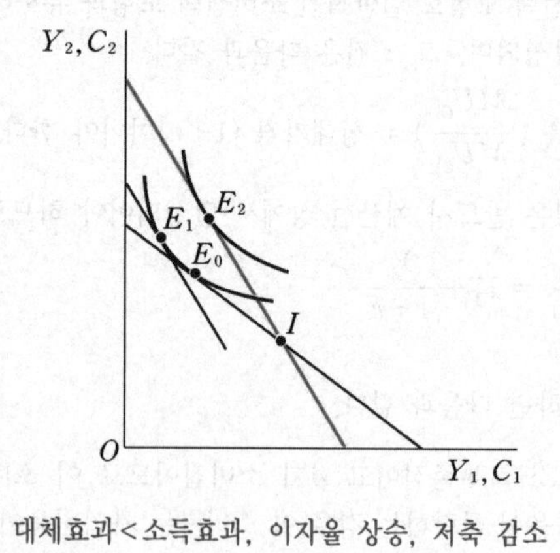

대체효과<소득효과, 이자율 상승, 저축 감소

1) 이자율 상승 시 ($r \rightarrow r'$) 저축이 증가하는 경우(대체효과 > 소득효과)
 ① 대체효과 $E_0 \rightarrow E_1$: 현재소비 상대가격 상승, 현재소비 감소, 미래소비 증가
 ② 소득효과 $E_1 \rightarrow E_2$: 저축자 소득증가, 현재소비 증가, 미래소비 증가
 ③ 총효과 $E_0 \rightarrow E_2$(대체효과 > 소득효과) : 현재소비 감소, 저축 증가, 미래소비 증가
 ④ 정상재의 대체효과와 소득효과는 동일방향이나, 정상재 현재소비의 경우 반대임에 유의하자.

2) 이자율 상승 시 $(r \to r')$: 저축이 감소하는 경우(대체효과 < 소득효과)

① 대체효과 $E_0 \to E_1$: 현재소비 상대가격 상승, 현재소비 감소, 미래소비 증가

② 소득효과 $E_1 \to E_2$: 저축자 소득증가, 현재소비 증가, 미래소비 증가

③ 총효과 $E_0 \to E_2$(대체효과 < 소득효과) : 현재소비 증가, 저축 감소, 미래소비 증가

④ 정상재의 대체효과와 소득효과는 동일방향이나, 정상재 현재소비의 경우 반대임에 유의하자.

이제 차입자를 분석하자. 차입자의 경우 이자율 상승 시 $(r \to r')$ 실질소득이 감소한다는 것에 유의하면서 분석하면 다음과 같다.

① 대체효과 $E_0 \to E_1$: 현재소비 상대가격 상승, 현재소비 감소, 미래소비 증가

② 소득효과 $E_1 \to E_2$: 차입자 소득감소, 현재소비 감소, 미래소비 감소

③ 총효과 $E_0 \to E_2$(대체효과 > 소득효과) : 현재소비 감소, 미래소비 불분명

특히, 차입자는 저축자와 달리 대체효과와 소득효과의 방향이 일치하여 이자율 상승 시 항상 현재소비가 감소한다. 위의 내용에 따라서 설문을 검토하면 다음과 같다.

ㄱ. 옳은 내용이다.

이자율 상승 시 현재소비의 상대가격이 상승하므로 저축자의 경우 대체효과에 의하여 현재소비가 감소하고 미래소비가 증가한다. 이자율 상승으로 저축자는 실질소득이 증가하게 되므로 소득효과에 의하여 현재소비와 미래소비가 모두 증가한다. 따라서 미래소비는 확실히 증가한다.

ㄴ. 틀린 내용이다.

이자율 하락 시 현재소비의 상대가격이 하락하므로 저축자의 경우 대체효과에 의하여 현재소비가 증가한다. 이자율 하락으로 저축자는 실질소득이 감소하게 되므로 소득효과에 의하여 현재소비가 감소한다. 따라서 현재소비의 방향은 불확실하므로 저축의 방향 역시 불확실하다.

ㄷ. 옳은 내용이다.

이자율 상승 시 현재소비의 상대가격이 상승하므로 차입자의 경우 대체효과에 의하여 현재소비가 감소한다. 이자율 상승으로 차입자는 실질소득이 감소하게 되므로 소득효과에 의하여 현재소비가 감소한다. 따라서 현재소비는 확실히 감소한다.

ㄹ. 옳은 내용이다.

미래소득이 증가하는 경우 예산선이 평행이동하게 된다. 그러나 차입제약이 있을 경우에는 현재소득 및 현재소비를 나타내는 횡축의 방향으로는 확장되지 못하고 오로지 종축의 방향으로만 확장하게 된다. 따라서 차입제약에 구속된 소비자는 미래소득이 늘어나더라도 현재소비는 불변이다.

THEME 03 사회복지제도

1 의의

다양한 사회복지제도를 통해서 저소득층을 지원할 수 있는데 대표적으로 현금보조(cash transfer), 현물보조(in-kind transfer), 가격보조(price subsidy)의 방식을 고려할 수 있다.

2 사회복지제도의 비교기준

사회복지제도 간 비교를 위해서 어느 제도를 사용하든 정부의 예산은 동일하다고 가정하면, 동일한 예산하에서 복지수혜자의 효용을 증진시키거나 복제제공자의 목표를 달성하는 방식이 보다 우월하다고 할 수 있다. 혹은 역으로 복지수혜자의 일정한 효용증진을 위해서 정부의 예산을 얼마나 더 적게 사용할 수 있는지도 비교기준이 될 수 있다.

1) 복지 수혜자의 효용 증가
2) 복지 수혜자의 target 재화 소비 증가에 따른 복지 제공자의 목표 달성
3) 복지 제공자의 보조금 예산 절감

3 사회복지제도에 따른 예산선의 변화

1) 현금보조

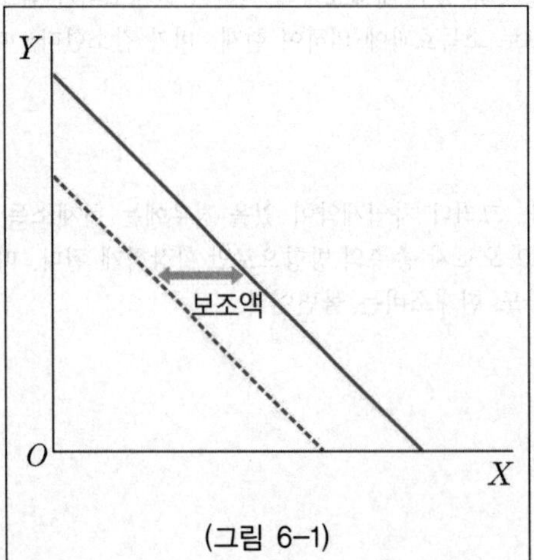

(그림 6-1)

2) 현물보조

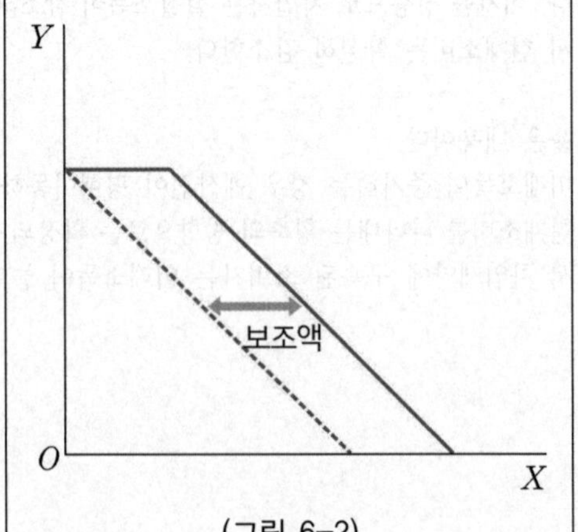

(그림 6-2)

3) 가격보조

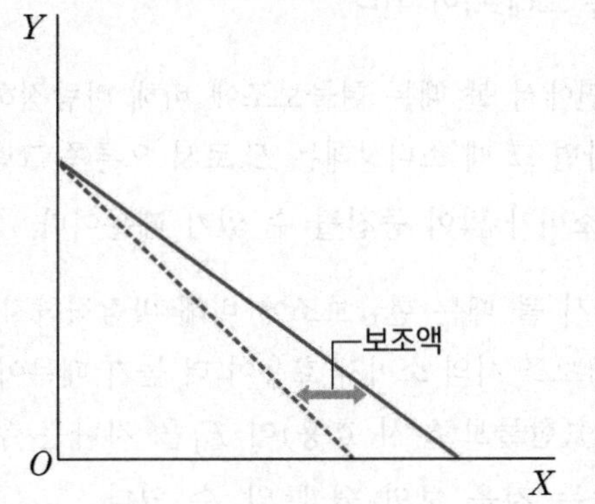

(그림 6-3)

4 현금보조 vs 현물보조

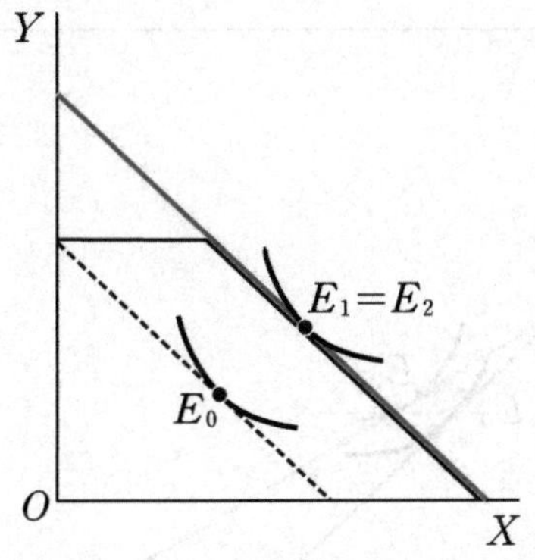

〈현금보조와 현물보조의 효과가 동일〉

(그림 6-4)

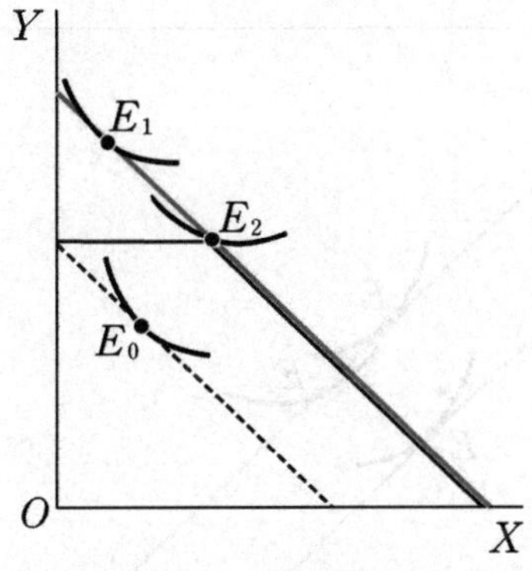

〈현금보조와 현물보조의 효과가 상이〉

(그림 6-5)

구분	현금보조	현물보조
보조 전 균형	E_0	
보조 후 균형	$E_1 = E_2$	
효용변화	동일	
타깃재화소비	동일	
보조금예산	동일	

구분	현금보조	현물보조
보조 전 균형	E_0	
보조 후 균형	E_1	E_2
효용변화	우월	
타깃재화소비		우월
보조금예산	동일	

1) 최초 소비상태가 E_0인 경우 현금보조를 받게 되면 예산선이 평행하게 확장 이동하게 되어 결국 현금보조 이후의 소비상태는 E_1(위의 왼쪽, 오른쪽 그래프)이 된다.

2) 현금보조는 타깃재화 소비증진이라는 정책목표 측면에서 볼 때는 현물보조에 비해 바람직하지 않을 수 있다. 왜냐하면 현물보조가 대신 이루어졌다면 그 때 소비상태는 E_2로서 오른쪽 그래프에서 현금보조에 비해 현물보조의 경우 타깃재화 소비가 많이 증진될 수 있기 때문이다.

3) 하지만, 현물보조는 소비자 효용증진이라는 측면에서 볼 때는 현금보조에 비해 바람직하지 않다. 왜냐하면 현물보조 시의 소비자 효용보다는 현금보조 시의 소비자 효용이 더 높기 때문이다. 위의 오른쪽 그래프에서 E_2를 지나는 무차별곡선(현물보조 시 효용)이 E_1을 지나는 무차별곡선(현금보조 시 효용)보다 좌하방에 위치하는 것을 보면 쉽게 알 수 있다.

4) E_2를 지나는 무차별곡선(현물보조 시 효용)에 접하면서 동일한 기울기를 가진 예산선을 그려보면 예산선 간의 격차는 보조받은 현물의 재판매 가격 인하분이다.

5 현금보조 vs 가격보조

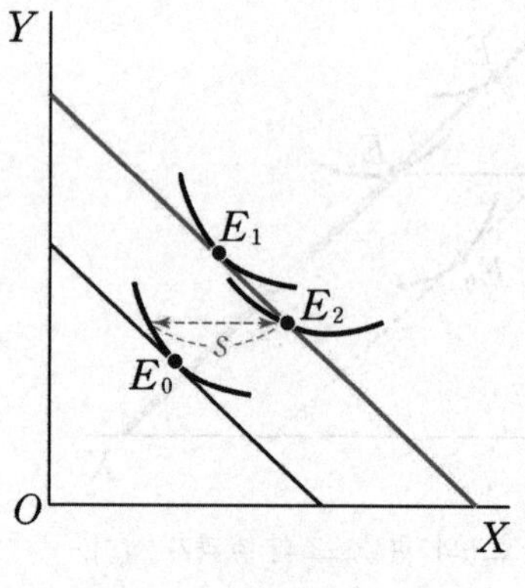

〈가격보조와 현금보조의 비교〉

(그림 6-6)

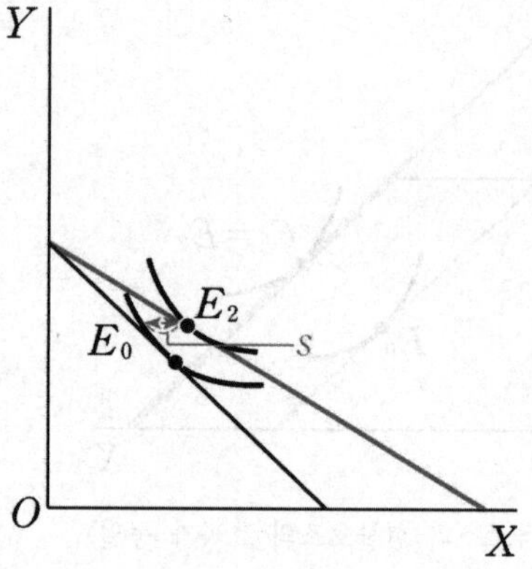

〈가격보조의 효과〉

(그림 6-7)

구분	현금보조	가격보조
보조 전 균형	E_0	
보조 후 균형	E_1	E_2
효용변화	우월	
타깃재화소비		우월
보조금예산	동일	

1) 최초 소비상태가 E_0인 경우 가격보조를 받게 되면 예산선이 회전이동하게 되어 결국 현금보조 이후의 소비상태는 E_2(위의 왼쪽, 오른쪽 그래프)가 된다.

2) 가격보조는 소비자 효용증진이라는 측면에서 볼 때는 현금보조에 비해 바람직하지 않다. 왜냐하면 동일한 예산을 사용한다고 가정할 경우, 가격보조 시의 소비자 효용보다는 현금보조 시의 소비자 효용이 더 높기 때문이다. 이는 위의 오른쪽 그래프에서 E_2를 지나는 무차별곡선(가격보조 시 효용)이 E_1을 지나는 무차별곡선(현금보조 시 효용)보다 좌하방에 위치하는 것을 보면 쉽게 알 수 있다.

3) 그러나, 현금보조는 타깃재화 소비증진이라는 정책목표 측면에서 볼 때는 가격보조에 비해 바람직하지 않을 수 있다. 왜냐하면 오른쪽 그래프에서 가격보조 후의 소비상태는 E_2로서 현금보조 후의 소비상태인 E_1에 비해 가격보조의 경우 타깃재화 소비가 많이 증진될 수 있기 때문이다.

필수예제

매년 40만원을 정부로부터 지원받는 한 저소득층 가구에서 매년 100kg의 쌀을 소비하고 있었다. 그런데 정부가 현금 대신 매년 200kg의 쌀을 지원하기로 했다. 쌀의 시장가격은 kg당 2,000원이어서 지원되는 쌀의 가치는 40만원이다. 쌀의 재판매가 금지되어 있다고 할 때, 다음 설명 중 옳지 않은 것은? (단, 이 가구의 무차별곡선은 원점에 대해 볼록하다.) ▸ 2016년 지방직 7급

① 이 가구는 새로 도입된 현물급여보다 기존의 현금급여를 선호할 것이다.
② 현물급여를 받은 후 이 가구의 예산집합 면적은 현금급여의 경우와 차이가 없다.
③ 이 가구는 새로운 제도 하에서 쌀 소비량을 늘릴 가능성이 크다.
④ 만약 쌀을 kg당 1,500원에 팔 수 있는 재판매 시장이 존재하면, 이 가구는 그 시장을 활용할 수도 있다.

출제이슈 사회복지제도

핵심해설 **정답** ②

현금보조와 현물보조를 비교하면 다음과 같다.

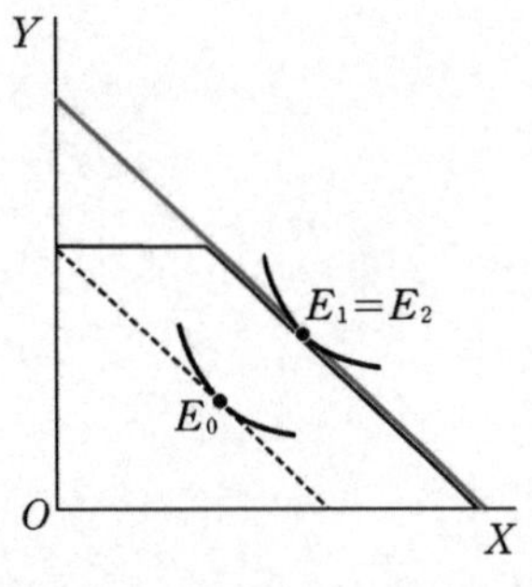

〈현금보조와 현물보조 효과가 동일〉

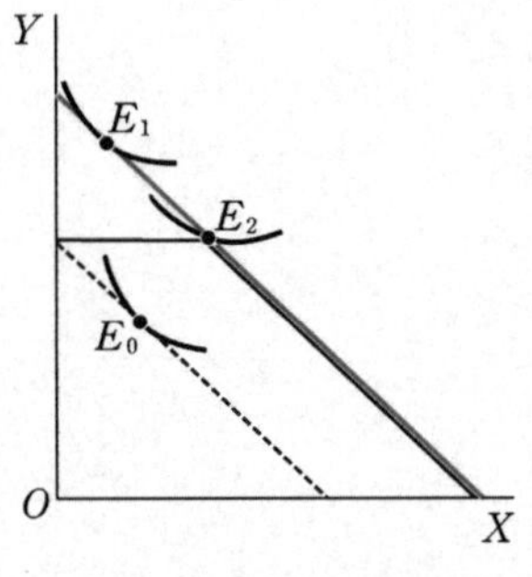

〈현금보조와 현물보조 효과가 상이〉

구분	현금보조	현물보조
효용변화	동일	
타깃재화소비	동일	
보조금예산	동일	

구분	현금보조	현물보조
효용변화	우월	
타깃재화소비		우월
보조금예산	동일	

1) 최초 소비상태가 E_0인 경우 현금보조를 받게 되면 예산선이 평행하게 확장 이동하게 되어 결국 현금보조 이후의 소비상태는 E_1(위의 왼쪽, 오른쪽 그래프)이 된다.

2) 현금보조는 타깃재화 소비증진이라는 정책목표 측면에서 볼 때는 현물보조에 비해 바람직하지 않을 수 있다.

3) 왜냐하면 현물보조가 대신 이루어졌다면 그 때 소비상태는 E_2로서 오른쪽 그래프에서 현금보조에 비해 현물보조의 경우 타깃재화 소비가 많이 증진될 수 있기 때문이다.

4) 하지만, 현물보조는 소비자 효용증진이라는 측면에서 볼 때는 현금보조에 비해 바람직하지 않다.

5) 왜냐하면 현물보조 시의 소비자 효용보다는 현금보조 시의 소비자 효용이 더 높기 때문이다. 위의 오른쪽 그래프에서 E_2를 지나는 무차별곡선(현물보조 시 효용)이 E_1을 지나는 무차별곡선(현금보조 시 효용)보다 좌하방에 위치하는 것을 보면 쉽게 알 수 있다.

6) 따라서 E_2를 지나는 무차별곡선(현물보조 시 효용)에 접하면서 동일한 기울기를 가진 예산선을 그려보면 예산선 간의 격차는 보조받은 현물의 재판매 가격 인하분이다.

설문을 검토하면 다음과 같다.

매년 40만원의 현금보조를 받는 가구가 매년 100kg의 쌀을 소비하는 경우 소비점을 E_1로 표시할 수 있다. 현금보조 대신에 매년 200kg의 쌀을 지원받는 경우에 예산선이 변화되어 소비점은 E_2로 표시가능하다.

① 옳은 내용이다.
이 가구는 새로 도입된 현물급여보다 기존의 현금급여를 선호한다. 왜냐하면 현물보조 시의 소비자 효용보다는 현금보조 시의 소비자 효용이 더 높기 때문이다. 위의 오른쪽 그래프에서 E_2를 지나는 무차별곡선(현물보조 시 효용)이 E_1을 지나는 무차별곡선(현금보조 시 효용)보다 좌하방에 위치하는 것을 보면 쉽게 알 수 있다.

② 틀린 내용이다.
현물급여와 현금급여에 따른 예산선은 차이가 있다. 최초 소비상태가 E_0인 경우 현금보조를 받게 되면 예산선이 평행하게 확장 이동하게 되어 결국 현금보조 이후의 소비상태는 E_1(위의 왼쪽, 오른쪽 그래프)이 된다. 현금보조 대신에 매년 200kg의 쌀을 지원받는 경우에 예산선이 변화되어 소비점은 E_2로 표시가능하다. 이때 예산선은 현금보조에 비하여 작다.

③ 옳은 내용이다.
새로운 현물급여제도하에서는 E_2와 같이 쌀 소비량이 늘어날 수 있다.

④ 옳은 내용이다.
보조받은 현물인 쌀을 재판매 시장에서 시장가격보다 낮은 수준에서 판매하여 현금을 마련할 수 있다면 그러한 거래기회를 활용할 수도 있다. 다만, 재판매가격이 너무 낮아서 현물보조 시 효용보다 감소하게 되는 경우 재판매를 포기할 수도 있다.

THEME 04 현시선호이론

1 의의

가격, 소득 변화에 따른 소비자 선택의 변화를 추적, 관찰함으로써 소비자의 선호를 알아내어 소비이론(수요법칙, 수요함수, 수요곡선)을 재정립하려는 시도로 등장한 것이 현시선호이론이다. 이는 실제 나타난 소비자 선택 행위로부터 소비자 선호가 표출된 것으로 보고 이러한 시현된 선호를 통해서 소비자의 행동원리를 분석하고 있다.

2 직접현시선호

1) 의의

가격 $P_0(P_X^o, P_Y^o)$ 하에서 상품묶음 $Q_0(X_0, Y_0)$, $Q_1(X_1, Y_1)$ 2개 모두 선택가능할 때, 소비자가 Q_0를 선택하였다면 Q_0는 Q_1보다 직접현시선호되었다고 한다.

2) 기하적 분석

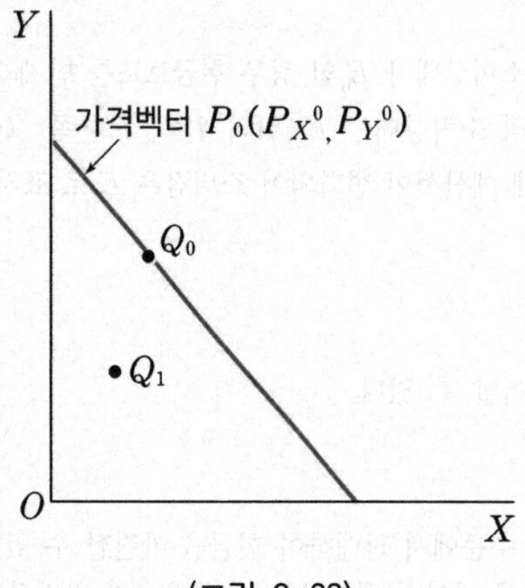

(그림 6-22)

3 간접현시선호

가격 P_0하에서 Q_0가 Q_1보다 직접현시선호되었고, 가격 P_1하에서 Q_1이 Q_2보다 직접현시선호되었다면 Q_0는 Q_2보다 간접현시선호되었다고 한다.

4 직접현시선호와 약공리

1) 약공리

가격 $P_0(P_X^o, P_Y^o)$에서 상품묶음 $Q_0(X_0, Y_0)$, $Q_1(X_1, Y_1)$ 2개 모두 선택가능할 때, 소비자가 Q_0를 선택하였다면, 즉 Q_0가 Q_1보다 직접현시선호되었다면 Q_1이 Q_0보다 직접현시선호될 수 없다. 이를 현시선호의 약공리라고 한다.

2) 기하학적 분석

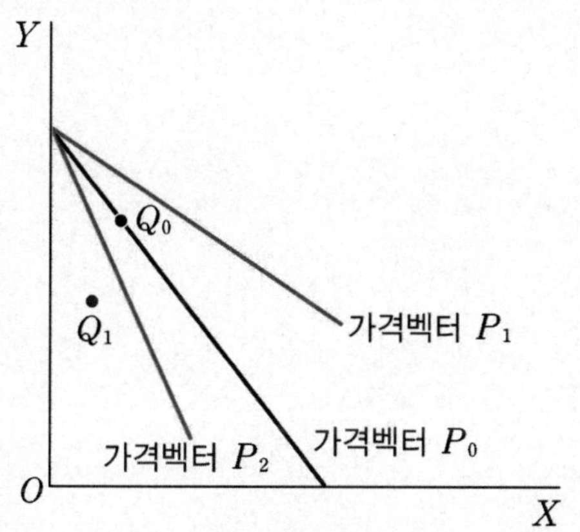

(그림 6-26)

3) 의미 : $Q_0 > Q_1 \rightarrow (Q_0 < Q_1$는 안 됨)

현시선호의 약공리는 소비자행위의 일관성을 나타낸다. 상품묶음 $Q_0(X_0, Y_0)$, $Q_1(X_1, Y_1)$ 2개 모두 선택가능할 때, 소비자가 Q_0를 선택하였다면 Q_0를 여전히 선택할 수 있는 한 Q_1을 선택해서는 안 된다는 의미이다. 만일 상황의 변화에 의해서 Q_0를 선택할 수 없다면 그 때는 Q_1를 선택할 수 있다.

5 간접현시선호와 강공리

1) 의의

가격 P_0하에서 Q_0가 Q_1보다 직접현시선호되었고, 가격 P_1하에서 Q_1이 Q_2보다 직접현시선호되었다면 즉 Q_0가 Q_2보다 간접현시선호되었다면, Q_2는 Q_0보다 간접현시선호될 수 없다.

2) 의미

현시선호의 강공리는 소비자행위의 이행성을 나타낸다. Q_0가 Q_1보다 직접현시선호되었고 Q_1이 Q_2보다 직접현시선호되었다면, Q_1이 Q_0보다 직접현시선호될 수 없고, Q_2가 Q_1보다 직접현시선호될 수 없으므로 Q_2가 Q_0보다 간접현시선호될 수 없다는 의미이다.

6 현시선호의 약공리와 강공리의 관계

현시선호의 약공리와 강공리의 관계를 보기 위하여 각 공리를 기호를 이용하여 표시하면 다음과 같다.

1) 현시선호의 약공리

$$Q_0 \succ Q_1 \rightarrow \underset{(\text{안 됨})}{Q_0 \prec Q_1}$$

2) 현시선호의 강공리

$$Q_0 \succ Q_1, \quad Q_1 \succ Q_2 \rightarrow \underset{(\text{안 됨})}{Q_0 \prec Q_2}$$

3) 강공리의 일반화

$$\begin{aligned} &Q_0 \succ Q_1 \quad \rightarrow \underset{(\text{안 됨})}{Q_0 \prec Q_n} \\ &Q_1 \succ Q_2 \\ &\quad \vdots \\ &Q_{n-1} \succ Q_n \end{aligned}$$

4) 약공리와 강공리의 관계

일반화된 강공리에서 $n=1$로 특정하면 $Q_0 \succ Q_1 \rightarrow Q_0 \prec Q_1$가 되는데 이는 바로 약공리를 의미한다. 따라서 강공리가 성립하면 약공리는 자동적으로 성립한다는 뜻이 된다. 즉 강공리는 좁은 개념, 약공리는 넓은 개념으로 볼 수 있다.

필수예제

갑의 소득은 24이고 X재와 Y재만 소비한다. 갑은 두 재화의 가격이 $P_X=4$, $P_Y=2$일 때, $A(x=5,\ y=1)$을 선택했고, 두 재화의 가격이 $P_X=3$, $P_Y=3$일 때, $B(x=2,\ y=6)$을 선택했다. 갑의 선택에 관한 설명으로 옳은 것을 모두 고른 것은? (단, x는 X재 소비량, y는 Y재 소비량)

▸ 2020년 감정평가사

ㄱ. 갑은 가격 변화 전 B를 선택할 수 있었음에도 불구하고 A를 선택했다.
ㄴ. 갑은 가격 변화 후 A를 선택할 수 없었다.
ㄷ. 갑의 선택은 현시선호 약공리를 만족하지 못한다.
ㄹ. 갑은 주어진 예산제약 하에서 효용을 극대화하는 소비를 하고 있다.

① ㄱ, ㄴ ② ㄱ, ㄷ ③ ㄴ, ㄷ ④ ㄴ, ㄹ ⑤ ㄷ, ㄹ

출제이슈 현시선호의 약공리
핵심해설 **정답** ②

현재 갑의 소득은 24이며 소비점 A에서의 지출액은 22이며, 소비점 B에서의 지출액은 24이다.

설문을 검토하면 다음과 같다.

ㄱ. 옳은 내용이다.
갑은 가격 변화 전 $P_X=4$, $P_Y=2$일 때, 소비점 A를 선택할 수 있었을 뿐만 아니라 실제로 선택하였고 이때, 지출액은 22가 된다. 한편, $P_X=4$, $P_Y=2$와 소비점 B의 소비량 $B(x=2,\ y=6)$을 고려하면 소비점 B는 지출액 20으로 소득 24의 범위 내이므로 선택가능하였지만 선택하지 않았음을 알 수 있다. 즉, 갑은 가격 변화 전 B를 선택할 수 있었음에도 불구하고 A를 선택하였다.

ㄴ. 틀린 내용이다.
갑은 가격 변화 후 $P_X=3$, $P_Y=3$일 때, 소비점 B를 선택할 수 있었을 뿐만 아니라 실제로 선택하였고 이때, 지출액은 24가 된다. 한편, $P_X=3$, $P_Y=3$과 소비점 A의 소비량 $A(x=5,\ y=1)$을 고려하면 소비점 A는 지출액 18로 소득 24의 범위 내이므로 선택가능하였지만 선택하지 않았음을 알 수 있다. 즉, 갑은 가격 변화 후 A를 선택할 수 있었음에도 불구하고 B를 선택하였다.

ㄷ. 옳은 내용이다.
갑은 가격 변화 전 B를 선택할 수 있었음에도 불구하고 A를 선택하였으며 가격 변화 후에는 A를 선택할 수 있었음에도 불구하고 B를 선택했다. 이는 일관되지 못한 소비행위로서 약공리 위반이다.

ㄹ. 틀린 내용이다.
갑의 소득은 24인데, $P_X=4$, $P_Y=2$일 때, 소비점 A 선택의 경우 지출액은 22에 불과하므로 갑의 소비는 효용극대화를 충족하지 못한다.

THEME 05 수량지수와 가격지수

1 의의

지수란 상품의 수량 및 가격에 생긴 변화를 평균적인 수치로 표시한 것으로서 수량지수와 가격지수가 있다.

2 수량지수와 가격지수의 계산방법

1) 모형의 설정

① t시점, 0시점, 기준연도

가격(벡터) P_0, 수량(벡터) Q_0

② t'시점, 1시점, 비교연도

가격(벡터) P_1, 수량(벡터) Q_1

2) 수량지수 : 수량의 변화

① 라스파이레스 수량지수 $L_Q = \dfrac{Q_1 P_0}{Q_0 P_0}$(기준연도 가격)

② 파쉐 수량지수 $P_Q = \dfrac{Q_1 P_1}{Q_0 P_1}$(비교연도 가격)

3) 가격지수 : 가격의 변화

① 라스파이레스 가격지수 $L_P = \dfrac{P_1 Q_0}{P_0 Q_0}$(기준연도 수량)

② 파쉐 가격지수 $P_P = \dfrac{P_1 Q_1}{P_0 Q_1}$(비교연도 수량)

3 수량지수의 해석

수량지수는 수량의 변화를 나타내므로 생활수준의 변화 여부를 평가하는 데 활용된다. 특히 라스파이레스 수량지수가 1 이하이면 생활수준이 명백하게 악화되었다고 할 수 있으며, 파쉐 수량지수가 1 이상이면 생활수준이 명백하게 개선되었다고 할 수 있다. 만일 라스파이레스 수량지수와 파쉐 수량지수를 동시에 적용할 때, 라스파이레스 수량지수는 1보다 크고 파쉐 수량지수는 1보다 작은 경우에는 생활수준의 변화를 판정할 수 없다.

4 가격지수의 해석

가격지수는 가격의 변화를 나타내므로 그 자체만으로는 생활수준의 변화 여부를 평가할 수 없다. 그러나 명목소득지수 ($N=\dfrac{P_1 Q_1}{P_0 Q_0}$)와 비교하면 위에서 살펴본 수량지수의 해석으로 귀결된다.

Chapter 07

불확실성하 선택

THEME 01 불확실성하 선택의 기초

1 불확실성의 의의

경제주체가 의사결정을 하는 경우 두 가지 이상의 결과가 예상되며 사전적으로 어떤 결과가 발생할지 알 수 없는 상황을 불확실성이라고 한다.

2 불확실성과 위험

1) 구분하지 않는 견해

불확실성이 존재하는 경우 필연적으로 위험이라는 속성이 수반되기 때문에 불확실성이 바로 위험을 의미할 정도로 밀접한 관계에 있으므로 굳이 구분할 필요가 없다.

2) 구분하는 견해

위험이란 의사결정의 결과에 대한 확률분포가 존재하는 경우로서 미래에 발생할 불확실한 상태에 확률을 부여할 수 있다. 즉 측정가능한 불확실성(measurable uncertainty)을 위험이라고 한다. 반면 불확실성이란 의사결정의 결과에 대한 확률분포가 존재하지 않는 경우로서 미래에 발생할 불확실한 상태에 확률을 부여할 수 없다. 위험과 불확실성은 측정가능한지 측정불가능한지에 따라서 구분할 수 있다.

3 불확실성하 소비자 선택

1) 의의

지금까지는 확정적 상품과 확정적 상품에 대한 효용함수, 예산제약, 최적의 소비선택으로서 확실성하의 소비이론을 배웠다면 이제는 불확정적 상품 혹은 조건부 상품과 그에 대한 효용함수, 예산제약, 최적의 소비선택으로서 불확실성하의 소비이론을 분석하기로 하자. 상품에 불확실성이 존재하게 되므로 효용함수, 무차별곡선, 예산선, 최적의 소비선택에도 상품의 불확실성이 모두 반영되어야 한다.

2) 불확실성하 상품

여러 가지 경우의 수의 상황이 나타날 수 있을 때, 그 실현된 상황에 따라서 상품의 크기가 달라지는 것을 불확실성하 상품이라고 한다. 예를 들면 복권으로서 복권을 사서 당첨이 되면 100만원을 얻고, 낙첨이 되면 아무것도 얻지 못하게 된다. 또한 게임으로서 동전던지기 게임도 같은 성격이다. 동전을 던져서 앞면이 나오면 10,000원을 얻고, 뒷면이 나오면 10,000원을 잃게 된다.

3) 불확실성하 선호체계

이는 위험에 대한 태도로서 위험기피적, 위험중립적, 위험애호적 선호체계로 분류할 수 있다. 이를 분류하는 기준은 공정성 기준과 참가 기준으로서 예를 들어 공정한 복권 혹은 게임임에도 불구하고 구입하지 않거나 참여하지 않는 경우에는 위험기피적 태도, 참여하는 경우에는 위험애호적 태도, 무차별하면 위험중립적 태도로 볼 수 있다.

4) 불확실성하 효용함수

불확실성하 선호체계가 특정한 조건들을 만족하면 효용함수로 대표할 수 있음이 알려져 있다. 특히 불확실성하 효용은 기대효용(Expected Utility)으로서 이는 실현가능한 다양한 상황에 대한 효용에 실현확률을 적용하여 그 평균적인 기대치로서 구할 수 있다. 이를 폰 노이만 모겐스턴 효용함수(VNM 효용함수)와 기대효용이라고 한다.

5) 불확실성하 무차별곡선

불확실성하 효용함수를 기하적으로 표시하게 되면 위험기피적 태도의 경우 원점에 대해 볼록한 무차별곡선으로, 위험중립적 태도의 경우 우하향하는 직선의 무차별곡선으로, 위험애호적 태도의 경우 원점에 대해 오목한 무차별곡선으로 나타난다.

6) 불확실성하 예산선

확실성하 상품 선택에서 가격과 소비량은 마치 불확실성하 상품 선택에서는 실현확률과 참가금액과 매우 유사하며 이를 통해서 불확실성하 예산선을 구해볼 수 있다.

7) 불확실성하 소비자 선택

확실성하 소비선택과 유사하게 불확실성하 소비선택도 예산제약하에서 기대효용를 극대화하게 되며 이는 불확실성하 무차별곡선과 예산선이 접하는 지점에서 달성될 수 있다.

THEME 02 기대효용이론

1 상품

불확실성하에서 경제주체의 선택대상은 매우 다양한데 여기서는 복권과 보험에 국한하여 보도록 하자. 예를 들어 복권의 경우 확률 P로 특정상황 A가 실현되었을 때의 보수는 편의상 A이고 확률 $1-P$로 특정상황 B가 실현되었을 때의 보수는 편의상 B라고 하자.

2 선호체계와 효용함수

불확실성하에서 경제주체는 기대효용을 극대화하려 하며 이때 선호체계는 폰 노이만 - 모겐스턴 효용함수에 의하여 대표될 수 있음이 알려져 있다.

1) 효용함수의 의의

불확실한 상황 A, B를 내포하는 조건부상품 L에 대한 효용을 나타내는 함수이다.

2) 폰노이만 - 모겐스턴 효용함수와 기대효용

A라는 특정상황(결과)에 대한 의사결정자의 평가, 즉 효용은 $U(A)$이고 B라는 특정상황(결과)에 대한 의사결정자의 평가 즉 효용은 $U(B)$인 경우 불확실한 상황 A, B를 내포하는 조건부상품 L에 대한 효용은 각 효용에 대한 기대치로 구할 수 있으며
$U(L) = P\,U(A) + (1-P)\,U(B)$가 된다.

3 기하적 분석

1) $U(A),\ U(B)$

불확실한 상황 A, B가 실현될 경우의 각각의 효용수준을 의미한다.

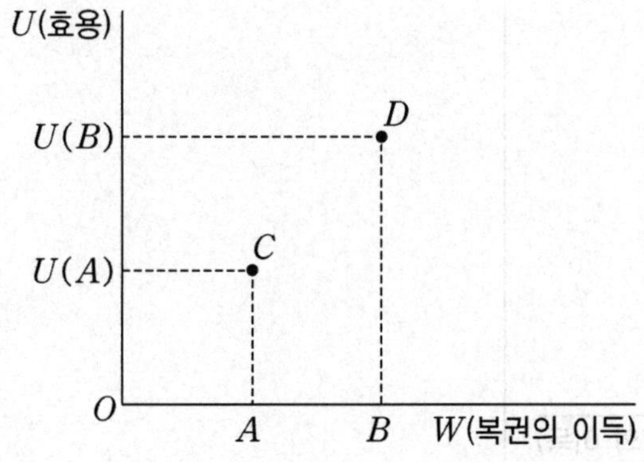

(그림 7-1)

2) $U(L)$

불확실한 상황 A, B를 내포하는 조건부상품 L 에 대한 효용으로서 이는 각 효용에 대한 기대치로 구할 수 있으며 $U(L) = P\,U(A) + (1-P)\,U(B)$ 가 된다.

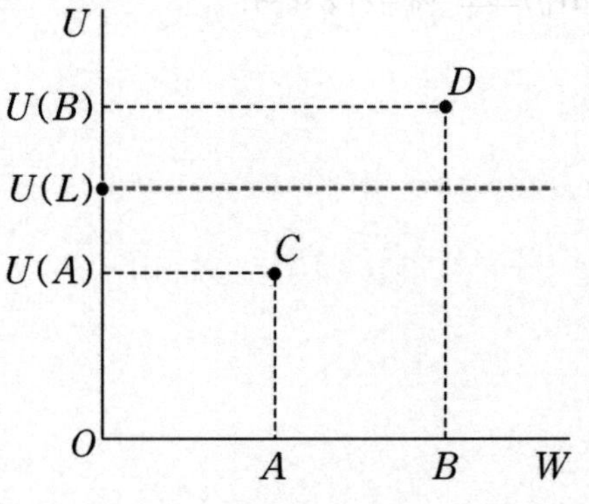

(그림 7-2)

3) $E(L)$

불확실한 상황 A, B를 내포하는 조건부상품 L에 대한 기대소득으로서 이는 각 보수에 대한 기대치로 구할 수 있으며 $E(L) = P \cdot A + (1-P) \cdot B$가 된다. 이는 효용이 아니므로 기하적으로 표시할 때는 효용축이 아니라 아래와 같이 복권의 이득축에 표시한다.

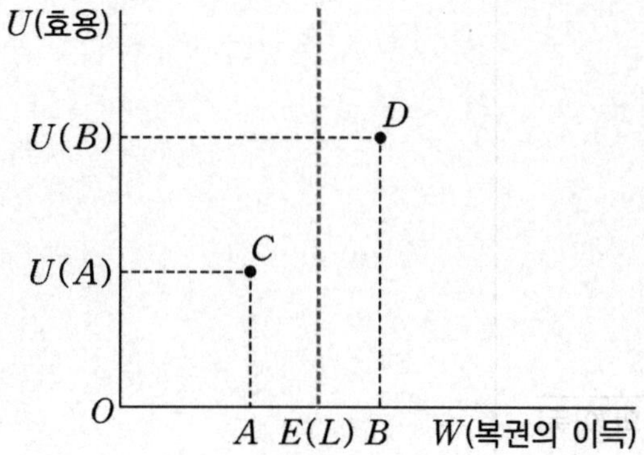

(그림 7-3)

4) $U[E(L)]$

불확실한 상황 A, B를 내포하는 조건부상품 L에 대한 기대소득의 효용으로서 사람들의 위험에 대한 태도에 따라서 5)에서 보는 바와 같이 다양하게 도출될 수 있다. 특히 $E(L)$ (복권구입 후 기대소득)이 복권구입 전의 최초 소득상태(W_0)와 같다면 이는 공정한 복권이 된다. 따라서 $U[E(L)]$은 복권 구입 전 최초상태의 효용 $U(W_0)$으로 해석가능하다.

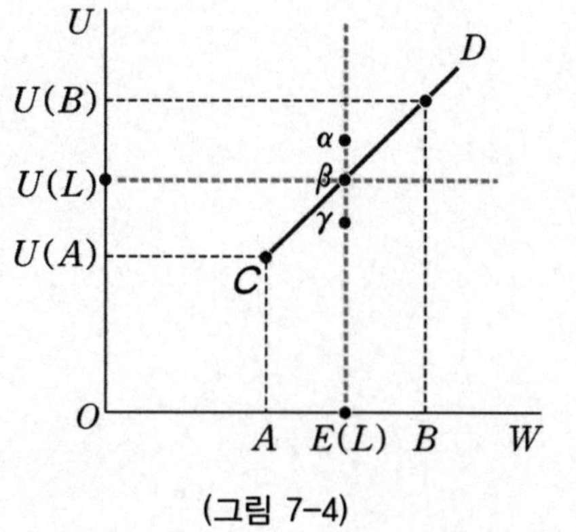

(그림 7-4)

5) 위험에 대한 태도

위험에 대한 태도는 공정한 복권임에도 불구하고 구입을 하는지 안 하는지에 따라 분류할 수 있다. 먼저 공정성 여부는 최초의 소득과 복권 구입 후의 소득 수준이 같다면, 즉 게임의 순기대치가 0이어서 손해 보지 않는다면 공정하다고 할 수 있다. 이제 위험에 대한 태도는 공정한 복권을 전제로 복권의 구입여부로서 분류가능하다. 공정한 복권임에도 불구하고 복권을 구입하지 않으면 위험기피적, 공정한 복권을 구입하는 경우 위험애호적, 공정한 복권에 대해 구입하든 하지 않든 무차별하면 위험중립적인 태도로 분류한다. 이는 결국 복권의 기대효용인 $U(L)$과 복권의 기대소득의 효용인 $U[E(L)]$을 다음과 같이 비교한 것이라고 할 수 있다.

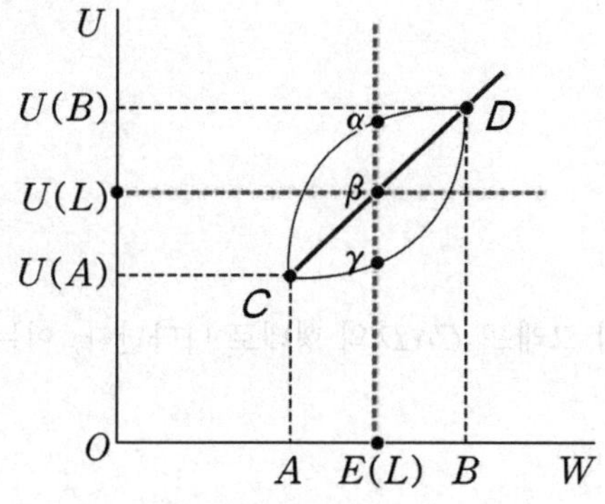

(그림 7-5)

① α점 : $U[E(L)] > U(L)$
복권 구입 이전 효용이 공정한 복권의 효용보다 크기 때문에 복권을 구입하지 않는다.

② β점 : $U[E(L)] = U(L)$
복권 구입 이전 효용과 공정한 복권의 효용이 동일하기 때문에 복권 구입에 관계없이 무차별하다.

③ γ점 : $U[E(L)] < U(L)$
복권 구입 이전 효용보다 공정한 복권의 효용이 더 크기 때문에 복권을 구입한다.

6) 위험에 대한 태도와 효용함수

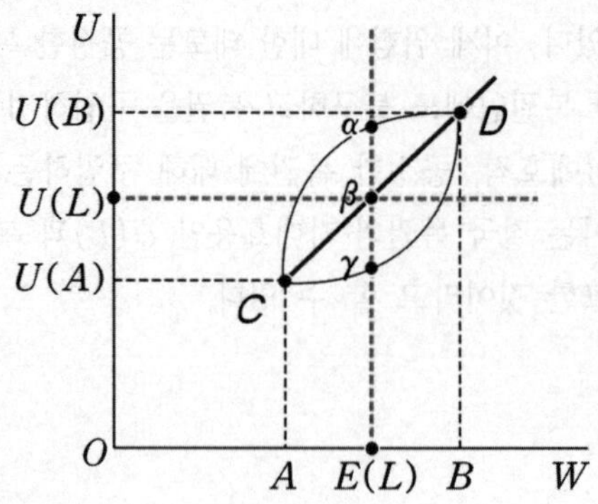

(그림 7-6)

① α점 : $U[E(L)] > U(L)$

위험기피자의 경우 α점을 통과하는 효용함수의 그래프 $C\alpha D$의 형태로 나타난다. 이는 횡축에서 바라볼 때, 오목한 형태가 된다.

② β점 : $U[E(L)] = U(L)$

위험중립자의 경우 β점을 통과하는 효용함수의 그래프 $C\beta D$의 형태로 나타난다. 이는 직선의 형태가 된다.

③ γ점 : $U[E(L)] < U(L)$

위험애호자의 경우 γ점을 통과하는 효용함수의 그래프 $C\gamma D$의 형태로 나타난다. 이는 횡축에서 바라볼 때, 볼록한 형태가 된다.

4 확실대등액과 위험프리미엄

1) 확실대등액 C_E(확실성등가)

① 의의

위험으로부터 예상되는 기대효용 $U(L)$과 동일한 수준의 효용을 가져다주는 확실한 금액 C_E를 의미한다.

② 도출

수리적으로는 $U(L) = U(C_E)$의 방정식을 풀어서 구할 수 있으며 기하적으로는 효용함수의 그래프 $C\alpha D$와 기대효용 수준 $U(L)$에서 그은 수평선이 만나는 점 F가 된다.

2) 위험프리미엄 RP

① 의의

위험프리미엄이란 불확실한 자산(복권)과 확실한 자산(현금) 간의 교환을 위한 대가를 의미한다.

② 도출

복권과 같은 불확실한 자산의 효용 $U(L)$은 확실한 자산의 효용 수준 $U(C_E)$이 동일하므로 복권을 확실한 현금으로 평가한다면 C_E가 된다. 그런데 이 복권을 기대소득 관점에서 현금으로 평가한다면, 즉 불확실한 현금으로 평가한다면 $E(L)$이 된다. 이 둘의 차이가 바로 위험프리미엄이 된다.

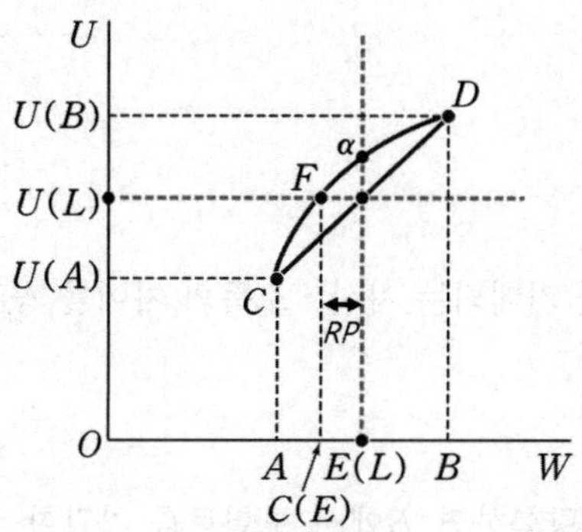

(그림 7-7)

5 공정보험료와 최대보험료

1) 도입

이제 지금까지 살펴본 복권을 보험으로 치환할 경우 보험가입 이전의 상황이 불확실한 상황으로서 A상태가 실현될 수도 있고 B상태가 실현될 수도 있다. 복권은 현재의 확실한 상태에서 복권을 구입함으로써 자발적으로 A 혹은 B라는 불확실한 상태로 변화하는 것이지만 보험은 반대로 현재의 불확실한 상태 A 혹은 B를 보험에 가입함으로써 항상 B라는 확실한 상태로 변화시키는 것이다. 물론 이에 대한 대가로서 보험료를 지불해야 한다.

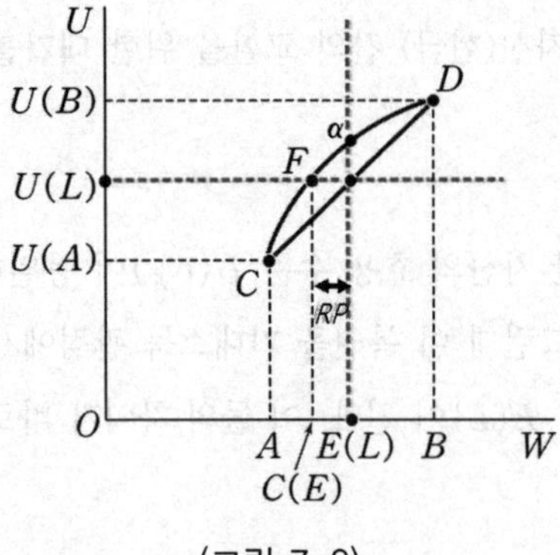

(그림 7-8)

2) 공정보험료

① 의의

보험 가입 후 기대되는 자산·소득과 보험 가입 전 기대되는 자산·소득의 차이를 공정보험료라고 한다.

② 도출 : $B - E(L)$

보험 가입 후 기대되는 자산·소득을 금액으로 계량화하면 B에서 보험료를 차감한 금액이 된다. 그리고 보험 가입 전 기대되는 자산·소득을 금액으로 계량화하면 $E(L)$이 된다. 앞에서 복권의 경우, 복권구입 후 기대소득($E(L)$)이 복권구입 전 최초 소득상태(W_0)와 같다면 공정한 게임이라고 하였다. 이제 보험이 공정하려면 역시 같은 논리가 성립해야 하므로 B에서 공정보험료를 차감하면 $E(L)$이 되어야 공정한 보험이다. 따라서 공정보험료는 $B-E(L)$이 된다.

3) 최대보험료

① 의의

보험 가입 후 기대되는 효용과 보험 가입 전 기대되는 효용의 차이를 금액으로 환산한 것을 최대보험료라고 한다.

② 도출 : $B - C_E$

보험 가입 후 기대되는 효용을 금액으로 계량화하면 B에서 보험료를 차감한 금액이 된다. 그리고 보험 가입 전 기대되는 효용을 금액으로 계량화하면 C_E가 된다. 즉 B와 C_E의 차이만큼이 최대한 지불할 수 있는 최대보험료가 된다.

필수예제

그림은 乙의 소득에 대한 효용을 나타낸 것이다. 이에 대한 설명으로 옳은 것은? ▸ 2019년 국가직 9급

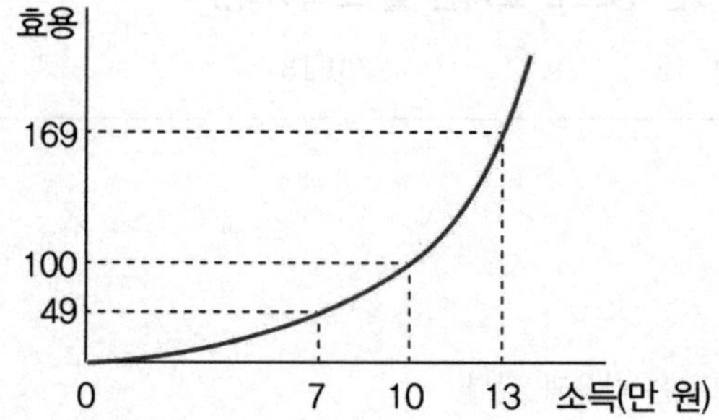

① 乙은 위험회피적(risk-averse)이다.
② 乙은 위험중립적(risk-neutral)이다.
③ 乙은 소득의 증가에 따라 위험에 대한 선호가 변화한다.
④ 한계효용체감의 법칙이 乙에게는 적용되지 않는다.

출제이슈 위험에 대한 태도

핵심해설 **정답** ④

위험에 대한 태도에 따른 효용함수의 형태는 아래와 같다.

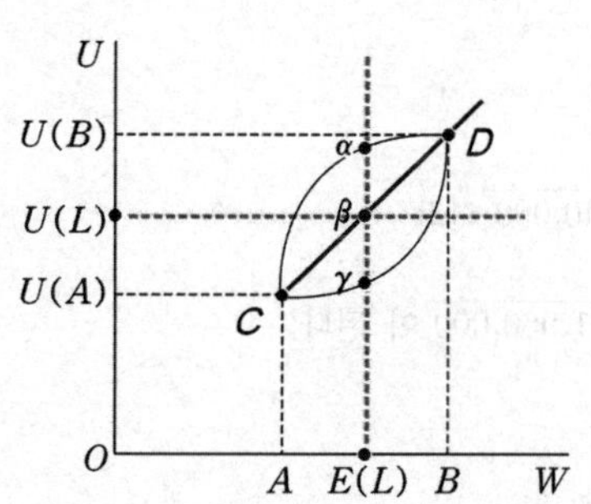

i) α점 통과하는 효용곡선 $C\alpha D$ ⌒ : 위험기피적
ii) β점 〃 $C\beta D$ / : 위험중립적
iii) γ점 〃 $C\gamma D$ ⌣ : 위험애호적

설문에서 乙의 위험에 대한 태도는 위험애호적이며 이러한 위험애호적 태도는 소득이 증가하더라도 변함없이 유지되며 한계효용은 체증하고 있다.

효용함수 $U(I)=\frac{1}{100}\sqrt{I}$를 가진 구직자가 새로운 직장을 찾고 있다. 새로운 직장에서는 자신의 노력 여부와 상관없이 기업의 성과에 따라 64만원의 월 소득을 받거나 혹은 196만원의 월 소득을 받을 수 있다. 64만원을 받을 확률과 196만원을 받을 확률이 각각 50 %로 동일할 경우, 기대효용은? (단, U는 효용이고, I는 원으로 표시된 월 소득이다.) ▸ 2020년 국가직 9급

① 11　② 12　③ 13　④ 14

출제이슈 기대효용

핵심해설 **정답 ①**

불확실성하에서의 기대효용모형은 다음과 같다.

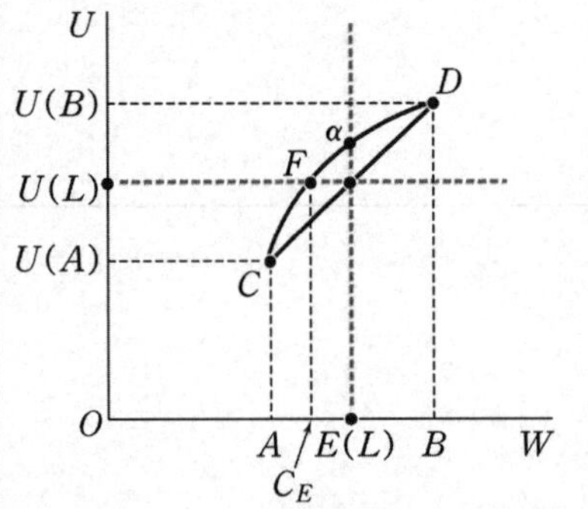

1) 기대효용함수
불확실한 상황 A, B를 내포하는 조건부상품 L에 대한 효용은 다음과 같이 폰노이만-모겐스턴 효용함수로 구할 수 있다.
A라는 특정상황(결과)에 대한 효용 $U(A)$과
B라는 특정상황(결과)에 대한 효용 $U(B)$을
가중평균한 함수로서
$U(L) = P\,U(A) + (1-P)\,U(B)$가 된다.

2) 조건부상품의 기대값
$E(L) = P \cdot A + (1-P) \cdot B$

3) 위험에 대한 태도
$\Rightarrow$ $U(L)$과 $U[E(L)]$의 비교

설문에서 기대효용을 계산하면 다음과 같다.

A라는 특정상황(결과)에 대한 효용 $U(A) = U(640{,}000) = \frac{1}{100}\sqrt{640{,}000}$ 이고

B라는 특정상황(결과)에 대한 효용 $U(B) = U(1{,}960{,}000) = \frac{1}{100}\sqrt{1{,}960{,}000}$ 이 된다.

따라서 기대효용은 위의 가중평균 함수로서

$U(L) = 0.5 \times \frac{1}{100}\sqrt{640{,}000} + 0.5 \times \frac{1}{100}\sqrt{1{,}960{,}000} = 11$이 된다.

A군은 친구가 하는 사업에 100만원을 투자하려고 한다. 사업이 성공하면 A군은 0.5의 확률로 196만원을 돌려받고, 사업이 실패하면 0.5의 확률로 64만원을 돌려받게 된다. A군의 효용함수가 $U(y)=10y^{0.5}$ 이고 y는 소득을 나타낸다. 이 투자기회에 대한 A군의 확실성등가와 위험프리미엄은?

▸ 2015년 지방직 7급

	확실성등가	위험프리미엄
①	110만원	9만원
②	110만원	20만원
③	121만원	9만원
④	121만원	20만원

출제이슈 확실대등액과 위험프리미엄

핵심해설 **정답** ③

불확실성하에서의 기대효용모형은 다음과 같다.

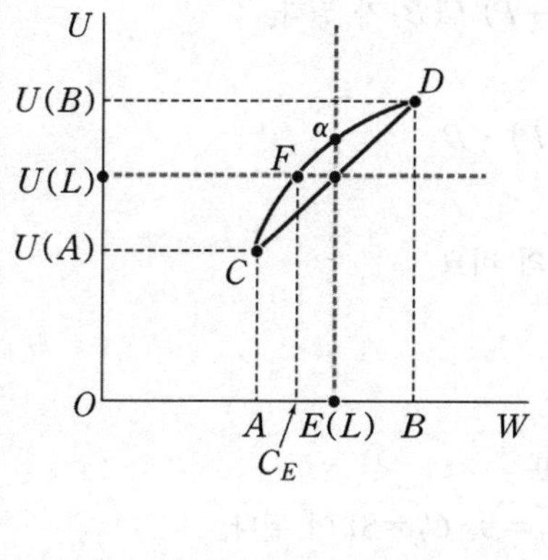

1) 기대효용함수

불확실한 상황 A, B를 내포하는 조건부상품 L에 대한 효용은 다음과 같이 폰노이만-모겐스턴 효용함수로 구할 수 있다.

A라는 특정상황(결과)에 대한 효용 $U(A)$과
B라는 특정상황(결과)에 대한 효용 $U(B)$을
가중평균한 함수로서
$U(L) = P\,U(A) + (1-P)\,U(B)$가 된다.

2) 조건부상품의 기대값

$E(L) = P \cdot A + (1-P) \cdot B$

3) 위험에 대한 태도

$\Rightarrow U(L)$과 $U[E(L)]$의 비교

설문에서 확실대등액과 위험프리미엄을 계산하면 다음과 같다.

1) 확실대등액 C_E : $U(L) = U(C_E)$

$U(L) = 0.5\,U(196) + 0.5\,U(64) = 11{,}000$

$U(L) = U(C_E)$에 따라서 확실대등액을 계산하면 $U(C_E) = 10\sqrt{C_E} = 11{,}000$, $C_E = 1{,}210{,}000$이 된다.

2) 위험프리미엄 $RP = E(L) - C_E$

$E(L) = (0.5 \times 196) + (0.5 \times 64) = 1{,}300{,}000$

$RP = E(L) - C_E = 1{,}300{,}000 - 1{,}210{,}000 = 90{,}000$

A 의 효용함수는 $u(w) = \sqrt{w}$ 이다. A 가 소유하고 있는 주택의 가치 w 는 100이지만 화재 발생 시에는 64이고 화재의 발생가능성은 50%이다. A 가 당면한 화재위험에 대한 위험프리미엄은 얼마인가? ▸ 2016년 보험계리사

① 1 ② 2 ③ 3 ④ 4

출제이슈 확실대등액과 위험프리미엄

핵심해설 **정답 ①**

불확실성하에서의 기대효용모형은 다음과 같다.

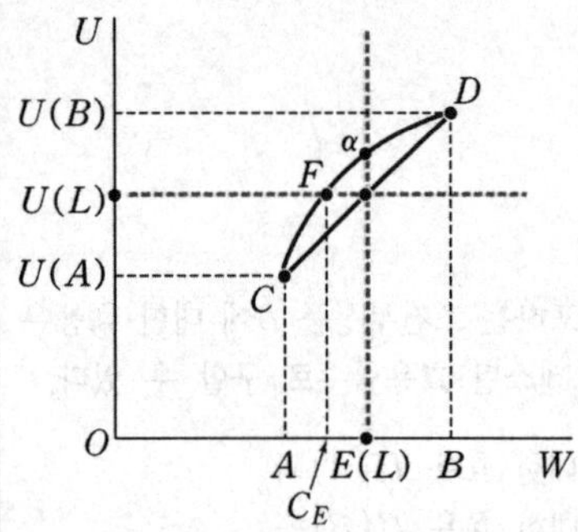

1) 기대효용함수

불확실한 상황 A, B를 내포하는 조건부상품 L에 대한 효용은 다음과 같이 폰노이만-모겐스턴 효용함수로 구할 수 있다.

A라는 특정상황(결과)에 대한 효용 $U(A)$과
B라는 특정상황(결과)에 대한 효용 $U(B)$을
가중평균한 함수로서
$U(L) = P\,U(A) + (1-P)\,U(B)$가 된다.

2) 조건부상품의 기댓값

$E(L) = P \cdot A + (1-P) \cdot B$

3) 위험에 대한 태도

$\Rightarrow U(L)$과 $U[E(L)]$의 비교

설문에서 확실대등액과 위험프리미엄을 계산하면 다음과 같다.

1) 확실대등액 C_E : $U(L) = U(C_E)$

$U(L) = 0.5\,U(64) + 0.5\,U(100) = 0.5\sqrt{64} + 0.5\sqrt{100} = 4 + 5 = 9$

$U(L) = U(C_E)$에 따라서 확실대등액을 계산하면 $U(C_E) = \sqrt{C_E} = 9$, $C_E = 81$ 이 된다.

2) 위험프리미엄 $RP = E(L) - C_E$

$E(L) = (0.5 \times 64) + (0.5 \times 100) = 32 + 50 = 82$

$RP = E(L) - C_E = 82 - 81 = 1$

A는 현재 시가로 1,600만원인 귀금속을 보유하고 있는데, 이를 도난당할 확률이 0.4라고 한다. A의 효용함수는 $U = 2\sqrt{W}$ (W는 보유자산의 화폐가치)이며, 보험에 가입할 경우 도난당한 귀금속을 현재 시가로 전액 보상해준다고 한다. 보험 가입 전 A의 기대효용과 A가 보험에 가입할 경우 지불할 용의가 있는 최대보험료는?

▸ 2019년 서울시 7급

	기대효용	최대보험료
①	36	1,276만원
②	48	1,024만원
③	36	1,024만원
④	48	1,276만원

출제이슈 최대보험료와 공정보험료

핵심해설 **정답** ②

불확실성하에서의 기대효용모형은 다음과 같다.

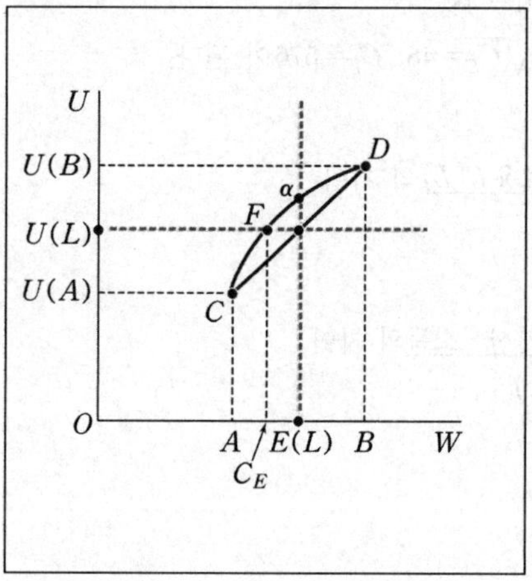

1) 기대효용함수

불확실한 상황 A, B를 내포하는 조건부상품 L에 대한 효용은 다음과 같이 폰노이만-모겐스턴 효용함수로 구할 수 있다.

A라는 특정상황(결과)에 대한 효용 $U(A)$과
B라는 특정상황(결과)에 대한 효용 $U(B)$을
가중평균한 함수로서
$U(L) = P\,U(A) + (1-P)\,U(B)$가 된다.

2) 조건부상품의 기댓값

$E(L) = P \cdot A + (1-P) \cdot B$

3) 위험에 대한 태도

⇒ $U(L)$과 $U[E(L)]$의 비교

보험료는 보험가입 전 불확실한 상황(L)으로부터의 위험을 회피하기 위하여 지불하는 금액으로 이 경우 보험사를 통한 위험회피가 가능해진다.

보험 가입 이전에 자산의 상황이 A혹은 B로서 불확실하였지만, 보험 가입 이후에는 자산의 상황이 확실하게 B로 확정이 된다. 따라서 보험가입으로 인해서 기대소득이 증가하게 될 뿐만 아니라 기대효용도 증가하게 된다.

1) 보험 가입으로 인하여 보험 가입 전 효용$U(L)$보다 더 큰 효용인 $U(B)$의 달성이 가능하다.
2) 보험 가입으로 인하여 보험 가입 전 기대소득 $E(L)$보다 더 큰 자산인 B의 달성이 가능하다.

따라서 보험가입으로 인해서 증가하게 된 기대소득과 기대효용에 대한 대가를 지불해야 하는데 이것이 바로 보험료로 나타나는 것이다.

1) 최대보험료 : $B - C_E$
보험 가입 후 기대되는 효용 $U(B)$과 보험 가입 전 기대되는 효용 $U(L)$의 차이
→ 금액으로 계량화 B → 금액으로 계량화 C_E

2) 공정보험료 : $B - E(L)$
보험 가입 후 기대되는 자산·소득과 보험 가입 전 기대되는 자산·소득의 차이
→ 금액으로 계량화 (B) → 금액으로 계량화 $E(L)$

위의 산식에 따라서 설문의 자료를 이용하여 최대보험료와 공정보험료를 계산하면 다음과 같다.

1) 기대소득 $E(L)$
$E(L) = 0.4 \times 0 + 0.6 \times 1{,}600 = 960$

2) 기대효용 $U(L)$
$U(L) = 0.6\,U(1{,}600) + 0.4\,U(0) = 0.6 \times 2\sqrt{1{,}600} + 0.4 \times 2\sqrt{0} = 48$

3) 확실대등액 C_E
$U(L) = 0.6\,U(1{,}600) + 0.4\,U(0) = 0.6 \times 2\sqrt{1{,}600} + 0.4 \times 2\sqrt{0} = 48$
$U(L) = U(C_E)$에 따라서 확실대등액을 계산하면 $U(C_E) = 2\sqrt{C_E} = 48$, $C_E = 576$이 된다.

4) 최대보험료 : $B - C_E = 1{,}600 - 576 = 1{,}024$
보험 가입 후 기대되는 효용 $U(B)$과 보험 가입 전 기대되는 효용 $U(L)$의 차이
→ 금액으로 계량화 B → 금액으로 계량화 C_E

5) 공정보험료 : $B - E(L) = 1{,}600 - 960 = 640$
보험 가입 후 기대되는 자산·소득과 보험 가입 전 기대되는 자산·소득의 차이
→ 금액으로 계량화 (B) → 금액으로 계량화 $E(L)$

PART

04

생산이론

Chapter

08 생산이론

THEME 01 기술체계

1 생산

기업의 생산이란 여러 생산요소들을 투입하여 새로운 생산물을 만들어 내는 것이며 생산요소와 생산물 간의 관계를 특징적으로 보여주는 것이 생산함수이다. 생산함수는 주어진 기간 동안 투입된 여러 생산요소의 양과 그로부터 산출된 생산물의 최대치 사이의 관계식을 의미한다. 생산함수의 특징은 생산기술의 특징을 모두 반영하고 있다.

2 생산기술

생산의 과정에서 기술은 생산요소들을 결합하여 새로운 상품으로 변화시키는 역할을 수행한다. 생산요소인 기존의 재화와 서비스를 이용하여 새로운 재화와 서비스를 창출해내는 노하우이다.

3 생산요소

생산요소란 상품을 생산해내는 과정에 투입되어 변화되는 과정을 거쳐서 새로운 상품의 형태로 나오게 되는 투입물을 일컫는 용어로서 대표적으로 노동과 자본을 들 수 있다. 생산요소는 일반적으로 고려되는 일정기간 동안 측정되는 유량변수이다.

4 생산에 있어 고려되는 기간

1) **단기** : 일부 생산요소의 투입량을 변화시킬 수 없는 기간

2) **장기** : 모든 생산요소의 투입량을 변화시킬 수 있는 기간

3) **고정요소** : 단기에서 투입량을 변화시킬 수 없는 생산요소

4) **가변요소** : 단기에서도 투입량을 변화시킬 수 있는 생산요소

5 기업의 존재이유와 목표

1) 기업의 존재이유

기업은 판매를 목적으로 재화나 서비스를 생산하는 경제주체로서 생산요소를 요소시장에서 구매하고, 이들에 생산기술을 적용하여 상품을 생산하여 산출물시장에 판매하는 경제주체이다. 기업은 개인에 비해 생산활동에 있어서 전문화를 지향하고 달성하여 이윤을 얻는 주체이다. 만일 기업이 없다면 개인이 직접 모든 재화와 서비스를 생산해야 하는데 이는 불가능할 뿐만 아니라 가능하더라도 매우 비효율적이다. 즉, 기업의 존재이유는 생산활동의 전문화와 효율화라고 할 수 있다. 이를 다음과 같이 생산과 비용의 관점에서 접근해보자.

첫째, 생산측면에서 기업은 반복적이고 대량의 생산활동을 통해서 생산의 효율을 극대화할 수 있다. 이는 개인에 의한 생산이 아니라 조직에 의한 생산에서 극대화될 수 있으며 기업은 바로 그러한 조직의 가장 효율적인 예가 된다.

둘째, 비용측면에서 기업은 개인에 의한 생산비용보다 훨씬 저렴하다. 개인에 의한 생산이 모든 것을 다 커버할 수는 없기 때문에 필연적으로 다른 개인과의 연계가 필요하게 되는데 이 과정에서 막대한 거래비용이 소요된다. 기업은 개인 간의 연계를 효율적으로 내부화하여 거래비용을 절감하고 있다.

2) 기업의 목표

기업의 목표로는 이윤극대화를 기본적으로 상정할 수 있으나 기업의 조직이 복잡다기해져가는 오늘날에는 상당히 다양한 목표를 고려할 수 있다. 판매극대화, 경영자의 효용극대화 등과 같은 대체적 가설들이 그것이다. 다만, 이하의 강학상의 논의에서는 이윤극대화를 목표로 분석을 진행한다.

THEME 02 생산함수

1 생산함수

주어진 기간 동안 투입된 여러 생산요소의 양과 그로부터 산출된 생산물의 최대치 사이의 관계식으로서 여러 가지 투입요소와 생산가능한 최대산출량 간의 관계 및 투입기술을 잘 보여주고 있다. 이를 간단한 함수기호로 표시하면 다음과 같다.

$$L\,,\,K \xrightarrow{f} Q$$

2 단기생산함수

고려되는 기간이 단기, 즉 일부 생산요소의 투입량을 변화시킬 수 없는 기간으로서 고정투입요소가 존재하고 가변투입요소가 여기서는 노동 하나 뿐인 경우일 때의 생산함수를 단기생산함수라고 한다. 이때, 다음과 같이 총생산, 평균생산, 한계생산을 정의할 수 있다. 특히 평균생산, 한계생산이 총생산으로부터 도출되는 과정을 기하학적으로 분석하고 평균생산과 한계생산 간의 관계를 분석하면 다음과 같다.

1) 총생산 $TP = f(L)$, 자본투입량은 고정

2) 평균생산 $AP = TP / L$

평균생산은 정의상 총생산을 노동투입량으로 나눈 값으로서 이를 기하학적으로 나타내면, 원점과 총생산곡선 상의 한 점을 연결한 반직선의 기울기가 된다. 이때, 평균생산이 최대가 되는 때는 원점을 지나는 직선이 총생산곡선과 접하는 점에서 나타난다.

3) 한계생산 $MP = dTP / dL$

한계생산은 정의상 추가적인 생산과 이를 위해서 소요되는 추가적인 노동투입량 간의 비율로서 이를 극한의 개념을 이용하면 총생산의 미분값을 노동투입량의 미분값으로 나눈 값이다. 이를 기하학적으로 나타내면, 총생산곡선 상의 한 점에서 접선의 기울기가 된다.

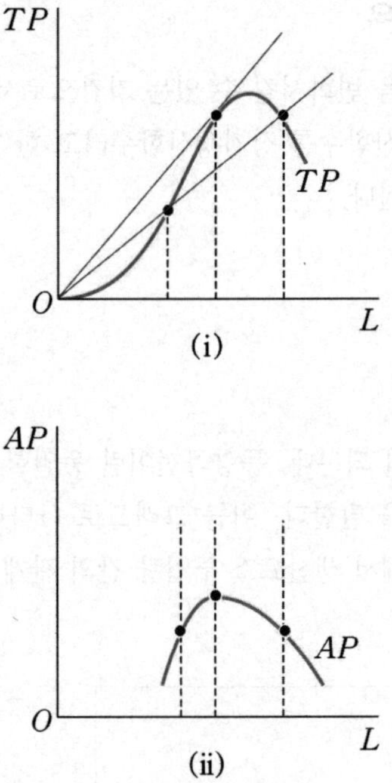

(그림 8-1-1)

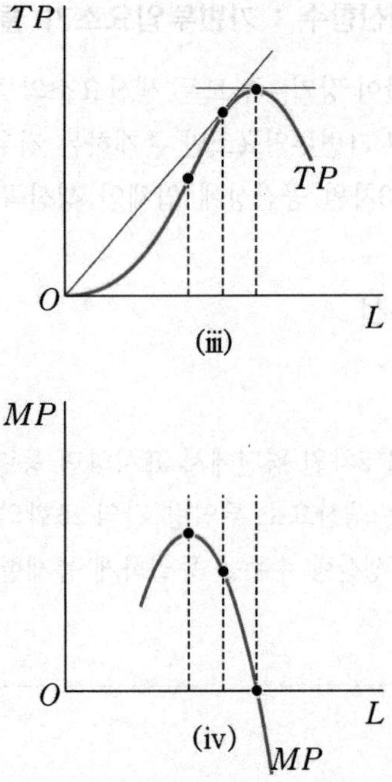

(그림 8-1-2)

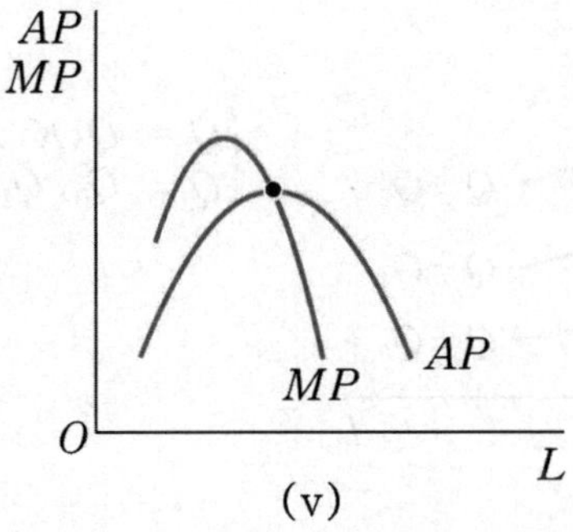

(그림 8-1-3)

4) 한계생산체감의 법칙

다른 생산요소는 고정된 상태에서 특정생산요소의 투입을 증가시킴으로 어떤 상품의 생산을 늘려감에 따라서 한계생산은 궁극적으로 점차 줄어들게 되는데 이를 한계생산체감의 법칙이라고 한다.

3 장기생산함수 : 가변투입요소가 둘인 경우

고려되는 기간이 장기, 즉 모든 생산요소의 투입량을 변화시킬 수 있는 기간으로서 고정투입요소가 존재하지 않고 가변투입요소만 존재하는 경우의 생산함수를 장기생산함수라고 한다. 이를 기하적으로 표시하면 3차원 공간상에 입체인 생산곡면이 된다.

4 등량곡선

1) 의의

생산곡면을 2차원 평면에서 표시하면 등량곡선이 되는데, 등량곡선이란 동일한 수준의 생산량을 달성시키는 생산요소 투입량 간의 조합의 궤적을 말한다. 이를 그래프로 나타내기 위해서는 다음과 같이 생산량 수준을 동일하게 통제한 상황에서 생산요소 투입량 간의 관계를 파악하는 것이 중요하다.

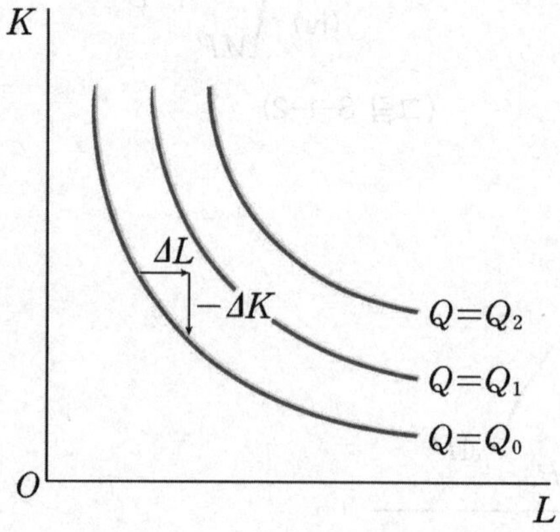

$$\begin{cases} Q = Q(K, L) \\ Q = Q_0, Q_1, Q_2 \cdots \end{cases}$$

(그림 8-2)

2) 등량곡선과 기수성

소비이론에서 무차별곡선은 기수적 효용함수에 단조변환을 거쳐 얻기 때문에 서수성을 나타낸다. 서수적 효용은 선호순서에만 관심을 가질 뿐 효용의 절대적 크기와 절대적 크기 간 차이에 대해서는 관심을 가지지 않는다. 그러나 생산이론에 등량곡선은 기수적 생산함수 자체를 나타내며 산출량의 절대적 크기와 그 차이 간에 매우 중요한 의미가 있음에 주의하자.

3) 성질

① 등량곡선은 생산자의 기술체계를 반영하고 있다.

② 등량곡선은 우하향한다.

③ 서로 다른 두 등량곡선은 교차하지 않는다.

④ 등량곡선이 원점에서 멀리 떨어질수록 많은 생산을 나타낸다.

⑤ 등량곡선은 원점에 대하여 볼록하다.

4) 기울기 : $-\dfrac{\Delta K}{\Delta L}$

① 한계기술대체율의 정의

등량곡선의 정의에 의하여 두 생산요소 간 대체가 발생하여도 산출량은 불변이며 이때, 두 생산요소 간 대체의 비율을 한계기술대체율이라고 한다.

$$\Delta L \Leftrightarrow -\Delta K \ \therefore \ \Delta L \cdot MP_L = -\Delta K \cdot MP_K$$

$$\therefore \ -\frac{\Delta K}{\Delta L} = \frac{MP_L}{MP_K} \Rightarrow MRTS_{L,K} \text{(한계기술대체율)}$$

② 한계기술대체율의 의미

한계기술대체율은 특정 생산자에 있어서 주관적인, 노동 1단위의, 자본으로 표시한, 실물 가격이라는 의미를 갖는다. 왜냐하면, 두 생산요소 간 $\Delta L \Leftrightarrow -\Delta K$의 교환비율은 $1 \Leftrightarrow -\dfrac{\Delta K}{\Delta L}$의 교환비율을 의미하기 때문이다.

5) 다양한 등량곡선

① CD 생산함수

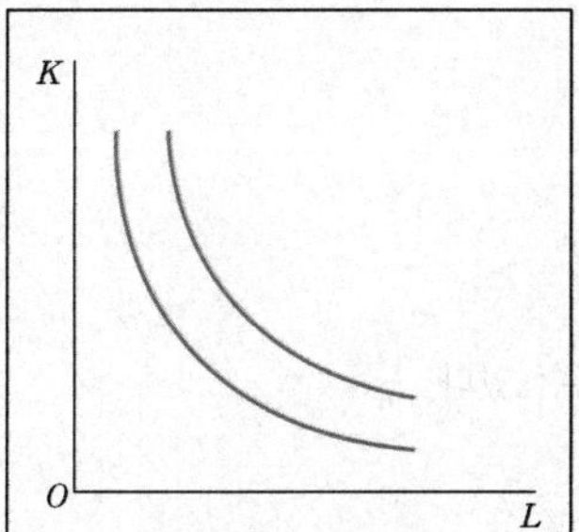

(그림 8-3)

$$Q = A L^{\alpha} K^{\beta}$$

② 선형 생산함수

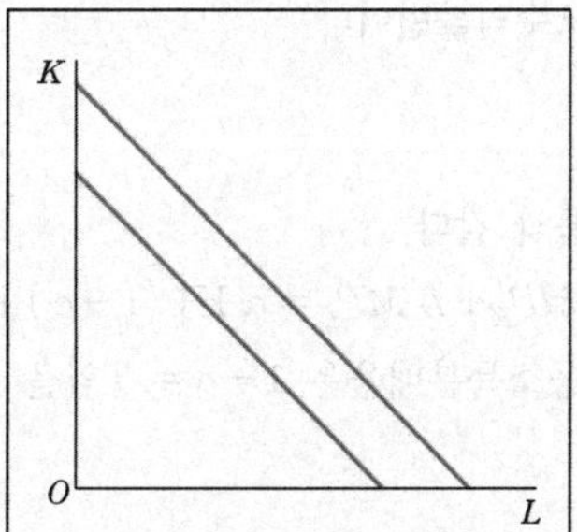

(그림 8-4)

$$Q = \frac{L}{a} + \frac{K}{b}$$

③ 레온티에프 생산함수

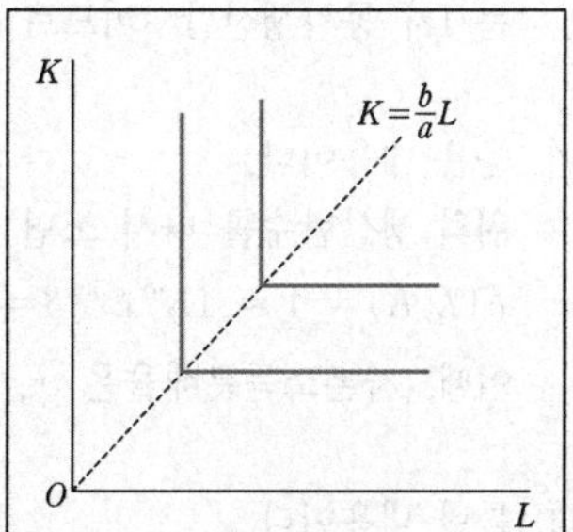

(그림 8-5)

$$Q = Min\left\{\frac{L}{a}, \frac{K}{b}\right\}$$

필수예제

완전경쟁시장에서 이윤극대화를 추구하는 기업의 생산함수가 $Q=AK^{\alpha}L^{\beta}$ 일 때, 이에 관한 설명으로 옳지 않은 것은? (단, Q는 생산량, A, α, β는 상수, K는 자본, L은 노동을 나타내고 $\alpha+\beta=1$이다.)

▸ 2017년 보험계리사

① 자본이 1% 증가할 때, 생산량은 α% 증가한다.

② 생산함수는 규모에 대한 수익 불변을 나타낸다.

③ β는 노동분배율을 나타낸다.

④ $\beta=\dfrac{\text{노동의 평균생산}}{\text{노동의 한계생산}}$

출제이슈 $C-D$ 생산함수

핵심해설 **정답** ④

① 옳은 내용이다.
생산의 자본규모에 대한 탄력성은 자본이 1% 증가할 때, 생산량이 얼마나 증가하는지를 나타내주는 지표로서 $C-D$ 생산함수 $Q=AK^{\alpha}L^{1-\alpha}$의 경우 α가 된다. 참고로, α는 자본소득분배율, $\beta=1-\alpha$는 노동소득분배율이다.

② 옳은 내용이다.
생산함수가 $Q=AK^{\alpha}L^{1-\alpha}$일 때, 자본과 노동이 같은 비율로 변화할 경우 생산도 역시 같은 비율로 변화하는 1차 동차생산함수이므로 규모수익불변이다.

③ 옳은 내용이다.
위의 생산함수를 다시 쓰면 다음과 같다.
$F(L,K)=Y=AK^{\alpha}L^{1-\alpha}=K\,MP_K+L\,MP_L=\alpha Y+(1-\alpha)Y$
이때, 자본소득분배율은 α, 노동소득분배율은 $1-\alpha=\beta$임을 알 수 있다.

④ 틀린 내용이다.
노동의 평균생산은 $AP_L=AK^{\alpha}L^{\beta-1}$이고 노동의 한계생산은 $MP_L=\beta AK^{\alpha}L^{\beta-1}$이다.

따라서 $\beta=\dfrac{MP_L}{AP_L}=\dfrac{\beta AK^{\alpha}L^{\beta-1}}{AK^{\alpha}L^{\beta-1}}=\dfrac{\text{노동의 한계생산}}{\text{노동의 평균생산}}$이 된다.

기업 A의 생산함수는 $Q = L + 3K$이다. 생산량이 일정할 때, 기업 A의 한계기술대체율에 관한 설명으로 옳은 것은? (단, Q는 생산량, L은 노동량, K는 자본량, $Q > 0$, $L > 0$, $K > 0$이다.)

▸ 2019년 감정평가사

① 노동과 자본의 투입량과 관계없이 일정하다.
② 노동 투입량이 증가하면 한계기술대체율은 증가한다.
③ 노동 투입량이 증가하면 한계기술대체율은 감소한다.
④ 자본 투입량이 증가하면 한계기술대체율은 증가한다.
⑤ 자본 투입량이 증가하면 한계기술대체율은 감소한다.

출제이슈 완전대체 생산함수

핵심해설 **정답** ①

생산함수를 기하적으로 표시한 등량곡선의 기울기는 $-\dfrac{\Delta K}{\Delta L}$이 되는데 이는 노동 1단위의, 자본으로 표시한, 실물, 주관적 가격을 의미하여 이것이 $MRTS_{L,K}$(한계기술대체율)이다.

설문에서 주어진 생산함수 $Q = L + 3K$는 선형의 생산함수로서 기울기가 항상 일정하므로 한계기술대체율이 항상 즉, 노동과 자본의 투입량과 상관없이 일정함을 의미한다.

참고로 노동과 자본 간 대체비율이 노동과 자본의 투입량과 상관없이 일정하다는 것은 요소 간 완전대체의 관계가 성립함을 의미한다.

A **기업의 생산함수는** $Y=\sqrt{K+L}$ **이다. 이 생산함수에 대한 설명으로 옳은 것은?**

▸ 2015년 지방직 7급

① 규모에 대한 수확불변을 나타낸다.
② 자본과 노동은 완전보완관계이다.
③ 이윤극대화를 위해 자본과 노동 중 하나만 사용해도 된다.
④ 등량곡선(iso-quant curve)은 원점에 대해 볼록하다.

출제이슈 완전대체 생산함수

핵심해설 정답 ③

설문을 검토하면 다음과 같다.

① 규모에 대한 수익 체감(DRS)은 모든 생산요소의 투입을 j배 증가시킬 때 생산량은 j배 미만 증가하는 경우로서 $Q=f(L,K)$, $f(jL,jK)<j\cdot f(L,K)$를 의미한다.

따라서 설문에서 $\sqrt{jK+jL}=\sqrt{j}\sqrt{K+L}<j\sqrt{K+L}$ 이므로 규모수익 체감의 성질을 가진다.

②, ④ 생산함수 $Y=\sqrt{K+L}$는 양변을 제곱하면, 등량곡선이 우하향하는 직선 형태를 가지게 된다. 따라서 자본과 노동은 완전대체의 관계에 있다.

선형생산함수는 $Q=\frac{L}{a}+\frac{K}{b}$ 형태로서 우하향하는 직선의 등량곡선이다. 이 경우 한계대체율이 체감하지 않고 일정하며 요소 간 완전대체가 가능하다.

③ 위에서 본 바와 같이 해당 생산함수의 요소는 완전대체가 가능하기 때문에, 두 요소 중 어느 하나만 사용해도 이윤극대화를 위한 생산이 가능하다. 다만, 어느 생산요소를 사용해야 하는지는 생산요소 간 상대가격과 대체비율을 고려하여 결정해야 한다. 이때는 예외적인 생산자균형으로서 1계 필요조건을 달성할 필요가 없게 된다.

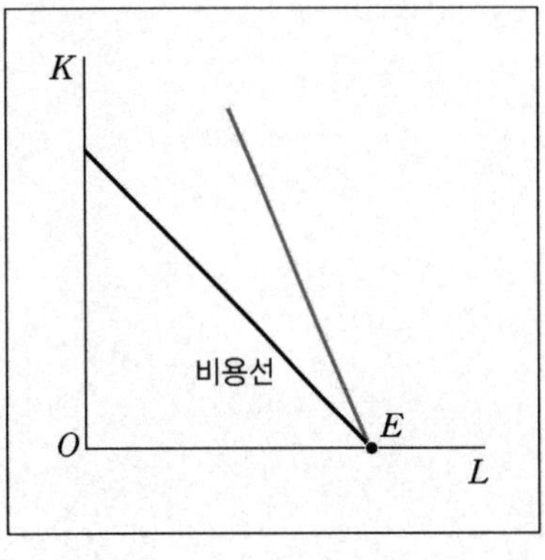

기업 A의 생산함수가 $Q=\min\{L, 3K\}$이다. 생산요소조합 ($L=10$, $K=5$)에서 노동과 자본의 한계생산은 각각 얼마인가? (단, Q는 생산량, L은 노동량, K는 자본량이다.) ▸ 2019년 감정평가사

① 0, 1 ② 1, 0 ③ 1, 3
④ 3, 1 ⑤ 10, 5

출제이슈 완전보완 생산함수

핵심해설 **정답** ②

생산요소조합 ($L=10$, $K=5$)에서 생산량은 $Q=\min\{L, 3K\}=\min\{10, 15\}=10$이 된다.
이때, 노동을 추가적으로 1단위 더 투입하면, 생산은 11이 되므로 노동의 한계생산은 1이 된다.
그러나 자본을 추가적으로 1단위 더 투입하더라도 여전히 생산은 11이 되므로 자본의 한계생산은 0이 된다.
이는 요소 간 완전보완의 관계라는 독특한 성질에서 연유하는 것이다.

등량곡선에 관한 설명으로 옳은 것을 모두 고른 것은? (단, 한계기술대체율은 절댓값으로 나타낸다.)

▸ 2024년 감정평가사

ㄱ. 한계기술대체율은 두 생산요소의 한계생산 비율과 같다.
ㄴ. 두 생산요소 사이에 완전 대체가 가능하다면 등량곡선은 직선이다.
ㄷ. 등량곡선이 원점에 대해 볼록한 모양이면 한계기술대체율체감의 법칙이 성립한다.
ㄹ. 콥-더글러스(Cobb-Douglas) 생산함수의 한계기술대체율은 0이다.

① ㄱ, ㄴ ② ㄴ, ㄷ ③ ㄷ, ㄹ
④ ㄱ, ㄴ, ㄷ ⑤ ㄱ, ㄴ, ㄷ, ㄹ

출제이슈 등량곡선

핵심해설 **정답** ④

한계기술대체율은 두 생산요소 간의 주관적 교환비율로서 두 생산요소의 한계생산의 비율로 나타낼 수 있으며, 기하적으로 등량곡선의 기울기가 된다.

두 생산요소 사이에 완전 대체의 관계가 있다면 등량곡선은 우하향하는 직선이며 완전 보완의 관계가 있다면 L자형으로 나타난다.

CD생산함수가 $Q=AL^{\alpha}K^{\beta}$일 때, 한계기술대체율은 $\frac{MP_L}{MP_K}=\frac{\alpha K}{\beta L}$이 된다.

THEME 03 비용제약

1 비용제약식

일정하게 주어진 자금으로 투입 대상인 두 생산요소를 최대한 구입하는 경우 두 생산요소의 투입량 간의 관계식을 비용제약식이라고 하며 이는 생산이 비용의 제약을 받고 있음을 의미한다.

$wL + rK = C$, 단 w, r, c는 상수

2 비용선

1) 의의

주어진 자금으로 구입가능한 모든 생산요소 조합의 궤적을 연결한 자취로서 위에서 살펴 본 비용제약식의 기하적 표현이다.

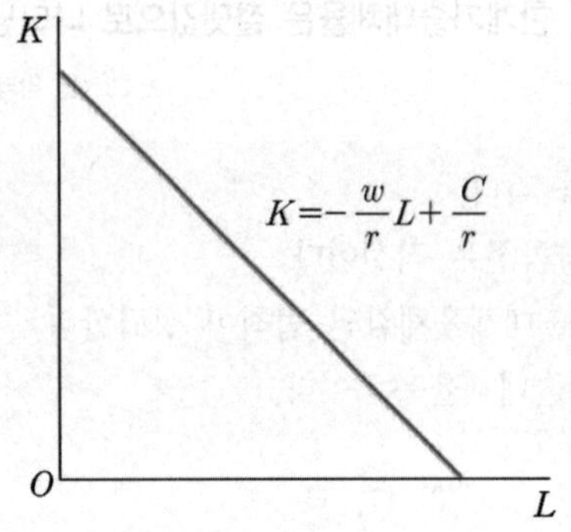

(그림 8-6)

2) 성질

① 비용선은 생산자가 직면하는 요소의 가격, 동원 가능한 자금 등 시장상황을 반영하고 있다.
② 비용선은 우하향하는 직선으로 나타난다.
③ 요소가격이 일정한 경우, 투입가능한 예산이 클수록 투입가능영역이 확대된다.

3) 기울기 : $-\dfrac{\Delta K}{\Delta L}$

① 요소상대가격의 정의

비용선의 기울기는 두 생산요소 간의 가격의 비율로 표시되며 이를 요소상대가격이라고 한다. 이는 특정 생산요소의 투입을 늘리기 위해서는 포기해야 하는 다른 생산요소의 투입량으로서 기회비용 성격을 가진다.

$\Delta L \Leftrightarrow -\Delta K \ \therefore \ \Delta L \cdot w = -\Delta K \cdot r$

$\therefore \ -\dfrac{\Delta K}{\Delta L} = \dfrac{w}{r}$ → 상대가격

② 요소상대가격의 의미

요소상대가격은 시장에 참여하는 모든 주체들에게 있어서 객관적인, 노동 1단위의, 자본으로 표시한, 실물 가격이라는 의미를 갖는다. 왜냐하면 생산자가 구입가능한 두 요소 간 $\Delta L \Leftrightarrow -\Delta K$의 대체비율은 $1 \Leftrightarrow -\dfrac{\Delta K}{\Delta L}$의 대체비율을 의미하기 때문이다.

4) 비용선의 이동

투입가능한 자금의 변화에 따라서 비용선은 우상방 혹은 좌하방으로 평행이동한다.

THEME 04 생산자 최적선택(생산량 극대화)

1 의의

주어진 비용제약하에서 생산자가 생산량을 극대화한 상태가 생산자의 최적선택이며 이를 생산자 균형이라고 하기도 한다.

2 수리적 분석

$Max\ Q = Q(L,K)$

$s.t.\ wL + rK = C$

1) 기초수준에서의 접근(중학교 수학 수준 vs 고등학교 수학 수준)

$Q = LK$ -------------- ①

$1{,}000L + 500K = 10{,}000$ ---- ②

$Max\ Q$ --------------- ③

2) 고급수준에서의 접근(라그랑지 승수법)

$£ = LK + \lambda(10{,}000 - 1{,}000L - 500K)$

3 기하적 분석

기하적으로 생산자의 최적선택은 비용선과 등량곡선이 접하는 $E_0(L_0, K_0)$에서 달성된다. 이때 비용선의 기울기와 등량곡선의 기울기는 같으며, 최적선택은 제약조건인 비용선 위에서 달성된다.

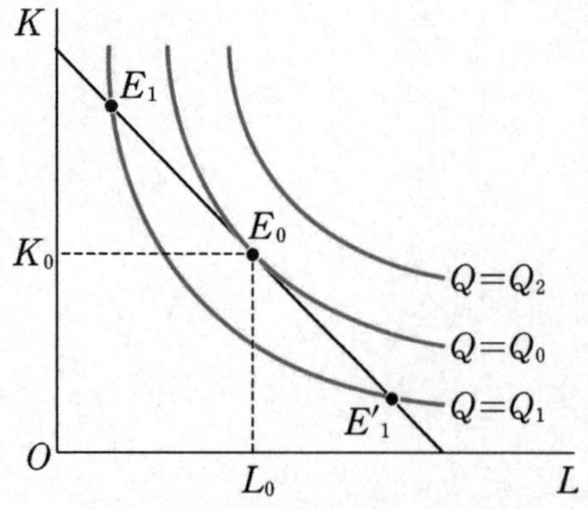

(그림 8-7)

4 수리적 · 기하적 분석의 동시 활용

1) 기하적 분석의 활용 : 생산자 최적선택에서 비용선과 등량곡선이 접한다.

① 비용선의 기울기 = 등량곡선의 기울기

② 생산자 최적선택은 비용선 위에서 달성

2) 수리적 분석의 활용

① 비용선의 기울기 = 등량곡선의 기울기

$$\rightarrow \frac{w}{r} = \frac{MP_L}{MP_K} \text{ ---------- (i)}$$

② 균형은 비용선상에서 달성

$$\rightarrow wL + rK = C \text{ --------- (ii)}$$

③ 위의 (i), (ii) 연립방정식 체계를 풀이

5 예외적인 생산자 균형(1계 필요조건이 달성되지 않는 경우)

여기에서 한계기술대체율 ($\frac{MP_L}{MP_K}$) = 요소상대가격 ($\frac{w}{r}$)이라는 1계 필요조건이 충족되지 않는 이유는 등량곡선의 기울기가 항상 일정하여 비용선의 기울기와 비교했을 때, 그 둘이 같은 요소투입점이 존재하지 않기 때문이다. 혹은 등량곡선의 기울기가 0이나 무한대로서 극단적인 값을 갖거나 아예 존재하지 않는 경우이다.

1) 등량곡선이 L자인 경우

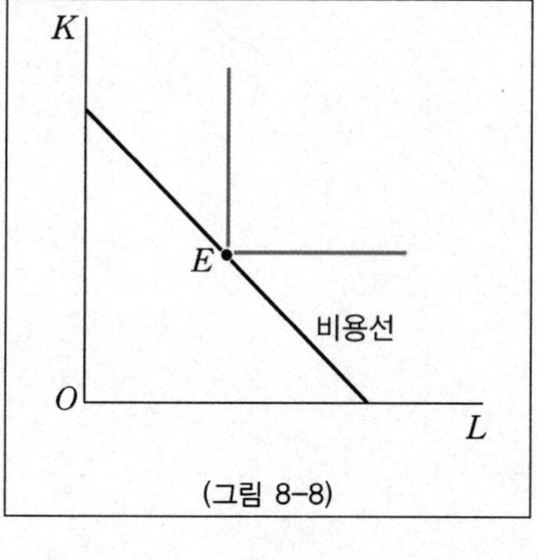

(그림 8-8)

2) 등량곡선이 직선인 경우

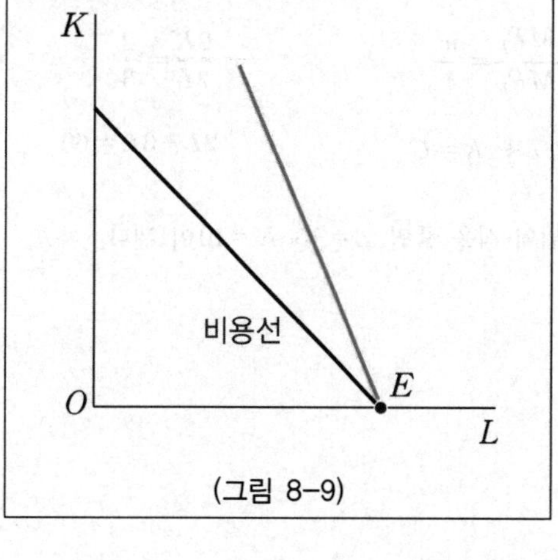

(그림 8-9)

필수예제

어느 기업의 생산함수는 $Q=2LK$이다. 단위당 임금과 단위당 자본비용이 각각 2원 및 3원으로 주어져 있다. 이 기업의 총 사업자금이 60원으로 주어졌을 때, 노동의 최적 투입량은? (단, Q는 생산량, L은 노동투입량, K는 자본투입량이며, 두 투입요소 모두 가변투입요소이다.)

▸ 2016년 국가직 7급

① $L=10$ ② $L=15$ ③ $L=20$ ④ $L=25$

출제이슈 생산자 최적선택

핵심해설 정답 ②

생산량 극대화는 주어진 비용제약하에서 생산량을 극대화한 상태로서 비용선과 등량곡선이 접하는 점에서 달성될 수 있다.

1) 이는 한계기술대체율 ($\frac{MP_L}{MP_K}$) = 요소상대가격 $\frac{w}{r}$ 이어야 함을 의미하며

이를 변형하면 노동 구입 1원의 한계생산 ($\frac{MP_L}{w}$) = 자본 구입 1원의 한계생산 ($\frac{MP_K}{r}$)가 된다.

2) 또한 균형은 반드시 비용선 상에서 달성되어야 하므로 다음의 식을 만족한다.
$wL+rK=C$

설문에 주어진 자료를 위의 산식에 대입하여 풀면 다음과 같다.

$Q=Q(L,K)$	$Q=2LK$ ------------ ①
$wL+rK=C$	$2L+3K=60$ --------- ②
$Max\ Q$	$Max\ Q$ ------------- ③

$\frac{MP_L}{MP_K}=\frac{w}{r}$	$\frac{2K}{2L}=\frac{2}{3}$
$wL+rK=C$	$2L+3K=60$

위의 식을 풀면 $L=15$, $K=10$이 된다.

현재 생산량 수준에서 자본과 노동의 한계생산물이 각각 5와 8이고, 자본과 노동의 가격이 각각 12와 25이다. 이윤극대화를 추구하는 기업의 의사결정으로 옳은 것은? (단, 한계생산물체감의 법칙이 성립한다.)

▸ 2019년 공인노무사

① 노동투입량을 증가시키고 자본투입량을 감소시킨다.
② 노동투입량을 감소시키고 자본투입량을 증가시킨다.
③ 두 요소의 투입량을 모두 감소시킨다.
④ 두 요소의 투입량을 모두 증가시킨다.
⑤ 두 요소의 투입량을 모두 변화시키지 않는다.

출제이슈 생산자 최적선택
핵심해설 **정답** ②

생산량 극대화는 주어진 비용제약하에서 생산량을 극대화한 상태로서 비용선과 등량곡선이 접하는 점에서 달성될 수 있다.

이는 한계기술대체율 ($\frac{MP_L}{MP_K}$) = 요소상대가격 $\frac{w}{r}$ 이어야 함을 의미하며 이를 변형하면 노동 구입 1원의 한계생산 ($\frac{MP_L}{w}$) = 자본 구입 1원의 한계생산 ($\frac{MP_K}{r}$)가 된다.

설문에서 자본과 노동의 한계생산물이 각각 5와 8이고, 자본과 노동의 가격이 각각 12와 25로 주어져 있다. 이를 위의 조건식에 대입하면 다음과 같다.

$\frac{MP_L}{MP_K} = \frac{8}{5} < \frac{w}{r} = \frac{25}{12}$ 이므로 현재 상태는 생산량 극대화가 달성되지 못하고 있다. 기업 내에서 노동을 자본으로 표시한 상대적인 가치가 시장에서 노동의 가치보다 작기 때문에 노동투입의 이득이 노동투입의 비용보다 작은 상황이다. 따라서 생산량 극대화를 위해서는 노동투입을 줄이고 자본투입을 늘려야 한다.

THEME 05 생산자 최적선택의 변화(비용 변화)

1 의의

주어진 제약조건(비용 혹은 투입가능예산)이 변화함에 따라 생산자의 생산량 극대화 선택도 변화하게 되며 이를 확장경로로 묘사할 수 있다.

2 기하적 분석

투입예산변화에 따른 새로운 생산자 최적선택점(균형점)을 연결한 곡선을 확장경로(EP)라고 한다.

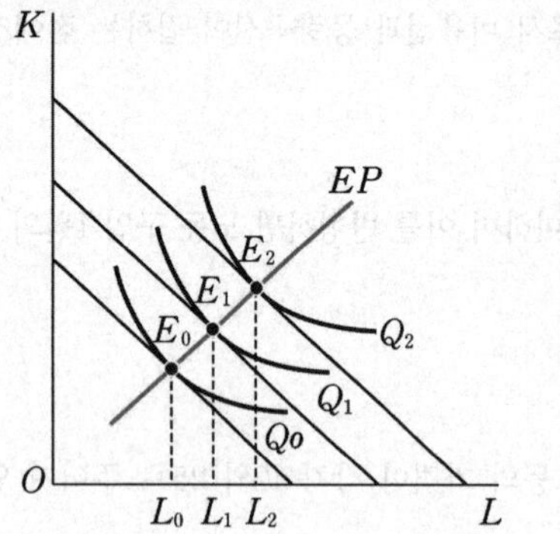

(그림 8-10)

3 확장경로의 유형

1) 정상투입요소(노동, 자본)

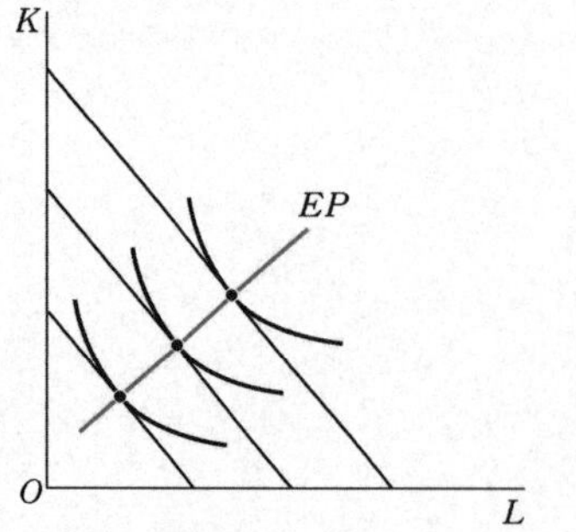

(그림 8-11)

2) 열등투입요소(노동)

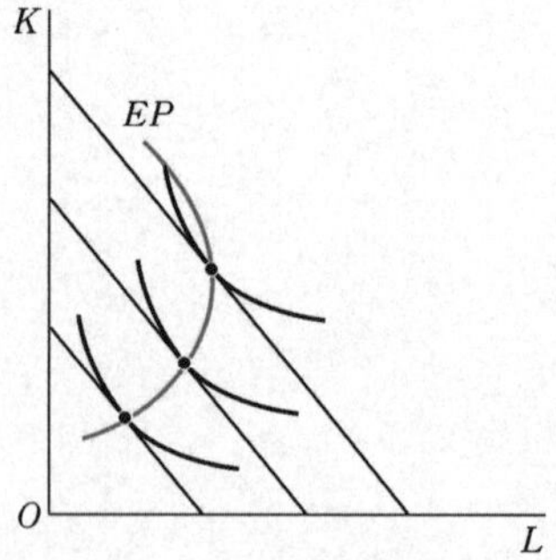

(그림 8-12)

THEME 06 생산자 최적선택의 변화(요소가격 변화)

1 의의

주어진 제약조건 중 요소가격인 w 혹은 r이 변화하는 경우 생산자의 생산량 극대화 선택도 변화하게 된다.

2 기하적 분석

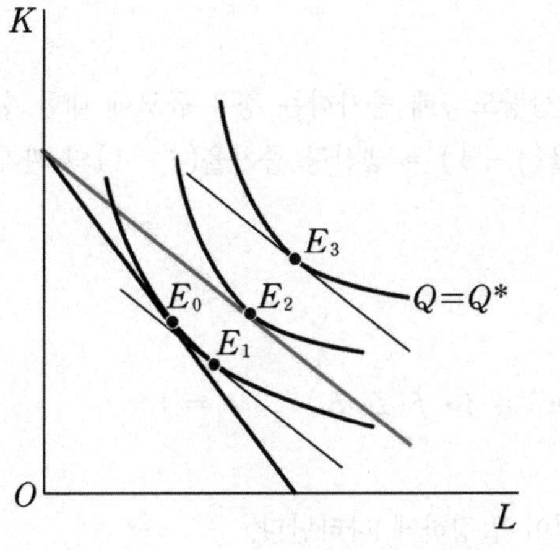

(그림 8-13)

1) 지극히 형식적으로는 비용제약에서 w만 변화했을 경우 비용선이 이동하고 이에 따라 새로운 생산자 균형점을 찾을 수 있다(E_2). 그러나 실제로는 요소가격 변화에 따른 이윤극대화 산출량이 변하고 ($Q = Q^*$) 이렇게 바뀐 산출량을 최소의 비용으로 달성하는 E_3를 새로운 균형점으로 찾아야 한다.

2) 만약 기존의 산출량을 유지하면서 새로운 비용최소화를 구한다면 이는 E_1이 되며 이는 요소대체효과를 반영하고 있으며 요소 간 대체탄력성 개념을 통해서 그 정도를 측정할 수 있다.

THEME 07 규모에 대한 수익

1 의의

모든 생산요소의 투입을 일정한 비율로 변화시킬 때 그에 따른 생산량의 변화를 규모에 대한 수익(returns to scale) 혹은 간단히 규모수익이라고 한다.

2 유형

1) 규모에 대한 수익 불변(CRS)

① 의의

모든 생산요소의 투입량을 j배 증가시킬 때 생산량도 j배 증가하는 경우 규모에 대한 수익 불변이라고 한다. 이때는 생산요소 투입 증가율$(j-1)$ = 생산량 증가율$(j-1)$의 관계가 성립한다.

② 수리적 분석

i) $Q=f(L,K),\ f(jL,jK)=jf(L,K)$

ii) 만일 α차 동차 생산함수라면 $j^{\alpha}\cdot f(L,K)=j\cdot f(L,K)\ \therefore\alpha=1$

③ 기하적 분석

생산요소 투입량 증가에 따라서 등량곡선 간격이 일정하게 나타난다.

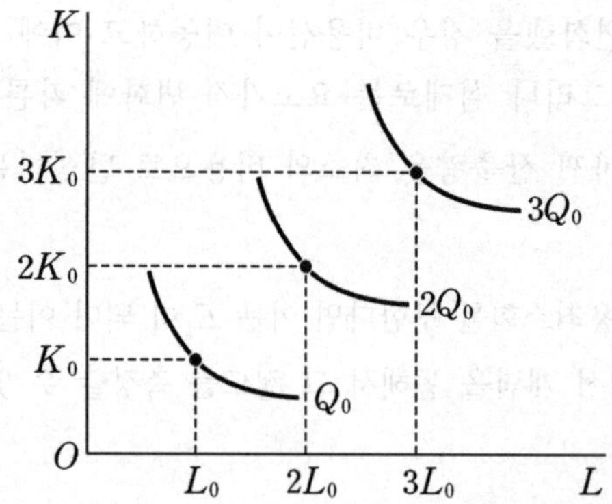

(그림 8-14)

2) 규모에 대한 수익 체증(IRS)

① 의의

모든 생산요소의 투입량을 j배 증가시킬 때 생산량은 j배를 초과하여 증가하는 경우 규모에 대한 수익 체증이라고 한다. 이때는 생산요소 투입 증가율$(j-1)$ < 생산량 증가율$(j-1)$의 관계가 성립한다.

② 수리적 분석

i) $Q=f(L,K),\ \ f(jL,jK)>j\cdot f(L,K)$

ii) 만일 α차 동차 생산함수라면 $j^{\alpha}\cdot f(L,K)>j\cdot f(L,K)\ \ \therefore \alpha>1$

③ 기하적 분석

생산요소 투입량 증가에 따라서 등량곡선 간격이 좁아지며 촘촘하게 나타난다.

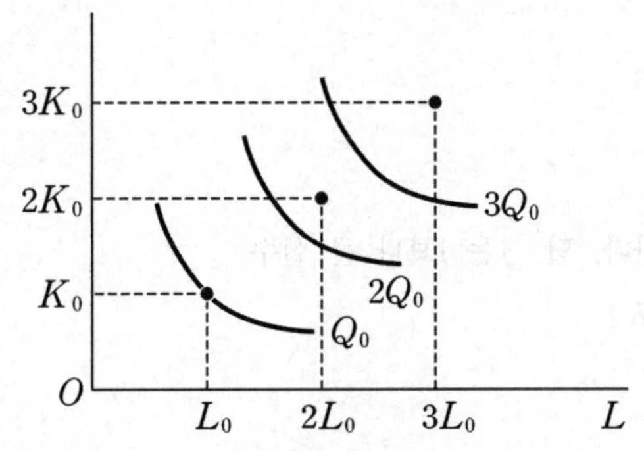

(그림 8-15)

3) 규모에 대한 수익 체감(DRS)

① 의의

모든 생산요소의 투입량을 j배 증가시킬 때 생산량은 j배 미만으로 증가하는 경우 규모에 대한 수익 체감이라고 한다. 이때는 생산요소 투입 증가율$(j-1)$ > 생산량 증가율$(j-1)$의 관계가 성립한다.

② 수리적 분석

i) $Q=f(L,K),\ \ f(jL,jK)<j\cdot f(L,K)$

ii) 만일 α차 동차 생산함수라면 $j^{\alpha}\cdot f(L,K)<j\cdot f(L,K)\ \therefore \alpha<1$

③ 기하적 분석 : 등량곡선 간격이 넓어짐

생산요소 투입량 증가에 따라서 등량곡선 간격이 넓어지며 성기게 나타난다.

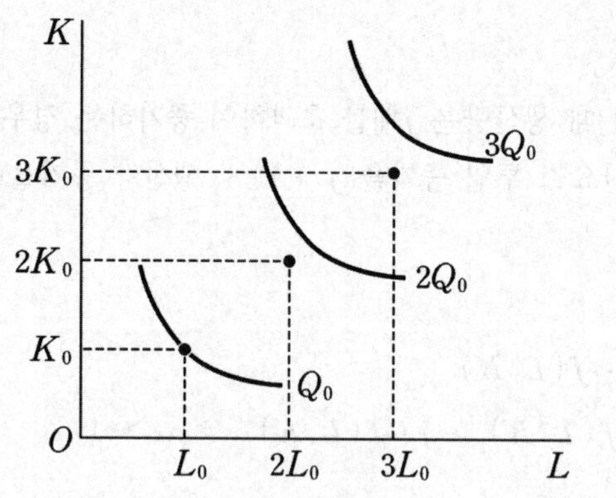

(그림 8-16)

3 동차함수와 규모에 대한 수익

1) 동차함수

α차 동차 생산함수는 다음과 같이 정의된다. 단, j는 1보다 큰 실수

$Q=f(L,K),\ j^{\alpha} f(L,K)=f(jL,jK)$

2) 규모에 대한 수익

$$f(jL,jK) \ \substack{>\\=\\<}\ j\cdot f(L,K)$$

① 규모수익의 체증 IRS
② 규모수익의 불변 CRS
③ 규모수익의 체감 DRS

3) 동차함수와 규모에 대한 수익

위 1) 동차함수식을 2)에 대입하면 $j^{\alpha} f(L,K)$와 $f(jL,jK)$ 간의 관계에서 다음과 같이 규모에 대한 수익을 분석할 수 있게 된다.

$$j^{\alpha}\cdot f(L,K) \ \substack{>\\=\\<}\ j\cdot f(L,K)$$

① $\alpha>1 \Rightarrow IRS$
② $\alpha=1 \Rightarrow CRS$
③ $\alpha<1 \Rightarrow DRS$

4 규모의 경제와 규모에 대한 수익

제9장 비용이론 규모의 경제 파트를 참조하라.

필수예제

두 생산요소 노동(L)과 자본(K)을 투입하는 생산함수 $Q=2L^2+2K^2$ 에서 규모수익 특성과 노동의 한계생산으로 각각 옳은 것은?

▸ 2018년 감정평가사

① 규모수익 체증, $4L$ ② 규모수익 체증, $4K$ ③ 규모수익 체감, $4L$
④ 규모수익 체감, $4K$ ⑤ 규모수익 불변, $4L$

출제이슈 규모에 대한 수익

핵심해설 **정답** ①

1) 규모수익 특성

$Q=2L^2+2K^2$ 에서 요소투입을 동시에 늘릴 때, $2(jL)^2+2(jK)^2=j^2(2L^2+2K^2)$이 된다.
따라서 $j^2(2L^2+2K^2)>j(2L^2+2K^2)$이므로 해당 생산함수는 규모수익 체증의 성격을 가진다.

2) 노동의 한계생산

$$MP_L=\frac{\partial Q}{\partial L}=\frac{\partial(2L^2+2K^2)}{\partial L}=4L$$

다음 그림은 X재와 Y재의 등량곡선을 나타낸 것이다. X재와 Y재의 생산함수에 대한 특성을 바르게 짝지은 것은? (단, Q_A, Q_B, Q_C는 등량곡선을 의미한다.) ▸ 2017년 공인회계사

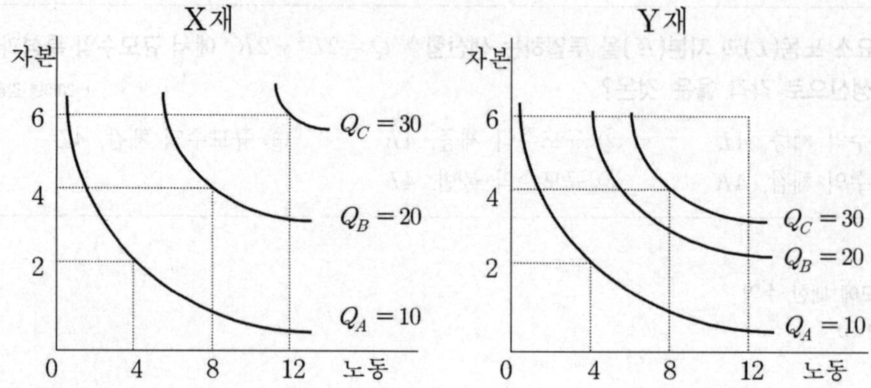

	X재 생산	Y재 생산
①	규모에 대한 수확불변	규모에 대한 수확체증
②	규모에 대한 수확불변	규모에 대한 수확체감
③	규모에 대한 수확체증	규모에 대한 수확체감
④	규모에 대한 수확체증	규모에 대한 수확불변
⑤	규모에 대한 수확체감	규모에 대한 수확체증

출제이슈 규모에 대한 수익

핵심해설 **정답 ①**

규모수익과 등량곡선의 관계는 다음과 같다.

1) 규모에 대한 수익불변(CRS)

요소투입증가에 따라서 등량곡선 간격이 일정

2) 규모에 대한 수익체증(IRS)

요소투입증가에 따라서 등량곡선 간격이 좁아짐

3) 규모에 대한 수익체감(DRS)

요소투입증가에 따라서 등량곡선 간격이 넓어짐

X재의 경우 요소투입증가에 따라 등량곡선의 간격이 일정하므로 요소투입이 2배, 3배 등 증가함에 따라서 생산량의 증가도 2배, 3배 등으로 일정하게 유지되므로 규모에 대한 수익불변이고, Y재의 경우 요소투입증가에 따라 등량곡선의 간격이 좁아지므로 요소투입이 2배, 3배 등 증가함에 따라서 생산량이 2배 초과, 3배 초과하여 더 증가하게 되므로 규모에 대한 수익체증이다.

Chapter 09

비용이론

THEME 01 비용과 기술체계

1 의의

1) 명시적 비용과 암묵적 비용

생산비용은 기업의 생산활동 과정에서 실제로 발생하는 지출과 실제로는 발생하지 않았으나 생산으로 인해 포기하는 비용을 총괄하는 기회비용적인 개념이다.

2) 기회비용

어느 대안을 선택함으로써 포기한 모든 자원의 가치가 그 대안의 기회비용이 된다. 기회비용의 측정은 어느 대안을 선택함으로써 포기할 수밖에 없는 다수의 다른 대안들 중에서 가장 가치 있는 것의 순편익으로 측정한다. 즉, 차선의 기회의 가치가 된다.

2 경제적 비용의 측정

1) 명시적 비용(금전적 지출액)

기업의 생산 활동 과정에서 실제로 발생하는 지출로서 예를 들면 원료구입비, 노동임금, 자본임대료 등이 있다. 이는 어느 대안을 선택함으로써 포기한 자원의 가치로 실제로 지출된 금전적 비용이며 회계장부에 기록된 회계적 비용이다.

2) 암묵적 비용(포기한 대안의 순편익)

기업의 생산 활동 과정에서 실제로 발생한 지출은 아니지만 생산 활동으로 인해서 포기한 다른 활동으로부터 얻을 수 있는 수익으로서 예를 들면 자신 소유 및 거주 건물의 임대료 등이 있다. 이는 어느 대안을 선택함으로써 포기한 자원의 가치로 실제로 지출된 비용은 아니지만, 얻을 수 있었던 수익의 감소로 인한 비용이다. 대안 선택을 위해서는 실제로 지출된 금전적 비용 이외에도 추가로 포기한 자원들(예를 들어 투입기회, 생산기회, 시간 등)이 있으며 그에 대한 가치가 바로 암묵적 비용이 된다.

3 고정비용과 매몰비용

1) 매몰비용

매몰비용은 회수불가능한 비용으로서 경제적 의사결정에 고려되어서는 안 된다.

2) 고정비용

고정비용은 고정투입요소에 대한 비용(예 공장부지, 기계 임차비용)으로서 회수가능한 비용과 회수불가능한 비용(매몰비용)으로 구성된다. 재판매가 가능한 생산시설에 소요된 비용의 경우, 고정비용 중 일부는 매몰비용으로 회수불가능한 비용이지만, 일부는 회수가능한 비용이다.

4 생산과 비용의 쌍대성(duality)

생산과 비용은 마치 거울상(mirror image)처럼 밀접한 관련이 있으며 이를 쌍대성(duality)이라고 한다. 생산함수 정보를 이용하여 비용함수를 유도해 낼 수 있으며 이는 생산함수와 비용함수가 일대일로 대응되고 있음을 의미한다.

1) 비용

비용은 노동비용과 자본비용으로 구성되며 다음과 같이 표현할 수 있다.

$C = wL + rK$ (단, w는 노동임금, r은 자본임대료, K는 자본투입량, L은 노동투입량)

2) 생산함수

생산함수 $Q = Q(L, K)$를 L에 대하여 풀어서 역함수 형태로 변형한다.

3) 비용함수의 도출

위에서 구한 1) 비용식에 2) 생산함수의 변형식을 대입하면 비용함수가 도출된다.

THEME 02 비용함수

1 비용함수

주어진 기간 동안 주어진 산출량을 생산하는 데 소요되는 최소한의 지출액이 비용이며, 산출량과 최소한 지출액 사이의 관계식이 비용함수이다. 이를 기호로 표시하면 $Q \xrightarrow{f} C$ 가 된다.

2 단기비용함수

고려되는 기간이 단기, 즉 일부 생산요소의 투입량을 변화시킬 수 없는 기간으로서 고정투입요소가 존재하는 경우일 때의 비용함수를 단기비용함수라고 한다. 이때, 다음과 같이 총비용, 평균비용, 한계비용을 정의할 수 있다.

1) 총비용 $TC = f(Q)$, 자본투입량은 고정

① 총고정비용 TFC

i) 생산량의 크기에 관계없이 지출되는 비용

ii) 생산하지 않는다고 해서 그 비용을 줄일 수 없음

iii) 공장, 기계 등 자본(고정투입요소)과 관련된 비용

② 총가변비용 TVC

i) 생산량의 크기에 따라서 그와 함께 발생하는 비용

ii) 일반적으로 생산량이 커지면 그 비용도 증가

iii) 노동, 원재료 등과 관련된 비용

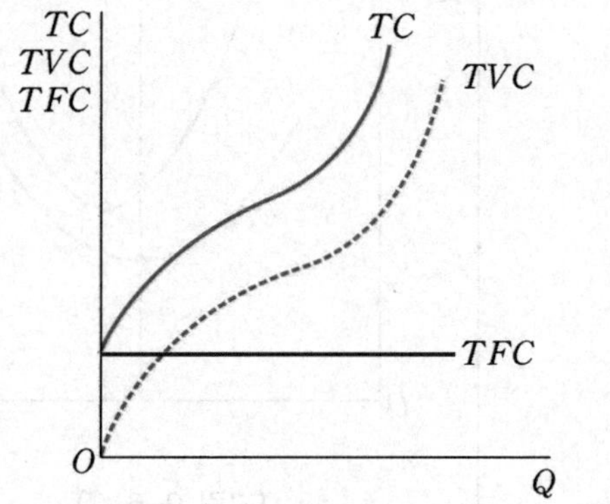

(그림 9-1)

2) 평균비용 $AC = TC / Q$

① 평균고정비용 $AFC = TFC / Q$

② 평균가변비용 $AVC = TVC / Q$

③ 평균비용 $AC = AFC + AVC$

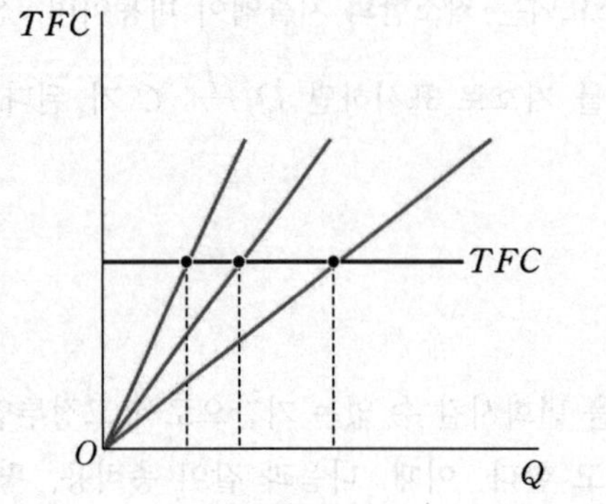

(그림 9-2)

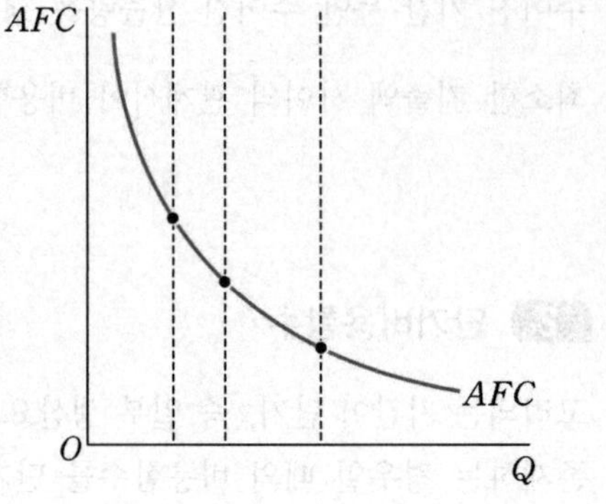

(그림 9-3)

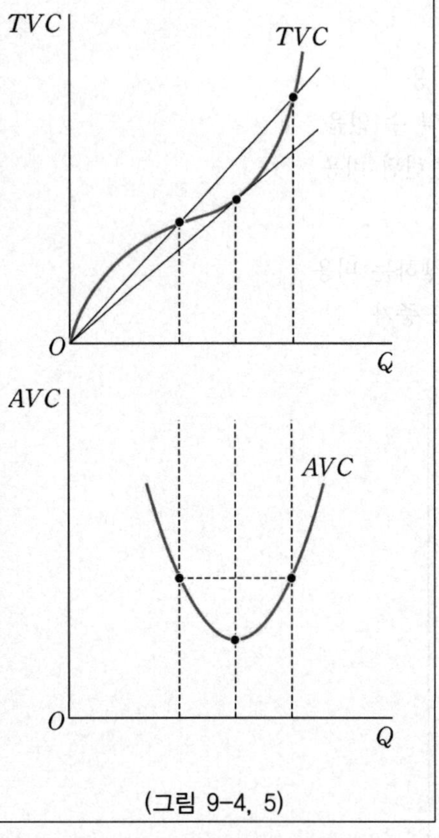

(그림 9-4, 5)

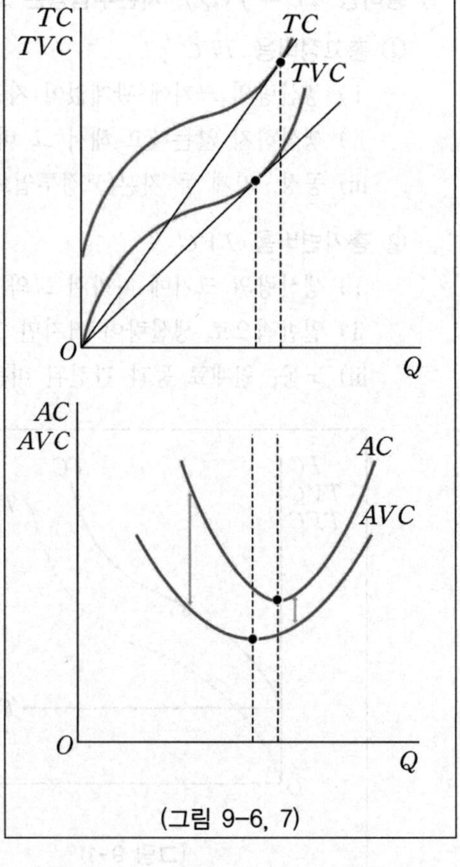

(그림 9-6, 7)

평균비용은 정의상 총비용을 생산량으로 나눈 값으로서 이를 기하적으로 나타내면, 원점과 총비용곡선 상의 한 점을 연결한 반직선의 기울기가 된다. 이때, 평균비용이 최소가 되는 때는 원점을 지나는 직선이 총비용곡선과 접하는 점에서 나타난다.

평균가변비용은 정의상 총가변비용을 생산량으로 나눈 값으로서 이를 기하적으로 나타내면, 원점과 총가변비용곡선 상의 한 점을 연결한 반직선의 기울기가 된다. 이때, 평균가변비용이 최소가 되는 때는 원점을 지나는 직선이 총가변비용곡선과 접하는 점에서 나타난다.

3) 한계비용 $MC = dTC / dQ$

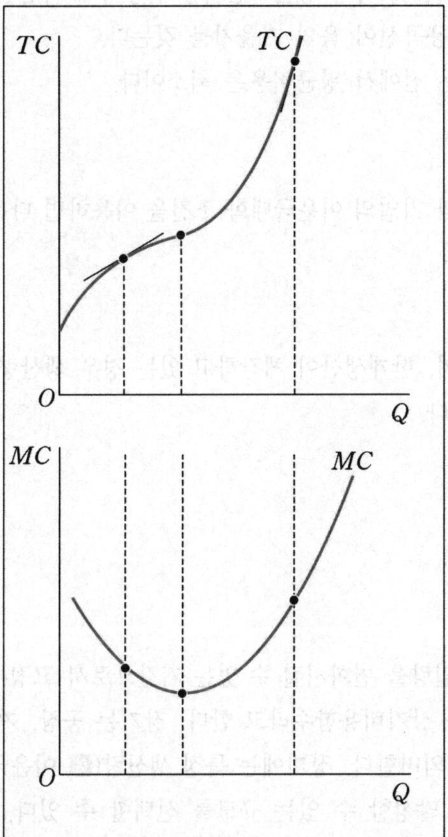

(그림 9-8, 9)

4) 평균비용과 한계비용

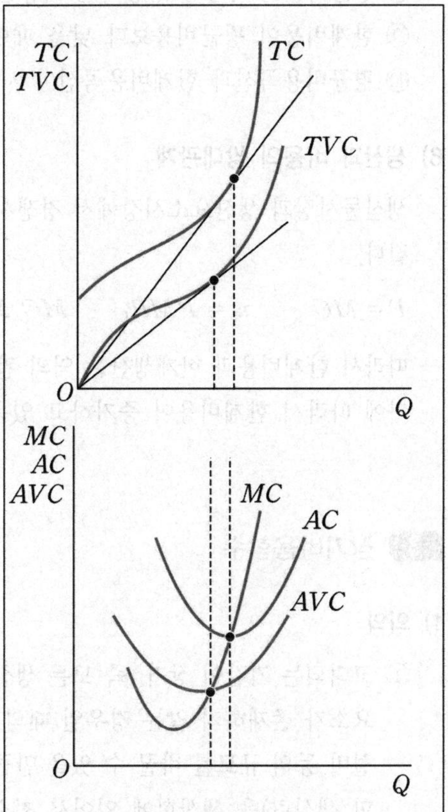

(그림 9-10, 11)

한계비용은 정의상 추가적인 생산을 위해서 소요되는 추가적인 비용 간의 비율로서 이를 극한의 개념을 이용하면 총비용의 미분값을 총생산의 미분값으로 나눈 값이다. 이를 기하적으로 나타내면, 총비용곡선 상의 한 점에서 접선의 기울기가 된다.

5) 평균비용과 한계비용의 관계 정리

① 평균가변비용, 평균비용의 최저점을 한계비용곡선이 통과한다.
② 평균가변비용의 최저점은 평균비용의 최저점보다 좌측에 위치한다.
③ 평균비용과 평균가변비용의 간격은 생산량이 커짐에 따라서 감소한다.
④ 평균비용이 증가하면, 한계비용은 평균비용보다 크다.
⑤ 평균비용이 최소가 되는 점보다 생산량을 증가시키는 경우 한계비용이 평균비용보다 높다.
⑥ 평균비용이 최소가 되는 점에서 한계비용곡선은 평균비용곡선을 아래에서 위로 교차한다.
⑦ 낮은 생산수준에서 평균비용의 감소추세는 주로 급격한 평균고정비용의 감소에 기인한다.
⑧ 평균비용이 나중에 상승하는 이유는 한계생산체감에 따라 평균가변비용의 증가에 기인한다.
⑨ 한계비용이 평균비용보다 낮을 때에는 평균비용곡선이 음의 기울기를 갖는다.
⑩ 평균비용곡선과 한계비용곡선이 서로 교차하는 점에서 평균비용은 최소이다.

6) 생산과 비용의 쌍대관계

생산물시장과 생산요소시장에서 경쟁시장의 가정과 기업의 이윤극대화 조건을 이용하면 다음과 같다.

$P = MC \qquad w = P\,MP_L \qquad MC\ MP_L = w$

따라서 한계비용과 한계생산은 역의 관계에 있으며, 한계생산이 체감하고 있는 경우 생산량 증가에 따라서 한계비용이 증가하고 있음을 의미한다.

3 장기비용함수

1) 의의

① 고려되는 기간이 장기, 즉 모든 생산요소의 투입량을 변화시킬 수 있는 기간으로서 고정투입요소가 존재하지 않는 경우일 때의 비용함수를 장기비용함수라고 한다. 장기는 공장, 기계, 설비 등의 규모를 바꿀 수 있을 만큼의 기간을 의미한다. 장기에는 특정 생산량(예 이윤극대화 생산량)을 생산함에 있어서 최소의 비용을 달성할 수 있는 규모를 선택할 수 있다.

② 장기에는 자본규모도 선택할 수 있기 때문에 가변비용과 고정비용을 구분할 필요가 없게 된다. 즉, 고정비용이 존재하지 않는다. 장기에 있어 다음과 같이 총비용, 평균비용, 한계비용을 정의할 수 있다.

2) 장기총비용 LTC

다양한 규모를 나타내는 단기총비용곡선 중에서 특정 생산량에 대하여 가장 최하점을 선택하여 그 때의 자본규모를 선택한다. 특정 생산량에 대하여 최소의 비용이 대응되므로 장기총비용곡선은 단기총비용곡선의 포락선이 된다.

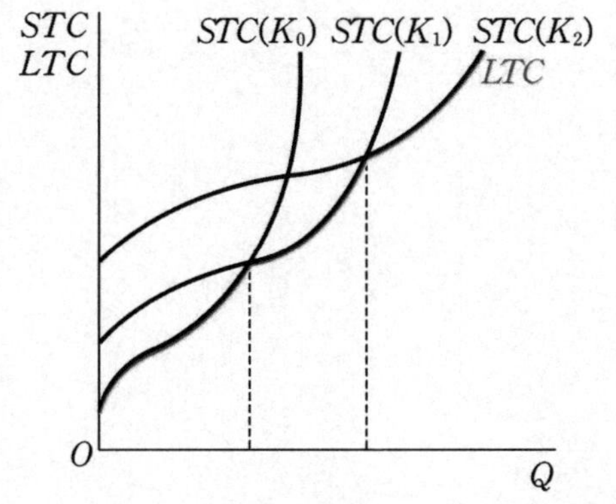

(그림 9-12)

3) 장기평균비용 LAC

위에서 구한 장기총비용곡선의 한 점과 원점을 연결한 반직선의 기울기로 장기평균비용을 그 정의상 도출할 수 있다. 한편, 장기총비용곡선 도출의 원리와 마찬가지로 다양한 규모를 나타내는 단기평균비용곡선 중에서 특정 생산량에 대하여 가장 최하점을 선택하여 그 때의 자본규모를 선택하는 과정으로 도출해도 된다. 특정 생산량에 대하여 최소의 평균비용이 대응되므로 장기평균비용곡선은 단기평균비용곡선의 포락선이 된다.

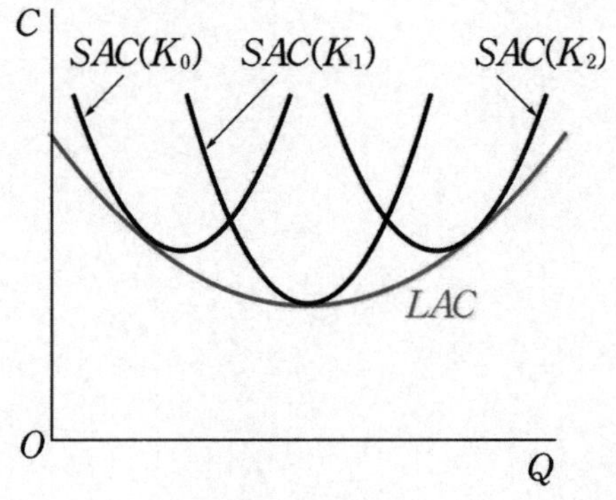

(그림 9-13)

PART • 04

4) 장기한계비용 LMC

위에서 구한 장기총비용곡선의 각 점에서 접선을 긋고 그 기울기를 구하여 장기한계비용을 그 정의상 도출할 수 있다. 한편, 장기한계비용곡선은 단기한계비용곡선의 포락선이 아님에 주의해야 한다.

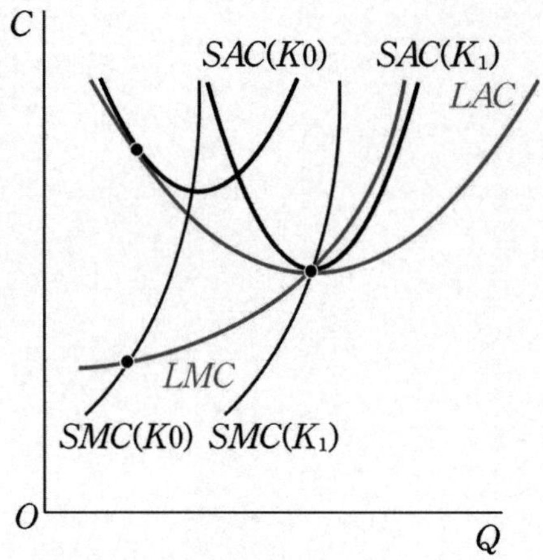

(그림 9-14)

필수예제

기업 A의 총비용곡선에 관한 설명으로 옳지 않은 것은? (단, 생산요소는 한 종류이며, 요소가격은 변하지 않는다.)

▸ 2018년 감정평가사

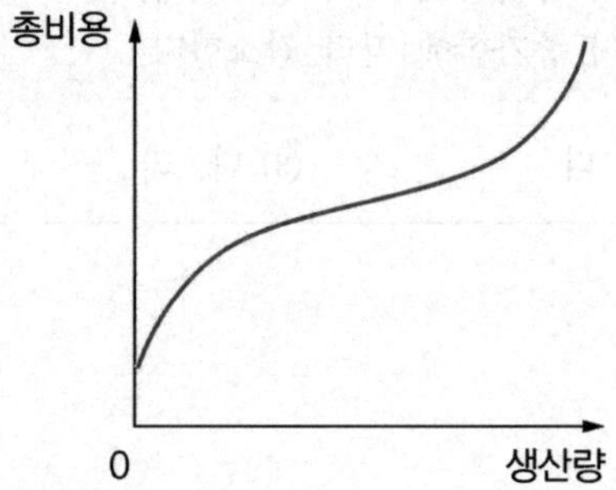

① 총평균비용곡선은 U자형 모형을 가진다.
② 총평균비용이 하락할 때 한계비용이 총평균비용보다 크다.
③ 평균고정비용곡선은 직각 쌍곡선의 모양을 가진다.
④ 생산량이 증가함에 따라 한계비용곡선은 평균가변비용곡선의 최저점을 아래에서 위로 통과한다.
⑤ 생산량이 증가함에 따라 총비용곡선의 기울기가 급해지는 것은 한계생산이 체감하기 때문이다.

출제이슈 비용의 분류와 개념

핵심해설 **정답** ②

① 옳은 내용이다.
평균비용곡선은 U자형을 나타낸다. 이는 생산을 증가시킴에 따라서 평균비용이 감소하다가 최저를 기록한 후에는 다시 평균비용이 증가하기 시작함을 의미한다.

② 틀린 내용이다.
평균비용이 하락할 때 한계비용이 평균비용보다 작고, 평균비용이 상승할 때 한계비용이 평균비용보다 크다.

③ 옳은 내용이다.
총고정비용은 일정하게 고정되어 있는 상수이다. 따라서 평균고정비용은 총고정비용을 생산량으로 나눈 값이므로 평균고정비용곡선은 직각 쌍곡선의 모양을 가진다.

④ 옳은 내용이다.
생산량이 증가함에 따라 한계비용곡선은 평균가변비용곡선의 최저점을 아래에서 위로 통과한다. 또한 한계비용곡선은 평균비용곡선의 최저점을 역시 아래에서 위로 통과한다. 이는 한계비용이 평균비용이나 평균가변비용보다 더 큰 경우에는 평균비용과 평균가변비용이 감소함을 의미한다.

⑤ 옳은 내용이다.
생산량이 증가함에 따라 총비용곡선의 기울기가 급해지는 것은 한계비용이 체증하는 것을 의미한다. 그런데 한계비용의 체증이 나타나는 것은 한계생산이 체감하기 때문이다.

비용함수가 $C = Q^2 + 10$일 때, 비용에 관한 설명 중 옳은 것을 모두 고르면? (단, Q는 생산량이다.)

▸ 2019년 보험계리사

가. 고정비용은 10이다.
나. 한계비용곡선은 원점을 지나는 직선이다.
다. 평균고정비용은 생산량이 증가함에 따라 증가한다.
라. 평균가변비용은 생산량이 증가함에 따라 감소한다.

① 가, 나 ② 가, 다 ③ 나, 라 ④ 다, 라

출제이슈 비용의 분류와 개념

핵심해설 **정답** ①

비용함수가 $C = Q^2 + 10$로 주어져 있다. 따라서 다음을 알 수 있다.

총고정비용은 10, 총가변비용은 Q^2가 된다. 따라서 "가"는 옳은 내용이다.
한계비용은 $2Q$로서 원점을 통과하고 생산량 증가에 따라서 지속적으로 상승한다. 따라서 "나"는 옳은 내용이다.
평균고정비용은 $\frac{10}{Q}$로서 생산량 증가에 따라서 지속적으로 감소한다. 따라서 "다"는 틀린 내용이다.
평균가변비용은 Q로서 생산량 증가에 따라서 지속적으로 증가한다. 따라서 "라"는 틀린 내용이다.

완전경쟁시장에서 이윤 극대화를 추구하는 기업 A의 공급곡선은 $Q_A(P) = \frac{P}{2}$ 이다. 이 기업의 생산량이 5일 때, 가변비용은? (단, Q_A는 공급량, P는 가격이다.) ▸ 2024년 감정평가사

① 23
② 25
③ 37.5
④ 46
⑤ 50

출제이슈 비용의 분류와 개념

핵심해설 **정답 ②**

완전경쟁기업의 공급곡선이 $Q_A(P) = \frac{P}{2}$ 이므로 한계비용곡선은 $MC = 2Q$가 됨을 알 수 있다. 가변비용은 한계비용을 적분하여 구할 수 있으며 특히 적분상수가 0일 때 해당한다. 혹은 보다 쉽게 구하기 위해서는 한계비용곡선의 그래프를 그린 후에 특정 생산량 수준(여기서는 5)에서 한계비용곡선 아래의 면적을 구하면 된다.

먼저 적분하여 적분상수가 0임을 고려하면, 가변비용 $TVC = Q^2$ 이 되므로 $Q = 5$일 때, $TVC = 25$가 된다. 혹은 한계비용곡선을 그린 후에 $Q = 5$일 때 $MC = 10$임을 이용하여, 한계비용곡선 아래 부분의 면적을 구하면 $\frac{5 \times 10}{2} = 25$가 됨을 다시 한 번 확인할 수 있다.

U자 형태의 평균비용곡선과 한계비용곡선 간의 관계에 대한 설명으로 옳지 않은 것은?

▸ 2016년 국가직 7급

① 한계비용이 평균비용보다 낮을 때에는 평균비용곡선이 음의 기울기를 갖게 된다.
② 평균비용곡선과 한계비용곡선이 서로 교차하는 점에서 평균비용은 최소가 된다.
③ 한계비용이 최소가 되는 점에서 평균비용곡선은 한계비용곡선을 아래에서 위로 교차하며 지나간다.
④ 평균비용이 최소가 되는 점보다 생산량을 증가시키는 경우에는 한계비용이 평균비용보다 높다.

출제이슈 평균비용과 한계비용의 관계
핵심해설 **정답 ③**

평균비용과 한계비용의 관계에 대하여 다음을 반드시 숙지하고 있어야 한다.

1) 평균가변비용, 평균비용의 최저점을 한계비용곡선이 통과한다.
2) 평균가변비용의 최저점은 평균비용의 최저점보다 좌측에 위치한다.
3) 평균비용과 평균가변비용의 간격은 생산량이 커짐에 따라서 감소한다.
4) 평균비용이 증가하면, 한계비용은 평균비용보다 크다.
5) 평균비용이 최소가 되는 점보다 생산량을 증가시키는 경우 한계비용이 평균비용보다 높다.
6) 평균비용이 최소가 되는 점에서 한계비용곡선은 평균비용곡선을 아래에서 위로 교차한다.
7) 낮은 생산수준에서 평균비용의 감소추세는 주로 급격한 평균고정비용의 감소에 기인한다.
8) 평균비용이 나중에 상승하는 이유는 한계생산체감에 따라 평균가변비용의 증가에 기인한다.
9) 한계비용이 평균비용보다 낮을 때에는 평균비용곡선이 음의 기울기를 갖는다.
10) 평균비용곡선과 한계비용곡선이 서로 교차하는 점에서 평균비용은 최소이다.

위의 내용을 토대로 하여 설문을 검토하면 다음과 같다.

① 옳은 내용이다.
한계비용이 평균비용보다 낮을 때에는 평균비용곡선이 감소하는 구간으로서 음의 기울기이다. 반대로 평균비용이 증가하면, 한계비용은 평균비용보다 크다.

② 옳은 내용이다.
평균가변비용, 평균비용의 최저점을 한계비용곡선이 통과한다. 따라서 평균비용곡선과 한계비용곡선이 교차하는 점에서는 평균비용이 최소이다.

③ 틀린 내용이다.
평균비용이 최소가 되는 점에서 한계비용곡선은 평균비용곡선을 아래에서 위로 교차하며 지나간다.

④ 옳은 내용이다.
평균비용곡선의 우측에서는 한계비용이 평균비용보다 높다.

다음 중 한계비용곡선이 지나는 점을 모두 고르면? (단, 평균총비용곡선은 U자형)

▸ 2018년 보험계리사

가. 총비용이 최소가 되는 점
나. 평균고정비용이 최소가 되는 점
다. 평균가변비용이 최소가 되는 점
라. 평균총비용이 최소가 되는 점

① 가, 나 ② 나, 다 ③ 다, 라 ④ 나, 다, 라

출제이슈 평균비용과 한계비용의 관계

핵심해설 **정답** ③

평균비용은 정의상 총비용을 생산량으로 나눈 값으로서 이를 기하적으로 나타내면, 원점과 임의의 총비용곡선 상의 한 점을 연결한 반직선의 기울기가 된다. 이때, 평균비용이 최소가 되는 때는 원점을 지나는 직선이 총비용곡선과 접하는 점에서 나타난다.

평균가변비용은 정의상 총가변비용을 생산량으로 나눈 값으로서 이를 기하적으로 나타내면, 원점과 임의의 총가변비용곡선 상의 한 점을 연결한 반직선의 기울기가 된다. 이때, 평균가변비용이 최소가 되는 때는 원점을 지나는 직선이 총가변비용곡선과 접하는 점에서 나타난다.

한계비용은 정의상 추가적인 생산을 위해서 소요되는 추가적인 비용 간의 비율로서 이를 극한의 개념을 이용하면 총비용의 미분값을 총생산의 미분값으로 나눈 값이다. 이를 기하적으로 나타내면, 총비용곡선 상의 임의의 점에서 접선의 기울기가 된다.

이제 위의 내용을 종합적으로 고려하면 다음과 같다.
평균비용이 최소가 되는 때는 원점을 지나는 직선이 총비용곡선과 접하는 점에서 나타나므로, 이때, 평균비용과 한계비용은 일치한다. 이를 기하적으로 표현하면, 한계비용곡선은 평균비용곡선의 최저점에서 교차하며 통과한다.

그리고 평균가변비용이 최소가 되는 때는 원점을 지나는 직선이 총가변비용곡선과 접하는 점에서 나타나므로, 이때, 평균가변비용과 한계비용은 일치한다. 이를 기하적으로 표현하면, 한계비용곡선은 평균가변비용곡선의 최저점에서 교차하며 통과한다.

정리하자면, 평균비용곡선의 최저점과 평균가변비용곡선의 최저점을 한계비용곡선이 통과한다.

매몰비용(sunk cost)에 대한 설명으로 옳지 않은 것은? ▸ 2020년 국가직 9급

① 일단 지출된 후에는 어떠한 방법으로도 회수가 불가능한 비용이다.
② 매몰비용의 기회비용은 0이다.
③ 일단 지출된 후에는 기업의 의사결정 과정에서 고려할 필요가 없는 비용이다.
④ 고정비용이면서 매몰비용인 경우는 없다.

출제이슈 매몰비용과 고정비용
핵심해설 **정답** ④

매몰비용과 고정비용의 관계를 잘 알고 있어야 한다.

1) 고정비용은 고정투입요소에 대한 비용(예 공장부지, 기계 임차에 따른 비용)이다.
2) 고정비용은 회수가능한 비용과 회수불가능한 비용(매몰비용)으로 구성된다.
3) 회수불가능한 매몰비용은 기회비용이 0이라는 것을 의미한다.
4) 따라서 기회비용이 0이므로 의사결정과정에서 고려해서는 안 된다.
5) 모든 고정비용이 매몰비용인 것은 아니다. 재판매가 가능한 생산시설에 소요된 비용의 경우, 고정비용으로서 일부는 회수가능한 비용이 된다. 따라서 고정비용이면서 회수불가능한 매몰비용인 경우도 있고 회수가능한 비용인 경우도 있다.

따라서 고정비용이면서 매몰비용인 경우도 있고 아닌 경우도 있으므로 ④는 틀린 내용이 된다.

어떤 기업의 생산함수는 $Q=\frac{1}{2,000}KL^{\frac{1}{2}}$ 이고 임금은 10, 자본임대료는 20이다. 이 기업이 자본 2,000단위를 사용한다고 가정했을 때, 이 기업의 단기비용함수는? (단, K는 자본투입량, L은 노동투입량이다.)

▸ 2018년 국회 8급

① $10Q^2+20,000$ ② $10Q^2+40,000$ ③ $20Q^2+10,000$
④ $20Q^2+20,000$ ⑤ $20Q^2+40,000$

출제이슈 **비용함수의 도출**

핵심해설 **정답 ②**

1) 비용

① 비용은 노동비용과 자본비용으로 구성되며 다음과 같이 표현할 수 있다.
$C=wL+rK$ (단, w는 노동임금, r은 자본임대료, K는 자본투입량, L은 노동투입량)

② 설문에서 주어진 임금 10, 자본임대료 20, 자본 2,000단위를 대입하여 위의 식을 다시 표현하자.
$C=wL+rK=10L+20\times 2,000=10L+4,000$

2) 생산함수

① 설문에서 생산함수는 다음과 같이 주어져 있다.

$Q=\frac{1}{2,000}KL^{\frac{1}{2}}$

② 설문에서 주어진 자본 2,000단위를 대입하여 위의 생산함수식을 다시 쓰면 다음과 같다.

$Q=\frac{1}{2,000}KL^{\frac{1}{2}}=\frac{1}{2,000}\times 2,000L^{\frac{1}{2}}=\sqrt{L}$

③ 위의 식을 변형하면 다음과 같다.
$Q^2=L$

3) 비용함수의 도출

위에서 구한 1) ② $C=10L+40,000$에 2) ③ $Q^2=L$을 대입하면 다음과 같이 비용함수가 도출된다.

$C=10L+40,000=10Q^2+40,000$

기업 A의 고정비용은 400이고, 단기생산함수는 $Q=4L^{0.5}$이다. 가변생산요소의 가격이 400일 때, 단기 총비용곡선은? (단, Q는 생산량, L은 가변생산요소이다.) ▸ 2024년 감정평가사

① $\frac{400}{Q}+400$ ② $800Q$ ③ $400Q+400$

④ $0.25Q^2+400$ ⑤ $25Q^2+400$

출제이슈 비용함수의 도출

핵심해설 **정답** ⑤

1) 비용

① 단기비용은 가변비용인 노동비용과 고정비용인 자본비용으로 구성되며 다음과 같이 표현할 수 있다.
$C=wL+rK$ (단, w는 가변생산요소인 노동의 임금, r은 고정생산요소인 자본의 임대료, K는 자본투입량, L은 노동투입량)

② 설문에서 주어진 가변생산요소의 가격 400, 고정비용 400을 대입하여 위의 식을 다시 표현하자.
$C=wL+rK=400L+400$

2) 생산함수

① 설문에서 단기생산함수는 $Q=4L^{0.5}$와 같이 주어져 있다.

② 위의 식을 변형하면 $L=\frac{1}{16}Q^2$이 된다.

3) 비용함수의 도출

위에서 구한 1) ② $C=400L+400$에 2) ② $L=\frac{1}{16}Q^2$을 대입하면 다음과 같이 단기총비용함수가 도출된다.

$C=400L+400=400\times\frac{1}{16}Q^2+400=25Q^2+400$

THEME 03 생산제약

1 생산제약식

일정하게 주어진 산출량을 생산해냄에 있어서 투입 대상인 두 생산요소를 최소로 투입하는 경우 두 생산요소의 투입량 간의 관계식을 생산제약식이라고 하며 이는 극소화된 비용의 달성에 앞서 일정 생산 달성이라는 제약을 받고 있음을 의미한다.

$Q = Q(L, K) = Q_0$, 단, Q_0은 정해진 생산량(예 이윤극대화 생산량)

2 생산제약선

일정하게 주어진 산출량은 등량곡선을 통해서 표시할 수 있으므로 위에서 살펴본 생산제약식의 기하적 표현은 사실상 등량곡선을 의미한다. 이하에서는 간단히 설명하니 제8장 Theme 2를 참조하라.

3 등량곡선

1) 의의

생산곡면을 2차원 평면에서 표시하면 등량곡선이 되는데, 등량곡선이란 동일한 수준의 생산량을 달성시키는 생산요소 투입량 간의 조합의 궤적을 말한다. 이를 그래프로 나타내기 위해서는 생산량 수준을 동일하게 통제한 상황에서 생산요소 투입량 간의 관계를 파악하는 것이 중요하다.

2) 등량곡선과 기수성

소비이론에서 무차별곡선은 기수적 효용함수에 단조변환을 거쳐 얻기 때문에 서수성을 나타낸다. 서수적 효용은 선호순서에만 관심을 가질 뿐 효용의 절대적 크기와 절대적 크기 간 차이에 대해서는 관심을 가지지 않는다. 그러나 생산이론에 등량곡선은 기수적 생산함수 자체를 나타내며 산출량의 절대적 크기와 그 차이 간에 매우 중요한 의미가 있음에 주의하자.

3) 기울기 : $-\dfrac{\Delta K}{\Delta L}$

① 한계기술대체율의 정의

등량곡선의 정의에 의하여 두 생산요소 간 대체가 발생하여도 산출량은 불변이며 이때, 두 생산요소 간 대체의 비율을 한계기술대체율이라고 한다.

$$\Delta L \Leftrightarrow -\Delta K \ \therefore\ \Delta L \cdot MP_L = -\Delta K \cdot MP_K$$

$$\therefore\ -\frac{\Delta K}{\Delta L} = \frac{MP_L}{MP_K} \Rightarrow MRTS_{L,K}(\text{한계기술대체율})$$

② 한계기술대체율의 의미

한계기술대체율은 특정 생산자에 있어서 주관적인, 노동 1단위의, 자본으로 표시한, 실물 가격이라는 의미를 갖는다. 왜냐하면, 두 생산요소 간 $\Delta L \Leftrightarrow -\Delta K$의 교환비율은 $1 \Leftrightarrow -\dfrac{\Delta K}{\Delta L}$의 교환비율을 의미하기 때문이다.

THEME 04 생산자 최적선택(비용극소화)

1 의의

주어진 생산제약(예 이윤극대화 생산량 달성 목표)하에서 생산비용을 극소화한 상태가 생산자의 최적선택이며 이를 생산자균형이라고 하기도 한다.

2 수리적 분석

$Min\ C = wL + rK$

$s.t.\quad Q(L,K) = Q^{*}$

1) 기초수준에서의 접근(중학교 수학 수준 vs 고등학교 수학 수준)

$C = 500L + 500K$ -------- ①

$LK = 50$ -------------- ②

$Min\ C$ --------------- ③

2) 고급수준에서의 접근(라그랑지 승수법)

$£ = 500L + 500K + \lambda(50 - LK)$

3 기하적 분석

기하적으로 생산자의 최적선택은 정해진 등량곡선과 비용선이 접하는 $E_0(L_0, K_0)$에서 달성된다. 이때, 등량곡선의 기울기와 비용선의 기울기는 같으며, 최적선택은 제약조건인 등량곡선 위에서 달성된다.

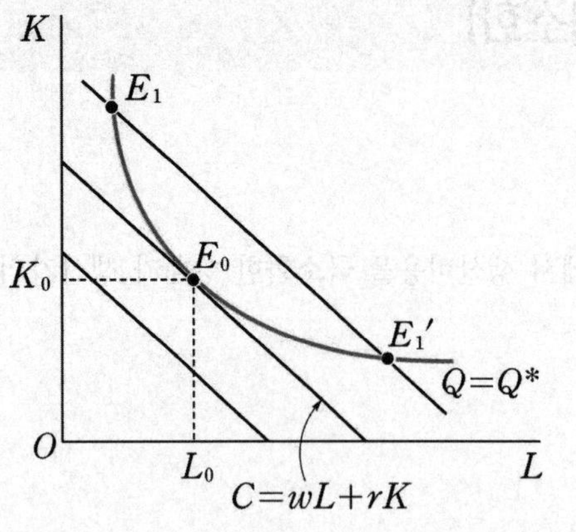

(그림 9-15)

4 수리적 · 기하적 분석의 동시 활용

1) 기하적 분석의 활용 : 생산자 최적선택에서 비용선과 등량곡선이 접한다.

① 비용선의 기울기 = 등량곡선의 기울기

② 생산자 최적선택은 등량곡선 위에서 달성

2) 수리적 분석의 활용

① 비용선의 기울기 = 등량곡선의 기울기

$$\rightarrow \frac{w}{r} = \frac{MP_L}{MP_K} \quad \text{----------} \ (\text{i})$$

② 균형은 등량곡선 상에서 달성

$$\rightarrow Q(L, K) = Q^* \quad \text{---------} \ (\text{ii})$$

③ i) 과 ii)를 연립 방정식으로 풀이

필수예제

완전경쟁시장에서 생산량이 주어졌을 때, 비용최소화를 추구하는 기업이 노동수요량을 감소시키는 경우는? (단, 노동과 자본의 한계생산은 모두 체감한다.) ▸ 2017년 보험계리사

① 1원당 노동의 한계생산이 1원당 자본의 한계생산보다 클 경우
② 1원당 노동의 한계생산이 1원당 자본의 한계생산보다 작을 경우
③ 1원당 노동의 한계생산이 1원당 자본의 한계생산과 일치할 경우
④ 노동의 한계생산물가치가 명목임금보다 클 경우

출제이슈 **생산자 최적선택**
핵심해설 **정답** ②

비용극소화는 주어진 생산량 제약하에서 비용을 극소화한 상태로서 비용선과 등량곡선이 접하는 점에서 달성될 수 있다.

이는 한계기술대체율($\frac{MP_L}{MP_K}$) = 요소상대가격 $\frac{w}{r}$ 이어야 함을 의미하며 이를 변형하면 노동 구입 1원의 한계생산 ($\frac{MP_L}{w}$) = 자본 구입 1원의 한계생산 ($\frac{MP_K}{r}$)가 된다.

만일 $\frac{MP_L}{w} < \frac{MP_K}{r}$ 인 경우에는 노동의 1원당 한계생산이 자본의 1원당 한계생산보다 작기 때문에 노동투입을 줄이고 자본투입을 늘려야 비용을 절감할 수 있다.

완전경쟁시장에서 비용을 극소화하는 기업 A의 생산함수는 $Q(L,K)=L^{0.5}K^{0.5}$이고, 생산요소 L, K의 가격이 각각 12, 24일 때, 두 생산요소의 투입관계는? (단, Q는 생산량이다.)

▸ 2024년 감정평가사

① $L=K$　② $L=0.5K$　③ $L=2K$
④ $L=12K$　⑤ $L=24K$

출제이슈 생산자 최적선택
핵심해설 **정답** ③

비용극소화는 주어진 생산량 제약하에서 비용을 극소화한 상태로서 비용선과 등량곡선이 접하는 점에서 달성될 수 있다. 생산자 최적선택을 위해서는 한계기술대체율($\frac{MP_L}{MP_K}$) = 요소상대가격 $\frac{w}{r}$ 이어야 한다.

따라서 $\frac{MP_L}{MP_K}=\frac{w}{r}$, $\frac{K}{L}=\frac{12}{24}=2$, $L=2K$가 된다.

기업 A의 생산함수는 $Q=\min(2L,K)$이다. 고정비용이 0원이고 노동과 자본의 단위당 가격이 각각 2원과 1원이라고 할 때, 기업 A가 100단위의 상품을 생산하기 위한 총비용은? (단, L은 노동투입량, K는 자본투입량이다.)

▸ 2018년 국가직 7급

① 100원　② 200원
③ 250원　④ 500원

출제이슈 예외적인 생산자 최적선택
핵심해설 **정답** ②

한계기술대체율($\frac{MP_L}{MP_K}$) = 요소상대가격 $\frac{w}{r}$ 이어야 하는데 예외적인 생산자 균형에서는 1계 필요조건이 불필요하다. 그러한 경우는 다음과 같다.

1) 등량곡선이 직선인 경우 : 완전대체

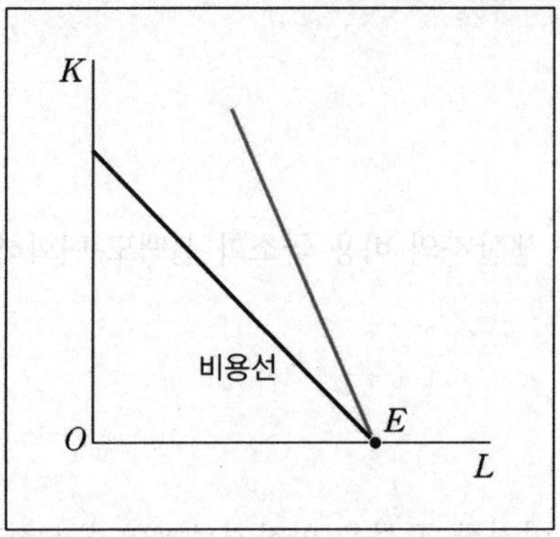

2) 무차별곡선이 L자형인 경우 : 완전보완

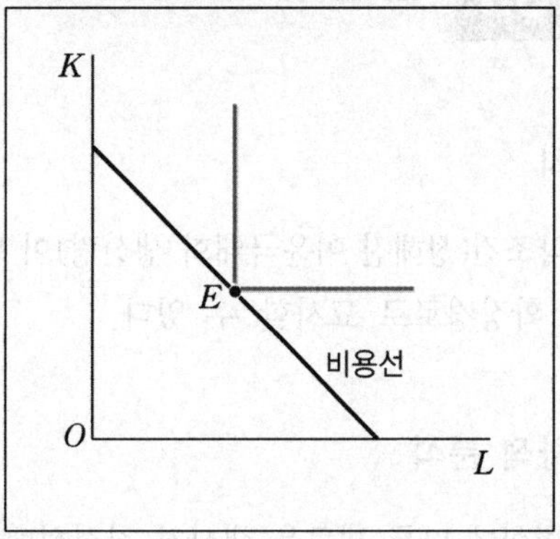

여기에서 한계기술대체율($\frac{MP_L}{MP_K}$) = 요소상대가격 $\frac{w}{r}$ 이 충족되지 않는 이유는 등량곡선이 ㄴ자형태로서 꺾이는 지점에서는 수학적으로 한계기술대체율이 정의되지 않기 때문이다. 이러한 경우에 생산이 극대화되는 생산점은 기하적으로 항상 등량곡선이 꺾이는 점이 되며, 그 생산점은 반드시 비용선 위에 존재하여야 한다. 따라서 등량곡선이 꺾이는 점의 궤적과 비용선의 교점이 생산자 최적선택이 된다.

설문에서 $2L=K$와 비용선 $C=2L+K$이 만나는 점에서 생산량 극대화가 이루어지며, 설문에서 이 경우 기업이 100단위를 생산하고 있기 때문에 이를 대입하여 풀면, 노동투입량은 50, 자본투입량은 100이 된다. 따라서 이때 총비용은 200이 된다.

참고로 이를 수식으로 표현하면 다음과 같다.

$C=wL+rK$ $\qquad$ $C=2L+K$ ---------- ①

$Q(L,K)=Q_0$ $\qquad$ $Min\{2L,K\}=100$ ------ ②

$Min\ C$ $\qquad$ $Min\ C$ ------------- ③

$\frac{MP_L}{MP_K}=\frac{w}{r}$ $\qquad$ $C=2L+K$

$Q(L,K)=Q_0$ $\qquad$ $K=2L$

$L=50, K=100$

따라서 총비용은 200이 된다.

THEME 05 생산자 최적선택의 변화(생산량 변화)

1 의의

주어진 제약조건(정해진 이윤극대화 생산량)이 변화함에 따라 생산자의 비용 극소화 선택도 변화하게 되며 이를 확장경로로 묘사할 수 있다.

2 기하적 분석

산출량의 변화에 따른 새로운 생산자 최적선택점(균형점)을 연결한 곡선을 확장경로(EP)라고 한다. 아래 그래프에서 $(Q_0 \rightarrow Q_1 \rightarrow Q_2)$와 같이 변화하는 이윤극대화 생산량 목표에 따라 새로운 비용 극소화점들이 $(E_0 \rightarrow E_1 \rightarrow E_2)$와 같이 이동하는 것을 볼 수 있다.

생산이론과 비용이론에서의 확장경로는 소비이론에서의 소득소비곡선과 개념이 유사하다. 소득소비곡선이 효용함수 및 선호체계의 특징에 따라서 결정되는 것처럼, 확장경로는 생산함수 및 기술체계의 특징에 의하여 좌우된다.

특히 생산함수가 동차함수일 경우 원점에서부터 출발하는 방사선 위에서 등량곡선의 기울기가 같아지게 되며 확장경로는 원점에서 출발하는 방사선 그 자체가 된다. 예를 들면, 생산함수가 콥-더글러스 함수인 경우 확장경로는 원점을 통과하게 되며, 이는 요소상대가격이 불변인 경우에 생산수준이 증가함에 따라서 비용극소화를 달성시키는 노동-자본의 비율도 불변임을 의미한다.

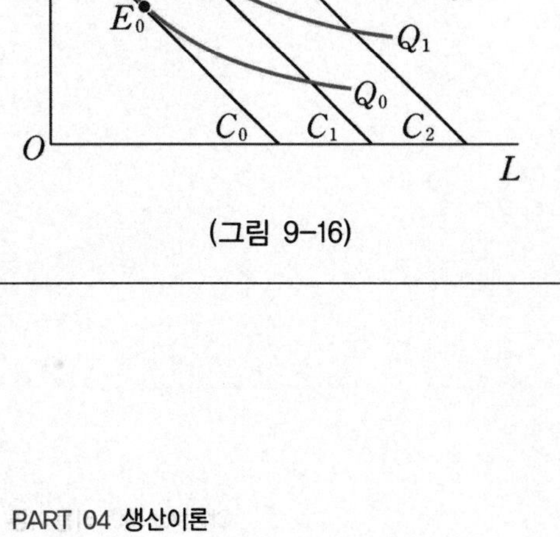

(그림 9-16)

3 확장 경로의 유형

1) 정상투입요소(노동, 자본)

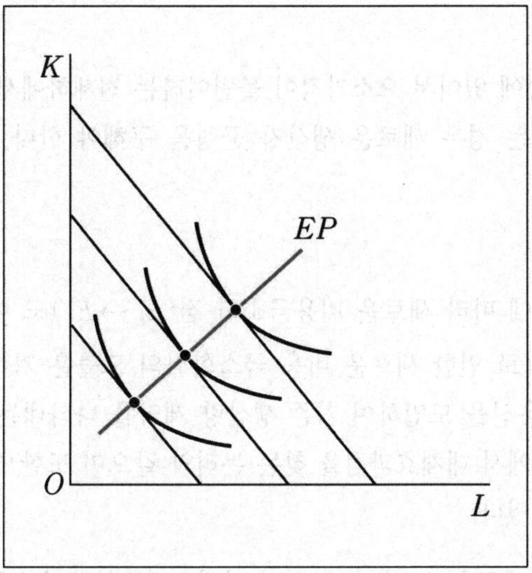

2) 열등투입요소(노동)

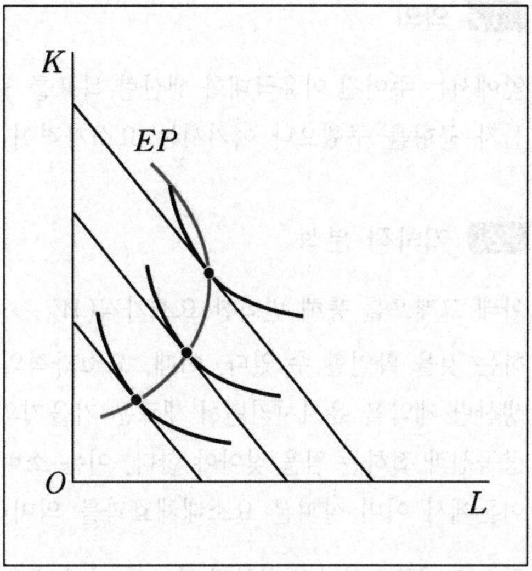

산출량이 증가함에 따라서 노동과 자본의 투입량도 증가하는 것이 일반적이며, 이때 생산요소를 정상투입요소라고 부른다.

한편, 산출량이 일정 수준 이상으로 증가하게 되면, 특정 생산요소의 투입이 오히려 감소할 수도 있는데 이때, 감소하는 생산요소를 열등투입요소라고 부른다. 위 2) 그래프에서는 노동이 산출량 증가에 따라서 증가하다가 일정 수준을 넘어서면 오히려 감소하게 되는 것으로 나타난다. 대체적으로 산출량이 많아질수록 생산과정이 점차 기계화, 자동화되면서 노동이 기계로 대체될 수 있기 때문에 이러한 현상이 나타날 수 있다.

THEME 06 생산자 최적선택의 변화(요소가격 변화)

1 의의

앞에서는 주어진 이윤극대화 생산량 목표를 달성함에 있어서 요소가격이 불변이라는 전제하에서 생산자 균형을 구했으나 여기서는 요소가격이 변하는 경우 새로운 생산자 균형을 구해야 한다.

2 기하적 분석

아래 그래프를 통해 변화한 요소가격($W_0 \rightarrow W_1$)에 따라 새로운 비용극소화 점($E_0 \rightarrow E_1$)도 이동하는 것을 확인할 수 있다. 이때, 요소가격의 변화로 인한 새로운 비용 극소화점의 도출은 기존의 생산량 제약을 유지시키면서 새로운 기울기의 비용선을 도입하여 기존 생산량 제약을 나타내는 등량곡선과 접하는 점을 찾아야 한다. 이는 소비이론에서 대체효과점을 찾는 논리와 같으며 또한 생산이론에서 이미 살펴본 요소대체효과를 의미하고 있다.

참고로 상품가격이 변화함에 따라서 이에 대응하는 새로운 소비점들을 찾아 가격소비곡선과 수요곡선을 도출할 수 있음을 이미 본 바 있다. 그러나 여기서는 요소가격이 변화함에 따라서 이에 대응하는 새로운 요소투입점들을 찾더라도 요소수요곡선을 도출할 수는 없음에 유의해야 한다. 왜냐하면 요소에 대한 수요는 상품수요에 따라서 변화하는 이른바 파생수요이기 때문에 요소수요를 찾기 위해서는 요소가격의 변화 뿐만 아니라 변화하는 상품수요에 대응하는 생산량까지 고려해야 하기 때문이다.

따라서 여기에서는 생산량은 변화하지 않고 단지 요소의 상대가격만 변화한 경우에 생산자의 최적의 요소투입량의 조합을 찾는 것으로 한정하여 논의한다. 이를 반영하는 것이 이어서 살펴보게 될 대체탄력성의 개념이다.

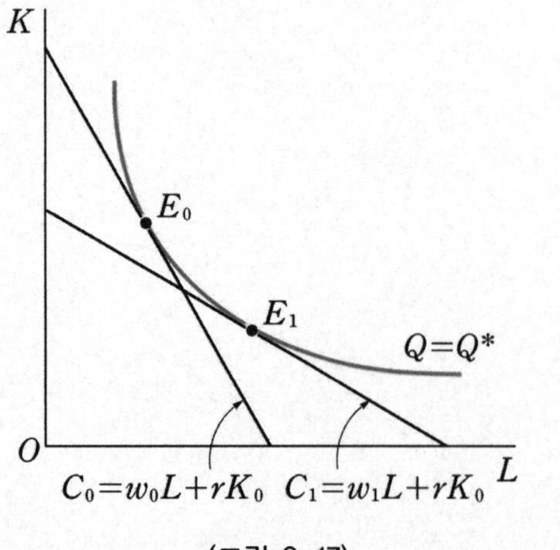

(그림 9-17)

3 요소가격의 변화와 요소투입량의 변화

요소가격의 변화로 인한 생산자 최적화(비용극소화) 과정에서 노동과 자본의 투입량이 변화한다. 이를 다음과 같이 요소상대가격의 변화에 따른 요소집약도의 변화로 분석할 수 있다. 여기에서 대체탄력성의 개념이 도출된다.

$$\text{요소가격변화}(W_0 \to W_1) \to \begin{cases} \text{노동투입변화}(L_0 \to L_1) \\ \text{자본투입변화}(K_0 \to K_1) \end{cases}$$

↑

비용극소화

$$\text{요소상대가격변화}\left(\left(\frac{w}{r}\right)_0 \to \left(\frac{w}{r}\right)_1\right) \to \text{요소집약도변화}\left(\left(\frac{K}{L}\right)_0 \to \left(\frac{K}{L}\right)_1\right)$$

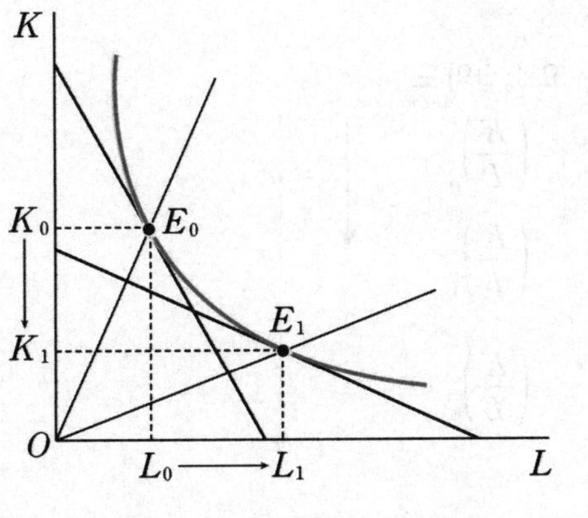

(그림 9-18)

PART • 04

4 대체탄력성

1) 의의

대체탄력성이란 요소가격이 변화할 때 그에 따라서 최적의 노동투입량과 자본투입량이 얼마나 민감하게 반응하는지 나타내는 척도로서 요소상대가격이 1% 변화할 때 자본노동비율(요소집약도)이 몇 % 변화하는지 나타내며 그 산식은 다음과 같다.

$$\text{대체탄력성 } \sigma = \frac{\text{요소집약도의 변화율}}{\text{요소상대가격의 변화율}} = \frac{d\left(\frac{K}{L}\right) / \left(\frac{K}{L}\right)}{d\left(\frac{w}{r}\right) / \left(\frac{w}{r}\right)}$$

2) 요소가격의 변화와 대체의 정도

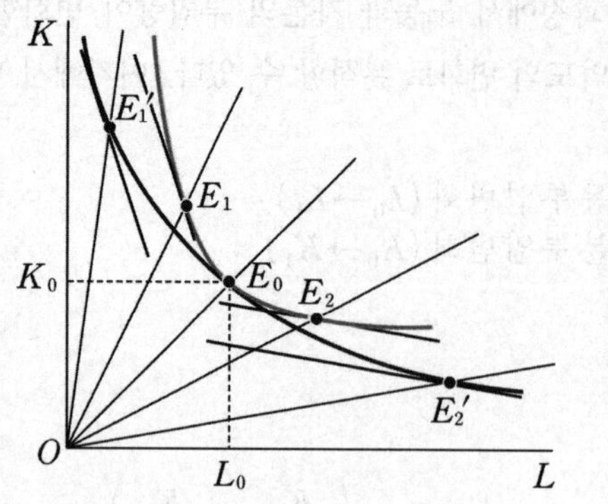

(그림 9-19)

① L자에 가까운 등량곡선의 경우

요소상대가격	생산자 균형	요소집약도
$\left(\frac{w}{r}\right)_0$	$E_0(L_0, K_0)$	$\left(\frac{K}{L}\right)_0$
$\left(\frac{w}{r}\right)_1$	$E_1(L_1, K_1)$	$\left(\frac{K}{L}\right)_1$
$\left(\frac{w}{r}\right)_2$	$E_2(L_2, K_2)$	$\left(\frac{K}{L}\right)_2$

위의 적색 그래프에서 보듯이 요소상대가격 변화 시 요소집약도의 변화가 작고 노동-자본 간 대체가 상대적으로 더 어렵다는 것을 알 수 있다.

② 선형에 가까운 등량곡선의 경우

요소상대가격	생산자 균형	요소집약도
$\left(\frac{w}{r}\right)_0$	$E_0(L_0, K_0)$	$\left(\frac{K}{L}\right)_0$
$\left(\frac{w}{r}\right)_1$	$E_1'(L_1', K_1')$	$\left(\frac{K}{L}\right)_1'$
$\left(\frac{w}{r}\right)_2$	$E_2'(L_2', K_2')$	$\left(\frac{K}{L}\right)_2'$

위의 흑색 그래프에서 보듯이 요소상대가격 변화 시 요소집약도의 변화가 크고 노동-자본 간 대체가 상대적으로 더 쉽다는 것을 알 수 있다.

필수예제

생산함수가 $Q = 2L + 3K$일 때, 노동과 자본 간의 대체탄력성(elasticity of substitution)은? (단, Q, L, K는 각각 생산량, 노동투입량, 자본투입량, $Q \geq 0$, $L \geq 0$, $K \geq 0$) ▸ 2011년 감정평가사

① 0 ② 1 ③ $\frac{2}{3}$

④ 1.5 ⑤ 무한대(∞)

출제이슈 대체탄력성

핵심해설 **정답** ⑤

대체탄력성이란 요소가격이 변화할 때 그에 따라서 최적의 노동투입량과 자본투입량이 얼마나 민감하게 반응하는지 나타내는 척도로서 요소상대가격이 1% 변화할 때 자본노동비율(요소집약도)이 몇 % 변화하는지 나타낸다.

$$대체탄력성\ \sigma = \frac{요소집약도의\ 변화율}{요소상대가격의\ 변화율} = \frac{d(\frac{K}{L})\,/\,(\frac{K}{L})}{d(\frac{w}{r})\,/\,(\frac{w}{r})}$$

특히 생산함수가 $Q=2L+3K$와 같이 선형인 경우, 요소 간 대체가 완전하여 대체탄력성은 무한대가 된다. 그리고 생산함수가 L자형인 경우는 요소 간 대체가 불가능하여 대체탄력성은 0이 된다.

등량곡선이 아래의 그림과 같이 우하향하는 직선의 형태($Q=\alpha L+\beta K$)를 취하는 경우, 한계기술 대체율과 대체탄력성에 대한 설명으로 옳은 것을 〈보기〉에서 모두 고르면? ▸ 2011년 국회 8급

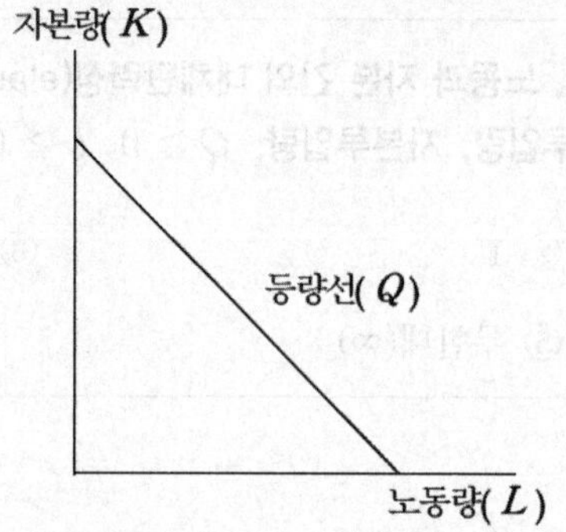

〈보기〉
ㄱ. 한계기술대체율이 0이다.
ㄴ. 한계기술대체율이 0보다 크며 일정하다.
ㄷ. 한계기술대체율이 체감한다.
ㄹ. 생산요소 간 대체탄력성이 0이다.
ㅁ. 생산요소 간 대체탄력성이 ∞이다.

① ㄱ, ㄹ ② ㄴ, ㄹ ③ ㄴ, ㅁ ④ ㄷ, ㄹ ⑤ ㄷ, ㅁ

출제이슈 **대체탄력성**

핵심해설 **정답 ③**

1) 한계기술대체율

생산함수를 기하적으로 표시한 등량곡선의 기울기는 $-\dfrac{\Delta K}{\Delta L}$이 되는데 이는 노동 1단위의, 자본으로 표시한, 실물, 주관적 가격을 의미하여 이것이 $MRTS_{L,K}$(한계기술대체율)이다.

설문에서 주어진 생산함수는 우하향하는 직선의 형태($Q=\alpha L+\beta K$)로서 기울기가 항상 일정하므로 한계기술대체율이 0보다 크면서 항상 일정함을 의미한다.

참고로 노동과 자본 간 대체비율이 노동과 자본의 투입량과 상관없이 일정하다는 것은 요소 간 완전대체의 관계가 성립함을 의미한다.

2) 대체탄력성

대체탄력성이란 요소가격이 변화할 때 그에 따라서 최적의 노동투입량과 자본투입량이 얼마나 민감하게 반응하는지 나타내는 척도로서 요소상대가격이 1% 변화할 때 자본노동비율(요소집약도)이 몇 % 변화하는지 나타낸다.

$$\text{대체탄력성}\,\sigma = \frac{\text{요소집약도의 변화율}}{\text{요소상대가격의 변화율}} = \frac{d(\frac{K}{L})/(\frac{K}{L})}{d(\frac{w}{r})/(\frac{w}{r})}$$

대체탄력성을 구함에 있어서 요소상대가격의 변화율 대신 한계기술대체율의 변화율을 사용할 수도 있는데, 주어진 생산량을 최소비용으로 생산하는 합리적인 생산자라면 $MRTS_{L,K} = \frac{MP_L}{MP_K} = \frac{w}{r}$가 성립하기 때문이다. 이 경우 대체탄력성이 생산기술의 특성을 보여주는 지표임을 보다 쉽게 파악할 수 있다.

특히 생산함수가 $Q = \alpha L + \beta K$와 같이 선형인 경우, 요소 간 대체가 완전하여 대체탄력성은 무한대가 된다. 그리고 생산함수가 L자형인 경우는 요소 간 대체가 불가능하여 대체탄력성은 0이 된다.

THEME 07 규모의 경제

1 규모의 경제

1) 의의

생산량이 증가함에 따라 장기평균비용이 하락하는 현상을 규모의 경제라고 한다.

2) 기하적 분석

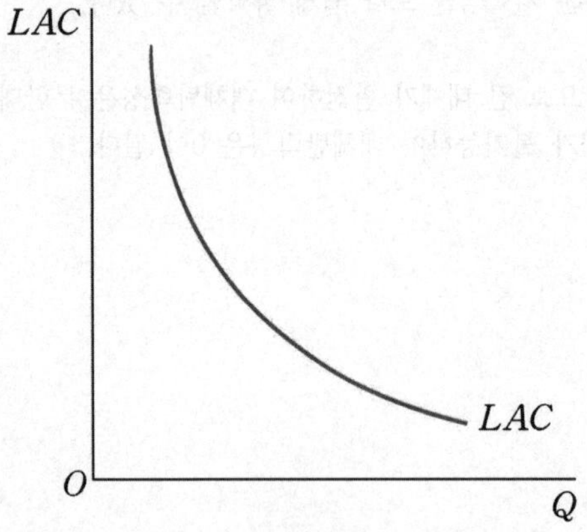

(그림 9-20)

3) 규모수익 체증과 규모의 경제(요소가격 일정 시)

① 규모수익 체증 → 규모의 경제 : 성립

요소가격이 일정한 경우, 생산함수에서 규모수익 체증이 나타나면 비용함수에서 규모의 경제가 나타난다.

② 규모수익 체증 ← 규모의 경제 : 불성립

그러나 비용함수에서 규모의 경제가 나타났다고 해서 생산함수에서 규모수익체증이 나타나는 것은 아니다. 왜냐하면 생산량을 증가시킬 때 요소의 투입을 같은 비율로 증가시키는 것이 반드시 효율적인 것은 아니기 때문이다.

③ 규모수익 체증 ⇔ 규모의 경제 : 일치

만일 생산함수가 동차함수인 경우 규모수익 체증과 규모의 경제는 같은 의미가 된다.

2 규모의 불경제

1) 의의

생산량이 증가함에 따라 장기평균비용이 상승하는 현상을 규모의 불경제라고 한다.

2) 기하적 분석

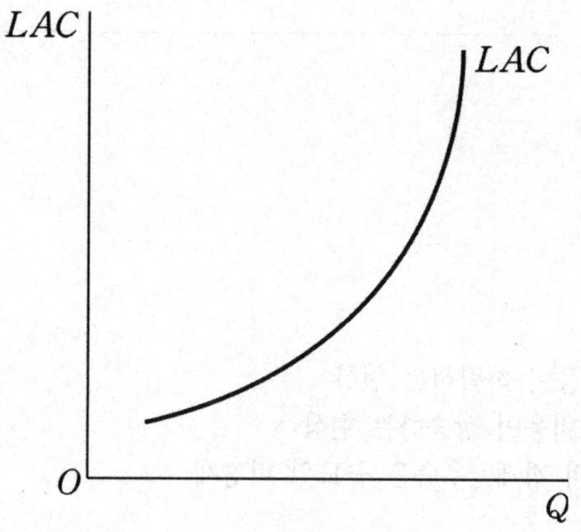

(그림 9-21)

3) 규모 수익 체감과 규모의 불경제(요소가격 일정 시)

① 규모 수익 체감 → 규모의 불경제 : 성립
② 규모 수익 체감 ← 규모의 불경제 : 불성립
③ 규모 수익 체증 ⇔ 규모의 경제 : 일치(생산함수가 동차함수인 경우)

3 규모에 대한 수익 vs 규모의 경제

	규모에 대한 수익 ↓	규모의 경제 ↓
1)	모든 생산요소를 동일한 비율로 변화시킴	모든 생산요소를 동일한 비율로 변화시킬 필요는 없음
2)	특수한 경우	일반적인 경우

3) 동차생산함수인 경우 이 둘은 같은 의미가 된다.

필수예제

A기업의 장기 총비용곡선은 $TC(Q)=40Q-10Q^2+Q^3$이다. 규모의 경제와 규모의 비경제가 구분되는 생산규모는? ▸ 2017년 국가직 7급

① $Q=5$ ② $Q=\frac{20}{3}$ ③ $Q=10$ ④ $Q=\frac{40}{3}$

출제이슈 규모의 경제

핵심해설 **정답** ①

규모의 경제와 규모의 비경제는 다음과 같이 구분된다.

1) 규모의 경제 : 생산량이 증가함에 따라 장기 평균 비용이 하락하는 현상
2) 규모의 비경제 : 생산량이 증가함에 따라 장기 평균 비용이 상승하는 현상
3) 구별 : 장기평균비용곡선 최하점 기준, 좌측은 규모의 경제, 우측은 규모의 비경제

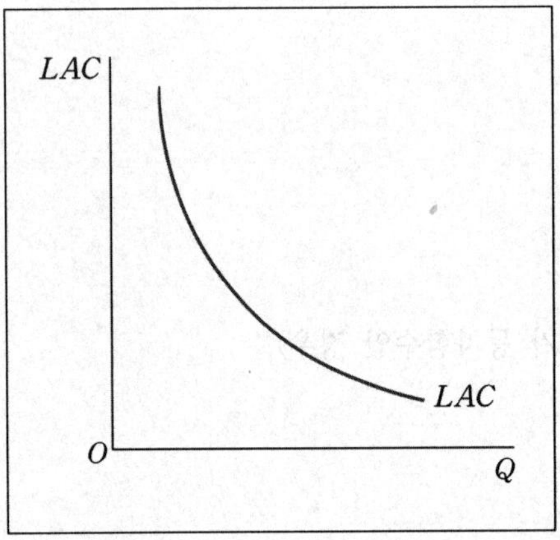

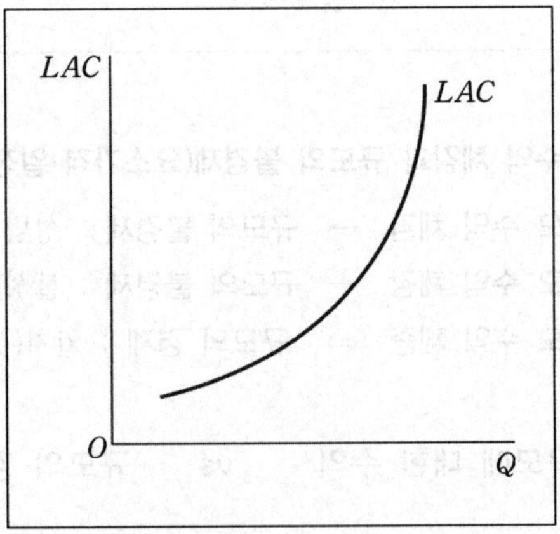

설문에서 $TC(Q)=40Q-10Q^2+Q^3$이므로 $AC(Q)=40-10Q+Q^2$가 된다. 따라서 AC의 최저는 $Q=5$일 때 달성되며 그 때, 규모의 경제와 규모의 비경제가 구분된다.

생산함수가 $Q(L, K) = \sqrt{LK}$ 이고 단기적으로 K가 1로 고정된 기업이 있다. 단위당 임금과 단위당 자본비용이 각각 1원 및 9원으로 주어져 있다. 단기적으로 이 기업에서 규모의 경제가 나타나는 생산량 Q의 범위는? (단, Q는 생산량, L은 노동투입량, K는 자본투입량이다.) ▸ 2017년 지방직 7급

① $0 \le Q \le 3$　　② $3 \le Q \le 4.5$
③ $4.5 \le Q \le 6$　　④ $3 \le Q \le 6$

출제이슈 규모의 경제
핵심해설 **정답** ①

규모의 경제와 규모의 비경제는 다음과 같이 구분된다.

1) 규모의 경제 : 생산량이 증가함에 따라 장기 평균 비용이 하락하는 현상
2) 규모의 비경제 : 생산량이 증가함에 따라 장기 평균 비용이 상승하는 현상
3) 구별 : 장기평균비용곡선 최하점 기준, 좌측은 규모의 경제, 우측은 규모의 비경제

설문에서 먼저 비용함수를 구하면 다음과 같다.

생산함수가 $Q(L, K) = \sqrt{LK}$ 이고 단기적으로 K가 1로 고정되어 있으므로 $Q = \sqrt{L}$ 이 된다.
이를 변형하면, $Q^2 = L$ 이 된다.

이때, 단위당 임금과 단위당 자본비용이 각각 1원 및 9원으로 주어져 있으므로 비용은 다음과 같다.
$C = wL + rK = Q^2 + 9$가 되므로 평균비용 $AC = Q + \frac{9}{Q}$가 된다.

따라서 설문에서처럼 단기적으로 이 기업에서 규모의 경제가 나타나는 생산량 Q의 범위는 평균비용의 최저를 기준으로 구할 수 있다. 평균비용의 최저는 $\frac{dAC}{dQ} = 0$에서 달성되며, $1 - \frac{9}{Q^2} = 0$이 되어 그때의 $Q = 3$이 된다. 따라서 규모의 경제는 생산량이 0과 3 사이에서 나타난다.

THEME 08 범위의 경제

1 의의

범위의 경제란 한 기업이 여러 가지 상품을 동시에 생산하는 체제가 각각의 기업이 하나의 상품만 별도로 생산하는 체제보다 생산비용이 저렴한 경우를 의미한다.

2 수리적 분석

1) 범위의 경제

$C(X,\ Y)$ (동시생산비용) < $C_X(X)+C_Y(Y)$ (별도생산비용)

2) 범위의 불경제에 대한 측정지표

$$\frac{C_X(X)+C_Y(Y)-C(X,\ Y)}{C(X,\ Y)}$$

① 0보다 크면 범위의 경제(그 크기가 클수록 범위의 경제가 크게 작용)

② 0보다 작으면 범위의 불경제

3 발생이유

1) 생산요소 측면

특정 생산요소가 두 상품의 생산에 공통으로 이용되는 경우에는 각각 상품을 생산할 때보다 동시에 모든 상품을 생산할 때 비용을 절감할 수 있어서 범위의 경제가 나타난다. 예를 들면 한 개의 항공사의 항공기를 통해 여객수송 서비스, 화물수송 서비스를 모두 제공하는 경우에 두 개의 항공사가 따로따로 제공하는 경우보다 비용을 절감할 수 있다.

2) 생산물 측면

한 재화의 부산물로 다른 재화가 생산되는 경우에도 각각 상품을 생산할 때보다 동시에 모든 상품을 생산할 때 비용을 절감할 수 있어서 범위의 경제가 나타난다. 원유를 정제하는 과정에서 분리점에 따라서 휘발유, 경유, 나프타 등을 생산할 수 있는데 이들을 각각의 기업에 의해서 생산하는 것보다는 하나의 기업이 동시에 모두 생산하는 것이 비용을 절감할 수 있다.

4 범위의 경제 vs 규모의 경제

1) 범위의 경제는 규모의 경제와 무관하다.

2) 규모의 경제가 있더라도 범위의 경제는 없을 수도 있고, 규모의 불경제가 있더라도 범위의 경제는 있을 수 있다. 또 규모의 경제와 범위의 경제가 동시에 존재할 수도 있다.

필수예제

생산비용에 대한 설명으로 옳은 것만을 모두 고른 것은? ▸ 2015년 국가직 7급

ㄱ. 총비용함수가 $TC = 100 + \sqrt{Q}$인 경우 규모의 경제가 존재한다. (단, Q는 생산량이다)
ㄴ. 한 기업이 두 재화 X, Y를 생산할 경우의 비용이 $C(X, Y) = 10 + 2X + 3Y - XY$이고, 두 기업이 X, Y를 독립적으로 하나씩 생산할 경우의 비용이 각각 $C(X) = 5 + 2X$, $C(Y) = 5 + 3Y$인 경우 범위의 경제가 존재한다.
ㄷ. 매몰비용과 관련된 기회비용은 0이다.

① ㄱ, ㄴ ② ㄱ, ㄷ
③ ㄴ, ㄷ ④ ㄱ, ㄴ, ㄷ

출제이슈 규모의 경제와 범위의 경제
핵심해설 **정답 ④**

규모의 경제와 규모의 비경제는 다음과 같이 구분된다.

1) **규모의 경제** : 생산량이 증가함에 따라 장기 평균 비용이 하락하는 현상
2) **규모의 비경제** : 생산량이 증가함에 따라 장기 평균 비용이 상승하는 현상
3) **구별** : 장기평균비용곡선 최하점 기준, 좌측은 규모의 경제, 우측은 규모의 비경제

따라서 지문 ㄱ에서 $TC(Q) = 100 + \sqrt{Q}$이므로 $AC(Q) = \frac{100}{Q} + \frac{1}{\sqrt{Q}}$이 된다.
이때 $\frac{dAC}{dQ} = -\frac{100}{Q^2} - \frac{0.5}{Q^{1.5}}$가 되어 항상 음수가 된다. 따라서 규모의 경제가 항상 나타난다.

범위의 경제란 한 기업이 여러 가지 상품을 동시에 생산하는 체제가 각각의 기업이 하나의 상품만 별도로 생산하는 체제보다 생산비용이 저렴한 경우를 의미한다.
범위의 경제가 성립할 경우 $C(X, Y) < C_X(X) + C_Y(Y)$이 성립한다.
$C(X, Y)$: X, Y 동시 생산시 비용, $C_X(X)$: X만 생산시 비용, $C_Y(Y)$: Y만 생산시 비용

따라서 지문 ㄴ에서 한 기업이 두 재화 X, Y를 생산할 경우의 비용이 $C(X, Y) = 10 + 2X + 3Y - XY$이고, 두 기업이 X, Y를 독립적으로 하나씩 생산할 경우의 비용이 각각 $C(X) = 5 + 2X$, $C(Y) = 5 + 3Y$이기 때문에 $C(X, Y) < C_X(X) + C_Y(Y)$이 성립한다. 따라서 범위의 경제가 존재한다.

지문 ㄷ에서 매몰비용은 회수할 수 없는 비용으로서 경제적 의사결정에서 고려되어서는 안 되며 기회비용이 0이 된다. 한편, 구별할 개념으로 고정비용은 고정투입요소에 대한 비용(예 공장부지, 기계 임차에 따른 비용)으로 회수가능한 비용과 회수불가능한 비용(매몰비용)으로 구성된다. 모든 고정비용이 매몰비용인 것은 아니다. 재판매가 가능한 생산시설에 소요된 비용의 경우, 고정비용으로서 일부는 매몰비용으로 회수불가능한 비용이지만, 일부는 회수가능한 비용이다.

Chapter 10

이윤이론

THEME 01 이윤

1 의의

기업의 이윤은 상품을 팔고 얻은 총수입(TR)에서 상품을 만드는 데 투입된 총비용(TC)을 뺀 것을 의미한다. 이윤은 아래와 같이 비용을 회계적 비용 혹은 경제적 비용으로 측정함에 따라서 회계적 이윤과 경제적 이윤으로 나뉜다.

2 경제적 비용의 측정

1) 명시적 비용(금전적 지출액)

기업의 생산 활동 과정에서 실제로 발생하는 지출로서 예를 들면 원료구입비, 노동임금, 자본 임대료 등이 있다. 이는 어느 대안을 선택함으로써 포기한 자원의 가치로 실제로 지출된 금전적 비용이며 회계장부에 기록된 회계적 비용이다.

2) 암묵적 비용(포기한 대안의 순편익)

기업의 생산활동 과정에서 실제로 발생한 지출은 아니지만 생산활동으로 인해서 포기한 다른 활동으로부터 얻을 수 있는 수익으로서 예를 들면 자신 소유 및 거주 건물의 임대료 등이 있다. 이는 어느 대안을 선택함으로써 포기한 자원의 가치로 실제로 지출된 비용은 아니지만, 얻을 수 있었던 수익의 감소로 인한 비용이다. 대안 선택을 위해서는 실제로 지출된 금전적 비용 이외에도 추가로 포기한 자원들(예를 들어 투입기회, 생산기회, 시간 등)이 있으며 그에 대한 가치가 암묵적 비용이다.

3 이윤의 종류

1) 회계적 이윤

= 총수입 - 회계적 비용

= 총수입 - 명시적 비용

2) 경제적 이윤

= 총수입 - 경제적 비용

= 총수입 - (명시적 비용 + 암묵적 비용)

4 이윤의 결정요소

이윤은 총수입에서 총비용을 차감한 것이므로 총수입 및 총비용에 영향을 주는 모든 요인들이 이윤에 영향을 준다고 할 수 있다. 기술체계, 요소가격체계, 수요체계, 시장조직체계 등이 대표적으로 이윤에 영향을 주는 요인들이다.

5 이윤극대화와 기업의 목표

오늘날 복잡다기한 기업의 조직을 고려하면, 기업이 단순히 이윤을 극대화하는 것만을 목표로 삼는다고 하기는 매우 비현실적이다. 이윤 이외에 매출액이나 시장점유율 등의 성장을 목표로 삼을 수도 있고 단기적으로는 이윤극대화에 부합되진 않지만 장기적으로 이윤을 극대화하려고 시도할 수도 있다. 따라서 가설적 관점에서 이윤극대화가설을 일단 채택하되 대체적 가설로서 장기이윤극대화가설, 제약된 이윤극대화가설, 수입극대화가설, 만족이윤극대화가설 등을 고려할 수 있음에 주의하자.

필수예제

전직 프로골퍼인 어떤 농부가 있다. 이 농부는 골프 레슨으로 시간당 3만원을 벌 수 있다. 어느 날 이 농부가 15만원어치 씨앗을 사서 10시간 파종하였는데 그 결과 30만원의 수확을 올렸다면, 이 농부의 회계학적 이윤(또는 손실)과 경제적 이윤(또는 손실)은 각각 얼마인가? ▸ 2015년 서울시 7급

① 회계학적 이윤 30만원, 경제적 이윤 30만원
② 회계학적 이윤 15만원, 경제적 손실 15만원
③ 회계학적 손실 15만원, 경제적 손실 15만원
④ 회계학적 손실 15만원, 경제적 이윤 15만원

출제이슈 회계적 이윤과 경제적 이윤

핵심해설 **정답** ②

이윤은 상품을 팔고 얻은 총수입(TR)에서 상품을 만드는 데 투입된 총비용(TC)을 뺀 것으로서, 회계적 이윤과 경제적 이윤이 있다.

1) 회계적 이윤 = 총수입 - 회계적 비용 = 총수입 - 명시적 비용
2) 경제적 이윤 = 총수입 - 경제적 비용 = 총수입 - (명시적 비용 + 암묵적 비용)

경제적 이윤을 구하기 위해서는 경제적 비용, 즉 명시적 비용과 암묵적 비용을 알아야 한다.

명시적 비용은 어느 대안을 선택함으로써 포기한 자원의 가치로서 실제로 지출된 금전적 비용이다. 이는 대안 선택을 위해 실제로 지출하여야 하는 비용으로 회계장부에 기록된 회계적 비용이다.

암묵적 비용은 어느 대안을 선택함으로써 포기한 자원의 가치로서 실제로 지출된 비용은 아니지만, 얻을 수 있었던 수익의 감소로 인한 비용이다. 대안 선택을 위해서는 금전적 비용 이외에도 추가로 포기한 자원들(예를 들어 시간 등)이 있으며 그에 대한 가치가 바로 암묵적 비용이 된다.

설문에서 농부가 15만원어치 씨앗을 사서 10시간 파종한 경우의 이윤은 다음과 같다.

1) 수입 혹은 수익
   농부가 15만원어치 씨앗을 사서 10시간 파종한 경우 수입 혹은 수익은 30만원으로 주어졌다.

2) 비용
   ① 명시적 비용 : 씨앗을 사는 데 지출한 15만원
   ② 암묵적 비용 : 시간당 3만원의 기회를 포기한 10시간의 비용으로서 30만원

3) 이윤
   ① 회계적 이윤 = 총수입 - 회계적 비용 = 총수입 - 명시적 비용 = 30 - 15 = 15(만원)
   ② 경제적 이윤 = 총수입 - 경제적 비용 = 총수입 - (명시적 비용 + 암묵적 비용) = 30 - 45 = -15(만원)

THEME 02 이윤함수와 시장제약

1 의의(수리적 표현)

$\pi = TR - TC = TR(Q) - TC(Q)$

2 구성요소

1) 총수입 $TR = P \cdot Q$

① $P = \overline{P}$인 경우 $TR = \overline{P} \cdot Q$
② $P = P(Q)$인 경우 $TR = P(Q) \cdot Q$

총수입을 표시하는 데 있어서는 아래와 같이 기업이 어떤 시장에서 활동하며 제약을 받고 있는가가 매우 중요하다.

2) 총비용 $TC = C(Q)$

여기서 총비용은 주어진 생산량을 최소의 비용으로 생산했을 때 투입되는 각종 요소비용 및 기타 비용으로서 특히 노동비용과 자본비용으로 구성되었다고 가정하자. 이때, 노동비용과 자본비용에 포커스를 맞춰서 분석하는 것은 생산요소시장에서 이윤극대화 요소고용량을 도출할 때 활용된다. 여기서는 생산량이 증가함에 따라서 총비용이 증가하는 관점에서 총비용을 접근하도록 한다.

3 시장제약

1) 기업이 경쟁적 시장에서 활동하는 경우

경쟁시장은 시장지배적 사업자가 없기 때문에 경쟁시장에서 활동하는 기업은 가격을 설정하지 못하고 수용할 뿐이다. 따라서 시장에서 결정된 $P = \overline{P}$의 가격을 토대로 의사결정을 해야 한다. 이때 기업이 직면하는 수요곡선은 가격 수준에서 수평선이 된다. 기업이 자신이 원하는 산출량을 그 뜻대로 무리 없이 팔 수 있고 이로 인해 수입을 얻을 수 있음을 의미한다. 기업이 직면하는 수요곡선은 또한 기업입장에서 한계수입곡선의 의미를 지닌다. 경쟁기업이 추가적으로 상품을 시장에 내다 팔 경우에 가격하락 없이 현재의 가격만큼을 한계수입으로 얻을 수 있다는 뜻이다.

2) 기업이 불완전경쟁 시장에서 활동하는 경우

불완전경쟁 시장의 기업은 생산량을 조절함으로써 가격을 설정할 수 있게 된다. 경쟁시장과는 달리 가격을 수용하는 것이 아니다. 불완전경쟁 시장에서 시장을 지배하는 사업자는 가격을 적절한 수준에 설정할 수 있다. 가격을 설정할 때 이용하는 방식은 산출량을 늘리거나 줄임으로써 가격을 낮게 혹은 높게 설정할 수 있다. 그러나 시장지배적 기업이라고 하더라도 가격을 설정함에 있어서 수요자들이 최대한 낼 용의가 있는 수요가격을 넘어서서 설정할 수는 없기 때문에 $P=P(Q)$의 수요제약에 본질적으로 직면할 수밖에 없다. 즉, 독점사업자는 가격과 산출량을 동시에 모두 설정할 수는 없는 것이며 이윤극대화 산출량을 결정하면 수요함수에 의해서 가격은 사실상 결정된 것과 다름없다. 이는 기업들이 이윤극대화를 위해서는 수요가격보다 낮은 가격으로 설정해서는 안 되며 수요가격을 초과하는 가격의 설정은 불가능하기 때문이다. 이때 기업이 직면하는 수요곡선은 우하향하는 모습을 보인다.

THEME 03 생산자 최적선택(이윤극대화)

1 의의

시장에 참가한 기업이 주어진 시장제약 및 기술제약 하에서 이윤을 극대화한 상태가 생산자의 최적선택이 된다. 특히 시장제약은 이윤극대화 모형에서 가장 중요한 제약으로서 기업이 경쟁적 시장 혹은 불완전경쟁적 시장에서 활동함에 따라 가격수용자가 되는지 가격설정자가 되는지를 의미하고 있다.

2 기하적 분석 (본장에서는 $P=\overline{P}$인 경우만 상정)

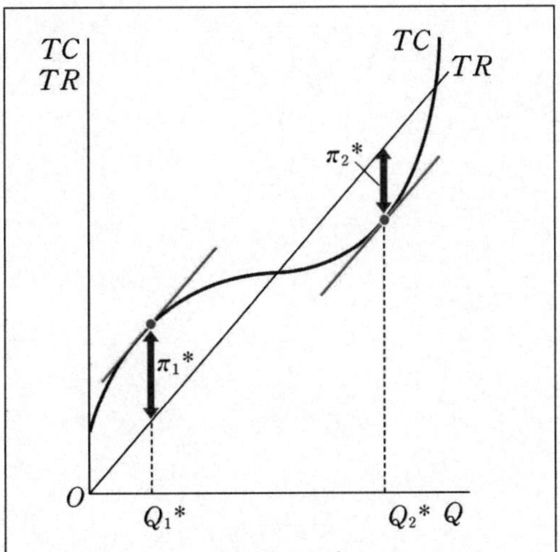

(그림 10-1)

① TR과 TC의 차이가 극대화 되는 Q_2^*에서 이윤이 극대화된다.

② Q_1^*에서는 손실이 극대화됨에 주의해야 한다. 다만, Q_1^*, Q_2^*에서 모두 $MR=MC$의 조건은 충족되고 있으므로 이는 이윤극대화를 위한 2계 조건을 검토할 필요성이 있음을 나타낸다.

3 수리적 분석

$$Max\ \pi = P \cdot Q - C(Q)$$
$$s.t.\ P = \overline{P}$$

$$\frac{d\pi}{dQ} = \overline{P} - C'(Q) = 0$$

$$\therefore\ \overline{P} = C'(Q)$$

THEME 04 생산자 최적선택의 변화(가격변화)

1 의의

주어진 제약조건(시장에서 주어진 가격 등)이 변화함에 따라 생산자 최적선택으로서 이윤극대화 의사결정도 변화하게 된다. 특히 아래와 같이 가격의 변화에 따라서 이윤극대화 산출량이 변화하게 된다.

2 기하적 분석

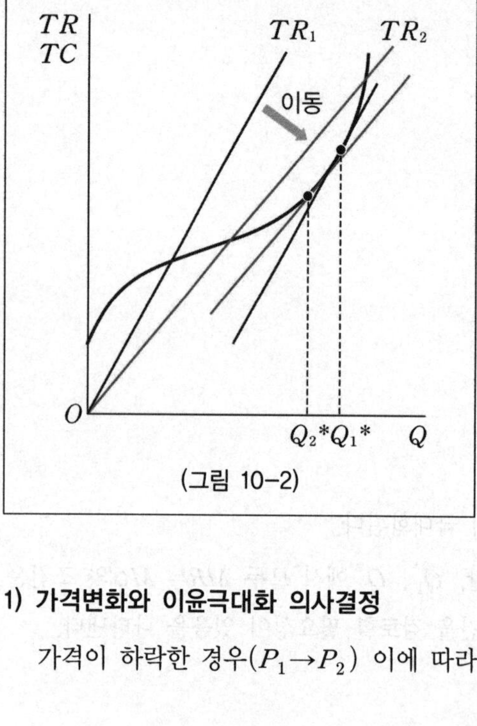

(그림 10-2)

1) 가격변화와 이윤극대화 의사결정

가격이 하락한 경우($P_1 \rightarrow P_2$) 이에 따라서 이윤극대화 산출량($Q_1^* \rightarrow Q_2^*$)이 감소한다.

$$\begin{Bmatrix} TC = C(Q) \text{는 불변} \\ TR_1 = P_1 Q \rightarrow TR_2 = P_2 Q \end{Bmatrix}$$

2) 공급곡선

가격의 변화에 따른 이윤극대화 산출·공급량을 연결한 곡선이 바로 공급곡선이 된다. 공급곡선이란 주어진 가격 수준에서 공급할 의사가 있는 수량인데 이때 공급하고자 하는 수량은 바로 공급자인 기업의 이윤을 극대화시켜 주는 것이 된다. 따라서 가격변화에 따른 이윤극대화 산출량의 궤적이 공급곡선의 각 점을 의미하게 되는 것이다.

3 공급곡선과 MC의 관계

기업의 한계비용곡선이 $MC = MC(Q)$일 때, 이윤극대화조건은 $MR(=P) = MC$로 구할 수 있음을 이미 분석하였다. 따라서 이윤극대화 조건을 다시 쓰면 $P = MC(Q)$가 되며 이를 해석하면 가격변화에 따른 이윤극대화 산출량은 아래 그래프에서 보듯 MC 곡선을 따라 이루어지고 있다는 것이다. 그러므로 결국 기업의 MC 곡선은 공급곡선을 의미하게 된다.

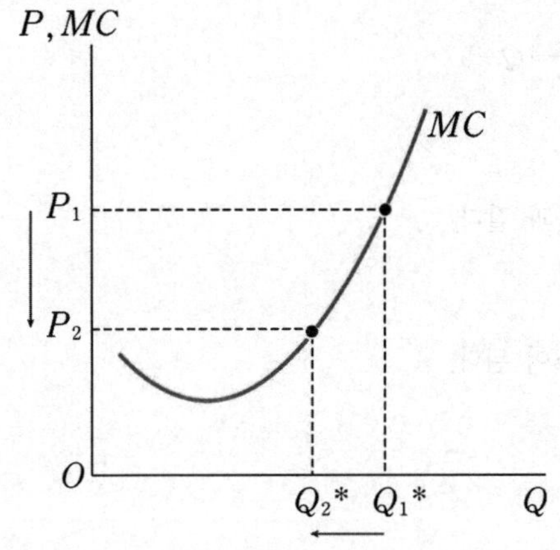

(그림 10-3)

필수예제

어느 기업의 평균수입(AR)함수는 $AR = 60-3Q$, 총비용함수는 $TC = Q^2-4Q+5$라고 할 때, 이 기업의 이윤극대화 생산량은? (단, Q는 수량, TC는 총비용이다.) ▸ 2011년 국가직 7급

① 4 ② 8 ③ 12 ④ 16

출제이슈 이윤극대화 조건과 도출

핵심해설 **정답 ②**

이윤극대화는 주어진 시장제약 및 기술제약 하에서 이윤을 극대화한 상태로서 수리적으로 분석하면 다음과 같다.

$\pi = PQ - TC$

$P = P(Q),\ TC = C(Q)$

$Max\ \pi$

$\pi = PQ - TC$

$P = 60-3Q,\ TC = Q^2-4Q+5$

$Max\ \pi$

설문에서 주어진 자료를 토대로 이윤극대화를 풀어내면 다음과 같다.

$TR = (60-3Q)Q$ 이므로 $MR = 60-6Q$이 된다.
$MC = 2Q-4$이므로 $MR = MC$에서 이윤극대화 산출량은 8이 된다.

모든 시장이 완전경쟁적인 갑국에서 대표적인 기업 A의 생산함수가 $Y=4L^{0.5}K^{0.5}$ 이다. 단기적으로 A의 자본량은 1로 고정되어 있다. 생산물 가격이 2이고 명목임금이 4일 경우, 이윤을 극대화하는 A의 단기생산량은? (단, Y는 생산량, L은 노동량, K는 자본량이며, 모든 생산물은 동일한 상품이다.)

▸ 2019년 감정평가사

① 1　② 2　③ 4
④ 8　⑤ 16

출제이슈 이윤극대화 조건과 도출

핵심해설 **정답** ③

$Y=4L^{0.5}K^{0.5}$에서 단기적으로 자본량은 1로 고정되어 있으므로 $Y=4L^{0.5}$를 쓸 수 있다.

이를 변형하면 $Y^2=16L$이므로 $L=\frac{Y^2}{16}$이 된다.

비용은 $C=wL+rK$이므로 주어진 정보를 활용하여 변형하면 다음과 같다.

$C=wL+rK=4\times\frac{Y^2}{16}+r$ 따라서 한계비용은 $MC=\frac{Y}{2}$가 된다.

완전경쟁시장에서 가격이 2이므로 해당 기업은 가격과 한계비용이 일치하는 수준에서 이윤을 극대화할 수 있다.

따라서 $2=\frac{Y}{2}$이므로 이윤극대화 산출량은 4가 된다.

완전경쟁시장에서 개별기업의 단기 총비용곡선이 $STC = a + \frac{q^2}{100}$ 일 때, 단기공급곡선 q_s 는?

(단, a는 고정자본비용, q는 수량, p는 가격이다.) ▸ 2017년 감정평가사

① $q_s = 50p$　② $q_s = 60p$　③ $q_s = 200p$

④ $q_s = 300p$　⑤ $q_s = 400p$

출제이슈 개별기업의 단기이윤극대화와 단기공급곡선의 도출

핵심해설 **정답** ①

단기 총비용곡선이 $STC = a + \frac{q^2}{100}$ 으로 주어졌으므로 단기 한계비용은 $SMC = \frac{q}{50}$ 가 된다.
경쟁시장에서 활동하는 기업의 단기공급곡선은 단기한계비용곡선과 일치한다.

따라서 단기한계비용곡선에 기업의 이윤극대화 조건인 $P = SMC$를 반영하면
기업의 단기공급곡선은 $P = \frac{q}{50}$ 또는 $q = 50P$가 된다.

PART

05

생산물시장이론

Chapter 11

완전경쟁시장

THEME 01 경쟁의 의미와 완전경쟁시장

1 경쟁의 의미

1) 구조적 측면에서의 경쟁

정태적 경쟁으로서 시장에 참가한 기업의 수에 따라서 경쟁을 파악할 수 있다. 이러한 관점에서 경쟁이란 기업의 수가 너무 많아서 경쟁의 사실조차 느끼지 못하는 상태를 의미한다.

2) 행태적 측면에서의 경쟁

동태적 경쟁으로서 시장에 참가한 기업의 행위에 따라서 경쟁을 파악할 수 있다. 이러한 관점에서 경쟁이란 다른 기업과 벌이는 치열한 싸움 즉, 전쟁의 상태를 의미한다.

※ 위에서 살펴본 경쟁의 개념은 경제이론적 관점에서 접근한 것이며 현실에서 법적인 관점에서 경쟁의 개념은 한국, 미국 등 대부분의 국가의 경우 이를 법에 규정하지 않고 법 집행과정에서 정립되도록 하고 있음에 유의하자.

2 완전경쟁시장의 조건

1) 다수의 수요자와 공급자

시장에 참가한 주체들이 다수라는 것은 그 누구도 가격에 영향을 줄 수 없음을 의미한다. 수요자와 공급자 모두 가격수용자가 되는 것이다.

2) 정보가 완전

시장에서 발생하는 거래와 관련된 모든 경제적, 기술적 정보가 완전하게 갖추어져 있어서 쉽게 활용가능하다.

3) 동질적 상품

시장에서 거래되는 상품은 공급자와 관계없이 항상 동질적이기 때문에 소비자는 자기와 거래하는 공급자가 누구인지 신경을 쓸 필요가 전혀 없다.

4) 진입, 퇴출 자유

장기적으로 시장에 진입하거나 퇴출하는 데 있어서 장애가 되는 요인이 없기 때문에 자유로운 진퇴가 가능하다. 진입장벽, 퇴출장벽 및 매몰비용이 모두 없음을 의미한다.

3 완전경쟁시장의 장, 단기

1) 장기

장기는 기업이 시장에 진입, 이탈하는 것이 자유로운 정도의 충분한 시간을 말한다.

2) 단기

단기는 기업이 시장에 진입, 이탈하는 데 있어서 제한이 있는 비교적 짧은 기간을 말한다. 따라서 단기에는 기존의 기업들이 산출량을 변화시키는 것은 가능하지만, 새로운 기업의 진입이나 기존 기업의 이탈로 인한 산출량의 변화는 불가능하다.

4 완전경쟁시장의 존재 의의

엄밀하게 본다면 완전경쟁시장은 현실에서는 존재하지 않지만 현실에서 어느 정도 유사한 경우는 있을 수 있다. 완전경쟁시장이란 현실과는 분명히 괴리된 측면이 있지만 이는 달리 보면 추구해야 할 목표가 되는 이상적인 시장을 제시한 것이며 또한 현실에서 존재하는 시장을 평가하는 기준이 될 수 있음을 의미한다.

5 완전경쟁시장에 대한 비판적 논의

1) 완전경쟁시장에 대한 비판

완전경쟁시장은 과거와 지금 존재하지도 않았고, 미래에도 존재하지 않을 이상적인 시장이라는 한계가 있다. 물론 현실에서 존재하는 시장을 평가하는 기준이 될 수 있음에도 불구하고 존재하지도 않고 존재할 수도 없는 시장을 목표로 삼을 필요도 없으며 현실의 시장을 평가할 기준으로 삼아서도 안 된다는 비판이 있다.

2) 유효경쟁시장의 등장

완전경쟁시장의 비현실적인 한계를 인식하고 완전경쟁시장과 유사한 자원배분을 시현하면서도 완전경쟁시장의 달성조건들을 완화한 시장개념이 등장하였는데 이것이 바로 클라크 등에 의해서 제시된 유효경쟁시장이론이다. 유효경쟁시장은 완전경쟁시장을 보다 현실에 가깝게 수정한 시장을 의미한다.

THEME 02 개별기업의 균형(단기)

1 의의

1) 균형

개별기업(생산자)의 단기균형이란 단기에 기업의 이윤이 극대화된 상태를 의미한다. 이는 이미 앞장에서 살펴본 바와 같이 한계수입과 한계비용이 일치할 때 달성된다. 이하에서 상술한다.

2) 단기

단기에는 신규기업은 진입이 불가능하고 기존기업은 이탈이 불가능하며 단지 산출량의 조절만 가능하다. 반면 장기는 기업이 시장에 진입, 이탈하는 것이 자유로운 정도의 충분한 시간으로서 차이가 있다. 장단기의 구분이 물리적이거나 절대적인 시간을 가지고 구분하는 것이 아님에 주의해야 한다.

2 개별기업의 단기균형(이윤극대화)

1) 이윤 $\pi = TR - TC$

2) 총수입 $TR = PQ$

① 시장수요

i) 이때 P는 개별기업이 시장에서 받을 수 있는 가격으로서 한계수입이 된다. 이는 개별기업이 직면하는 수요를 의미한다. 즉 수요곡선이 수평선으로서 $P = \overline{P}$와 같이 상수함수라는 것이다.

ii) 완전경쟁시장의 특성상 개별기업은 시장에서 결정된 가격보다 더 받을 수는 없으며 덜 받을 필요도 없다. 즉, 수요는 $P = \overline{P}$ 수준에서 무한대로 상정할 수 있다.

② 따라서 총수입은 $TR = PQ = \overline{P}Q$ 가 된다.

3) 총비용 $TC = C(Q)$

4) 이윤극대화(수리적 분석)

$$\underset{Q}{Max}\ \pi = TR - TC = \overline{P}Q - C(Q)$$

$$\therefore \frac{dTR}{dQ} - \frac{dTC}{dQ} = 0$$

$\therefore MR = MC$이므로 이는 $\overline{P} = C'(Q)$를 의미한다.

$\therefore \overline{P} = C'(Q)$를 풀면 $Q = Q^*$를 도출해낼 수 있다.

5) 이윤극대화(기하학적 분석)

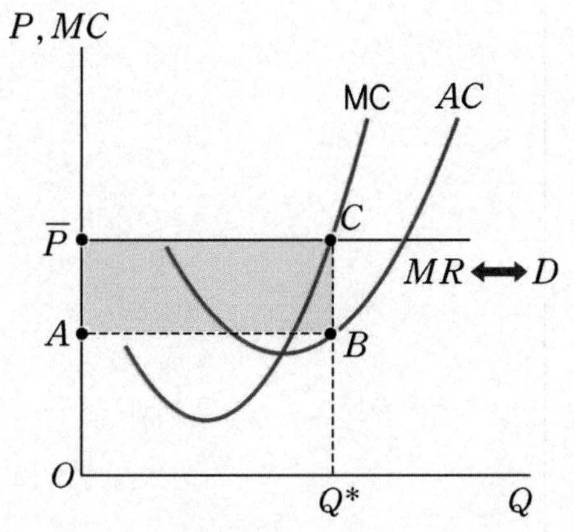

(그림 11-1)

주어진 시장가격 $\overline{P}$에 대응하여 MC와 일치시키는 산출량을 구하면 $Q = Q^*$의 이윤극대화 산출량을 구할 수 있으며 이때 극대화된 이윤은 위의 그래프에서 사각형 $\overline{P}ABC$의 면적이 된다.

3 개별기업의 단기공급곡선

1) 의의

공급곡선은 주어진 시장가격에 대하여 개별기업이 공급하고자 하는 수량을 연결한 곡선을 의미한다. 개별기업이 공급하고자 하는 수량은 이윤극대화 산출량이 된다.

2) 도출

① 주어진 시장가격 $\overline{P}$에 대하여 개별기업은 이윤극대화 조건을 달성시키는 $\overline{P}=MC$ 인 Q^*를 공급하고자 하며, 이러한 이윤극대화 산출량 Q^*는 시장가격 $\overline{P}$가 변화함에 따라 변화한다.

② 이때 $\overline{P}$와 Q^*의 궤적은 정확히 MC를 따라서 형성되며, 따라서 공급곡선이 바로 한계비용곡선이 됨($SC \Leftrightarrow MC$)을 알 수 있다. 다만, 한계비용곡선의 모든 영역이 공급곡선이 아닐 수도 있으니 이에 대하여는 아래의 유의사항에서 상술한다.

3) 유의사항

기업은 $P=MC$에서 생산하며, 이때 $P=P_1 \sim P_5$인 경우로 나누어서 분석해보자.

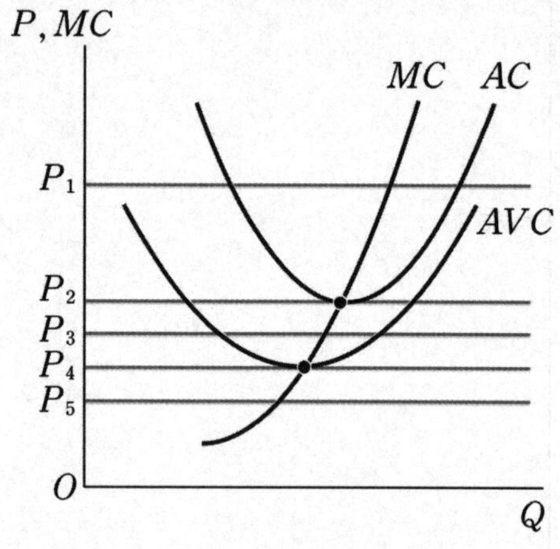

(그림 11-2)

① $P=P_1$, $\boxed{P} > \boxed{AC} > \boxed{AVC}$

$PQ > AC \cdot Q > AVC \cdot Q$

$TR > TC > TVC$

$\therefore TR-TC>0$ $\quad \therefore \pi>0$, 초과이윤

② $P=P_2$, $\boxed{P} = \boxed{AC} > \boxed{AVC}$

$PQ = AC \cdot Q > AVC \cdot Q$

$TR = TC > TVC$

$\therefore TR=TC$ $\quad \therefore \pi=0$, 정상이윤

③ $P = P_3$, $\boxed{AC} > \boxed{P} > \boxed{AVC}$

$$AC \cdot Q > PQ > AVC \cdot Q$$
$$TC > TR > TVC$$

∴ i) $TR - TC < 0$ ∴ $\pi < 0$ 손실

ii) $TR - TVC > 0$ ∴ $PS > 0$, 생산자잉여 ⊕

$TR > TVC$

$TR > TC - TFC$

$TR - TC > -TFC$

iii) $0 > TR - TC > -TFC$

생산 시 이윤 > 중단 시 이윤 ∴ 생산을 지속
(−5억) (−10억)

④ $P = P_4$, $\boxed{AC} > \boxed{P} = \boxed{AVC}$

$$AC \cdot Q > PQ = AVC \cdot Q$$
$$TC > TR = TVC$$

∴ i) $TR - TC < 0$ ∴ $\pi < 0$, 손실

ii) $TR - TVC = 0$, ∴ $PS = 0$, 생산자잉여 0

⑤ $P = P_5$, $\boxed{AC} > \boxed{AVC} > \boxed{P}$

$$AC \cdot Q > AVC \cdot Q > PQ$$
$$TC > TVC > TR$$

∴ i) $TR - TC < 0$ ∴ $\pi < 0$, 손실

ii) $TR - TVC < 0$ ∴ $PS < 0$, 생산자잉여 ⊖

$TR < TVC$

$TR < TC - TFC$

$TR - TC < -TFC$

iii) $0 > -TFC > TR-TC$

$\qquad\qquad\quad \| \qquad\qquad \|$

중단 시 이윤 > 생산 시 이윤 ∴ 생산을 중단

(-20억) (-40억)

4) 단기공급곡선의 재도출

위의 분석결과에 따라서 공급곡선 SC는 생산중단점(AVC 곡선의 최저점) 이후의 한계비용곡선 MC라고 할 수 있다. 단, 주의할 사항은 단기에 존재하는 고정비용이 모두 매몰비용이라는 전제에서 도출된 것이며, 만일 고정비용이 모두 회수가능한 비용인 경우에 공급곡선은 AC곡선 최저점 이후의 한계비용곡선이 된다.

필수예제

아래 〈그림〉은 이윤극대화를 추구하는 어떤 기업의 단기에서의 한계수입(MR), 한계비용(MC) 및 평균비용(AC)을 표시한 것이다. 다음 중 각각의 생산량 수준인 점 a, b, c, d에 대한 설명으로 옳은 것을 〈보기〉에서 모두 고르면? ▸ 2016년 국회 8급

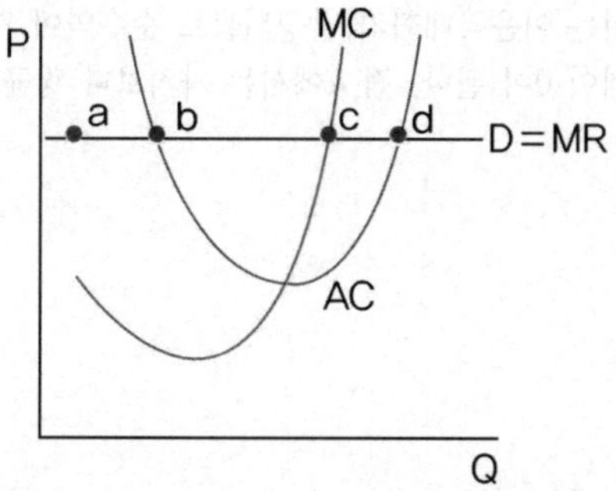

* 재화의 판매가격이 일정하여 한계수입곡선은 수평으로 표시된다.

〈보기〉
ㄱ. 해당기업은 손익분기점인 점 c의 생산량을 선택할 것이다.
ㄴ. 점 c에서 이윤이 최대가 된다.
ㄷ. 점 d에서 초과이윤이 발생한다.
ㄹ. 점 a, b, c, d 중에서 점 b의 순수익이 가장 크다.
ㅁ. 점 a, b, c, d 중에서 점 a의 순수익이 가장 적다.

① ㄱ, ㄴ ② ㄴ, ㄷ ③ ㄴ, ㅁ
④ ㄱ, ㄴ, ㅁ ⑤ ㄴ, ㄹ, ㅁ

출제이슈 경쟁기업의 단기균형

핵심해설 **정답 ③**

설문을 검토하면 다음과 같다.

ㄱ. 틀린 내용이다.
해당기업은 손익분기점이 아니라 이윤극대화가 달성되는 점 c의 생산량을 선택한다.

ㄴ. 옳은 내용이다.
점 c에서는 가격과 한계비용이 일치하여 이윤이 최대가 된다.

ㄷ. 틀린 내용이다.

점 d에서는 가격과 평균비용이 일치하여 초과이윤이 발생하지 않는다.

ㄹ. 틀린 내용이다.

점 a, b, c, d 중에서 점 c에서는 이윤극대화가 달성되므로 순수익이 가장 크며, 점 b에서는 가격과 평균비용이 일치하여 순수익이 0이 된다.

ㅁ. 옳은 내용이다.

점 a, b, c, d 중에서 점 c에서는 이윤극대화가 달성되므로 순수익이 가장 크며, 점 b와 점 d에서는 가격과 평균비용이 일치하여 순수익이 0이 된다. 점 a에서는 가격보다 평균비용이 높아서 손실을 보고 있으며 순수익이 가장 낮다.

완전경쟁시장에서 조업하는 어떤 기업이 직면하고 있는 시장가격은 9이고, 이 기업의 평균비용곡선은 $AC(Q)=\frac{7}{Q}+1+Q\ (Q>0)$으로 주어져 있다. 이윤을 극대화하는 이 기업의 산출량 Q는?

▸ 2014년 서울시 7급

① 4 ② 5 ③ 6
④ 7 ⑤ 8

출제이슈 경쟁기업의 단기균형

핵심해설 **정답** ①

경쟁기업의 단기균형은 다음과 같다.

1) 이윤 $\pi = TR - TC$

2) 총수입 $TR = PQ$

① 수요

i) $P=\overline{P}$는 개별기업이 시장에서 받을 수 있는 가격으로 개별기업이 직면하는 수요

ii) 완전경쟁시장의 특성상 개별기업은 정해진 시장가격보다 더 받을 수 없으며 덜 받을 필요도 없다. 즉, 수요는 $P=\overline{P}$ 수준에서 무한대로 상정할 수 있다. 이는 평균수입과 한계수입을 의미한다.

② 따라서 총수입 $TR = PQ = \overline{P}Q$

3) 총비용 $TC = C(Q)$

4) 이윤극대화

$$\underset{Q}{Max}\ \pi = TR - TC = \overline{P}Q - C(Q) \quad \therefore \frac{dTR}{dQ} - \frac{dTC}{dQ} = 0 \quad \overline{P} = C'(Q)$$

경쟁기업의 균형은 $P=MC$에서 달성된다.

설문에서 $AC(Q)=\frac{7}{Q}+1+Q$이므로 $TC(Q)=7+Q+Q^2$이 되며 $MC(Q)=1+2Q$가 된다.

시장가격이 9로 주어져 있으므로 $9=1+2Q$가 되어 이윤극대화 산출량은 4가 된다.

완전경쟁시장의 단기균형 상태에서 시장가격이 10원인 재화에 대한 한 기업의 생산량이 50개, 이윤이 100원이라면 이 기업의 평균비용은? ▸ 2015년 국가직 7급

① 5원
② 6원
③ 7원
④ 8원

출제이슈 경쟁기업의 단기균형

핵심해설 **정답 ④**

경쟁기업의 이윤은 다음과 같이 결정된다.

1) 총수입 $TR = PQ$
① 수요
i) $P = \overline{P}$는 개별기업이 시장에서 받을 수 있는 가격으로 개별기업이 직면하는 수요
ii) 완전경쟁시장의 특성상 개별기업은 정해진 시장가격보다 더 받을 수 없으며 덜 받을 필요도 없다. 즉, 수요는 $P = \overline{P}$ 수준에서 무한대로 상정할 수 있다.
② 따라서 총수입 $TR = PQ = \overline{P}Q$
2) 총비용 $TC = C(Q)$
3) 이윤 $\pi = TR - TC$

설문의 자료를 위의 산식들에 적절히 대입하여 풀면 다음과 같다.

이윤 $\pi = TR - TC$에서 총수입 $TR = PQ = \overline{P}Q$이고 총비용 TC는 정의상 평균비용과 생산량의 곱이므로 $TC = AC \times Q$가 된다.

따라서 $\pi = TR - TC = (10 - AC) \times 50 = 100$이므로 평균비용 $AC = 8$이 된다.

완전경쟁시장에서 기업 A가 생산하는 휴대폰의 가격이 100이고, 총비용함수가 $TC = 4Q^2 + 4Q + 100$일 때, 이윤을 극대화하는 (ㄱ) 생산량과 극대화된 (ㄴ) 이윤은? (단, Q는 생산량이다.)

▸ 2024년 감정평가사

① ㄱ: 10, ㄴ: 476
② ㄱ: 10, ㄴ: 566
③ ㄱ: 10, ㄴ: 1,000
④ ㄱ: 12, ㄴ: 476
⑤ ㄱ: 12, ㄴ: 566

출제이슈 경쟁기업의 단기균형

핵심해설 **정답 ④**

경쟁기업의 단기균형은 다음과 같다.

1) 이윤 $\pi = TR - TC$

2) 총수입 $TR = PQ$

① 수요

i) $P = \overline{P}$는 개별기업이 시장에서 받을 수 있는 가격으로 개별기업이 직면하는 수요

ii) 완전경쟁시장의 특성상 개별기업은 정해진 시장가격보다 더 받을 수 없으며 덜 받을 필요도 없다. 즉, 수요는 $P = \overline{P}$ 수준에서 무한대로 상정할 수 있다. 이는 평균수입과 한계수입을 의미한다.

② 따라서 총수입 $TR = PQ = \overline{P}Q$

3) 총비용 $TC = C(Q)$

4) 이윤극대화

$$\underset{Q}{Max}\,\pi = TR - TC = \overline{P}Q - C(Q) \quad \therefore \frac{dTR}{dQ} - \frac{dTC}{dQ} = 0 \quad \overline{P} = C'(Q)$$

설문에서 가격 $P = 100$이고, A기업의 단기총비용함수는 $TC = 4Q^2 + 4Q + 100$이므로 경쟁기업의 균형조건 $P = MC$를 적용하면 $100 = 8Q + 4$가 된다. 따라서 경쟁기업의 생산량은 $Q = 12$가 된다.

따라서 총수입 $TR = P \times Q = 1{,}200$, 총비용 $TC = 724$이므로 이윤 $\pi = 476$이 된다.

완전경쟁시장에서 A 기업의 총비용함수는 $TC(q) = 10,000 + 100q + 10q^2$ 이고 현재 시장가격은 제품 단위당 900원일 때, 이 기업의 이윤극대화 수준에서 생산자잉여와 기업의 이윤으로 옳은 것은? (단위 : 원)

▸ 2019년 국회 8급

	생산자잉여	기업의 이윤
①	16,000	6,000
②	16,000	12,000
③	24,000	6,000
④	24,000	12,000
⑤	32,000	6,000

출제이슈 경쟁기업의 단기균형과 생산자잉여

핵심해설 **정답** ①

경쟁기업의 단기균형은 다음과 같다.

1) 이윤 $\pi = TR - TC$

2) 총수입 $TR = PQ$

① 수요

i) $P = \overline{P}$는 개별기업이 시장에서 받을 수 있는 가격으로 개별기업이 직면하는 수요

ii) 완전경쟁시장의 특성상 개별기업은 정해진 시장가격보다 더 받을 수 없으며 덜 받을 필요도 없다. 즉, 수요는 $P = \overline{P}$ 수준에서 무한대로 상정할 수 있다.

② 따라서 총수입 $TR = PQ = \overline{P}Q$

3) 총비용 $TC = C(Q)$

4) 이윤극대화

$$\underset{Q}{M_{aX}}\, \pi = TR - TC = \overline{P}Q - C(Q) \quad \therefore \frac{dTR}{dQ} - \frac{dTC}{dQ} = 0 \quad \overline{P} = C'(Q)$$

경쟁기업의 균형은 $P = MC$에서 달성된다.

설문에서 가격은 900원이고, $MC = 100 + 20q$ 이므로 이윤극대화 산출량은 $q = 40$이다.

이때, 생산자잉여를 구하면 $PS = \dfrac{(900-100)\times 40}{2} = 16{,}000$이 된다.

이윤은 $\pi = TR - TC = 900 \times 40 - (10{,}000 + 100 \times 40 + 10 \times 40^2) = 36{,}000 - 30{,}000 = 6{,}000$이 된다.

참고로, 생산자잉여는 총수입에서 가변비용을 차감한 것이므로 $TR - TVC = 900 \times 40 - 20{,}000 = 16{,}000$이 되고, 또한 생산자잉여는 고정비용에 이윤을 가산한 것이므로 $TFC + \pi = 10{,}000 + 6{,}000 = 16{,}000$이 된다.

완전경쟁시장에서 개별기업은 U자형 평균비용곡선과 평균가변비용곡선을 가진다. 시장가격이 350일 때, 생산량 50 수준에서 한계비용은 350, 평균비용은 400, 평균가변비용은 200이다. 다음 중 옳은 것을 모두 고른 것은? ▸ 2019년 감정평가사

ㄱ. 평균비용곡선이 우상향하는 구간에 생산량 50이 존재한다.
ㄴ. 평균가변비용곡선이 우상향하는 구간에 생산량 50이 존재한다.
ㄷ. 생산량 50에서 음(-)의 이윤을 얻고 있다.
ㄹ. 개별기업은 단기에 조업을 중단해야 한다.

① ㄱ, ㄴ ② ㄱ, ㄷ ③ ㄱ, ㄹ
④ ㄴ, ㄷ ⑤ ㄴ, ㄹ

출제이슈 경쟁기업의 생산지속 및 중단의 의사결정

핵심해설 **정답** ④

경쟁기업의 생산지속 및 중단의 의사결정은 다음과 같다.

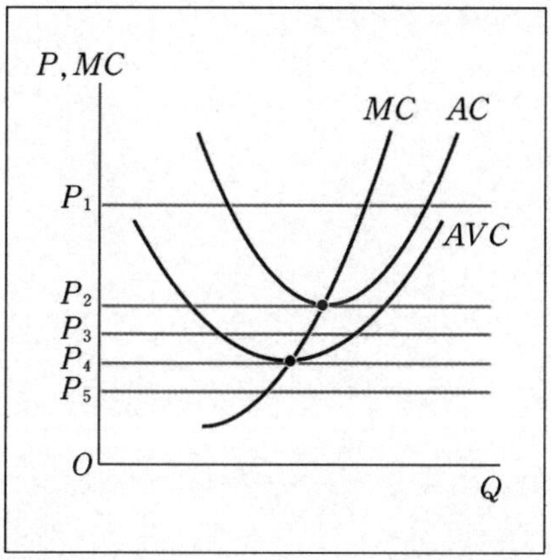

① $P = P_1$, $\boxed{P} > \boxed{AC} > \boxed{AVC}$, $TR > TC > TVC$ $\therefore$ $TR - TC > 0$ $\therefore$ $\pi > 0$, 초과이윤

② $P = P_2$, $\boxed{P} = \boxed{AC} > \boxed{AVC}$, $TR = TC > TVC$ $\therefore$ $TR = TC$ $\therefore$ $\pi = 0$, 정상이윤

③ $P = P_3$, $\boxed{AC} > \boxed{P} > \boxed{AVC}$, $TC > TR > TVC$ $\therefore$ $TR - TC < 0$ $\therefore$ $\pi < 0$ 손실

$0 > TR - TC$(생산시 이윤) $> -TFC$(중단시 이윤) $\therefore$ 생산을 지속

④ $P = P_4$, $\boxed{AC} > \boxed{P} = \boxed{AVC}$, $TC > TR = TVC$ $\therefore$ $TR - TC < 0$ $\therefore$ $\pi < 0$, 손실

$0 > TR - TC$(생산시 이윤) $= -TFC$(중단시 이윤) $\therefore$ 생산 또는 중단

⑤ $P = P_5$, $\boxed{AC} > \boxed{AVC} > \boxed{P}$, $TC > TVC > TR$ $\therefore$ $TR - TC < 0$ $\therefore$ $\pi < 0$, 손실

$0 > -TFC$(중단시 이윤) $> TR - TC$(생산시 이윤) $\therefore$ 생산을 중단

설문에서 시장가격이 350일 때, 생산량 50 수준에서 한계비용은 350, 평균비용은 400, 평균가변비용은 200으로 주어져 있다. 따라서 위의 산식 ③의 경우에 해당한다.

$P = P_3$, $\boxed{AC} > \boxed{P} > \boxed{AVC}$, $TC > TR > TVC$ $\therefore$ $TR - TC < 0$ $\therefore$ $\pi < 0$ 손실

ㄱ. 틀린 내용이다.
위의 그래프에서 ③의 경우에 해당하므로 생산량 50은 평균비용곡선이 우하향하는 구간에 생산량 50이 존재함을 알 수 있다.

ㄴ. 옳은 내용이다.
위의 그래프에서 ③의 경우에 해당하므로 평균가변비용곡선이 우상향하는 구간에 생산량 50이 존재함을 알 수 있다.

ㄷ. 옳은 내용이다.
현재 가격이 평균비용보다 낮기 때문에 생산량 50에서 음(-)의 이윤을 얻고 있다.

ㄹ. 틀린 내용이다.
현재 가격은 평균가변비용보다 높은 수준이기 때문에 개별기업은 단기에 조업을 중단할 필요가 없다.

THEME 03 시장균형(단기)

1 의의

1) 균형

완전경쟁시장에서 단기균형은 시장수요와 시장공급이 일치하는 상태를 의미한다. 이는 시장의 균형으로서 개별기업의 균형 혹은 개별기업의 최적화와는 다른 개념이다.

2) 단기

여기에서 단기 개념은 앞서 개별기업의 단기균형에서 살펴본 단기의 개념과 동일하다. 즉, 단기에는 신규기업은 진입이 불가능하고 기존기업은 이탈이 불가능하며 단지 산출량의 조절만 가능하다. 반면 장기는 기업이 시장에 진입, 이탈하는 것이 자유로운 정도의 충분한 시간으로서 차이가 있다. 장단기의 구분이 물리적이거나 절대적인 시간을 가지고 구분하는 것이 아님에 주의해야 한다.

2 시장수요

개별수요곡선은 주어진 가격과 그에 대응하여 개별소비자가 수요하고자 하는 양의 궤적을 가격과 수요량 평면에 표시한 것을 말한다. 시장수요곡선은 주어진 가격과 그에 대응하여 시장전체의 소비자들이 수요하고자 하는 양의 궤적을 가격과 수요량 평면에 표시한 것을 말한다.
시장수요곡선은 개별수요곡선을 수평합하여 도출할 수 있다. 이 때 시장수요곡선은 개별수요곡선보다 더 완만하게 나타난다. 만일 사적재화가 아니라 공공재인 경우라면 공공재에 대한 개별수요곡선을 수직합하여 시장수요곡선을 도출해야 한다.

3 시장공급

개별공급곡선은 주어진 가격과 그에 대응하여 개별공급자가 공급하고자 하는 양의 궤적을 가격과 공급량 평면에 표시한 것을 말한다. 시장공급곡선은 주어진 가격과 그에 대응하여 시장전체의 공급자들이 수요하고자 하는 양의 궤적을 가격과 공급량 평면에 표시한 것을 말한다.
시장공급곡선은 개별공급곡선을 수평합하여 도출할 수 있다. 이 때 시장공급곡선은 개별공급곡선보다 더 완만하게 나타난다.

4 시장균형

시장수요와 시장공급이 일치할 때 균형이 달성된다.

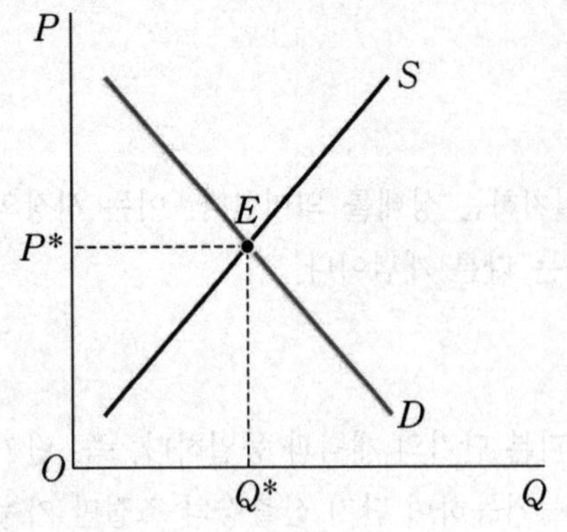

(그림 11-3)

5 시장균형과 개별기업의 균형(이윤극대화)

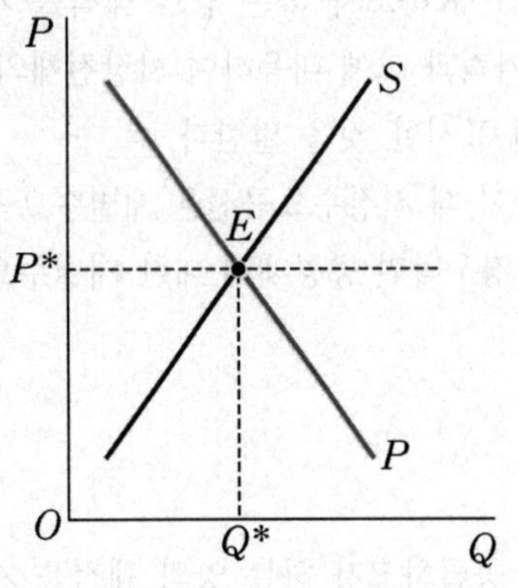

〈시장균형〉

(그림 11-4-1)

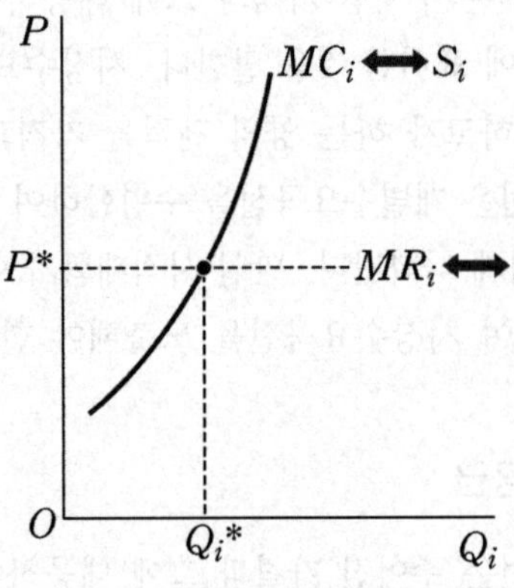

〈개별기업의 균형〉

(그림 11-4-2)

THEME 04 개별기업의 균형(장기)

1 의의

1) 균형

개별기업(생산자)의 장기균형이란 장기에 기업의 이윤이 극대화된 상태를 의미한다. 이는 이미 앞에서 살펴본 바와 같이 한계수입과 한계비용이 일치할 때 달성된다. 이하에서 상술한다.

2) 장기

장기는 기업이 시장에 진입, 이탈하는 것이 자유로운 정도의 충분한 시간이다. 장기에는 신규기업도 자유롭게 진입가능하며 기존기업은 시설규모를 자유롭게 조정할 수 있을 뿐만 아니라 이탈도 가능하다. 반면 단기에는 신규기업은 진입이 불가능하고 기존기업은 이탈이 불가능하며 단지 산출량의 조절만 가능하다는 점에서 차이가 있다. 장단기의 구분이 물리적이거나 절대적인 시간을 가지고 구분하는 것이 아님에 주의해야 한다.

2 장기조정

앞서 장기에는 신규기업도 자유롭게 진입가능하며 기존기업은 시설규모를 자유롭게 조정할 수 있을 뿐만 아니라 이탈도 가능함을 살펴보았다. 이를 통해 장기에 기업은 최적의 시설규모를 보유하게 되며 더 이상의 진입과 이탈이 발생하지 않게 된다. 이하에서 기업의 시설규모 조정과 진입 및 이탈에 대하여 살펴보자.

1) 기업의 시설규모 조정

$P = SMC$ → 시설규모 재선택 가능
→ $P = LMC$ → 시설규모 재선택 → 산출량 변화
→ 시장가격변화 → 시설규모 재선택 → 산출량 변화
→ 시장가격변화 → 시설규모 재선택 → 산출량 변화
....
→ 최적시설규모 보유($P = LMC$)

2) 기업의 진입 · 이탈 조정

초과이윤 → 신규기업 진입 → 시장가격 하락
→ 손실 → 기존기업 이탈 → 시장가격 상승
→ 이윤 → 신규기업 진입 → 시장가격 하락

→ 손실 → 기존기업 이탈 → 시장가격 상승

....

→ 더 이상의 진입, 이탈 없음(정상이윤, $P=LAC$)

3 개별기업의 장기균형

1) 의의

개별기업의 장기균형이란 장기조정과정이 완료되면서 주어진 가격수준하에서 최적의 시설규모를 활용하여 이윤극대화 산출을 하고 있는 상황을 의미한다.

2) 기하적 분석

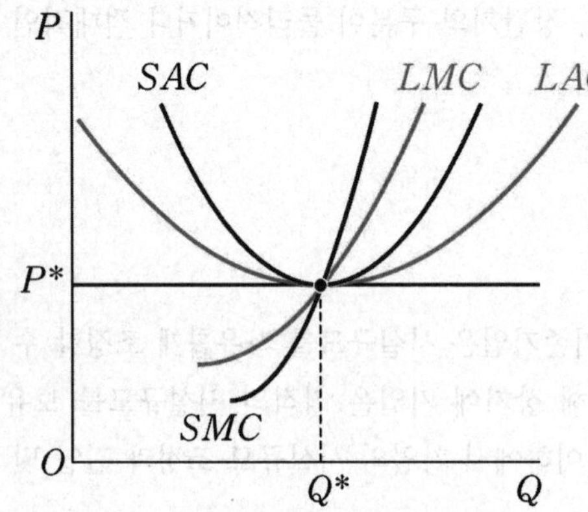

(그림 11-5)

3) 특징

경쟁기업의 장기균형은 장기조정과정이 완료됨과 동시에 주어진 가격수준하에서 이윤극대화 산출이 달성된다. 개별기업의 장기균형에서 개별기업은 이윤극대화를 달성하고 있기 때문에 가격과 장기한계비용은 일치한다. 더 이상의 진입과 퇴출이 없기 때문에 기업은 정상이윤만 얻고 있으며 가격은 장기평균비용과 일치한다.

① 장기조정의 완료

장기조정의 완료는 해당 시장에 더 이상 진입 또는 퇴출의 유인이 없는 상태로서 초과이윤이 없는 즉, 장기평균비용이 가격과 일치한 상태이다($P=LAC$).

② 장기 이윤극대화

장기에서도 주어진 가격수준에서 경쟁기업의 이윤극대화 산출은 달성되어야 하므로, 장기한계비용이 가격과 일치하게 된다($P = LMC$).

③ 장기평균비용의 최저점 달성

결국 장기한계비용과 장기평균비용 수준에서 가격과 일치하며 이때는 장기평균비용이 최저가 되는 수준이다. 이를 정리하면 다음과 같다.

$$P = LMC = SMC = LAC = SAC$$

필수예제

시장의 수요곡선이 우하향하고 평균비용곡선이 U자형일 때, 완전경쟁시장에서 이윤을 극대화하는 기업에 관한 옳은 설명만을 〈보기〉에서 고른 것은? ▸ 2017년 보험계리사

〈보기〉
가. 기업들은 장기에 평균비용이 최소화되도록 생산한다.
나. 기업들은 장기에 평균비용과 한계비용이 일치하는 수준에서 생산량을 결정한다.
다. 자유로운 퇴출이 불가능할 때 장기적으로 기업의 이윤은 0보다 크다.

① 가　② 가, 나　③ 나, 다　④ 가, 나, 다

출제이슈 완전경쟁시장의 특징과 장기균형

핵심해설 **정답** ②

경쟁기업의 장기균형은 장기조정과정이 완료됨과 동시에 주어진 가격수준하에서 이윤극대화 산출이 달성된다.

1) 장기조정의 완료
장기조정의 완료는 해당 시장에 더 이상 진입 또는 퇴출의 유인이 없는 상태로서 초과이윤이 없는 즉, 장기평균비용이 가격과 일치한 상태이다($P=LAC$).

2) 장기 이윤극대화
장기에서도 주어진 가격수준에서 경쟁기업의 이윤극대화 산출은 달성되어야 하므로, 장기한계비용이 가격과 일치하게 된다($P=LMC$).

이를 기하적으로 분석하면 다음과 같다.

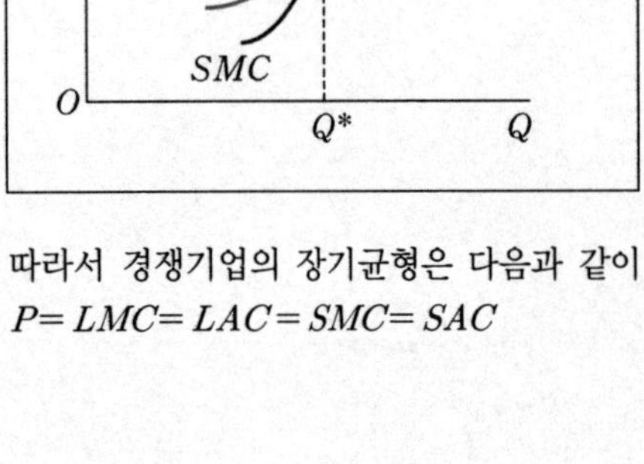

따라서 경쟁기업의 장기균형은 다음과 같이 장기평균비용의 최저수준에서 달성된다.
$P=LMC=LAC=SMC=SAC$

위의 내용에 따라서 설문을 검토하면 다음과 같다.

가. 옳은 내용이다.
장기에도 당연히 이윤극대화가 달성되어야 하므로 가격과 장기한계비용은 일치한다. 그리고 개별기업은 자유로운 진입과 퇴출 그리고 장기조정에 따라서 결국 장기에는 더 이상의 진입과 퇴출이 발생하지 않는 상태가 된다. 이는 더 이상 초과이윤이 발생하지 않게 되어 발생하므로 가격이 장기평균비용과 같음을 의미한다. 결국 가격이 장기한계비용 및 장기평균비용과 모두 일치한다. 그런데 장기한계비용과 장기평균비용이 동일한 때는 바로 장기한계비용곡선이 장기평균비용곡선의 최저점을 통과할 때이다. 따라서 개별기업의 장기균형은 장기평균비용의 최저점에서 달성된다고 할 수 있다.

나. 옳은 내용이다.
장기에 조업하고 있는 기업들은 이윤극대화를 위해서 가격과 장기한계비용이 일치하는 수준에서 생산량을 결정하며 이때 가격은 장기평균비용과도 일치함은 이미 위에서 살펴보았다.

다. 틀린 내용이다.
자유로운 퇴출이 불가능한 경우에는 기업의 이윤이 0보다 클 수도 있고 작을 수도 있다.

완전경쟁시장의 시장수요함수는 $Q = 1700 - 10P$ 이고, 이윤극대화를 추구하는 개별기업의 장기평균비용함수는 $LAC(q) = (q-20)^2 + 30$ 으로 모두 동일하다. 장기균형에서 기업의 수는? (단, Q는 시장거래량, q는 개별기업의 생산량, P는 가격이다.)

▸ 2018년 감정평가사

① 100 ② 90 ③ 80
④ 70 ⑤ 60

출제이슈 경쟁기업의 장기균형

핵심해설 **정답 ④**

경쟁기업의 장기균형은 장기조정과정이 완료됨과 동시에 주어진 가격수준하에서 이윤극대화 산출이 달성된다.

1) 장기조정의 완료

장기조정의 완료는 해당 시장에 더 이상 진입 또는 퇴출의 유인이 없는 상태로서 초과이윤이 없는 즉, 장기평균비용이 가격과 일치한 상태이다($P = LAC$).

2) 장기 이윤극대화

장기에서도 주어진 가격수준에서 경쟁기업의 이윤극대화 산출은 달성되어야 하므로, 장기한계비용이 가격과 일치하게 된다($P = LMC$).

이를 기하적으로 분석하면 다음과 같다.

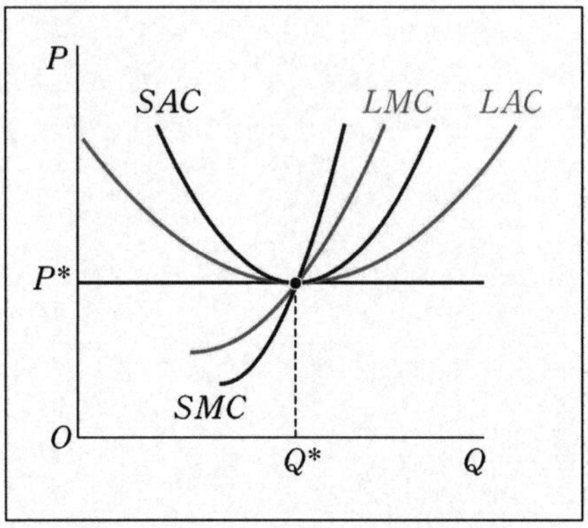

따라서 경쟁기업의 장기균형은 다음과 같이 장기평균비용의 최저수준에서 달성된다.

$P = LMC = LAC = SMC = SAC$

위의 내용에 따라서 설문을 검토하면 다음과 같다.

1) 장기 시장가격과 개별기업 산출량의 도출

① 장기평균비용의 최저와 장기 시장가격

설문에서 개별기업의 장기평균비용함수가 $LAC(q) = (q-20)^2 + 30$이므로 장기평균비용의 최저는 생산이 20일 때이며 균형시장가격 30이 달성된다.

② 개별기업의 산출량

따라서 개별기업의 산출량은 20이 되고 시장가격은 30이 된다.

2) 시장산출량과 개별기업 수의 도출

① 시장산출량

시장가격 30을 수요함수에 대입하면 균형하에서 시장수급량은 1,400이 된다.

② 개별기업의 수

개별기업의 산출량이 20임을 고려하면, 동질적인 전체 기업의 수는 70개가 되어야 한다.

완전경쟁시장에서 이윤극대화를 추구하는 기업들의 장기비용함수는 $C = 0.5q^2 + 8$로 모두 동일하다. 시장수요함수가 $Q_D = 1,000 - 10P$일 때, 장기균형에서 시장 참여기업의 수는? (단, C는 개별기업 총비용, q는 개별기업 생산량, Q_D는 시장수요량, P는 가격을 나타낸다.) ▸ 2017년 감정평가사

① 150 ② 210 ③ 240
④ 270 ⑤ 300

출제이슈 경쟁기업의 장기균형

핵심해설 **정답** ③

경쟁기업의 장기균형은 장기조정과정이 완료됨과 동시에 주어진 가격수준하에서 이윤극대화 산출이 달성된다.

1) 장기조정의 완료
장기조정의 완료는 해당 시장에 더 이상 진입 또는 퇴출의 유인이 없는 상태로서 초과이윤이 없는 즉, 장기평균비용이 가격과 일치한 상태이다($P = LAC$).

2) 장기 이윤극대화
장기에서도 주어진 가격수준에서 경쟁기업의 이윤극대화 산출은 달성되어야 하므로, 장기한계비용이 가격과 일치하게 된다($P = LMC$).

이를 기하학적으로 분석하면 다음과 같다.

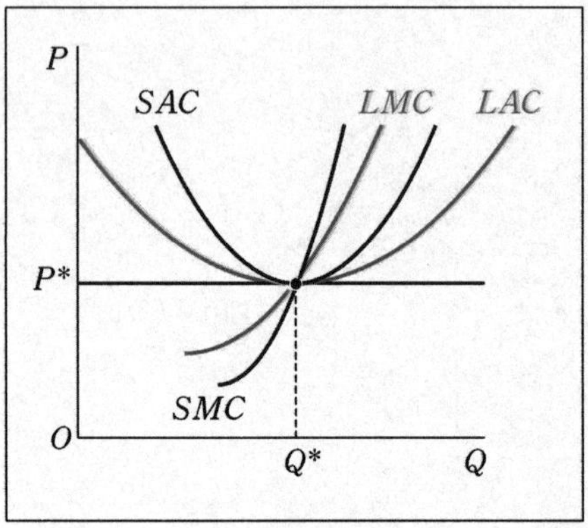

따라서 경쟁기업의 장기균형은 다음과 같이 장기평균비용의 최저수준에서 달성된다.
$P = LMC = LAC = SMC = SAC$

위의 내용에 따라서 설문을 검토하면 다음과 같다.

1) 장기 시장가격과 개별기업 산출량의 도출

① 장기평균비용의 최저와 장기 시장가격

설문에서 개별기업의 장기평균비용함수가 $LAC = 0.5q + \frac{8}{q}$ 이므로 장기평균비용의 최저(미분하여 0으로 놓고 계산하면 된다)는 생산이 4일 때이며 균형시장가격이 달성된다.

② 개별기업의 산출량

따라서 개별기업의 산출량은 4가 되고 시장가격은 4가 된다.

2) 시장산출량과 개별기업 수의 도출

① 시장산출량

시장가격 4를 수요함수에 대입하면 균형하에서 시장수급량은 960이 된다.

② 개별기업의 수

개별기업의 산출량이 4임을 고려하면, 동질적인 전체 기업의 수는 240개가 되어야 한다.

THEME 05 시장균형(장기)

1 의의

1) 균형

완전경쟁시장에서 장기균형은 장기에 시장수요와 시장공급이 일치하는 상태를 의미한다. 이는 시장의 균형으로서 개별기업의 균형 혹은 개별기업의 최적화와는 다른 개념이다.

2) 장기

장기는 기업이 시장에 진입, 이탈하는 것이 자유로운 정도의 충분한 시간이다. 장기에는 신규기업도 자유롭게 진입가능하며 기존기업은 시설규모를 자유롭게 조정할 수 있을 뿐만 아니라 이탈도 가능하다.

2 시장수요

시장수요는 개별소비자의 수요곡선을 수평합하여 구한다.

3 시장공급

1) 시장의 장기공급곡선은 개별기업의 장기공급곡선을 수평합하여 구하는 것이 아니라는 사실에 유의해야 한다. 왜냐하면, 신규기업의 진입 및 기존기업의 시설규모조정에 따른 산출량 조정과 같은 장기조정을 고려하고 이에 따른 요소가격 변화(이에 따라서 개별기업의 장기비용곡선이 변화하게 됨)까지 염두에 두면, 장기에서 개별기업들의 공급곡선을 더하는 것은 의미가 없게 된다. 개별기업의 장기공급곡선이 우상향하더라도 장기시장공급곡선은 우상향하지 않을 수도 있다는 뜻이다.

2) 가격이 상승하고 산업 전체의 산출량이 증가함에 따라서 요소가격이 불변인 경우(비용불변산업), 증가하는 경우(비용체증산업), 하락하는 경우(비용체감산업)로 나누어서 이론상 장기시장공급곡선을 수평선, 우상향, 우하향하는 형태로 도출할 수 있다.

4 시장균형

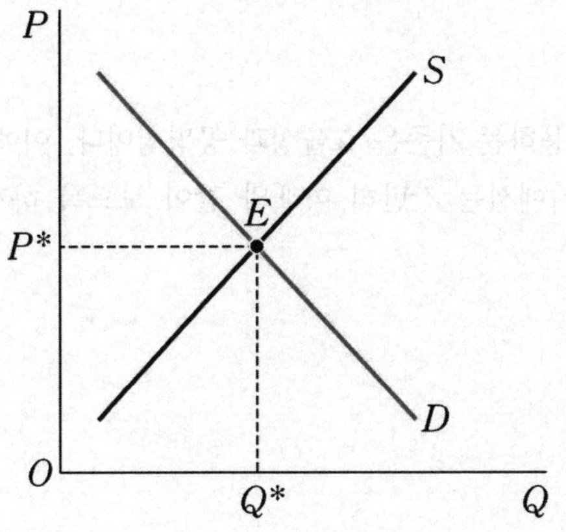

(그림 11-6)

5 시장균형과 개별기업의 균형

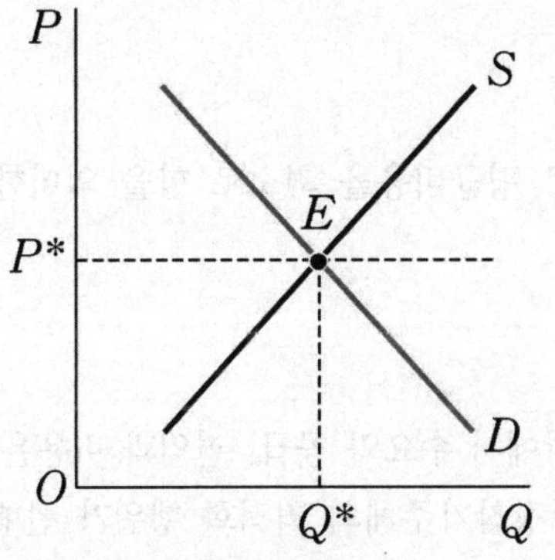

〈시장균형〉

(그림 11-7-1)

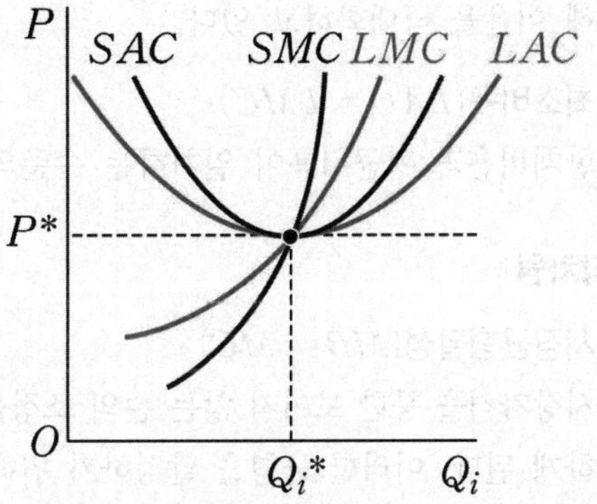

〈개별기업의 균형〉

(그림 11-7-2)

THEME 06 완전경쟁시장에 대한 후생경제학적 평가

1 후생경제학적 평가의 의의

시장조직체계를 후생경제학적으로 평가함에 있어서 사용하는 기준은 효율성과 공평성이다. 이에 대한 자세한 이론은 추후 후생경제학에서 상술하며 여기에서는 간단히 아래와 같이 보도록 하자.

2 자원배분의 효율성

1) 기업차원

① 효율적인 기업만 존재($P = LAC$)

장기조정 이후에도 퇴출되지 않고 생존한 기업들은 최적의 효율적 시설규모를 보유하고 있다. 장기에 기업의 진입과 퇴출의 과정 속에서 수많은 기업들이 명멸을 거듭하면서 살아남은 기업은 경쟁체제하에서 가장 효율적인 생산방식과 경영, 시설규모 등을 시현하고 있는 것이다.

② 이윤극대화($P = LMC$)

장기조정 이후 생존한 기업은 장기에 시장가격과 장기한계비용을 일치시키는 의사결정을 통해 이윤을 극대화하고 있다.

③ 최소비용($LAC = LMC$)

한계비용과 평균비용이 일치하는 수준의 생산은 바로 평균비용을 최소로 함을 의미한다.

2) 시장차원

① 시장균형달성($MB = MC$)

시장가격을 통한 보이지 않는 손의 조정을 통해서 시장에서 수요와 공급, 편익과 비용은 일치하게 된다. 이러한 균형을 달성하기 위해서는 먼저 시장참가주체의 최적화 행위가 선행되어야 하며 이는 위에서 개별기업 차원에서 분석하였다.

② 사회후생의 극대화($Max\ SW = CS + PS$)

시장에서 균형이 달성되면 균형에서 소비자잉여와 생산자잉여의 합인 사회후생이 극대화된다.

3 소득분배의 공평성

완전경쟁시장에서는 자원이 효율적으로 배분되지만, 이것이 분배의 공평성을 의미하는 것은 아니라는 점에 주의해야 한다. 즉, 효율적인 자원배분이 분배측면에서는 바람직하지 않을 수도 있다. 극대화된 사회후생은 분배와는 무관하다는 뜻이다.

4 완전경쟁시장의 존재 의의

완전경쟁시장은 그 조건의 엄격성으로 인해서 현실에서 거의 존재하지 않는다고 볼 수 있다. 과거에도 존재하지 않았고 현재에도 없으며 미래에도 존재할 가능성이 희박하다. 그럼에도 불구하고 완전경쟁시장은 이상적인 시장형태로서 현실의 시장이 여기에서 얼마나 이탈해 있는지를 보여주는 일종의 기준이나 척도로서의 역할을 수행하고 있다.

Chapter 12

독점시장

THEME 01 독점의 의미와 독점시장

1 독점의 의미

1) 개념

독점이란 정의된(defined or delineated) 시장에서 오직 하나의 판매자만 존재하는 경우를 의미한다. 시장에서 존재하는 유일한 사업자는 해당 시장을 지배하는 시장지배적 사업자(법적 개념, 독점규제 및 공정거래에 관한 법률)이며, 시장에서 가격을 설정할 능력을 가지고 이윤극대화 의사결정 과정에서 가격설정자로 활동할 수 있다.

2) 특징

① 독점기업은 시장에서 결정된 가격을 수용하는 것이 아니라 공급량을 조절하면서 가격을 설정할 수 있기 때문에 개별기업이 직면하는 수요곡선은 우하향함을 의미한다. 이미 배운 대로 경쟁기업은 가격을 수용하기 때문에 경쟁기업이 직면하는 수요곡선은 수평선이다.

② 독점기업이 이윤극대화를 위해서 가격을 설정하는 과정에서 직면하는 제약은 수요제약이다. 제아무리 독점기업이라고 하더라도 시장에서 소비자가 낼 의향이 있는 가격 수준을 넘어서 가격을 설정할 수는 없기 때문이다.

2 발생원인

1) 기업결합

2) 인허가

3) 규모의 경제(자연독점)

4) 생산요소의 공급 장악

5) 독점화행위(monopolize)

3 독점의 종류

1) 순수독점

가격차별이 없는 경우의 독점

2) 차별독점

가격차별이 있는 경우의 독점

4 독점도

독점시장의 독점도를 측정하는 지수로는 러너의 독점도와 힉스의 독점도가 있으며 그 산식은 각각 다음과 같다.

① 러너의 독점도 $\frac{P-MC}{P}$

② 힉스의 독점도 $\frac{1}{\epsilon_P}$

③ $\frac{P-MC}{P} = \frac{1}{\epsilon_P}$(Amoroso-Robinson 공식 이용)

수요가 가격에 더 탄력적일수록 힉스의 독점도가 하락하며, 이는 러너의 독점도 $\frac{P-MC}{P}$도 하락하며, 이는 이윤극대생산량에서 가격 대비 한계비용의 비율이 커짐을 의미한다. 쉽게 말하면, 가격 대비 한계비용이 커진다는 것은 가격과 한계비용이 근접하게 되어 경쟁적 가격설정에 가까워짐을 의미한다. 경쟁적 가격설정을 하는 기업은 직면하는 수요곡선이 수평선에 가깝게 되어 수요가 매우 탄력적이라는 것과 같은 뜻이다.

참고로 Amoroso-Robinson 공식은 독점의 한계수입, 가격, 탄력성 간의 관계식으로서 다음과 같다.

$MR = P(1-\frac{1}{e})$, e: 가격탄력성

5 독점시장

독점시장이란 위에서 살펴본 독점사업자, 즉 해당 시장 내에 극단적으로 하나의 생산, 판매자만 존재하는 시장으로서 특정사업자에 의하여 지배되고 있는 시장형태를 의미한다.

필수예제

어느 재화에 대한 수요곡선은 $Q=100-P$이다. 이 재화를 생산하여 이윤을 극대화하는 독점기업의 비용함수가 $C(Q)=20Q+10$일 때, 이 기업의 러너 지수(Lerner index) 값은?

▸ 2017년 지방직 7급

① $\frac{1}{4}$ ② $\frac{1}{3}$ ③ $\frac{2}{3}$ ④ $\frac{3}{4}$

출제이슈 독점균형과 독점도로서의 러너지수

핵심해설 정답 ③

먼저 독점기업의 이윤극대화는 다음과 같이 달성된다.

1) 이윤 $\pi = TR - TC$

2) 총수입 $TR = PQ = P(Q)Q$(독점기업이 직면하는 수요곡선 $P=P(Q)$)

3) 총비용 $TC = C(Q)$

4) 이윤극대화 $\underset{Q}{Max}\ \pi = TR - TC = P(Q)Q - C(Q)$ $\therefore \frac{dTR}{dQ} - \frac{dTC}{dQ} = 0$ $\therefore MR = C'(Q)$

① 한계수입 $MR = \frac{dTR}{dQ} = \frac{d(P(Q)Q)}{dQ} = \underset{(부호:음)}{\frac{dP}{dQ}}Q + P < P$

② 한계비용 $MC = C'(Q)$

③ 이윤극대화 $P + \frac{dP}{dQ}Q = C'(Q)$

설문에서 $P=100-Q$, $MR=100-2Q$, $MC=20$이므로 독점기업의 이윤극대화 $MR=MC$ 조건을 풀면 $100-2Q=20$이 되어 이윤극대화 생산량 40, 가격 60이 된다.

한편, 독점시장의 독점도를 측정하는 지수로는 러너의 독점도와 힉스의 독점도가 있으며 그 산식은 각각 다음과 같다.

① 러너의 독점도 $\frac{P-MC}{P}$

② 힉스의 독점도 $\frac{1}{\epsilon_P}$

위에서 구한 자료들을 러너의 독점도 산식에 대입하면 $\frac{P-MC}{P} = \frac{60-20}{60} = \frac{2}{3}$가 된다.

THEME 02 독점균형(단기)

1 의의

경쟁시장의 경우 다수의 기업이 존재하기 때문에 개별기업의 균형과 시장의 균형 분석을 각각 분리하여 살펴보았다. 그러나 독점시장은 하나의 생산자만 존재하므로 개별기업의 균형과 시장의 균형 분석이 동일하다. 독점균형에서 수요량과 공급량은 일치하지만 엄밀하게는 공급곡선은 존재하지 않으므로 경쟁시장과는 달리 독점기업 특유의 공급의사결정이 중요하다. 이는 이윤극대화 산출량을 먼저 결정한 후에 수요곡선에 맞춰서 가격을 설정하는 것으로 나타난다.

2 수리적 분석

1) 독점기업의 이윤극대화 분석

$\pi = TR - TC = PQ - C(Q)$

$P = P(Q)$

$Max\ \pi$

2) 한계수입 MR

① 총수입 $TR = PQ$

i) Q는 독점기업의 생산, 판매량

ii) P는 그 때 독점기업이 설정하는 가격으로서 이는 수요곡선을 따라 결정된다.

iii) 따라서 총수입을 구성하는 P는 시장수요 $P = P(Q)$를 의미한다. 즉 $TR = P(Q) \cdot Q$ 가 된다.

② 한계수입 MR

i) $MR = \dfrac{dTR}{dQ} = \dfrac{d(P(Q)Q)}{dQ} = \underset{(부호:음)}{\dfrac{dP}{dQ}}Q + P < P$

ii) 즉, MR 은 수요곡선(P)의 아래에 위치함

3) 한계비용 MC

① 총비용 $TC = C(Q)$

② 한계비용 $MC = C'(Q)$

4) 이윤극대화

① $MR = MC$

② $\therefore\ P + \frac{dP}{dQ}Q = C'(Q)$

3 기하적 분석

독점균형을 그래프로 분석하면 다음과 같다. 한계수입곡선과 한계비용곡선이 교차하는 지점에서 이윤극대화 산출량이 결정되고 이때 가격의 설정은 수요곡선에서 일어난다. $MR = SMC$가 만족되는 Q_m으로 산출량이 결정되고 가격은 한계비용을 상회하는 P_m으로 결정된다. 즉, 균형은 $E_m(Q_m, P_m)$이 된다.

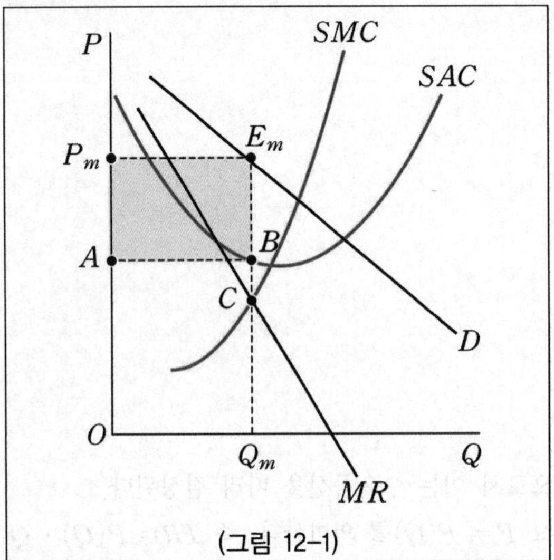

(그림 12-1)

4 독점균형의 특징

1) $P > MR = MC$

한계수입과 한계비용은 동일하지만, 가격은 한계비용을 상회하는 수준으로 설정된다.

2) 가격설정자

독점기업은 가격수용자가 아니다. 독점기업은 먼저 이윤극대화 산출량을 결정하며 이를 통해서 수요곡선 상에서 가격을 설정한다. 따라서 주어진 가격에 대하여 공급할 의사가 있는 공급량을 나타내는 공급곡선은 이론적으로 존재하지 않는다.

3) $MR>0$인 탄력적인 구간에서 균형 달성

비용이 개념상 양의 제약을 받음을 고려하면, 독점균형은 한계수입이 양인 지점에서 달성되므로 이는 수요곡선의 관점에서 탄력적인 지점에서 독점균형이 나타남을 의미한다.

4) 독점기업도 손실 가능

수요조건 및 비용조건에 따라서 독점기업도 손실을 볼 수 있다. 예를 들어 수요곡선이 평균비용곡선보다 하방에 위치하는 경우를 상정해 볼 수 있다.

5 독점기업의 총수입극대화

지금까지는 독점기업이 이윤극대화 달성을 목표로 삼는 것으로 가정하고 분석하였다. 그러나 현실에서 기업의 목표는 단순히 이윤극대화라고 하기에는 매우 복잡다기하다. 예를 들어 기업의 외형을 키우고 매출액을 늘리고 시장점유율을 늘려가는 것을 목표로 삼을 수도 있는 것이다. 독점기업의 총수입극대화는 다음과 같이 달성된다.

1) 총수입 $TR=PQ=P(Q)Q$ (독점기업이 직면하는 수요곡선 $P=P(Q)$)

2) 총수입극대화 $\underset{Q}{Max}\ \pi = TR = P(Q)Q \quad \therefore \dfrac{dTR}{dQ}=0 \quad \therefore MR=0$

① 한계수입 $MR=\dfrac{dTR}{dQ}=\dfrac{d(P(Q)Q)}{dQ}=\dfrac{dP}{dQ}Q+P<P$

(부호 : 음)

② 총수입극대화 $P+\dfrac{dP}{dQ}Q=0$

필수예제

독점기업 A가 직면한 수요곡선이 $Q=100-2P$이고, 총비용함수가 $TC=Q^2+20Q$일 때, 기업 A의 이윤을 극대화하는 (ㄱ) 생산량과 (ㄴ) 이윤은? (단, Q는 생산량, P는 가격이다.) ▸ 2023년 감정평가사

① ㄱ : 10, ㄴ : 150 ② ㄱ : 10, ㄴ : 200
③ ㄱ : 20, ㄴ : 250 ④ ㄱ : 20, ㄴ : 300 ⑤ ㄱ : 30, ㄴ : 350

출제이슈 독점기업의 이윤극대화

핵심해설 **정답** ①

독점기업의 이윤극대화는 다음과 같이 달성된다.

1) 이윤 $\pi = TR - TC$

2) 총수입 $TR = PQ = P(Q)\,Q$ (독점기업이 직면하는 수요곡선 $P=P(Q)$)

3) 총비용 $TC = C(Q)$

4) 이윤극대화 $\underset{Q}{Max}\ \pi = TR - TC = P(Q)\,Q - C(Q) \quad \therefore \frac{dTR}{dQ} - \frac{dTC}{dQ} = 0 \quad \therefore MR = C'(Q)$

① 한계수입 $MR = \frac{dTR}{dQ} = \frac{d(P(Q)Q)}{dQ} = \underset{(부호:\ 음)}{\frac{dP}{dQ}}Q + P < P$ ② 한계비용 $MC = C'(Q)$

③ 이윤극대화 $P + \frac{dP}{dQ}Q = C'(Q)$

설문에서 독점기업의 이윤극대화를 풀면 다음과 같다.

수요함수 $Q=100-2P$를 변형하면 $P=50-0.5Q$이므로 $MR=50-Q$가 된다. 총비용함수가 $TC=Q^2+20Q$이므로 $MC=2Q+20$이 된다. 이제 독점기업의 이윤극대화 $MR=MC$ 조건을 풀면 $50-Q=2Q+20$이 되어 이윤극대화 생산량은 10이 된다.

이때, 가격은 생산량 10을 수요함수 $P=50-0.5Q$에 대입하여 45로 설정할 수 있다. 따라서 총수입은 생산량 10에 가격 45를 곱한 450이 된다. 한편 총비용은 생산량 10을 비용함수 $TC=Q^2+20Q$에 대입하면, 300이 된다. 이윤은 150이 된다.

독점기업의 행동에 대한 설명으로 옳지 않은 것은? ▶ 2013년 서울시 7급

① 독점기업은 수요가 비탄력적인 구간에서 생산한다.
② 독점기업은 한계수입과 한계비용이 일치하도록 생산한다.
③ 독점기업은 공급곡선을 갖지 않는다.
④ 독점기업에 대한 수요곡선은 우하향한다.
⑤ 독점기업은 완전경쟁에 비해 적은 양을 생산한다.

출제이슈 독점기업의 이윤극대화

핵심해설 **정답 ①**

독점기업의 이윤극대화는 다음과 같이 달성된다.

1) 이윤 $\pi = TR - TC$

2) 총수입 $TR = PQ = P(Q)Q$ (독점기업이 직면하는 수요곡선 $P = P(Q)$)

3) 총비용 $TC = C(Q)$

4) 이윤극대화 $\underset{Q}{Max}\ \pi = TR - TC = P(Q)Q - C(Q) \quad \therefore \frac{dTR}{dQ} - \frac{dTC}{dQ} = 0 \quad \therefore MR = C'(Q)$

① 한계수입 $MR = \frac{dTR}{dQ} = \frac{d(P(Q)Q)}{dQ} = \underset{(부호:\ 음)}{\frac{dP}{dQ}}Q + P < P$

② 한계비용 $MC = C'(Q)$

③ 이윤극대화 $P + \frac{dP}{dQ}Q = C'(Q)$

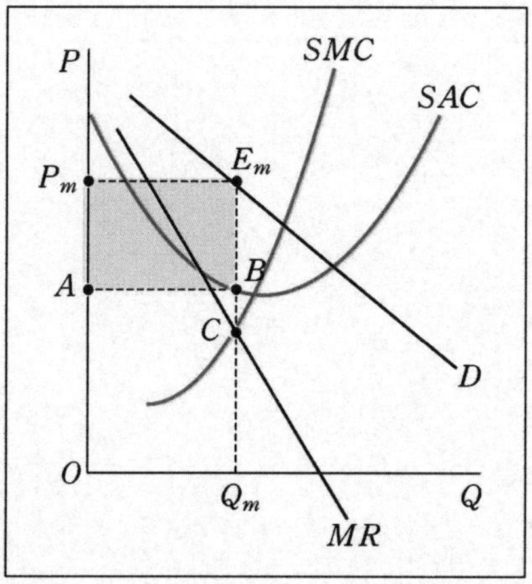

앞에서 살펴본 독점기업의 이윤극대화는 다음과 같은 특징을 가진다.

① $P > MR = MC$(가격은 한계비용보다 크다.)
② 가격설정자(독점기업은 공급곡선 없음)

③ $MR > 0$인 탄력적인 구간에서 균형 달성
④ 독점기업도 손실 가능(수요곡선이 평균비용보다 하방위치)
⑤ 자중손실 발생(하버거의 삼각형 면적 계산)

위의 내용에 근거하여 설문을 검토하면 다음과 같다.

① 틀린 내용이다.
독점기업은 수요가 탄력적인 구간에서 생산한다.

② 옳은 내용이다.
독점기업은 이윤극대화를 위해 한계수입과 한계비용이 일치하도록 생산한다.

③ 옳은 내용이다.
독점기업은 가격설정자로서 이윤극대화 산출량을 정한 후에 그에 따라서 수요자들이 낼 용의가 있는 최대의 가격을 설정한다. 따라서 가격에 대하여 공급량을 정하는 스케줄을 의미하는 공급곡선은 갖지 않는다.

④ 옳은 내용이다.
독점기업은 이윤극대화 산출량이 많아지는 경우, 시장에서 가격이 하락하고 산출량이 감소하는 경우 가격은 상승한다. 독점기업이 직면하는 수요곡선이 우하향하기 때문에 그러한 가격설정이 될 수밖에 없다. 반면, 경쟁기업이 직면하는 수요곡선은 시장균형가격 수준에서 수평이 된다.

⑤ 옳은 내용이다.
독점기업은 완전경쟁시장에 비해 적은 양을 생산하고 더 높은 가격을 받는다. 이로 인해서 사회적 후생손실이 발생하게 된다.

독점기업 A가 직면한 수요함수는 $Q=-0.5P+15$, 총비용함수는 $TC=Q^2+6Q+3$이다. 이윤을 극대화할 때, 생산량과 이윤은? (단, P는 가격, Q는 생산량, TC는 총비용이다.)

▸ 2018년 감정평가사

① 생산량=3, 이윤=45 ② 생산량=3, 이윤=48 ③ 생산량=4, 이윤=45
④ 생산량=4, 이윤=48 ⑤ 생산량=7, 이윤=21

출제이슈 독점기업의 이윤극대화

핵심해설 **정답 ③**

독점기업의 이윤극대화는 다음과 같이 달성된다.

1) 이윤 $\pi=TR-TC$

2) 총수입 $TR=PQ=P(Q)Q$ (독점기업이 직면하는 수요곡선 $P=P(Q)$)

3) 총비용 $TC=C(Q)$

4) 이윤극대화 $\underset{Q}{Max}\ \pi=TR-TC=P(Q)Q-C(Q)$ $\quad \therefore \dfrac{dTR}{dQ}-\dfrac{dTC}{dQ}=0$ $\quad \therefore MR=C'(Q)$

① 한계수입 $MR=\dfrac{dTR}{dQ}=\dfrac{d(P(Q)Q)}{dQ}=\underset{(부호:\ 음)}{\dfrac{dP}{dQ}}Q+P<P$

② 한계비용 $MC=C'(Q)$

③ 이윤극대화 $P+\dfrac{dP}{dQ}Q=C'(Q)$

설문에서 독점기업의 이윤극대화를 풀면 다음과 같다.

$P=30-2Q$, $MR=30-4Q$, $MC=2Q+6$이므로 독점기업의 이윤극대화 $MR=MC$ 조건을 풀면 $30-4Q=2Q+6$이 되어 이윤극대화 생산량은 4가 된다.

이때, 가격은 생산량을 수요함수 $P=30-2Q$에 대입하여 22로 설정할 수 있다. 따라서 총수입은 생산량 4에 가격 22를 곱한 88이 된다. 한편 총비용은 생산량 4를 비용함수에 대입하면, 43이 된다. 이윤은 45가 된다.

독점시장에서 기업 A의 수요함수는 $P=500-2Q$이고, 한계비용은 생산량에 관계없이 100으로 일정하다. 기업 A는 기술진보로 인해 한계비용이 하락하여 이윤극대화 생산량이 20단위 증가하였다. 기술진보 이후에도 한계비용은 생산량에 관계없이 일정하다. 한계비용은 얼마나 하락하였는가? (단, P는 가격, Q는 생산량이다.) ▸ 2019년 감정평가사

① 20 ② 40 ③ 50
④ 60 ⑤ 80

출제이슈 독점기업의 이윤극대화

핵심해설 **정답 ⑤**

독점기업의 이윤극대화는 다음과 같이 달성된다.

1) 이윤 $\pi = TR - TC$

2) 총수입 $TR = PQ = P(Q)\,Q$ (독점기업이 직면하는 수요곡선 $P=P(Q)$)

3) 총비용 $TC = C(Q)$

4) 이윤극대화 $\underset{Q}{Max}\ \pi = TR - TC = P(Q)\,Q - C(Q)$ $\quad \therefore \dfrac{dTR}{dQ} - \dfrac{dTC}{dQ} = 0 \quad \therefore MR = C'(Q)$

① 한계수입 $MR = \dfrac{dTR}{dQ} = \dfrac{d(P(Q)Q)}{dQ} = \underset{(\text{부호: 음})}{\dfrac{dP}{dQ}}Q + P < P$ ② 한계비용 $MC = C'(Q)$

③ 이윤극대화 $P + \dfrac{dP}{dQ}Q = C'(Q)$

설문에서 독점기업의 이윤극대화를 풀면 다음과 같다.

1) 한계비용이 100인 경우
$P=500-2Q$, $MR=500-4Q$, $MC=100$이므로 독점기업의 이윤극대화 $MR=MC$ 조건을 풀면 $500-4Q=100$이 되어 이윤극대화 생산량은 100이 된다.

2) 한계비용이 하락한 경우
$P=500-2Q$, $MR=500-4Q$, $MC=x$이므로 독점기업의 이윤극대화 $MR=MC$ 조건을 풀면 $500-4Q=x$인데 이윤극대화 생산량은 100보다 20 증가한 120이 된다. 따라서 이를 $500-4Q=x$에 대입하면 $x=20$이 된다.

3) 즉 한계비용이 100에서 20으로 80만큼 하락하였다.

THEME 03 독점균형(장기)

1 의의

경쟁시장이론에서 본대로 장기는 기업이 시장에 진입, 이탈하는 것이 자유로운 정도의 충분한 시간이다. 이를 독점기업 관점에서 보면 장기란 기존기업이 시설규모를 자유롭게 조정할 수 있을 뿐만 아니라 이탈도 가능한 시기로 볼 수 있다.

1) 시설규모 조정 가능

독점기업은 단기에서는 시설규모의 조정이 불가능하지만, 장기에서는 보다 적절한 시설규모를 선택하여 단기보다 더 큰 이윤을 얻을 수 있다.

2) 이탈 가능

독점기업이 만일 시장에서 계속 손실을 보는 경우 당연히 이탈하게 될 것이며, 만일 장기에도 이탈하지 않고 남아있는 독점기업은 최소한 0 이상의 이윤을 획득하고 있는 것이다.

2 기하적 분석

장기에 독점균형은 $MR = LMC$가 만족되는 Q_m으로 산출량이 결정되고 가격은 한계비용을 상회하는 P_m으로 결정된다. 즉 균형은 $E_m(Q_m, P_m)$이 된다.

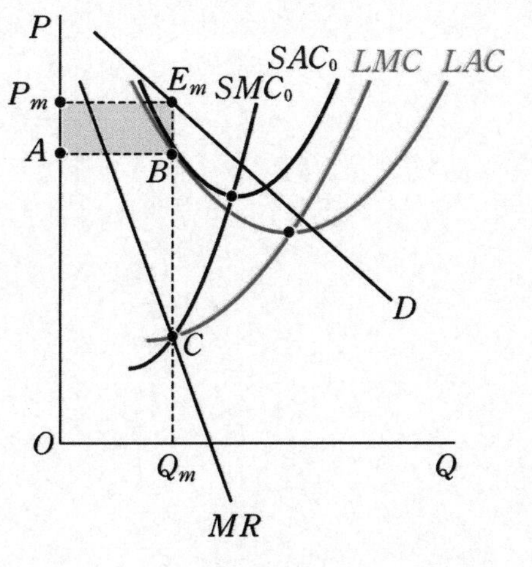

(그림 12-2)

3 독점균형의 특징

1) $P > MR = MC$

한계수입과 한계비용은 동일하지만, 가격은 한계비용을 상회하는 수준으로 설정된다.

2) 가격설정

독점기업은 가격수용자가 아니다. 독점기업은 먼저 이윤극대화 산출량을 결정하며 이를 통해서 수요곡선 상에서 가격을 설정한다. 따라서 주어진 가격에 대하여 공급할 의사가 있는 공급량을 나타내는 공급곡선은 이론적으로 존재하지 않는다.

3) $MR > 0$ **인 탄력적인 구간에서 균형달성**

비용이 개념상 양의 제약을 받음을 고려하면, 독점균형은 한계수입이 양인 지점에서 달성되므로 이는 수요곡선의 관점에서 탄력적인 지점에서 독점균형이 나타남을 의미한다.

4) 시설규모 조정을 통해서 단기보다 더 큰 이윤달성

독점기업은 단기에서는 시설규모의 조정이 불가능하기 때문에 현재의 이윤구조를 변경시킬 수 없지만, 장기에서는 보다 적절한 시설규모를 선택함으로 이윤구조를 변경하여 단기보다 더 큰 이윤을 얻을 수 있다.

5) 장기에도 남아있는 독점기업은 최소한 0 이상의 이윤획득

독점기업이 만일 시장에서 계속 손실을 보는 경우 당연히 이탈하게 될 것이다. 만일 장기에도 이탈하지 않고 남아있는 독점기업이 있다면 이는 최소한 0 이상의 이윤을 획득하고 있으므로 이탈하지 않고 조업하고 있는 것이다.

THEME 04 독점에 대한 후생경제학적 평가

1 후생경제학적 평가의 의의

시장조직체계를 후생경제학적으로 평가함에 있어서 사용하는 기준은 효율성과 공평성이다. 이에 대한 자세한 이론은 추후 후생경제학에서 상술하며 여기에서는 간단히 아래와 같이 보도록 하자.

2 자원배분의 효율성

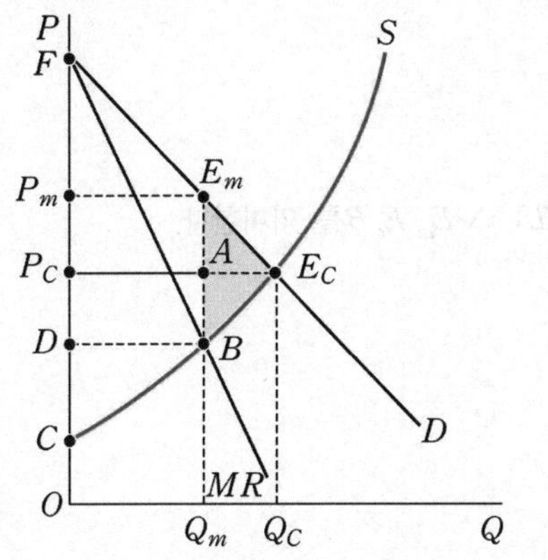

(그림 12-3)

1) 경쟁시장의 균형, 소비자잉여, 생산자잉여, 사회총잉여

$E_C\,(Q_C\,,\,P_C)$, $F\,P_C\,E_C$, $C\,P_C\,E_C$, $C\,F\,E_C$

2) 독점시장의 균형, 소비자잉여, 생산자잉여, 사회총잉여

$E_m\,(Q_m,\,P_m)$, $F\,P_m\,E_m$, $C\,P_m\,E_m\,B$, $C\,F\,E_m\,B$

3) 비교 : 산출량 감소, 가격상승, 소비자잉여 감소, 생산자잉여 증감, 사회총잉여 감소

4) 하버거의 삼각형 : 자중손실(DWL) $\triangle\,E_m\,E_c\,B$

3 소득분배의 공평성

소비자잉여의 감소분 ($P_m\,P_c\,E_c\,E_m$) 중 일부 ($P_m\,P_c\,A\,E_m$)가 독점이윤으로 전환되어 소비자와 생산자 간 분배상 문제가 발생하게 된다.

필수예제

이윤극대화를 추구하는 어느 독점기업의 이윤극대화 생산량은 230단위, 이윤극대화 가격은 3,000원이고, 230번째 단위의 한계비용은 2,000원이다. 만약 이 재화가 완전경쟁시장에서 생산된다면, 균형생산량은 300단위이고 균형가격은 2,500원이다. 수요곡선과 한계비용곡선이 직선일 때, 이 독점기업에 의해 유발되는 경제적 순손실(deadweight loss)은?

▸ 2017년 국가직 7급

① 20,000원　② 28,000원
③ 35,000원　④ 50,000원

출제이슈 독점의 자중손실

핵심해설 **정답** ③

독점으로 인한 경제적 순손실은 하버거의 삼각형 (자중손실 DWL) $\triangle E_m E_c B$를 의미한다.

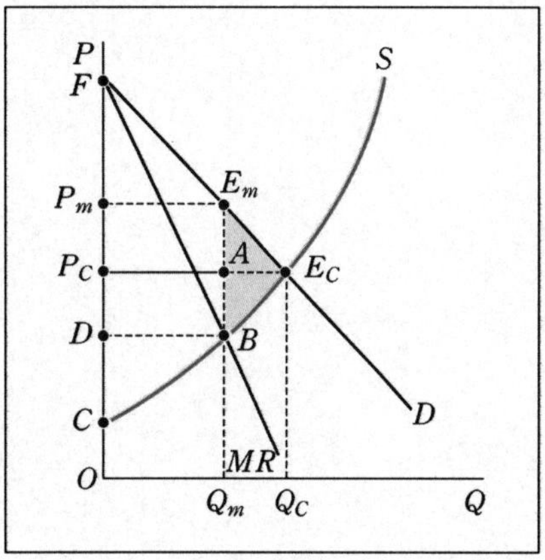

설문의 자료에 따르면, 다음과 같다.

① 독점 가격 P_m은 3,000, 독점 산출량 230
② 경쟁 가격 E_c는 2,500, 경쟁 산출량 300
③ 한계비용 $MC=2,000$

따라서 자중손실은 $DWL=\frac{(3,000-2,000)\times(300-230)}{2}=35,000$(원)이 된다.

THEME 05 독점에 대한 규제

1 독점규제의 의의와 방법

독점체제는 자원배분의 효율성 및 소득분배의 공평성 측면에서 여러 가지 문제점들을 가지고 있기 때문에 정부는 여러 정책수단을 동원하여 이를 치유하기 위해 노력하고 있다.

1) 가격규제(최고가격제도)

독점에 대하여 적정한 가격규제를 함으로써 독점기업이 스스로 효율적인 산출량을 선택하도록 만드는 방식이다. 대표적으로 한계비용 가격설정을 들 수 있으나 이로 인한 기업의 채산성 문제로 인하여 평균비용 가격설정과 이중가격설정의 방식도 도입될 수 있다.

2) 시장구조개선

해당 산업부문에 경쟁을 도입하여 독점적 시장구조를 개선하여 독점의 폐해를 치유하고자 하는 방식이다. 그러나 현재 독점적으로 산업이 조직된 부문은 많은 경우 규모의 경제 효과를 향유하고 있는 경우가 많기 때문에 신규경쟁기업이 새로이 진입하기가 현실적으로 어려울 수 있다.

3) 국유화

사적 독점을 국유화를 통해 정부가 직접 사회적으로 가장 바람직한 산출량과 가격을 설정할 수 있다. 그러나 국유화는 정부부문을 지나치게 비대하게 만들 뿐만 아니라 관료에 의한 방만한 경영의 문제를 노정할 수 있다.

2 가격규제

1) 한계비용 가격설정(MC pricing)

① 기하적 분석

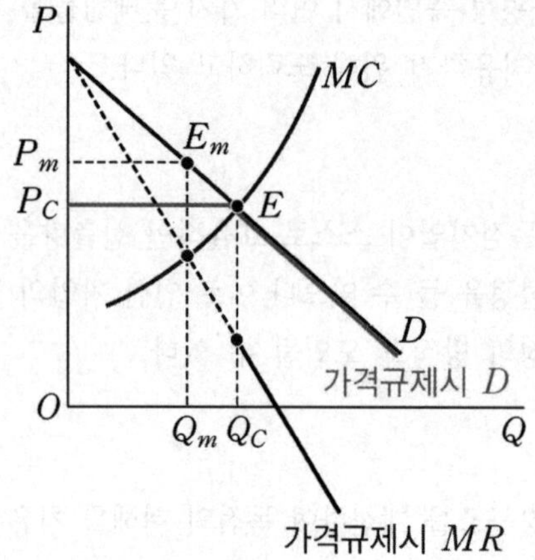

(그림 12-4)

② 효과

ⅰ) 가격상한 설정 : $P= P_C$

ⅱ) 수요곡선 변동 : $PED \rightarrow P_CED$

ⅲ) MR 곡선 변동 : $PAB \rightarrow P_CEAB$

ⅳ) 이윤극대화 균형 변동 : $\begin{cases} \text{가격}: P_M \rightarrow P_c \text{ (가격하락)} \\ \text{산출량}: Q_M \rightarrow Q_C \text{ (산출량증가)} \end{cases}$

ⅴ) 독점기업의 이윤 : 손실가능성

③ 문제점

자연독점 시 한계비용 가격설정으로 인해서 심각한 손실을 보는 기업이 생기게 된다. 손실의 크기는 아래 평균비용 가격설정의 그래프를 참조하라. 자연독점에서 한계비용 가격설정으로 인해서 손실을 보는 이유는 평균비용과 한계비용의 동반하락 때문이다. 참고로 자연독점은 다음과 같다. 대규모 장치산업같은 경우 생산기술의 특성상 대량생산으로 인한 이점, 즉 생산량 증가에 따라서 비용이 하락할 수 있다. 이렇게 생산규모가 커짐에 따라서 평균비용과 한계비용이 모두 하락하는 규모의 경제가 나타날 수 있으며 이 경우 비용상의 이점으로 인해서 기업은 산출량을 늘리게 되는 유인이 생기고 이로 인해서 해당 산업은 독점화될 가능성이 매우 크며 이를 자연독점이라고 한다.

2) 평균비용 가격설정(AC pricing)

① 기하적 분석

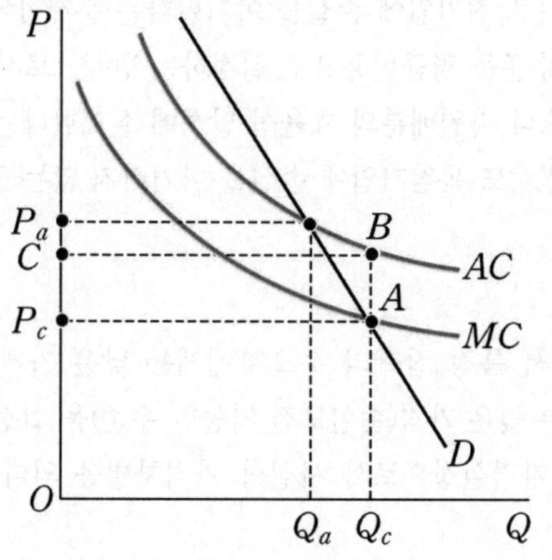

(그림 12–5)

② 한계비용 가격설정의 문제점

자연독점 시 한계비용 가격설정으로 인해서 해당 독점기업은 □$CBAP_C$ 만큼의 손실을 보게 된다.

③ 평균비용 가격설정의 효과

i) 가격상한 설정 : $P = P_a$

ii) 수요곡선 변동 : 원래 D → PaEAD

iii) MR 곡선 변동 : 원래 MR → PaEFGH

iv) 이윤극대화 균형의 변동 : $\begin{cases} \text{가격}: P_c \rightarrow P_a (MC\ pricing \text{보다 가격상승}) \\ \text{산출량}: Q_c \rightarrow Q_a (MC pricing \text{보다 산출량감소}) \end{cases}$

v) 독점기업의 이윤 : 손실 없음, 이윤 = 0

④ 문제점

자연독점 시 한계비용 가격설정으로 인해서 해당 독점기업은 □$CBAP_C$ 만큼의 손실을 보게 되었지만, 이제 평균비용 가격설정을 하게 되면 독점기업은 손실도 이윤도 없는 상태가 된다. 그러나 산출량이 효율적인 산출량 Q_c에 미달하여 Q_a만큼만 산출된다는 문제가 있다.

3) 이중가격 설정($Two-Tier$ pricing)

① 배경

한계비용가격설정은 독점기업의 가격수준을 한계비용으로 설정하는 방식으로서 자원배분의 효율성은 달성할 수 있다는 장점은 있으나 독점기업에 손실을 야기한다는 문제점이 있다. 한편 평균비용가격설정은 독점기업의 가격수준을 평균비용으로 설정하는 방식으로서 독점기업에 손실을 야기하지 않는다는 장점은 있으나 자원배분의 효율성 달성에 실패한다는 문제점이 있다. 따라서 효율적인 산출량을 시현하면서도 독점기업에 손실을 야기하지 않는 규제방식으로서 이중가격설정을 도입해 볼 수 있다.

② 의의

이중가격 설정은 가격을 수요자에 따라서 특정 집단의 수요자에게는 낮은 가격(한계비용 수준)을 그리고 다른 집단의 수요자에게는 높은 가격(손실보전 가능한 수준)을 설정하는 방식이다. 이는 수요자 집단에 따른 차별적 가격설정으로서 사실상 가격차별을 의미한다.

③ 한계

어떤 수요자 집단에는 높은 가격을, 또 다른 수요자 집단에는 낮은 가격을 설정하게 되는데 어떤 기준에 의하여 수요자 집단을 나눠야 하는지도 문제가 될 수 있으며 또한 수요자 집단 간에 실질적인 소득 이전의 결과를 가져오므로 공평성의 문제가 발생하게 된다. 현실적으로 서로 다른 수요자 집단 간에 적용이 되어야 할 가격 수준을 합리적으로 정확하게 산정할 수 있는지는 물론 의문이다.

필수예제

독점기업 A의 비용함수는 $C(Q)=750+5Q$이고, 역수요함수는 $P=140-Q$이다. 이 기업이 '독점을 규제하는 법률'에 따라 한계비용과 동일하게 가격을 설정한다면, 이에 관한 설명으로 옳은 것은? (단, Q는 수량, P는 가격이다.) ▸ 2024년 감정평가사

① 양(+)의 이윤을 얻는다.
② 이윤은 0이다.
③ 손실이 375이다.
④ 손실이 450이다.
⑤ 손실이 750이다.

출제이슈 독점규제와 한계비용가격설정

핵심해설 **정답** ⑤

독점체제는 자원배분의 효율성 및 소득분배의 공평성 측면에서 여러 가지 문제점들을 가지고 있기 때문에 정부는 여러 정책수단을 동원하여 이를 치유하기 위해 노력하고 있다. 이러한 독점규제는 대체로 가격규제방식, 국유화방식, 경쟁체제 도입방식으로 나누어 볼 수 있다.

한계비용가격설정은 독점기업의 가격수준을 한계비용으로 설정하는 방식으로서 자원배분의 효율성은 달성할 수 있다는 장점은 있으나 독점기업에 손실을 야기한다는 문제점이 있다.

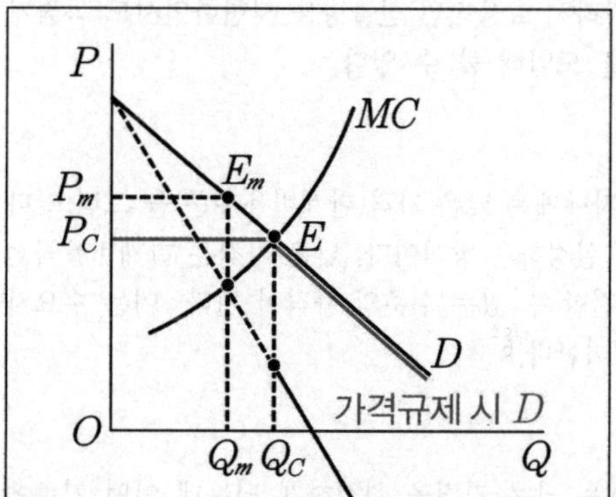

한계비용가격설정에 따라 독점기업의 가격수준을 한계비용과 일치시키면 다음과 같다.

$MC=5,\ P=140-Q,\ 5=140-Q,\ Q=135$

$TR=PQ=5\times135=675,\quad TC=750+5\times135=750+675$

$\pi=TR-TC=-750$

독점기업의 독점력과 가격규제 정책에 관한 설명으로 옳지 않은 것은? ▸ 2024년 감정평가사

① 러너의 독점력지수(Lerner index of monopoly power)는 수요곡선상의 이윤극대화점에서 측정한 수요의 가격탄력성의 역수와 같은 값이다.
② 한계비용가격설정은 자연독점 기업에게 손실을 초래한다.
③ 평균비용가격설정은 기업이 손실을 보지 않으면서 가능한 많은 상품을 낮은 가격에 공급하도록 유도할 수 있다.
④ 이중가격설정(two-tier pricing)은 한계비용가격설정의 장점을 살리면서도 독점기업의 손실을 줄일 수 있도록 하는 정책이다.
⑤ 이중가격설정은, 낮은 가격은 한계비용과 한계수입이 일치하는 가격으로, 높은 가격은 한계비용곡선과 수요곡선이 교차하는 지점의 가격으로 판매하도록 하는 정책이다.

출제이슈 독점규제와 가격설정
핵심해설 **정답** ⑤

이중가격 설정($Two - Tier$ pricing)은 다음과 같다.

1) 배경
한계비용가격설정은 독점기업의 가격수준을 한계비용으로 설정하는 방식으로서 자원배분의 효율성은 달성할 수 있다는 장점은 있으나 독점기업에 손실을 야기한다는 문제점이 있다. 한편 평균비용가격설정은 독점기업의 가격수준을 평균비용으로 설정하는 방식으로서 독점기업에 손실을 야기하지 않는다는 장점은 있으나 자원배분의 효율성 달성에 실패한다는 문제점이 있다. 따라서 효율적인 산출량을 시현하면서도 독점기업에 손실을 야기하지 않는 규제방식으로서 이중가격설정을 도입해 볼 수 있다.

2) 의의
이중가격 설정은 가격을 수요자에 따라서 특정 집단의 수요자에게는 낮은 가격(한계비용수준)을 그리고 다른 집단의 수요자에게는 높은 가격(손실보전 가능한 수준)을 설정하는 방식이다. 낮은 가격은 한계비용곡선과 수요곡선이 교차할 때 설정되고, 높은 가격은 손실을 보전할 수 있는 수준의 가격이 된다. 이는 수요자 집단에 따른 차별적 가격설정으로서 사실상 가격차별을 의미한다.

3) 한계
어떤 수요자 집단에는 높은 가격을, 또 다른 수요자 집단에는 낮은 가격을 설정하게 되는데 어떤 기준에 의하여 수요자 집단을 나눠야 하는지도 문제가 될 수 있으며 또한 수요자 집단 간에 실질적인 소득 이전의 결과를 가져오므로 공평성의 문제가 발생하게 된다. 현실적으로 서로 다른 수요자 집단 간에 적용이 되어야 할 가격 수준을 합리적으로 정확하게 산정할 수 있는지는 물론 의문이다.

이윤극대화를 추구하는 독점기업의 수요함수는 $Q=5-0.5P$이고 총비용함수는 $TC=30-2Q+Q^2$이다. 이 독점기업의 이윤에 20%의 세금을 부과한다면? (단, Q는 생산량, P는 가격)

▸ 2018년 보험계리사

① 가격이 20%보다 더 많이 인상될 것이다.
② 가격이 20% 인상될 것이다.
③ 생산량이 20%보다 더 적게 감소할 것이다.
④ 생산량은 변화하지 않을 것이다.

출제이슈 독점규제와 조세
핵심해설 **정답** ④

독점기업의 총수입은 $TR=PQ=(10-2Q)Q$가 된다. 따라서 주어진 비용함수를 고려하면 이윤은 다음과 같다.
$\pi=(10-2Q)Q-30+2Q-Q^2=-3Q^2+12Q-30$

이때, 이윤에 20%의 세금을 부과하는 경우 세후 이윤은 다음과 같다.
$(1-0.2)\pi=(1-0.2)(-3Q^2+12Q-30)$

이제 이윤극대화는 세금부과 후 이윤의 극대화가 되는데 이를 풀면 세전의 이윤극대화 조건과 동일하므로 세전의 이윤극대화 산출량과 세후의 이윤극대화 산출량은 동일하다. 따라서 세전의 가격과 세후의 가격도 동일하다.

THEME 06 가격차별

1 의의

독점기업이 똑같은 상품에 대해 수요자 집단에 따라서 여러 가지 다른 가격을 설정하는 것을 가격차별이라고 한다. 가격차별에 의하여 일물일가의 법칙은 성립하지 않게 되며 이는 독점기업이 독점이윤을 증가시키기 위한 전략(strategy)의 일종이다. 가격차별이 발생하고 있는 독점을 차별독점이라고 하며, 일물일가의 법칙이 성립하고 있는 독점을 순수독점이라고 한다.

2 유형

가격차별은 그 차별의 정도 및 방식에 따라서 1급 가격차별, 2급 가격차별, 3급 가격차별로 분류되며 이하에서 상술한다.

3 1급 가격차별

1) 의의

1급 가격차별은 상품 수요량을 극단적으로 세분화하여, 다른 가격을 설정하는 방식으로서 이는 독점기업이 소비자의 선호체계를 완벽하게 파악하고 있을 뿐만 아니라 소비자가 지불할 의사가 있는 최대가격으로서 수요가격을 부과할 수 있어야 한다는 특징이 있다. 그러나 현실에서는 기업이 소비자의 선호체계를 완벽하게 파악하기 어려운 경우에는 이에 상응하는 다양한 가격체계를 통해서 우회하고 있다. 완전가격차별이라고 하기도 한다.

2) 기하적 분석

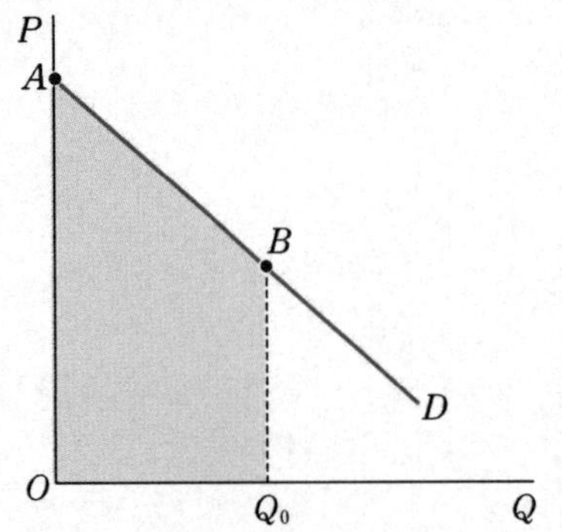

(그림 12-6)

① MR과 DC가 일치

② 독점기업 수입 □$OABQ_0$

③ 소비자잉여 0

3) 평가

① 1급 가격차별이 되면 가격차별이 없는 독점일 때보다도 산출량이 증대하여 경쟁수준의 산출량에 근접하게 되어 일부 빈곤층 소비자도 소비가능하게 된다.

② 현실에서는 매우 다양한 요금 제도를 사전에 구비・공표한 후에 소비자가 직접 선택하도록 한다. 예를 들면 휴대폰 요금제나 항공요금제를 들 수 있다.

③ 1급 가격차별을 구현하기 위해서 이부가격 설정 방식으로 이루어지기도 한다. 즉 가입비를 통해서 소비자잉여를 독점이윤으로 모두 전환시키는 것이다.

④ 1급 가격차별은 소비자잉여를 모두 독점이윤으로 전환시킬 수 있기 때문에 공평성 측면에서 큰 문제가 있지만, 그 산출량 수준은 경쟁시장의 산출량 수준에 수렴하기 때문에 효율성 측면에서는 오히려 문제가 없을 수 있다. 1급 가격차별에서 기업의 이윤극대화 산출량 결정도 역시 한계수입과 한계비용이 된다. 한계수입은 1급 가격차별에서는 소비자의 수요곡선(정확히는 보상수요곡선)이 되므로 이윤극대화 산출량은 수요곡선과 한계비용곡선이 만나는 점에서 결정된다. 그런데 이는 완전경쟁시장에서의 산출량과 동일하므로 자중손실은 0이 된다는 특징이다.

4 2급 가격차별

1) 의의

2급 가격차별은 상품 수요량을 구간별로 분리하여, 구간에 따라서 다른 가격을 설정하는 방식으로서 구간가격설정(block pricing)의 형태로 많이 나타난다. 예를 들어 수요량이 일정량을 초과하는 경우 그 이후의 수요량에 대해서는 이전보다 낮은 가격을 적용하는 것이다. 독점기업이 2급 가격차별을 하기 위해서는 구간을 어떻게 설정해야 하는지를 결정해야 하며 만일 구간이 세분화된다면 이는 1급 가격차별에 가까워지는 결과가 나타난다.

2) 기하적 분석

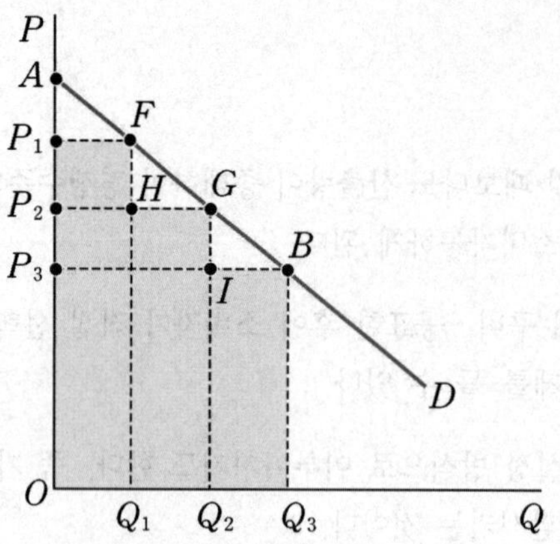

(그림 12-7)

① 독점기업 수입 = □OP_1FQ_1 + □Q_1HGQ_2 + □Q_2IBQ_3

② 소비자잉여 = △APF + △FHG + △GIB

3) 평가

① 2급 가격차별은 독점자가 소비자의 선호를 파악하고 그에 따라 유형을 구분하지 않아도 된다는 특징이 있다. 적절한 가격유형들이 제시되면 소비자가 스스로 다양한 가격유형 중에서 선택함으로써 자신의 선호를 드러내게 되는 것이다.

② 현실에서 2급 가격차별은 수량할인의 방식으로 이루어지는 경우가 많으며 해석상 구간가격 설정 방식과 동일하다. 이는 상품을 블록별로 나누어서 각각의 블록에 대하여 차별적인 가격을 설정하는 방식이다(block pricing). 적은 소비량 구간에 대하여는 높은 가격을 설정하고 그를 초과하는 많은 소비량 구간에 대하여는 낮은 가격을 차별적으로 설정하는 방식이다.

③ 2급 가격차별의 경우 순수독점과 동일한 산출량이 나타날 수 있다. 그러나 다양한 가격에 따라서 수요량이 증가하는 경우 총생산량이 증가하게 되어 사회후생이 순수독점의 경우에 비해 증가할 수 있다는 특징이 있다. 이때 총생산은 앞에서 본 1급 가격차별의 경우와 유사하게 경쟁시장의 산출량 수준에 수렴한다.

5 3급 가격차별

1) 의의

3급 가격차별은 수요자를 그룹별로 분리하여, 그룹에 따라서 각각 다른 가격을 설정하는 방식이다. 시장분할에 의한 가격차별이라고 하기도 한다. 그룹에 따라 소비자들은 다른 특성을 보이는데 이는 상이한 가격탄력성과 연관이 있다.

2) 조건

① 소비자 : 그룹별 분리 가능(가격탄력성, 분리비용 고려)
② 생산자 : 독점력 보유
③ 소비자 그룹 간 전매(재판매) 불가능

3) 기하적 분석

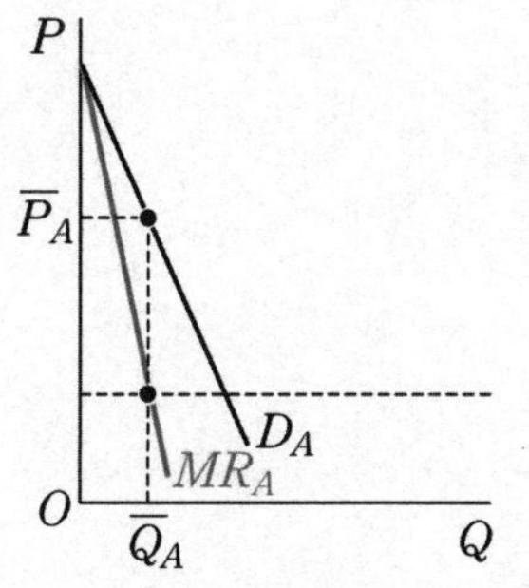

(그림 12-8-1)

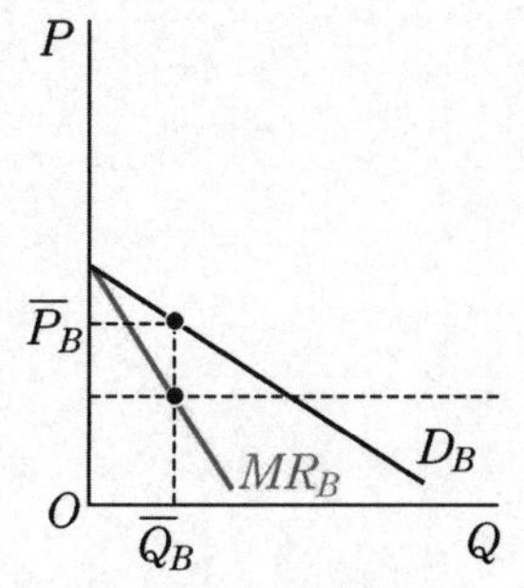

(그림 12-8-2)

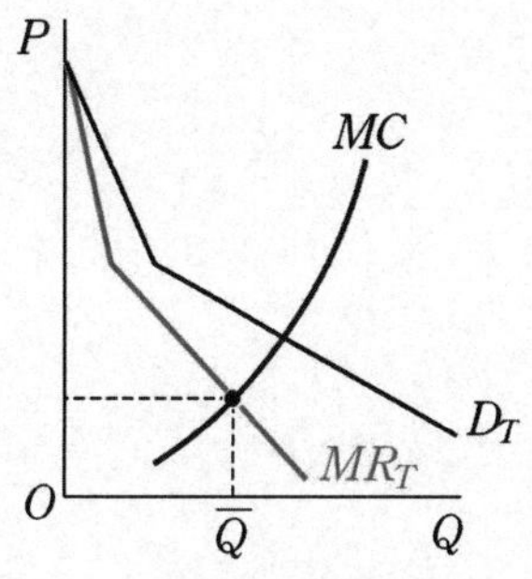

(그림 12-8-3)

① $MR_T = MC$ (이윤극대화 전체산출량 결정)
② $MR_A = MR_B$(각 시장마다 다른 가격으로 배분하여 판매)
③ 3급 가격차별 시 이윤극대화 조건 $MC = MR_A = MR_B$을 Amoroso-Robinson 공식을 이용하여 다시 쓰면, $P_A(1-\frac{1}{\epsilon_A}) = P_B(1-\frac{1}{\epsilon_B})$이 된다. 이는 상대적으로 탄력적인 수요자 집단에 대해서는 낮은 가격을, 상대적으로 비탄력적인 수요자 집단에 대해서는 높은 가격을 설정해야 함을 의미한다.

4) 평가

① 상이한 가격

동일한 상품임에도 불구하고 수요자 그룹 간에 가격이 상이하기 때문에 차별과 공평성의 문제가 나타나게 된다. 주의할 것은 동일한 상품에 대해 차별적 가격이 설정된 것이 항상 3급 가격차별인 것은 아니다. 예를 들어 험한 산의 산장에서 파는 물건의 가격이 동일한 상품임에도 더 비싼 것은 운송비 등으로 인해서 판매에 있어서 비용이 더 많이 들기 때문에 그런 것이다. 이는 상이한 비용구조를 반영한 것으로서 가격차별이 아니다.

② 산출량의 증대

가격차별로 인하여 산출량이 반드시 증가하는 것은 아니다. 그러나 특별한 경우에는 3급 가격차별에서 산출량이 증가하는 경우도 있을 수 있음에 주의해야 한다. 산출량이 증가하지 않는 경우 사회전체 후생은 감소하지만, 증가한다면 사회전체 후생은 증가할 수 있다. 예를 들어, 두 개의 시장 중에서 어느 하나의 시장은 수요가 매우 미미한 경우에 그 시장은 가격차별이 없었다면 전혀 소비가 이뤄지지 않았을 것이다. 그런데 만일 3급 가격차별을 통해 가격이 낮아져서 그 시장에서도 수요가 발생하고 이로 인해서 독점기업도 이윤을 새롭게 더 창출해 낼 수 있다면, 사회후생은 증가하고 독점의 비효율은 오히려 감소할 수 있다.

필수예제

X 재화를 공급하는 독점기업이 이윤극대화를 위해 실시하는 가격차별에 대한 설명으로 옳지 않은 것은?

▸ 2012년 국가직 7급

① X 재화에 대한 수요의 가격탄력성 차이가 집단구분의 기준이 될 수 있다.

② 두 시장을 각각 A와 B, X 재화 판매의 한계수입을 MR, X 재화 생산의 한계비용을 MC라고 할 때, $MR_A = MR_B = MC$ 원리에 기초하여 행동한다.

③ A 시장보다 B 시장에서 X 재화에 대한 수요가 가격에 더 탄력적이라면 독점기업은 A 시장보다 B 시장에서 더 높은 가격을 설정한다.

④ 독점기업이 제1차 가격차별(first-degree price discrimination)을 하는 경우 사회적으로 바람직한 양이 산출된다.

출제이슈 3급 가격차별과 1급 가격차별

핵심해설 **정답 ③**

설문을 검토하면 다음과 같다.

① 옳은 내용이다.

3급 가격차별이란 수요자를 그룹별로 분리하여, 수요자 그룹별로 차별적으로 다른 가격을 설정하는 방식을 의미한다. 3급 가격차별이 가능하기 위해서는 i) 소비자는 그룹별로 분리 가능해야 하며 (가격탄력성, 분리비용 고려) ii) 생산자는 독점력을 보유하고 있어야 하며 iii) 소비자 그룹 간 전매(재판매)는 불가능해야 한다. 따라서 수요의 가격탄력성 차이가 집단구분의 기준이 될 수 있다.

② 옳은 내용이다.

3급 가격차별의 이윤극대화를 수리적・기하적으로 분석하면 다음과 같다.

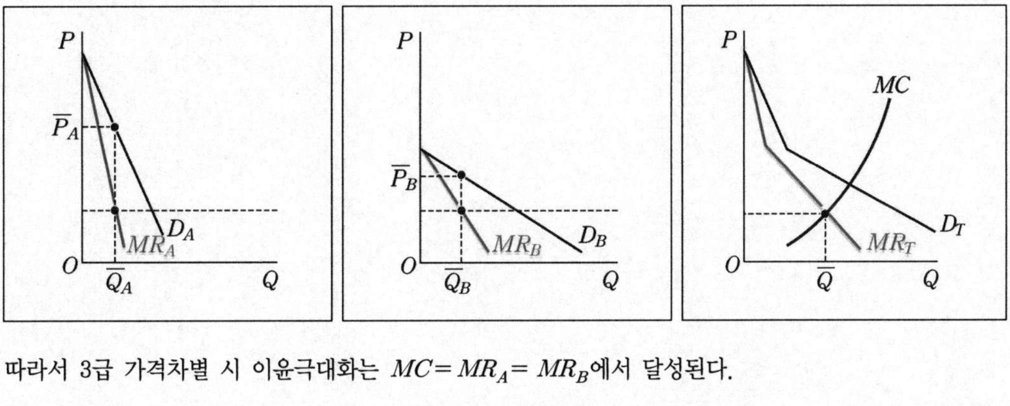

따라서 3급 가격차별 시 이윤극대화는 $MC = MR_A = MR_B$에서 달성된다.

③ 틀린 내용이다.
위의 3급 가격차별 시 이윤극대화 조건 $MC = MR_A = MR_B$을 Amoroso-Robinson 공식을 이용하여 다시 쓰면, $P_A(1-\frac{1}{\epsilon_A}) = P_B(1-\frac{1}{\epsilon_B})$ 이 된다. 이는 탄력적인 수요자 집단에 대해서는 낮은 가격을, 비탄력적인 수요자 집단에 대해서는 높은 가격을 설정해야 함을 의미한다.

④ 옳은 내용이다.
1급 가격차별은 상품 수요량을 극단적으로 세분화하여, 다른 가격을 설정하는 방식으로서 이 경우 경쟁시장에서와 같은 생산량이 달성되지만, 소비자잉여가 모두 독점이윤으로 전환된다는 문제가 있다. 즉, 효율성 측면에서는 사회적으로 바람직한 양이 산출되지만, 공평성에 문제가 있다.

독점기업의 가격차별에 관한 설명으로 옳은 것은? ▸ 2019년 감정평가사

① 1급 가격차별 시 소비자잉여는 0보다 크다.
② 1급 가격차별 시 사중손실(deadweight loss)은 0보다 크다.
③ 2급 가격차별 시 대표적인 예로 영화관의 조조할인이 있다.
④ 3급 가격차별 시 한 시장에서의 한계수입은 다른 시장에서의 한계수입보다 크다.
⑤ 3급 가격차별 시 수요의 가격탄력성이 상대적으로 작은 시장에서 더 높은 가격이 설정된다.

출제이슈 1, 2, 3급 가격차별
핵심해설 **정답** ⑤

설문을 검토하면 다음과 같다.

① 틀린 내용이다.
1급 가격차별은 모든 소비자별로 그리고 판매하는 상품단위별로 모두 다른, 즉 차별적인 가격을 책정하는 방식으로서 완전가격차별(perfect price discrimination)이라고도 한다. 1급 가격차별의 경우 소비자가 낼 의향이 있는 모든 금액을 가격으로 책정하기 때문에 소비자잉여가 독점이윤으로 모두 흡수되어 소비자잉여는 0이 된다.

② 틀린 내용이다.
1급 가격차별에서 기업의 이윤극대화 산출량 결정은 역시 한계수입과 한계비용이 된다. 한계수입은 1급 가격차별에서는 소비자의 수요곡선(정확히는 보상수요곡선)이 되므로 이윤극대화 산출량은 수요곡선과 한계비용곡선이 만나는 점에서 결정된다. 그런데 이는 완전경쟁시장에서의 산출량과 동일하므로 자중손실은 0이 된다는 특징이다.

③ 틀린 내용이다.
영화관의 조조할인은 3급 가격차별의 예이다. 3급 가격차별은 소비자를 그 특성에 따라서 구분하여 각기 차별적인 가격을 설정한다. 이에 반해 2급 가격차별은 소비자를 특성별로 구분하는 것이 아니라는 점에서 3급 가격차별과 다르다. 2급 가격차별은 상품을 블록별로 나누어서 각각의 블록에 대하여 차별적인 가격을 설정하는 방식이다(block pricing). 적은 소비량 구간에 대하여는 높은 가격을 설정하고 그를 초과하는 많은 소비량 구간에 대하여는 낮은 가격을 차별적으로 설정하는 방식이다. 이는 현실에서는 많은 소비량에 대한 수량할인으로 많이 나타나고 있다.

④ 틀린 내용이다.
3급 가격차별의 경우 시장 간 한계수입이 동일하도록 가격이 설정되는데 특히 수요의 가격탄력성이 상대적으로 낮은 경우 더 높은 가격이 설정된다. 즉 3급 가격차별 시 이윤극대화는 $MC = MR_A = MR_B$에서 달성된다.

⑤ 옳은 내용이다.
3급 가격차별 시 이윤극대화 조건 $MC = MR_A = MR_B$을 Amoroso-Robinson의 공식을 이용하여 다시 풀어쓰면 다음과 같다.

$$P_A\left(1-\frac{1}{\epsilon_A}\right) = P_B\left(1-\frac{1}{\epsilon_B}\right)$$

이는 탄력적인 수요자 집단에 대해서는 낮은 가격을, 비탄력적인 수요자 집단에 대해서는 높은 가격을 설정해야 함을 의미한다.

어떤 독점기업이 시장을 A와 B로 나누어 이윤극대화를 위한 가격차별정책을 시행하고자 한다. A시장의 수요함수는 $Q_A = -2P_A + 60$이고 B시장의 수요함수는 $Q_B = -4P_B + 80$이라고 한다(Q_A, Q_B는 각 시장에서 상품의 총수요량, P_A, P_B는 상품의 가격임). 이 기업의 한계비용이 생산량과 관계없이 2원으로 고정되어 있을 때, A시장과 B시장에 적용될 상품가격은? ▸ 2019년 서울시 7급

	A시장	B시장
①	14	10
②	16	11
③	14	11
④	16	10

출제이슈 3급 가격차별

핵심해설 정답 ②

3급 가격차별의 경우 이윤극대화는 $MC = MR_A = MR_B$에서 달성된다.

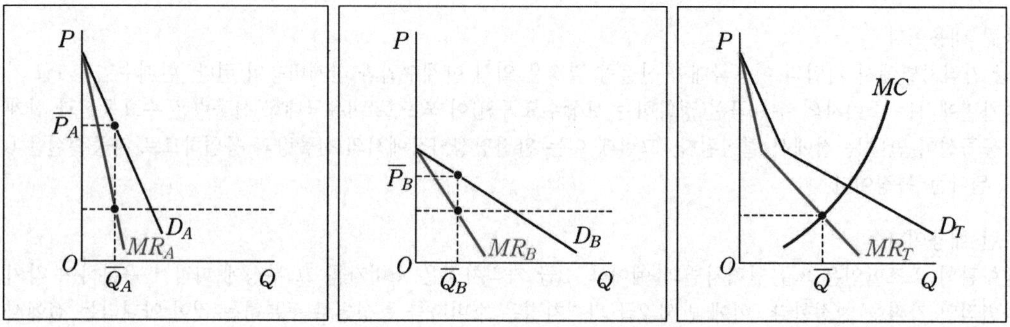

설문에 의하면, $MR_A = 30 - Q_A$, $MR_B = 20 - 0.5Q_B$, $MC = 2$이다.

가격차별 시 이윤극대화 조건 $MR_A = MR_B = MC$에 따라서

$30 - Q_A = 20 - 0.5Q_B = 2$가 된다.

이를 풀면 $Q_A = 28$, $P_A = 16$, $Q_B = 36$, $P_B = 11$이 된다.

수요의 특성이 다른 두 개의 분리된 시장 A와 B에서 이윤극대화를 추구하는 독점기업이 있다고 가정하자. 이 독점기업의 한계비용은 5이고, 시장 A와 시장 B에서 수요의 가격탄력성이 각각 1.5 및 1.2일 때, 시장 A와 시장 B에서의 독점가격은? ▸ 2013년 지방직 7급

	시장 A 독점가격	시장 B 독점가격
①	15	20
②	20	10
③	20	15
④	15	30

출제이슈 3급 가격차별

핵심해설 **정답** ④

3급 가격차별의 경우 이윤극대화는 $MC = MR_A = MR_B$에서 달성된다.

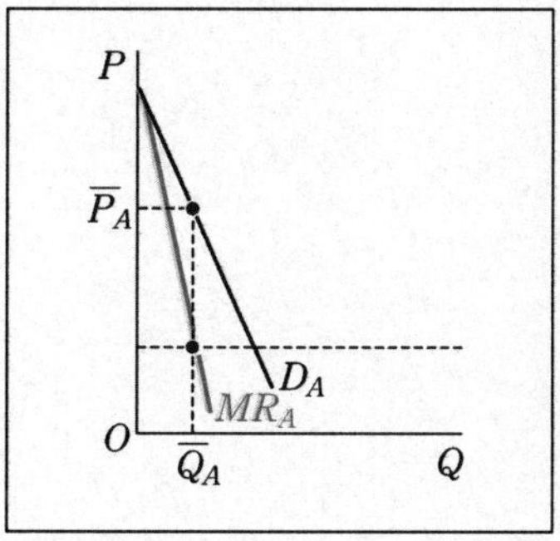

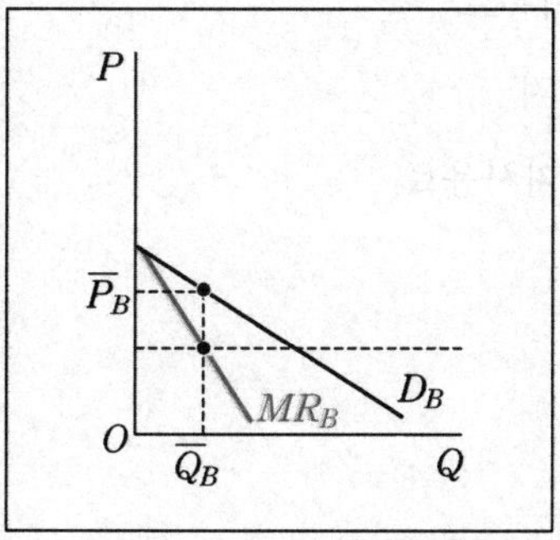

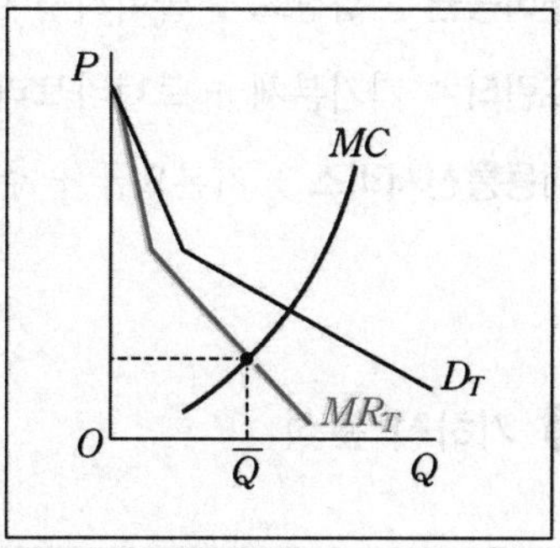

설문에 의하면, 시장 A에서 수요의 가격탄력성 $e_A = 1.5$, 시장 B에서 수요의 가격탄력성 $e_B = 1.2$이다.

이때, Amoroso-Robinson 공식 $MR = P(1 - \frac{1}{e})$, (단, e : 가격탄력성)을 사용하면 다음과 같다.

$MR_A = P_A(1 - \frac{1}{e_A}) = P_A(1 - \frac{1}{1.5})$, $MR_B = P_B(1 - \frac{1}{e_B}) = P_B(1 - \frac{1}{1.2})$가 된다.

이제 가격차별의 산식 $MC = MR_A = MR_B$에 위를 대입하면 다음과 같다.

$P_A(1 - \frac{1}{1.5}) = P_B(1 - \frac{1}{1.2}) = 5$가 된다. 따라서 $P_A = 15$, $P_B = 30$이 된다.

THEME 07 이부가격

1 의의

독점기업이 독점이윤을 조금이라도 더 증가시킬 목적으로 가격을 설정함에 있어서 1개의 가격이 아니라 2개의 부분으로 나누어 가격을 부과하는 것을 이부가격제도(two-part tariff)라고 한다. 두 부분의 가격은 일반적으로 가입비(entry fee or member's fee)와 사용료(usage fee)로 구성되어 있다.

2 사례

1) **골프장** : 회원권 + 이용료

2) **놀이공원** : 입장료 + 놀이기구 이용료

3) **프린터** : 기기본체 + 토너카트리지

4) **이동통신서비스** : 기본요금 + 추가사용료

3 기하적 분석

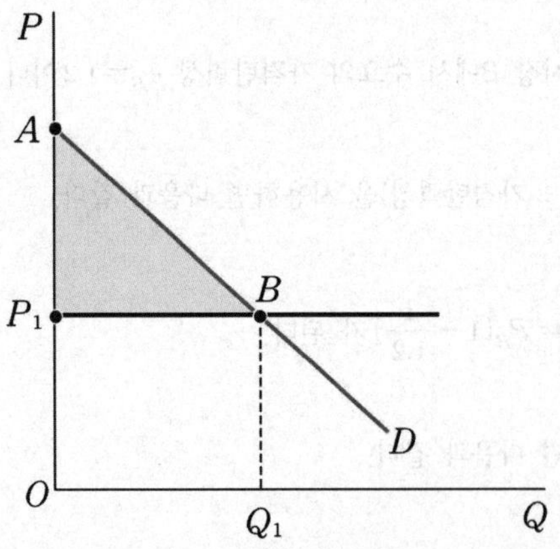

(그림 12-9)

1) 가입비 $\triangle AP_1B$

이부가격의 설정에서 입장료, 즉 가입비는 소비자잉여를 반영한 금액이 된다. 이는 소비자가 만일 가입비를 내야 한다면 최대한 낼 용의가 있는 금액이며 그만큼이 가입비로 부과될 수 있는데 이는 소비자잉여가 된다.

2) 가격 P_1

이부가격의 설정에서 가격, 즉 사용료는 한계비용의 수준으로 책정이 된다.

4 일반적인 독점가격 설정 vs 이부가격 설정

1) 일반적인 독점가격 설정

한계수입과 한계비용을 일치시키면서 이윤극대화 산출량을 결정하고 이에 대하여 수요함수의 제약을 활용하여 수요곡선 상에서 가격을 설정한다.

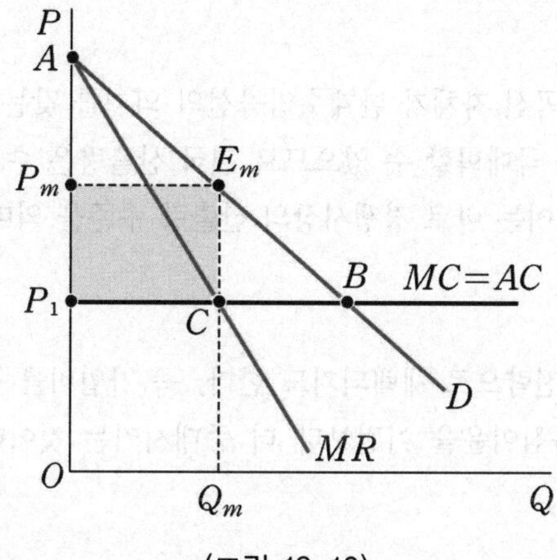

(그림 12-10)

① 가격 P_m

② 산출 Q_m

③ 독점이윤

i) 수입 $\square P_m O Q_m E_m$

ii) 비용 $\square P_1 O Q_m C$

iii) 이윤 $\square P_m P_1 C E_m$

2) 이부가격 설정

수요와 한계비용을 일치시키면서 이윤극대화 산출량을 결정하고 이에 대하여 수요함수의 제약을 활용하여 소비자잉여에 해당하는 금액을 가입비로, 한계비용에 해당하는 금액을 사용료로 부과한다.

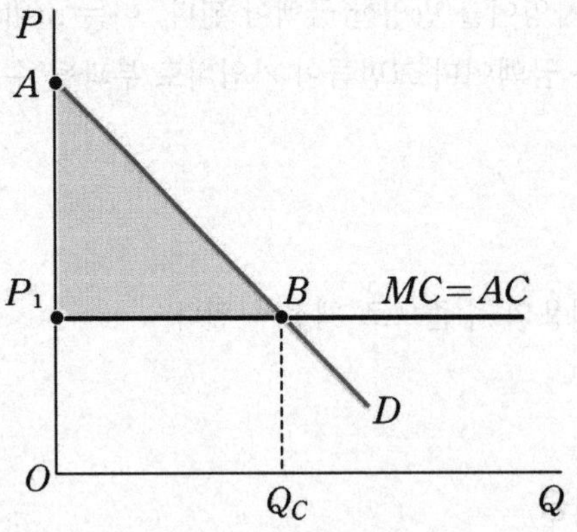

(그림 12-11)

① 가격

i) 가입비 $\triangle AP_1B$

ii) 이용료 P_1

② 산출 Q_c

③ 독점이윤

i) 수입 $\triangle AP_1B + \square P_1OQ_cB$

ii) 비용 $\square P_1OQ_cB$

iii) 이윤 $\triangle AP_1B$

5 평가

1) 산출량 증가

이부가격전략을 취하는 독점기업 입장에서 수요곡선 자체가 한계수입곡선의 의미를 갖는다. 따라서 한계수입이 한계비용을 초과하는 한 이윤을 극대화할 수 있으므로 결국 산출량은 수요곡선과 한계비용곡선이 일치하는 수준에서 결정되며 이는 바로 경쟁시장의 산출량 수준을 의미한다.

2) 소비자잉여가 독점이윤으로 전환

이부가격전략은 1급 가격차별을 구현하기 위한 전략으로 채택되기도 한다. 즉 가입비를 통해서 소비자잉여를 독점이윤으로 모두 전환시켜서 독점이윤을 이전보다 더 증대시키는 것이다.

3) 사회총잉여 증가

1급 가격차별의 특징처럼 소비자잉여를 모두 독점이윤으로 전환시킬 수 있기 때문에 공평성 측면에서 큰 문제가 있지만, 그 산출량 수준은 위 1)에서 본 바와 같이 경쟁시장의 산출량 수준에 수렴하기 때문에 효율성 측면에서는 오히려 문제가 없을 수 있다.

필수예제

어느 지역에서 독점적으로 서비스를 공급하고 있는 피트니스클럽 A가 이부가격제도(two-part tariff)를 시행하려고 한다. A의 서비스에 대한 시장수요함수는 $Q=4,000-5P$이다. 여기서 Q는 A가 제공하는 서비스의 양이고, P는 A의 서비스 한 단위당 가격이다. 또한 A의 서비스 제공에 따른 한계비용은 $MC=400$이다. A가 이윤을 극대화하기 위한 이부가격제도는? (단, 단위는 원이다.)

▸ 2016년 지방직 7급

	고정회비	서비스 한 단위당 가격
①	400,000원	400원
②	400,000원	600원
③	100,000원	600원
④	100,000원	400원

출제이슈 이부가격

핵심해설 **정답** ①

이부가격이란 독점기업이 독점이윤을 증가시킬 목적으로 1개의 가격이 아니라 가입비(entry fee)와 사용료(usage fee)의 2개의 가격을 부과하는 것을 의미한다.

이때, 가입비는 경쟁시장균형에서의 소비자잉여의 크기에 해당하는 것으로서 만일 가입비를 내야 한다면 최대한 낼 용의가 있는 금액이 된다. 이는 아래 그래프에서 $\triangle AP_1B$ 에 해당한다. 가격은 경쟁시장균형에서의 시장가격 수준으로 부과된다. 이는 아래 그래프에서 P_1 수준에 해당한다.

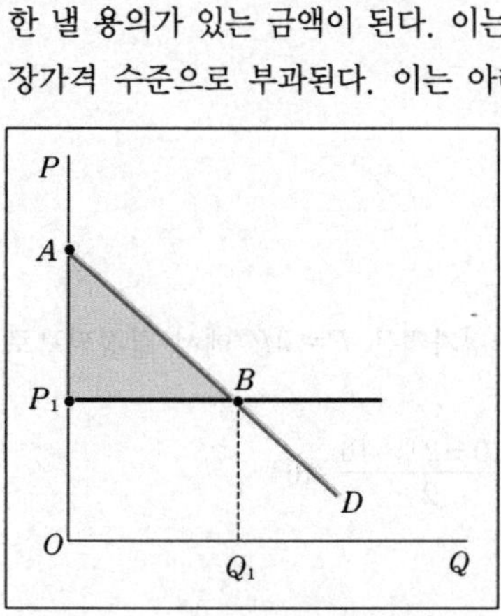

설문에서 수요함수 및 비용이 $Q=4,000-5P$, $MC=400$이며, 경쟁 시 균형가격은 $P=MC$에서 결정되므로 가격 $P_1=400$, 산출량 $Q_1=2,000$이 된다.

1) 가입비(entry fee)는 소비자잉여에 해당하는 부분으로 $\triangle AP_1B=\dfrac{(800-400)\times 2,000}{2}=400,000$

2) 가격(usage fee)은 경쟁시장균형에서의 시장가격으로서 $P_1=400$

통신시장에 하나의 기업만 존재하는 완전독점시장을 가정하자. 이 독점기업의 총비용(TC)함수는 $TC = 20 + 2Q$이고 시장의 수요는 $P = 10 - 0.5Q$이다. 만약, 이 기업이 이부가격(two part tariff) 설정을 통해 이윤을 극대화하고자 한다면, 고정요금(가입비)은 얼마로 설정해야 하는가?

▸ 2015년 서울시 7급

① 16 ② 32 ③ 64 ④ 128

출제이슈 이부가격

핵심해설 **정답** ③

이부가격이란 독점기업이 독점이윤을 증가시킬 목적으로 1개의 가격이 아니라 가입비(entry fee)와 사용료(usage fee)의 2개의 가격을 부과하는 것을 의미한다.

이때, 가입비는 경쟁시장균형에서의 소비자잉여의 크기에 해당하는 것으로서 만일 가입비를 내야 한다면 최대한 낼 용의가 있는 금액이 된다. 이는 아래 그래프에서 $\triangle AP_1B$ 에 해당한다. 가격은 경쟁시장균형에서의 시장가격 수준으로 부과된다. 이는 아래 그래프에서 P_1 수준에 해당한다.

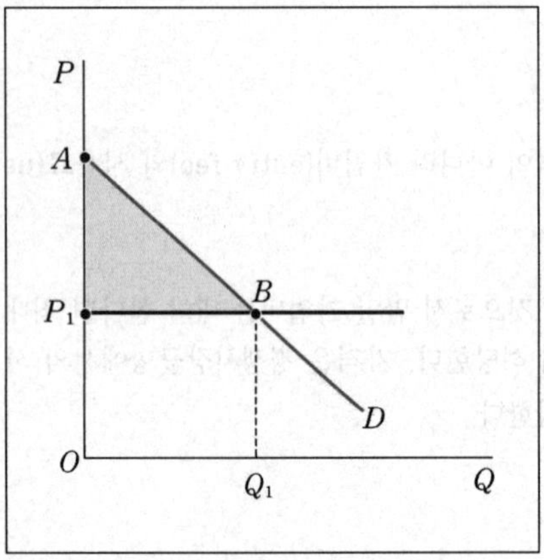

설문에서 수요함수 및 비용이 $P = 10 - 0.5Q$, $MC = 2$이며, 경쟁 시 균형가격은 $P = MC$에서 결정되므로 가격 $P_1 = 2$, 산출량 $Q_1 = 16$이 된다.

1) 가입비(entry fee)는 소비자잉여에 해당하는 부분으로 $\triangle AP_1B = \dfrac{(10-2) \times 16}{2} = 64$

2) 가격(usage fee)은 경쟁시장균형에서의 시장가격으로서 $P_1 = 2$

THEME 08 다공장 독점

1 의의

독점 생산자가 하나 이상 여러 개의 공장에서 상품을 생산하는 상황을 다공장 독점이라고 한다. 이때는 각각의 공장에서의 한계비용이 일치하여야 비용극소화가 달성되고 이 한계비용이 한계수입과 일치하여야 이윤극대화가 달성되며 이때가 바로 다공장 독점의 이윤극대화 균형이 된다.

2 특징

1) 비용조건 상이

여러 개의 공장 간에 나타날 수 있는 상이한 비용조건을 독점기업은 이윤극대화를 위한 의사결정 과정에서 반드시 고려하여야 한다.

2) 카르텔 모형과 유사

카르텔 모형은 둘 이상의 사업자가 마치 독점사업자처럼 행동하는 경우로서 카르텔 참가기업을 다공장 독점의 개별공장으로 치환해서 취급하면 다공장 독점과 동일하게 분석될 수 있다.

① **다공장 독점** : 여러 개의 공장 - 하나의 독점기업

② **카르텔** : 여러 개의 참가기업 - 전체 카르텔

3 모형의 설정

1) 수요조건 : 시장수요

2) 공급조건(비용조건) : 공장 1의 한계비용, 공장 2의 한계비용

3) 이윤극대화

① 독점기업의 이윤극대화 산출량을 먼저 정한다.

② 그 산출량을 독점기업의 공장들에 할당하여 생산한다.

③ 가격은 독점기업이 정한 가격으로 하나로 통일하여 설정한다.

4 기하적 분석

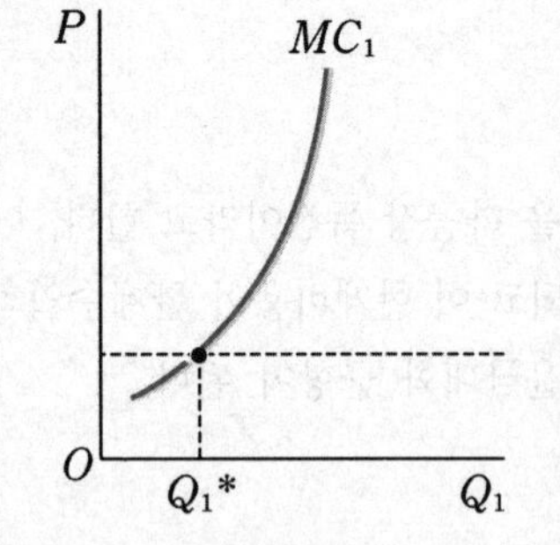

(그림 12-12-1)

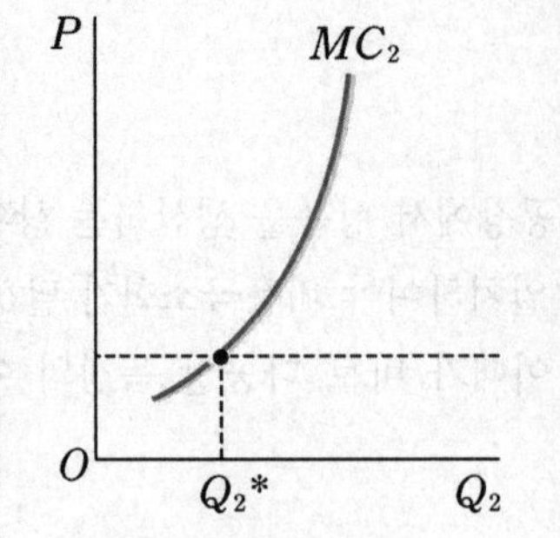

(그림 12-12-2)

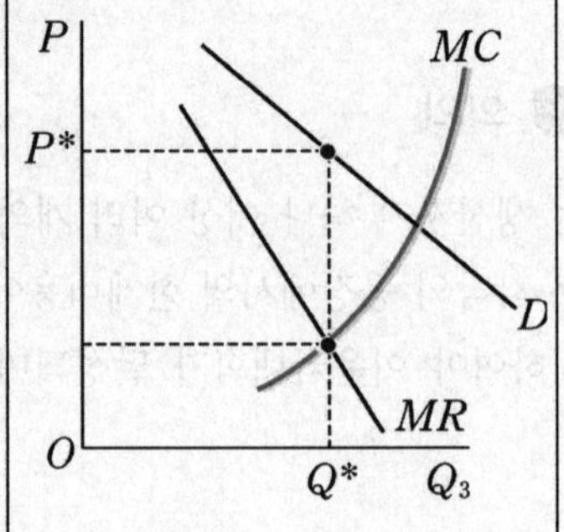

(그림 12-12-3)

① $MC_T = MR$ (이윤극대화 전체 산출량 결정)

② $MC_1 = MC_2$ (각 공장에 생산량 할당)

5 수리적 분석

1) 독점기업의 MC

① 공장 1의 MC_1

② 공장 2의 MC_2

③ $\therefore\ MC = \sum_{i=1}^{2} MC_i$

2) 독점기업의 MR

① $DC = P = P(Q)$

② $\therefore\ MR = MR(Q)$

3) 독점기업의 이윤극대화

① $MR = MC$

② $\therefore\ MR(Q) = \sum_{i=1}^{2} MC_i$

$\therefore$ 위의 식을 풀면 Q^*, P^* 도출

4) 개별공장들에게 생산량 할당

① 첫번째 방법

i) $MC_1 = MC_2$

ii) 그런데 앞에서 구한 $Q^* = Q_1 + Q_2$

iii) 이 두 식을 이용하여 풀면 Q_1^*, Q_2^* 도출

② 두번째 방법

i) 앞에서 구한 Q^*를 활용하여 $MR^* = MC^*$를 구함

ii) 그런데 앞에서 이용한 수평합 논리에 따르면

$MC_1 = MR^* = MC^* \quad \therefore Q_1^*$ 도출

$MC_2 = MR^* = MC^* \quad \therefore Q_2^*$ 도출

5) 다공장 독점의 균형

$MR = MC_1 = MC_2$

PART · 05

필수예제

독점기업 A는 동일한 상품을 생산하는 두 개의 공장을 가지고 있다. 두 공장의 비용함수와 A기업이 직면한 시장수요곡선이 다음과 같을 때, A기업의 이윤을 극대화하는 각 공장의 생산량을 옳게 짝 지은 것은? (단, P는 가격, Q는 총생산량, Q_1은 공장 1의 생산량, Q_2는 공장 2의 생산량이다.)

▸ 2020년 국가직 7급

- 공장 1의 비용함수 : $C_1(Q_1) = 40 + Q_1^2$
- 공장 2의 비용함수 : $C_2(Q_2) = 90 + 6Q_2$
- 시장수요곡선 : $P = 200 - Q$

	Q_1	Q_2
①	3	94
②	4	96
③	5	98
④	6	100

출제이슈 다공장 독점

핵심해설 **정답** ①

다공장 독점은 독점 생산자가 하나 이상의 여러 개 공장에서 상품을 생산하는 경우를 말하며 이 경우 이윤극대화는 $MR = MC_1 = MC_2$을 통해 달성된다.

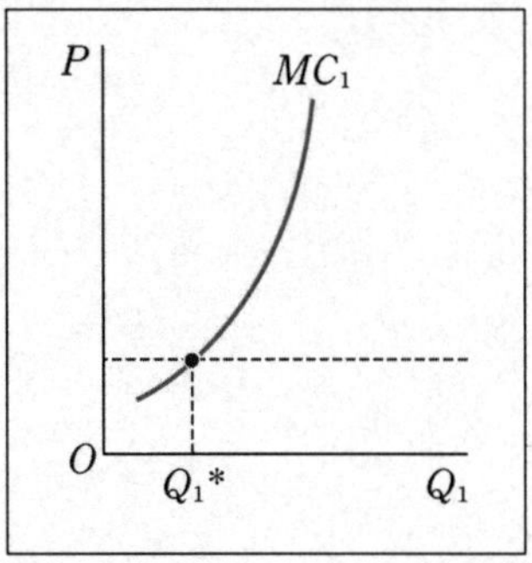

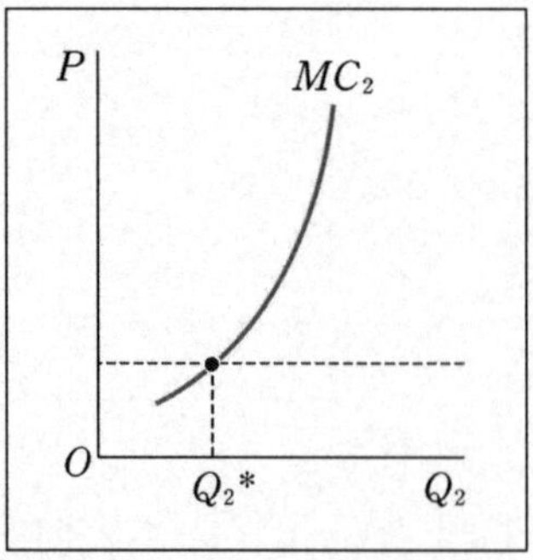

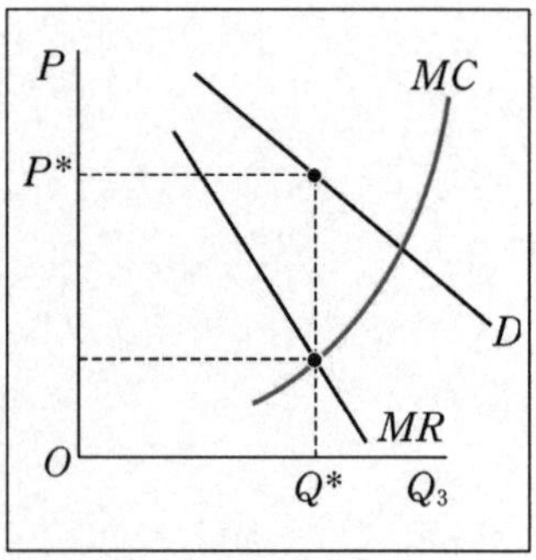

설문에 의하면, $MC_1 = 2Q_1$, $MC_2 = 6$이다.
그리고 주어진 수요함수로부터 한계수입 $MR = 200 - 2Q$가 된다.

따라서 다공장 독점의 이윤극대화 조건 $MC_1 = MC_2 = MR$에 의하면 $2Q_1 = 6 = 200 - 2Q$이 된다.
이를 풀면 $Q_1 = 3$, $Q = 97$이므로 $Q_2 = 94$가 된다.

두 공장 1, 2를 운영하고 있는 기업 A의 비용함수는 각각 $C_1(q_1)=q_1^2$, $C_2(q_2)=2q_2$이다. 총비용을 최소화하여 5단위를 생산하는 경우, 공장 1, 2에서의 생산량은? (단, q_1은 공장 1의 생산량, q_2는 공장 2의 생산량이다.)

▸ 2019년 감정평가사

① $q_1=5$, $q_2=0$
② $q_1=4$, $q_2=1$
③ $q_1=3$, $q_2=2$
④ $q_1=2$, $q_2=3$
⑤ $q_1=1$, $q_2=4$

출제이슈 다공장과 비용최소화

핵심해설 **정답** ⑤

본 문제는 다공장 독점은 아니며 일반적인 다공장의 상황으로서, 이러한 유형도 역시 다공장 독점에 준하여 풀면 된다. 다공장 독점은 독점 생산자가 하나 이상의 여러 개 공장에서 상품을 생산하는 경우를 말하며 이 경우 이윤극대화는 $MR=MC_1=MC_2$을 통해 달성된다.

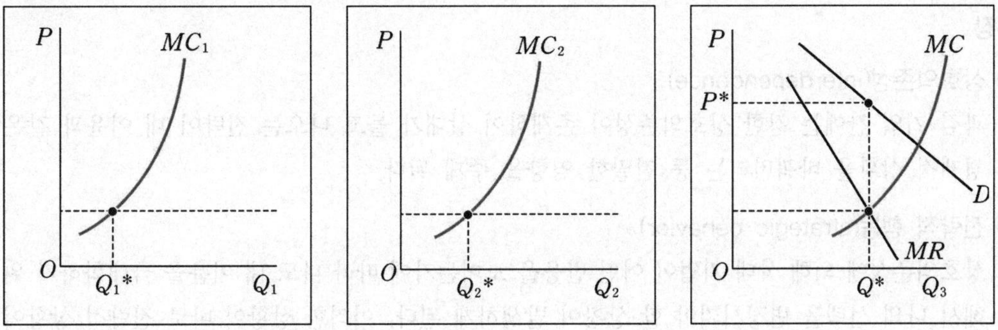

설문에 의하면, $MC_1=2q_1$, $MC_2=2$ 이다.

총비용을 최소화하기 위해서는 $MC_1=MC_2$를 만족하여야 한다. 따라서 $q_1=1$이 된다.
한편 총 5단위를 생산하여야 하므로 $q_2=4$가 된다.

Chapter 13

과점시장

THEME 01 과점의 의미와 과점시장

1 과점의 의미

1) 개념

과점(oligopoly)이란 둘 이상의 그러나 아주 많지도 않은 수의 경기자 혹은 공급자가 존재하는 상황을 의미한다. 이때 경기자 혹은 공급자의 수는 서로가 서로의 존재를 인식할 만한 적은 수로서 이로 인해 서로 눈치보는 상황 이른바 전략적 상황(strategic situation)이 나타난다.

2) 특징

① **상호의존성(interdependence)**
과점 기업 간에는 강한 상호의존성이 존재하여 상대가 들고 나오는 전략이 내 이윤과 같은 경제적 상황을 바꿔버리는 등 긴밀한 영향을 주게 된다.

② **전략적 행동(strategic behavior)**
상호의존성에 의해 상대 기업이 어떤 반응을 보이는가에 따라 나도 내 이윤을 극대화하기 위해서 나의 선택을 변경시켜야 할 상황이 발생하게 된다. 이러한 상황이 바로 전략적 상황이다. 과점 체제에서는 참가한 모든 주체들이 상호의존 관계에 있는 다른 주체의 반응을 반드시 고려하여 자신의 행동을 전략적으로 결정하게 되는 것이다.

3) 발생원인

① 기업결합
② 인허가
③ 규모의 경제
④ 생산요소의 공급장악
⑤ 독점화 행위

4) 종류

① **순수과점** : 거래되는 상품의 질이 동질적인 경우의 과점 cf 순수독점 : 가격차별 없음
② **차별과점** : 거래되는 상품의 질이 이질적인 경우의 과점 cf 차별독점 : 가격차별 있음

5) 독과점도

① 상위 k개 기업 점유율 : $CR_k = \sum_{i=1}^{k} S_i$

② $H-H$ 지수 : $HHI = \sum_{i=1}^{n} S_i^2$

2 과점시장

둘 이상의 그러나 아주 많지도 않은 수의 공급자가 존재하는 시장으로서 시장 참여자들이 전략적 상황에 처해 있는 시장을 과점시장이라고 한다.

3 과점시장 모형

과점기업 간 상호 협조의 정도에 따라서 분류하면 다음과 같다.

1) 비협조적 모형

각 기업이 독자적으로 행동하는 과점시장을 설명하는 모형으로서 꾸르노 모형, 베르뜨랑 모형, 슈타켈버그 모형 등이 있다.

2) 협조적 모형

과점시장 내의 기업들 간 완전한 담합을 설명하는 모형으로서 카르텔 모형이 있다.

3) 선도-모방 모형

완전한 담합의 수준에 이르지는 않았지만, 선도기업의 행위를 모방하여 사실상 담합과 유사한 결과를 보이는 경우를 설명하는 모형으로서 담합적 가격선도 모형이 있다.

필수예제

기업의 시장구조와 행동원리에 대한 설명으로 옳지 않은 것은? ▸ 2012년 국가직 7급

① 두 기업이 특정시장을 50:50으로 양분하고 있으면 허핀달지수(Herfindahl index)에 의한 독과점도는 5,000이다.
② 꾸르노(Cournot) 과점시장모델에서 기업 수가 많아질수록 시장전체의 산출량은 증가한다.
③ 독점적 경쟁시장에서 이윤극대화를 추구하는 기업의 장기균형 생산량은 평균비용이 최소가 되는 점이다.
④ 완전경쟁기업의 이윤극대화 산출량은 한계수입과 한계비용이 일치하는 점에서 결정된다.

출제이슈 완전경쟁 및 불완쟁경쟁시장의 제특징과 시장집중도 지수
핵심해설 **정답** ③

① 옳은 내용이다.
허쉬만-허핀달 지수는 시장에서의 집중도를 보여주는 지표로서 현재 시장에 존재하는 모든 기업들의 시장점유율의 제곱을 모두 더한 값으로 정의된다. 이 값이 클수록 시장은 집중화되어 있다고 판단하며 독과점도로 볼 수 있다. 설문에서처럼 두 기업만 시장에 존재하며 각각의 시장점유율이 50퍼센트 수준이기 때문에 이를 각각 제곱하여 더하면, 2,500+2,500=5,000이 된다.

② 옳은 내용이다.
꾸르노모형은 과점시장의 수량경쟁모형으로서 상대방의 생산량이 고정된 것으로 보고 이를 추종하여 자신의 최적 산출량을 결정한다. 즉 과점시장에 존재하는 각 기업은 상대방이 산출량을 변화시키지 않을 것이라는 추측하에서 자신의 최적 행동을 선택하는 것이다. 특히, 꾸르노모형에서 참가사업자(사업자 간 모든 조건이 동일하다고 가정)가 2인 경우 꾸르노복점의 전체 산출량을 구해보면, 경쟁시장 산출량의 $\frac{2}{3}$가 됨을 알 수 있다. 이를 좀 더 다수의 참가사업자로 확장해보면, 참가사업자의 수가 N인 경우 그 때 꾸르노모형에 의한 전체 산출량은 경쟁시장 산출량의 $\frac{N}{N+1}$이 되는 것으로 알려져 있다. 이를 변형해 보면 $\frac{N}{N+1} = \frac{1}{1+\frac{1}{N}}$ 이 되는데 이는 꾸르노모형의 사업자가 많아질수록, 즉 N이 커질수록 꾸르노모형의 전체 산출량이 증가함을 보여준다. 극단적으로 N이 매우 커지게 되면, 사업자 수 측면에서 경쟁시장의 구조에 가까워지면서 산출량도 역시 경쟁시장의 산출량에 근접함을 알 수 있다. 따라서 꾸르노(Cournot) 과점시장모델에서 기업 수가 많아질수록 시장전체의 산출량은 증가한다는 지문은 옳은 내용이 된다.

③ 틀린 내용이다.
독점적 경쟁기업의 장기균형은 한계수입과 한계비용(장기의 한계비용)이 일치할 때 달성된다. 만일 독점적 경쟁기업의 경우 양의 이윤이 발생하게 되면, 장기에서 새로운 기업의 진입이 일어나게 되고 신규진입은 시장 내 기업들이 더 이상 초과이윤을 얻지 못할 때까지 계속되고 결국 수요가 감소하게 되어 가격이 하락하여 장기에는 정상이윤만을 얻게 된다. 따라서 장기에 독점적 경쟁시장에서 활동하는 기업들은 0의 이윤

을 얻고 있는 것이다. 이는 $MR = LMC$인 상황에서 초과이윤이 0이 되는 지점을 의미하며 수요곡선과 장기평균비용곡선이 접하는 곳이다. 따라서 장기균형이 장기평균비용곡선의 최저점보다 왼쪽에서 발생함을 의미한다. 장기균형상황에서 장기평균비용곡선의 최저점에서 생산되지 않고 그에 미달하는 생산이 더 높은 평균비용으로 생산되는 상황을 유휴시설 혹은 초과설비가 존재한다고 지적하는 견해도 있다.

④ 옳은 내용이다.
경쟁기업의 단기 이윤극대화 조건은 가격과 한계비용이 일치할 때 달성된다. 특히, 경쟁시장에서 활동하는 경쟁기업이 직면하는 가격은 한계수입이 된다. 이는 경쟁기업이 가격수용자라는 특성에서 유도된다.

THEME 02 꾸르노 모형

1 모델링 가정

1) 2개 기업만 존재하는 복점상황을 가정한다.
2) 생산하는 재화는 동질적이다.
3) 산출량 변수를 경쟁전략으로 사용한다.
4) 상대방의 생산량이 고정된 것으로 보고 이를 추종하여 자신의 최적 산출량을 결정한다. 즉 각 기업은 상대방이 산출량을 변화시키지 않을 것이라는 추측하에서 자신의 행동을 선택한다.

2 특징

1) 추종자 – 추종자 모형

2) 추측된 변화 = 0

$$CV_Q^1 = \frac{\Delta Q_2}{\Delta Q_1} = 0, \; CV_Q^2 = \frac{\Delta Q_1}{\Delta Q_2} = 0$$

3 균형

1) 모형의 조건

① **수요조건** : 시장수요 $Q = 24 - P$

② **공급조건(비용조건)** : 기업 1의 한계비용 $MC_1 = 8$, 기업 2의 한계비용 $MC_2 = 4$

2) 수리적 분석 : 이윤극대화 과정

① 기업 1의 이윤극대화

i) 한계수입

$TR_1 = P \cdot Q_1 = (24 - Q_1 - Q_2)\,Q_1 \qquad \therefore MR_1 = 24 - 2Q_1 - Q_2$

ii) 한계비용 $MC_1 = 8$

iii) 이윤극대화 $Max\ \pi_1 \Leftrightarrow MR_1 = MC_1$

$\therefore 24 - 2Q_1 - Q_2 = 8 \quad \therefore 2Q_1 + Q_2 = 16$ → 반응곡선 RC_1

② 기업 2의 이윤극대화

i) 한계수입

$TR_2 = P \cdot Q_2 = (24 - Q_1 - Q_2)Q_2 \qquad \therefore MR_2 = 24 - Q_1 - 2Q$

ii) 한계비용 $MC_2 = 4$

iii) 이윤극대화 $Max\ \pi_2 \Leftrightarrow MR_2 = MC_2$

$\therefore 24 - Q_1 - 2Q_2 = 4 \quad \therefore Q_1 + 2Q_2 = 20$ → 반응곡선 RC_2

③ 반응곡선의 의미

상대방의 생산량이 고정되어 주어진 것으로 보고 이에 따라 자신의 이윤을 극대화하는 최적의 산출량을 선택한다는 의미이다.

④ 균형

두 기업 모두 산출량을 바꾸지 않고 유지하려 할 때 균형이 달성되며 이는 반응곡선들을 연립하여 풀어서 도출가능하다.

3) 기하적 분석

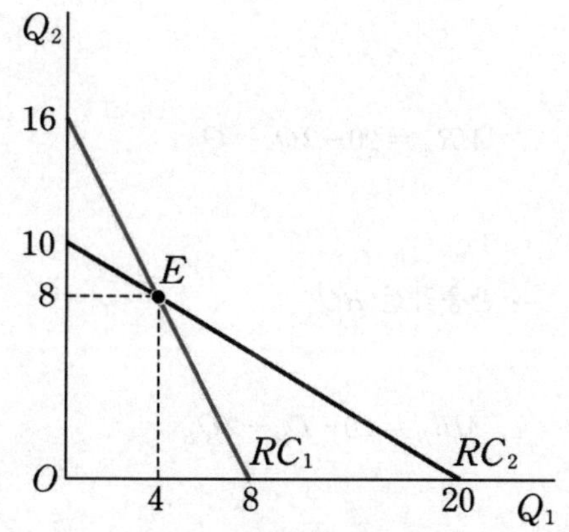

(그림 13-1)

4) 균형

① $Q_1 = 4,\ Q_2 = 8$

② 각 기업의 시장점유율과 한계비용 간에 역의 관계가 있음을 알 수 있다.

필수예제

꾸르노(Cournot) 복점모형에서 시장수요곡선이 $Q=20-P$이고, 두 기업 A와 B의 한계비용이 모두 10으로 동일할 때, 꾸르노 균형에서의 산업전체 산출량은? (단, Q는 시장전체의 생산량, P는 가격이다.)

▸ 2023년 감정평가사

① 10/3　② 20/3　③ 40/3　④ 50/3　⑤ 60/3

출제이슈 꾸르노 모형

핵심해설 **정답 ②**

꾸르노모형은 과점시장의 수량경쟁모형으로서 상대방의 생산량이 고정된 것으로 보고 이를 추종하여 자신의 최적 산출량을 결정한다. 즉 과점시장에 존재하는 각 기업은 상대방이 산출량을 변화시키지 않을 것이라는 추측하에서 자신의 최적 행동을 선택하는 것이다.

설문의 자료에 따라서 꾸르노균형을 구하면 다음과 같다.

1) 각 기업의 이윤극대화

① 기업 A의 이윤극대화

i) 한계수입 $TR_A = PQ_A = (20-Q_A-Q_B)Q_A$ 　$\therefore MR_A = 20-2Q_A-Q_B$

ii) 한계비용 $MC_A = 10$

iii) 이윤극대화 $Max\ \pi_A \Leftrightarrow MR_A = MC_A$

$\therefore 20-2Q_A-Q_B=10$ 　$\therefore 2Q_A+Q_B=10$ $\rightarrow$ 반응곡선 RC_A

② 기업 B의 이윤극대화

i) 한계수입 $TR_B = PQ_B = (20-Q_A-Q_B)Q_B$ 　$\therefore MR_B = 20-Q_A-2Q_B$

ii) 한계비용 $MC_B = 10$

iii) 이윤극대화 $Max\ \pi_B \Leftrightarrow MR_B = MC_B$

$\therefore 20-Q_A-2Q_B=10$ 　$\therefore Q_A+2Q_B=10$ $\rightarrow$ 반응곡선 RC_B

2) 균형 : $Q_A=\frac{10}{3}$, $Q_B=\frac{10}{3}$, $Q=\frac{20}{3}$, $P=\frac{40}{3}$

한 지역에 동질의 휘발유를 판매하는 두 주유소 A, B가 꾸르노(Cournot)경쟁을 하고 있다. 이 지역의 휘발유에 대한 시장수요함수는 $Q=8,000-2P$이고 A와 B의 한계비용은 1,000원으로 일정하며, 고정비용은 없다. 이윤극대화를 추구하는 A와 B의 균형판매량은? (단, P는 가격, $Q=Q_A+Q_B$이며, $Q=Q_A+Q_B$는 각각 A와 B의 판매량이다.) ▸ 2015년 감정평가사

① $Q_A=1,500,\ Q_B=1,500$
② $Q_A=1,500,\ Q_B=2,500$
③ $Q_A=2,000,\ Q_B=2,000$
④ $Q_A=2,500,\ Q_B=2,500$
⑤ $Q_A=3,000,\ Q_B=3,000$

출제이슈 꾸르노 모형

핵심해설 정답 ③

1) 각 주유소의 이윤극대화

① 주유소 A의 이윤극대화

i) 한계수입 $TR_A=PQ_A=(4,000-0.5Q_A-0.5Q_B)\,Q_A$ $\quad\therefore\ MR_A=4,000-Q_A-0.5Q_B$

ii) 한계비용 $MC_A=1,000$

iii) 이윤극대화 $Max\ \pi_A \Leftrightarrow MR_A=MC_A$

$\therefore\ 4,000-Q_A-0.5Q_B=1,000 \quad \therefore\ 2Q_A+Q_B=6,000$ → 반응곡선 RC_A

② 주유소 B의 이윤극대화

i) 한계수입 $TR_B=PQ_B=(4,000-0.5Q_A-0.5Q_B)\,Q_B$ $\quad\therefore\ MR_B=4,000-0.5Q_A-Q_B$

ii) 한계비용 $MC_B=1,000$

iii) 이윤극대화 $Max\ \pi_B \Leftrightarrow MR_B=MC_B$

$\therefore\ 4,000-0.5Q_A-Q_B=1,000 \quad \therefore\ Q_A+2Q_B=6,000$ → 반응곡선 RC_B

2) 균형 : $Q_A=2,000,\ Q_B=2,000,\ Q=4,000$

동일 제품을 생산하는 복점기업 A사와 B사가 직면한 시장수요곡선은 $P=50-5Q$이다. A사와 B사의 비용함수는 각각 $C_A(Q_A)=20+10Q_A$ 및 $C_B(Q_B)=10+15Q_B$이다. 두 기업이 비협조적으로 행동하면서 이윤을 극대화하는 쿠르노 모형을 가정할 때, 두 기업의 균형생산량은? (단, Q는 A기업 생산량(Q_A)과 B기업 생산량(Q_B)의 합이다.) ▸ 2017년 지방직 7급

	Q_A	Q_B
①	2	2.5
②	2.5	2
③	3	2
④	3	4

출제이슈 꾸르노 모형

핵심해설 **정답 ③**

꾸르노 모형은 과점시장의 수량경쟁모형으로서 상대방의 생산량이 고정된 것으로 보고 이를 추종하여 자신의 최적 산출량을 결정한다. 즉 과점시장에 존재하는 각 기업은 상대방이 산출량을 변화시키지 않을 것이라는 추측하에서 자신의 최적 행동을 선택하는 것이다.

설문의 자료에 따라서 꾸르노균형을 구하면 다음과 같다.

1) 각 기업의 이윤극대화

① 기업 A의 이윤극대화

i) 한계수입 $TR_A=P\cdot Q_A=(50-5Q_A-5Q_B)Q_A$ $\quad\therefore MR_A=50-10Q_A-5Q_B$

ii) 한계비용 $MC_A=10$

iii) 이윤극대화 $Max\ \pi_A \Leftrightarrow MR_A=MC_A$

$\therefore 50-10Q_A-5Q_B=10 \quad \therefore 2Q_A+Q_B=8$ → 반응곡선 RC_A

② 기업 B의 이윤극대화

i) 한계수입 $TR_B=P\cdot Q_B=(50-5Q_A-5Q_B)Q_B$ $\quad\therefore MR_B=50-5Q_A-10Q_B$

ii) 한계비용 $MC_B=15$

iii) 이윤극대화 $Max\ \pi_B \Leftrightarrow MR_B=MC_B$

$\therefore 50-5Q_A-10Q_B=15 \quad \therefore Q_A+2Q_B=7$ → 반응곡선 RC_B

2) 균형 : $Q_A=3,\ Q_B=2,\ Q=5,\ P=25$

THEME 03 베르뜨랑 모형

1 모델링 가정

1) 2개 기업만 존재하는 복점상황을 가정한다.
2) 생산하는 재화는 동질적이다. 단, 차별적인 경우는 차별과점으로 따로 분석한다.
3) 가격 변수를 경쟁전략으로 사용한다.
4) 상대방의 가격이 고정된 것으로 보고 이를 추종하여 자신의 최적 가격을 결정한다. 즉 각 기업은 상대방이 가격을 변화시키지 않을 것이라는 추측하에서 자신의 행동을 선택한다.

2 특징

1) 추종자 – 추종자 모형

2) 추측된 변화 = 0

$$CV_P^1 = \frac{\Delta P_2}{\Delta P_1} = 0,\quad CV_P^2 = \frac{\Delta P_1}{\Delta P_2} = 0$$

3 균형

1) 모형의 조건

① 수요조건 : 시장수요 $Q = 24 - P$
② 공급조건 : 기업 1의 한계비용 $MC_1 = 4$, 기업 2의 한계비용 $MC_2 = 4$

2) 기하적 분석

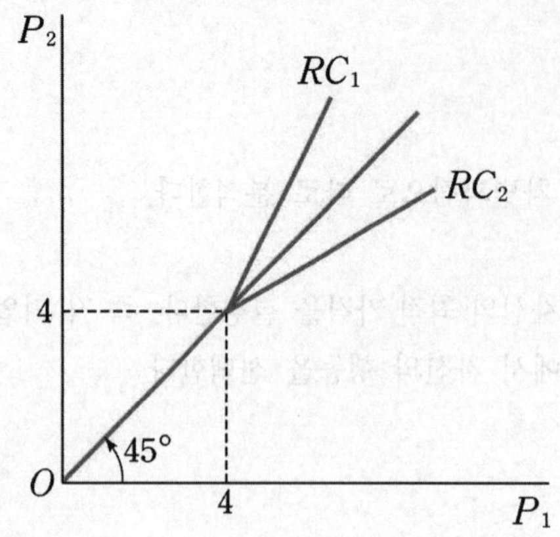

(그림 13-2)

① 반응곡선

각 기업의 최선의 가격전략은 상대방의 가격보다 조금 낮게 설정하는 것이며 이는 45도선을 중심으로 상반된 방향으로 각각의 반응곡선이 위치함을 의미한다.

② 균형

i) 두 기업 모두 가격을 바꾸지 않고 유지할 때 균형이 달성된다.

ii) $P_1 = MC_1 = 4$
$P_2 = MC_2 = 4$

iii) 완전경쟁시장에서의 가격 및 산출량과 동일하다.

4 차별과점 베르뜨랑 모형의 균형

1) 모형의 가정

① 2개 기업만 존재하는 복점상황을 가정한다.

② 생산하는 재화는 차별적이다.

③ 가격 변수를 경쟁전략으로 사용한다.

④ 상대방의 가격이 고정된 것으로 보고 이를 추종하여 자신의 최적 가격을 결정한다. 즉 각 기업은 상대방이 가격을 변화시키지 않을 것이라는 추측하에서 자신의 행동을 선택한다.

2) 모형의 조건

① 수요조건 : 기업 1의 수요 $Q_1 = 20 - P_1 + P_2$, 기업 2의 수요 $Q_2 = 32 - P_2 + P_1$

② 비용조건 : 기업 1의 한계비용 $MC_1 = 0$, 기업 2의 한계비용 $MC_2 = 0$

3) 수리적 분석 : 이윤극대화 과정

① 기업 1의 이윤극대화

i) 총수입 $TR_1 = P_1 \cdot Q_1 = P_1(20 - P_1 + P_2)$

ii) 총비용 TC_1

iii) 이윤극대화 $Max\ \pi_1$, $\pi_1 = P_1 \cdot Q_1 - TC_1 = P_1(20 - P_1 + P_2) - TC_1$

$\therefore \dfrac{d\pi_1}{dP_1} = 20 - 2P_1 + P_2 = 0 \ \therefore 2P_1 - P_2 = 20 \ \rightarrow$ 반응곡선 RC_1

② 기업 2의 이윤극대화

i) 총수입 $TR_2 = P_2 \cdot Q_2 = P_2(32 - P_2 + P_1)$

ii) 총비용 TC_2

iii) 이윤극대화 $Max\ \pi_2$, $\pi_2 = P_2 \cdot Q_2 - TC_2 = P_2(32 - P_2 + P_1) - TC_2$

$\therefore \dfrac{d\pi_2}{dP_2} = 32 - 2P_2 + P_1 = 0 \ \therefore 2P_2 - P_1 = 32 \ \rightarrow$ 반응곡선 RC_2

4) 균형 : $P_1 = 24$, $P_2 = 28$

필수예제

가격경쟁(price competition)을 하는 두 기업의 한계비용은 각각 0이다. 각 기업의 수요함수가 다음과 같을 때, 베르뜨랑(Bertland) 균형가격 P_1, P_2는? (단, Q_1은 기업 1의 생산량, Q_2는 기업 2의 생산량, P_1은 기업 1의 상품가격, P_2는 기업 2의 상품가격이고 기업 1과 기업 2는 차별화된 상품을 생산한다.)

▸ 2017년 감정평가사

$$Q_1 = 30 - P_1 + P_2$$
$$Q_2 = 30 - P_2 + P_1$$

① 20, 20 ② 20, 30 ③ 30, 20
④ 30, 30 ⑤ 40, 40

출제이슈 베르뜨랑 모형

핵심해설 정답 ④

1) 기업 1의 이윤극대화

① 총수입 $TR_1 = P_1 \cdot Q_1 = P_1(30 - P_1 + P_2)$

② 총비용 TC_1

③ 이윤극대화 $Max\ \pi_1,\ \pi_1 = P_1 \cdot Q_1 - TC_1 = P_1(30 - P_1 + P_2) - TC_1$

$\therefore \dfrac{d\pi_1}{dP_1} = 30 - 2P_1 + P_2 = 0 \ \therefore 2P_1 - P_2 = 30$ → 반응곡선 RC_1

2) 기업 2의 이윤극대화

① 총수입 $TR_2 = P_2 \cdot Q_2 = P_2(30 - P_2 + P_1)$

② 총비용 TC_2

③ 이윤극대화 $Max\ \pi_2,\ \pi_2 = P_2 \cdot Q_2 - TC_2 = P_2(30 - P_2 + P_1) - TC_2$

$\therefore \dfrac{d\pi_2}{dP_2} = 30 - 2P_2 + P_1 = 0 \ \therefore 2P_2 - P_1 = 30$ → 반응곡선 RC_2

3) 균형 : $P_1 = 30$, $P_2 = 30$

THEME 04 슈타켈버그 수량모형

1 슈타켈버그 모형의 가정과 특징

1) 2개 기업만 존재하는 복점상황을 가정한다.
2) 생산하는 재화는 동질적이다.
3) 산출량 변수를 경쟁전략으로 사용한다.
4) 선도기업은 경쟁기업의 반응을 고려하여 자신의 최적산출량을 결정하고 추종기업은 선도기업의 산출량이 결정되면 이를 관찰한 후 자신의 최적산출량을 결정한다. 즉 선도자-추종자의 관계를 가정한다.

2 슈타켈버그 모형의 균형

1) 모형의 조건

① **수요조건** : 시장수요 $Q = 24 - P$

② **공급조건(비용조건)** : 기업 1의 한계비용 $MC_1 = 8$, 기업 2의 한계비용 $MC_2 = 4$

2) 수리적 분석 : 이윤극대화 과정

① **기업 1의 이윤극대화**

i) 한계수입 $TR_1 = P\,Q_1 = (24 - Q_1 - Q_2)\,Q_1$ $\quad \therefore MR_1 = 24 - 2Q_1 - Q_2$

ii) 한계비용 $MC_1 = 8$

iii) 이윤극대화 $Max\ \pi_1 \Leftrightarrow MR_1 = MC_1$

$\therefore 24 - 2Q_1 - Q_2 = 8 \quad \therefore 2Q_1 + Q_2 = 16$ → 반응곡선 RC_1

② **기업 2의 이윤극대화**

i) 한계수입 $TR_2 = P\,Q_2 = (24 - Q_1 - Q_2)\,Q_2$ $\quad \therefore MR_2 = 24 - Q_1 - 2Q_2$

ii) 한계비용 $MC_2 = 4$

iii) 이윤극대화 $Max\ \pi_2 \Leftrightarrow MR_2 = MC_2$

$\therefore 24 - Q_1 - 2Q_2 = 4 \quad \therefore Q_1 + 2Q_2 = 20$ → 반응곡선 RC_2

③ 슈타켈버그 모형에서 기업 2의 변형된 이윤극대화

i) 한계수입 $TR_2 = P \cdot Q_2 = (24 - 8 + 0.5Q_2 - Q_2)Q_2 = 16Q_2 - 0.5Q_2^2$

$\therefore MR_2 = 16 - Q_2$

ii) 한계비용 $MC_2 = 4$

iii) 이윤극대화 $Max\ \pi_2 \Leftrightarrow MR_2 = MC_2$

$\therefore 16 - Q_2 = 4 \quad \therefore Q_2 = 12$

3) 균형 : $Q_2 = 12,\ Q_1 = 2$

필수예제

다음 글에 따를 때 슈타켈버그(Stackelberg) 경쟁의 결과로 옳은 것은? ▸ 2019년 국회 8급

- 시장에는 A, B 두 기업만 존재한다.
- 시장수요곡선 : $Q = 30 - P$
  (단, $Q = Q_A + Q_B$ 이고 Q_A, Q_B 는 각각 A기업과 B기업의 생산량을 의미한다.)
- 한계비용 : $MC_A = MC_B = 0$
- B기업은 A기업의 반응곡선을 알고 A기업은 B기업의 반응곡선을 모른다.

	Q_A	Q_B
①	6	12
②	6.5	13
③	7	14
④	7.5	15
⑤	8	16

출제이슈 슈타켈버그 모형

핵심해설 **정답** ④

1) 모형의 조건

① 수요조건 : 시장수요 $Q = 30 - P$

② 공급조건(비용조건) : 기업 A의 한계비용 $MC_A = 0$, 기업 B의 한계비용 $MC_B = 0$

2) 수리적 분석 : 이윤극대화 과정

① 기업 A의 이윤극대화

i) 한계수입 $TR_A = P\,Q_A = (30 - Q_A - Q_B)\,Q_A$ $\quad \therefore MR_1 = 30 - 2Q_A - Q_B$

ii) 한계비용 $MC_A = 0$

iii) 이윤극대화 $Max\ \pi_A \Leftrightarrow MR_A = MC_A$

$\therefore 30 - 2Q_A - Q_B = 0 \quad \therefore 2Q_A + Q_B = 30$ → 반응곡선 RC_A

② 기업 B의 이윤극대화

i) 한계수입 $TR_B = P\,Q_B = (30 - Q_A - Q_B)\,Q_B$ $\quad \therefore MR_B = 30 - Q_A - 2Q_B$

ii) 한계비용 $MC_B = 0$

iii) 이윤극대화 $Max\ \pi_B \Leftrightarrow MR_B = MC_B$

$\therefore 30 - Q_A - 2Q_B = 0 \quad \therefore Q_A + 2Q_B = 30$ → 반응곡선 RC_B

③ 슈타켈버그 모형에서 기업 B의 변형된 이윤극대화

i) 한계수입 $TR_B = PQ_B = (30-15+0.5Q_B - Q_B)Q_B = 15Q_B - 0.5Q_B^2$

$\therefore\ MR_B = 15 - Q_B$

ii) 한계비용 $MC_B = 0$

iii) 이윤극대화 $Max\ \pi_1 \Leftrightarrow MR_1 = MC_1$

$\therefore\ 15 - Q_B = 0 \quad \therefore\ Q_B = 15$

3) 균형 : $Q_B = 15,\ Q_A = 7.5$

THEME 05 차별적 가격선도 모형(슈타켈버그 가격모형)

1 차별적 가격선도 모형(슈타켈버그 가격모형)의 가정과 특징

1) 2개 기업만 존재하는 복점상황을 가정한다.
2) 생산하는 재화는 차별적이다.
3) 가격 변수를 경쟁전략으로 사용한다.
4) 선도기업은 경쟁기업의 반응을 고려하여 자신의 최적가격을 결정하고 추종기업은 선도기업의 가격이 결정되면 이를 관찰한 후 자신의 최적 가격을 결정한다. 즉 선도자 – 추종자의 관계를 가정한다.

2 차별적 가격선도 모형의 균형 : 기업 2가 선도자인 경우

1) 모형의 조건

① 수요조건 : 기업 1의 수요 $Q_1 = 20 - P_1 + P_2$, 기업 2의 수요 $Q_2 = 32 - P_2 + P_1$

② 비용조건 : 기업 1의 한계비용 $MC_1 = 0$, 기업 2의 한계비용 $MC_2 = 0$

2) 수리적 분석 : 이윤극대화 과정

① 기업 1의 이윤극대화

i) 총수입 $TR_1 = P_1 \cdot Q_1 = P_1(20 - P_1 + P_2)$

ii) 총비용 $TC_1 = 0$

iii) 이윤극대화 $Max\ \pi_1,\ \pi_1 = P_1 \cdot Q_1 = P_1(20 - P_1 + P_2)$

$$\therefore \frac{d\pi_1}{dP_1} = 20 - 2P_1 + P_2 = 0 \quad \therefore 2P_1 - P_2 = 20 \quad \rightarrow \text{반응곡선 } RC_1$$

② 기업 2의 이윤극대화

i) 총수입 $TR_2 = P_2 \cdot Q_2 = P_2(32 - P_2 + P_1)$

ii) 총비용 $TC_1 = 0$

iii) 이윤극대화 $Max\ \pi_2,\ \pi_2 = P_2 \cdot Q_2 = P_2(32 - P_2 + P_1)$

$$\therefore \frac{d\pi_2}{dP_2} = 32 - 2P_2 + P_1 = 0 \quad \therefore 2P_2 - P_1 = 32 \quad \rightarrow \text{반응곡선 } RC_2$$

③ 기업 2가 선도자인 경우 차별적 가격선도 모형에서 기업 2의 변형된 이윤극대화

i) 총수입 $TR_2 = P_2 \cdot Q_2 = P_2(32 - P_2 + 0.5P_2 + 10)$

ii) 총비용 $TC_1 = 0$

iii) 이윤극대화 $Max\ \pi_2$, $\pi_2 = P_2 \cdot Q_2 = P_2(42 - 0.5P_2)$

$$\therefore \frac{d\pi_2}{dP_2} = 42 - P_2 = 0 \quad \therefore P_2 = 42$$

3) 균형 : $P_1 = 31$, $P_2 = 42$

필수예제

차별적 과점시장에서 활동하는 두 기업 1, 2가 직면하는 수요곡선은 다음과 같다. 두 기업은 가격을 전략변수로 이용하며, 기업 1이 먼저 가격을 책정하고, 기업 2는 이를 관찰한 후 가격을 정한다. 두 기업의 균형가격을 옳게 짝 지은 것은? (단, Q_1은 기업 1의 생산량, Q_2는 기업 2의 생산량, P_1은 기업 1의 가격, P_2는 기업 2의 가격이고, 각 기업의 한계비용과 고정비용은 0이다.) ▸ 2020년 국가 7급

- 기업 1의 수요곡선 : $Q_1 = 20 - P_1 + P_2$
- 기업 2의 수요곡선 : $Q_2 = 32 - P_2 + P_1$

	P_1	P_2
①	34	32
②	36	34
③	38	36
④	40	38

출제이슈 차별적 가격선도 모형

핵심해설 **정답** ②

기업 1이 선도자인 경우 차별적 가격선도 모형의 균형은 다음과 같다.

1) 모형의 조건

① 수요조건 : 기업 1의 수요 $Q_1 = 20 - P_1 + P_2$, 기업 2의 수요 $Q_2 = 32 - P_2 + P_1$

② 비용조건 : 기업 1의 한계비용 $MC_1 = 0$, 기업 2의 한계비용 $MC_2 = 0$

2) 수리적 분석 : 이윤극대화 과정

① 기업 1의 이윤극대화

i) 총수입 $TR_1 = P_1 \cdot Q_1 = P_1(20 - P_1 + P_2)$

ii) 총비용 $TC_1 = 0$

iii) 이윤극대화 $Max\ \pi_1$, $\pi_1 = P_1 \cdot Q_1 = P_1(20 - P_1 + P_2)$

$$\therefore \frac{d\pi_1}{dP_1} = 20 - 2P_1 + P_2 = 0 \ \therefore 2P_1 - P_2 = 20 \ \rightarrow \text{반응곡선 } RC_1$$

② 기업 2의 이윤극대화

i) 총수입 $TR_2 = P_2 \cdot Q_2 = P_2(32 - P_2 + P_1)$

ii) 총비용 $TC_1 = 0$

iii) 이윤극대화 $Max\ \pi_2$, $\pi_2 = P_2 \cdot Q_2 = P_2(32 - P_2 + P_1)$

$\therefore\ \dfrac{d\pi_2}{dP_2} = 32 - 2P_2 + P_1 = 0\ \ \therefore\ 2P_2 - P_1 = 32$ → 반응곡선 RC_2

③ 기업 1이 선도자인 경우 차별적 가격선도 모형에서 기업 1의 변형된 이윤극대화

i) 총수입 $TR_1 = P_1 \cdot Q_1 = P_1(20 - P_1 + 16 + 0.5P_1)$

ii) 총비용 $TC_1 = 0$

iii) 이윤극대화 $Max\ \pi_1$, $\pi_1 = P_1 \cdot Q_1 = P_1(36 - 0.5P_1)$

$\therefore\ \dfrac{d\pi_1}{dP_1} = 36 - P_1 = 0\ \ \therefore\ P_1 = 36$

3) 균형 : $P_1 = 36$, $P_2 = 34$

THEME 06 담합적 가격선도 모형

1 담합적 가격선도 모형의 의의

과점시장에 참여한 기업들이 묵시적으로 상호간에 협조하여 사실상 담합적 가격을 설정함으로써 공동의 이익을 추구하는 과정을 분석한 모형을 담합적 가격선도 모형이라고 한다. 과점시장 내의 지배적 기업이 가격을 먼저 설정하여 선도하면, 다른 군소기업들은 암묵적으로 이를 그대로 따름으로써 과점시장가격이 고정되는 효과가 나타난다.

2 담합적 가격선도 모형의 가정과 특징

1) 지배적 기업과 군소기업들로 시장은 구성되어 있다.
2) 재화는 동질적이다.
3) 지배적 기업은 시장수요와 군소기업의 공급을 고려하여 잔여수요를 대상으로 가격을 설정한다.
4) 지배적 기업의 가격이 결정된 후에 다른 군소기업들이 결정된 가격을 추종하여 결정한다. 즉 선도자 - 추종자의 관계이다.

3 담합적 가격선도 모형의 균형

1) 모형의 조건

① **수요조건** : 시장수요 $Q=a-bP$

② **공급조건**

i) 지배기업의 한계비용 $MC_A=c+dQ_A$, 단, Q_A는 지배적 기업 A의 산출

ii) 군소기업의 공급 $\sum q_i=\alpha+\beta P$, 단, q_i는 군소기업의 공급

2) 수리적 분석 : 이윤극대화 과정

① 잔여수요함수 = 시장수요 - 군소기업의 공급

$Q_A^D=(a-bP)-(\alpha+\beta P)$, 단 Q^D는 지배기업 A의 잔여수요

② 지배기업의 이윤극대화

i) 잔여수요함수 $Q_A^D = (a - bP) - (\alpha + \beta P)$, 따라서 $MR_A = \frac{\alpha - a}{b + \beta} - \frac{1}{b + \beta} Q_A$

ii) 지배기업의 한계비용 $MC_A = c + dQ_A$

iii) 이윤극대화 $Max\ \pi_A \Leftrightarrow MR_A = MC_A$

$\therefore\ \frac{\alpha - a}{b + \beta} - \frac{1}{b + \beta} Q_A = c + dQ_A \quad \therefore\ Q_A{*},\ P{*}$ 도출

③ 군소기업의 공급 $\sum q_i = \alpha + \beta P{*}$, 단, q_i는 군소기업의 공급

필수예제

큰 기업인 A와 다수의 작은 기업으로 구성된 시장이 있다. 작은 기업들의 공급함수를 모두 합하면 $S(p) = 200 + p$, 시장의 수요곡선은 $D(p) = 400 - p$, A의 비용함수는 $c(y) = 20y$이다. 이때 A의 잔여수요함수($D_A(p)$)와 균형가격(p)은? (단, y는 A의 생산량이다.) ▸ 2018년 지방직 7급

잔여수요함수	균형가격
① $D_A(p) = 400 - 2p$	$p = 50$
② $D_A(p) = 200 - 2p$	$p = 60$
③ $D_A(p) = 200 - 2p$	$p = 50$
④ $D_A(p) = 400 - 2p$	$p = 60$

출제이슈 담합적 가격선도 모형

핵심해설 **정답** ②

설문의 자료를 이용하여 담합적 가격선도 모형을 풀면 다음과 같다.

1) 모형의 조건

① 수요조건 : 시장수요 $Q = 400 - P$

② 공급조건 : 지배기업의 한계비용 $MC_A = 20$, 군소기업의 공급 $\sum q = 200 + P$

2) 수리적 분석 : 이윤극대화 과정

① 잔여수요함수 = 시장수요 - 군소기업의 공급

$Q = 400 - P - 200 - P = 200 - 2P$

② 지배기업의 이윤극대화

i) 잔여수요함수 $Q_A^D = 400 - P - 200 - P = 200 - 2P$, 따라서 $MR_A = 100 - Q_A$

ii) 지배기업의 한계비용 $MC_A = 20$

iii) 이윤극대화 $Max\ \pi_A \Leftrightarrow MR_A = MC_A$

$\therefore\ 100 - Q_A = 20 \quad \therefore\ Q_A = 80,\ P = 60$

③ 군소기업의 공급 $\sum q = 200 + P = 260$

3) 잔여수요함수는 $Q = 200 - 2P$, 시장가격은 60, 지배기업의 공급 80, 군소기업의 공급 260이 된다.

THEME 07 카르텔 모형

1 의의

카르텔이란 원래 전시 휴전 문서를 의미하는 용어이다. 그런데 현대적 의미로는 기업 간의 전쟁 즉, 가격경쟁, 품질경쟁, 서비스 경쟁 등에서 서로 경쟁하지 않기로 합의하고 이를 실행하는 것을 카르텔이라고 한다.

2 특징

1) 독점기업과 유사

카르텔이 결성되면 서로 다른 기업들이 마치 하나의 독점기업처럼 행동하기 때문에 카르텔은 독점기업과 매우 유사하다는 특징이 있다.

2) 불안정성

카르텔에 참가한 기업은 카르텔 협의 사항을 위반함으로써 더 큰 이윤을 획득할 가능성이 있기 때문에 본질적으로 카르텔은 붕괴되기 쉬운 불안정성의 특징을 보인다.

3 균형

1) 모형 설정

① 수요조건 : 시장수요 $P=13-0.25Q$

② 공급조건(비용조건) : 기업 1의 한계비용 $MC_1=Q_1+2$, 기업 2의 한계비용 $MC_2=Q_2+4$

③ 이윤극대화

i) 카르텔 전체의 이윤극대화 산출량

ii) 카르텔 참가 기업들에 할당하여 생산

iii) 가격을 카르텔에서 정해진 가격으로 설정

2) 수리 · 기하적 분석

① 카르텔의 MC

$MC_1=Q_1+2$ $\qquad\qquad$ $MC_2=Q_2+4$

$\therefore Q_1=MC_1-2$ $\qquad\qquad$ $\therefore Q_2=MC_2-4$

$\Rightarrow Q = 2MC - 6 \quad \therefore\ MC = \frac{1}{2}Q + 3$

② 카르텔의 MR

$DC:\ P = 13 - 0.25Q \quad \therefore\ MR = 13 - 0.5Q$

③ 카르텔의 이윤극대화

$MR = MC$

$\therefore\ 13 - 0.5Q = \frac{1}{2}Q + 3 \quad \therefore\ Q^* = 10,\ P^* = 10.5$

④ 카르텔 이윤극대화 산출량을 카르텔 참가 기업들에게 생산하도록 할당

i) 첫 번째 방법

$MC_1 = MC_2 \qquad \therefore\ Q_1 + 2 = Q_2 + 4$

그런데 앞에서 구한 $Q^* = 10 = Q_1 + Q_2$

이 두 식을 이용하여 풀면 $Q_1^* = 6,\ Q_2^* = 4$

ii) 두 번째 방법

앞에서 구한 $Q^* = 10$을 MR, MC의 식에 대입하면 $MR^* = MC^* = 8$이 된다.

그런데 앞에서 이용한 수평합 논리에 따르면

$MC_1 = MR^* = MC^* \qquad \therefore\ Q_1 + 2 = 8 \qquad \therefore\ Q_1^* = 6$

$MC_2 = MR^* = MC^* \qquad \therefore\ Q_2 + 4 = 8 \qquad \therefore\ Q_2^* = 4$

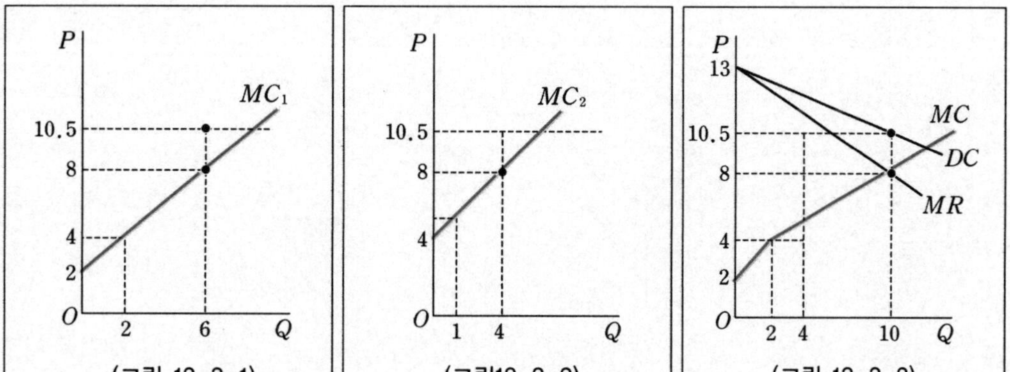

(그림 13-3-1) (그림13-3-2) (그림 13-3-3)

3) 카르텔의 균형

$MR = MC_1 = MC_2$

4 카르텔의 불안정성

카르텔 균형은 독점균형과 유사하기 때문에 가격이 카르텔 참가 기업의 MC 보다 높은 수준이다. 따라서 카르텔 참가 기업은 몰래 추가적으로 생산하여 판매할 경우 자신의 한계비용보다 더 큰 수입을 얻을 수 있으므로 추가적인 이윤을 획득할 수 있다. 결국 카르텔 내에서 합의된 사항을 준수하지 않고 개별기업의 이윤을 더 늘리기 위해서 합의를 위반할 가능성이 있다. 카르텔은 본질적으로 붕괴 가능성이 내재되어 있는 것이다.

필수예제

X재의 생산자는 A와 B, 두 기업밖에 없다고 하자. X재의 시장수요함수는 Q = 32 - 0.5P이고, 한계비용은 24로 일정하다. A와 B가 공모해서 독점 기업처럼 이윤극대화를 하고 생산량을 똑같이 나누기로 한다면, 기업 A가 얻는 이윤은? (단, 고정비용은 0이다.) ▸ 2017년 서울시 7급

① 20 ② 64 ③ 88 ④ 100

출제이슈 다공장 독점과 카르텔

핵심해설 **정답** ④

카르텔 모형은 둘 이상의 사업자가 마치 독점사업자처럼 행동하는 경우로서 카르텔 참가기업을 다공장 독점의 개별공장으로 치환해서 취급하면 다공장 독점과 동일하게 분석될 수 있다.

다공장 독점은 독점 생산자가 하나 이상의 여러 개 공장에서 상품을 생산하는 경우를 말하며 이 경우 이윤극대화는 $MR = MC_1 = MC_2$을 통해 달성된다.

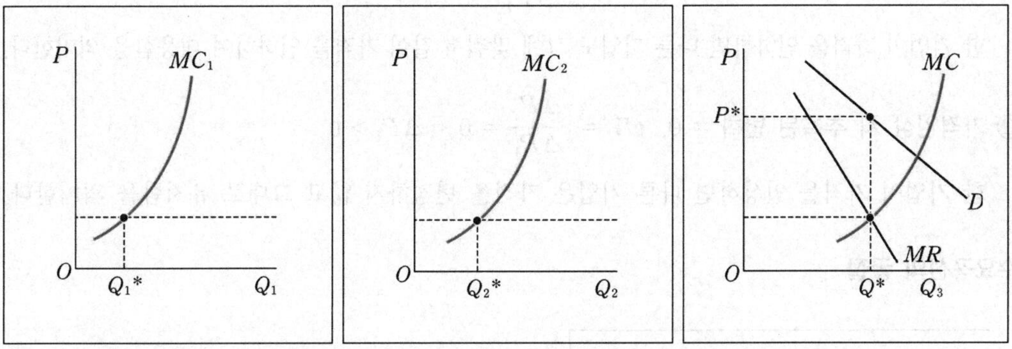

설문에 의하면, $MC_A = MC_B = 24$, $P = 64 - 2Q$, $MR = 64 - 4Q$이다.
따라서 다공장 독점의 이윤극대화 조건 $MC_A = MC_B = MR$에 의하면 $24 = 64 - 4Q$가 된다.

이를 풀면, 이윤극대화 전체산출량은 $Q = 10$이 되고 $Q_A = Q_B = 5$가 된다.
이때 시장가격은 $P = 44$가 되고, A기업의 이윤은 $\pi = PQ_A - C_A = 44 \times 5 - 24 \times 5 = 100$이 된다.

THEME 08 굴절수요곡선 모형

1 의의

카르텔 모형에 의하면, 과점시장에서 담합이 있다면 가격이 고정 혹은 안정적인 모습을 보이게 된다. 그런데 P. Sweezy는 과점시장에서 담합이 없더라도 가격이 안정적일 수 있다고 주장했는데 한 기업이 가격을 설정함에 있어서 다른 경쟁기업들의 눈치를 봐야 하는 상황에서는 생산비 조건이 어느 정도 변화하더라도 가격을 변경시키지 않고 경직적으로 유지하는 것이 최선이라는 것이다. 이는 수요곡선에 굴절이 있기 때문에 가격경직성이 나타나는 것이며 이를 굴절수요곡선 모형이라고 한다.

2 특징

1) 추측된 변화의 비대칭성

① 가격인하 시 추측된 변화 = 1, $CV = \dfrac{\Delta P_2}{\Delta P_1} = 1,\ \Delta P_1 < 0$

한 기업이 가격을 인하하면 다른 기업도 그에 맞춰서 같이 가격을 인하하여 대응함을 의미한다.

② 가격인상 시 추측된 변화 = 0, $CV = \dfrac{\Delta P_2}{\Delta P_1} = 0,\ \Delta P_1 > 0$

한 기업이 가격을 인상하면 다른 기업은 가격을 변경하지 않고 그대로 유지함을 의미한다.

2) 수요곡선의 굴절

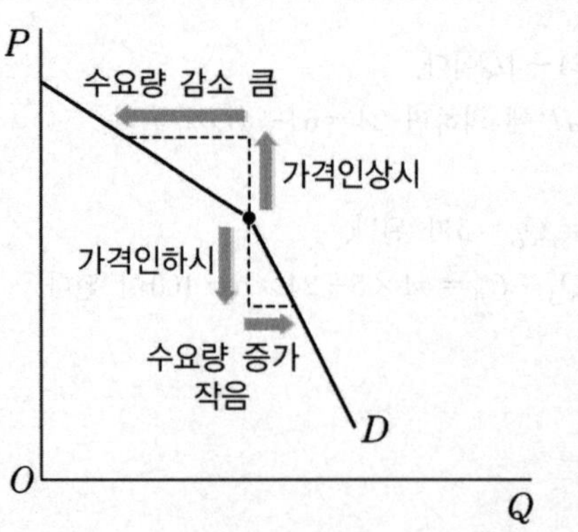

(그림 13-4)

현재 가격을 P_A 수준이라고 하면, P_A 보다 높이 가격을 인상할 경우에는 다른 경쟁기업들은 가격을 인상하지 않고 그대로 유지할 것이므로 가격을 인상한 기업은 수요감소의 폭이 상당히 크게 된다. 따라서 이를 반영하는 수요곡선이 완만하게 되어 탄력적이다. 반대로 P_A 보다 낮게 가격을 인하할 경우에는 다른 경쟁기업들도 따라서 가격을 인하하기 때문에 가격을 인하한 기업으로서는 수요증가의 폭이 상당히 제한된다. 따라서 이를 반영하는 수요곡선은 가파르게 되어 비탄력적이다. 결국 추측된 변화의 비대칭성을 고려하게 되면 특정가격 P_A 수준에서 수요곡선은 굴절을 보인다.

3 균형

과점시장에서 이렇게 굴절된 수요곡선에 직면하게 되는 개별기업이 어떠한 전략을 취하게 될지 생각해보자. 이 기업은 과점시장에서 활동하는 기업이므로 어느 정도의 시장지배력을 보유하고 있기 때문에 이윤극대화 의사결정은 한계수입과 한계비용이 일치하는 지점에서 나타나게 된다. 그런데 한계수입곡선을 구함에 있어서 굴절수요곡선이라는 상황을 반영하게 되면 아래의 그래프와 같이 불연속적인 한계수입곡선이 나타나게 된다. 따라서 이렇게 불연속적인 한계수입곡선과 한계비용을 일치시키는 의사결정은 한계비용의 변화(MC_0, MC_1, MC_2)에도 불구하고 이윤극대화는 여전히 A에서 달성되는 것으로 시현된다. 즉 한계비용이 변화하더라도 이 기업은 동일한 산출량 수준을 유지하고 역시 가격도 동일하게 경직적으로 유지하는 것이 최선이다. 따라서 가격은 P_A 수준에서 경직성을 보이게 된다.

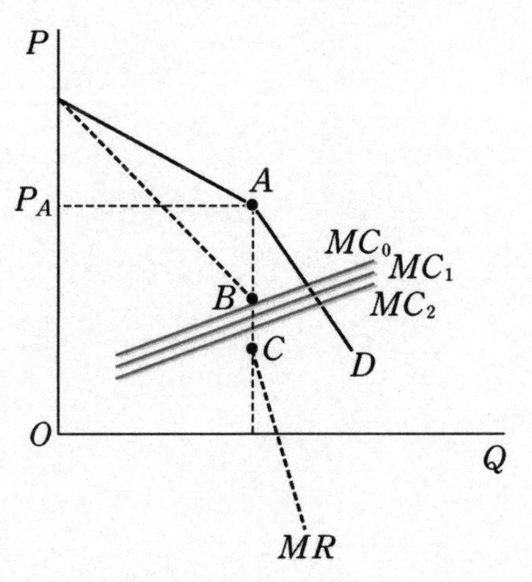

(그림 13-5)

4 한계

1) 수요곡선에 실제로 굴절이 존재하는지에 대한 실증연구상 입증이 어렵다는 문제점이 있다.
2) 굴절수요곡선의 특징과 달리 현실에서는 한 기업이 가격을 올리면 다른 기업들도 따라서 같이 가격을 동조적으로 올리는 경우가 매우 흔함이 관찰되었다.
3) 수요곡선에 최초로 굴절이 일어나는 가격수준이 어떻게 결정되는지에 대한 이론적 기초가 결여되어 있다. 즉 굴절수요곡선 모형에 의하여 시장균형에 도달하게 되는 과정에 대한 설명이 부족하다는 것이다. 이 모형은 시장균형에 도달하는 과정을 설명하는 모형이 아니라 단지 시장의 가격이 왜 안정적인지에 대한 설명만을 제공하고 있을 뿐이다.

필수예제

다음 중 불완전 경쟁이 일어나는 생산물 시장에 대한 설명으로 타당하지 않은 것은?

▸ 2014년 서울시 7급

① 독점적 경쟁의 장기균형에서는 초과설비가 관측된다.
② 굴절수요곡선은 과점가격의 경직성을 설명한다.
③ 평균비용에 근거한 가격책정이 일반적이다.
④ 독점균형은 수요곡선의 가격탄력적인 곳에서 이루어진다.
⑤ 꾸르노(A. Cournot)모형과 베르뜨랑(J. Bertrand)모형은 모두 동질적인 상품의 판매를 전제로 한다.

출제이슈 불완전경쟁의 제특징

핵심해설 **정답** ③

① 옳은 내용이다.
독점적 경쟁기업의 경우 양의 이윤이 발생하게 되면, 장기에서 새로운 기업의 진입이 일어나게 되고 신규진입은 시장 내 기업들이 더 이상 초과이윤을 얻지 못할 때까지 계속되고 결국 수요가 감소하게 되어 가격이 하락하여 장기에는 정상이윤만을 얻게 된다. 따라서 장기에 독점적 경쟁시장에서 활동하는 기업들은 0의 (초과)이윤을 얻고 있는 것이다. 이는 $MR = LMC$인 상황에서 초과이윤이 0이 되는 지점을 의미하며 수요곡선과 장기평균비용곡선이 접하는 곳이다. 따라서 장기균형이 장기평균비용곡선의 최저점보다 왼쪽에서 발생함을 의미한다. 장기균형상황에서 장기평균비용곡선의 최저점에서 생산되지 않고 그에 미달하는 생산이 더 높은 평균비용으로 생산되는 상황을 유휴시설 혹은 초과설비가 존재한다고 지적하는 견해도 있다.

② 옳은 내용이다.
과점이론 중 카르텔 모형에 의하면, 과점시장에서 담합이 있다면 가격이 고정 혹은 안정적일 것으로 예상된다. 이에 대해 P. Sweezy는 과점시장에서 담합이 없더라도 가격이 안정적일 수 있다고 주장했는데 이는 수요곡선에 굴절이 있기 때문이라는 것이다. 굴절이 생기게 되면, 과점기업의 이윤극대화 과정에서 한계비용에 변화가 있더라도 이것이 생산량의 변화에 반영되지 않기 때문에 가격이 경직적으로 유지될 수 있다는 것이다. 한편, 수요곡선에 굴절이 생기게 된 요인으로서 특정과점기업의 가격인상과 가격인하에 따른 다른 기업들의 전략적 의사결정으로 인한 추측된 변화에 있어서 비대칭적 차이를 들고 있으나 이에 대한 비판이 많다.

③ 틀린 내용이다.
불완전경쟁시장에서 활동하는 기업들은 불완전경쟁의 형태에 따라서 차이는 있지만, 시장을 지배하고 가격을 설정할 수 있다는 특징이 있다. 따라서 이윤극대화를 위한 가격설정이 가능한데 이는 한계비용과 한계수입이 일치할 때 달성된다. 다만, 현실에서는 단위당 생산비용 즉 평균비용에 적절한 마진율을 고려한 단순한 가격결정으로서 비용할증가격설정과 같이 평균비용에 근거한 가격설정의 사례도 상당히 존재하는 것이 사실이다.

④ 옳은 내용이다.

독점균형은 다음과 같이 한계수입과 한계비용이 일치할 때 달성된다(이는 장기도 동일하다). 따라서 독점균형은 양의 한계수입과 양의 한계비용에서 달성된다고 할 수 있고, 양의 한계수입은 한계수입곡선이 양인 부분에 해당하며, 이와 매칭이 되는 수요곡선은 탄력적인 부분에 해당한다고 할 수 있다. 따라서 독점균형은 수요곡선의 가격탄력적인 곳에서 이루어진다고 할 수 있다.

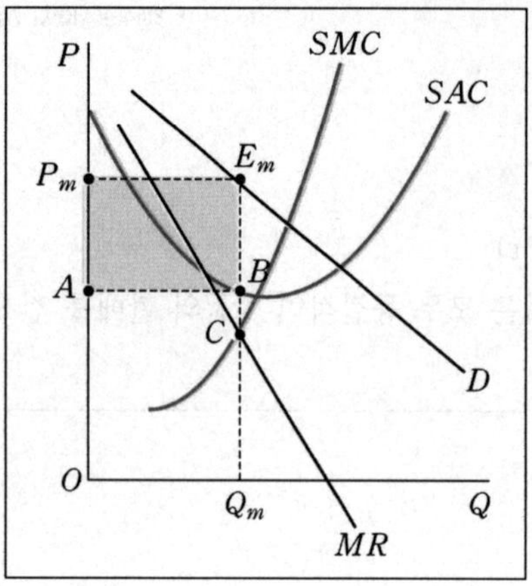

⑤ 옳은 내용이다.

꾸르노(A. Cournot)모형과 베르뜨랑(J. Bertrand)모형은 모두 동질적인 상품의 판매를 전제로 한다. 다만, 베르뜨랑모형의 경우 동질적인 상품의 판매에 있어서 가격경쟁전략을 취하다보니, 결국 베르뜨랑 균형은 가격과 한계비용이 일치하는 곳에서 달성된다. 이는 상당히 현실성이 떨어지는 결론으로서 베르뜨랑모형에서도 동질적인 상품보다는 차별적인 상품을 가정하여 보다 현실성을 반영한 모형도 가능하다는 점에 유의할 필요는 있다.

Chapter 14

게임이론

THEME 01 게임의 구조

1 게임이론

게임이론이란 게임에 참여하는 경기자 간에 상호의존성이 존재하기 때문에 전략적 행동이 요구되는 상황에서 합리적인 경기자가 어떻게 의사결정을 내리는지를 연구하는 이론을 말한다. 과점시장과 같이 여러 참가기업들이 상호의존적인 환경하에서 의사결정을 해야 하는 상황을 게임상황이라고 하며 이는 바로 과점이론에서 살펴본 전략적 상황을 말한다. 게임이론은 과점시장에서 활동하는 기업들처럼 전략적 상황에 처해있는 기업들의 형태를 체계적으로 분석하는 틀로 경제학에서 활용되고 있다.

2 게임

게임이란 둘 이상의 경제주체가 상호연관관계를 통해 자신의 이익을 추구하고 있으나 어느 누구도 그 결과를 마음대로 좌우할 수 없는 경쟁적 상황을 말한다.

3 게임을 구성하는 요소

1) 경기자 player

전략을 결정하는 주체로서 개인 혹은 집단이 될 수 있으며 전략의 결정단위이다.

2) 전략 strategy

경기자가 선택할 수 있는 행동으로서 선택변수적 성격을 가진다.

3) 보수 payoff

게임에 참가한 경기자가 받게 되는 보상 혹은 이득으로서 전략에 의해 결정된다.

4) 보수행렬 payoff matrix

① 경기자들이 선택하는 전략에 따라 그 결과로서 나타나는 보수의 수준을 구체적으로 표로 나타낸 것으로서 이는 게임의 규칙을 내포한다.

② 보수행렬에는 경기자, 전략, 보수와 같은 게임의 구성요소가 모두 망라적으로 포함된다.

4 게임의 종류

1) 협조게임(cooperative game)

경기자들이 공동으로 추구할 전략과 관련하여 서로의 행동을 제약할 계약에 대해 협상하는 과정에서 발생하는 게임으로서 예를 들면 공동연구개발 게임, 공동투자 게임 등이 있다.

2) 비협조게임(non-cooperative game)

경기자들 간의 협상 없이 경쟁하는 과정에서 발생하는 게임으로서 예를 들면 가격전략게임, 산출전략게임, 광고전략게임 등이 있다. 현실의 과점시장에서 대부분의 기업들은 비협조게임의 상황에 직면해 있다.

5 게임의 균형

1) 각 경기자들이 선택한 전략에 의해 하나의 결과가 나타났을 때 모든 경기자들이 이에 만족하고 더 이상 전략을 변화시킬 의도가 없는 상태를 게임의 균형이라고 한다.

2) 엄밀하게는 그러한 상태, 즉 게임의 균형상태에서 각 경기자들이 선택한 전략의 짝이 바로 게임의 균형이다. 게임의 균형의 예로는 우월전략균형, 내쉬균형, 혼합전략균형, 완전균형 등이 있으며 이하에서 상술한다.

THEME 02 우월전략균형

1 우월전략의 의의

게임에서 상대방이 어떤 전략을 선택하든지 간에 관계없이 나의 보수를 극대화시켜주는 전략을 우월전략(dominant strategy)이라고 한다. 우월전략은 상대방의 전략과 관계없이 내가 선택할 수 있는 전략들을 그 보수에 기해 비교하여 결정하게 된다.

2 우월전략의 존재와 우월전략균형

특정게임 상황에서 우월전략은 존재할 수도 있고 존재하지 않을 수도 있다. 만일 모든 경기자들이 우월전략을 가지고 있다면, 모든 경기자들은 당연히 우월전략을 선택할 것이며 자신의 보수를 극대화 시켜주므로 바꾸지 않으려 할 것이다. 이때 나타나는 각 경기자들의 우월전략의 짝을 우월전략균형이라고 한다.

3 우월전략균형의 도출방법

A \ B	기업 B의 전략 $b1$	기업 B의 전략 $b2$
기업 A의 전략 $a1$	8, 8	1, 10
기업 A의 전략 $a2$	10, 1	4, 4

1) 만약 기업 A가 전략 $a1$을 선택하는 경우

기업 B는 주어진 상황에서 자신의 보수를 극대화하는 전략 $b2$가 최선의 전략이다.

2) 만약 기업 A가 전략 $a2$을 선택하는 경우에도

기업 B는 주어진 상황에서 자신의 보수를 극대화하는 전략 $b2$가 최선의 전략이다.

3) 따라서 기업 B의 경우 상대방이 어떤 전략을 선택하든지 간에 $b2$가 최적의 전략이다.

① 기업 B는 기업 A가 선택할 수 있는 모든 전략에 대하여, 기업 A가 어떤 전략을 선택하든지 관계없이 $b2$를 선택하는 것이 $b1$을 선택하는 것보다 더 큰 보수를 준다.

② 즉, 항상 자신의 보수를 극대화하는 전략 $b2$가 존재한다.

4) 위와 같은 전략을 우월전략이라고 하며, 모든 경기자의 우월전략을 찾아서 짝을 이룬 것을 우월전략균형이라고 한다.

① 위에서는 기업 A는 전략 $a2$, 기업 B는 전략 $b2$가 우월전략이 된다.

② 따라서 $a2$, $b2$ 전략의 조합이 우월전략균형이 된다.

4 우월전략균형의 현실성

우월전략 및 우월전략균형은 직관적으로 매우 명백하지만 현실적으로 우월전략이 항상 존재하는 게임이 흔하지는 않다. 우월전략이라는 것은 상대방 경기자가 선택하는 어떠한 전략에 대해서도, 즉 모든 전략에 대해서 항상 자신의 최적 전략이라는 뜻이므로 상대방이 어떠한 전략을 취하든 관계없이 나 자신이 선택할 수 있는 최선의 전략이 현실에서 항상 존재하기는 어려운 것이다.

필수예제

다음 표는 A국과 B국 양국이 글로벌 금융위기로부터 통화긴축정책에 의한 출구전략을 추진함에 따라 발생하는 양국의 이득의 조합을 표시하고 있다. 양국 간 정책협조가 이루어지지 않는다고 할 때, 두 나라가 선택할 가능성이 높은 정책의 조합은? (단, 괄호 안의 첫 번째 숫자는 A국의 이득, 두 번째 숫자는 B국의 이득을 나타낸다.) ▸ 2014년 지방직 7급

		*B*국	
		약한 긴축	강한 긴축
*A*국	약한 긴축	(−2, −2)	(3, −5)
	강한 긴축	(−5, 3)	(0, 0)

	A국	B국
①	강한 긴축	약한 긴축
②	강한 긴축	강한 긴축
③	약한 긴축	약한 긴축
④	약한 긴축	강한 긴축

출제이슈 우월전략 및 우월전략균형

핵심해설 **정답** ③

우월전략 및 우월전략균형을 도출하는 방법은 다음과 같다.

1) 상대방이 어떤 전략을 선택하든지간에 나의 보수를 더 크게 만들어 주는 전략이 우월전략이며 이를 구하기 위해서는 보수행렬표에서 상대방의 전략을 제외하고 자신의 전략만을 비교하여 보수를 가장 극대화시키는 전략을 선택한다.
2) 이제 반대로 상대방의 입장에서도 우월전략을 구해낸다.
3) 만일 모든 경기자들이 우월전략을 가지고 있다면 모든 경기자들은 당연히 우월전략을 선택할 것이며 이를 바꾸려 하지 않을 것이다.

설문에서 우월전략과 우월전략균형을 도출하면 다음과 같다.

1) *A*국이 전략 $a1$(약한 긴축)을 선택하든, $a2$(강한 긴축)를 선택하든 관계없이 *B*국은 자신의 보수를 더 크게 하는 전략 $b1$(약한 긴축)이 최선의 전략이다.
2) 왜냐하면, *B*국은 *A*국이 전략 $a1$(약한 긴축)을 선택할 때 전략 $b2$(강한 긴축)보다 전략 $b1$(약한 긴축)을 선택하는 것이 더 큰 보수($-2 > -5$)를 주고, *A*국이 전략 $a2$(강한 긴축)를 선택할 때도 전략 $b2$(강한 긴축)보다 전략 $b1$(약한 긴축)을 선택하는 것이 더 큰 보수($3 > 0$)를 주기 때문이다.
3) 위와 같은 전략 $b1$(약한 긴축)을 *B*국의 우월전략이라고 하며, 같은 방식으로 *A*국의 우월전략을 구해보면, *A*국도 $a1$(약한 긴축)이 우월전략이 된다.
4) 따라서 양국은 모두 우월전략을 사용할 것이므로 *A*국의 우월전략은 $a1$(약한 긴축), *B*국의 우월전략 $b1$(약한 긴축)의 조합이 우월전략균형으로 시현된다.

다음과 같은 치킨게임(두 운전자가 마주보고 전속력으로 직진 운전하다가 한쪽이 겁을 먹고 회피하면 지는 게임)을 고려하자. 각 경우에 있어서의 보상(만족도)은 다음과 같다. [보상테이블은 (A, B)의 쌍으로 표시됨] '운전자 A'의 우월전략(dominant strategy)에 관한 설명으로 옳은 것은?

▸ 2015년 서울시 7급

		운전자 B	
		회피	직진
운전자 A	회피	(10, 10)	(5, 20)
	직진	(20, 5)	(0, 0)

① 우월전략이 없다.
② '운전자 A'는 항상 회피를 해야 한다.
③ '운전자 A'는 항상 직진을 해야 한다.
④ '운전자 A'는 2개의 우월전략을 가지고 있다.

출제이슈 우월전략

핵심해설 **정답** ①

우월전략 및 우월전략균형을 도출하는 방법은 다음과 같다.

1) 상대방이 어떤 전략을 선택하든지간에 나의 보수를 더 크게 만들어 주는 전략이 우월전략이며 이를 구하기 위해서는 보수행렬표에서 상대방의 전략을 제외하고 자신의 전략만을 비교하여 보수를 가장 극대화시키는 전략을 선택한다.

2) 이제 반대로 상대방의 입장에서도 우월전략을 구해낸다.

3) 만일 모든 경기자들이 우월전략을 가지고 있다면 모든 경기자들은 당연히 우월전략을 선택할 것이며 이를 바꾸려 하지 않을 것이다.

설문에서 우월전략을 찾아보면 다음과 같다.

1) 운전자 A가 전략 $a1$(회피)을 선택하든, $a2$(직진)를 선택하든 관계없이 운전자 B는 자신의 보수를 더 크게 하는 전략이 최선의 전략으로서 우월전략인데 이는 존재하지 않는다.

2) 왜냐하면, 운전자 B는 운전자 A가 전략 $a1$(회피)을 선택할 때 전략 $b1$(회피)보다 전략 $b2$(직진)를 선택하는 것이 더 큰 보수($10 < 20$)를 주고, 기업 A가 전략 $a2$(직진)를 선택할 때는 전략 $b1$(회피)을 선택하는 것이 전략 $b2$(직진)를 선택하는 것보다 더 큰 보수($5 > 0$)를 주기 때문이다.

3) 위와 같은 방식으로 운전자 A의 우월전략을 구해보면, 운전자 A도 역시 우월전략이 존재하지 않는다.

4) 따라서 두 경기자 모두 우월전략이 존재하지 않는다.

THEME 03 내쉬균형

1 우월전략의 현실성 문제와 내쉬균형전략의 의의

게임상황에서 상대방이 어떠한 전략을 취하든 관계없이 나 자신이 선택할 수 있는 최선의 우월전략은 현실적으로 존재하기 어렵다. 따라서 이러한 극단적 상황 및 요구를 조금 완화하여 상대방의 전략이 주어졌을 때, 그 때 나 자신이 선택할 수 있는 최선의 전략을 도입해 볼 수 있다. 이러한 전략을 내쉬균형전략이라고 한다. 우월전략에 비하여 내쉬균형전략은 요구되는 조건이 완화된 것이므로 우월전략균형보다는 내쉬균형의 존재가능성이 더 커짐을 의미한다.

2 내쉬균형

각 경기자가 상대방의 전략을 주어진 것으로 보고 자신에게 최적인 전략을 선택할 때, 이러한 최적전략을 내쉬균형전략이라고 하고, 이 최적전략인 내쉬균형전략의 짝을 내쉬균형이라고 한다. 내쉬균형은 우월전략균형보다 한층 더 약화된 균형의 개념이기 때문에 우월전략균형이 존재하지 않더라도 내쉬균형은 존재할 수도 있다.

3 내쉬균형 도출방법

A \ B	기업 B의 전략 $b1$	기업 B의 전략 $b2$
기업 A의 전략 $a1$	10, 5	3, 3
기업 A의 전략 $a2$	10, 1	5, 10

1) 위의 게임상황에서 우월전략은 존재하지 않으므로, 우월전략균형은 없다.

2) 만약 기업 A가 전략 $a1$을 선택한다고 할 경우

이를 주어진 것으로 보고 기업 B는 주어진 상황에서 자신의 보수를 극대화하는 전략 $b1$이 최선의 전략이다.

3) 이제 기업 B가 전략 $b1$을 선택할 때

이를 주어진 것으로 보고 기업 A는 주어진 상황에서 자신의 보수를 극대화하는 전략 $a1$이 최선의 전략이며 따라서 기업 A는 최초에 선택한 전략 $a1$을 바꿀 유인이 없다.

4) 기업 A가 전략 $a1$ 선택을 계속 유지한다면

역시 기업 B도 이를 주어진 것으로 전략 $b1$을 계속 유지하는 것이 최적이다.

5) 결국 기업 A는 전략 $a1$, 기업 B는 전략 $b1$을 선택하며 이 전략의 조합이 바로 내쉬균형이 된다.

4 내쉬균형의 성격

1) 내쉬균형과 우월전략균형

우월전략균형의 성격을 가지면 반드시 내쉬균형의 성격을 가진다.

2) 내쉬균형과 파레토효율

내쉬균형이 반드시 파레토효율적이지는 않다. 앞의 Theme에서 살펴본 우월전략균형도 내쉬균형인데, 그 때 내쉬균형은 기업 A는 전략 $a2$, 기업 B는 전략 $b2$를 선택하는 것이었고 그에 따른 보수는 두 기업이 각각 4, 4가 되었다. 그런데 이는 다른 전략에 의한 보수인 8, 8과 비교해 보면 명백하게 파레토개선이 가능한 것이다. 따라서 내쉬균형이 반드시 파레토효율을 보장하지는 않음을 알 수 있다.

3) 내쉬균형과 복수균형

내쉬균형은 복수로 존재할 수 있다. 여기서의 내쉬균형은 $a1$, $b1$ 그리고 $a2$, $b2$로 2개의 균형이 도출됨을 알 수 있다.

필수예제

복점시장에서 기업1과 2는 각각 a와 b의 전략을 갖고 있다. 성과보수 행렬이 다음과 같을 때 내쉬균형을 모두 고른 것은? (단, 보수행렬 내 괄호 안 왼쪽은 기업1의 보수, 오른쪽은 기업2의 보수이다.)

▸ 2023년 감정평가사

		기업2	
		전략 a	전략 b
기업1	전략 a	(16, 8)	(8, 6)
	전략 b	(3, 7)	(10, 11)

① (16, 8) ② (10, 11) ③ (8, 6), (10, 11)
④ (16, 8), (3, 7) ⑤ (16, 8), (10, 11)

출제이슈 **내쉬균형**

핵심해설 **정답** ⑤

내쉬균형을 도출하는 방법은 다음과 같다.

1) 상대방이 어떤 전략을 선택하는 것을 주어진 것으로 보고 이 때, 나의 보수 측면에서 최선의 전략이 내쉬균형전략이며 이를 구하기 위해서는 보수행렬표에서 상대방의 전략을 주어진 것으로 보고 이에 대응한 자신의 전략에 따른 보수를 비교하여 보수를 더 크게 만들어 주는 최선의 전략을 선택한다.

2) 이제 반대로 위에서 선택된 내쉬균형전략이 상대방의 입장에서 주어진 것으로 보고 상대방의 내쉬균형전략을 구해낸다.

3) 만일 모든 경기자들이 선택한 자신들의 내쉬균형전략에 의해서 어떤 결과가 나타났을 때 모두 이에 만족하고 더 이상 자신의 전략을 수정하지 않고 현재 상태에 머물려고 한다면, 내쉬균형이 성립한다.

설문에서 내쉬균형을 도출하면 다음과 같다.

1) 만약 기업 1이 전략a를 선택한다고 할 경우
이를 주어진 것으로 보고 기업 2는 주어진 상황에서 자신의 보수를 극대화하는 전략a가 최선의 전략이다.

2) 이제 기업 2가 전략a를 선택할 때
이를 주어진 것으로 보고 기업 1은 주어진 상황에서 자신의 보수를 극대화하는 전략a가 최선의 전략이다.

3) 기업 1이 전략a 선택을 계속 유지한다면
역시 기업 2도 이를 주어진 것으로 보고 전략a를 계속 유지하는 것이 최적이다.

4) 결국 기업 1은 전략a, 기업 2는 전략a를 선택하며 이 전략의 조합이 바로 내쉬균형이 된다.

이하에서는 또 다른 내쉬균형의 존재 여부를 확인한다.

1) 만약 기업 1이 전략b를 선택한다고 할 경우
   이를 주어진 것으로 보고 기업 2는 주어진 상황에서 자신의 보수를 극대화하는 전략b가 최선의 전략이다.

2) 이제 기업 2가 전략b를 선택할 때
   이를 주어진 것으로 보고 기업 1은 주어진 상황에서 자신의 보수를 극대화하는 전략b가 최선의 전략이다.

3) 기업 1이 전략b 선택을 계속 유지한다면
   역시 기업 2도 이를 주어진 것으로 보고 전략b를 계속 유지하는 것이 최적이다.

4) 결국 기업 1은 전략b, 기업 2는 전략b를 선택하며 이 전략의 조합이 바로 내쉬균형이 된다.

기업 A와 B는 연구개발비에 대한 전략으로 대규모 예산과 소규모 예산 중 하나를 선택할 수 있다. 두 기업이 동시에 각각 한 전략을 한 번만 선택하는 게임의 보수행렬은 다음 표와 같다. 이 게임에 대한 설명으로 옳은 것은? (단, 표에서 왼쪽 금액은 기업 B, 오른쪽 금액은 기업 A의 보수를 나타낸다.)

▸ 2016년 국가직 9급

(단위 : 억원)

		기업 A	
		대규모 예산	소규모 예산
기업 B	대규모 예산	(30, 20)	(70, 10)
	소규모 예산	(10, 30)	(50, 40)

① 기업 A의 우월전략은 대규모 예산이다.
② 기업 A가 소규모 예산을, 기업 B가 대규모 예산을 선택하는 경우는 내쉬균형이 된다.
③ 기업 A가 대규모 예산을, 기업 B가 대규모 예산을 선택하는 경우는 내쉬균형이 된다.
④ 기업 A가 소규모 예산을, 기업 B가 소규모 예산을 선택하는 경우는 내쉬균형이 된다.

출제이슈 내쉬균형

핵심해설 **정답** ③

내쉬균형을 도출하는 방법은 다음과 같다.

1) 상대방이 어떤 전략을 선택하는 것을 주어진 것으로 보고 이때, 나의 보수 측면에서 최선의 전략이 내쉬균형전략이며 이를 구하기 위해서는 보수행렬표에서 상대방의 전략을 주어진 것으로 보고 이에 대응한 자신의 전략에 따른 보수를 비교하여 보수를 더 크게 만들어 주는 최선의 전략을 선택한다.

2) 이제 반대로 위에서 선택된 내쉬균형전략이 상대방의 입장에서 주어진 것으로 보고 상대방의 내쉬균형전략을 구해낸다.

3) 만일 모든 경기자들이 선택한 자신들의 내쉬균형전략에 의해서 어떤 결과가 나타났을 때 모두 이에 만족하고 더 이상 자신의 전략을 수정하지 않고 현재 상태에 머물려고 한다면, 내쉬균형이 성립한다.

설문에서 내쉬균형을 도출하면 다음과 같다.

1) 만약 기업 A가 전략 $a1$(대규모 예산)을 선택한다고 할 경우
이를 주어진 것으로 보고 기업 B는 주어진 상황에서 자신의 보수를 극대화하는 전략 $b1$(대규모 예산)이 최선의 전략이다.

2) 이제 기업 B가 전략 $b1$을 선택할 때
이를 주어진 것으로 보고 기업 A는 주어진 상황에서 자신의 보수를 극대화하는 전략 $a1$(대규모 예산)이 최선의 전략이다.

3) 기업 A가 전략 $a1$(대규모 예산) 선택을 계속 유지한다면
역시 기업 B도 이를 주어진 것으로 보고 전략 $b1$(대규모 예산)을 계속 유지하는 것이 최적이다.

4) 결국 기업 A는 전략 $a1$(대규모 예산), 기업 B는 전략 $b1$(대규모 예산)을 선택하며 이 전략의 조합이 바로 내쉬균형이 된다.

한편, ①에서 기업 A의 우월전략이 있는지를 확인하면 다음과 같다.

1) 기업 B가 전략 $b1$(대규모 예산)을 선택하든, $b2$(소규모 예산)를 선택하든 관계없이 기업 A는 자신의 보수를 더 크게 하는 전략이 있다면 그것이 기업 A의 우월전략이다.

2) 그런데, 기업 A는 기업 B가 전략 $b1$(대규모 예산)을 선택할 때 전략 $a2$(소규모 예산)보다 전략 $a1$(대규모 예산)을 선택하는 것이 더 큰 보수($20 > 10$)를 주고, 기업 B가 전략 $b2$(소규모 예산)를 선택할 때는 전략 $a1$(대규모 예산)보다 전략 $a2$(소규모 예산)를 선택하는 것이 더 큰 보수($30 < 40$)를 주기 때문에, 상대방의 전략에 관계없이 자신의 보수를 더 크게 하는 우월전략은 존재하지 않는다.

3) 따라서 ①은 틀린 내용이다.

참고로 기업 A의 경우 우월전략이 없지만, 기업 B의 경우 위와 같은 방법으로 검토하면 대규모 예산이 우월전략이 된다. 따라서 기업 B가 우월전략인 대규모 예산을 선택할 때, 기업 A는 자신의 보수를 극대화할 수 있는 대규모 예산을 선택하게 되어 대규모 예산과 대규모 예산의 조합이 내쉬균형이 됨을 쉽게 확인할 수 있다.

A국과 B국은 상호 무역에 대해 각각 관세와 무관세로 대응할 수 있다. 다음은 양국이 동시에 전략을 선택할 경우의 보수행렬이다. 이에 관한 설명으로 옳지 않은 것은? (단, 본 게임은 1회만 행해지고 괄호 안의 왼쪽 값은 A국의 보수, 오른쪽 값은 B국의 보수를 나타낸다.) ▸ 2019년 공인노무사

(단위 : 억원)

		B국	
		무관세	관세
A국	무관세	(300, 250)	(400, 100)
	관세	(150, 300)	(200, 200)

① A국의 우월전략은 관세이다.
② B국의 우월전략은 무관세이다.
③ 내쉬균형의 보수조합은 (300, 250)이다.
④ 내쉬균형은 파레토효율적(Pareto efficient)이다.
⑤ 우월전략균형이 내쉬균형이다.

출제이슈 **우월전략균형 및 내쉬균형**

핵심해설 **정답** ①

우월전략 및 우월전략균형을 도출하는 방법은 다음과 같다.

1) 상대방이 어떤 전략을 선택하든지간에 나의 보수를 더 크게 만들어 주는 전략이 우월전략이며 이를 구하기 위해서는 보수행렬표에서 상대방의 전략을 제외하고 자신의 전략만을 비교하여 보수를 가장 극대화시키는 전략을 선택한다.

2) 이제 반대로 상대방의 입장에서도 우월전략을 구해낸다.

3) 만일 모든 경기자들이 우월전략을 가지고 있다면 모든 경기자들은 당연히 우월전략을 선택할 것이며 이를 바꾸려 하지 않을 것이다.

설문에서 우월전략과 우월전략균형을 도출하면 다음과 같다.

1) A국이 무관세전략을 선택하든, 관세전략을 선택하든 관계없이 B국은 자신의 보수를 더 크게 하는 무관세전략이 보수를 극대화할 수 있는 최선의 전략이다.

2) 왜냐하면, B국은 A국이 무관세전략을 선택할 때 관세전략보다 무관세전략을 선택하는 것이 더 큰 보수(250 > 100)를 주고, A국이 관세전략을 선택할 때도 관세전략보다 무관세전략을 선택하는 것이 더 큰 보수(300 > 200)를 주기 때문이다.

3) 위와 같은 무관세전략을 B국의 우월전략이라고 하며, 같은 방식으로 A국의 우월전략을 구해보면, A국도 무관세전략이 우월전략이 된다.

4) 따라서 양국은 모두 우월전략을 사용할 것이므로 A국의 우월전략인 무관세전략, B국의 우월전략인 무관세전략의 조합이 우월전략균형으로 시현된다.

설문을 검토하면 다음과 같다.

① 틀린 내용이다.
위에서 구한 바와 같이 A국의 우월전략은 무관세이다.

② 옳은 내용이다.
위에서 구한 바와 같이 B국의 우월전략은 무관세이다.

③ 옳은 내용이다.
양국은 모두 우월전략을 사용할 것이므로 A국의 우월전략인 무관세전략, B국의 우월전략인 무관세전략의 조합이 우월전략균형으로 시현된다. 또한 우월전략균형은 내쉬균형이 되므로 내쉬균형의 보수조합은 (300, 250)이 된다.

④ 옳은 내용이다.
설문에서 구한 내쉬균형은 더이상 파레토개선이 불가능하여 파레토효율적(Pareto efficient)이다. 그러나 일반적으로 내쉬균형이 항상 파레토효율적인 것은 아님에 유의해야 한다.

⑤ 옳은 내용이다.
상대방이 어떤 전략을 선택하든지간에 나의 보수를 더 크게 만들어 주는 전략이 우월전략이며 이러한 우월전략의 짝이 우월전략균형이다. 한편 상대방이 어떤 전략을 선택하는 것을 주어진 것으로 보고 이때, 나의 보수 측면에서 최선의 전략이 내쉬균형전략이며 이러한 내쉬균형전략의 짝이 내쉬균형이다. 따라서 우월전략균형은 내쉬균형의 성격을 잘 충족시키게 되므로 우월전략균형은 내쉬균형이 된다. 그러나 역으로 내쉬균형이 우월전략균형은 아님에 유의하도록 하자.

복점(duopoly)시장에서 기업 A와 B는 각각 1, 2의 전략을 갖고 있다. 성과보수 행렬(payoff matrix)이 다음과 같을 때 내쉬균형의 보수쌍은? (단, 보수행렬 내 괄호 안 왼쪽은 A, 오른쪽은 B의 보수이다.)

▸ 2018년 감정평가사

		기업 B	
		전략 1	전략 2
기업 A	전략 1	(15, 7)	(8, 6)
	전략 2	(3, 11)	(10, 7)

① (15, 7) ② (8, 6) ③ (10, 7)
④ (3, 11)과 (8, 6) ⑤ (15, 7)과 (10, 7)

출제이슈 내쉬균형

핵심해설 **정답** ①

내쉬균형을 도출하는 방법은 다음과 같다.

1) 상대방이 어떤 전략을 선택하는 것을 주어진 것으로 보고 이때, 나의 보수 측면에서 최선의 전략이 내쉬균형전략이며 이를 구하기 위해서는 보수행렬표에서 상대방의 전략을 주어진 것으로 보고 이에 대응한 자신의 전략에 따른 보수를 비교하여 보수를 더 크게 만들어 주는 최선의 전략을 선택한다.

2) 이제 반대로 위에서 선택된 내쉬균형전략이 상대방의 입장에서 주어진 것으로 보고 상대방의 내쉬균형전략을 구해낸다.

3) 만일 모든 경기자들이 선택한 자신들의 내쉬균형전략에 의해서 어떤 결과가 나타났을 때 모두 이에 만족하고 더 이상 자신의 전략을 수정하지 않고 현재 상태에 머물려고 한다면, 내쉬균형이 성립한다.

설문에서 내쉬균형을 도출하면 다음과 같다.

1) 만약 기업 A가 전략 1을 선택한다고 할 경우
이를 주어진 것으로 보고 기업 B는 주어진 상황에서 자신의 보수를 극대화하는 전략 1이 최선의 전략이다.

2) 이제 기업 B가 전략 1을 선택할 때
이를 주어진 것으로 보고 기업 A는 주어진 상황에서 자신의 보수를 극대화하는 전략 1이 최선의 전략이다.

3) 기업 A가 전략 1 선택을 계속 유지한다면
역시 기업 B도 이를 주어진 것으로 보고 전략 1을 계속 유지하는 것이 최적이다.

4) 결국 기업 A는 전략 1, 기업 B는 전략 1을 선택하며 이 전략의 조합이 바로 내쉬균형이 된다.

이하에서는 또 다른 내쉬균형의 존재 여부를 확인한다.

1) 만약 기업 A가 전략 2를 선택한다고 할 경우
   이를 주어진 것으로 보고 기업 B는 주어진 상황에서 자신의 보수를 극대화하는 전략 1이 최선의 전략이다.

2) 이제 기업 B가 전략1을 선택할 때
   이를 주어진 것으로 보고 기업 A는 주어진 상황에서 자신의 보수를 극대화하는 전략 1이 최선의 전략이다. 따라서 기업 A는 전략 2를 전략 1로 변경하게 된다.

3) 기업 A가 전략 1 선택을 계속 유지한다면
   역시 기업 B도 이를 주어진 것으로 보고 전략 1을 계속 유지하는 것이 최적이다.

4) 결국 기업 A는 전략 1, 기업 B는 전략 1을 선택하며 이 전략의 조합이 유일한 내쉬균형이 된다.

참고로 기업 A는 우월전략이 없으나 기업 B는 전략 1이 우월전략이므로 이에 대하여 기업 A는 자신의 보수를 극대화할 수 있는 전략 1을 선택한다. 따라서 내쉬균형은 전략 1과 전략 1의 조합으로 쉽게 찾아낼 수도 있다.

THEME 04 용의자의 딜레마 게임

1 용의자의 딜레마 게임의 상황

두 명의 용의자가 검찰의 심문을 받는 경우를 상정한다. 두 명의 용의자는 범죄사실을 자백할 수도 있고, 부인할 수도 있다. 두 명의 용의자가 모두 범죄사실을 순순히 자백하면 협조한 대가로 검찰은 가벼운 형량을 구형한다(5년형 구형 → 이에 따른 효용 혹은 점수로 환산 −5). 두 명의 용의자가 모두 범죄사실을 완강히 부인하면 어쩔 수 없이 다른 죄목으로 그러나 가벼운 형량을 구형할 수밖에 없다(2년형 구형 → 이에 따른 효용 혹은 점수로 환산 −2). 한 명은 범죄사실을 순순히 자백하고, 다른 한 명은 끝까지 부인하면 자백한 용의자에게는 1년형 구형(이를 환산하면 −1), 부인한 용의자에게는 7년형 구형한다(이를 환산하면 −7). 이와 같은 게임의 상황을 보수행렬표로 정리하면 다음과 같다.

B \ A	용의자 B의 전략 − 부인	용의자 B의 전략 − 자백
용의자 A의 전략 − 부인	−2, −2	−7, −1
용의자 A의 전략 − 자백	−1, −7	−5, −5

2 용의자의 딜레마 게임의 균형

1) 우월전략균형

용의자 A의 우월전략은 자백이며 용의자 B의 우월전략도 자백이므로 자백, 자백 전략의 짝이 우월전략균형이 된다.

2) 내쉬균형

위에서 살펴본 우월전략균형은 내쉬균형의 성격을 가지고 있으므로 내쉬균형도 또한 자백, 자백 전략의 짝이 된다.

3 용의자의 딜레마 게임 균형의 성격

본 게임의 균형은 용의자들의 입장에서 바람직하지 못하다. 파레토 개선이 가능하다는 뜻이다. 만일 용의자들이 만나서 서로 대화할 기회가 있었다면, 둘이 말을 맞춰서 끝까지 부인하면 낮은 형량이 가능했겠지만 용의자들은 서로 대화를 나눌 기회가 없기 때문에 그렇지 못한 것이다. 그러나 협조가 가능한 상황이라고 하더라도 용의자들은 자신에게 유리한 전략(비협조전략으로서 자백의 전략)을 선택할 유인은 여전히 있다.

4 용의자의 딜레마 게임의 함의

1) 일회적 게임인 경우

두 경기자 간 협조가 불가능한 상황이 조성되어 있고, 이와 같은 게임이 단 한 번만 원샷으로 행해질 경우, 두 경기자에게 불리한 상황으로 게임의 균형이 도달할 수 있다. 두 경기자 간 협조가 가능한 상황이 조성되어 있고, 이와 같은 게임이 단 한 번만 원샷으로 행해질 경우, 두 경기자에게 유리한 상황으로 전개될 수도 있다. 그러나 이 상황에서 어느 한 경기자가 자신에게 유리한 전략(자백하여 낮은 형량)을 선택한 경우 협조상황은 붕괴되고, 다른 경기자는 매우 불리해진 상황(부인하여 높은 형량)에 처하게 된다.

2) 반복적 게임인 경우

만일 위의 게임이 여러 번에 걸쳐서 반복적으로 행해진다면 양상은 달라질 수 있다. 동료는 자백을 했는데 남은 용의자가 끝까지 부인하여 훨씬 높은 형량을 받게 되어 불리해진 상황에 처하게 되면 다음번 게임에서 자백함으로써 배신자인 동료에게 보복을 가할 수 있다. 결국 두 경기자 모두 불리한 상황에 처해지게 된다. 만일 이러한 상황을 두 경기자가 모두 숙지하고 있다면 협조적인 분위기가 조성될 수 있으며 이러한 경우 두 경기자는 유리한 상황으로 게임을 이끌어 갈 수도 있다.

필수예제

두 명의 경기자 A와 B는 어떤 업무에 대해 '태만'(노력수준=0)을 선택할 수도 있고 '열심'(노력수준 = 1)을 선택할 수도 있다. 단, '열심'을 선택하는 경우 15원의 노력비용을 감당해야 한다. 다음 표는 사회적 총 노력수준에 따른 각 경기자의 편익을 나타낸 것이다. 두 경기자가 동시에 노력수준을 한 번 선택해야 하는 게임에서 순수전략 내쉬(Nash) 균형은?

▸ 2015년 국가직 7급

사회적 총 노력수준(두 경기자의 노력수준의 합)	0	1	2
각 경기자의 편익	1원	11원	20원

① 경기자 A는 '열심'을, 경기자 B는 '태만'을 선택한다.
② 경기자 A는 '태만'을, 경기자 B는 '열심'을 선택한다.
③ 두 경기자 모두 '태만'을 선택한다.
④ 두 경기자 모두 '열심'을 선택한다.

출제이슈 보수행렬표의 작성과 내쉬균형의 도출

핵심해설 **정답 ③**

내쉬균형을 도출하는 방법은 다음과 같다.

1) 상대방이 어떤 전략을 선택하는 것을 주어진 것으로 보고 이때, 나의 보수 측면에서 최선의 전략이 내쉬균형전략이며 이를 구하기 위해서는 보수행렬표에서 상대방의 전략을 주어진 것으로 보고 이에 대응한 자신의 전략에 따른 보수를 비교하여 보수를 더 크게 만들어 주는 최선의 전략을 선택한다.

2) 이제 반대로 위에서 선택된 내쉬균형전략이 상대방의 입장에서 주어진 것으로 보고 상대방의 내쉬균형전략을 구해낸다.

3) 만일 모든 경기자들이 선택한 자신들의 내쉬균형전략에 의해서 어떤 결과가 나타났을 때 모두 이에 만족하고 더 이상 자신의 전략을 수정하지 않고 현재 상태에 머물려고 한다면, 내쉬균형이 성립한다.

먼저 설문에서 보수행렬표를 구하면 다음과 같다.

		경기자 B	
		태만	열심
경기자 A	태만	(1, 1)	(11, −4)
	열심	(−4, 11)	(5, 5)

이제 위에서 구한 보수행렬표를 이용하여 내쉬균형을 도출하면 다음과 같다.

1) 만약 경기자 A가 전략 $a1$(태만)을 선택한다고 할 경우
이를 주어진 것으로 보고 경기자 B는 주어진 상황에서 자신의 보수를 극대화하는 전략 $b1$(태만)이 최선의 전략이다.

2) 이제 경기자 B가 전략 $b1$(태만)을 선택할 때
이를 주어진 것으로 보고 경기자 A는 주어진 상황에서 자신의 보수를 극대화하는 전략 $a1$(태만)이 최선의 전략이 된다.

3) 여전히 경기자 A의 전략이 $a1$(태만)로 유지되므로
이에 따라서 경기자 B는 최초에 선택한 전략 $b1$(태만)을 바꿀 유인이 없다.

4) 결국 경기자 A는 전략 $a1$(태만), 경기자 B도 전략 $b1$(태만)을 선택하며 이 전략의 조합이 바로 내쉬균형이 된다.

<u>이하에서는 또 다른 내쉬균형의 존재 여부를 확인한다.</u>

1) 만약 경기자 A가 전략 $a2$(열심)를 선택한다고 할 경우
이를 주어진 것으로 보고 경기자 B는 주어진 상황에서 자신의 보수를 극대화하는 전략 $b1$(태만)이 최선의 전략이다.

2) 이제 경기자 B가 전략 $b1$(태만)을 선택할 때
이를 주어진 것으로 보고 경기자 A는 주어진 상황에서 자신의 보수를 극대화하는 전략 $a1$(태만)이 최선의 전략이 된다. 즉 경기자 A의 전략이 바뀌게 된다.

3) 경기자 A의 바뀐 전략이 $a1$(태만)에 대하여
이를 주어진 것으로 보고 경기자 B는 주어진 상황에서 자신의 보수를 극대화하는 전략 $b1$(태만)이 최선의 전략이다. 이에 따라서 경기자 B는 최초에 선택한 전략 $b1$(태만)을 바꿀 유인이 없다.

4) 따라서 위에서 선택한 경기자 A 전략 $a1$(태만), 경기자 B 전략 $b1$(태만)의 내쉬균형이 유지된다.

참고로 경기자 A, 경기자 B 모두 우월전략이 태만이 되므로 우월전략균형이 도출되며, 우월전략균형은 내쉬균형의 성격을 가지므로 역시 내쉬균형도 동일하게 된다. 따라서 본 문제는 우월전략 및 우월전략을 도출하여 쉽게 내쉬균형을 찾을 수도 있다. 부연하면, 상대방이 어떤 전략을 선택하든지간에 나의 보수를 더 크게 만들어 주는 전략이 우월전략이며 이러한 우월전략의 짝이 우월전략균형이다. 한편 상대방이 어떤 전략을 선택하는 것을 주어진 것으로 보고 이때, 나의 보수 측면에서 최선의 전략이 내쉬균형전략이며 이러한 내쉬균형전략의 짝이 내쉬균형이다. 따라서 우월전략균형은 내쉬균형의 성격을 잘 충족시키게 되므로 우월전략균형은 내쉬균형이 된다.

THEME 05 용의자의 딜레마 게임과 카르텔

1 카르텔 게임의 상황

1) 두 기업이 동일한 시장에서 경쟁하고 있는 경우를 상정한다.

2) 두 기업은 카르텔을 형성해서 서로 협조적으로 행동(협조적 행동 전략)하거나 그렇지 않고 독자적으로 행동하여 치열하게 경쟁할 수도 있다(독자적 행동 전략).

3) 두 기업이 카르텔을 형성하여 카르텔의 협정대로 서로 협조적으로 행동하는 경우 100만큼의 높은 이윤의 획득이 가능하다.

4) 두 기업이 카르텔의 협정을 위반하고 독자적으로 행동하여 치열하게 경쟁하는 경우 50만큼의 낮은 이윤의 획득만 가능하다.

5) 한 기업이 카르텔의 협정대로 행동하고 다른 기업은 카르텔의 협정을 위반하여 독자적으로 행동하는 경우, 카르텔 협정을 준수한 기업은 10의 이윤을, 카르텔 협정을 위반한 기업은 150의 이윤 획득이 가능하다.

6) 이와 같은 게임의 상황을 보수행렬표로 정리하면 다음과 같다.

B / A		기업 B	
		협정 준수	협정 위반
기업 A	협정 준수	100, 100	10, 150
	협정 위반	150, 10	50, 50

2 카르텔 게임의 균형

1) 우월전략균형

① 기업 A의 **우월전략** : 협정 위반

② 기업 B의 **우월전략** : 협정 위반

2) 내쉬균형 : 위의 우월전략균형은 내쉬균형의 성격을 갖는다.

3 카르텔 게임의 균형의 성격

카르텔 게임의 균형은 기업들의 입장에서 바람직하지 못하다. 파레토 개선이 가능하다는 뜻이다. 그러나 협조가 가능한 상황이라고 하더라도 기업들은 여전히 자신에게 유리한 전략(비협조전략, 자백)을 선택할 유인이 있었으며 결국 협정 위반을 선택하게 된다.

4 카르텔 게임의 함의

각 기업이 카르텔 협정을 준수한다면 우월전략균형보다 더 큰 이윤을 얻을 수 있음에도 불구하고 자신에게 유리한 비협조전략을 선택할 유인이 있기 때문에 결과적으로 카르텔 협조관계는 지속적으로 유지되기 어려우며 본질적으로 붕괴가능성을 내포하고 있다. 이를 카르텔의 불안정성이라고 한다.

THEME 06 순차게임

1 순차게임(sequential game)

지금까지의 게임은 개념상 두 경기자가 동시에 전략을 선택하는 것이었으나 실제 현실에서는 한 경기자가 먼저 어떤 행동을 한 후에 다른 경기자가 이를 관찰한 후 자신의 행동을 취하는 경우도 쉽게 찾아볼 수 있는데 이러한 게임을 순차게임이라고 한다.

2 순차게임의 특징

1) 순차성

게임에 참가하고 있는 특정 경기자가 먼저 전략을 선택한 후에 다른 경기자가 자신의 전략을 선택하는 선후관계가 존재한다.

2) 조건부 대응성

상대방이 어떠한 전략을 선택하였는지를 보고 난 후에 자신의 전략을 선택하는 순차성 때문에 상대의 전략에 대한 조건부 전략을 선택하게 된다. 예를 들어, 기업 A가 진입하면 기업 B는 낮은 산출량 전략을 선택하고, 기업 A가 진입하지 않으면 기업 B는 높은 산출량 전략을 선택하는 식이다.

3 진입저지게임 1 : 게임나무, 전개형게임, 결정마디

$$\text{신규기업 } A \begin{cases} \text{진입} \rightarrow \text{기존기업 } B \begin{cases} \text{높은 산출량} & (-4\text{억}, 7\text{억}) \\ \text{낮은 산출량} & (\ \ 8\text{억}, 9\text{억}) \end{cases} \\ \text{포기} \rightarrow \text{기존기업 } B \begin{cases} \text{높은 산출량} & (0, 15\text{억}) \\ \text{낮은 산출량} & (0, 10\text{억}) \end{cases} \end{cases}$$

1) 게임의 상황

현재 기존기업 B가 시장을 독점하고 있는 상황에서 신규기업 A가 진입을 준비하고 있는 상황이다. 이때 기존기업 B는 신규기업 A가 진입하면 독점이윤이 감소할 것이므로 진입을 저지하기 위한 전략을 구사할 것이다. 따라서 기존기업 B의 전략은 산출을 늘림으로써 신규기업 A가 진입하는 것을 막거나 혹은 신규기업 A의 진입을 받아들이고 낮은 산출 수준을 선택하여 독점해오

던 시장을 나누어 갖는 것이다. 그런데 신규기업 A는 무작정 진입했다가는 기존기업의 보복으로 인해서 큰 손해를 볼 수도 있는 상황이다. 따라서 신규기업 A의 전략은 진입하거나 혹은 진입을 포기하는 전략을 구사할 수 있다.

2) 기존기업 B의 전략 분석

만약 신규기업 A가 진입하면 기존기업 B는 낮은 산출량을 선택한다(이 경우 보수 7억). 그러나 만약 신규기업 A가 진입을 포기하면 기존기업 B는 높은 산출량을 선택한다(이 경우 보수 15억).

3) 신규기업 A의 전략 분석

앞에서 본 바와 같이 신규기업이 진입할 경우 기존기업은 낮은 산출량을 선택할 것으로 예상된다(이 경우 보수 8억). 역시 앞에서 본 바와 같이 신규기업이 진입을 포기할 경우 기존기업이 높은 산출량을 선택할 것으로 예상된다(이 경우 보수 0).

4) 순차게임의 균형 도출 : 역진귀납의 방식

① **기존기업의 전략**

신규기업의 진입에 대하여 낮은 산출량으로 대응하고, 신규기업의 포기에 대하여 높은 산출량으로 대응하는 것이 기존기업의 전략이 된다.

② **신규기업의 전략**

기존기업의 낮은 산출량에 대하여 진입하고 기존기업의 높은 산출량에 대하여 포기하는 것이 신규기업의 전략이 된다.

③ **순차게임의 내쉬균형**

순차게임의 균형은 다음과 같이 두 개가 도출될 수 있다. 첫 번째 균형은 신규기업이 진입하고 기존기업은 낮은 산출량을 선택하는 것이고, 두 번째 균형은 신규기업이 진입을 포기하고 기존기업은 높은 산출량을 선택하는 것이다.

5) 부속게임완전균형의 도출

① **기존기업의 전략**

첫 번째 부속게임에서 기존기업의 최적전략은 낮은 산출량을 선택하는 것이고 두 번째 부속게임에서 기존기업의 최적전략은 높은 산출량을 선택하는 것이다.

② **신규기업의 전략**

위에서 기존기업의 낮은 산출량이 예상되는 경우 진입하고 기존기업의 높은 산출량이 예상되는 경우 포기하는 것이 신규기업의 최적의 전략이다.

③ 순차게임의 완전균형

그런데 신규기업은 기존기업의 낮은 산출량에서 진입하는 것이 최선이고 기존기업이 높은 산출량 전략을 선택하는 것은 신빙성이 없다. 기존기업의 높은 산출량 전략은 자신의 보수를 낮게 만들 수 있기 때문에 선택하지 않을 것으로 예상된다. 신빙성이 없는 균형을 제외하고 남은 완전균형은 신규기업이 진입하고 기존기업은 낮은 산출량으로 대응하는 전략이 된다.

4 진입저지게임 2 : 게임나무, 전개형게임, 결정마디

$$\text{신규기업 } A \begin{cases} \text{진입} \rightarrow \text{기존기업 } B \begin{cases} \text{높은 산출량 } (-4\text{억}, 6\text{억}) \\ \text{낮은 산출량 } (\ 8\text{억}, 5\text{억}) \end{cases} \\ \text{포기} \rightarrow \text{기존기업 } B \begin{cases} \text{높은 산출량 } (0, 14\text{억}) \\ \text{낮은 산출량 } (0,\ 6\text{억}) \end{cases} \end{cases}$$

1) 게임의 상황

현재 기존기업 B가 시장을 독점하고 있는 상황에서 신규기업 A가 진입을 준비하고 있는 상황이다. 만일 기존기업 B가 공장을 확장할 것으로 공언하고 이러한 투자비용을 고려한다면 투자비용 때문에 기존기업의 보수는 하락한다.

2) 기존기업의 전략과 균형

이전의 게임과 다른 상황은 기존기업의 높은 산출량이 우월전략이라는 점이다. 이 경우에는 기존기업이 높은 산출량을 선택한다는 것은 더 이상 신빙성 없는 허언의 위협이 아니게 된다. 따라서 이때의 균형은 신규기업이 진입을 포기하고 기존기업은 높은 산출량을 선택하는 것이다.

필수예제

아래의 그림은 기업 A와 B의 의사결정에 따른 이윤을 나타낸다. 두 기업은 모든 선택에 대한 이윤을 사전에 알고 있다. A사가 먼저 선택하고, B사가 A사의 결정을 확인하고 선택을 하게 된다. 두 회사 간의 신빙성 있는 약속이 없을 때 각 기업이 얻게 되는 이윤의 조합은? (단, 괄호 안은 A사가 얻는 이윤, B사가 얻는 이윤을 나타낸다.)

▸ 2017년 서울시 7급

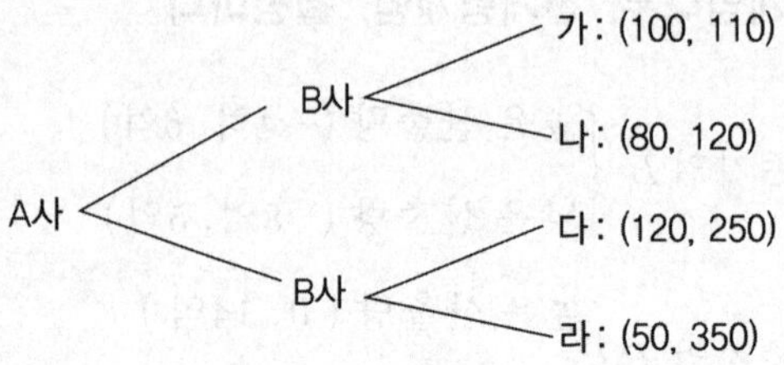

① 가　　② 나　　③ 다　　④ 라

출제이슈 순차게임

핵심해설 **정답** ②

순차게임(sequential game)은 한 경기자가 먼저 어떤 행동을 한 후에 다른 경기자가 이를 관찰한 후 자신의 행동을 취하는 경우의 게임상황으로서 게임나무를 통하여 묘사 가능하다.

순차게임의 완전균형(perfect equilibrium)은 역진귀납법 혹은 후방귀납법 방식을 통해서 도출가능하며 이를 이용하여 설문에서 완전균형을 구하면 다음과 같다.

1) 기업 B의 입장에서
   ① 첫 번째 부속게임에서 기업 B의 최적전략은 나에 따른 전략이 된다.
   ② 두 번째 부속게임에서 기업 B의 최적전략은 라에 따른 전략이 된다.

2) 기업 A의 입장에서
   ① 기업 B의 나에 따른 전략에 대해 기업 A가 나에 따른 전략이면 80의 보수를 얻는다.
   ② 기업 B의 라에 따른 전략에 대해 기업 A가 라에 따른 전략이면 50의 보수를 얻는다.

3) 따라서 기업 B가 나에 따른 전략을 구사하고 기업 A도 나에 따른 전략을 채택한다.

다음 표는 기업 A, B의 광고 여부에 따른 두 기업의 보수를 나타낸 것이다. 두 기업이 광고 여부를 동시에 결정할 때, 이에 대한 설명으로 옳은 것은? (단, 괄호에서 앞의 숫자는 기업 A의 보수, 뒤의 숫자는 기업 B의 보수이다.)

▸ 2019년 국가직 7급

		기업 B	
		광고	광고 안 함
기업 A	광고	(10, 10)	(20, 5)
	광고 안 함	(5, 20)	(15, 15)

① 이 게임의 우월전략균형과 순수전략 내쉬균형은 다르다.
② 이 게임의 내쉬균형은 파레토효율적이다.
③ 기업 A가 먼저 결정을 내리고 기업 B가 이를 관찰한 후 결정을 내리는 경우에도 각 기업의 결정은 변하지 않는다.
④ 이 게임이 2회 반복되면 파레토효율적인 상황이 균형으로 달성될 수 있다.

출제이슈 순차게임

핵심해설 **정답** ③

설문을 검토하면 다음과 같다.

①의 경우 기업 A, 기업 B 모두 우월전략은 광고전략이 되므로 우월전략균형은 (광고, 광고)가 된다. 우월전략균형은 내쉬균형의 성격을 가지므로 이는 설문에서 해당 상황의 경우 우월전략균형은 순수전략에 따른 내쉬균형과 동일하게 된다.

②의 경우 내쉬균형으로 인한 보수는 (10, 10)인데 이 균형은 파레토개선 가능하며 이보다 파레토우월한 (15, 15)의 보수를 달성시켜주는 전략으로 (광고 안 함, 광고 안 함)이 존재하므로 해당 내쉬균형은 파레토효율적이지 않다.

③의 경우 순차게임의 상황으로서 그 균형을 구하면 다음과 같다.

순차게임(sequential game)은 한 경기자가 먼저 어떤 행동을 한 후에 다른 경기자가 이를 관찰한 후 자신의 행동을 취하는 경우의 게임상황으로서 게임나무를 통하여 묘사가능하다. 순차게임의 완전균형(perfect equilibrium)은 역진귀납법 혹은 후방귀납법 방식을 통해서 도출가능하며 이를 이용하여 설문에서 완전균형을 구하면 다음과 같다.

1) 기업 B의 입장에서

① 첫 번째 부속게임에서 기업 B의 최적전략은 기업 A 광고 시 기업 B도 광고하는 전략이 된다.
② 두 번째 부속게임에서 기업 B의 최적전략은 기업 A 비광고 시 기업 B는 광고하는 전략이 된다.

2) 기업 A의 입장에서

① 기업 B의 광고전략에 대해 기업 A가 광고전략이면 기업 A는 10의 보수를 얻는다.

② 기업 B의 광고전략에 대해 기업 A가 비광고전략이면 기업 A는 5의 보수를 얻는다.

3) 따라서 기업 B가 광고전략을 구사하고 기업 A도 광고전략을 채택한다.

4) 이를 동시게임의 균형과 비교해보면 동일하다.

④의 경우 게임이 반복되는 상황인데, 반복게임에서는 비협조적인 상대방에게 보복을 가할 수 있어서 이를 통해 협조전략을 선택하도록 압력이 가해질 수도 있다. 그러나 반복의 횟수가 유한할 경우, 여전히 경기자들은 비협조적인 전략을 사용할 것이다. 왜냐하면, 유한반복게임에서 마지막 회차의 게임에서는 더 이상 보복의 기회가 없기 때문에 무조건 비협조전략이 선택될 것이다. 이는 결국 바로 직전 회차의 게임에서도 비협조전략이 선택될 것임을 의미한다. 이러한 역진귀납방식을 사용해보면, 첫 번째 게임에서도 비협조전략이 선택된다. 따라서 설문과 같이 2회 반복되는 유한반복게임의 상황에서는 비협조전략으로서 광고전략이 사용되므로 역시 파레토효율을 달성할 수 없다.

THEME 07 경매이론

1 경매의 의의와 특징

1) 의의 및 사례

일반적으로 경매란 특정한 물건의 매매에 있어서 가장 높은 가격을 제시한 사람에게 물건을 판매하거나 가장 낮은 가격을 제시한 사람으로부터 물건을 구입하는 방식을 말한다. 한편, 경제학적으로 경매란 시장에 참여한 주체가 제시하는 가격에 기초하여 자원이 어떻게 배분되고 그 가격은 어떻게 결정되는지에 대한 규칙 혹은 제도를 의미한다.

사적인 부문에서의 경매는 골동품이나 예술품과 같이 시장가치가 정해지지 않은 경우에 자주 사용되며, 어류와 같이 차별화된 상품의 경우 협상비용을 줄일 목적으로 대규모 경매가 실제되기도 한다. 경매가 특히 공적인 부문에 이루어진 사례를 보면, 미국 재무성이 정부채권을 판매하고, 미국 연방통신위원회가 이동전화를 위한 특정주파수대역을 판매하고, 국제올림픽위원회가 텔레비전 방영권을 판매하는 데 사용된 바 있다.

2) 특징

① 거래비용의 절감

경매는 물건의 거래에 있어서 소요되는 일대일의 협상 시간을 대폭 단축시켜줄 수 있다. 참치와 같이 제각각 크기, 무게, 모양, 품질이 다른 상품의 경우 가치는 모두 다르다고 할 수 있다. 그런 경우에 다수의 구매자와 매번 거래를 위해서는 참치의 조건에 따라서 상당히 긴 협상시간이 소요될 수밖에 없다. 경매는 이러한 개별적인 협상을 포기하고 단지 가장 높은 가격을 부른 사람에게 판매함으로써 거래비용을 획기적으로 절감시켜주는 효과가 있다. 물론 사는 사람 입장에서는 제대로 된 정보를 제공받지 못한 상태에서 깜깜이거래에 임해야 하는 단점이 필연적으로 발생하게 된다.

② 수입의 증대

경매는 판매자 입장에서 구매자 간의 경쟁을 유발함으로써 가장 높은 가격을 제시한 사람에게 단독으로 혹은 순차적으로 물건을 판매하도록 만들어 주기 때문에 경매가 없을 때보다 자신의 수입을 보다 크게 만들 수 있다는 장점이 있다. 아주 특별한 가정과 조건하에서 가상적인 경매방식 중의 하나가 1급 가격차별 독점자의 경매라는 것은 독자 모두 알고 있을 것이다.

2 경매의 방식

1) 공개경매

특정한 물건의 매매에 있어서 경매참가자 모두 공개된 장소에 모여서 경매가 진행되는 것을 말한다. 따라서 경매참가자가 제시하는 가격이 모두 공개된다.

① 영국식 경매(English auction)

판매자가 먼저 현재의 매입가격(bid price)을 경매참가자들 모두에게 알려준 후에 경매참가자 사이의 가격경쟁을 통해 경매참가자들이 부르는 가격을 점점 올려나가면서 더 이상 높이 부르는 가격이 나오지 않는 상황에서 가격이 결정되고 거래가 이루어지는 방식을 말한다. 경매가 이루어지는 각 시점에서 경매참가자들은 현재 가장 높은 매입가격이 어느 정도인지를 모두 잘 알고 있고 현재의 매입가격보다 더 높은 매입가격을 부르는 구매자가 나타나지 않을 경우 현재의 가장 높은 매입가격 수준으로 낙찰된다. 그 가장 높은 매입가격을 제시한 입찰자에게 그 가격으로 물건이 판매된다.

② 네덜란드식 경매(Dutch auction)

판매자는 현재 높은 수준의 판매가격을 먼저 제시하여 판매여부를 살핀다. 만일 어떤 참가자도 그 가격에 물건을 살 용의가 없다면 판매자는 판매가격을 내려서 다시 물건을 살 구매자를 찾는 방식이다. 그래도 구매자가 없으면 가격을 더 낮춰서 구매자를 찾고, 가격이 내려가면서 구매자가 나오면 그 상황에서 가격이 결정되고 거래가 이루어진다. 즉 제시된 판매가격을 제일 먼저 수용한 사람에게 바로 그 가격에 물건이 판매되는 것이다.

2) 입찰제

특정한 물건의 매매에 있어서 경매참가자가 제시하는 가격이 공개되지 않고 봉인된 상태에서 진행되는 경매로서 제시가격은 동시에 비공개로 제출되어야 하며 가장 높은 매입가격을 제시한 사람에게 물건이 판매되는 방식이다. 다만, 가장 높은 매입가격을 제시한 낙찰자가 실제로 지불하는 가격에 따라서 다음의 두 가지로 나뉜다.

① 최고가격 입찰제

경매에 참가하는 사람들이 모두 다른 경매참가자의 입찰가격은 모른 채 자신의 입찰가격만 제출한 후, 이를 모두 취합하여 최종적으로 가장 높은 입찰가격을 제시한 자에게 낙찰되는 방식이다. 이때 판매가격은 구매자가 제시한 가장 높은 수준의 입찰가격이 된다. 일차가격경매(first-price auction)라고도 한다.

② 제2가격 입찰제

경매에 참가하는 사람들이 모두 다른 경매참가자의 입찰가격은 모른 채 자신의 입찰가격만 제출한 후, 이를 모두 취합하여 최종적으로 가장 높은 입찰가격을 제시한 자에게 낙찰되는 방식이다. 다만, 낙찰가격은 자신이 제출한 입찰가격 즉 가장 높은 수준의 입찰가격이 아니라 두 번째로 높은 입찰가격이 된다는 점에서 최고가격 입찰제와 차이가 있다. 이 방식은 금액을 높이 제시하더라도 그 부담을 덜 수 있다는 데 특징이 있다.

3 경매와 경매물 가치평가

1) 개인가치 경매(private-value auction)

경매에 나온 물건에 대해 경매에 참가하는 입찰자 각각이 스스로 판단하여 결정한 개인적인 가치(유보가격)를 모두 가지고 있으며 이는 입찰자에 따라서 모두 다르다고 할 수 있다. 그리고 각 입찰자는 다른 입찰자들이 경매물에 대하여 어느 정도나 가치를 부여하고 있는지는 모른다. 이러한 경매를 개인가치 경매라고 하며 대표적인 예로는 골동품이나 예술품의 경매를 들 수 있다.

2) 공통가치 경매(common-value auction)

경매에 나온 물건의 가치는 모든 입찰자에게 같지만 다만 그 정확한 가치가 얼마인지 모두들 모르는 경우의 경매를 공통가치 경매라고 한다. 경매에 참가하는 입찰자들이 그 가치를 각자 추정할 수는 있으나 각자의 추정의 서로 다르다. 예를 들면, 해저원유매장지에 대한 경매에서 매장지의 가치는 매장지에 들어있는 원유의 단위당 현재가격에서 그 원유를 채굴하는 데 들어가는 단위당 비용을 첨가하여 총 매장량을 곱하면 된다. 따라서 매장지의 가치는 모든 입찰자들에게 거의 동일한 것으로 가정할 수 있다. 그러나 문제는 입찰자들 입장에서 원유의 매장량을 알 수 없을 뿐만 아니라 채굴의 조건을 모르기 때문에 채굴비용도 정확히 할 수 없다는 점이다. 따라서 입찰자들은 각자 매장량과 채굴비용을 추정해야 하며 그 추정치들은 서로 다를 것이므로 그들이 제시하는 입찰가격은 모두 상이하게 된다.

4 경매와 전략

1) 경매의 동등성 정리

① 영국식 경매와 전략

영국식 경매의 경우 입찰자의 우월전략은 자기 이외에 더 높은 가격을 부르는 사람이 없도록 계속 높은 가격을 제시하는 것이다. 그런데 자신이 제시할 수 있는 입찰가격은 자신의 진정한 효용을 반영하고 있는 유보가격을 초과해서는 안 된다. 결국 낙찰가격은 두 번째로 높은 가격을 부른 사람의 유보가격과 매우 유사해질 것이며 이는 반드시 나 자신의 유보가격보다는 낮아야 하므로 경매에서 낙찰될 경우 이득을 얻을 수 있다.

② 제2가격 입찰제와 전략

제2가격 입찰제의 경우 입찰자의 우월전략은 역시 가장 높은 입찰가격을 제시하는 것이다. 그리고 제시할 수 있는 입찰가격은 유보가격을 그대로 제시하는 것이 역시 우월전략이 된다. 실제로 지불해야 하는 가격은 유보가격이 아니라 두 번째로 높은 입찰가격이므로 낙찰이 된다면 반드시 이득을 얻게 되어 있다. 이때 만일 유보가격보다 낮은 가격을 제시하여 경매에서 탈락한다면 아무런 이득을 얻지 못하므로 보수 측면에서 유보가격을 제시하는 것보다 항상 열등하다.

③ 경매의 동등성 정리

영국식 경매와 제2가격 입찰제는 자신의 평가액을 진실되게 그대로 제시하는 것이 경매참가자에게 유리하게 되며 이 두 방식의 경매하에서 결과는 동일하다. 이를 경매의 동등성 정리라고 한다. 또한 네덜란드식 경매와 최고가격 입찰제의 경우도 이 두 방식의 경매하에서 결과는 동일하다.

2) 동등수입정리

경매에 참가하는 사람이 모두 동질적이며 모두 위험에 대해 중립적인 태도를 갖고 최종낙찰자가 지불하는 금액은 경매참가인들이 부른 금액만의 함수라고 가정한다. 앞의 세 조건이 성립하면, 영국식 경매, 네덜란드식 경매, 최고가격 입찰제, 제2가격 입찰제의 네 가지 방식 중 어느 경매 방식을 취하든지 간에 평균적으로 동일한 경매수입이 발생한다. 주의할 것은 항상 똑같은 경매수입이 발생하는 것이 아니라 평균적으로 동일할 뿐이다.

필수예제

경매이론(Auction theory)에 대한 설명으로 옳은 것은? ▸ 2018년 지방직 7급

① 비공개 차가 경매(Second price sealed bid auction)에서는 구매자가 자신이 평가하는 가치보다 낮게 입찰하는 것이 우월전략이다.

② 영국식 경매(English auction)의 입찰전략은 비공개 차가 경매의 입찰전략보다는 비공개 최고가 경매(First price sealed bid auction)의 입찰전략과 더 비슷하다.

③ 네덜란드식 경매(Dutch auction)는 입찰자가 경매를 멈출 때까지 가격을 높이는 공개 호가식 경매(Open outcry auction)이다.

④ 수입등가 정리(Revenue equivalence theorem)는 일정한 가정하에서 영국식 경매, 네덜란드식 경매, 비공개 최고가 경매, 비공개 차가 경매의 판매자 기대수입이 모두 같을 수 있다는 것을 의미한다.

출제이슈 경매이론의 기초

핵심해설 **정답 ④**

설문을 검토하면 다음과 같다.

① 틀린 내용이다.
영국식 경매와 제2가격 입찰제는 자신의 평가액을 진실되게 그대로 제시하는 것이 경매참가자에게 유리한 우월전략이 된다. 따라서 설문에서 비공개 차가 경매(Second price sealed bid auction)에서는 구매자가 자신이 평가하는 가치보다 낮게 입찰하는 것은 잘못된 전략이다.

② 틀린 내용이다.
영국식 경매와 제2가격 입찰제는 자신의 평가액을 진실되게 그대로 제시하는 것이 경매참가자에게 유리하게 되며 이 두 방식의 경매 하에서 결과는 동일하다. 따라서 설문에서 영국식 경매(English auction)의 입찰전략은 비공개 최고가 경매(First price sealed bid auction)의 입찰전략보다는 비공개 차가 경매의 입찰전략과 더 비슷하다.

③ 틀린 내용이다.
경매인이 가장 높은 가격부터 시작하여 구매자가 없으면 가격을 낮춰서 구매자를 찾는 방식으로서 가격이 내려가면서 구매자가 나오면 그 상황에서 가격이 결정되고 거래가 이루어지는 방식을 말한다. 따라서 설문에서 입찰자가 경매를 멈출 때까지 가격을 높이는 공개 호가식 경매(Open outcry auction)는 영국식 경매이다.

④ 옳은 내용이다.
수입등가 정리(Revenue equivalence theorem)는 경매에 참가하는 사람이 모두 동질적이며 모두 위험에 대해 중립적인 태도를 갖고 최종낙찰자가 지불하는 금액은 경매참가인들이 부른 금액만의 함수의 가정하에서 영국식 경매, 네덜란드식 경매, 비공개 최고가 경매, 비공개 차가 경매의 판매자 기대수입이 모두 같을 수 있다는 것을 의미한다.

Chapter
15 기타시장

THEME 01 독점적 경쟁시장

1 의의

독점적 경쟁(monopolistic competition)시장이란 완전경쟁시장과 독점시장의 중간적 형태로서 두 시장의 특징을 모두 가진 시장을 의미한다.

2 특징

1) 독점의 특징

① 차별화된 상품

시장 내의 기업들은 모두 조금씩 차별화된 상품을 생산하고 있다. 그런데 차별화된 상품들은 서로 어느 정도 대체가 가능하므로 동일한 시장으로 획정 가능하다.

② 독점력

개별기업은 차별화된 상품을 생산하면서 어느 정도의 독점력을 보유하고 있다. 따라서 독점적 경쟁시장 내의 개별기업이 직면하는 수요곡선은 우하향한다.

2) 경쟁의 특징

① 다수의 공급자

독점적 경쟁시장에서 활동하는 기업의 수는 충분히 크기 때문에 경쟁기업들 간에 서로 눈치보는 상황은 발생하지 않는다. 어느 기업의 행위는 다른 기업의 주의를 끌지도 못하며 다른 기업을 의식하여 의사결정을 할 필요도 없다.

② 진입과 퇴출의 자유

신규기업이 자유롭게 진입할 수 있을 뿐만 아니라 기존기업도 자유롭게 시장으로부터 이탈이 가능하다. 따라서 장기적으로 독점적 경쟁시장 내의 기업들은 초과이윤을 얻을 수 없게 된다.

3 단기균형

1) 개별기업의 수요

독점적 경쟁에서 활동하는 기업이 직면하는 수요는 시장전체의 수요를 시장 내 기업들이 분할하는 것으로 정해진다. 독점적 경쟁기업은 차별적 상품을 판매하며 독점력을 가지고 있기 때문에 우하향하는 수요곡선에 직면한다.

2) 이윤극대화 $MR = MC$

우하향하는 수요곡선에 직면하는 개별기업은 한계수입과 한계비용을 일치시켜 이윤극대화를 달성한다. 이는 독점기업의 단기균형과 매우 유사함을 알 수 있다. 이때의 이윤은 다음 그래프에서 사각형 P_i^*EAB이 된다. 독점균형과 마찬가지로 수요조건과 비용조건에 따라서 독점적 경쟁기업은 초과이윤을 얻을 수도 있고 손실을 볼 수도 있다.

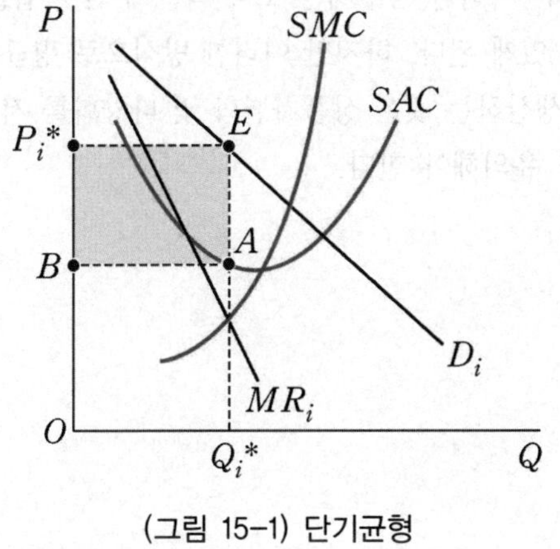

(그림 15-1) 단기균형

4 장기균형

1) 장기의 의미

장기는 새로운 기업이 시장에 진입할 수 있는 정도의 기간을 의미한다. 만일 독점적 경쟁시장에서 활동하고 있는 기업들이 초과이윤을 얻고 있다면, 신규기업들은 진입을 시도할 것이다. 수요에 변화가 없다면 신규기업의 진입으로 인해 기존기업의 수요는 감소하게 된다. 신규기업들의 진입은 시장 내 기업들이 더 이상 초과이윤을 얻지 못할 때까지 계속될 것이다.

2) 이윤극대화 $MR = LMC$

장기에 독점적 경쟁기업의 이윤극대화는 한계수입과 장기한계비용이 일치할 때 달성된다. 그런데 장기에서는 신규기업들의 진입이 시장 내 기업들이 더 이상 초과이윤을 얻지 못할 때까지 계속될 것이며 신규진입에 따라서 기업들의 수요곡선과 한계수입곡선은 축소되어 지속적으로 이동하게 된다. 결국 기업들은 장기초과이윤을 얻지 못하는 상황에 직면하게 된다. 이러한 상황은 위의 그래프에서 한계수입과 장기한계비용이 일치하는 산출량에서 가격과 장기평균비용이 일치하는 것으로 표시되어 있다. 이때는 장기평균비용곡선과 수요곡선이 접하고 있다는 특징이 있으며 장기평균비용의 최저점보다 왼쪽에서 생산이 이루어지고 있음을 알 수 있다.

3) 유휴시설 논쟁

장기평균비용의 최저점보다 왼쪽에서 생산이 이루어지고 있는 것에 대해 시설규모를 효율적으로 활용하지 못하고 유휴시설 혹은 과잉시설(excess capacity)이 존재한다고 보는 견해도 있다. 이때 과잉시설의 의미는 평균비용이 하락하고 있는 구간에서 생산을 하고 있기 때문에 생산시설을 효율적으로 활용하고 있지 못하고 있다는 뜻이다. 이러한 경우에는 보다 적은 수의 기업들이 더 많은 생산을 하게 되면 평균생산비용을 낮출 수 있게 된다. 하지만 이러한 방식으로 평균생산비용을 낮추고 유휴시설의 낭비 없이 효율적으로 생산하는 것은 상품차별화 및 다양화를 저해하여 오히려 소비자의 후생을 감소시킬 수도 있음에 유의해야 한다.

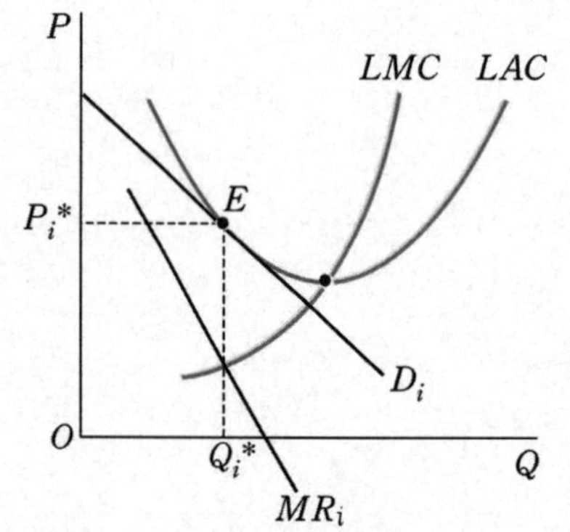

(그림 15-2) 장기균형

필수예제

독점적 경쟁시장의 특성에 해당하는 것을 모두 고른 것은? (단, 독점적 경쟁시장의 개별기업은 이윤 극대화를 추구한다.) ▸ 2016년 감정평가사

ㄱ. 개별기업은 한계수입이 한계비용보다 높은 수준에서 산출량을 결정한다.
ㄴ. 개별기업은 한계수입이 가격보다 낮은 수준에서 산출량을 결정한다.
ㄷ. 개별기업이 직면하는 수요곡선은 우하향한다.
ㄹ. 개별기업의 장기적 이윤은 0이다.

① ㄱ, ㄴ ② ㄱ, ㄷ ③ ㄷ, ㄹ
④ ㄱ, ㄴ, ㄹ ⑤ ㄴ, ㄷ, ㄹ

출제이슈 독점적 경쟁시장
핵심해설 **정답** ⑤

독점적 경쟁시장에서 개별기업의 $MR = MC$에서 달성되며 가격은 한계비용보다 높은 수준이다. 개별기업은 독점력을 가지고 있기 때문에 우하향하는 수요곡선에 직면한다. 독점적 경쟁시장은 진입과 퇴출이 자유롭기 때문에 장기이윤은 0이다.

ㄱ. 틀린 내용이다.
독점적 경쟁시장에서 개별기업의 이윤극대화는 $MR = MC$에서 달성되며 가격은 한계비용보다 높은 수준이며, 한계수입과 한계비용은 같은 수준이다.

ㄴ. 옳은 내용이다.
독점적 경쟁시장에서 개별기업의 이윤극대화는 $MR = MC$에서 달성되며 가격은 한계비용보다 높은 수준이다. 따라서 한계수입은 가격보다 낮은 수준이다.

ㄷ. 옳은 내용이다.
독점적 경쟁시장 내의 기업들은 조금씩 차별화된 상품을 생산하고 있으며 개별기업은 어느 정도의 독점력을 보유하면서 일정한 범위 내에서 시장을 지배하고 있다. 따라서 시장에서의 가격을 받아들이는 것이 아니라 설정할 수 있다. 이는 개별기업이 직면하는 수요곡선이 우하향함을 의미한다.

ㄹ. 옳은 내용이다.
독점적 경쟁시장은 단기에 초과이윤을 얻을 수도 있지만, 장기는 새로운 기업이 진입할 수 있는 정도의 기간으로서 만일 독점기업이 초과이윤을 얻고 있다면, 신규기업들은 진입을 시도할 것이다. 신규편입은 시장 내 기업들이 더 이상 초과이윤을 얻지 못할 때까지 계속되고 결국 수요가 감소하게 되어 가격이 하락하여 장기에는 정상이윤만을 얻게 된다.

독점적 경쟁시장에 관한 설명으로 옳지 않은 것은? ▸ 2019년 보험계리사

① 수많은 공급자가 가격수용자로 행동한다.
② 장기균형에서 기업들의 경제학적 이윤은 0이다.
③ 장기균형에서 평균비용곡선의 최저점보다 더 적은 양을 생산한다.
④ 수많은 공급자가 서로 차별화된 상품을 공급하지만 공급된 상품들의 대체성이 높다.

출제이슈 독점적 경쟁시장
핵심해설 **정답 ①**

① 틀린 내용이다.
독점적 경쟁시장 내의 기업들은 조금씩 차별화된 상품을 생산하고 있으며 개별기업은 어느 정도의 독점력을 보유하면서 일정한 범위 내에서 시장을 지배하고 있다. 따라서 시장에서의 가격을 받아들이는 것이 아니라 설정할 수 있다.

② 옳은 내용이다.
독점적 경쟁시장은 단기에 초과이윤을 얻을 수도 있지만, 장기는 새로운 기업이 진입할 수 있는 정도의 기간으로서 만일 독점기업이 초과이윤을 얻고 있다면, 신규기업들은 진입을 시도할 것이다. 신규편입은 시장 내 기업들이 더 이상 초과이윤을 얻지 못할 때까지 계속되고 결국 수요가 감소하게 되어 가격이 하락하여 장기에는 정상이윤만을 얻게 된다. 장기균형에서 기업들의 경제학적 이윤은 0이다.

③ 옳은 내용이다.
장기균형은 $MR = LMC$에서 생산이 이루어지게 되고 가격은 한계비용보다 높다. 정상이윤만을 얻기 때문에 평균비용곡선과 수요곡선이 접하는 지점에서 가격이 결정된다. 따라서 장기평균비용의 최저점보다 더 적은 양을 산출하면서 규모의 경제가 시현된다.

④ 옳은 내용이다.
독점적 경쟁시장 내의 기업들은 조금씩 차별화된 상품을 생산하고 있으며 이로 인해 상품들 간 대체성은 높다. 그러나 개별기업은 차별성으로 인해서 어느 정도의 독점력을 보유하면서 일정한 범위 내에서는 시장을 지배하고 있다.

THEME 02 경합시장과 유효경쟁시장

1 경합시장

1) 의의

보몰과 윌리그 등에 의해 제시된 경합시장(contestable market)이란 진입과 탈퇴가 자유로운 시장을 의미한다. 즉 시장으로 자유롭게 진입이 가능(Entry is absolutely free)하고 시장으로부터 아무런 비용을 들이지 않고도 이탈하는 것이 가능(Exit is absolutely costless)한 시장이다.

2) 특징

① 잠재적 경쟁(potential competition)

경합시장에서는 현재 시장에 진입하지는 않았지만, 언제든지 시장에 자유롭게 진입할 수 있는 기업들이 대기하고 있음으로 인해서 시장에 가해지는 경쟁압력에 직면하게 된다.

② 초과이윤 = 0

이미 진입해 있는 개별기업이 0보다 큰 초과이윤을 얻고 있는 경우 언제든지 시장 밖의 잠재적 진입가능한 기업들이 실제로 진입하게 된다. 따라서 결국 잠재적 경쟁으로 인해서 경합시장에서는 초과이윤을 얻을 수 없게 된다.

3) 공헌

경합시장이론은 실제적 경쟁(actual competition)도 중요하지만 잠재적 경쟁도 그에 못지않게 중요함을 시사한다. 이는 전세계 경쟁당국의 시장구조 개선정책(진입규제완화) 및 기업결합심사정책에 큰 영향을 미쳐서 시장구조와 경쟁상황을 평가함에 있어서 단순한 시장 내 기업의 수뿐만 아니라 잠재적 진입기업과 잠재적 경쟁상황의 조성이 매우 중요함을 시사한다.

2 유효경쟁시장

1) 의의

① 완전경쟁시장에 대한 비판적 논의

완전경쟁시장은 과거와 지금 존재하지도 않았고, 미래에도 존재하지 않을 이상적인 시장이라는 한계가 있다. 물론 완전경쟁시장이란 현실과는 분명히 괴리된 측면이 있지만 달리 보면 추구해야 할 목표가 되는 이상적인 시장을 제시한 것이며 또한 현실에서 존재하는 시장을 평가하는 기준이 될 수 있음을 의미한다. 그럼에도 불구하고 존재하지도 않고 존재할 수도 없는 시장을 목표로 삼을 필요도 없으며 현실의 시장을 평가할 기준으로 삼아서도 안 된다는 비판이 있다.

② 유효경쟁시장의 등장

완전경쟁시장의 비현실적인 한계를 인식하고 완전경쟁시장과 유사한 자원배분을 시현하면서도 완전경쟁시장의 달성조건들을 완화한 시장개념이 등장하였는데 이것이 바로 클라크 등에 의해서 제시된 유효경쟁시장이론이다. 유효경쟁시장은 완전경쟁시장을 보다 현실에 가깝게 수정한 시장을 의미한다.

2) 특징

① 구조상 특징

유효경쟁시장은 완전경쟁시장의 조건을 수정하여 다음과 같이 제시한다. 다만, 견해에 따라서는 정보의 불완전성을 제외하고 나머지 조건은 모두 충족되어야 한다고 보는 견해도 있다.

ⅰ) 다수의 수요자 및 공급자

ⅱ) 진입 및 퇴출에 장벽 없음

ⅲ) 약간의 품질 차별

ⅳ) 정보가 불완전

② 행태상 특징

ⅰ) 담합, 약탈적 거래, 배타적 거래 등 없음

ⅱ) 소비자를 기만하는 광고 없음

3) 공헌

현실적으로 존재하지도 않는 완전경쟁시장을 정책의 목표나 방향으로 삼는 것은 모순이므로 유효경쟁시장의 달성이 바로 실제 산업조직정책 집행에 있어서 목표를 제시하는 가이드라인이 되고 있다.

PART

06

생산요소시장이론

Chapter 16

생산요소시장

THEME 01 생산요소시장의 수요

1 기술체계와 비용(단기)

1) 생산함수 $Q = Q(L, \overline{K})$

주어진 기간 동안 투입된 여러 생산요소의 양과 그로부터 산출된 생산물의 최대치 사이의 관계식으로서 여러 가지 투입요소와 생산가능한 최대산출량 간의 관계 및 투입기술을 잘 보여주고 있다.

2) 비용함수

① $C = C(Q)$

주어진 기간 동안 주어진 산출량을 생산하는 데 소요되는 최소한의 지출액이 비용이며, 산출량과 최소한 지출액 사이의 관계식은 위와 같으며 이는 비용함수가 된다.

② $C = wL + r\overline{K}$

일정하게 주어진 생산요소 가격 하에서 투입 대상인 두 생산요소를 구입하는 경우 그 지출액과 두 생산요소의 투입량 간의 관계식은 위와 같으며 이는 노동비용과 자본비용을 나타낸다.

2 이윤함수(단기)

① $\pi = TR - TC = TR(Q) - TC(Q)$

기업의 이윤은 상품을 팔고 얻은 총수입(TR)에서 상품을 만드는 데 투입된 총비용(TC)을 뺀 것을 의미한다.

② $\pi = TR - TC = PQ - C = PQ(L, \overline{K}) - (wL + r\overline{K})$

특히 총비용을 노동비용과 자본비용으로 나누어 표시하면 위와 같으며 위의 산식은 생산량이 아니라 고용량에 초점을 맞추고 있음을 알 수 있다.

3 제약조건 : 시장제약

1) 시장제약

해당 기업이 활동하는 생산물시장과 생산요소시장의 시장형태에 따라서 다음과 같이 경우의 수를 나누어 볼 수 있다. 즉, 생산물시장의 공급측면이 경쟁인지, 독점인지에 따라서 그리고 생산요소시장의 수요측면과 공급측면이 경쟁인지, 독점인지에 따라서 분류한 것이다.

생산물시장		생산요소시장	
수요	공급	수요	공급
	① 경쟁 : $P=\overline{P}$	① 경쟁	① 경쟁 $w=\overline{w}$, $r=\overline{r}$
	② 독점 : $P=P(Q)$	② 독점	② 독점

2) 생산물시장의 제약

① 기업이 경쟁적 시장에서 활동하는 경우

경쟁적 시장에서 결정된 $P=\overline{P}$의 가격을 수용하게 된다.

② 기업이 불완전경쟁 시장에서 활동하는 경우

불완전경쟁 시장의 기업은 생산량을 조절함으로써 가격을 설정할 수 있게 된다. 경쟁시장과는 달리 가격을 수용하는 것이 아니다. 그러나 가격을 설정함에 있어서 $P=P(Q)$의 수요제약에는 본질적으로 직면할 수밖에 없다. 즉, 독점사업자는 가격과 산출량을 동시에 모두 설정할 수는 없는 것이다.

3) 생산요소시장의 제약

① 기업이 경쟁적 생산요소시장에서 활동하는 경우

경쟁적인 생산요소시장에서 결정된 생산요소가격 $w=\overline{w}$, $r=\overline{r}$을 수용하게 된다.

② 기업이 불완전경쟁 생산요소시장에서 활동하는 경우

불완전경쟁 생산요소시장의 기업은 생산요소의 수요량이나 공급량을 조절함으로써 요소가격을 설정할 수 있게 된다. 경쟁적인 생산요소시장과는 달리 요소가격을 수용하는 것이 아니다. 그러나 요소가격을 설정함에 있어서 수요독점자의 경우에는 공급제약 그리고 공급독점자의 경우에는 수요제약에 본질적으로 직면할 수밖에 없다. 즉, 수요독점자 및 공급독점자는 요소가격과 고용량을 동시에 모두 설정할 수는 없는 것이다.

4 최적선택 : 기업의 이윤극대화 {얼마나 생산할 것인가 / 얼마나 고용할 것인가

1) 시장제약의 설정

이하에서는 생산물시장과 생산요소시장이 모두 경쟁적인 경우를 먼저 상정하여 분석하기로 하자. 불완전경쟁적 요소가 가미된 경우는 제17장에서 분석한다.

2) 수리적 분석 : 式 2개, 미지수 2개 (π, L)의 최적화 문제

$$\begin{cases} \pi = P \cdot Q(L, \overline{K}) - (wL + r\overline{K}) \\ s.t.\ \ P = \overline{P},\ w = \overline{w},\ r = \overline{r} \\ Max\ \pi \end{cases}$$

$$\frac{d\pi}{dL} = \frac{dTR}{dL} - \frac{dTC}{dL} = MR_L - MC_L$$

$$= \frac{dTR}{dQ}\frac{dQ}{dL} - \frac{dTC}{dL} = \overline{P} \cdot MP_L - \overline{w} = 0$$

$\therefore\ \overline{w} = \overline{P} \cdot MP_L$, 여기서 L에 대한 이 방정식을 풀면 최적고용량 L^*을 구할 수 있다.

3) 기하적 분석

수리적 분석을 통해 도출된 산식 $\overline{w} = \overline{P} \cdot MP_L$을 기하적으로 표시하면 다음과 같다.

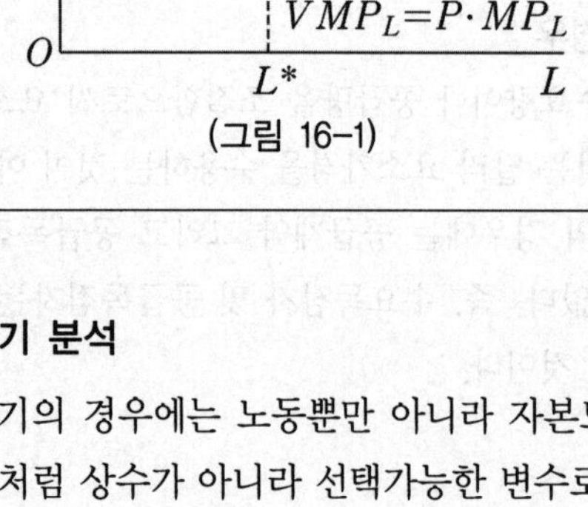

(그림 16-1)

4) 장기 분석

장기의 경우에는 노동뿐만 아니라 자본도 선택할 수 있으므로 자본량이 위의 모형에서 살펴본 것처럼 상수가 아니라 선택가능한 변수로 바뀌게 된다. 이는 이윤극대화 산출량을 먼저 구한 후 이를 주어진 요소가격하에서 생산비용을 극소화하도록 노동과 자본의 고용량을 선택하여 풀 수 있다.

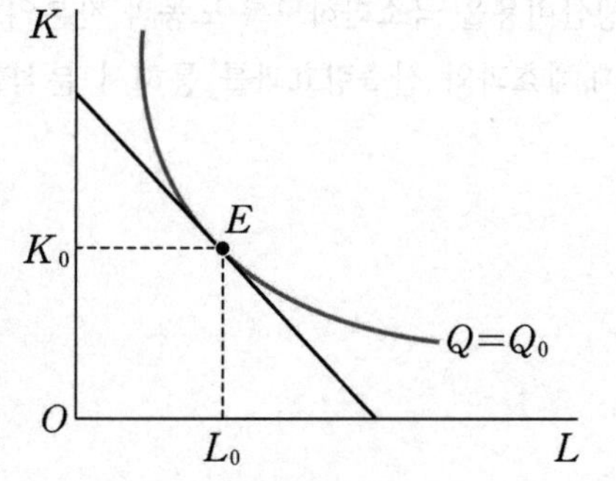

(그림 16-2)

5 최적선택의 변화(임금 w의 변화)

1) 의의

앞에서 구한 최적고용량 L^*는 일정하게 주어졌다고 가정한 $\overline{w}$가 변화한다면 그에 따라서 변화하게 되며 그 궤적을 수리적으로, 기하적으로 구해 볼 수 있다.

2) 기하적 분석

경쟁적인 요소시장에서 결정된 $\overline{w}$가 변화하는 경우 그에 따라서 이윤을 극대화하는 최적고용량은 다음과 같이 변화한다.

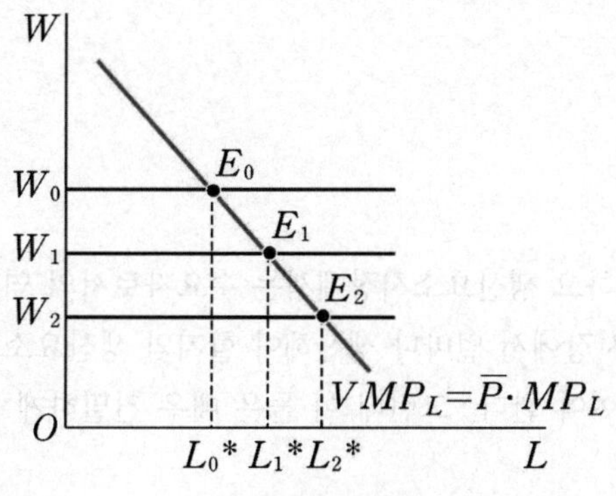

(그림 16-3)

3) 장기 분석

장기의 경우에는 노동뿐만 아니라 자본도 선택할 수 있으므로 자본량이 선택가능한 변수로 바뀌게 된다. 이때는 요소가격의 변화에 따라서 생산비용이 변화하므로 이에 기하여 이윤극대화 산출량을 먼저 구한 후 이를 변경된 요소가격 하에서 생산비용을 극소화하도록 노동과 자본의 고용량을 선택하여 풀 수 있다. 이는 아래와 같이 요소대체효과와 산출량효과를 통해서 분석할 수 있다.

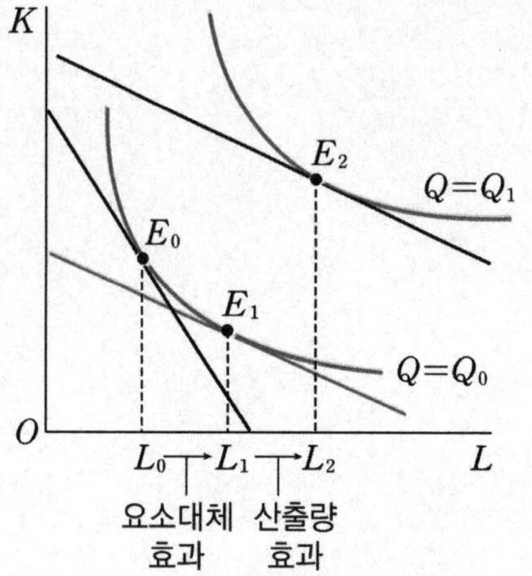

(그림 16-4)

6 요소수요곡선의 도출

생산요소시장에서 노동임금과 요소수요자의 최적고용량 간의 관계를 나타내는 곡선을 요소수요곡선이라고 한다. 이를 함수식으로 나타내면 앞에서 살펴본바, 요소가격의 변화에 따라 최적고용량을 도출하는 식으로서 $w = \overline{P} \cdot MP_L$이 된다.

7 생산물시장과 생산요소시장의 연계

기업은 생산물시장에서는 공급자로서의 역할을 담당하고 생산요소시장에서는 수요자로서의 역할을 담당한다. 기업은 이윤을 극대화하기 위해서 생산물시장에서 얼마나 생산해야 할지와 생산요소시장에서 얼마나 고용해야 할지에 대하여 의사결정을 하여야 한다. 그런데 이 둘은 매우 긴밀하게 관련되어 있으며 이를 정리하면 다음과 같다.

생산요소시장 생산자 최적화

$$\frac{d\pi}{dL} = \frac{dTR}{dL} - \frac{dTC}{dL} = MR_L - MC_L = \frac{dTR}{dQ}\frac{dQ}{dL} - \frac{dTC}{dQ}\frac{dQ}{dL}$$

MR_L ‖ MC_L ‖

한계수입생산	한계요소비용
MRP_L	MFC_L
(요소투입의 편익)	(요소투입의 비용)

생산물시장 생산자 최적화

$$= \frac{dTR}{dQ} \cdot \frac{dQ}{dL} - \frac{dTC}{dQ} \cdot \frac{dQ}{dL} = MR \cdot MP_L - MC \cdot MP_L = 0$$

MR ‖ MC ‖

한계수입	한계비용
MR	MC
(생산의 편익)	(생산의 비용)

즉, 다음과 같은 관계가 성립한다.

$$MRP_L = MFC_L$$

MRP_L ‖ $MR \cdot MP_L$ ↓ MR

MFC_L ‖ $MC \cdot MP_L$ ↓ MC

8 시장요소수요곡선의 도출

1) 개별요소수요곡선의 수평합

시장요소수요곡선은 개별기업의 요소수요곡선을 수평합하여 도출할 수 있다. 이때 주의할 점은 다음과 같다. 만일 임금이 하락하여 모든 기업들이 노동수요를 늘린다면, 시장 내 산출과 공급이 늘기 때문에 상품가격이 하락한다. 상품가격의 하락은 요소시장에서 노동수요곡선에 영향을 주므로 노동수요곡선이 좌하방으로 이동하게 된다. 이를 고려하여 수평합하여야 한다.

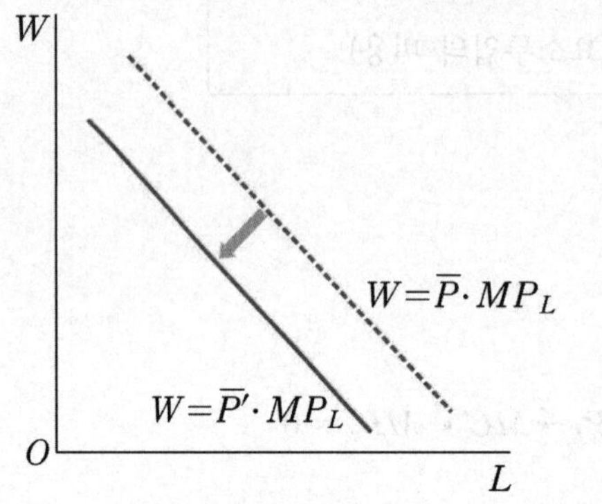

(그림 16-5)

2) 시장노동수요의 도출

임금 w의 하락에 따라서 노동수요곡선이 좌하방으로 이동하는 것을 고려하여 수평합하면 다음과 같다. 임금이 높은 수준일 때의 시장전체 산출량은 아래의 그래프에서 A'를 의미한다. 이제 임금이 이보다 하락했을 때의 시장전체 산출량은 B'이 아니라 이보다 줄어든 C'이 된다. 따라서 이를 반영하면 시장노동수요곡선은 보다 가파른 모습을 보이게 된다.

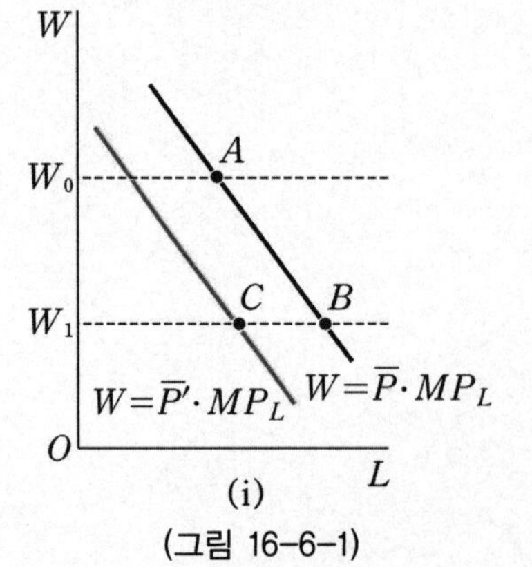

(그림 16-6-1)

〈개별기업의 노동수요〉

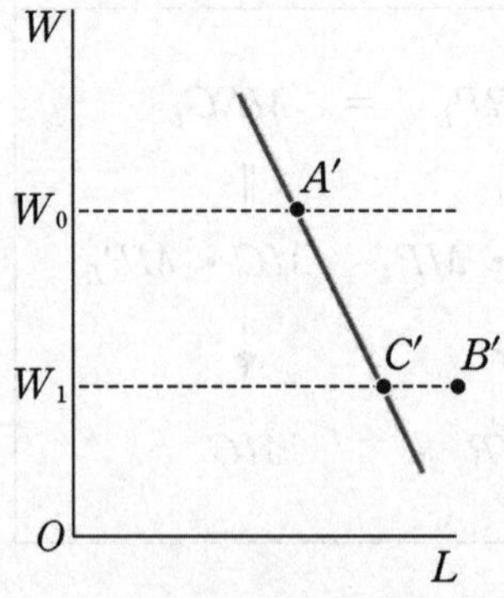

(그림 16-6-2)

〈시장의 노동수요〉

9 생산요소에 대한 수요의 가격탄력성 결정요인

1) 다른 생산요소와의 대체가능성

다른 요소와의 대체가능성이 클수록 생산요소 수요의 가격탄력성이 크다. 다른 생산요소와 쉽게 대체가능할수록 해당 요소가격 변화에 따라서 민감하게 반응할 수 있다.

2) 상품에 대한 수요의 가격탄력성

상품에 대한 수요의 가격탄력성이 클수록 생산요소 수요의 가격탄력성이 크다. 상품수요가 가격에 대해 민감하게 반응할수록 큰 폭으로 변화하는 상품수요에 맞춰서 공급을 맞춰야 하므로 그에 따른 요소수요 역시 큰 폭으로 변화하게 된다.

3) 다른 생산요소 공급의 가격탄력성

다른 생산요소 공급의 가격탄력성이 클수록 생산요소 수요의 가격탄력성이 크다. 다른 생산요소의 공급이 그 요소가격에 민감하게 반응할수록 요소 간 대체가 쉬워지므로 해당요소에 대한 수요도 해당가격에 민감하게 반응할 수 있다.

4) 고려되는 기간의 길이

고려되는 기간이 길수록 생산요소 수요의 가격탄력성이 크다. 고려되는 기간이 길어질수록, 장기로 갈수록, 요소가격 변화에 대하여 기업이 탄력적으로 반응할 수 있다.

필수예제

( )에 들어갈 내용으로 옳은 것은? ▸ 2019년 공인노무사

완전경쟁시장에서 이윤극대화를 추구하는 기업은 생산물시장에서 제품가격이 (ㄱ)과 일치하는 수준에서 생산량을 결정한다. 동시에 노동시장에서 임금이 (ㄴ)와(과) 일치하는 수준에서 노동수요를 결정한다.

① ㄱ : 한계비용, ㄴ : 한계생산가치
② ㄱ : 한계비용, ㄴ : 평균생산가치
③ ㄱ : 한계수입, ㄴ : 한계생산가치
④ ㄱ : 한계수입, ㄴ : 평균생산가치
⑤ ㄱ : 한계수입, ㄴ : 한계비용

출제이슈 생산요소시장에서 기업의 이윤극대화

핵심해설 **정답** ①

1) 생산물시장에서 기업의 이윤극대화를 분석하면 다음과 같다.

$$\begin{cases} \pi = PQ - C(Q) \\ s.t.\ P = \overline{P},\ w = \overline{w},\ r = \overline{r} \\ Max\ \pi \end{cases}$$

$$\frac{d\pi}{dQ} = \frac{dTR}{dQ} - \frac{dTC}{dQ} = \overline{P} - MC = 0 \quad \therefore \overline{P} = MC$$

위의 내용에 따라서 설문을 검토하면 다음과 같다.

완전경쟁시장에서 이윤극대화를 추구하는 기업은 생산물시장에서 제품가격이 (ㄱ 한계비용)과 일치하는 수준에서 생산량을 결정한다.

2) 생산요소시장에서 기업의 이윤극대화를 분석하면 다음과 같다.

$$\begin{cases} \pi = P \cdot Q(L, \overline{K}) - (wL + r\overline{K}) \\ s.t.\ P = \overline{P},\ w = \overline{w},\ r = \overline{r} \\ Max\ \pi \end{cases}$$

$$\frac{d\pi}{dL} = \frac{dTR}{dL} - \frac{dTC}{dL} = \overline{P}MP_L - \overline{w} = 0 \quad \therefore \overline{w} = \overline{P}MP_L$$

위의 내용에 따라서 설문을 검토하면 다음과 같다.

완전경쟁시장에서 이윤극대화를 추구하는 기업은 노동시장에서 임금이 (ㄴ 한계생산가치)와 일치하는 수준에서 노동수요를 결정한다.

X재 생산에 대한 현재의 노동투입 수준에서 노동의 한계생산 15, 평균생산은 17, X재의 시장가격은 20일 경우 노동의 한계생산물가치(VMP_L)는? (단, 상품시장과 생산요소시장은 모두 완전경쟁시장이다.)

▸ 2016년 감정평가사

① 200 ② 255 ③ 300
④ 340 ⑤ 400

출제이슈 한계생산물가치의 개념

핵심해설 **정답** ③

노동의 한계생산가치는 노동을 추가적으로 고용함에 따른 추가적인 수입의 증가분을 의미하며 이는 노동의 한계생산에 생산물가격을 곱하여 도출한다.

설문에서 노동의 한계생산 15, X재의 시장가격은 20이므로 노동의 한계생산물가치(VMP_L)는 시장가격과 노동의 한계생산을 곱한 300이 된다.

참고로 노동의 한계생산가치는 생산요소시장에서 기업의 이윤극대화에 있어서 한 축을 담당하므로 이를 분석하면 다음과 같다.

$$\begin{cases} \pi = P \cdot Q(L, \overline{K}) - (wL + r\overline{K}) \\ s.t.\ P = \overline{P},\ w = \overline{w},\ r = \overline{r} \\ Max\ \pi \end{cases}$$

$$\frac{d\pi}{dL} = \frac{dTR}{dL} - \frac{dTC}{dL} = \overline{P}MP_L - \overline{w} = 0 \quad \therefore \overline{w} = \overline{P}MP_L$$

즉, 노동의 한계생산가치가 노동임금과 같을 때 이윤극대화가 달성된다는 의미이다.
그리고 이로부터 노동수요함수 $w = P\ MP_L$ 이 도출된다.

어떤 기업의 단기 생산함수는 $Q=120L-L^2$ 이다. Q는 산출량, L은 노동투입량을 나타낸다. 또한 이 기업이 노동을 구입하는 노동시장과 제품을 판매하는 상품시장은 모두 완전경쟁시장이며 제품의 판매가격은 $10이다. 시간당 임금을 세로축에 그리고 노동량을 가로축에 표시해서 이 기업의 단기 노동수요곡선을 그리는 경우 그 기울기는?

▸ 2016년 보험계리사

① -10 ② -20 ③ -30 ④ -40

출제이슈 노동수요곡선

핵심해설 **정답 ②**

생산요소시장에서 기업의 이윤극대화를 분석하면 다음과 같다.

$$\begin{cases} \pi = P \cdot Q(L, \overline{K}) - (wL + r\overline{K}) \\ s.t.\ P = \overline{P},\ w = \overline{w},\ r = \overline{r} \\ Max\ \pi \end{cases}$$

$$\frac{d\pi}{dL} = \frac{dTR}{dL} - \frac{dTC}{dL} = \overline{P}MP_L - \overline{w} = 0 \quad \therefore\ \overline{w} = \overline{P}MP_L$$

이로부터 노동수요함수 $w = PMP_L$ 이 도출된다.

설문에서 주어진 자료를 위의 노동수요함수식에 대입하면 다음과 같다.

생산함수는 $Q=120L-L^2$ 이므로 노동의 한계생산은 $MP_L = 120-2L$ 이 된다. 그리고 제품의 판매가격은 $10이므로 노동수요함수 $w = PMP_L = 10(120-2L) = 1{,}200-20L$ 이 된다. 따라서 노동수요함수의 기울기는 -20이 된다.

기업 A가 생산하는 재화에 투입하는 노동의 양을 L이라 하면, 노동의 한계생산은 $27-5L$이다. 이 재화의 가격이 20이고 임금이 40이라면 이윤을 극대로 하는 기업 A의 노동수요량은?

▸ 2017년 공인노무사

① 1 ② 2 ③ 3
④ 4 ⑤ 5

출제이슈 생산요소시장에서 기업의 이윤극대화

핵심해설 **정답** ⑤

생산요소시장에서 기업의 이윤극대화를 수리적으로 분석하면 다음과 같다.

$$\begin{cases} \pi = P \cdot Q(L, \overline{K}) - (wL + r\overline{K}) \\ s.t.\ P = \overline{P},\ w = \overline{w},\ r = \overline{r} \\ Max\ \pi \end{cases}$$

$$\frac{d\pi}{dL} = \frac{dTR}{dL} - \frac{dTC}{dL} = \overline{P}MP_L - \overline{w} = 0 \quad \therefore\ \overline{w} = \overline{P}MP_L$$

설문의 자료를 위의 산식에 대입하여 이윤극대화를 구하면 다음과 같다.

$$\begin{cases} \pi = P \cdot Q(L, \overline{K}) - (wL + r\overline{K}) \\ s.t.\ P = 20,\ w = 40,\ r = \overline{r} \\ Max\ \pi \end{cases}$$

$$\frac{d\pi}{dL} = \frac{dTR}{dL} - \frac{dTC}{dL} = 20\,MP_L - 40 = 20(27-5L) - 40 = 0$$

$\therefore\ L = 5$

따라서 고용량은 $L=5$가 된다.

어떤 경쟁적 기업의 단기생산함수가 $Q=524L-4L^2$이다. 생산물의 가격이 3만원이고, 임금은 12만원이다. 이윤극대화 고용량 L은 얼마인가? ▸ 2014년 서울시 7급

① 130 ② 65 ③ 3
④ 15 ⑤ 20

출제이슈 생산요소시장에서 기업의 이윤극대화

핵심해설 **정답** ②

생산요소시장에서 기업의 이윤극대화를 수리적으로 분석하면 다음과 같다.

$$\begin{cases} \pi = P \cdot Q(L, \overline{K}) - (wL + r\overline{K}) \\ s.t.\ P = \overline{P},\ w = \overline{w},\ r = \overline{r} \\ Max\ \pi \end{cases}$$

$$\frac{d\pi}{dL} = \frac{dTR}{dL} - \frac{dTC}{dL} = \overline{P}MP_L - \overline{w} = 0 \quad \therefore\ \overline{w} = \overline{P}MP_L$$

설문의 자료를 위의 산식에 대입하여 이윤극대화를 구하면 다음과 같다.

$$\begin{cases} \pi = P(524L - 4L^2) - (wL + r\overline{K}) \\ s.t.\ P = 3,\ w = 12,\ r = \overline{r} \\ Max\ \pi \end{cases}$$

$$\frac{d\pi}{dL} = \frac{dTR}{dL} - \frac{dTC}{dL} = 3(524 - 8L) - 12 = 0 \quad \therefore\ L = 65$$

따라서 고용량은 65가 된다.

THEME 02 생산요소시장의 공급

1 생산요소시장의 공급과 여가-소득 선택모형

1) 노동공급의 의사결정

생산요소공급자로서 노동자인 경제주체가 자신이 가진 24시간을 아래와 같이 여가와 노동에 적절히 배분하여 효용극대화하는 과정에서 생산요소로서의 노동공급의 의사결정이 자연스럽게 나타나게 된다. 이를 분석하는 도구는 소비이론에서 이미 살펴본 상품선택의 효용극대화 모형이다.

$$\text{노동자의 24시간}\begin{cases}\text{여가시간}(l)\\ \text{노동시간}(24-l)\rightarrow\text{소득}\end{cases}$$

2) 여가 - 소득 선택 모형

노동자는 자신이 가용한 24시간이라는 시간제약과 임금을 고려한 소득제약하에서 자신의 효용을 극대화하기 위해서 최적의 여가시간과 노동시간, 소득을 선택해야 한다. 이는 마치 두 상품에 대한 선택과 마찬가지로 여가와 소득의 선택을 의미한다.

① 재화 $X, Y \rightarrow U$
② 소득M , 여가$l \rightarrow U$

2 효용함수

노동자의 효용은 여가와 노동을 통한 임금소득에서 나오므로 다음과 같이 표현할 수 있다.

$U = U(l, M)$, 단, l : 여가시간, M: 노동소득

3 제약조건

1) 도출

노동시간 $(24-l)$ + 여가시간 (l) = 24 여기서 양변에 $\overline{W}$를 곱하면 다음과 같다.

$\overline{W}(24-l)+\overline{W}l = 24\overline{W}$

PART · 06

이를 소득변수를 이용하여 다시 표현하면 다음과 같다.

$M + \overline{W}\,l = 24\,\overline{W}$, M은 노동소득

cf 위에서 노동의 가격, 노동소득의 가격, 여가의 가격, 전체소득의 의미를 잘 파악하자.

2) 기울기 : $-\dfrac{\Delta M}{\Delta l}$

$$\Delta l \Leftrightarrow -\Delta M \quad \therefore \Delta l \cdot \overline{W} = -\Delta M \cdot 1$$

$$\therefore -\frac{\Delta M}{\Delta l} = \frac{\overline{W}}{1} = \text{상대가격} \Rightarrow \text{여가}\,l\ 1\text{단위의 소득}\,M\,\text{으로 표시한 가격}$$

예산선의 기울기는 두 상품(여기서는 여가와 소득) 간의 가격의 비율로 표시되며 이를 상대가격이라고 한다. 이는 여가의 소비를 늘리기 위해서는 포기해야 하는 소득의 양으로서 기회비용 성격을 가진다.

참고로 상대가격은 시장에 참여하는 모든 주체들에게 있어서 객관적인, X재 1단위의, Y재로 표시한, 실물 가격이라는 의미를 갖는다. 왜냐하면 소비자가 구입가능한 두 상품 간 $\Delta X \Leftrightarrow -\Delta Y$의 대체비율은 $1 \Leftrightarrow -\dfrac{\Delta Y}{\Delta X}$의 대체비율을 의미하기 때문이다. 여가와 소득 간 선택에서도 같은 논리가 적용된다. 상대가격은 객관적인, 여가 1단위의, 소득으로 표시한 가격이라는 의미를 갖는다. 즉, 여가와 소득 간 $\Delta l \Leftrightarrow -\Delta M$의 교환비율은 $1 \Leftrightarrow -\dfrac{\Delta M}{\Delta l} = \dfrac{\overline{W}}{1}$의 교환비율을 의미한다.

3) 예산선의 변화와 이동

임금 $\overline{W}$ 즉 여가가격의 변화에 따라서 예산선은 회전이동한다. 단, 주의할 것은 보통의 경우 선택대상이 되는 재화가격이 상승하면 예산선이 축소되는 방향으로 회전이동하지만, 여가-소득 간 선택에서는 여가가격이 상승하는 경우 예산선이 확장되는 방향으로 회전이동한다는 점이다.

4 최적선택 : 가계의 효용극대화

$$\begin{cases} \text{얼마나 소비할 것인가} \\ \quad\quad\quad \uparrow \\ \text{얼마나 노동할 것인가} \end{cases}$$

1) 의의

주어진 시간 및 임금제약하에서 소비자 혹은 노동자가 자신의 효용을 극대화한 상태가 노동자의 최적선택이 된다.

2) 수리적 분석 : 式 3개, 미지수 U, l, M 3개의 연립방정식

$$\begin{cases} U = U(l, M) \\ s.t.\ \overline{w}\,l + M = 24\,\overline{w} \\ Max\ U \end{cases}$$

이 식들을 풀면 $\begin{pmatrix} \text{최적 여가량 } l^* \\ \text{최적 노동량 } 24 - l^* \end{pmatrix}$를 구할 수 있다.

3) 기하적 분석

기하적으로 볼 때, 노동자의 최적선택은 예산선과 무차별곡선이 접하는 $E\,(l^*, M^*)$에서 달성된다. 이때 여가와 소득의 선택에 있어서 예산선의 기울기와 무차별곡선의 기울기는 같으며, 최적선택은 항상 제약조건인 예산선 위에서 달성된다.

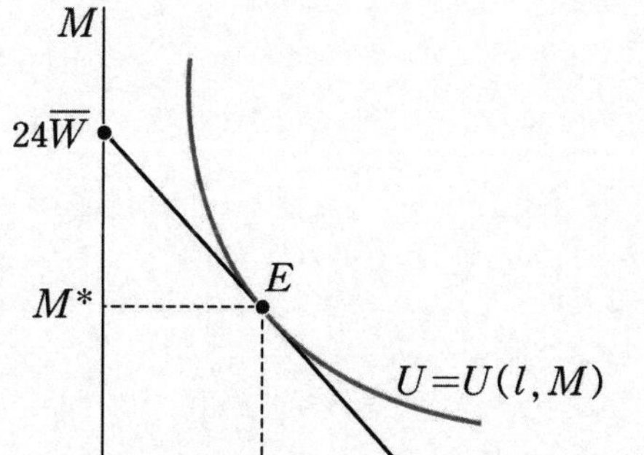

(그림 16–7)

5 최적선택의 변화(임금 w의 변화)

앞에서 구한 $\begin{pmatrix}\text{최적 여가량 } l^* \\ \text{최적 노동량 } 24-l^*\end{pmatrix}$는 $\overline{w}$가 변화한다면 그에 따라서 변화하게 된다.

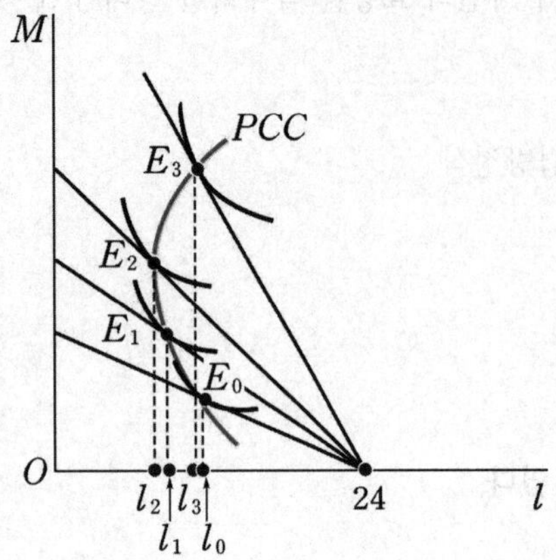

(그림 16-8)

6 요소공급곡선의 도출

노동임금과 최적노동량 간의 관계로서 노동공급함수 $w=w(L)$를 도출할 수 있다.

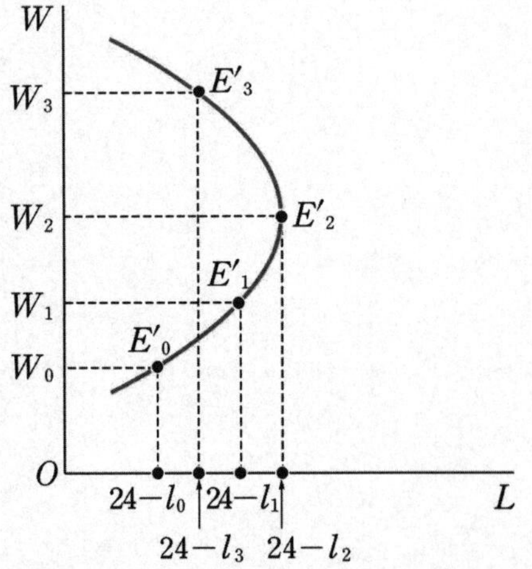

$$l_2 < l_1 < l_3 < l_0$$
$$-l_2 > -l_1 > -l_3 > -l_0$$
$$24-l_2 > 24-l_1 > 24-l_3 > 24-l_0$$

(그림 16-9)

7 시장요소공급곡선의 도출

개인의 노동공급곡선을 수평합하여 시장전체의 노동공급곡선을 도출할 수 있다.

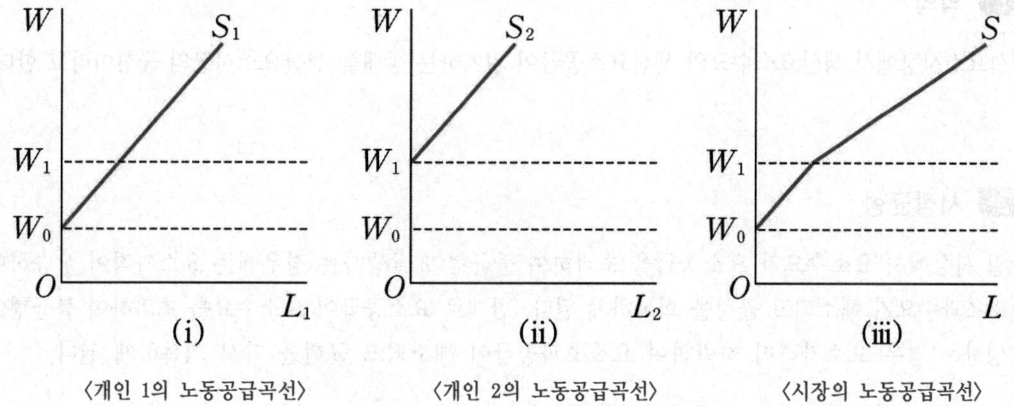

(그림 16-10-1, 2, 3)

8 노동공급모형의 문제점

이 모형은 현실적으로 노동시간 조절의 비탄력성과 노동의 질을 고려하지 못하고 있는 한계가 있다.

THEME 03 생산요소시장의 균형

1 의의

생산요소시장에서 생산요소수요와 생산요소공급이 일치하는 상태를 생산요소시장의 균형이라고 한다.

2 시장균형

만일 시장에서 요소수요가 요소공급을 초과하여 불균형이 발생하는 경우에는 요소가격이 상승하여 요소초과수요가 해소되고 균형을 회복하게 된다. 반대로 요소공급이 요소수요를 초과하여 불균형이 발생하는 경우 요소가격이 하락하여 요소초과공급이 해소되고 균형을 다시 회복하게 된다.

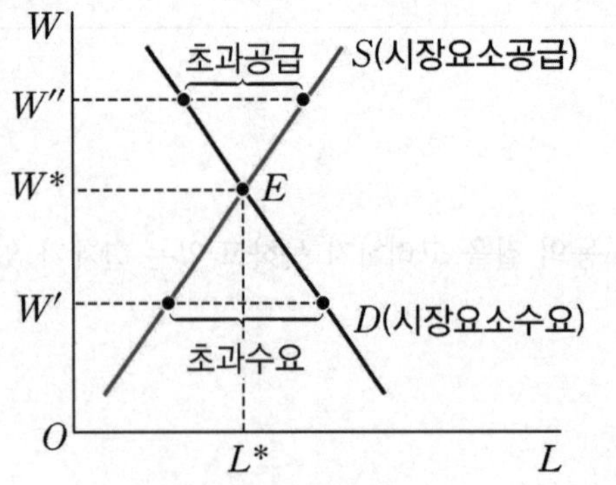

(그림 16-11)

3 시장균형과 개별기업의 균형

요소시장 균형과 개별기업 균형의 관계를 보면 경쟁적인 요소시장에서 결정된 균형요소가격은 개별기업 입장에서는 추가적인 요소고용에 따른 비용이 된다. 따라서 개별기업은 이윤극대화를 위해서 요소가격과 요소고용에 따른 편익, 여기서는 한계생산물의 가치가 되는데 이들을 일치시키는 수준에서 요소고용을 하게 된다.

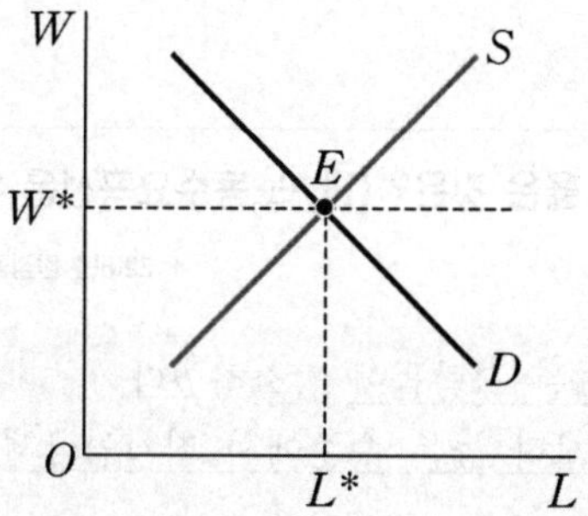

〈시장균형〉

(그림 16-12-1)

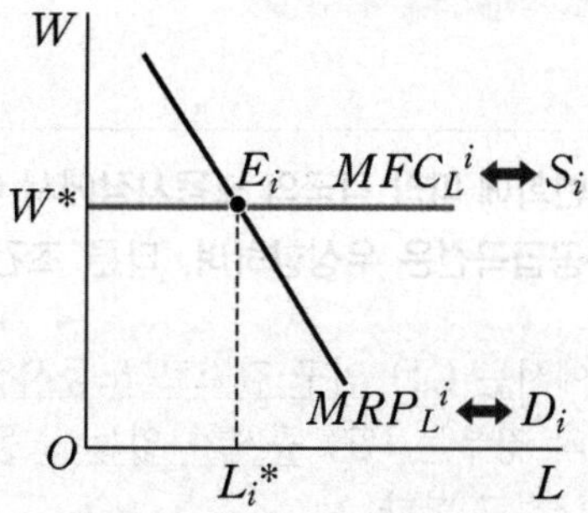

< 개별기업의 균형>

(그림 16-12-2)

4 요소시장 균형의 변화

1) 요소수요가 변화하는 경우

① 요소수요에 영향을 주는 요인이 발생하여 요소수요가 변화
② 예를 들어 생산물시장에서 수요가 증가하여 가격이 상승하는 경우 요소수요가 증가
③ 요소수요곡선이 상방이동
④ 임금 상승, 요소고용량 증가
⑤ 단, 요소공급이 고정된 경우에는 요소수요가 증가하더라도 요소고용량은 불변
⑥ 한편, 요소가격의 상승은 생산물시장에서 공급을 감소시키는 연쇄반응

2) 요소공급이 변화하는 경우

① 요소공급에 영향을 주는 요인이 발생하여 요소공급이 변화
② 예를 들어 해외로부터 노동력이 유입되는 경우 요소공급이 증가
③ 요소공급곡선이 하방이동
④ 임금 하락, 요소고용량 증가
⑤ 한편, 요소가격의 하락은 생산물시장에서 생산비용을 감소시켜 공급을 증가시키는 연쇄반응

필수예제

밑줄 친 변화에 따라 각국의 노동시장에서 예상되는 현상으로 옳은 것은? (단, 노동수요곡선은 우하향, 노동공급곡선은 우상향하며, 다른 조건은 일정하다.)

▸ 2018년 감정평가사

- 갑국에서는 (A) 인구 감소로 노동시장에 참여하고자 하는 사람들이 감소하였다.
- 을국의 정부는 (B) 규제가 없는 노동시장에 균형임금보다 높은 수준에서 최저임금제를 도입하려고 한다.

① (A) : 노동수요 감소, (B) : 초과수요 발생
② (A) : 노동수요 증가, (B) : 초과공급 발생
③ (A) : 노동공급 감소, (B) : 초과수요 발생
④ (A) : 노동공급 증가, (B) : 초과공급 발생
⑤ (A) : 노동공급 감소, (B) : 초과공급 발생

출제이슈 생산요소시장 균형의 변화

핵심해설 **정답** ⑤

생산요소시장에서 균형은 다음의 경우에 변화하며 생산물시장과 연쇄적인 반응을 주고받는다.

1) 요소수요가 변화하는 경우

① 요소수요에 영향을 주는 요인이 발생하여 요소수요가 변화
② 예를 들어 생산물시장에서 수요가 증가하여 가격이 상승하는 경우 요소수요가 증가
③ 요소수요곡선이 상방이동
④ 임금 상승, 요소고용량 증가
⑤ 단, 요소공급이 고정된 경우에는 요소수요가 증가하더라도 요소고용량은 불변
⑥ 한편, 요소가격의 상승은 생산물시장에서 공급을 감소시키는 연쇄반응

2) 요소공급이 변화하는 경우

① 요소공급에 영향을 주는 요인이 발생하여 요소공급이 변화
② 예를 들어 해외로부터 노동력이 유입되는 경우 요소공급이 증가
③ 요소공급곡선이 하방이동
④ 임금 하락, 요소고용량 증가
⑤ 한편, 요소가격의 하락은 생산물시장에서 생산비용을 감소시켜 공급을 증가시키는 연쇄반응

위의 내용을 토대로 설문을 분석하면 다음과 같다.

인구감소로 인하여 노동시장에 참가하고자 하는 사람들이 감소하는 경우 노동공급이 감소한다. 규제가 없는 노동시장에 균형임금보다 높은 수준에서 최저임금제를 도입하는 경우 최저임금하에서 노동공급은 증가하고 노동수요는 감소하므로 노동의 초과공급이 발생한다.

그림은 X재 시장 및 X재 생산에 특화된 노동시장의 상황을 나타낸 것이다. 이에 대한 분석으로 옳은 것은?

▶ 2014년 서울시 7급

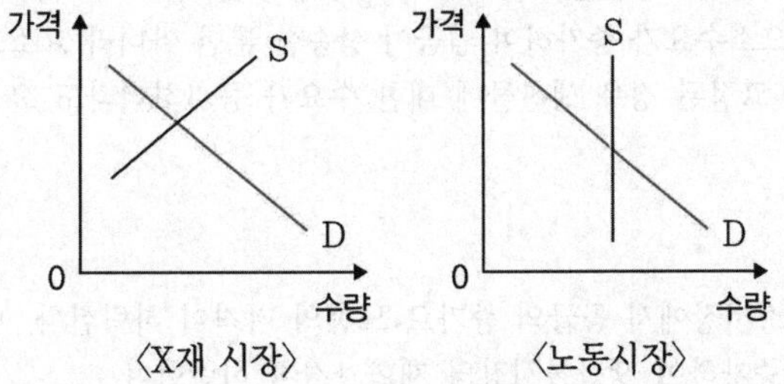

① X재에 대한 수요가 증가하면 고용량이 늘어난다.
② 노동공급이 증가하면 X재 가격이 상승한다.
③ X재에 대한 수요가 증가하면 임금이 증가한다.
④ X재 수요를 증가시키려면 노동수요를 증가시켜야 한다.
⑤ 노동공급이 감소하면 X재 수요곡선이 이동한다.

출제이슈 **생산요소시장 균형의 변화**

핵심해설 **정답 ③**

생산요소시장에서 균형은 다음의 경우에 변화하며 생산물시장과 연쇄적인 반응을 주고받는다.

1) 요소수요가 변화하는 경우

① 요소수요에 영향을 주는 요인이 발생하여 요소수요가 변화
② 예를 들어 생산물시장에서 수요가 증가하여 가격이 상승하는 경우 요소수요가 증가
③ 요소수요곡선이 상방이동
④ 임금 상승, 요소고용량 증가
⑤ 단, 요소공급이 고정된 경우에는 요소수요가 증가하더라도 요소고용량은 불변
⑥ 한편, 요소가격의 상승은 생산물시장에서 공급을 감소시키는 연쇄반응

2) 요소공급이 변화하는 경우

① 요소공급에 영향을 주는 요인이 발생하여 요소공급이 변화
② 예를 들어 해외로부터 노동력이 유입되는 경우 요소공급이 증가
③ 요소공급곡선이 하방이동
④ 임금 하락, 요소고용량 증가
⑤ 한편, 요소가격의 하락은 생산물시장에서 생산비용을 감소시켜 공급을 증가시키는 연쇄반응

위의 내용을 토대로 설문을 분석하면 다음과 같다.

① 틀린 내용이다.
생산물에 대한 수요가 증가하여 생산물시장에서 가격이 상승한다. 이에 따라서 요소시장에서 요소의 한계생산물가치가 상승하고 요소수요가 증가하여 임금이 상승할 뿐만 아니라 요소고용량도 증가한다. 단, 설문에서와 같이 요소공급이 고정된 경우 생산물에 대한 수요가 증가하더라도 요소고용량은 불변이고 임금만 상승한다.

② 틀린 내용이다.
노동공급이 증가하면 요소시장에서 공급의 증가로 노동의 가격이 하락한다. 따라서 요소비용이 절감되어 생산물시장에서 공급이 증가하여 생산물시장의 재화가격이 하락한다.

③ 옳은 내용이다.
생산물에 대한 수요가 증가하여 생산물시장에서 가격이 상승한다. 이에 따라서 요소시장에서 요소의 한계생산물가치가 상승하고 요소수요가 증가하여 임금이 상승할 뿐만 아니라 요소고용량도 증가한다. 단, 설문에서와 같이 요소공급이 고정된 경우 생산물에 대한 수요가 증가하더라도 요소고용량은 불변이고 임금만 상승한다.

④ 틀린 내용이다.
노동수요를 증가시키면 생산물시장의 수요가 증가하는 것이 아니라 생산물시장의 공급이 감소한다. 노동수요를 증가시키면 요소시장에서 수요의 증가로 노동의 가격이 상승한다. 따라서 요소비용이 증가하여 생산물시장에서 공급이 감소하고 생산물시장의 재화가격이 상승한다. 가격상승으로 수요량은 감소한다.

⑤ 틀린 내용이다.
노동공급이 감소하면 요소시장에서 공급의 감소로 노동의 가격이 상승한다. 따라서 요소비용이 증가되어 생산물시장에서 공급이 감소하고 생산물시장의 재화가격이 상승한다. 노동공급의 감소로 생산물시장의 수요곡선이 이동하는 것이 아니라 생산물시장의 공급곡선이 이동한다.

THEME 04 생산요소시장의 균형과 요소소득

1 지대

1) 의의

일반적으로 지대란 토지사용에 대한 대가로서 경제학에서는 토지처럼 공급이 고정되어 있는 생산요소를 사용한 대가를 의미하기도 한다.

2) 함의

공급이 고정되어 있기 때문에 생산요소 공급곡선이 수직선이 되며 생산요소 가격이 변화하더라도 공급은 변하지 않는다. 따라서 생산요소의 가격은 전적으로 수요가 결정하게 된다. 이러한 경우 공급 측에 무거운 과세를 하더라도 공급량은 불변이기 때문에 조세가 경제에 미치는 파급효과가 작으므로 토지에 무거운 과세를 하자는 주장의 근거로 사용될 수 있다.

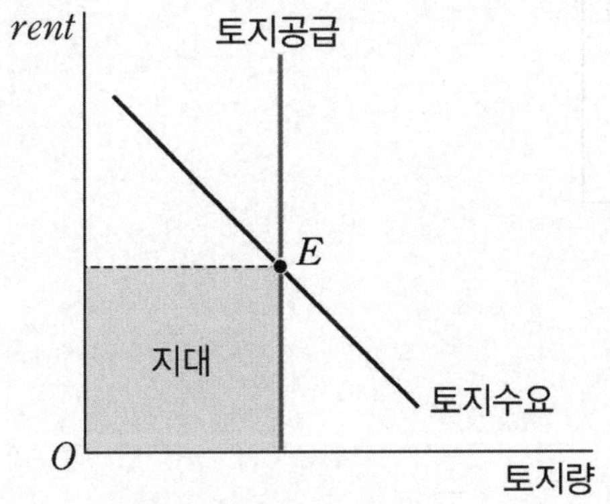

(그림 16-13)

2 경제적 지대

1) 의의

경제적 지대란 전용수입을 초과한 보수로서 생산요소의 기회비용을 초과하여 추가적으로 지불되는 보수를 의미한다. 이때, 전용수입(transfer earnings)은 생산요소가 전용되더라도 즉, 다른 곳에서 고용되더라도 받을 수 있는 수입, 즉 기회비용을 말한다. 다른 곳에서 전용수입만큼 벌 수 있으므로 이곳에서도 최소한 그만큼은 보장되어야 현재 이곳의 고용상태에 머물도록 할 수 있음을 나타낸다.

2) 함의

경제적 지대란 생산요소의 공급이 가격에 대해 비탄력적이기 때문에 추가적으로 발생하는 요소소득의 성격을 가지게 되고 어떤 생산요소의 공급이 비탄력적일수록 그 요소의 수입 중에서 경제적 지대가 차지하는 비중이 커지게 되는 특징이 있다.

3) 지대와 경제적 지대

지대에 비하여 경제적 지대는 모든 탄력성의 경우에 대해서 보다 범용적으로 적용될 수 있다.

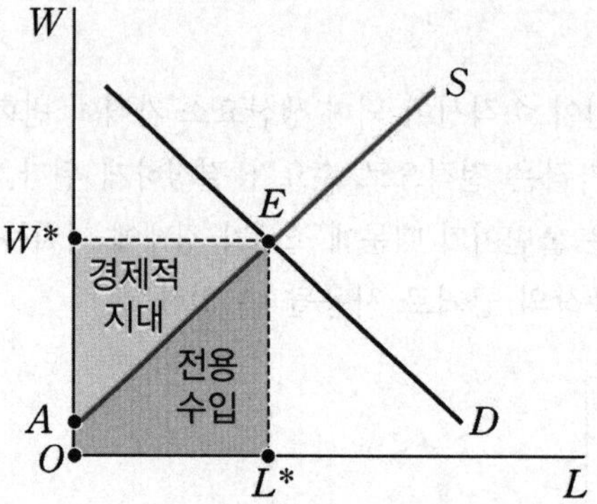

(그림 16-14)

3 준지대

1) 의의

준지대란 기업의 판매수입 중에서 가변투입요소에 지급한 보수를 뺀 나머지로서 공급이 고정되어 있는 고정투입요소에 대한 보수를 의미한다.

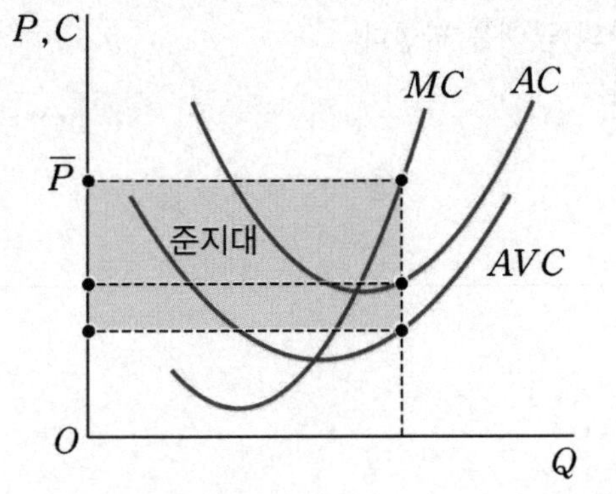

(그림 16-15)

2) 함의

지대나 경제적 지대는 요소공급자 입장에서 수입이 되며 이는 요소수요자인 기업 입장에서는 비용이라고 할 수 있다. 특히 가변투입요소(노동)에 대하여 지불된 대가는 총가변비용이며 고정투입요소(자본)에 대하여 지불된 대가는 총고정비용이 된다. 이때, 고정투입요소에 대한 보수를 확장하여 기업의 판매수입 중 가변투입요소에 대한 보수를 차감한 나머지로 하면 준지대가 되며 이는 생산자잉여가 됨을 알 수 있다(총수입 - 총가변비용 = 총고정비용 + 이윤 = 생산자잉여).

필수예제

경제적 지대(economic rent)에 관한 설명으로 옳은 것을 모두 고른 것은? ▸ 2019년 감정평가사

ㄱ. 공급이 제한된 생산요소에 발생하는 추가적 보수를 말한다.
ㄴ. 유명 연예인이나 운동선수의 높은 소득과 관련이 있다.
ㄷ. 생산요소의 공급자가 받고자 하는 최소한의 금액을 말한다.
ㄹ. 비용불변산업의 경제적 지대는 양(+)이다.

① ㄱ, ㄴ ② ㄱ, ㄷ ③ ㄱ, ㄹ
④ ㄴ, ㄷ ⑤ ㄴ, ㄹ

출제이슈 경제적 지대와 전용수입

핵심해설 **정답** ①

먼저 전용수입(transfer earnings)이란 생산요소가 전용되더라도 즉, 다른 곳에서 고용되더라도 받을 수 있는 수입, 즉 생산요소의 기회비용을 말한다. 다른 곳에서 전용수입만큼 벌 수 있으므로 이곳에서도 최소한 그만큼은 보장되어야 현재 이곳의 고용상태에 머물도록 할 수 있다는 의미이다.

경제적 지대(economic rent)란 전용수입을 초과한 보수로서 생산요소의 기회비용을 초과하여 추가적으로 지불되는 보수를 말한다. 이는 생산요소의 공급이 가격에 대해 비탄력적이기 때문에 추가적으로 발생하는 요소소득이다. 특히 어떤 생산요소의 공급이 비탄력적일수록 그 요소의 수입 중에서 경제적 지대가 차지하는 비중이 크다.

위의 내용에 따라서 설문을 검토하면 다음과 같다.

ㄱ. 옳은 내용이다.
생산요소의 공급이 가격에 대해 비탄력적이기 때문에 추가적으로 발생하는 요소소득으로서 비탄력적인 요소공급은 공급이 제한된 생산요소를 의미한다.

ㄴ. 옳은 내용이다.
전문자격증 보유자 및 유명 연예인이나 운동선수의 경우 공급이 가격에 대해 매우 비탄력적으로서 공급이 제한되어 있기 때문에 해당 요소의 보수가 높을 뿐만 아니라 나아가 해당 요소의 수입 중에서 경제적 지대가 차지하는 비중이 매우 크다고 할 수 있다.

ㄷ. 틀린 내용이다.
생산요소의 공급자가 받고자 하는 최소한의 금액은 전용수입(transfer earnings)으로서 생산요소가 전용되더라도 즉, 다른 곳에서 고용되더라도 받을 수 있는 수입, 즉 생산요소의 기회비용을 말한다. 다른 곳에서 전용수입만큼 벌 수 있으므로 이곳에서도 최소한 그만큼은 보장되어야 한다는 의미이다.

ㄹ. 틀린 내용이다.

경제적 지대와 전용수입을 기하적으로 표시하면 아래와 같다. 공급이 비탄력적인 경우에는 경제적 지대가 차지하는 비중이 커지고, 공급이 탄력적인 경우에는 경제적 지대가 차지하는 비중이 작아진다. 극단적으로 비용불변산업의 경우 공급곡선이 수평이기 때문에 경제적 지대는 0이 된다.

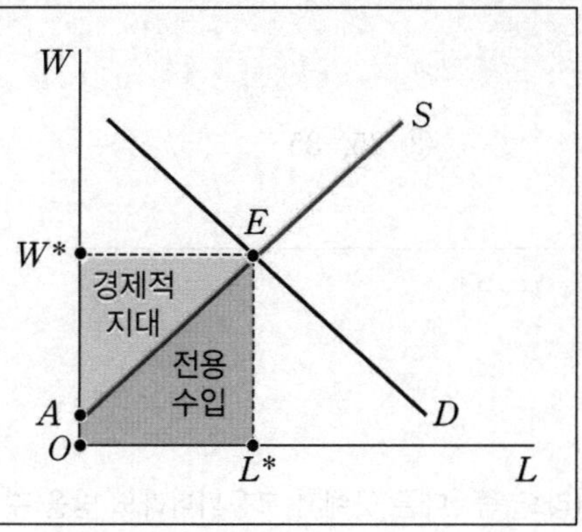

노동의 시장수요함수와 시장공급함수가 다음과 같을 때 균형에서 경제적 지대(economic rent)와 전용수입(transfer earnings)은? (단, L은 노동량, w는 임금이다.) ▸ 2017년 감정평가사

(시장수요함수) $L_D = 24 - 2w$
(시장공급함수) $L_S = -4 + 2w$

① 0, 70 ② 25, 45 ③ 35, 35
④ 45, 25 ⑤ 70, 0

출제이슈 경제적 지대와 전용수입

핵심해설 **정답** ②

먼저 전용수입(transfer earnings)이란 생산요소가 전용되더라도 즉, 다른 곳에서 고용되더라도 받을 수 있는 수입, 즉 생산요소의 기회비용을 말한다. 다른 곳에서 전용수입만큼 벌 수 있으므로 이곳에서도 최소한 그만큼은 보장되어야 현재 이곳의 고용상태에 머물도록 할 수 있다는 의미이다.

경제적 지대(economic rent)란 전용수입을 초과한 보수로서 생산요소의 기회비용을 초과하여 추가적으로 지불되는 보수를 말한다. 이는 생산요소의 공급이 가격에 대해 비탄력적이기 때문에 추가적으로 발생하는 요소소득이다. 특히 어떤 생산요소의 공급이 비탄력적일수록 그 요소의 수입 중에서 경제적 지대가 차지하는 비중이 크다.

경제적 지대와 전용수입을 기하적으로 표시하면 아래와 같다. 공급이 비탄력적인 경우에는 경제적 지대가 차지하는 비중이 커지고, 공급이 탄력적인 경우에는 경제적 지대가 차지하는 비중이 작아진다.

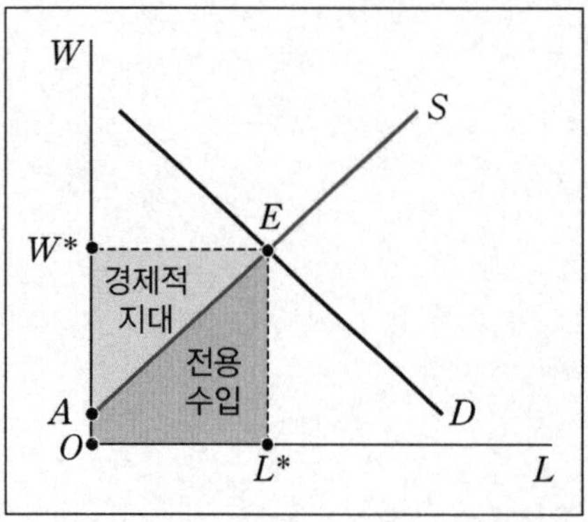

위의 내용에 따라서 설문을 검토하면 다음과 같다.

1) 시장균형 구하기

시장수요와 시장공급이 $L_D = 24 - 2w$, $L_S = -4 + 2w$이므로 수요와 공급이 일치할 때, 시장균형이 달성된다. $24 - 2w = -4 + 2w$일 때 균형이 달성되며 그 때, 균형임금은 $w = 7$, 균형고용량은 $L = 10$이다.

2) 요소의 총수입 구하기

균형임금과 균형고용량을 곱한 값이므로 70이 된다.

3) 경제적 지대 구하기

위의 그래프에서 $\triangle AEW^*$의 면적에 해당하는 것이 경제적 지대이다. A의 좌표는 공급곡선의 종축절편이다. 공급곡선은 $L_S = -4 + 2w$ 인데 이를 변형하면, $w = 2 + 0.5L$ 이므로 $A = 2$가 된다. 그리고 $W^* = 7$이고 $L^* = 10$이 된다. 따라서 $\triangle AEW^*$의 면적은 $\triangle AEW^* = \frac{(7-2) \times 10}{2} = 25$가 되며 이것이 경제적 지대의 크기이다.

4) 전용수입 구하기

요소의 총수입이 70이고 경제적 지대가 25이므로 전용수입은 45가 된다.

THEME 05 자본서비스 시장과 투자의사결정

1 자본과 자본서비스

1) 자본

자본은 일상의 개념, 즉 돈과는 다르다. 자본은 건물, 기계, 도구와 같은 실물자산을 의미하며 자본재(capital goods)라고도 한다. 한편 자본은 저량 개념으로 측정된다.

2) 자본서비스

엄밀하게 보면 자본 자체가 생산과정에 투입되는 것이 아니라 자본으로부터 흘러나오는 서비스, 즉 자본서비스가 생산과정에 투입된다. 따라서 자본과 자본서비스는 구별되는 개념이다. 한편, 자본서비스는 유량 개념으로 측정된다.

2 자본서비스에 대한 수요

1) 자본서비스 수요 과정 분석

자본서비스 수요의 주체는 기업으로서 기업은 이윤극대화 과정에서 파생수요로서 자본서비스를 수요한다. 엄밀하게는 자본서비스를 직접적으로 수요 및 구입하기도 하고 자본재를 수요 및 구입함으로써 간접적으로 자본서비스를 수요 및 구입하게 된다. 자본재 임대시장에서는 자본서비스를 구입하고 자본재 매매시장에서는 자본을 구입하는 것이다.

2) 기업의 이윤극대화와 자본서비스 수요

기업은 이윤극대화 과정에서 자본서비스를 수요하게 되며 이는 노동에 대한 수요에서 살펴본 논리와 유사하게 다음과 같은 식으로 도출될 수 있다. $r = P \cdot MP_K$

3 자본서비스의 공급

자본서비스를 공급하는 주체들은 자본서비스의 공급에 따른 제반 비용을 고려하여 자본서비스의 공급의사결정을 하게 된다. 일반적으로 자본서비스의 공급량과 자본서비스 공급의 대가는 정의 관계에 있게 되며 다음과 같은 식으로 도출될 수 있다. $r = r(K)$

4 자본서비스의 가격

1) 자본서비스의 가격

자본재의 가격(P_K)과 자본서비스의 가격은 다른 개념이다. 자본서비스의 가격은 자본재의 기간당 임대료로서 자본재를 소유하고 있는 기업의 경우, 그 기업이 남에게 자본재를 빌려줄 경우 받을 수 있는 임대료(→ 스스로에 임대해 주는 것으로 볼 수 있음)가 된다. 이는 자본재 사용에 대한 대가로서의 기회비용이므로 자본재를 보유하고 사용하는 기업의 경우 일정기간 동안 자본재 사용에 대한 기회비용은 자본재의 감가상각과 관련된 비용($P_K\ d$, d는 감가율)과 자본재를 구입하는 데 투입된 이자비용($P_K r$, r은 이자율)으로 구성될 수 있다.

2) 자본서비스 가격 결정의 원리

완전경쟁시장에서 가격결정의 원리($P = LMC = LAC$)를 활용하면 자본서비스의 가격은 다음과 같이 자본의 사용에 따른 비용에 의해서 결정된다. $r = (P_K \cdot d + P_K \cdot r)$

5 투자

자본서비스의 가격이 하락하면 기업은 투입량을 증가시키게 되므로, 자본재 임대시장에서 자본서비스를 추가로 구입하게 된다(자본서비스 수요). 한편, 자본재의 가격이 하락하면 기업은 자본의 구입을 증가시키게 되므로, 자본재 시장에서 자본을 추가로 구입하게 된다(자본수요 혹은 투자수요).

6 투자수요

1) 자본서비스에 대한 수요

자본서비스에 대한 수요의 경우, 일정 기간 자본서비스의 투입이 가져다주는 수입과 그로 인한 비용을 비교하여 수요를 결정한다.

2) 자본재에 대한 수요

자본재에 대한 수요, 즉 투자수요는 장기간에 걸쳐 자본으로부터의 수입과 그에 대한 비용을 고려하여 수요를 결정한다. 자본재에 대한 수요는 자본서비스에 대한 수요와 달리 그 편익이 장기간에 걸친다는 점에서 다르다. 따라서 보통의 자본서비스에 대한 수요를 결정하는 원리와는 다른 접근법이 적용된다.

7 투자의사결정 원리

1) 현재가치법

예상되는 투자수익의 미래흐름을 일정한 할인율에 의해 현재가치로 할인하여 그 금액을 자본구입비용과 비교하여 투자여부를 결정한다. 수익의 현재가치가 자본구입비용보다 클 경우 투자하고 반대의 경우 투자하지 않는다. 이자율이 상승할 경우, 수익의 현재가치가 감소하므로 투자가 감소하는 효과를 가져온다. 거시경제학에서의 투자수요와 이자율의 역의 관계는 이러한 이론적 배경을 가지고 있다고 할 수 있다.

2) 내부수익률법

예상되는 투자수익의 미래흐름을 미지의 할인율을 도입하여 현재가치로 만들고 이 금액을 자본투입비용과 같게 만드는 경우, 미지의 할인율을 바로 내부수익률이라고 한다. 내부수익률이 자본구입에 따른 기회비용보다 크면 투자하고, 그렇지 않으면 투자하지 않는다.

Chapter

17

불완전경쟁과 생산요소시장

THEME 01 불완전경쟁과 생산요소시장의 균형의 분류

1 불완전경쟁과 시장분류

가계의 효용극대화와 기업의 이윤극대화는 생산물시장과 생산요소시장의 연계 속에서 달성된다. 이제 생산물시장과 생산요소시장에 불완전경쟁적 요소를 도입해 보자. 이때는 불완전경쟁적 요소가 어느 시장에 존재하느냐에 따라서 이론적으로는 다음과 같이 총 8가지 경우의 수를 만들어 낼 수 있다.

(P의 결정) 생산물시장			(w의 결정) 생산요소시장	
수요	공급		수요	공급
경쟁	–경쟁		–경쟁	–경쟁
	–독점		–독점	–독점
1 × 2		×	2 × 2	

= 8(가지)

2 생산요소시장 균형의 분류

위에서 분류한 총 8가지 경우의 수에 따라서 생산요소시장의 균형을 구할 수 있는데 이를 어느 시장에서 불완전경쟁적 요소가 존재하는지에 따라 더욱 구체적으로 분류하면 다음과 같다.

	(P의 결정) 생산물시장 수요	공급	(w의 결정) 생산요소시장 수요	공급	
1)		경쟁	경쟁	경쟁	(모두 경쟁적)
2)		경쟁	경쟁	독점	(공급독점)
3)		경쟁	독점	경쟁	(수요독점)
4)		경쟁	독점	독점	(쌍방독점)
5)		독점	경쟁	경쟁	(생산물독점)
6)		독점	경쟁	독점	
7)		독점	독점	경쟁	
8)		독점	독점	독점	

THEME 02 생산물 독점과 생산요소시장

1 독점이 존재하는 장소

생산요소시장은 요소수요측면과 요소공급측면 모두 경쟁적이라고 하고, 생산물시장의 공급측면에서만 독점이 존재한다고 가정하자. 이는 앞에서 살펴본 분류 중 5)에 해당한다. 생산물시장이 공급독점인 경우 공급자의 한계비용과 한계수입이 일치할 때 이윤극대화 산출량이 결정되고 이에 기해서 독점가격이 설정된다. 생산물독점에 따른 산출량과 독점가격은 생산요소시장에서의 수요에 영향을 주게 된다. 한편 생산요소시장은 요소수요와 요소공급 측면 모두 경쟁적이기 때문에 수요와 공급이 일치할 때 요소시장의 균형이 달성된다. 이하에서 생산물독점이 생산요소시장에서의 요소수요에 어떤 영향을 미치는지 살펴보기로 하자.

(P의 결정) 생산물시장	(w의 결정) 생산요소시장
수요 / 공급 독점	수요 경쟁 / 공급 경쟁

⇒ P는 $MR = MC$에서 독점적으로 결정됨 ($P > MR = MC$)

⇒ w는 노동수요 = 노동공급의 균형에서 경쟁적으로 결정됨($\overline{w}$ 수준)

2 생산요소시장의 수요 측면

1) 최적화 조건

생산요소시장의 수요 측면에서 기업의 이윤극대화를 달성하기 위해서는 요소수요에 따른 편익으로서 한계수입생산이 요소수요의 비용인 한계요소비용과 일치해야 한다.

① 한계수입생산

한계수입생산은 한계수입과 한계생산의 곱으로 이루어지며, 생산물시장이 경쟁적인 경우 한계수입은 가격과 일치하게 되지만, 독점적인 경우에는 가격보다 낮은 수준으로 결정된다.

② 한계요소비용

한계요소비용은 한계비용과 한계생산의 곱으로 이루어지며, 요소시장이 경쟁적인 경우에는 한계요소비용은 요소시장의 균형가격수준이 된다.

③ 요소수요함수

한계수입생산이 요소가격과 일치하는 수준에서 최적화가 달성되며 요소수요함수가 도출된다.

MRP_L	=	MFC_L
(한계수입생산)		(한계요소비용)
‖		‖
$MR \cdot MP_L$		$MC \cdot MP_L$
(요소수요의 한계적 편익)		(요소수요의 한계적 비용)

2) 생산물 독점이 반영된 요소수요함수의 도출

① 생산물시장이 경쟁적인 경우 요소수요함수

$\overline{P} \cdot MP_L = W$

(한계수입생산 = 한계생산물가치)

② 생산물시장이 독점적인 경우 요소수요함수

$MR \cdot MP_L = W$

(한계수입생산 < 한계생산물가치)

3) 생산물 독점과 생산요소 수요의 기하적 분석

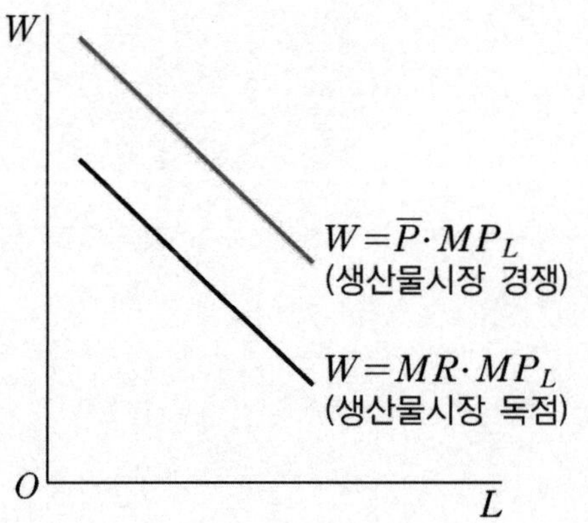

(그림 17-1)

3 생산요소시장의 공급 측면

1) 최적화 조건

생산요소시장의 공급 측면에서 요소공급자의 효용 혹은 이윤의 극대화를 달성하기 위해서는 요소공급에 따른 한계적 편익과 요소공급에 따른 한계적 비용과 일치해야 한다. 이때, 요소시장이 수요와 공급 측면 모두 경쟁적이기 때문에 요소공급에 따른 한계적 편익은 요소시장에서 결정된 요소균형가격 수준이 된다. 그리고 요소공급에 따른 한계적 비용은 요소시장의 경쟁 여부와 관계없이 결정되며 이때, 요소공급량과 요소비용은 정의 관계에 있게 된다. 요소공급에 따른 한계적 편익과 한계적 비용이 일치하는 수준에서 요소공급자의 최적화가 달성되며 다음과 같이 요소공급함수가 도출된다.

$$\underset{(\text{요소공급의 한계적 편익})}{W} = \underset{(\text{요소공급의 한계적 비용})}{W(L)}$$

2) 생산물 독점의 반영

생산물시장에서의 독점은 요소수요의 한계적 편익인 한계수입생산에 영향을 주지만, 요소공급 측면에는 영향을 미치지 않는다. 따라서 생산물 독점과 무관하게 요소시장에서의 공급함수는 불변이다.

3) 생산물 독점과 생산요소 공급의 기하적 분석

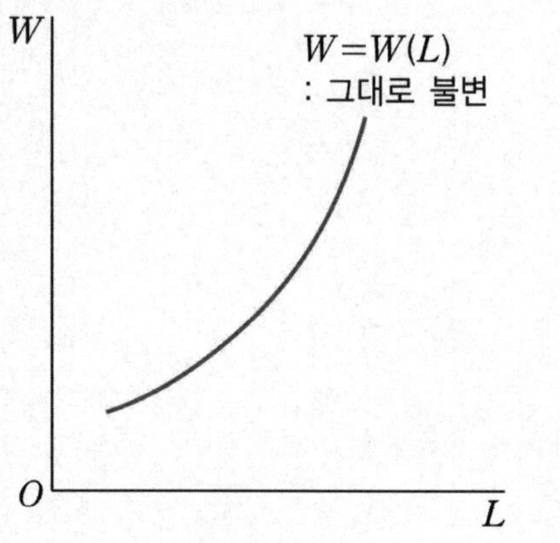

(그림 17-2)

4 생산요소시장의 균형

위에서 생산요소시장에서 요소수요함수와 요소공급함수를 모두 도출하였다. 특히 수요함수의 경우 생산물시장이 경쟁인지 독점인지에 따라서 구분되었음에 주의하자. 이제 생산요소시장에서의 균형은 요소수요와 요소공급 측면 모두 경쟁적이기 때문에 요소수요와 요소공급이 일치하는 수준에서 그 균형을 도출할 수 있다. 특히 이하에서는 생산물시장이 독점인 경우에 이를 반영한 요소수요함수를 통해서 요소시장의 균형을 도출한다.

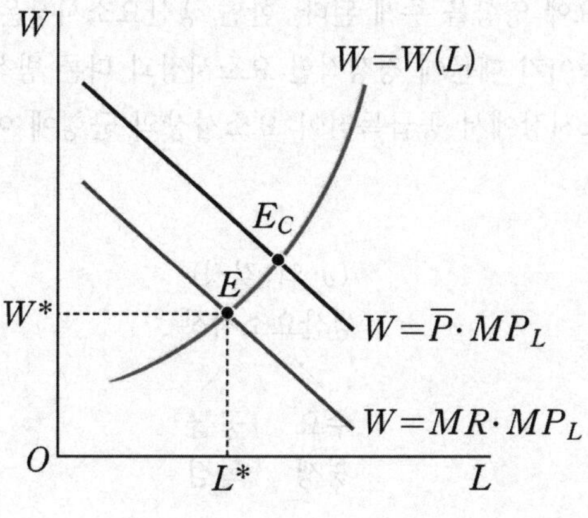

(그림 17-3)

1) 균형조건식

① 노동수요 = 노동공급

② $MR \cdot MP_L = W(L)$

2) 균형

① 균형점 : $E(L^*, W^*)$

② 비교 : 생산물시장이 완전경쟁인 경우와 비교하여 낮은 고용량, 낮은 임금

THEME 03 생산요소 공급독점과 생산요소시장

1 독점이 존재하는 장소

생산물시장은 경쟁적이라고 하고, 생산요소시장의 경우 요소수요 측면은 경쟁적이지만 요소공급 측면에만 독점이 존재한다고 가정하자. 이는 앞에서 살펴본 분류 중 2)에 해당한다. 생산물시장이 경쟁이므로 공급자의 한계비용과 가격이 일치할 때, 이윤극대화 산출량이 결정된다. 생산물시장의 경쟁에 따른 산출량과 가격은 생산요소시장에서의 수요에 영향을 주게 된다. 한편 생산요소시장은 요소수요 측면은 경쟁적이지만, 요소공급측면이 독점적이기 때문에 경쟁적인 요소시장과 다른 방식으로 요소시장의 균형이 달성된다. 이하에서 생산요소시장에서 공급독점이 요소시장의 균형에 어떤 영향을 미치는지 살펴보기로 하자.

(P의 결정)
생산물시장
／ ＼
수요　공급
　　　경쟁

$\Rightarrow$ 가격은 P(수요) $=$ MC(공급)에서 경쟁적으로 결정됨 ($\bar{P}$ 수준)

(w의 결정)
생산요소시장
／ ＼
수요　공급
경쟁　독점

$\Rightarrow$ W는 요소공급독점자의 $MR_L = MC_L$에서 독점적으로 결정됨

2 생산요소시장의 수요 측면

1) 최적화 조건

생산요소시장의 수요 측면에서 기업의 이윤극대화를 달성하기 위해서는 요소수요에 따른 편익으로서 한계수입생산이 요소수요의 비용인 한계요소비용과 일치해야 한다.

① 한계수입생산

한계수입생산은 한계수입과 한계생산의 곱으로 이루어지며, 생산물시장이 경쟁적인 경우 한계수입은 가격과 일치하게 되며, 독점적인 경우에는 가격보다 낮은 수준으로 결정된다.

② 한계요소비용

한계요소비용은 한계비용과 한계생산의 곱으로 이루어지며, 요소시장의 수요 측면이 경쟁적인 경우에는 한계요소비용은 요소시장에서 설정된 가격수준이 된다.

③ 요소수요함수

한계수입생산이 요소가격과 일치하는 수준에서 최적화가 달성되며 요소수요함수가 도출된다.

$$MRP_L = MFC_L$$

(한계수입생산) ‖ PMP_L (요소수요의 한계적 편익) = (한계요소비용) ‖ $MC \cdot MP_L$ (요소수요의 한계적 비용)

2) 생산요소 공급독점은 요소수요측면에 영향 없으며 요소수요함수는 위에서 구한 것과 동일하다.

① 생산물 경쟁, 요소수요 경쟁, 요소공급 경쟁

요소수요함수 $\overline{P} \cdot MP_L = W$

② 생산물 경쟁, 요소수요 경쟁, 요소공급 독점

요소수요함수 $\overline{P} \cdot MP_L = W$ (위와 동일함)

3) 생산요소 공급독점과 생산요소 수요의 기하적 분석

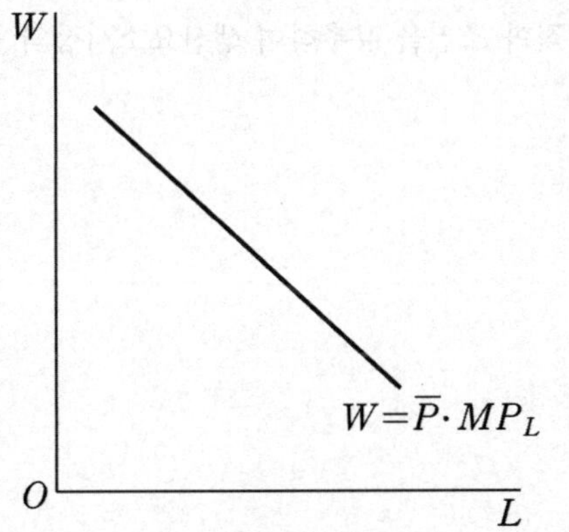

(그림 17-4)

3 생산요소시장의 공급 측면

1) 최적화 조건

생산요소시장의 공급 측면에서 요소공급자의 효용 혹은 이윤의 극대화를 달성하기 위해서는 요소공급에 따른 한계적 편익과 요소공급에 따른 한계적 비용이 일치해야 한다. 이때, 요소시장이 공급 측면이 독점적이기 때문에 요소공급에 따른 한계적 편익의 도출에 유의해야 한다. 이에 대해서는 이하 2)에서 상술한다. 특히 중요한 것은 요소공급독점자는 요소가격을 한계요소편익이나 수입으로 받아들이지 않고 요소공급량을 조절하여 요소가격을 설정할 수 있기 때문에 한계요소편익이나 수입의 도출에 주의해야 한다.

$$(P\,MP_L)' \quad = \quad W(L)$$

(요소공급의 한계적 편익) (요소공급의 한계적 비용)

2) 생산요소 공급독점의 반영

생산요소시장에서 공급측면에 독점적 요소가 존재하는 경우 요소공급자는 자신의 효용이나 이윤을 극대화하는 수준에서 요소공급량을 결정하고 이에 따라서 요소가격을 요소수요자의 지불의향가격에 맞춰서 설정할 수 있다. 이는 생산물시장에서 공급측면에 독점적 요소가 존재하는 경우 생산물공급자가 자신의 이윤을 극대화하는 수준에서 산출량을 결정하고 이에 따라서 생산물가격을 수요자의 지불의향가격에 맞춰서 설정하는 것과 매우 유사하다. 따라서 독자들의 이해를 돕기 위해서 이하에서는 생산물시장의 공급독점자의 최적화 조건을 유추하여 생산요소시장의 공급독점자의 최적화조건을 도출하도록 하자.

① 생산물 공급 시 한계수입

총수입 $TR = P \cdot Q$

가격 판매량

↓

생산물 수요함수

↓

$= P(Q) \cdot Q$

$$MR = \frac{dTR}{dQ}$$

$$= \underset{\ominus}{\frac{dP}{dQ}} \cdot Q + P$$

: MR곡선

→ 생산물수요에서 한계수입 MR 도출

② 생산물 공급의 한계적 비용

$MC = MC(Q)$

③ 생산물 공급 시 한계수입과 한계비용 고려

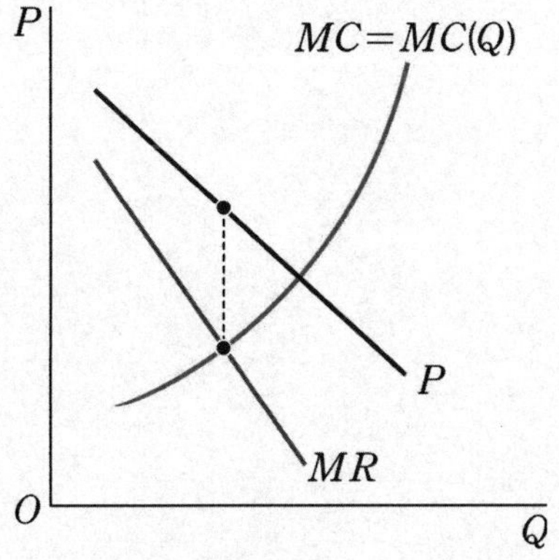

(그림 17-5)

① 생산요소 공급 시 한계수입

총수입 $TR = W \cdot L$

임금 노동량

↓

생산요소 수요함수

↓

$= \overline{P} \cdot MP_L \cdot L$

$$MR = \frac{dTR}{dL}$$

$$= \overline{P} \cdot \underset{\ominus}{\frac{dMP_L}{dL}} L + \overline{P} \cdot MP_L$$

: MMR곡선

→ 생산요소수요에서 한계수입 MMR 도출

② 생산요소 공급의 한계적 비용

$MC_L = W(L)$

③ 생산요소 공급 시 한계수입과 한계비용 고려

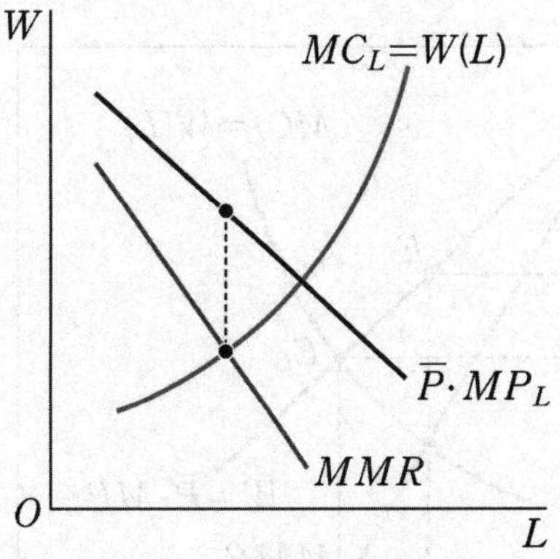

(그림 17-6)

위에서 분석한바, 생산요소시장에 공급독점이 존재하는 경우, 요소공급자가 요소공급에 따른 얻게 되는 한계적 편익 혹은 수입은 더 이상 요소시장에서 결정되는 요소가격이 아니다. 요소공급을 줄여서 요소가격을 높일 수도 있고 요소공급을 늘려서 요소가격을 낮출 수도 있는 것이다. 다만, 요소가격을 설정함에 있어서 요소수요자의 수요제약에 직면하게 된다. 이러한 과정에서 요소공급자가 직면하게 되는 요소공급의 한계적 편익 혹은 수입은 MMR곡선으로 도출된다.

3) 생산요소 공급독점과 생산요소 공급의 기하적 분석

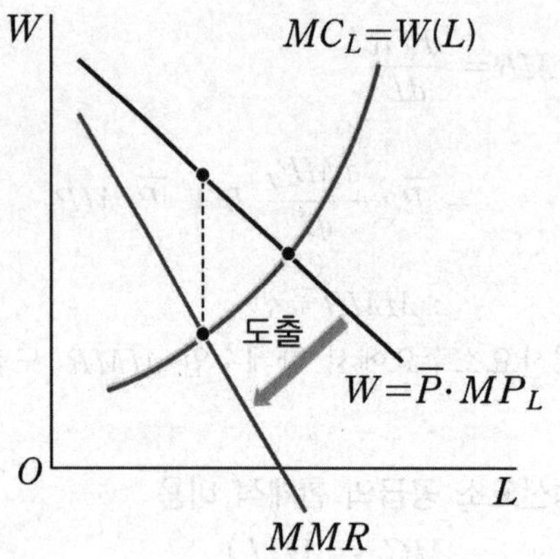

(그림 17-7)

4 생산요소시장의 균형

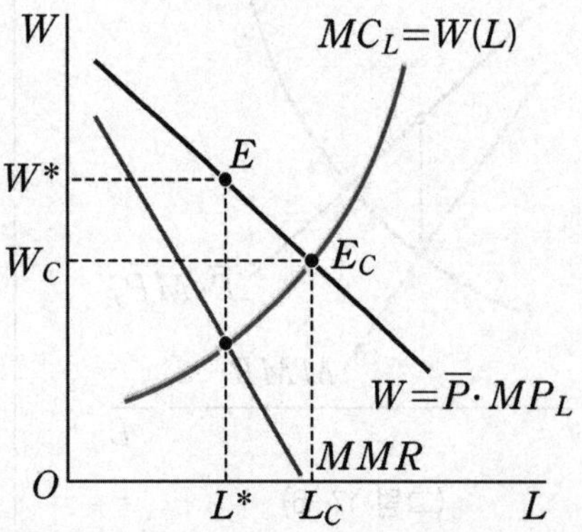

(그림 17-8)

생산요소시장의 공급 측면에서 요소공급자의 효용 혹은 이윤의 극대화를 달성하기 위해서는 요소공급에 따른 한계적 편익과 요소공급에 따른 한계적 비용이 일치해야 한다. 특히 요소공급 측면에 독점적 요소가 존재하는 경우 한계적 편익은 $\left[(\overline{P} \cdot MP_L) \cdot L\right]'$ 이며, 요소공급의 한계적 비용은 이와 무관하게 $W(L)$이 된다. 이 둘을 일치시키는 수준에서 최적의 요소공급량이 결정되고 이에 기해서 요소수요자의 지불의사요소가격에 맞춰서 요소가격을 설정하게 된다.

1) 균형조건식

① 노동공급의 한계수입 = 노동공급의 한계비용

cf 노동수요 = 노동공급

$\overline{P} \cdot MP_L = W(L)$

$MR \cdot MP_L = W(L)$

② $\left[(\overline{P} \cdot MP_L) \cdot L\right]' = W(L)$

이때, 주의할 점은 노동공급의 한계수입은 생산물시장이 경쟁적인 경우에는 노동의 한계생산가치를 반영하여 구하게 되므로 균형조건식은 위와 같다.

그런데, 만일 생산물시장이 독점일 경우에는 노동공급의 한계수입은 노동의 한계수입생산을 반영하여 구하게 되므로 균형조건식은 다음과 같이 변형된다.

$\left[(MR \cdot MP_L) \cdot L\right]' = W(L)$

2) 균형

① 균형점 : $E(L^*, W^*)$

② 비교 : 요소시장이 완전경쟁인 경우와 비교하여 낮은 고용량, 높은 임금

THEME 04 생산요소 수요독점과 생산요소시장

1 독점이 존재하는 장소

생산물시장은 경쟁적이라고 하고, 생산요소시장의 경우 요소공급 측면은 경쟁적이지만 요소수요 측면에만 독점이 존재한다고 가정하자. 이는 앞에서 살펴본 분류 중 3)에 해당한다. 생산물시장이 경쟁이므로 공급자의 한계비용과 가격이 일치할 때, 이윤극대화 산출량이 결정된다. 생산물시장의 경쟁에 따른 산출량과 가격은 생산요소시장에서의 수요에 영향을 주게 된다. 한편 생산요소시장은 요소공급 측면은 경쟁적이지만, 요소수요 측면이 독점적이기 때문에 경쟁적인 요소시장과 다른 방식으로 요소시장의 균형이 달성된다. 이하에서 생산요소시장에서 수요독점이 요소시장의 균형에 어떤 영향을 미치는지 살펴보기로 하자.

(P의 결정)	(w의 결정)
생산물시장	생산요소시장
／ ＼	／ ＼
수요 공급	수요 공급
경쟁	독점 경쟁
⇒ 가격은 P(수요) $=$ MC(공급)에서 경쟁적으로 결정됨($\overline{P}$ 수준)	⇒ W는 요소수요독점자의 $MR_L = MC_L$에서 독점적으로 결정됨

2 생산요소시장의 공급 측면

1) 최적화 조건

생산요소시장의 공급 측면에서 요소공급자의 효용 혹은 이윤의 극대화를 달성하기 위해서는 요소공급에 따른 한계적 편익과 요소공급에 따른 한계적 비용이 일치해야 한다. 이때, 요소시장의 공급 측면이 경쟁적이기 때문에 요소공급에 따른 한계적 편익은 요소시장에서 결정된 요소가격 수준이 된다. 그리고 요소공급에 따른 한계적 비용은 요소시장의 경쟁 여부와 관계없이 결정되며 이때, 요소공급량과 요소비용은 정의 관계에 있게 된다. 요소공급에 따른 한계적 편익과 한계적 비용이 일치하는 수준에서 요소공급자의 최적화가 달성되며 다음과 같이 요소공급함수가 도출된다.

$$\underset{\text{(요소공급의 한계적 편익)}}{W} = \underset{\text{(요소공급의 한계적 비용)}}{W(L)}$$

2) 생산요소 수요독점은 요소공급측면에 영향이 없으며 요소공급함수는 동일하다.

① 생산물 경쟁, 요소수요 경쟁, 요소공급 경쟁

요소공급함수 $W = W(L)$

② 생산물 경쟁, 요소수요 독점, 요소공급 경쟁

요소공급함수 $W = W(L)$, 위와 동일

3) 생산요소 수요독점과 생산요소 공급의 기하적 분석

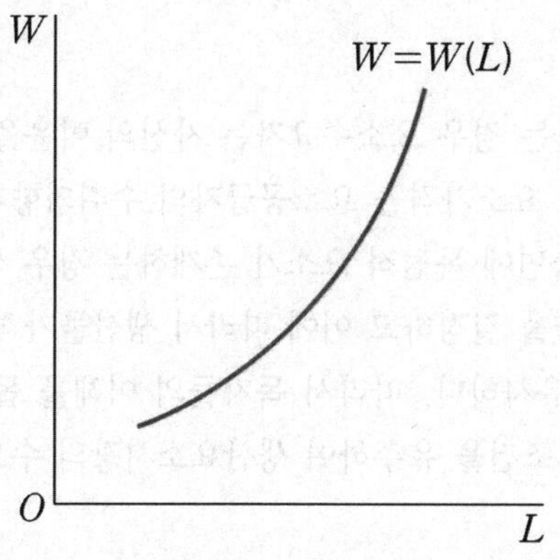

(그림 17-9)

3 생산요소시장의 수요 측면

1) 최적화 조건

생산요소시장의 수요 측면에서 요소수요자의 이윤의 극대화를 달성하기 위해서는 요소수요에 따른 한계적 편익과 요소수요에 따른 한계적 비용이 일치해야 한다. 이때, 요소시장이 수요 측면이 독점적이기 때문에 요소수요에 따른 한계적 비용의 도출에 유의해야 한다. 이에 대해서는 이하 2)에서 상술한다.

① 한계수입생산

한계수입생산은 한계수입과 한계생산의 곱으로 이루어지며, 생산물시장이 경쟁적인 경우 한계수입은 가격과 일치하게 되며, 독점적인 경우에는 가격보다 낮은 수준으로 결정된다.

② 한계요소비용

한계요소비용은 한계비용과 한계생산의 곱으로 이루어지며, 요소시장의 수요 측면이 독점적인 경우에는 한계요소비용은 아래 2)와 같이 도출될 수 있다. 특히 중요한 것은 요소수요독점자는 요소가격을 한계요소비용으로 받아들이지 않고 요소수요량을 조절하여 요소가격을 설정할 수 있기 때문에 한계요소비용의 도출에 주의해야 한다.

$$\underset{(\text{한계 수입 생산})}{MRP_L} = \underset{(\text{한계요소비용})}{MFC_L}$$

$$\| \qquad\qquad \|$$

$$\underset{(\text{요소수요의 한계적 편익})}{\overline{P} \cdot MP_L} \qquad \underset{(\text{요소수요의 한계적 비용})}{MC \cdot MP_L}$$

2) 생산요소 수요독점의 반영

생산요소시장에서 수요 측면에 독점적 요소가 존재하는 경우 요소수요자는 자신의 이윤을 극대화하는 수준에서 요소수요량을 결정하고 이에 따라서 요소가격을 요소공급자의 수취의향가격에 맞춰서 설정할 수 있다. 이는 생산물시장에서 공급 측면에 독점적 요소가 존재하는 경우 생산물공급자가 자신의 이윤을 극대화하는 수준에서 산출량을 결정하고 이에 따라서 생산물가격을 수요자의 지불의향가격에 맞춰서 설정하는 것과 매우 유사하다. 따라서 독자들의 이해를 돕기 위해서 이하에서는 생산물시장의 공급독점자의 최적화 조건을 유추하여 생산요소시장의 수요독점자의 최적화조건을 도출하도록 하자.

〈생산물시장 공급독점 시〉 → 유추 → 〈생산요소시장 수요독점 시〉

① 생산물 공급 시 한계적 편익(한계수입)	① 생산요소 공급 시 한계적 비용(한계요소비용)
$TR = \underset{\text{가격}}{P} \cdot \underset{\text{판매량}}{Q}$	$TC_L = \underset{\text{임금}}{W} \cdot \underset{\text{고용량}}{L}$
↓	↓
생산물 수요함수	생산요소 공급함수
↓	↓
$= P(Q) \cdot Q$	$= W(L) \cdot L$
$MR = \dfrac{dTR}{dQ}$	$MC_L = \dfrac{dTC_L}{dL}$
$= \underset{\ominus}{\dfrac{dP}{dQ}} \cdot Q + P$	$= \underset{\oplus}{\dfrac{dW(L)}{dL}} \cdot L + W$
: MR곡선	: MFC곡선
→ 생산물수요에서 한계수입 MR 도출	→ 생산요소공급에서 한계요소비용 MFC 도출

② 생산물 공급의 한계적 비용

$$MC = MC(Q)$$

② 생산요소수요의 한계적 편익

$$MR_L = MRP_L$$
$$= MR \cdot MP_L = \overline{P} \cdot MP_L$$

③ 생산물 공급 시 한계수입과 한계비용 고려

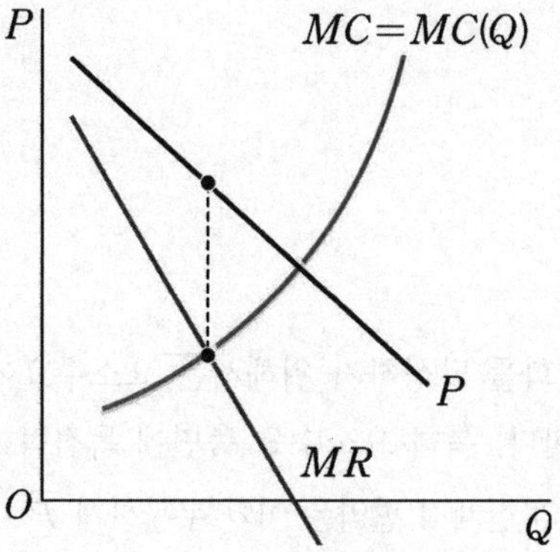

(그림 17-10)

③ 생산요소 수요 시 한계편익과 한계비용 고려

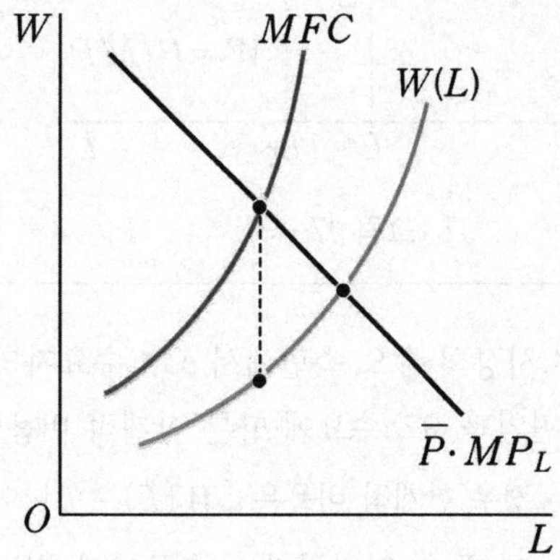

(그림 17-11)

3) 생산요소 수요독점과 생산요소 수요의 기하적 분석

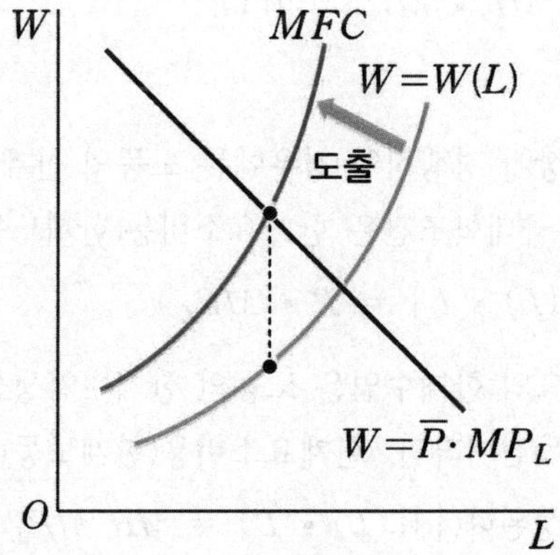

(그림 17-12)

4 생산요소시장의 균형

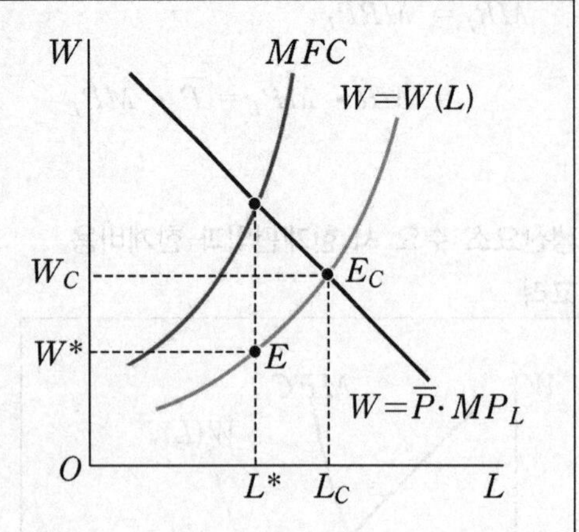

(그림 17-13)

생산요소시장의 수요 측면에서 요소수요자의 이윤의 극대화를 달성하기 위해서는 요소수요에 따른 한계적 편익과 요소수요에 따른 한계적 비용이 일치해야 한다. 특히 요소수요 측면에 독점적 요소가 존재하는 경우 한계적 비용은 $[W(L)\cdot L]'$ 이며, 요소수요의 한계적 편익은 이와 무관하게 $\overline{P}\cdot MP_L$ 이 된다. 이 둘을 일치시키는 수준에서 최적의 요소수요량이 결정되고 이에 기해서 요소공급자의 수취의사요소가격에 맞춰서 요소가격을 설정하게 된다.

1) 균형조건식

① 노동수요의 한계비용 = 노동수용의 한계수입

cf 노동수요 = 노동공급

$\overline{P}\cdot MP_L = W(L)$

$MR\cdot MP_L = W(L)$

② $[W(L)\cdot L]' = \overline{P}\cdot MP_L$

이때, 주의할 점은 노동수요의 한계수입은 생산물시장이 경쟁적인 경우에는 노동의 한계생산가치를 의미한다. 따라서 수요독점 요소시장에서 이윤극대화조건은 한계요소비용(한계노동비용)과 노동의 한계생산가치가 일치할 때 충족된다($[W(L)\cdot L]' = \overline{P}\cdot MP_L$).

그런데, 만일 생산물시장이 독점일 경우에는 노동수요의 한계수입은 노동의 한계수입생산이 된다. 따라서 수요독점 요소시장에서, 생산물 시장이 독점이라면, 한계요소비용(한계노동비용)과 노동의 한계수입생산이 일치할 때 이윤극대화가 달성된다($[W(L)\cdot L]' = MR\ MP_L$).

2) 균형

① 균형점 : $E(L^*, W^*)$

② 비교 : 요소시장이 완전경쟁인 경우와 비교하여 낮은 고용량, 낮은 임금

필수예제

A 기업은 노동시장에서 수요독점자이다. 다음 설명 중 옳지 않은 것은? (단, A 기업은 생산물시장에서 가격수용자이다.)
▸ 2016년 공인노무사

① 균형에서 임금은 한계요소비용(marginal factor cost)보다 낮다.
② 균형에서 노동의 한계생산가치(VMP_L)와 한계요소비용이 같다.
③ 한계요소비용곡선은 노동공급곡선의 아래쪽에 위치한다.
④ 균형에서 완전경쟁인 노동시장에 비해 노동의 고용량이 더 적어진다.
⑤ 균형에서 완전경쟁인 노동시장에 비해 노동의 가격이 더 낮아진다.

출제이슈 수요독점과 이윤극대화

핵심해설 **정답** ③

수요독점 요소시장에서는 노동수요의 한계비용과 한계수입이 일치하여야 이윤극대화를 달성할 수 있다.

이때, 노동수요의 한계비용은 한계요소비용(한계노동비용)이며 노동수요의 한계수입은 노동의 한계생산가치를 의미한다. 따라서 수요독점 요소시장에서 이윤극대화조건은 한계요소비용(한계노동비용)과 노동의 한계생산가치가 일치할 때 충족된다($[\,W(L) \cdot L\,]' = \overline{P} \cdot MP_L$).

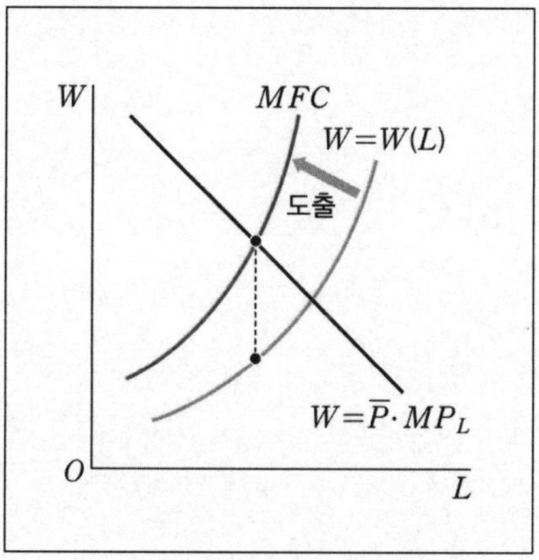

설문을 검토하면 다음과 같다.

①, ② 모두 옳은 내용이다.
균형은 한계요소비용과 노동의 한계생산가치가 일치하는데서 달성된다. 그런데 임금은 수요독점자로서의 지위를 활용하여 한계요소비용이 아니라 그보다 더 낮은 수준으로 설정된다. 따라서 균형에서 임금은 한계요소비용(marginal factor cost)보다 낮다.

③ 틀린 내용이다.
위의 그래프에서 보는 바와 같이 한계요소비용곡선은 노동공급곡선의 아래쪽이 아니라 위쪽에 있다.

④ 옳은 내용이다.
완전경쟁적인 노동시장이라면, 노동의 한계생산가치곡선과 노동공급곡선이 교차하는 지점에서 균형이 형성된다. 그러나 수요독점적 노동시장에서는 노동의 한계생산가치곡선과 한계요소비용(한계노동비용)곡선이 교차하는 지점에서 균형이 형성된다. 따라서 경쟁적 노동시장에 비해 노동의 고용량이 더 적다.

⑤ 옳은 내용이다.
균형은 한계요소비용과 노동의 한계생산가치가 일치하는데서 달성된다. 그런데 임금은 수요독점자로서의 지위를 활용하여 한계요소비용이 아니라 그보다 더 낮은 수준으로 설정된다. 따라서 균형에서 완전경쟁인 노동시장에 비해 노동의 가격이 더 낮아진다.

독점 상품시장과 수요독점 노동시장에서 이윤을 극대화하는 기업의 고용량 결정에 관한 설명으로 옳은 것은? (단, 상품시장에서 수요곡선은 우하향, 한계비용곡선은 우상향한다.) ▸ 2017년 보험계리사

① 노동의 한계생산물가치와 임금이 일치하도록 고용량을 결정한다.
② 노동의 한계생산물가치와 한계노동비용(marginal labor cost)이 일치하도록 고용량을 결정한다.
③ 노동의 한계수입생산(marginal revenue of product)과 한계노동비용이 일치하도록 고용량을 결정한다.
④ 한계비용과 임금이 일치하도록 고용량을 결정한다.

출제이슈 수요독점과 이윤극대화
핵심해설 **정답** ③

수요독점 요소시장에서는 노동수요의 한계비용과 한계수입이 일치하여야 이윤극대화를 달성할 수 있다.

이때, 노동수요의 한계비용은 한계요소비용(한계노동비용)이며 노동수요의 한계수입은 노동의 한계생산가치를 의미한다. 따라서 수요독점 요소시장에서 이윤극대화조건은 한계요소비용(한계노동비용)과 노동의 한계생산가치가 일치할 때 충족된다($[W(L) \cdot L]' = \overline{P} \cdot MP_L$).

그런데, 만일 생산물시장이 독점일 경우에는 노동수요의 한계수입은 노동의 한계수입생산이 된다. 따라서 수요독점 요소시장에서, 생산물 시장이 독점이라면, 한계요소비용(한계노동비용)과 노동의 한계수입생산이 일치할 때 이윤극대화가 달성된다($[W(L) \cdot L]' = MR\ MP_L$).

한편, 노동의 한계수입생산은 생산물시장이 독점인 경우에, 노동을 추가적으로 더 투입할 때, 추가적으로 얻을 수 있는 수입의 증가분을 의미하는데 이는 생산물시장의 한계수입에 노동의 한계생산을 곱하여 도출된다.

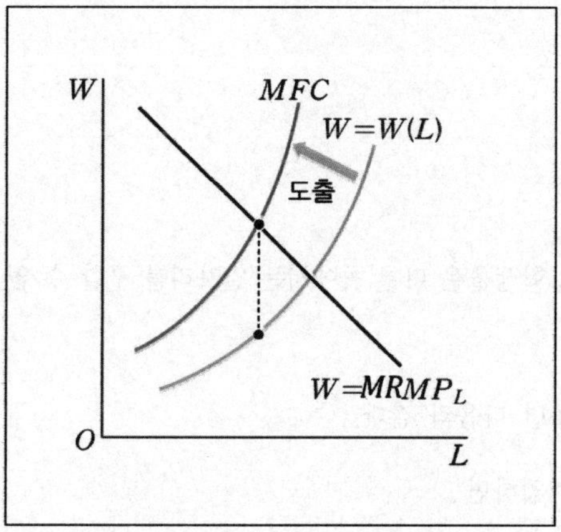

③이 옳은 내용이다. 수요독점 요소시장에서, 생산물 시장이 독점이라면, 한계요소비용(한계노동비용)과 노동의 한계수입생산이 일치할 때 이윤극대화가 달성된다($[W(L) \cdot L]' = MR\ MP_L$).

A 대학교 근처에는 편의점이 하나밖에 없으며 편의점 사장에게 아르바이트 학생의 한계생산가치는 $VMP_L = 60 - 3L$이다. 아르바이트 학생의 노동공급이 $L = w - 40$이라고 하면 균형고용량과 균형임금은 각각 얼마인가? (단, L은 노동량, w는 임금이다.) ▸ 2019년 감정평가사

① 2, 42 ② 4, 44 ③ 4, 48
④ 6, 42 ⑤ 6, 46

출제이슈 수요독점과 이윤극대화

핵심해설 **정답 ②**

수요독점 요소시장에서는 노동수요의 한계비용과 한계수입이 일치하여야 이윤극대화를 달성할 수 있다.

이때, 노동수요의 한계비용은 한계요소비용(한계노동비용)이며 노동수요의 한계수입은 노동의 한계생산가치를 의미한다. 따라서 수요독점 요소시장에서 이윤극대화조건은 한계요소비용(한계노동비용)과 노동의 한계생산가치가 일치할 때 충족된다($[W(L) \cdot L]' = \overline{P} \cdot MP_L$).

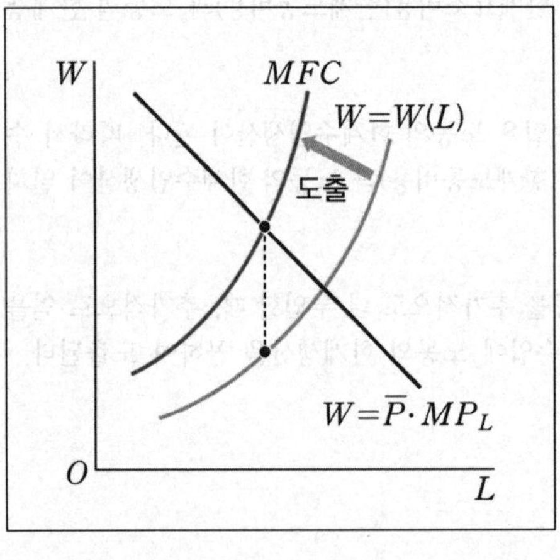

설문을 검토하면 다음과 같다.

설문에서 A대학교 근처에 편의점은 한 개밖에 없고 아르바이트 학생들은 다른 곳에서는 일자리를 구할 수 없는 상황이므로 전형적인 요소시장의 수요독점에 해당한다.

설문의 자료를 이용하여 요소시장의 수요독점 이윤극대화를 풀면 다음과 같다.

수요독점의 균형조건식 $[W(L) \cdot L]' = \overline{P} \cdot MP_L$에 산식을 대입하면

설문에서 노동공급은 $W = W(L) = L + 40$, 노동수요는 $\overline{P}\,MP_L = VMP_L = 60 - 3L$

균형조건식 $[W(L) \cdot L]' = \overline{P} \cdot MP_L$에 대입하면 $[(L+40)L]' = 60 - 3L$이 된다.
이를 풀면, $L = 4$, $w = 44$가 된다.

Chapter 18

생산요소시장과 소득분배

THEME 01 기능별 소득분배

1 의의

1) 기능별 소득분배

생산요소에 대한 보수를 소득으로 보고 노동, 자본 등 요소 간 보수의 분배를 기능별 소득분배라고 한다. 생산요소 중 노동은 임금소득, 자본은 이자소득, 토지는 지대소득을 획득하게 되는데 각 요소에 대한 보수는 생산요소시장에서의 요소가격에 의하여 결정된다. 따라서 기능별 소득분배이론은 생산요소시장에서의 요소가격결정에 기하여 소득분배를 분석하게 된다.

2) 계층별 소득분배

집단구성원의 소득을 크기에 따라서 순서대로 나열하여 상위계층부터 하위계층으로 구분하는 경우 상위계층과 하위계층의 계층 간 집단 간 소득의 분배를 계층별 소득분배라고 한다.

2 한계생산성 이론

1) 기능별 소득분배와 한계생산성 이론

앞서 생산요소시장의 분석에서 대표적인 생산요소인 노동과 자본의 요소가격은 생산요소시장이 균형을 이루었을 때 결정되며 이때, 요소가격은 요소의 한계생산성에 해당하는 만큼으로 결정됨을 알았다. 이렇게 요소소득이 요소가격에 기반하여 결정되며 요소가격은 요소시장에서 한계생산성에 의해서 결정된다는 분배이론을 한계생산성 이론이라고 한다.

2) 요소소득과 한계생산성 모형

① 생산요소투입 및 생산

$Q = Q(L, K)$

② 생산요소시장의 균형

i) $w = P \cdot MP_L$

ii) $r = P \cdot MP_K$

③ 요소소득

ⅰ) 노동소득(임금소득) : $wL = P \cdot MP_L \cdot L$

ⅱ) 자본소득(이자소득) : $rK = P \cdot MP_K \cdot K$

④ 요소 간 소득분배

노동소득과 자본소득 간의 소득분배 비율은 다음과 같이 표시될 수 있다. 이에 따르면 기능별 혹은 요소별 소득분배는 각 요소의 고용량과 한계생산에 의해서 결정되며 특히 총생산함수의 형태에 의해서 영향을 받음을 알 수 있다.

$$\frac{\text{노동소득}}{\text{자본소득}} = \frac{wL}{rK} = \frac{P \cdot MP_L}{P \cdot MP_K}\frac{L}{K} = \frac{MP_L}{MP_K}\frac{L}{K}$$

THEME 02 계층별 소득분배

1 십분위 분배율

1) 정의와 산식

집단구성원의 소득을 크기에 따라서 순서대로 나열한 후 소득순위 하위 40퍼센트가 차지하는 소득의 누적치를 소득순위 상위 20퍼센트가 차지하는 누적치로 나눈 값을 십분위 분배율이라고 한다.

$$D = \frac{\text{하위 40\%가 점유하는 소득}}{\text{상위 20\%가 점유하는 소득}}$$

2) 성질

십분위 분배율 D가 클수록 소득분배가 균등하다. 만일 소득분배가 완전균등한 경우 D는 2로서 최댓값이 되며, 소득분배가 완전불균등한 경우 D는 0으로서 최솟값이 된다. 십분위 분배율은 $0 \leqq D \leqq 2$의 범위에서 존재하게 된다.

2 5분위 배율

1) 정의와 산식

소득순위 상위 20퍼센트가 차지하는 소득의 누적치를 소득순위 하위 20퍼센트가 차지하는 누적치로 나눈 값을 5분위 배율이라고 한다.

$$q = \frac{\text{상위 20\%가 점유하는 소득}}{\text{하위 20\%가 점유하는 소득}}$$

2) 성질

5분위 배율이 작을수록 소득분배가 균등하다. 만일 소득분배가 완전균등한 경우 5분위 배율은 1로서 최솟값이 되며, 소득분배가 완전불균등한 경우 5분위 배율은 이론상 무한대가 된다.

3 10분위 배율

1) 정의와 산식

소득순위 상위 10퍼센트가 차지하는 소득의 누적치를 소득순위 하위 10퍼센트가 차지하는 누적치로 나눈 값을 10분위 배율이라고 한다.

$$d = \frac{\text{상위 10\%가 점유하는 소득}}{\text{하위 10\%가 점유하는 소득}}$$

2) 성질

10분위 배율이 작을수록 소득분배가 균등하다. 만일 소득분배가 완전균등한 경우 10분위 배율은 1로서 최솟값이 되며, 소득분배가 완전불균등한 경우 10분위 배율은 이론상 무한대가 된다.

4 로렌츠 곡선

1) 정의와 산식

집단구성원의 소득을 크기에 따라서 순서대로 나열한 후 소득 하위계층부터 시작하여 인구의 누적점유율과 그에 대응하는 소득의 누적점유율을 대응시켜 연결한 곡선을 로렌츠 곡선이라고 한다. 만일 소득하위 인구의 $x\%$가 전체소득의 $y\%$를 점유하는 경우 로렌츠 곡선의 식은 $y = f(x)$로 표시할 수 있다.

2) 기하적 표현

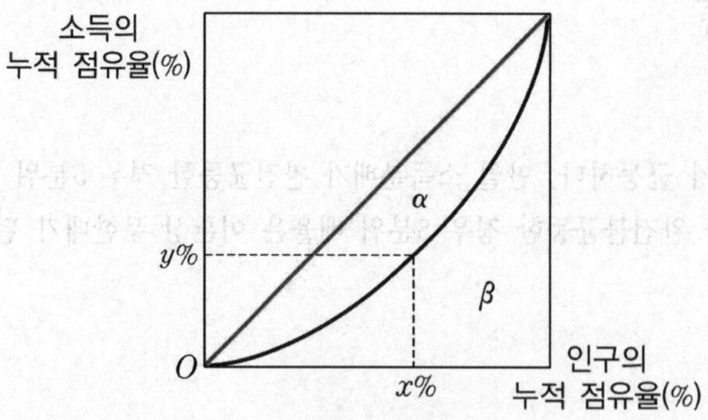

(그림 18-1)

3) 성질

① 로렌츠 곡선의 기울기

로렌츠 곡선은 소득하위 인구의 $x\%$가 전체소득의 $y\%$를 점유함을 의미하기 때문에 소득하위 인구의 추가적 증분에 따른 전체소득의 비율의 추가적 증분은 반드시 증가해야 한다. 즉, 이는 로렌츠 곡선은 증가함수이면서 그 기울기도 증가함수임을 의미한다. 따라서 소득하위 인구의 $x\%$가 전체소득의 $y\%$를 점유할 때, 로렌츠 곡선의 식을 $y = f(x)$로 표시하면 $f'(x) > 0,\ f''(x) > 0$이 된다.

② 로렌츠 곡선의 교차

서로 다른 두 집단 혹은 국가 간 로렌츠 곡선은 교차할 수 있으며 이 경우에는 로렌츠 곡선만을 가지고는 소득분배 상태에 대하여 일률적인 판단을 내릴 수 없다. 이 경우에는 보통 지니계수를 추가적으로 활용한다.

③ 로렌츠 곡선과 균등분배

로렌츠 곡선이 대각선(완전균등선이라고 한다.)에 가까울수록 소득분배가 균등하며 만일 대각선이 되는 경우에는 완전한 균등분배를 의미한다. 특히 로렌츠 곡선의 기울기가 일정한 경우 그 기울기가 유지되는 소득계층 안에서 균등한 분배가 이루어지고 있음을 의미한다. 따라서 로렌츠 곡선의 기울기가 일정하게 유지되는 구간이 복수로 나타나는 경우에는 그 구간을 하나의 소득계층으로 볼 경우 해당 계층의 집단 내에서는 균등한 분배이지만, 계층 간 집단 간에서는 차등한 분배임을 의미한다.

4) 한계

로렌츠 곡선은 두 집단 간에 있어서 분배상태를 단지 서수적 관점에서 상대적으로 평가할 뿐이다. 즉, 어느 집단이 다른 집단보다 더 평등한 분배상태이다, 아니다를 판정할 수 있을 뿐 어느 정도로 더 평등한지 불평등한지에 대해서는 판정할 수 없다. 더구나 앞에서 본 바와 같이 로렌츠 곡선이 교차하는 경우에는 서수적 평가마저도 불가능하다는 한계가 있다. 로렌츠 곡선의 서수적 평가의 한계를 극복하기 위해서 아래의 지니계수를 사용할 수 있다.

5 지니계수

1) 정의와 산식

로렌츠 곡선의 그래프에서 완전균등선과 로렌츠 곡선으로 둘러싸인 부분의 면적인 α 만큼의 면적을 로렌츠 곡선의 완전균등선 아래의 면적인 $\alpha + \beta$ 만큼의 면적으로 나눈 값을 지니계수라고 한다.

$$G = \frac{\text{로렌츠 곡선의 } \alpha \text{면적}}{\text{로렌츠 곡선의 } \alpha + \beta \text{면적}}$$

2) 성질

지니계수 G가 작을수록 소득분배가 균등하다. 만일 소득분배가 완전균등한 경우 G는 0으로서 최솟값이 되며, 소득분배가 완전불균등한 경우 G는 1로서 최댓값이 된다. 지니계수는 $0 \leqq G \leqq 1$의 범위에서 존재하게 된다.

6 앳킨슨 지수

1) 정의와 산식

현재의 평균소득과 균등분배대등소득(equally distributed equivalent income) 간의 차이를 현재의 평균소득으로 나눈 값을 앳킨슨 지수라고 한다.

$$A = \frac{(\text{현재의 평균소득} - \text{균등분배 대등소득})}{\text{현재의 평균소득}}$$

2) 균등분배대등소득

균등분배대등소득(Y_{EDE})이란 현재의 사회후생수준과 동일한 사회후생을 달성시키는 균등화된 평균소득을 말한다. 소득수준의 평균이 $\overline{Y}$로 주어졌을 때, 이때 해당 사회의 후생수준이 $\overline{SW}$라고 하자. 만일 사회구성원 모두에게 똑같이 Y_0의 소득을 균등하게 분배한 경우에 역시 사회후생수준이 $\overline{SW}$가 된다면, 그 때 균등하게 분배된 소득 Y_0를 균등분배대등소득이라고 한다. 여기서 대등은 대등한 후생수준을 말한다. 소득분배가 균등할수록 균등분배대등소득은 현재의 평균소득에 수렴할 것이고 반대로 소득분배가 불균등할수록 균등분배대등소득은 0에 수렴할 것이다.

3) 성질

앳킨슨지수 A가 작을수록 소득분배가 균등하다. 만일 소득분배가 완전균등한 경우 균등분배대등소득은 현재의 평균소득과 일치하게 되어 A는 0으로서 최솟값이 되며, 소득분배가 완전불균등한 경우에는 균등분배대등소득이 극단적으로 0이 되어 A는 1로서 최댓값이 된다. 앳킨슨계수는 $0 \leqq A \leqq 1$의 범위에서 존재하게 된다.

필수예제

소득분배에 관한 설명으로 옳은 것을 모두 고른 것은? ▸ 2023년 감정평가사

ㄱ. 국민소득이 임금, 이자, 이윤, 지대 등으로 나누어지는 몫이 얼마인지 보는 것이 계층별 소득분배이다.
ㄴ. 로렌츠곡선이 대각선에 가까울수록 보다 불평등한 분배 상태를 나타낸다.
ㄷ. 두 로렌츠곡선이 교차하면 소득분배 상태를 비교하기가 불가능하다.
ㄹ. 지니계수 값이 1에 가까울수록 보다 불평등한 분배 상태를 나타낸다.

① ㄱ, ㄴ ② ㄱ, ㄷ
③ ㄴ, ㄷ ④ ㄴ, ㄹ ⑤ ㄷ, ㄹ

출제이슈 불평등도 지수의 특징

핵심해설 **정답 ⑤**

ㄱ. 틀린 내용이다.
생산요소에 대한 보수를 소득으로 보고 노동, 자본 등 요소 간 보수의 분배를 기능별 소득분배라고 한다. 생산요소 중 노동은 임금소득, 자본은 이자소득, 토지는 지대소득을 획득하게 되는데 각 요소에 대한 보수는 생산요소시장에서의 요소가격에 의하여 결정된다. 따라서 기능별 소득분배이론은 생산요소시장에서의 요소가격결정에 기하여 소득분배를 분석하게 된다. 한편 계층별 소득분배는 집단구성원의 소득을 크기에 따라서 순서대로 나열하여 상위계층부터 하위계층으로 구분하는 경우 상위계층과 하위계층의 계층 간 집단 간 소득의 분배를 분석한다.

ㄴ. 틀린 내용이다.
로렌츠곡선은 소득 하위계층부터 시작하여 인구의 누적점유율과 그에 대응하는 소득의 누적점유율(소득하위 인구의 $x\%$가 전체소득의 $y\%$를 점유)을 연결한 곡선이다. 로렌츠곡선이 대각선에 가까울수록 소득분배가 균등하며, 완전히 균등한 소득분배의 경우에 대각선과 일치한다. 한편, 로렌츠곡선은 증가함수이며, 로렌츠곡선의 기울기도 증가함수이다.

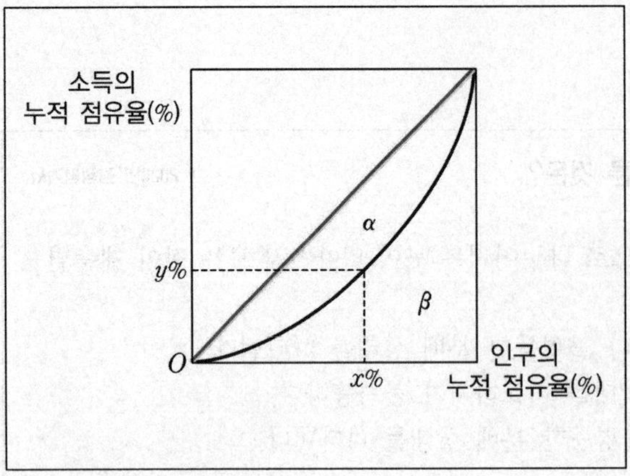

ㄷ. 옳은 내용이다.

서로 다른 두 집단 혹은 국가 간 로렌츠 곡선은 교차할 수 있으며 이 경우에는 로렌츠 곡선만을 가지고는 소득분배 상태에 대하여 일률적인 판단을 내릴 수 없다. 이 경우에는 보통 지니계수를 추가적으로 활용한다.

ㄹ. 옳은 내용이다.

지니계수는 로렌츠곡선이 완전균등분배선인 대각선에서 얼마나 이탈해있는지를 측정해주는 지표로서 다음과 같이 계산된다. (지니계수 $G = \frac{\text{로렌츠곡선의 } \alpha \text{면적}}{\text{로렌츠곡선의 } \alpha + \beta \text{면적}}$) 이때, 로렌츠곡선이 완전균등분배선인 대각선에 접근할수록 지니계수는 작아지며 소득분배는 균등해진다. 완전균등한 소득분배인 경우 로렌츠곡선이 완전균등분배선인 대각선과 일치하므로 지니계수는 0이 된다. 완전불균등한 소득분배인 경우에는 지니계수가 1이 된다.

다음은 불평등지수에 대한 설명이다. ㉠ ~ ㉢에 들어갈 말로 알맞은 것은? ▸ 2014년 지방직 7급

- 지니계수가 (㉠)수록, 소득불평등 정도가 크다.
- 십분위 분배율이 (㉡)수록, 소득불평등 정도가 크다.
- 앳킨슨지수가 (㉢)수록, 소득불평등 정도가 크다.

	㉠	㉡	㉢
①	클	작을	작을
②	클	작을	클
③	작을	작을	작을
④	작을	클	클

출제이슈 불평등도 지수의 특징

핵심해설 **정답** ②

1) 지니계수

지니계수는 로렌츠 곡선이 완전균등분배선인 대각선에서 얼마나 이탈해있는지를 측정해주는 지표로서 다음과 같이 계산된다(지니계수 $G=\dfrac{\text{로렌츠 곡선의 }\alpha\text{면적}}{\text{로렌츠 곡선의 }\alpha+\beta\text{면적}}$). 이때, 로렌츠 곡선이 완전균등분배선인 대각선에 접근할수록 지니계수는 작아지며 소득분배는 균등해진다. 완전균등한 소득분배인 경우 로렌츠 곡선이 완전균등분배선인 대각선과 일치하므로 지니계수는 0이 된다. 완전불균등한 소득분배인 경우에는 지니계수가 1이 된다.

2) 십분위분배율

십분위분배율은 하위 40%가 점유하는 소득을 상위 20%가 점유하는 소득으로 나눈 값이다. 따라서 십분위분배율이 클수록 소득분배는 균등해진다고 할 수 있다. 완전균등한 소득분배인 경우 하위 40%가 점유하는 소득은 정확히 상위 20%가 점유하는 소득의 2배가 되므로 십분위분배율은 2가 된다. 완전불균등한 소득분배인 경우 십분위분배율은 0이 된다. 따라서 십분위분배율의 값이 커질수록 더 평등한 분배 상태를 나타낸다.

3) 앳킨슨지수

앳킨슨지수는 다음과 같이 현재의 평균소득에서 균등분배대등소득을 차감한 값을 현재의 평균소득으로 나누어서 구한다.

$$A=\frac{(\text{현재의 평균소득}-\text{균등분배 대등소득})}{\text{현재의 평균소득}}$$

균등분배대등소득(Y_{EDE})이란 현재의 사회후생수준과 동일한 사회후생을 달성시키는 균등화된 평균소득을 의미하는데 만일 현재 극단적으로 완전히 불균등한 상태라면 균등분배대등국민소득은 0이라고 할 수 있다. 따라서 이때는 앳킨슨지수는 1이 된다. 만일 현재 완전히 균등한 상태라면 현재의 사회후생수준과 동일한 사회후생을 달성시키는 균등화된 평균소득이 바로 현재의 균등한 평균소득과 일치할 것이다. 따라서 이 때는 앳킨슨지수가 0이 된다. 앳킨슨지수는 0에서 1 사이의 값을 가지면서 소득분배가 불균등해질수록 커지고 균등해질수록 작아지게 된다.

위의 내용에 따라서 설문을 검토하면 다음과 같다.

- 지니계수가 (㉠ 클)수록, 소득불평등 정도가 크다.
- 십분위분배율이 (㉡ 작을)수록, 소득불평등 정도가 크다.
- 앳킨슨지수가 (㉢ 클)수록, 소득불평등 정도가 크다.

그림은 소득분배상태를 나타내는 로렌츠 곡선(Lorenz curve)이다. 이에 대한 설명으로 옳지 않은 것은?

▸ 2020년 국가직 9급

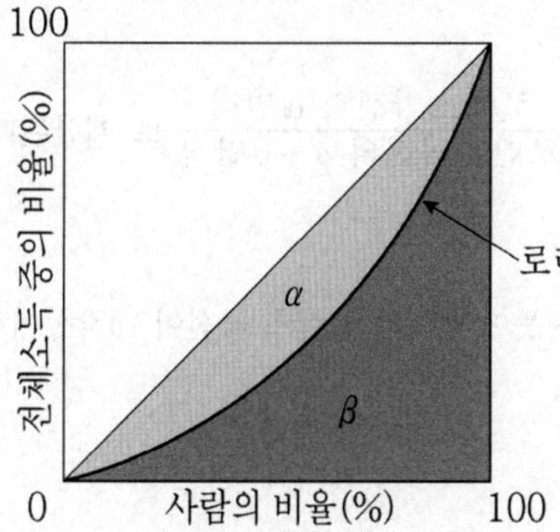

① 소득분배가 완전 균등할 경우 로렌츠 곡선은 대각선이 된다.

② 두 경제의 로렌츠 곡선이 서로 교차하는 경우 소득분배상태를 비교할 수 있다.

③ 지니계수(Gini coefficient)는 $\dfrac{\alpha}{\alpha+\beta}$이다.

④ 지니계수 값이 클수록 더욱 불평등한 소득분배상태를 나타낸다.

출제이슈 로렌츠 곡선과 지니계수의 특징

핵심해설 **정답 ②**

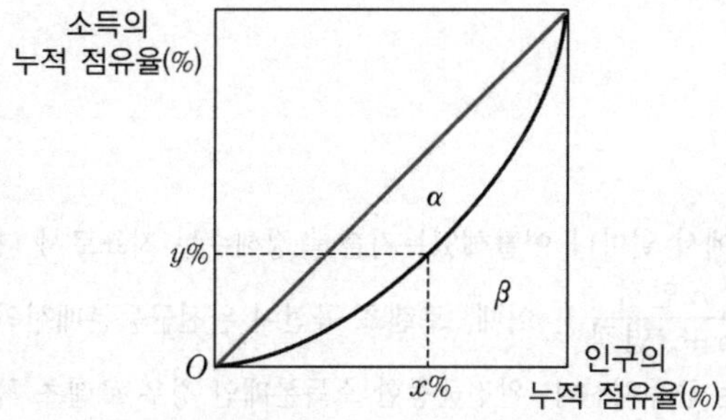

로렌츠 곡선이란 왼쪽과 같이 소득 하위계층부터 시작하여 인구의 누적점유율과 그에 대응하는 소득의 누적점유율을 연결한 곡선을 말한다(소득하위 인구의 $x\%$가 전체소득의 $y\%$를 점유).

그리고 지니계수는 로렌츠 곡선에서 다음과 같이

$G = \dfrac{\text{로렌츠곡선의 } \alpha \text{ 면적}}{\text{로렌츠곡선의 } \alpha+\beta \text{ 면적}}$로 계산된다.

설문을 검토하면 다음과 같다.

① 옳은 내용이다.
로렌츠 곡선이 대각선에 가까울수록 소득분배가 균등하며 소득분배가 완전 균등할 경우 로렌츠 곡선은 대각선이 된다.

② 틀린 내용이다.

로렌츠 곡선이 서로 교차하는 경우 로렌츠 곡선이 대각선에 얼마나 근접하는지를 일관된 기준으로 평가할 수 없기 때문에 소득분배상태를 비교할 수 없다. 따라서 이때는 지니계수를 사용해야 한다.

③ 옳은 내용이다.

지니계수는 로렌츠 곡선에서 $G=\frac{\text{로렌츠 곡선의 }\alpha\text{면적}}{\text{로렌츠 곡선의 }\alpha+\beta\text{면적}}$ 로 계산된다.

④ 옳은 내용이다.

지니계수가 클수록 α 면적이 크다는 뜻이며 이는 로렌츠 곡선이 대각선에서 멀리 떨어져 있게 되어 불평등한 소득분배상태를 의미한다.

소득분배를 측정하는 방식에 관한 설명으로 옳지 않은 것은? ▸ 2018년 공인노무사

① 지니계수 값이 커질수록 더 불균등한 소득분배를 나타낸다.
② 십분위분배율 값이 커질수록 더 균등한 소득분배를 나타낸다.
③ 모든 구성원의 소득이 동일하다면 로렌츠 곡선은 대각선이다.
④ 동일한 지니계수 값을 갖는 두 로렌츠 곡선은 교차할 수 없다.
⑤ 전체 구성원의 소득기준 하위 10% 계층이 전체소득의 10%를 벌면 로렌츠 곡선은 대각선이다.

출제이슈 불평등도 지수의 특징

핵심해설 **정답** ④

설문을 검토하면 다음과 같다.

① 옳은 내용이다.

지니계수는 로렌츠 곡선이 완전균등분배선인 대각선에서 얼마나 이탈해있는지를 측정해주는 지표로서 다음과 같이 계산된다(지니계수 $G=\frac{\text{로렌츠 곡선의 }\alpha\text{면적}}{\text{로렌츠 곡선의 }\alpha+\beta\text{면적}}$). 이때, 로렌츠 곡선이 완전균등분배선인 대각선에 접근할수록 지니계수는 작아지며 소득분배는 균등해진다. 완전균등한 소득분배인 경우 로렌츠 곡선이 완전균등분배선인 대각선과 일치하므로 지니계수는 0이 된다. 완전불균등한 소득분배인 경우에는 지니계수가 1이 된다. 따라서 지니계수의 값이 커질수록 더 불평등한 분배상태를 나타낸다.

② 옳은 내용이다.

십분위분배율은 하위 40%가 점유하는 소득을 상위 20%가 점유하는 소득으로 나눈 값이다. 완전균등한 소득분배인 경우 하위 40%가 점유하는 소득은 정확히 상위 20%가 점유하는 소득의 2배가 되므로 십분위분배율은 2가 된다. 완전불균등한 소득분배인 경우 십분위분배율은 0이 된다. 따라서 십분위분배율이 클수록 소득분배는 균등해진다고 할 수 있다.

③ 옳은 내용이다.
로렌츠 곡선은 소득 하위계층부터 시작하여 인구의 누적점유율과 그에 대응하는 소득의 누적점유율(소득하위 인구의 $x\%$가 전체소득의 $y\%$를 점유)을 연결한 곡선이다. 로렌츠 곡선이 대각선에 가까울수록 소득분배가 균등하며, 완전히 균등한 소득분배의 경우에 대각선과 일치한다. 한편, 로렌츠 곡선은 증가함수이며, 로렌츠곡선의 기울기도 증가함수이다.

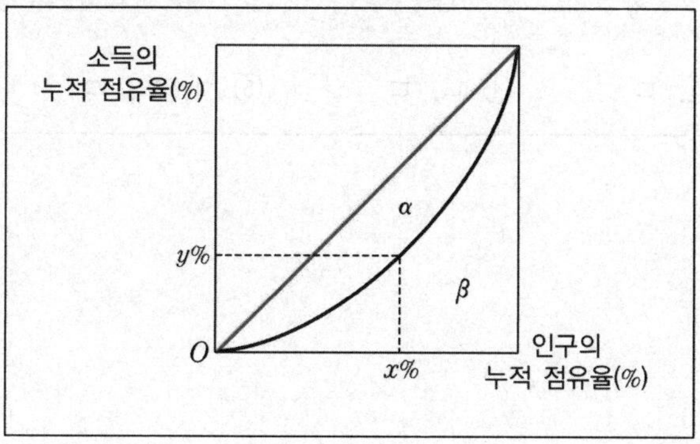

④ 틀린 내용이다.
두 로렌츠 곡선이 같은 형태는 아니어도 기하적인 면적계산을 통해 도출되는 지니계수 값은 동일할 수도 있다. 따라서 지니계수 값이 동일하더라도 로렌츠 곡선은 다른 형태일 수 있으므로 교차할 수도 있다.

⑤ 옳은 내용이다.
전체 구성원의 소득기준 하위 10% 계층이 전체소득의 10%를 벌면 로렌츠 곡선은 대각선이다. 왜냐하면, 로렌츠 곡선은 소득하위 인구의 $x\%$가 전체소득의 $y\%$를 점유함을 의미하기 때문에 소득하위 인구의 추가적 증분에 따른 전체소득의 비율의 추가적 증분은 반드시 증가해야 한다. 즉, 이는 로렌츠 곡선은 증가함수이면서 그 기울기도 증가함수임을 의미한다. 최초에 하위 10% 계층이 전체소득의 10%를 벌면 로렌츠 곡선의 기울기가 1로 일정함을 의미하며 그 이후로는 이전의 기울기보다 크거나 같게 된다. 그런데 이후의 기울기가 1보다 크게 되면 로렌츠 곡선에서 완전균등선의 제약을 벗어나는 것이므로 불가능하다. 결국 기울기가 1이 될 수밖에 없다. 이는 완전균등한 분배를 의미하며 로렌츠 곡선이 완전균등선이 됨을 의미한다.

소득분배가 완전히 균등한 경우를 모두 고른 것은? ▸ 2016년 감정평가사

ㄱ. 로렌츠 곡선이 대각선이다.
ㄴ. 지니계수가 0이다.
ㄷ. 십분위분배율이 2이다.

① ㄱ ② ㄴ ③ ㄱ, ㄷ ④ ㄴ, ㄷ ⑤ ㄱ, ㄴ, ㄷ

출제이슈 불평등도 지수의 특징

핵심해설 **정답** ⑤

설문을 검토하면 다음과 같다.

ㄱ. 옳은 내용이다.
로렌츠 곡선은 소득 하위계층부터 시작하여 인구의 누적점유율과 그에 대응하는 소득의 누적점유율(소득 하위 인구의 $x\%$가 전체소득의 $y\%$를 점유)을 연결한 곡선이다. 로렌츠 곡선이 대각선에 가까울수록 소득분배가 균등하며, 완전히 균등한 소득분배의 경우에 대각선과 일치한다. 한편, 로렌츠 곡선은 증가함수이며, 로렌츠 곡선의 기울기도 증가함수이다.

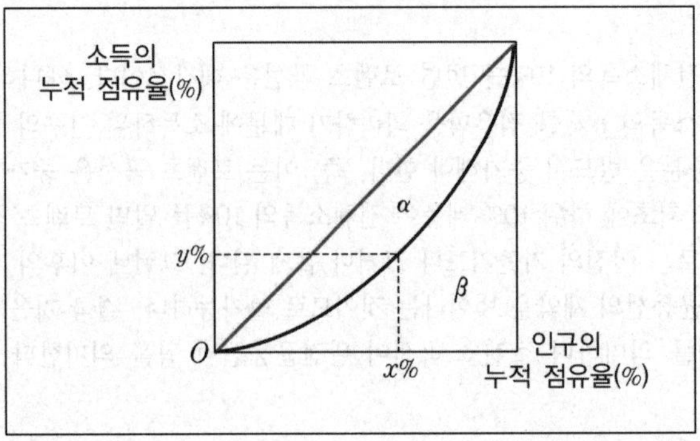

ㄴ. 옳은 내용이다.
지니계수는 로렌츠 곡선이 완전균등분배선인 대각선에서 얼마나 이탈해있는지를 측정해주는 지표로서 다음과 같이 계산된다(지니계수 $G = \dfrac{\text{로렌츠 곡선의 } \alpha \text{ 면적}}{\text{로렌츠 곡선의 } \alpha + \beta \text{ 면적}}$). 이때, 로렌츠 곡선이 완전균등분배선인 대각선에 접근할수록 지니계수는 작아지며 소득분배는 균등해진다. 완전균등한 소득분배인 경우 로렌츠 곡선이 완전균등분배선인 대각선과 일치하므로 지니계수는 0이 된다. 완전불균등한 소득분배인 경우에는 지니계수가 1이 된다.

ㄷ. 옳은 내용이다.
십분위분배율은 하위 40%가 점유하는 소득을 상위 20%가 점유하는 소득으로 나눈 값이다. 따라서 십분위분배율이 클수록 소득분배는 균등해진다고 할 수 있다. 완전균등한 소득분배인 경우 하위 40%가 점유하는 소득은 정확히 상위 20%가 점유하는 소득의 2배가 되므로 십분위분배율은 2가 된다. 완전불균등한 소득분배인 경우 십분위분배율은 0이 된다.

PART 07

시장균형과 효율 및 후생

Chapter 19

균형이론

THEME 01 일반균형

1 의의

일반균형이란 경제 내 모든 시장이 동시에 균형상태에 있음을 의미한다. 이에 비해 부분균형이란 경제 내 특정 시장이 균형상태에 있는 것으로서 다른 시장의 경우는 이른바 "다른 모든 조건이 일정한 것으로 가정"하여 분석하지 않는다.

2 조건

1) 효용극대화

시장 내의 모든 소비자는 효용을 극대화하면서 생산물시장에서 상품을 수요하고 생산요소시장에서 요소를 공급하고 있다.

2) 이윤극대화

시장 내의 모든 생산자는 이윤을 극대화하면서 생산물시장에서 상품을 공급하고 생산요소시장에서 요소를 수요하고 있다.

3) 수요와 공급의 일치

시장 내의 주어진 가격체계하에서 모든 상품시장과 모든 생산요소시장에서 수요량과 공급량이 일치하여 균형을 이루고 있다.

3 특징

1) 시장조직의 경쟁성

일반균형은 시장의 수요와 공급이 일치할 때 달성되는데 특히 모든 경제주체들이 가격수용자라고 할 경우에는 경쟁적 시장의 균형을 의미하고 있는 것이다.

2) 균형의 존재성 및 유일성

시장에서 균형이 항상 나타나는 것은 아닐 수도 있다. 균형이 존재하지 않을 수도 있으며 또한 균형이 존재하더라도 유일하지 않고 복수로 존재할 수도 있다.

3) 균형의 안정성

일단 일반균형상태가 성립되면, 시장 내의 경제주체들은 최적화가 달성되고 있는 상황이므로 다른 교란요인이 없는 한, 모든 경제주체는 현재 상태에 머물려고 하여 일반균형은 유지되는 성질이 있다.

4) 불균형의 조정

시장에서 불균형이 나타날 경우에는 시장가격이 변화하고 그에 따른 시장참여주체들의 행동이 변화하여 결국 시장의 불균형이 해소되고 다시 균형을 달성하게 된다.

5) 균형의 효율성

시장에서 달성된 일반균형을 후생경제학적으로 평가함에 있어 균형에 의한 자원배분이 파레토효율을 만족하는가의 문제로서 이는 후생경제학의 제정리로 분석할 수 있다.

THEME 02 일반균형모형(교환)

1 모형의 설정

1) 소비

① 두 경제주체 A, B는 두 재화 X, Y를 수요 및 소비하고 있다.

② 두 경제주체 A, B의 각 재화에 대한 소비량은 X_A^D, Y_A^D, X_B^D, Y_B^D 라고 표시할 수 있다.

2) 생산

① 생산은 고려하지 않고 경제 내에 X재, Y재가 부존되어 있는 것으로 가정한다.

② 경제 내에 부존되어 있는 각 재화의 양은 X^S, Y^S 라고 표시할 수 있다.

2 최초배분상태

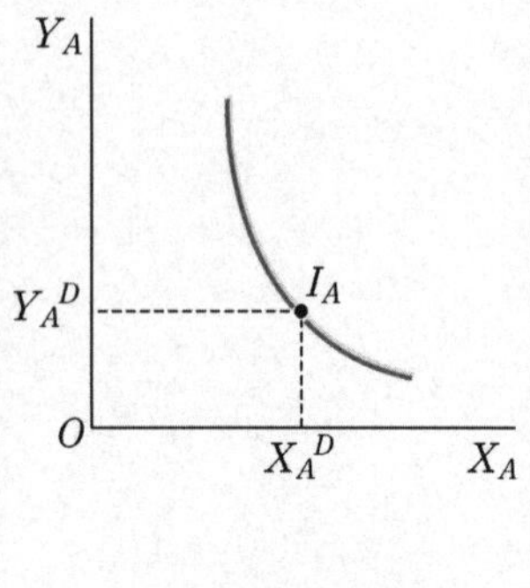

(그림 19-1-1)

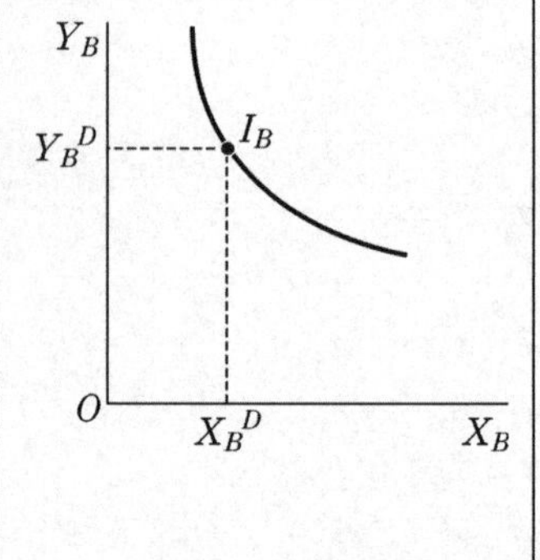

(그림 19-1-2)

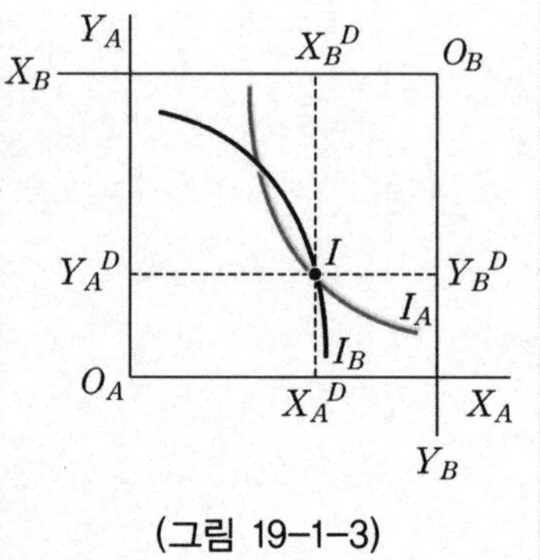

(그림 19-1-3)

3 최초배분상태 (I_A, I_B)의 평가

1) 최적화 평가

최초배분상태에서의 가격(그림 19-2-1, 19-2-2)을 고려하여 평가하면 주어진 가격에 대하여 효용을 극대화하고 있지 못한 상황으로서 최적화 달성에 실패하고 있음을 알 수 있다.

2) 초과수요 평가

한편 이때 최초배분상태는 생산되어 부존된 두 재화 X, Y를 두 경제주체 A, B가 남김없이 소비하고 있기 때문에 초과수요는 0인 상황임을 알 수 있다.

3) 일반균형 평가

초과수요는 0이지만 시장 내의 경제주체들은 효용극대화 달성에 실패하고 있기 때문에 일반균형은 아니라고 할 수 있다. 현재 최적화에 실패하여 균형에서 이탈되어 있는 상태이므로 가격의 조정을 통해서 최적화를 달성하고 균형을 모색해 나가는 과정을 아래에서 살펴보자.

4 균형모색과정

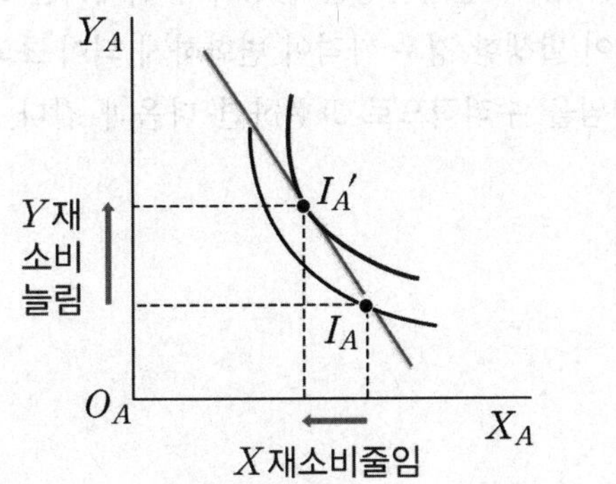

〈A의 최적화〉
(그림 19-2-1)

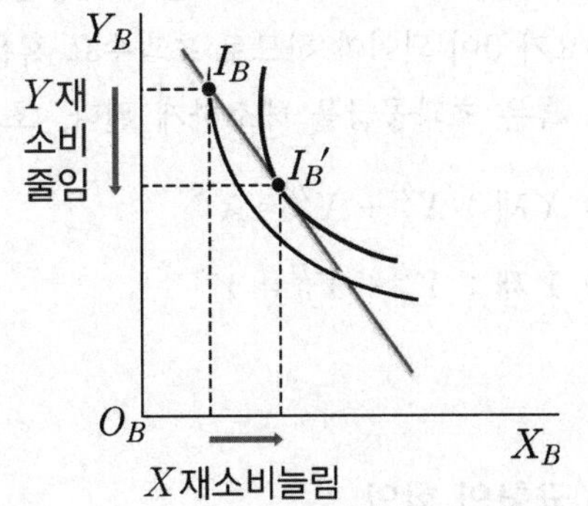

〈B의 최적화〉
(그림 19-2-2)

1) 최적화 달성

시장에서 가격기구에 의해서 A와 B 간 교환이 발생한다면 최적화를 달성할 수 있다.

2) 초과수요 발생의 문제

그러나 문제는 최적화가 달성되더라도 초과수요가 발생할 수 있다는 것이다.

3) 가격의 역할

최적화를 달성할 수 있도록 신호 역할을 함과 동시에 가격이 적절히 변화하여 초과수요도 없애는 역할을 한다.

$$\begin{cases} \text{초과수요 } \oplus \rightarrow \text{가격상승} \rightarrow \text{수요감소, 공급증가} \rightarrow \text{초과수요} = 0 \\ \text{초과수요 } \ominus \rightarrow \text{가격하락} \rightarrow \text{수요증가, 공급감소} \rightarrow \text{초과수요} = 0 \end{cases}$$

5 균형 달성

1) 최적화

두 경제주체 A, B의 최적화, 즉 효용극대화는 시장에서 제시된 상대가격과 자신들의 한계대체율이 일치하는 상황에서 달성될 수 있다. 이를 수리적으로 표현하면 다음과 같다.

① $A : MRS_{X,Y}^{A} = \dfrac{P_X}{P_Y}$

② $B : MRS_{X,Y}^{B} = \dfrac{P_X}{P_Y}$

2) 초과수요

두 경제주체 A, B가 시장에서 제시된 상대가격을 수용하며 최적화 즉 효용극대화를 달성해 나가는 과정에서 초과수요 혹은 초과공급이 발생할 수 있다. 일반균형을 달성하기 위해서는 초과수요가 0이 되어야 하므로 초과수요 혹은 초과공급이 발생한 경우 가격이 변화하게 되어 초과수요 혹은 초과공급을 해소하게 된다. 초과수요가 0임을 수리적으로 표현하면 다음과 같다.

① X재 : $X_A^D + X_B^D = X^S$

② Y재 : $Y_A^D + Y_B^D = Y^S$

6 균형의 함의

1) 시장 내의 모든 경제주체는 참여한 교환거래로부터의 이득을 얻고 후생을 증가시킬 수 있다.

2) 시장에서 결정된 가격은 각 경제주체의 최적화 달성에 기여할 뿐만 아니라 시장에서의 초과수요를 해소하는 데 기여한다.

3) 일반경쟁균형에 의한 자원배분은 파레토효율적이다(후생경제학 제1정리).

Chapter 20

효율이론

THEME 01 파레토효율

1 의의

경제 내의 어느 누구에게도 손해가 가지 않으면서 최소한 한 사람 이상에게 이득이 되도록 하는 것이 불가능한 자원배분상태를 파레토효율이라고 한다. 즉, 이는 파레토개선이 불가능한 상황을 의미한다.

2 조건

1) 파레토개선의 불가능

파레토효율이란 파레토개선이 불가능한 상황으로서 이를 구체적으로 보면 경제 내 주체들의 효용, 이윤, 잉여 및 재화의 생산이 극대화된 상태를 의미한다.

2) 초과수요는 0

경제 내에서 생산되거나 부존되어 있는 생산물 및 생산요소는 빠짐없이 소비되어 남김없이 배분되어 사용되고 있는 상태를 의미한다.

3) 가격개념의 불개입

파레토개선 및 초과수요 해소를 위해서는 경제 내의 주체 간 조정이 중요하며 이는 가격 개념이 개입되고 있지 않음에 주의해야 한다.

3 분류

1) 소비의 파레토효율

소비에 있어서 효용이 가장 극대화된 상태로서 더 이상 소비의 파레토개선이 불가능한 상태를 의미한다. 만일 다른 이에게 손해를 주지 않으면서 최소한 한 사람 이상의 효용을 증가시킬 수 있으면 소비의 파레토개선이 가능한 상황이다.

2) 생산의 파레토효율

생산에 있어서 재화의 산출이 가장 극대화된 상태로서 더 이상 생산의 파레토개선이 불가능한 상태를 의미한다. 만일 어느 한 재화의 생산을 감소시키지 않고서 다른 재화의 생산을 증가시킬 수 있으면 생산의 파레토개선이 가능한 상황이다.

3) 소비·생산 전체의 파레토효율

소비와 생산의 종합적 관점에서 소비로 인한 편익과 생산의 비용의 차이로서의 잉여가 가장 극대화된 상태로서 더 이상 소비·생산의 파레토개선이 불가능한 상태를 의미한다. 만일 다른 주체에게 손해를 주지 않으면서 잉여를 증가시킬 수 있으면 소비·생산의 파레토개선이 가능한 상황이다.

4 특징

파레토효율을 만족하는 자원배분은 1개만 존재하는 것이 아니라 무수히 많이 존재한다. 무수히 많은 파레토효율적 자원배분 중에서 어느 것이 우월한지는 판정할 수 없다. 그리고 파레토효율은 효율성에 대한 판단 기준일 뿐 형평성에 대하여는 아무런 판단의 기준을 제공하지 못한다.

THEME 02 소비(교환)의 파레토효율

1 모형의 설정(2인 2재화 모형)

1) 소비(효용함수)

① 두 경제주체 A, B는 두 재화 X, Y를 소비하고 있다.

② 두 경제주체 A, B의 각 재화에 대한 소비량은 $\overline{X_A}$, $\overline{Y_A}$, $\overline{X_B}$, $\overline{Y_B}$라고 표시할 수 있다.

2) 생산

① 생산은 고려하지 않고 경제 내에 X재, Y재가 부존되어 있는 것으로 가정한다.

② 경제 내에 부존되어 있는 각 재화의 양은 $\overline{X}$, $\overline{Y}$ 라고 표시할 수 있다.

2 최초배분상태

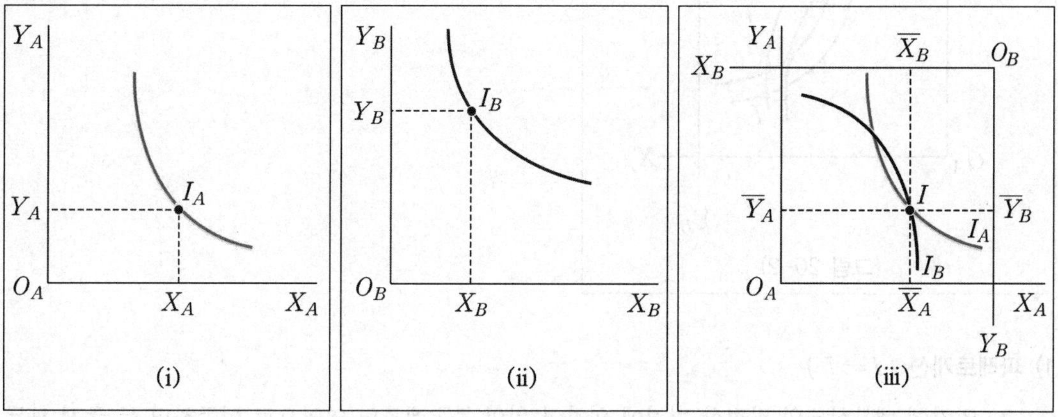

(그림 20-1)

3 최초배분상태 (I_A, I_B)의 평가

1) 파레토개선 여부 평가

최초배분상태에서 두 경제주체의 한계대체율을 고려하여 평가하면, 경제주체들 간 재화에 대해 평가가 서로 상이($MRS^A_{X,Y} \neq MRS^B_{X,Y}$)하기 때문에 배분상태를 적절히 변경하면 파레토개선이 가능하다. 따라서 최초배분상태는 파레토효율의 달성에 실패하고 있음을 알 수 있다.

2) 초과수요 평가

한편 이때 최초배분상태는 생산되어 부존된 두 재화 X, Y를 두 경제주체 A, B가 남김없이 소비하고 있기 때문에 초과수요는 0인 상황임을 알 수 있다.

3) 파레토효율 평가

초과수요는 0이지만 경제주체들은 파레토개선이 가능하므로 파레토효율이 아닌 상태이다. 경제주체들 간 배분상태의 적절한 변경을 통하여 파레토개선이 가능하고 이를 통해서 파레토효율을 모색해 나가는 과정을 아래에서 살펴보자.

4 파레토개선 과정

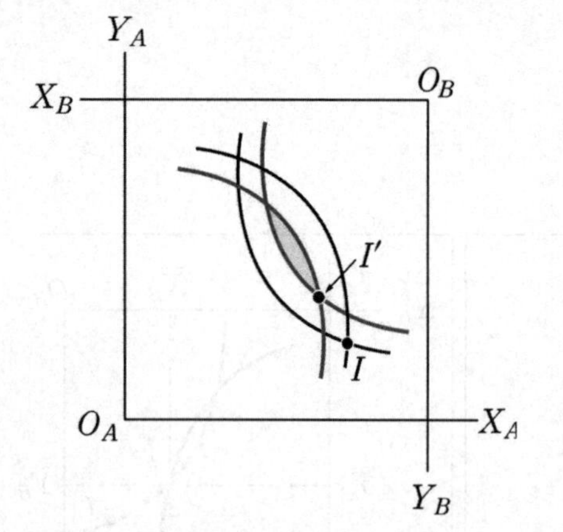

(그림 20-2)

1) 파레토개선 ($I \Rightarrow I'$)

A, B 간에 배분상태의 적절한 변경에 의하여 위의 볼록렌즈의 영역으로 이동하면 두 주체 모두 효용이 증진되므로 파레토개선이 가능하다.

2) 초과수요 발생의 문제

파레토개선의 과정에서 초과수요가 발생하지 않도록 배분상태의 적절한 변경이 이루어져야 한다.

3) 계약의 역할

파레토개선이 가능하도록 A, B는 배분상태를 변경시키는 적절한 계약에 의하여 자원배분상태를 변화시키게 된다.

5 파레토효율 달성

1) 파레토개선 불가능

두 경제주체 A, B의 효용증진, 즉 파레토개선이 더 이상 불가능해지는 상태는 자신들의 한계대체율이 일치하는 상황에서 달성될 수 있다. 이를 수리적으로 표현하면 다음과 같다.

$$MRS^{A}_{X,Y} = MRS^{B}_{X,Y}$$

2) 초과수요

두 경제주체 A, B가 배분상태를 변경시키는 과정, 즉 파레토개선의 과정에서 초과수요 혹은 초과공급이 발생할 수 있다. 파레토효율을 달성하기 위해서는 초과수요가 0이 되어야 하므로 초과수요 혹은 초과공급이 발생한 경우 배분상태의 변경이 지속적으로 발생하게 되어 초과수요 혹은 초과공급을 해소하게 된다. 초과수요가 0임을 수리적으로 표현하면 다음과 같다.

① X재 : $X_A + X_B = \overline{X}$

② Y재 : $Y_A + Y_B = \overline{Y}$

6 계약곡선과 효용가능곡선

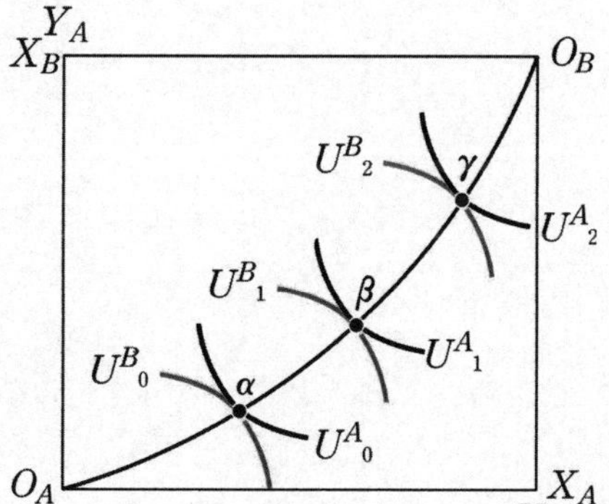

(그림 20-3)

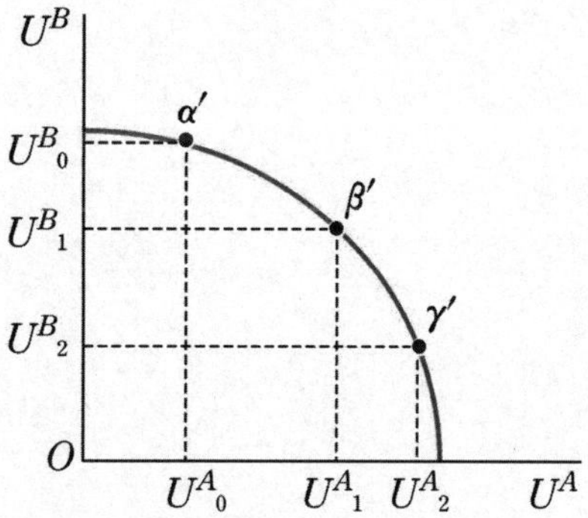

(그림 20-4)

1) 초기 부존점과 파레토효율

다양한 초기 부존점에 따라서 무수히 많은 파레토효율의 자원배분을 달성할 수 있다.

2) 계약곡선

소비의 파레토효율이 달성되도록 두 사람의 한계대체율이 서로 같게 되는 점들을 연결한 곡선을 계약곡선이라고 한다.

3) 효용가능곡선

계약곡선상의 점에 대응하는 두 사람의 효용수준의 조합을 연결한 곡선으로서 소비의 파레토효율이 달성되는 효용수준의 조합의 궤적을 의미한다.

7 파레토효율의 함의

1) 경제 내의 모든 경제주체는 배분상태의 변경을 통해서 이득을 얻고 후생을 증가시킬 수 있다.

2) 경제주체 간 자발적인 배분상태의 변경은 파레토개선에 기여할 뿐만 아니라 초과수요를 해소하여 파레토효율을 달성시킬 수 있다.

3) 파레토개선이 가능한 최초배분상태에서 일반적으로 시장균형에 의하여 파레토효율을 달성하는 것이 항상 가능한 것은 아니다. 즉 후생경제학 제1정리의 역은 성립하지 않는다. 그러나 만약 초기부존상태를 적절히 재분배하고 시장가격기구에 맡겨두면 파레토효율을 달성할 수 있다. 이를 후생경제학 제2정리라고 한다.

필수예제

에지워스 박스(Edgeworth box)를 사용한 일반균형분석에 대한 설명으로 옳지 않은 것만을 〈보기〉에서 모두 고르면? (단, 이 경제에는 A와 B 두 사람, X와 Y 두 재화만 존재하며 재화의 총량은 $\overline{X}$와 $\overline{Y}$로 결정되어 있다.) ▸ 2019년 국회 8급

〈보기〉
ㄱ. 재화 X, Y의 가격이 변동할 때, 계약곡선은 이동한다.
ㄴ. 계약곡선은 분배적 형평성을 실현했음을 의미한다.
ㄷ. 두 사람의 한계대체율이 서로 같게 되는 모든 점은 파레토효율점을 의미한다.
ㄹ. 만약 $X_A + X_B < \overline{X_A} + \overline{X_B}$라면, X재의 가격이 상승하여야 일반균형이 달성된다.

(단, X_A, X_B는 각각 A와 B의 X재화 수요량을, $\overline{X_A}$, $\overline{X_B}$는 각각 A와 B의 X재화 초기 소유량을 의미한다.)

① ㄴ ② ㄱ, ㄷ ③ ㄴ, ㄹ
④ ㄱ, ㄴ, ㄹ ⑤ ㄱ, ㄴ, ㄷ, ㄹ

출제이슈 교환의 파레토효율
핵심해설 **정답** ④

소비 또는 교환의 파레토효율이란 더 이상 소비의 파레토개선이 불가능한 상태로서 다른 이에게 손해를 주지 않으면서 최소한 한 사람 이상이 효용을 증가시키는 것이 불가능한 상태이다.

파레토개선이란 다른 이에게 손해를 주지 않으면서 최소한 한 사람 이상이 효용을 증가시킬 수 있으면 파레토개선이 가능한 것이다.

교환의 파레토효율과 관련된 주요개념은 다음과 같다.

1) 초기 부존점과 파레토효율 : 다양한 초기 부존점에 따라서 다양한 파레토효율 달성
2) 계약곡선 : 두 사람의 한계대체율이 서로 같게 되는 점들을 연결한 곡선
3) 효용가능곡선 : 계약곡선상의 점에 대응하는 두 사람의 효용수준의 조합을 연결한 곡선

설문을 검토하면 다음과 같다.

ㄱ. 틀린 내용이다.
계약곡선은 A와 B 두 사람의 한계대체율이 같은 점의 자취로서 파레토효율적인 점들이다. 이는 가격과 무관하다. 참고로 가격이 개입되는 경우는 일반균형으로서 파레토효율 및 계약곡선과 구별해야 한다. 그리고 설문에서 제시된 일반균형분석의 개념과 일반균형의 개념을 혼동하지 않아야 한다.

ㄴ. 틀린 내용이다.

계약곡선은 더 이상 파레토개선이 불가능하여 파레토효율을 달성한 배분의 자취로서 이는 효율적 자원배분만을 의미할 뿐 분배적 형평성을 보장하는 것은 아니다. 극단적으로 A와 B 두 사람 중 어느 한 사람에게만 자원이 배분되더라도 효율성은 만족하며, 이런 자원배분을 공평하다고 할 수는 없을 것이다.

ㄷ. 옳은 내용이다.

교환 혹은 소비의 파레토효율은 두 사람의 한계대체율이 서로 같게 된다는 특징을 가지고 있다. 만일 한계대체율이 다를 경우에는 두 사람이 동일한 재화에 대하여 내리는 평가가 다르기 때문에 두 사람의 적절한 계약을 통해서 두 사람 모두 파레토개선이 가능해지기 때문에 파레토효율이 아니다. 따라서 파레토효율은 한계대체율이 일치하여야 함이 입증되었다.

ㄹ. 틀린 내용이다.

$X_A + X_B$는 두 사람의 수요를 모두 더한 것이고 $\overline{X_A} + \overline{X_B}$ 는 두 사람의 초기부존량으로서 두 사람의 공급을 모두 더한 것으로 해석할 수 있다. 따라서 만약 $X_A + X_B < \overline{X_A} + \overline{X_B}$ 라면, 수요보다는 공급이 큰 상황이므로 X재의 가격이 하락하여야 일반균형이 달성된다. 주의할 것은 앞에서 ㄱ, ㄴ, ㄷ은 파레토효율 및 계약곡선에 대하여 묻고 있으며 여기 ㄹ은 일반균형을 묻고 있다. 그 둘은 구별되는 개념이며 그 둘 간의 관계가 바로 후생경제학 제1·2정리가 되는 것이다.

THEME 03 생산의 파레토효율

1 모형의 설정(2요소 2재화 모형)

1) 생산(생산함수)

① 두 생산요소 노동과 자본(L, K)을 투입하여 두 재화 X, Y를 생산하고 있다.

② 두 재화 X, Y 생산을 위한 요소의 투입량은 $\overline{L_X}, \overline{K_X}, \overline{L_Y}, \overline{K_Y}$ 라고 표시할 수 있다.

2) 요소

① 경제 내에 노동과 자본이 부존되어 있는 것으로 가정한다.

② 경제 내에 부존되어 있는 각 요소의 양은 $\overline{L}$, $\overline{K}$라고 표시할 수 있다.

2 최초배분상태

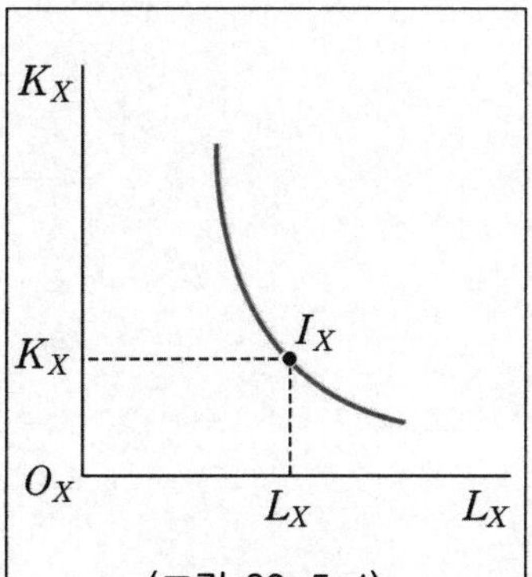

(그림 20-5-1)

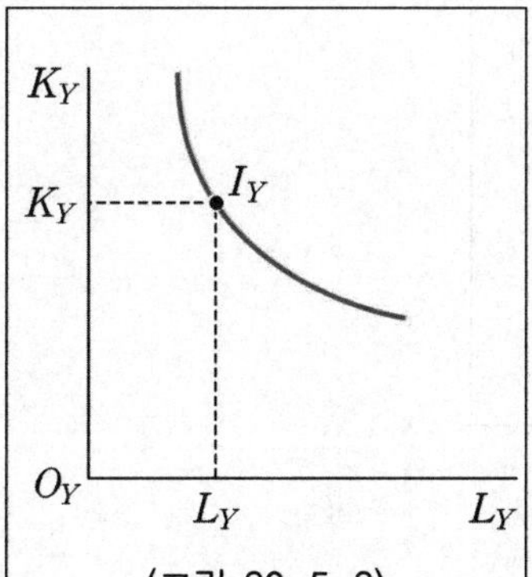

(그림 20-5-2)

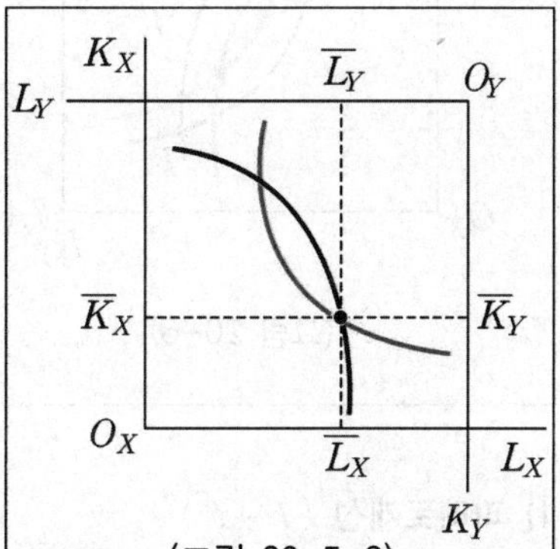

(그림 20-5-3)

3 최초배분상태 (I_X, I_Y)의 평가

1) 파레토개선 여부 평가

최초배분상태에서 생산요소 간 한계기술대체율을 고려하여 평가하면, 재화들 간 요소에 대해 평가가 서로 상이($MRTS_{L,K}^{X} \neq MRTS_{L,K}^{Y}$)하기 때문에 요소배분상태를 적절히 변경하면 파레토개선이 가능하다. 따라서 최초배분상태는 파레토효율의 달성에 실패하고 있음을 알 수 있다.

2) 초과수요 평가

한편 이때 최초배분상태는 경제 내에 부존된 두 요소 L, K가 두 재화 X, Y의 생산에 투입되고 있기 때문에 초과수요는 0인 상황임을 알 수 있다.

3) 파레토효율 평가

초과수요는 0이지만 재화생산에 있어 파레토개선이 가능하므로 파레토효율이 아닌 상태이다. 재화들 간 요소배분상태의 적절한 변경을 통하여 파레토개선이 가능하고 이를 통해서 파레토효율을 모색해 나가는 과정을 아래에서 살펴보자.

4 파레토개선 과정

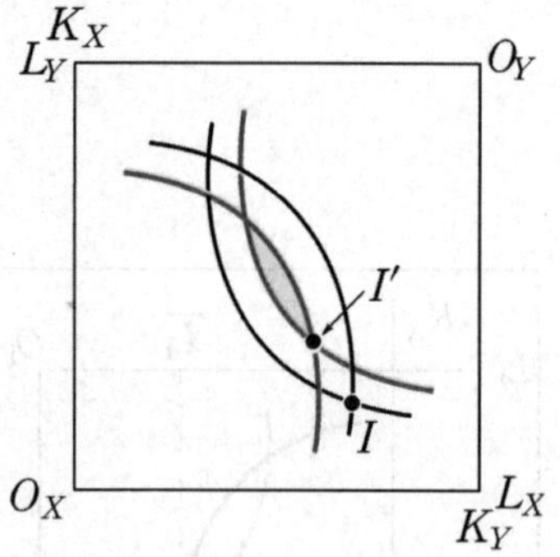

(그림 20-6)

1) 파레토개선 $(I \rightarrow I')$

X, Y 간에 요소배분상태의 적절한 변경에 의하여 위의 볼록렌즈의 영역으로 이동하면 두 재화 모두 생산이 증대되므로 파레토개선이 가능하다.

2) 초과수요 발생의 문제

파레토개선의 과정에서 초과수요가 발생하지 않도록 배분상태의 적절한 변경이 이루어져야 한다.

3) 재배치의 역할

파레토개선이 가능하도록 두 재화의 생산에 요소의 배분상태를 변경시키는 적절한 재배치에 의하여 자원배분상태를 변화시키게 된다.

5 파레토효율 달성

1) 파레토개선이 불가능

두 재화 X, Y의 생산증대, 즉 파레토개선이 더 이상 불가능해지는 상태는 요소 간 한계대체율이 재화 간에 일치하는 상황에서 달성될 수 있다. 이를 수리적으로 표현하면 다음과 같다.

$$MRTS_{L,K}^{X} = MRTS_{L,K}^{Y}$$

2) 초과수요

두 재화 X, Y의 생산을 위한 요소배분상태를 변경시키는 과정, 즉 파레토개선의 과정에서 초과수요 혹은 초과공급이 발생할 수 있다. 파레토효율을 달성하기 위해서는 초과수요가 0이 되어야 하므로 초과수요 혹은 초과공급이 발생한 경우 배분상태의 변경이 지속적으로 발생하게 되어 초과수요 혹은 초과공급을 해소하게 된다. 초과수요가 0임을 수리적으로 표현하면 다음과 같다.

① $L: L_X + L_K = \overline{L}$

② $K: K_X + K_Y = \overline{K}$

6 계약곡선과 생산가능곡선

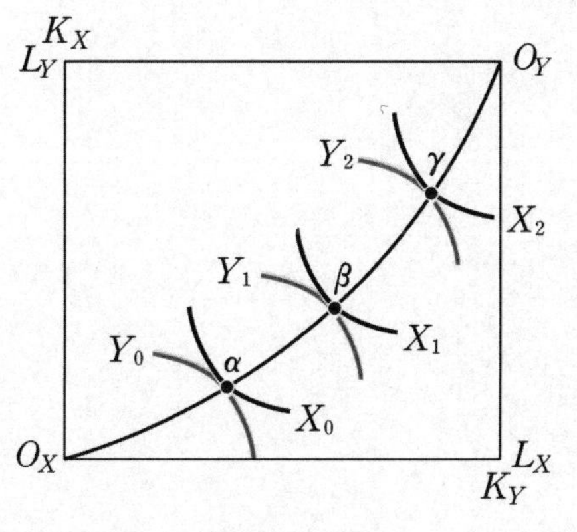

(그림 20-7)

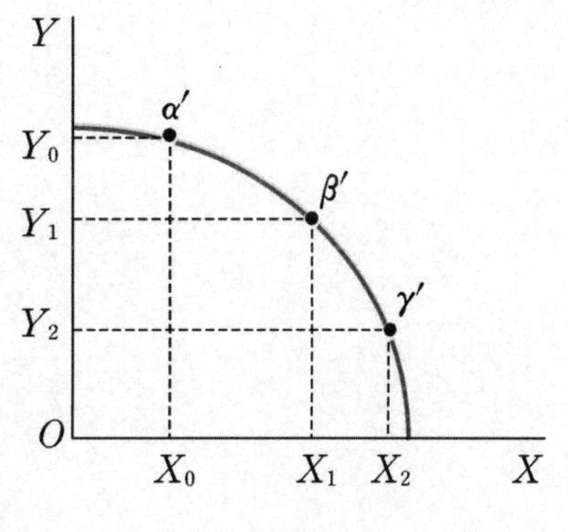

(그림 20-8)

1) 초기 부존점과 파레토효율

다양한 초기 부존점에 따라서 무수히 많은 파레토효율의 자원배분을 달성할 수 있다.

2) 계약곡선

생산의 파레토효율이 달성되도록 두 재화의 요소 간 한계기술대체율이 서로 같게 되는 점들을 연결한 곡선을 계약곡선이라고 한다.

3) 생산가능곡선

계약곡선상의 점에 대응하는 두 재화의 산출량 수준의 조합을 연결한 곡선으로서 생산의 파레토 효율이 달성되는 산출량 수준의 조합의 궤적을 의미한다.

THEME 04 소비 · 생산의 종합적 파레토효율

1 모형의 설정(2인 2재화 2요소 모형)

1) 생산

주어진 부존자원을 활용하여 최대한 생산 가능한 X, Y의 생산점의 조합으로서 생산가능곡선은 생산의 파레토효율을 달성하고 있다.

2) 소비

생산된 재화를 배분하여 더 이상 파레토개선이 불가능하도록 하는 A, B의 소비점의 조합으로서 소비의 계약곡선은 소비의 파레토효율을 달성하고 있다.

2 최초배분상태(생산가능곡선 + 에지워드 박스)

1) 생산 : $P(\overline{X}, \overline{Y})$

2) 소비 : $C\begin{cases} A: \overline{X_A}, \overline{Y_A} \\ B: \overline{X_B}, \overline{Y_B} \end{cases}$

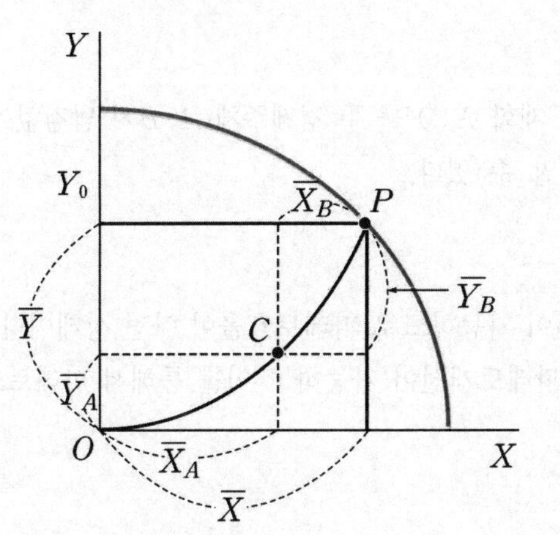

(그림 20-9)

3 최초배분상태로서 생산점과 소비점(P, C)의 평가

1) 파레토개선 여부 평가

최초배분상태에서 소비에 따른 한계대체율과 생산에 따른 한계전환율을 고려하여 평가하면, 소비에 있어 재화에 대한 평가와 생산에 있어 재화에 대한 평가가 서로 상이($MRS_{X,Y} \neq MRT_{X,Y}$)하기 때문에 소비와 생산의 배분상태를 적절히 변경하면 파레토개선이 가능하다. 따라서 최초배분상태는 파레토효율의 달성에 실패하고 있음을 알 수 있다. 간단한 수치사례를 들어보면 다음과 같다.

예

〈소비〉	〈생산〉
$MRS_{X,Y} = 3$	$MRT_{X,Y} = 2$
X재 1단위를 더 소비하기 위해 Y재 3단위 포기 가능	X재 1단위를 더 생산하기 위해 Y재 2단위 포기 가능
X재 1단위 ↔ Y재 3단위	X재 1단위 ↔ Y재 2단위
② X재 소비를 1단위 더 늘리고 대신 Y재 소비를 3단위 줄인다.	① 만일 X재 생산을 1단위 더 늘리고 대신 Y재 생산을 2단위 줄인다.

③ 따라서 기존과 동일한 효용을 유지하고도 Y재 1단위가 남아서 효용증진이 가능하다.

2) 초과수요 평가

한편 이때 최초배분상태는 생산되어 부존된 두 재화 X, Y를 두 경제주체 A, B가 남김없이 소비하고 있기 때문에 초과수요는 0인 상황임을 알 수 있다.

3) 파레토효율 평가

초과수요는 0이지만 경제주체들은 파레토개선이 가능하므로 파레토효율이 아닌 상태이다. 소비와 생산의 배분상태의 적절한 변경을 통하여 파레토개선이 가능하고 이를 통해서 파레토효율을 모색해 나가는 과정을 아래에서 살펴보자.

4 파레토개선 과정

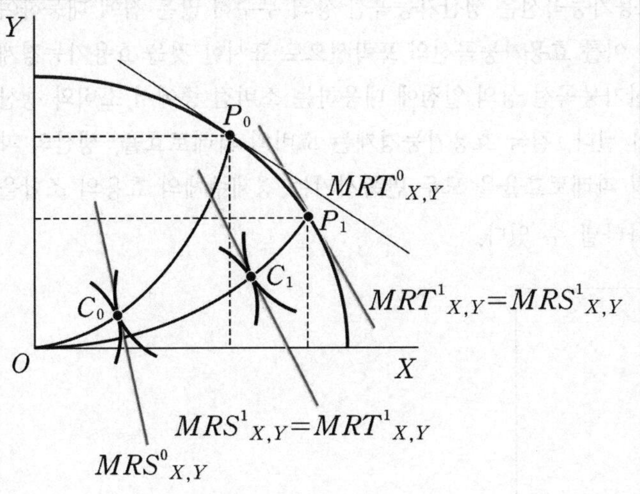

(그림 20-10)

소비에 있어 재화에 대한 평가와 생산에 있어 재화에 대한 평가가 서로 상이($MRS_{X,Y} \neq MRT_{X,Y}$) 하기 때문에 소비와 생산의 배분상태를 적절히 변경하면 잉여가 증가하여 파레토개선이 가능하다. 따라서 $MRS_{X,Y} = MRT_{X,Y}$가 되도록 소비와 생산의 배분상태를 변경한다.

5 파레토효율 달성

1) 파레토개선이 불가능

소비와 생산에 있어서 파레토개선이 더 이상 불가능해지는 상태는 소비에 따른 한계대체율과 생산에 따른 한계전환율이 일치하는 상황에서 달성될 수 있다. 이를 수리적으로 표현하면 다음과 같다.

$MRS_{X,Y} = MRT_{X,Y}$

2) 초과수요

소비와 생산에 있어서 배분상태를 변경시키는 과정에서 즉, 파레토개선의 과정에서 초과수요 혹은 초과공급이 발생하지 않도록 변경되어야 한다. 생산과 소비가 일치하도록 하는 것을 수리적으로 표현하면 다음과 같다.

① X재 : $\overline{X} = \overline{X_A} + \overline{X_B}$

② Y재 : $\overline{Y} = \overline{Y_A} + \overline{Y_B}$

PART · 07

6 효용가능경계

생산가능곡선 상의 일점에 대응하는 효용가능곡선은 생산가능곡선 상의 무수히 많은 점에 대응하여 무수히 많은 효용가능곡선이 존재한다. 이를 효용가능곡선의 포락선으로 표시한 것을 효용가능경계라고 한다. 따라서 효용가능경계는 생산가능곡선 상의 일점에 대응하는 소비점 중에서 소비와 생산의 종합적 파레토효율을 달성하는 점이 된다. 결국 효용가능경계는 소비의 파레토효율, 생산의 파레토효율 그리고 소비와 생산의 종합적 파레토효율을 모두 만족시키는 경제주체의 효용의 조합을 연결한 궤적으로 U^A, U^B 평면상에 나타낼 수 있다.

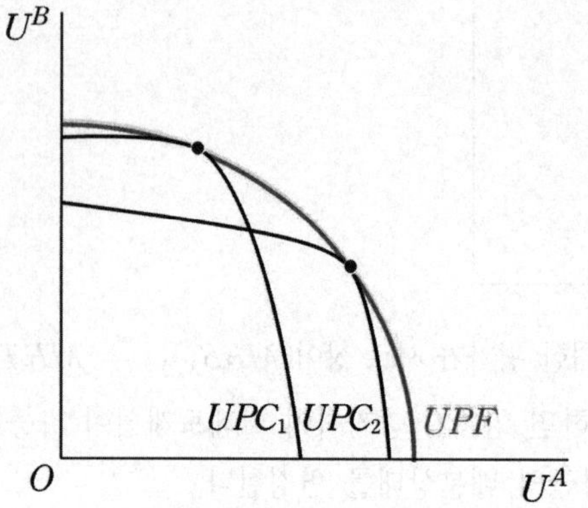

(그림 20-11)

필수예제

효용가능경계(utility possibilities frontier)에 대한 설명으로 옳은 것은 모두 고르면?

▶ 2017년 서울시 7급

ㄱ. 효용가능경계 위의 점들에서는 사람들의 한계대체율이 동일하며, 이 한계대체율과 한계생산변환율이 일치한다.
ㄴ. 어느 경제에 주어진 경제적 자원이 모두 고용되면 이 경제는 효용가능경계 위에 있게 된다.
ㄷ. 생산가능곡선 상의 한 점에서 생산된 상품의 조합을 사람들 사이에 적절히 배분함으로써 얻을 수 있는 최대 효용수준의 조합을 효용가능경계라고 한다.

① ㄱ ② ㄷ ③ ㄱ, ㄴ ④ ㄱ, ㄷ

출제이슈 효용가능경계
핵심해설 **정답 ①**

효용가능경계는 다음과 같다.
생산가능곡선 상의 일점에 대응하는 소비의 계약곡선, 효용가능곡선은 생산가능곡선 상 위치에 따라서 무수히 많이 존재하며 이를 효용가능곡선의 포락선으로 표시할 수 있는데 이를 효용가능경계라고 한다. 따라서 생산가능곡선(최적의 생산점) 상의 일점에 대응하는 최적의 소비점을 의미하며, 이는 소비의 파레토효율, 생산의 파레토효율, 소비 및 생산의 종합적 파레토효율을 모두 만족한다.

설문을 검토하면 다음과 같다.
ㄱ. 옳은 내용이다.
효용가능경계는 소비의 파레토효율, 생산의 파레토효율, 소비 및 생산의 종합적 파레토효율을 모두 만족하기 때문에 효용가능경계에서는 사람들의 한계대체율이 모두 동일하고, 재화생산에 있어서 한계기술대체율이 모두 동일할 뿐만 아니라 한계대체율과 한계전환율(설문의 한계생산변환율)이 일치한다.

ㄴ. 틀린 내용이다.
어느 경제의 경제적 자원이 모두 고용된다고 해서 효용가능경계 위에 존재하는 것은 아니다. 왜냐하면, 모두 고용이 되더라도 비효율적인 요소 투입이 발생할 수 있으며 이로 인해서 경제는 효율성 달성에 실패할 수도 있다. 완전고용이 반드시 효율성을 의미하는 것은 아니다. 이러한 경우에는 효용가능경계 위에 존재하지 못하게 된다.

ㄷ. 틀린 내용이다.
생산가능곡선 상의 "한" 점에서 생산된 상품의 조합을 사람들 사이에 적절히 배분함으로써 얻을 수 있는 최대 효용수준의 조합은 효용가능경계가 아니라 효용가능곡선이다. 효용가능경계는 무수히 많은 효용가능곡선들의 포락선을 의미한다. 효용가능곡선은 소비의 파레토효율을 만족하지만 효용가능경계는 소비의 파레토효율뿐만 아니라 생산의 파레토효율 그리고 소비와 생산의 종합적 파레토효율 모두 만족해야 한다.

사회후생 관점에서 자원의 효율적 활용에 관한 설명으로 옳지 않은 것은? ▸ 2024년 감정평가사

① 계약곡선상의 점들은 생산의 효율성을 보장하는 점들의 집합이다.
② 효용가능곡선은 주어진 상품을 두 사람에게 배분할 때, 두 사람이 얻을 수 있는 최대한의 효용수준의 조합이다.
③ 효용가능경계란 한 경제에 존재하는 경제적 자원을 가장 효율적으로 배분했을 때 얻을 수 있는 효용수준의 조합이다.
④ 종합적 효율성(overall efficiency)이란 생산의 효율성과 교환의 효율성이 동시에 달성된 상태를 말한다.
⑤ 생산가능곡선은 한 나라의 경제가 주어진 생산요소와 생산기술을 사용하여 최대한 생산할 수 있는 산출물들의 조합이다.

출제이슈 파레토효율

핵심해설 **정답** ①

소비의 파레토효율이란 소비에 있어서 효용이 가장 극대화된 상태로서 더 이상 소비의 파레토 개선이 불가능한 상태를 의미한다. 만일 다른 이에게 손해를 주지 않으면서 최소한 한 사람 이상의 효용을 증가시킬 수 있으면 소비의 파레토 개선이 가능한 상황이다. 소비의 파레토효율이 달성되도록 두 사람의 한계대체율이 서로 같게 되는 점들을 연결한 곡선을 소비의 계약곡선이라고 한다. 소비의 계약곡선상의 점들이 소비의 효율성을 보장한다. 효용가능곡선이란 소비의 계약곡선상의 점에 대응하는 두 사람의 효용수준의 조합을 연결한 곡선으로서 소비의 파레토효율이 달성되는 효용수준의 조합의 궤적을 의미한다.

생산의 파레토효율이란 생산에 있어서 재화의 산출이 가장 극대화된 상태로서 더 이상 생산의 파레토 개선이 불가능한 상태를 의미한다. 만일 어느 한 재화의 생산을 감소시키지 않고서 다른 재화의 생산을 증가시킬 수 있으면 생산의 파레토 개선이 가능한 상황이다. 생산의 파레토효율이 달성되도록 두 재화의 요소 간 한계기술대체율이 서로 같게 되는 점들을 연결한 곡선을 계약곡선이라고 한다. 생산의 계약곡선상의 점들이 생산의 효율성을 보장한다. 생산가능곡선이란 생산의 계약곡선상의 점에 대응하는 두 재화의 산출량 수준의 조합을 연결한 곡선으로서 생산의 파레토효율이 달성되는 산출량 수준의 조합의 궤적을 의미한다.

소비·생산 전체의 파레토효율이란 소비와 생산의 종합적 관점에서 소비로 인한 편익과 생산의 비용의 차이로서의 잉여가 가장 극대화된 상태로서 더 이상 소비·생산의 파레토 개선이 불가능한 상태를 의미한다. 만일 다른 주체에게 손해를 주지 않으면서 잉여를 증가시킬 수 있으면 소비·생산의 파레토 개선이 가능한 상황이다.

THEME 05 후생경제학 제1·2정리

1 후생경제학 제1정리

1) 의의

모든 소비자의 선호체계가 강단조성을 갖고 경제 안에 외부성이 존재하지 않으면 일반경쟁균형에 의한 배분은 파레토효율적이다. 이를 후생경제학 제1정리라고 하며 간단히 표현하면 일반경쟁효율은 파레토효율적임을 나타낸다.

2) 특징

후생경제학 제1정리는 보이지 않는 손의 현대적 해석이라고 할 수 있다. 각 경제주체의 상충되는 욕구를 조정하여 무질서한 혼돈의 상태에 균형이란 질서를 부여하고 그 결과 개인의 사리와 공익은 조화를 이루게 된다는 것이다.

3) 한계

후생경제학 제1정리는 불완전경쟁, 외부성이 존재할 경우 성립하지 못한다는 한계가 있다. 그리고 만일 불완전경쟁, 외부성이 없다고 하더라도 달성되는 균형에 의한 파레토효율적인 배분은 계약곡선 상의 수많은 효율적인 배분 중의 하나일 뿐이며 이 배분이 공평성까지 고려했을 때 가장 바람직하다는 보장은 없다.

2 후생경제학 제2정리

1) 의의

만일 초기부존자원이 적절히 분배된 상황에서 모든 사람의 선호가 연속적이고 강단조적이고 볼록성을 가지면 파레토효율적인 배분은 일반경쟁균형이 된다. 이를 후생경제학 제2정리라고 하며 간단히 표현하면 특정 조건이 충족된 상황에서는 파레토효율적 배분을 일반경쟁균형을 통해서 달성할 수 있음을 나타낸다.

2) 특징

후생경제학 제1정리의 역은 파레토효율적인 배분이 일반경쟁균형에 의해 달성할 수 있는가 혹은 파레토효율적인 배분이 일반경쟁균형에 의해 달성되도록 하는 가격이 존재하는가의 문제가 된다. 일반적으로 어떤 파레토효율적 배분이 현재 상태에서 항상 경쟁시장의 가격기구에 의하여 달성되는 것은 아니다. 즉, 후생경제학 제1정리의 역은 성립하지 않는다. 그러나 초기부존자원이 적절히 분배된 상황에서 특정조건들이 만족되면 성립할 수 있다. 그러나 선호체계가 볼록하지 못하면 제2정리가 성립하지 못함을 보일 수 있다.

3) 한계

후생경제학 제2정리의 성립을 위해서는 반드시 초기배분상태에 대한 적절한 재분배 과정이 필요하다. 즉 정액세 부과 및 보조를 통하여 초기 부존자원을 재분배하여야 하는데 이는 재분배의 이론적 가능성만을 보여주는 것일 뿐 확실하게 현실가능성이 있는 것은 아니라는 한계가 있다. 그리고 재분배를 위해서는 가격체계를 건드리지 않고 정액세-현금이전의 방식이 바람직함이 알려져 있다.

4) 기하적 표현

최초배분상태가 ①인 경우에 ②′의 파레토효율적인 자원배분을 달성하기 위해서 경쟁적 시장의 가격기구에 맡겨놓더라도 달성이 불가능하다. 이 경우에는 최초배분상태 ①을 적절한 재분배과정을 통하여 ②의 상태로 변경시킨 후에 경쟁적 시장의 균형에 의해 ②′의 파레토효율적인 자원배분을 달성할 수 있다.

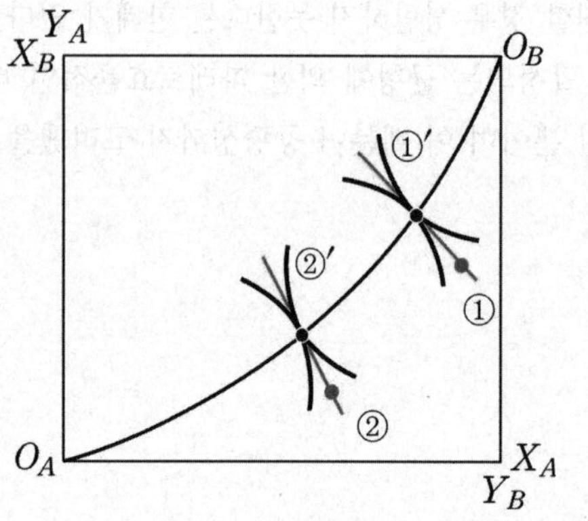

(그림 20-12)

① $\xrightarrow[\text{(가격기구)}]{\text{시장}}$ ①′

① $\xrightarrow[\text{(재분배)}]{\text{정부}}$ ② $\xrightarrow[\text{(가격기구)}]{\text{시장}}$ ②′

필수예제

효율적 자원배분 및 후생에 대한 옳은 것은? ▸ 2012년 국가직 7급

① 후생경제학 제1정리는 효율적 자원배분이 독점시장인 경우에도 달성될 수 있음을 보여준다.

② 후생경제학 제2정리는 소비와 생산에 있어 규모의 경제가 있으면 완전경쟁을 통해 효율적 자원배분을 달성할 수 있음을 보여준다.

③ 차선의 이론(theory of the second best)에 따르면 효율적 자원배분을 위해 필요한 조건을 모두 충족하지 못한 경우 더 많은 조건을 충족하면 할수록 더 효율적인 자원배분이다.

④ 롤스(J. Rawls)의 주장에 따르면 사회가 A, B 두 사람으로 구성되고 각각의 효용을 U_A, U_B라 할 때, 사회후생함수(SW)는 $SW = \min(U_A, U_B)$로 표현된다.

출제이슈 후생경제학 제정리, 차선의 이론, 롤스주의적 사회후생함수

핵심해설 **정답 ④**

① 틀린 내용이다.
후생경제학 제1정리에 의하면 모든 소비자의 선호체계가 강단조성을 갖고 경제 안에 외부성이 존재하지 않으면 일반경쟁균형에 의한 배분은 파레토효율적이다. 따라서 후생경제학 제1정리는 독점이 아니라 경쟁적 균형이 파레토효율적임을 의미한다.

② 틀린 내용이다.
후생경제학 제2정리에 의하면 초기부존자원이 적절히 분배된 상황에서 모든 사람의 선호가 연속적이고 강단조적이고 볼록성을 가지면 파레토효율적인 배분은 일반경쟁균형이 된다. 규모의 경제가 아니라 적절한 재분배가 선행되어야 경쟁시장에 의한 효율적 자원배분의 달성이 가능하다.

③ 틀린 내용이다.
차선의 이론에 의하면 여러 제약들로 효율성 달성 조건이 파괴된 상황하에서 효율성 조건이 많이 충족되지 못하고 있는 사회적 상태가 그렇지 못한 사회적 상태보다 사회후생이 오히려 더 나을 수 있다. 효율적 자원배분을 위해 필요한 조건을 모두 충족하지 못한 경우 더 많은 조건을 충족한다고 해서 더 효율적인 자원배분인 것은 아니라는 의미이다.

④ 옳은 내용이다.
사회후생함수란 개인의 효용수준을 사회의 후생수준으로 나타내 주는 함수로서 $SW = f(U^A, U^B)$로 표시된다. 이를 도출하기 위해서는 반드시 개인의 효용수준을 각각 비교하여 평가하는 과정이 필요하며 그 과정에서 공평성의 가치판단이 반영된다. 공평성의 가치판단에 따라서 사회후생함수는 공리주의적 사회후생함수, 평등주의적 사회후생함수, 롤스주의적 사회후생함수로 나뉜다. 특히 롤스주의적 사회후생함수에서 공평이란 가장 낮은 수준의 효용을 누리는 사람의 효용으로 사회후생을 도출하는 것으로 최소극대화의 원칙을 의미한다. 이때, 특정개인의 효용은 다른 개인의 효용으로 대체 불가능하며 사회후생함수는 $SW = Min\{U^A, U^B\}$로서 L자형의 형태를 가지게 된다.

Chapter 21

공평 및 후생이론

THEME 01 바람직한 자원배분과 사회후생함수

1 바람직한 자원배분

1) 효율성과 효용가능경계

효용가능경계는 파레토효율적 상태를 반영하고 있는데 이러한 효율적 자원배분은 무수히 많다. 무수히 많은 자원배분 중에서 가장 바람직한 자원배분을 찾는 과정을 분석해보자.

2) 공평성과 사회후생함수

효율적인 자원배분 중에서 가장 바람직한 배분을 찾기 위해서 효율성 이외에 공평성 기준을 도입하게 된다. 공평성 기준은 경제 내의 생산물이 주체들 사이에 어떻게 분배되어야 바람직한지에 대한 가치판단을 의미하며 이는 사회후생함수를 통해서 반영된다.

2 사회후생함수

1) 의의

사회후생함수란 개인의 효용수준을 사회의 후생수준으로 나타내 주는 함수로서 두 사람의 효용수준이 만일 U^A, U^B라고 할 경우 사회후생은 $SW = f(U^A, U^B)$와 같은 함수로 나타낼 수 있다. 그리고 이를 기하적으로 표현하게 되면 동일한 수준의 사회후생을 가져다주는 개인의 효용 수준의 조합의 궤적을 구할 수 있는데 이를 사회무차별곡선이라고 한다.

2) 특징

사회구성원들의 개인적인 효용수준을 사회전체의 후생수준으로 변환시키는 과정에서 필연적으로 개인의 효용수준을 어떻게 비교하고 평가하는지가 반영되어야 한다. 이러한 개인의 효용 간 비교, 평가과정에서 공평성의 가치판단이 드러난다(분배적 정의).

3 사회후생함수의 종류

1) 사회후생함수를 결정짓는 가치관

사회후생함수에 반영되는 공평성에 대한 가치판단은 크게 공리주의적 가치관, 평등주의적 가치관, 롤스주의적 가치관으로 나누어 볼 수 있다. 이러한 가치관들은 각각의 사회후생함수에 반영되어 있다.

2) 공리주의적 사회후생함수

① 수리적 표현 : $SW = U^A + U^B$

② 기하적 표현 : 선형의 사회후생함수로 나타난다.

③ 개인 간 효용 비교 : 특정개인의 효용은 다른 개인의 효용으로 완전히 대체 가능하다.

④ 공평이란?

i) 극단적으로 누가 많이 갖든지 관계없다.

ii) 사회구성원의 효용의 합으로 사회후생을 도출한다.

3) 평등주의적 사회후생함수

① 수리적 표현 : $SW = U^A \ U^B$

② 기하적 표현 : 원점에 대해 볼록한 사회후생함수로 나타난다.

③ 개인 간 효용 비교 : 특정개인의 효용은 다른 개인의 효용으로 대체가능하지만, 그 정도는 불완전하다.

④ 공평이란?

i) 사회구성원 간 효용에 차이가 클수록 대체가 불완전하므로 적절히 균등해야 한다.

ii) 사회구성원의 효용에 가중치를 두어 사회후생을 도출한다.

4) 롤스주의적 사회후생함수

① 수리적 표현 : $SW = Min\{U^A, U^B\}$

② 기하적 표현 : L자형의 사회후생함수로 나타난다.

③ 개인 간 효용 비교 : 특정개인의 효용은 다른 개인의 효용으로 대체 불가능하다.

④ 공평이란?

i) 극단적으로 모두 똑같이 나눠가져야 한다.

ii) 가장 낮은 수준의 효용을 누리는 사람의 효용으로 사회후생을 도출한다.

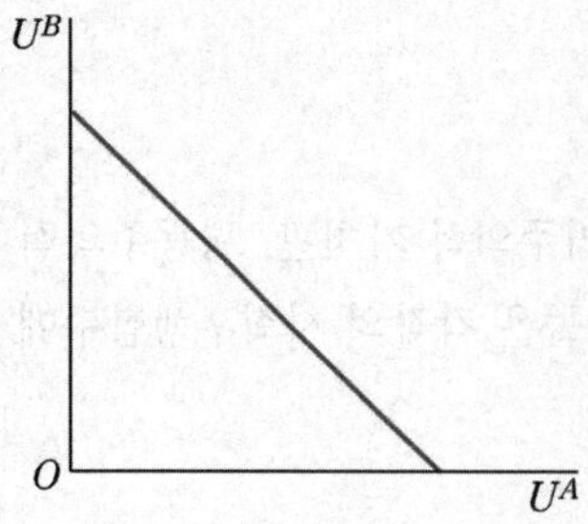

〈공리주의〉

(그림 21-1)

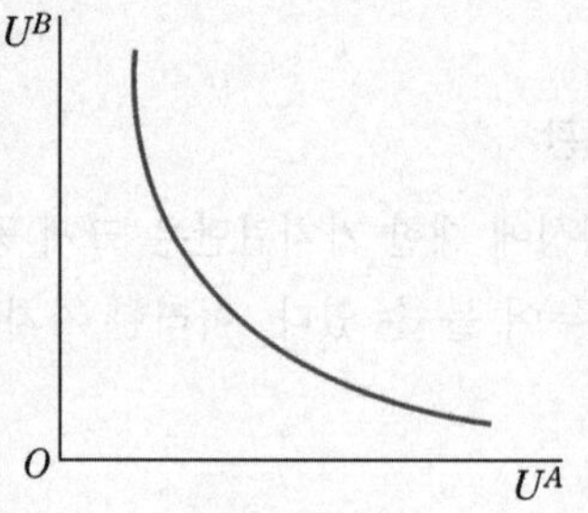

〈평등주의〉

(그림 21-2)

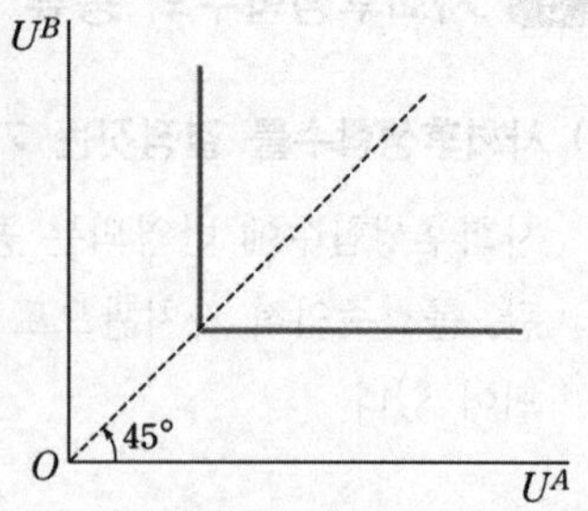

〈롤스주의〉

(그림 21-3)

4 가장 바람직한 자원배분의 도출과 문제점

1) 도출

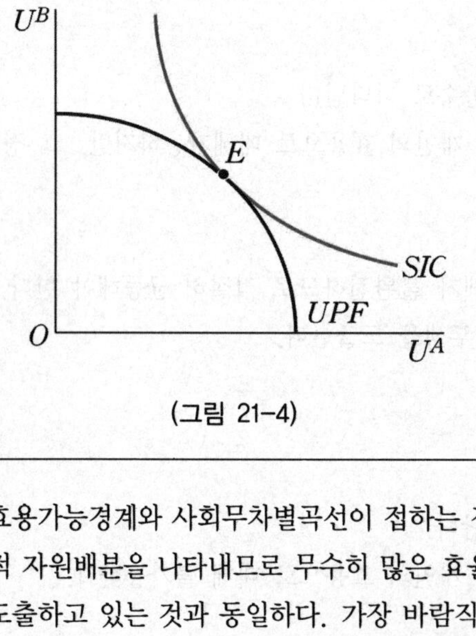

(그림 21-4)

효용가능경계와 사회무차별곡선이 접하는 점에서 사회후생이 극대화된다. 효용가능경계는 효율적 자원배분을 나타내므로 무수히 많은 효율적인 자원배분들 중에서 가장 바람직한 자원배분을 도출하고 있는 것과 동일하다. 가장 바람직한 자원배분은 효율성 기준만으로는 찾아낼 수 없으며 반드시 공평성 기준을 동시에 적용하여야 도출해낼 수 있다.

2) 문제점

① 사회후생함수를 사실상 구하기 어렵다는 한계

앞에서는 공리주의적 사회후생함수, 평등주의적 사회후생함수, 롤스주의적 사회후생함수가 존재한다는 가정하에서 바람직한 자원배분을 도출한 것이다. 그러나 애로우의 불가능성정리에 의하면 사회적 선호체계가 갖추어야 할 모든 조건을 충족하는 사회후생함수는 존재하지 않는다. 결국 사회후생함수를 사실상 구할 수 없기 때문에 바람직한 자원배분을 구하는 것도 사실상 불가능해진다. 따라서 공리주의적 사회후생함수 등 앞에서 살펴본 사회후생함수는 사실상 애로우의 불가능성 정리에서 제시하는 바람직한 사회후생함수가 가져야 하는 조건을 위배한 상태에서 인위적으로 구한 것으로서 이론상으로만 논의가 가능한 것이지 실제로는 적용하기가 어렵다는 한계가 있다.

② 효율성을 달성하는 자원배분도 사실상 달성하기 어렵다는 한계

위에서 살펴본바 바람직한 자원배분을 구하는 것이 불가능한 경우에는 효율성 기준을 충족하는 파레토효율적 자원배분을 구해야 하는데 효율성 기준을 모두 충족하는 자원배분도 실제로 달성하기는 쉽지 않다. 이 경우 차선의 대안이 되는 자원배분을 찾음에 있어서 이 역시도 효율성 기준을 무조건적으로 적용하여 구하는 것은 의미가 없다. 즉, 경제 내에 이미 효율성 조건의 달성이 실패한 가운데 충족되는 효율성의 수가 많다고 해서 더 효율적이거나 사회후생이 더 높다고 할 수는 없다는 것이다. 이를 차선의 이론이라고 한다.

③ 현재의 상태보다 사람들의 효용을 증가시키는 자원배분도 달성하기 어렵다는 한계

바람직한 자원배분이나 효율적인 자원배분을 현실적으로 달성하기 어려운 가운데 현재의 상태보다는 사회구성원들의 효용을 증가시키는 자원배분 즉, 파레토개선을 달성하는 자원배분을 구하게 된다. 그러나 문제는 자원배분상태의 변경에 있어서 일부에게는 이득, 일부에게는 손해가 되는 자원배분상태로 이동하는 경우가 대부분이기 때문에 보상이 선행되어야 하는 한계가 있다.

필수예제

소득재분배 철학에 관한 설명으로 옳지 않은 것은? ▸ 2019년 보험계리사

① 공리주의자들은 한계효용이 체감할 경우 소득재분배 정책을 옹호할 수 있다.
② 자유주의자(libertarian)들은 결과보다 과정을 중요하게 여기고 기회평등을 주장한다.
③ 롤스(John Rawls)는 무지의 베일 속에서 최소극대화 기준(maximin criterion)을 주장한다.
④ 노직(Robert Nozick)은 정부의 적극적인 소득재분배 정책을 주장한다.

출제이슈 공평성에 대한 가치판단

핵심해설 **정답** ④

① 옳은 내용이다.
극단적인 공리주의에 의하면 사회후생은 단순히 개인의 효용의 합으로 정의되며 이를 극대화하는 것만이 문제된다. 이 과정에서 설문에서처럼 개인의 한계효용이 체감한다면, 전체 후생극대화를 위해서는 각 개인의 효용이 동일하도록 하는 것 즉, 사회구성원 간 소득분배가 균등하도록 하는 것이 타당하므로 재분배정책을 옹호하는 것이 된다.

② 옳은 내용이다.
자유주의는 타인의 자유나 권리를 침해하지 않는 범위 내에서 개인의 자유 특히 경제적, 사회적 자유를 보장하는 데 초점이 맞춰진 사상의 조류이다. 자유주의는 역사적으로 국가 기관 간 권력 분립을 통한 견제와 균형의 원리에 의하여 개인의 자유를 보장해왔다. 특히, 경제적 자유주의는 재산권절대의 원칙과 계약자유의 원칙하에 근대 민법의 기본적인 토대가 되었다. 기본적으로 경제에 있어서는 자유주의의 발현은 시장에 대한 정부의 규제에 반대하며, 기회균등이 보장된다면, 적법하고 자유로운 경쟁의 결과 나타나는 결과의 불평등을 용인하는 입장이다. 따라서 설문에서 자유주의자(libertarian)들은 결과보다 과정을 중요하게 여기고 기회평등을 주장한다는 것은 옳은 내용이다.

③ 옳은 내용이다.
롤스는 1970년 초에 출간한 "정의론"에서 정의를 공평성의 관점에서 파악하였다. 특히 정의에 관하여 사회구성원들이 합의하는 원칙은 무지의 장막에 둘러싸인 원초적 입장이라고 하는 가상적 상황에서는 가장 가난한 빈자들의 효용을 증진시키는 것에만 동의하게 된다는 것이다. 롤스는 이를 통해서 최빈자의 효용을 극대화화는 이른바 최소극대화의 원칙을 도출하였다.

④ 틀린 내용이다.
로버트 노직은 1970년대에 롤스의 극단적인 평등주의를 비판하며 등장하였으며 극단적인 보수주의적 자유주의를 표방하였다. 노직은 그의 저서 "무정부, 국가 그리고 유토피아"에서 국가는 어떠한 이유로든 개인의 절대적인 자연권을 침해해서는 안 되며, 최소한의 국가에 머물러야 한다고 주장하였다.

사회후생함수에 관한 설명으로 옳지 않은 것은? ▸ 2024년 감정평가사

① 평등주의 경향이 강할수록 사회무차별 곡선은 원점에 대해 더 오목한 모양을 갖는다.
② 평등주의적 사회후생함수는 개인들의 효용수준의 차이를 반영해야 한다는 평등주의적 가치판단을 근거로 한다.
③ 공리주의자의 사회후생함수는 사회구성원의 효용수준에 동일한 가중치를 부여한다.
④ 롤스(J. Rawls)의 가치판단을 반영한 사회무차별곡선은 L자 모양이다.
⑤ 롤스의 최소극대화 원칙(maximin principle)은 한 사회에서 가장 가난한 사람의 생활수준을 가능한 한 크게 개선시키는 것이 재분배정책의 최우선 과제라는 주장이다.

출제이슈 다양한 사회후생함수

핵심해설 **정답** ①

사회후생함수란 개인의 효용수준을 사회의 후생수준으로 나타내 주는 함수로서 두 사람의 효용수준이 만일 U^A, U^B라고 할 경우 사회후생은 $SW = f(U^A, U^B)$와 같은 함수로 나타낼 수 있다. 그리고 이를 기하적으로 표현하게 되면 동일한 수준의 사회후생을 가져다주는 개인의 효용 수준의 조합의 궤적을 구할 수 있는데 이를 사회무차별곡선이라고 한다.

사회구성원들의 개인적인 효용수준을 사회전체의 후생수준으로 변환시키는 과정에서 필연적으로 개인의 효용수준을 어떻게 비교하고 평가하는지가 반영되어야 한다. 이러한 개인의 효용 간 비교, 평가과정에서 공평성의 가치판단이 드러난다(분배적 정의).

공평성에 대한 가치판단 중에서 평등주의적 성향이 강할수록 사회후생함수를 기하적으로 표현하면, 원점에 대해 더 볼록해진다.

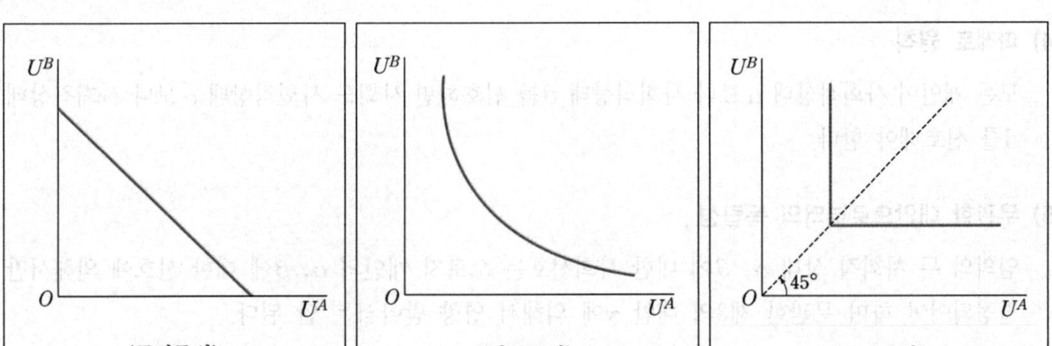

〈공리주의〉 〈평등주의〉 〈롤스주의〉

THEME 02 애로우의 불가능성의 정리

1 사회후생함수의 본질

사회후생함수는 개인의 효용수준을 사회의 후생수준으로 나타내주는 함수로서 이는 개인의 선호체계를 집계하여 사회적 선호체계로 만들어준다는 것을 의미한다. 현실적으로는 어떠한 자원배분상태에 대한 투표를 의미한다.

2 사회후생함수가 가져야 할 바람직한 성격

1) 완전성, 완비성

사회후생함수는 모든 사회적 상태에 대하여 비교, 평가할 수 있어야 한다.

2) 이행성

사회후생함수에 의하여 사회적상태 α보다 사회적상태 β가 더 선호되고, 사회적상태 β보다 사회적상태 γ가 더 선호된다면, 사회적상태 γ는 사회적상태 α보다 선호되어야 한다.

3) 보편성(비제한성)

개인이 어떤 선호체계를 갖더라도 사회선호체계가 정의되고 사회후생함수가 존재해야 한다. 즉, 개인의 선호를 제한해서는 안 된다.

4) 파레토 원칙

모든 개인이 사회적상태 α보다 사회적상태 β를 선호하면 사회도 사회적상태 α보다 사회적상태 β를 선호해야 한다.

5) 무관한 대안으로부터의 독립성

임의의 두 사회적 상태 α, β에 대한 사회선호는 오로지 개인의 α, β에 대한 선호에 의해서만 결정되어야 하며 무관한 제3의 대안 γ에 의해서 영향 받아서는 안 된다.

6) 비독재성

어느 한 개인의 선호가 사회 전체의 선호를 좌우해서는 안 된다. 어느 한 개인의 선호를 사회 전체의 선호로 채택해서는 안 된다.

3 애로우의 불가능성 정리

위의 1) ~ 6)의 조건을 모두 만족시키는 사회후생함수는 없다. 만일 1) ~ 5)의 조건을 만족한다면 그 사회후생함수는 독재적이기 때문에 결국 6)의 조건을 만족하지 못한다. 애로우의 불가능성 정리에 의하면 모든 사회적 배분상태를 평가할 수 있는 사회적 의사결정 시스템은 없다는 의미이다.

4 불가능성 정리의 극복노력

애로우의 불가능성 정리에 의하면 사회적 상태를 평가할 수 있는 사회후생함수는 존재하지 않지만, 사회후생함수가 가져야 할 성격 중 일부를 제외하면 사회후생함수의 도출이 가능할 수 있다. 예를 들어서 앞서 살펴본 공리주의적 사회후생함수, 평등주의적 사회후생함수, 롤스주의적 사회후생함수 등은 보편성 가정을 위배하고 사회구성원의 선호체계를 동질적으로 가정한 것으로서 사회후생함수 도입이 가능하다.

THEME 03 차선의 이론

1 의의

파레토효율 달성을 위해서는 여러 조건이 충족되어야 하는데 현실에서는 그러한 조건이 충족되기 어렵다. 따라서 모든 조건의 충족이 안 된 배분상태들 간에 비교를 통하여 차선을 택해야 한다. 그런데 충족되는 효율성 조건의 수들이 많다고 해서 사회후생이 커지는 것은 아니므로 단순히 효율성 조건의 수로 차선을 선택해서는 안 된다. 즉, 차선처럼 보이는 상태가 차선이 아닐 수도 있다는 것이다. 따라서 차선의 상태를 골라내기 위해서는 매우 신중해야 한다. 이를 차선의 이론이라고 한다.

2 기하적 분석

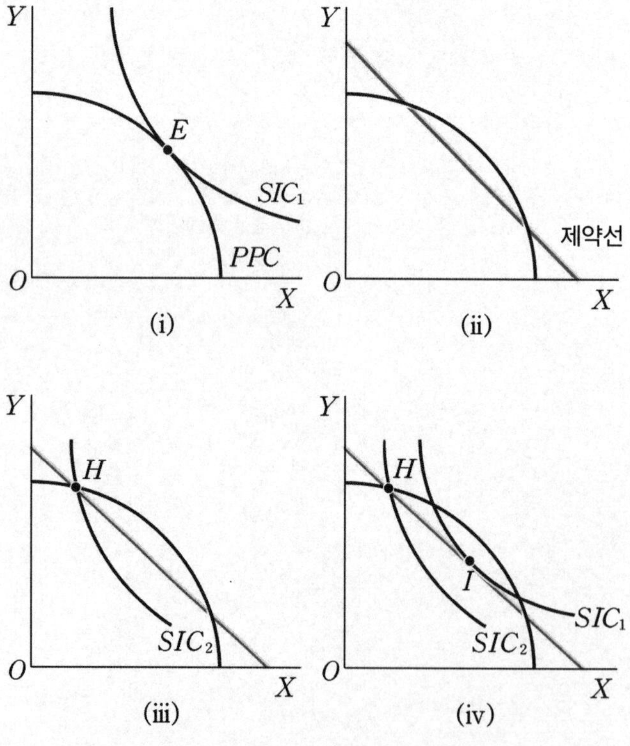

(그림 21-5)

1) 현실의 제약들

효율성을 달성하는 조건들도 여러 제약들 때문에 충족되기가 어렵다. 이렇게 효율성 달성을 저해하는 제약은 위의 그림 (ii)에서 빨간색 실선으로 표시되어 있다. 그 실선 바깥쪽은 달성불가능하다는 제약을 의미한다.

2) 차선처럼 보이는 배분

이렇게 제약들로 인해서 효율성 달성 조건이 파괴된 상황에서 그나마 위의 그림 (iii)에서 H점의 사회적 상태가 효율성 조건을 충족하고 있으므로 차선으로 보일 수 있다.

3) 차선의 이론

그러나 H점에서의 사회후생은 오히려 위의 그림 (iv)의 I점과 같이 효율성 조건이 많이 충족되지 못하고 있는 사회적 상태보다도 사회후생이 열악할 수 있다. 즉, 차선처럼 보이는 상황이 차선이 아닐 수도 있다는 것이다.

3 시사점

차선의 이론에 의하면, 경제전반의 상황을 무시한 채 부분적으로 효율성을 개선하더라도 전체적인 효율성은 오히려 악화될 수도 있다. 부분적으로 혹은 점진적으로 경제적 여건을 일부 개선하더라도 오히려 후생이 악화될 수도 있다는 것이다. 단순히 효율성 조건의 충족 개수가 많아서 차선의 배분 상태처럼 보이더라도 실은 차선이 아닐 수 있다. 이런 경우에는 차라리 제약된 조건하에서 효율적인 자원배분을 추구하는 것이 차선의 배분을 달성할 수 있다.

PART • 07

필수예제

후생경제이론에 관한 설명으로 옳지 않은 것은? ▸ 2023년 감정평가사

① 계약곡선 위의 모든 점은 파레토효율적 배분을 대표한다.
② 일정한 전제하에서 왈라스균형은 일반경쟁균형이 될 수 있다.
③ 차선의 이론에 따르면 점진적 접근방식에 의한 부분적 해결책이 최선은 아닐 수 있다.
④ 후생경제학의 제1정리에 따르면 일반경쟁균형의 배분은 파레토효율적이다.
⑤ 후생경제학의 제2정리는 재분배를 위한 목적으로 가격체계에 개입하는 것에 정당성을 부여한다.

출제이슈 일반균형, 후생경제학 제정리, 차선의 이론

핵심해설 **정답 ⑤**

① 옳은 내용이다.
경제 내의 어느 누구에게도 손해가 가지 않으면서 최소한 한 사람 이상에게 이득이 되도록 하는 것이 불가능한 자원배분상태를 파레토효율이라고 한다. 즉, 이는 파레토개선이 불가능한 상황으로서 이를 구체적으로 보면 경제 내 주체들의 효용, 이윤, 잉여 및 재화의 생산이 극대화된 상태를 의미한다. 특히 파레토효율을 기하적으로 표시한 그래프를 계약곡선이라고 한다.

② 옳은 내용이다.
일반균형이란 경제 내 모든 시장이 동시에 균형상태에 있음을 의미한다. 이때 현실에서는 많은 경우 시장이 불완전경쟁상태에 있음에도 불구하고 이에 대하여 경쟁적 상황만을 고려하여 가격수용자 가정을 통해서 일반경쟁균형을 도출할 수 있다.

③ 옳은 내용이다.
파레토효율 달성을 위해서는 여러 조건이 충족되어야 하는데 현실에서는 그러한 조건이 충족되기 어렵다. 따라서 모든 조건의 충족이 안 된 배분상태들 간에 비교를 통하여 차선을 택해야 한다. 그런데 충족되는 효율성 조건의 수들이 많다고 해서 사회후생이 커지는 것은 아니므로 단순히 효율성 조건의 수로 차선을 선택해서는 안 된다. 즉, 차선처럼 보이는 상태가 차선이 아닐 수도 있다는 것이다. 따라서 차선의 상태를 골라내기 위해서는 매우 신중해야 한다. 이를 차선의 이론이라고 한다.
차선의 이론에 의하면, 경제전반의 상황을 무시한 채 부분적으로 효율성을 개선하더라도 전체적인 효율성은 오히려 악화될 수도 있다. 부분적으로 혹은 점진적으로 경제적 여건을 일부 개선하더라도 오히려 후생이 악화될 수도 있다는 것이다. 단순히 효율성 조건의 충족 개수가 많아서 차선의 배분상태처럼 보이더라도 실은 차선이 아닐 수 있다. 이런 경우에는 차라리 제약된 조건하에서 효율적인 자원배분을 추구하는 것이 차선의 배분을 달성 할 수 있다.

④ 옳은 내용이다.
후생경제학 제1정리에 의하면 모든 소비자의 선호체계가 강단조성을 갖고 경제 안에 외부성이 존재하지 않으면 일반경쟁균형에 의한 배분은 파레토효율적이다. 따라서 후생경제학 제1정리는 독점이 아니라 일반경쟁적 균형이 파레토효율적임을 의미한다.

⑤ 틀린 내용이다.

만일 초기부존자원이 적절히 분배된 상황에서 모든 사람의 선호가 연속적이고 강단조적이고 볼록성을 가지면 파레토효율적인 배분은 일반경쟁균형이 된다. 이를 후생경제학 제2정리라고 하며 간단히 표현하면 특정조건이 충족된 상황에서는 파레토효율적 배분을 일반경쟁균형을 통해서 달성할 수 있음을 나타낸다.

후생경제학 제2정리의 성립을 위해서는 반드시 초기배분상태에 대한 적절한 재분배 과정이 필요하다. 즉 정액세 부과 및 보조를 통하여 초기 부존자원을 재분배하여야 하는데 이는 재분배의 이론적 가능성만을 보여주는 것일 뿐 확실하게 현실가능성이 있는 것은 아니라는 한계가 있다. 그리고 재분배를 위해서는 가격체계를 건드리지 않고 정액세-현금이전의 방식이 바람직함이 알려져 있다. 만일 정부가 가격체계를 건드리는 경우 가격체계에 왜곡을 가져와 비효율을 초래하게 된다.

합격까지 박문각

PART

08

시장실패이론

Chapter 22

시장실패와 정부실패

THEME 01 시장실패

1 시장실패

시장기구가 희소한 자원을 효율적으로 배분하는 데 실패한 현상을 시장실패라고 한다.

2 넓은 의미의 시장실패

넓은 의미로 시장실패를 정의하면 비효율적인 자원배분 이외에도 소득 및 부의 분배의 불공평성과 주기적으로 나타나는 실업 및 인플레이션도 시장실패현상이 된다. 특히 실업과 인플레이션은 거시적 시장실패라고 한다.

3 좁은 의미의 시장실패(비효율적인 자원배분)와 그 원인

이하에서는 미시경제학에서 다루고 있는 좁은 의미의 시장실패, 즉 자원배분의 비효율성을 초래하는 원인을 살펴본다.

1) 불완전경쟁

독과점과 같은 시장의 불완전경쟁을 초래하는 요인이 존재하는 경우에 그러한 시장에서의 자원배분은 비효율적이며 그로 인해 사회후생이 극대화되지 못하는 자중손실이 발생하게 된다.

2) 공공재

국방서비스, 치안서비스 등과 같은 비경합성과 배제불가능성의 특징을 가지는 공공재의 경우 시장가격기구를 통해서는 최적수준의 공급에 실패하게 된다. 이는 근본적으로 배제불가능성에 따른 무임승차자의 문제때문에 발생하는 시장실패이다.

3) 외부성

외부성이란 어떤 한 경제주체의 행위가 제3자에게 의도하지 않은 이득이나 손해를 가져다주고 그럼에도 불구하고 이에 대한 대가를 받거나 주지 않는 상황으로서 시장의 테두리 밖에 존재하는 현상을 의미한다. 외부성이 존재하는 경우 사적 의사결정과 사회적 의사결정이 괴리되어 사회적 최적 수준보다 미달하거나 과잉생산되는 문제가 발생한다.

4) 불확실성

시장에서의 일반경쟁균형이 파레토효율적이기 위해서는 반드시 확실성의 상황이 뒷받침되어야 한다. 만일 불확실성이 존재할 경우 달성되는 균형은 그 효율성을 담보될 수 없게 됨이 알려져 있다. 만일 불확실성이 존재하더라도 그에 대비하여 완벽한 보험을 제공하는 완벽한 조건부상품 시장이 존재한다면 문제되지 않지만 문제는 그러한 완벽한 시장이 존재하지 않는 이른바 불완비 시장의 문제가 있다. 불완비시장이란 사람들이 필요로 하는 상품이 거래되는 시장이 갖추어지지 않은 상태를 말한다. 시장이 완비되지 못하는 원인으로는 역선택이나 도덕적 해이를 들 수 있는데 이는 불완전하거나 비대칭적인 정보가 불완비시장을 초래하고 있음을 의미한다. 넓게 보면 위에서 살펴본 공공재와 외부성도 시장이 불완비된 상황이라고 할 수 있다.

5) 가격의 경직성

시장에서 자원이 효율적으로 배분되기 위해서는 가격의 역할이 절대적이다. 특히 가격은 시장참가자들에게 최적의 행동을 유도하는 신호역할을 하는데 가격이 경직적인 경우에는 균형달성에 실패하고 자중손실이 나타난다.

필수예제

시장실패를 발생시키는 요인으로 옳지 않은 것은? ▸ 2024년 감정평가사

① 역선택
② 규모에 대한 수익체감 기술
③ 긍정적 외부성
④ 불완전한 정보
⑤ 소비의 비경합성과 배제불가능성

출제이슈 시장실패의 원인

핵심해설 **정답 ②**

역선택, 외부성, 불완전한 정보 등이 존재하는 경우 시장실패가 발생할 수 있다. 특히 긍정적 외부성도 부정적 외부성과 마찬가지로 시장실패를 초래한다. 그리고 규모의 경제가 존재할 때도 시장실패가 발생할 수 있다.

생산량이 증가함에 따라서 장기평균비용이 하락하는 현상을 규모의 경제라고 하며 이는 장기평균비용곡선이 우하향하는 것으로 나타난다. 규모의 경제가 시장 전체에 걸쳐서 나타날 경우 다수의 기업이 경쟁하는 경쟁적 시장에서는 생산비용이 크게 높아지기 때문에 결국 퇴출이 발생하여 공존할 수 없다. 결국 규모의 경제가 강하게 존재하는 상황하에서는 최종적으로 자연스럽게 하나의 기업만이 살아남아 독점의 시장구조로 형성되는데 이를 자연독점이라고 한다.

THEME 02 정부실패

1 시장실패와 정부개입

앞에서 살펴본 시장실패가 발생하는 경우 정부가 이를 치유하기 위해서 여러 가지 개입을 할 수 있다. 예를 들면 불완전경쟁에 대한 정부개입은 독점 및 불공정거래 규제로 나타날 수 있다. 공공재로 인한 시장실패를 치유하기 위해서 정부는 직접 공공재를 생산하기도 한다. 외부성의 경우에는 피구세나 피구조세 등을 통해서 사회적 최적의 자원배분을 정부가 직접 유도할 수도 있다. 불확실성에 의해서 시장이 완비되지 못하고 시장실패가 나타나는 경우에는 강제보험 등의 방식을 통해서 정부가 개입하기도 한다.

2 정부개입과 정부실패

정부가 시장실패 치유를 위해 개입하였으나 오히려 시장의 효율성을 저해하는 현상이 나타날 수도 있는데 이를 정부실패라고 한다. 정부실패는 정부개입으로 인해서 민간부문에 의사결정을 교란시켜 비효율성이 나타나는 것으로서 이로 인한 효율성의 상실분을 초과부담이라고 한다.

3 정부실패의 원인

1) 정보의 불완전성

정부가 시장에 개입하기 위해서는 의사결정에 필요한 정보를 완전하게 가지고 있어야 하지만 현실적으로 거의 불가능하다. 제한된 정보만을 가지고 시장을 규제할 경우 오히려 정부의 의도와는 달리 시장에서의 효율성을 더 악화시킬 수도 있다.

2) 정치적 타협

정부가 시장에 개입하는 것은 법의 테두리 안에서 정책을 입안하고 집행함으로써 이루어진다. 정책을 만드는 과정에서 다양한 이해관계를 가진 당사자들의 의견을 청취하고 조정하는 작업이 필수적인데 이 과정에서 현실적으로 정치적인 타협이 일어날 수밖에 없다. 즉 정치적 타협이 경제적 의사결정의 합리성을 저해하게 되는 것이다.

3) 관료조직의 사익추구

정부정책을 만들고 집행하는 것은 정부관료가 담당하고 있다. 이들은 원칙적으로 국민이라는 주인을 대리하여 공익을 수호하고 실현할 의무가 있음에도 불구하고 공익보다는 자신들의 사익을 추구할 유인이 분명히 있어 도덕적 해이의 위험이 크다. 이 때문에 정책의 입안 및 집행이 왜곡되어 비효율성을 노정하게 된다.

4) 민간부문 반응에 대한 불완전한 통제

정부의 시장개입은 시장참여자인 민간부문의 의사결정을 바람직한 방향으로 유도하기 위한 것이다. 그런데 정부가 원래 의도했던 바와는 전혀 다르게 민간부문의 반응이 나온다면 정책의 효과는 반감될 것이다. 정부가 민간부문의 반응을 완벽히 인지하고 통제하는 것은 사실상 불가능하다.

4 시장실패 vs 정부실패

시장실패는 정부개입의 필요조건일 뿐 충분조건은 아니다. 즉 시장실패가 있을 때 정부가 개입할 수 있다는 가능성이 있다는 것이지 반드시 정부가 개입해야 하는 당위성을 의미하는 것은 아니다. 시장실패가 존재하는 경우 정부개입이 정당화되기 위해서는 정부실패가 없어야 하는 조건이 필요하지만 현실적으로 거의 불가능하다.

Chapter 23

공공재

THEME 01 공공재

1 사용재(private goods)

1) 의의

사용재란 시장에서 가격을 지불하고 구입하는 일체의 재화와 서비스를 의미한다. 단순히 민간부문에 의해서 생산되고 민간부문이 사용하는 재화와 서비스가 사용재인 것은 아니다.

2) 성격

① 배제성

사용재는 가격을 지불하지 않은 사람을 소비에서 배제시킬 수 있는 성격을 가진다. 가격을 지불한 사람만이 그 재화를 소비할 수 있다.

② 경합성

사용재에 있어서 한 사람의 소비는 다른 사람이 소비할 수 있는 기회를 감소시킨다. 이를 사용재의 경합성이라고 한다. 구성원 간의 사용재 소비는 경합적인 관계가 있기 때문에 소비의 제로섬이 된다.

2 공공재(public goods)

1) 의의

공공재란 위와 같은 사용재의 두 가지 성질이 모두 성립하지 않거나 적어도 한 가지가 성립하지 않는 재화를 의미한다. 즉 공공재는 비경합성 혹은 배제불가능성의 성격을 가지는 재화와 서비스로서 단순히 공공부문에 의해서 생산되는 재화와 서비스를 의미하는 것이 아니다.

2) 성격

① 배제불가능성(non-excludability)

가격을 지불하지 않은 사람도 그 재화를 소비할 수 있음을 배제불가능성이라고 한다. 가격을 지불하지 않은 사람을 소비에서 배제시킬 수 없음을 의미한다. 따라서 구성원들은 공공재에 대하여 가격을 지불하지 않으려 하는데 이를 무임승차자 문제(free rider problem)라고 한다.

② 비경합성(non-rivalry)

한 사람의 소비가 다른 사람이 소비할 수 있는 기회를 감소시키지 않는 경우 이를 비경합성이라고 한다. 공공재에 있어서 구성원 간의 소비는 경합적인 관계가 아니다. 구성원 내 공동소비가 가능하며 경합적이지 않다. 추가적인 소비에 따른 한계비용은 없다. 따라서 일단 일정량의 서비스가 생산되어 제공된다면 가급적 구성원 내 많은 사람이 소비하는 것이 유리하다는 결론에 도달한다. 결국 배제 가능한 수단이 있을 경우라도 소비를 배제하는 것은 바람직하지 않게 된다.

3 공공재의 유형

1) 순수 공공재

배제불가능성과 비경합성의 특성 모두를 가진 재화를 순수 공공재라고 한다. 예를 들면, 국방서비스, 치안서비스, 한산한 대규모 무료도로 등이 순수 공공재가 된다.

2) 비순수 공공재

배제불가능성과 비경합성의 특성 중 어느 하나는 완벽하지 않은 재화를 비순수 공공재라고 한다. 예를 들어, 한산한 대규모 유료도로의 경우 비경합성은 충족하지만 배제가 가능한 경우에 해당한다. 한편, 소규모 공동소유지의 경우 배제불가능하지만 경합적인 경우에 해당한다.

4 가치재(merit goods)

가치재란 충분히 큰 소비가 필요하고 또 바람직함에도 불구하고 여러 가지 제약조건 및 개인의 자율적인 선택에 의하여 과소하게 소비되는 재화 및 서비스를 의미한다. 예를 들면 의료서비스, 교육서비스, 주택서비스 등이 가치재가 된다. 가치재는 기본적으로 사용재이지만 정부가 직접 생산하거나 소비를 확대시키기 위해 생산과정 혹은 소비과정에 개입하는 재화이다.

5 유형 분류

재화를 성격상 배제가능성과 경합성의 정도에 따라서 구분하면 다음과 같다.

경합성 \ 배제성	배제 가능	배제 불가능
경합적	사적 재화 (예 막히는 유료도로)	비순수공공재, 공유자원 (예 막히는 무료도로)
비경합적	비순수공공재 (예 한산한 유료도로)	순수공공재 (예 막히지 않는 무료도로)

필수예제

다음 표는 소비의 배제성과 경합성의 존재 유무에 따라 재화를 분류하고 있다. 다음 표에서 C에 해당하는 재화로 옳은 것은?

▸ 2015년 감정평가사

		경합성	
		있음	없음
배제성	있음	A	B
	없음	C	D

① 사적(私的) 재화 ② 유료도로 ③ 국방서비스
④ 유료 케이블TV ⑤ 공해(公海)상의 물고기

출제이슈 배제성과 경합성 여부에 따른 재화의 분류

핵심해설 **정답** ⑤

재화소비에 있어서 배제가 가능하다는 것(excludability)은 가격을 지불하지 않은 사람을 소비에서 배제시킬 수 있다는 것으로서 사적재의 대표적인 특성이 된다. 역으로 재화소비에 있어서 배제가 불가능하다는 것(non-excludability)은 가격을 지불하지 않은 사람을 소비에서 배제시킬 수 없다는 것으로서 공공재의 대표적인 특성이 된다. 따라서 구성원들은 공공재에 대하여 가격을 지불하지 않으려 하는 무임승차자 문제가 발생하여 공공재 소비배제는 불가능하게 된다.

재화소비에 있어서 경합적이라는 것(rivalry)은 한 사람의 소비는 다른 사람이 소비할 수 있는 기회를 감소시키는 것을 의미하며 이는 사적재의 대표적인 특성이 된다. 역으로 재화소비에 있어서 비경합적이라는 것(non-rivalry)은 한 사람의 소비는 다른 사람이 소비할 수 있는 기회를 감소시키지 않는 것을 의미하며 이는 공공재의 대표적인 특성이 된다. 비경합성으로 인해서 추가적인 소비에 따른 한계비용은 없기 때문에 공공재 소비배제는 바람직하지 않게 된다.

설문에서의 재화를 배제가능성과 경합성의 정도에 따라서 구분하면 다음과 같다.

배제성 / 경합성	배제 가능	배제 불가능
경합적	사적 재화(막히는 유료도로)	비순수공공재, 공유자원(막히는 무료도로)
비경합적	비순수공공재(한산한 유료도로)	순수공공재(막히지 않는 무료도로)

설문에서 배제가 불가능하고 경합적인 재화는 공유자원으로서 공해(公海)상의 물고기가 그 예가 된다.

재화를 배제가능성과 경합성 여부에 따라 다음과 같이 분류할 수 있다. 다음 설명 중 옳은 것을 모두 고르면?

▸ 2018년 공인회계사

구분	배제가능	배제불가능
경합적	㉠	㉡
비경합적	㉢	㉣

가. 의복, 식품 등과 같은 사적 재화는 ㉠에 해당한다.
나. 혼잡한 유료도로는 ㉡에 해당한다.
다. 케이블TV와 같은 클럽재(club goods)는 ㉢에 해당한다.
라. 국방서비스와 같은 공공재는 ㉣에 해당한다.

① 가, 나　② 가, 라　③ 나, 다
④ 가, 다, 라　⑤ 나, 다, 라

출제이슈 배제성과 경합성 여부에 따른 재화의 분류

핵심해설 **정답 ④**

재화소비에 있어서 배제가 가능하다는 것(excludability)은 가격을 지불하지 않은 사람을 소비에서 배제시킬 수 있다는 것으로서 사적재의 대표적인 특성이 된다. 역으로 재화소비에 있어서 배제가 불가능하다는 것(non-excludability)은 가격을 지불하지 않은 사람을 소비에서 배제시킬 수 없다는 것으로서 공공재의 대표적인 특성이 된다. 따라서 구성원들은 공공재에 대하여 가격을 지불하지 않으려 하는 무임승차자 문제가 발생하여 공공재 소비배제는 불가능하게 된다.

재화소비에 있어서 경합적이라는 것(rivalry)은 한 사람의 소비는 다른 사람이 소비할 수 있는 기회를 감소시키는 것을 의미하며 이는 사적재의 대표적인 특성이 된다. 역으로 재화소비에 있어서 비경합적이라는 것(non-rivalry)은 한 사람의 소비는 다른 사람이 소비할 수 있는 기회를 감소시키지 않는 것을 의미하며 이는 공공재의 대표적인 특성이 된다. 비경합성으로 인해서 추가적인 소비에 따른 한계비용은 없기 때문에 공공재 소비배제는 바람직하지 않게 된다.

설문에서의 재화를 배제가능성과 경합성의 정도에 따라서 구분하면 다음과 같다.

배제성 / 경합성	배제 가능	배제 불가능
경합적	사적 재화(막히는 유료도로)	비순수공공재, 공유자원(막히는 무료도로)
비경합적	비순수공공재(한산한 유료도로)	순수공공재(막히지 않는 무료도로)

위의 내용에 따라서 설문을 검토하면, 다음과 같다.

가. 옳은 내용이다.
의복, 식품 등과 같은 사적 재화는 배제가능하며 경합적이므로 ㉠에 해당한다.

나. 틀린 내용이다.
유료도로는 배제가능하고 경합적인 상황(막히는 경우)에서는 ㉠, 배제가능하고 비경합적인 상황(막히지 않고 한산한 경우)에서는 ㉢에 해당한다. 설문에서는 혼잡한 유료도로라고 하였으므로 배제가능하며 경합적인 상황으로서 ㉠에 해당한다.

다. 옳은 내용이다.
케이블TV는 배제가능하고 경합적인 상황에서는 ㉠, 배제가능하고 비경합적인 상황에서는 ㉢에 해당한다. 다만, 케이블TV의 경우 비경합적인 상황에 더 가까우므로 ㉢으로 분류하는 것은 타당하다.

라. 옳은 내용이다.
국방서비스는 대표적인 공공재로서 배제가 불가능하고 비경합적인 성격을 지니므로 ㉣에 해당한다.

THEME 02 공공재의 최적공급

1 사용재의 최적생산 및 소비 모형

1) 사용재의 시장수요

사용재의 소비에 있어서 개별 소비자들은 모두 동일한 가격에 직면하지만, 서로 상이한 양을 소비하게 된다. 이 과정에서 개별 소비자들은 진실한 선호를 표출(진실된 개별수요곡선)하고 시장수요는 개별수요의 수평합으로 구해진다.

2) 사용재의 최적생산 및 소비

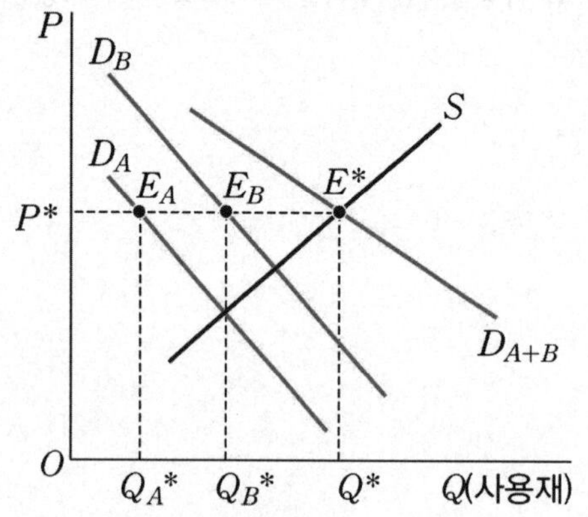

(그림 23-1)

① 최적공급량 : 시장수요와 시장공급이 일치하는 E^*에서 Q^*만큼 공급된다.

② A, B의 지불가격 및 소비량 : $\begin{cases} E_A \text{에서 } P^* \text{가격으로 } Q_A^* \text{만큼 } A\text{가 소비} \\ E_B \text{에서 } P^* \text{가격으로 } Q_B^* \text{만큼 } B\text{가 소비} \end{cases}$

③ 사용재 최적공급조건 : $MB_A = MB_B = MC$

2 공공재의 최적생산 및 소비 모형

1) 공공재의 시장수요

공공재의 소비에 있어서 개별 소비자들은 모두 상이한 지불용의가격을 가지고 있지만, 서로 동일한 양을 소비하게 된다. 이 과정에서 개별 소비자들은 공공재의 배제불가능성에 의하여 진실한 선호를 표출하지 않으며(거짓된 개별수요곡선 혹은 가상수요곡선, pseudo demand) 시장수요는 개별수요의 수직합으로 구해진다.

2) 공공재의 최적생산 및 소비

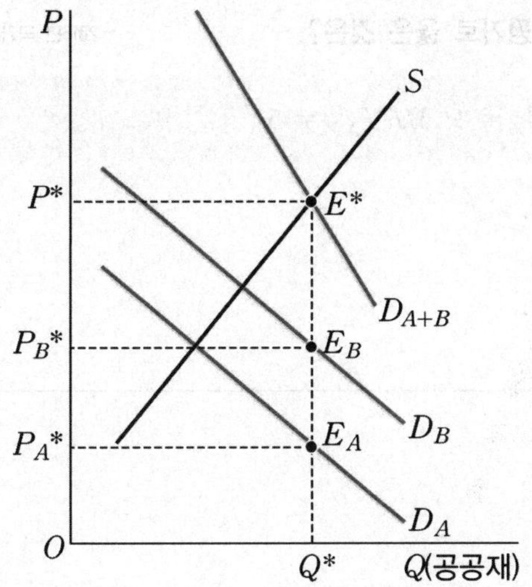

(그림 23-2)

① 최적공급량 : 시장수요와 시장공급이 일치하는 E^*에서 Q^*만큼 공급된다.

② A, B의 지불가격 및 소비량 : $\begin{cases} E_A\text{에서 } P_A^*\text{가격으로 } Q^*\text{만큼 } A\text{가 소비} \\ E_B\text{에서 } P_B^*\text{가격으로 } Q^*\text{만큼 } B\text{가 소비} \end{cases}$

③ 공공재 최적공급조건 : $MB_A + MB_B = MC$

④ 사적재를 고려할 경우 공공재의 최적 공급 조건

만일 공공재와 사적재를 동시에 고려하게 되면 공공재의 최적공급조건은 다음과 같다.

$MRS_{X,Y}^A + MRS_{X,Y}^B = MRT_{X,Y}$

이때, MB_A, MB_B 및 $MRS_{X,Y}^A$, $MRS_{X,Y}^B$는 사회구성원 각자가 공공재에 대하여 평가하고 있는 가치를 의미하며, $MB_A + MB_B$ 및 $MRS_{X,Y}^A + MRS_{X,Y}^B$는 우리 사회가 공공재에 대하여 평가하고 있는 가치를 의미한다. MC와 $MRT_{X,Y}$는 우리 사회에서 공공재 생산을 위해서 감수해야 하는 비용이다. 예를 들어 $MRS_{X,Y}^A + MRS_{X,Y}^B$가 3이고 $MRT_{X,Y}$가 5인 경우 공공재의 한계적인 편익보다 한계적인 비용이 더 큰 상황이므로 공공재가 최적수준보다 과다공급되고 있는 것이다.

필수예제

어떤 한 경제에 A, B 두 명의 소비자와 X, Y 두 개의 재화가 존재한다. 이 중 X는 공공재(public goods)이고 Y는 사용재(private goods)이다. 현재의 소비량을 기준으로 A와 B의 한계대체율(marginal rate of substitution : MRS)과 한계전환율(marginal rate of transformation : MRT)이 다음과 같이 측정되었다. 공공재의 공급에 관한 평가로 옳은 것은? ▸ 2015년 국가직 7급

$$MRS_{XY}^{A}=1,\ MRS_{XY}^{B}=3,\ MRT_{XY}=5$$

① 공공재가 최적 수준보다 적게 공급되고 있다.
② 공공재가 최적 수준으로 공급되고 있다.
③ 공공재가 최적 수준보다 많이 공급되고 있다.
④ 공공재가 최적 수준 공급 여부를 알 수 없다.

출제이슈 공공재 최적공급의 조건

핵심해설 **정답** ③

공공재 최적공급조건은 다음과 같다.

$MB_A+MB_B=MC$, $MRS_{X,Y}^{A}+MRS_{X,Y}^{B}=MRT_{X,Y}$

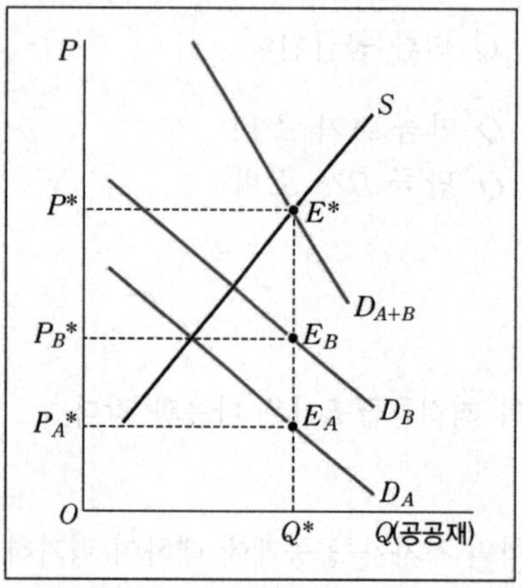

이때, MB_A, MB_B 및 $MRS_{X,Y}^{A}$, $MRS_{X,Y}^{B}$ 는 사회구성원 각자가 공공재에 대하여 평가하고 있는 가치를 의미하며, MB_A+MB_B 및 $MRS_{X,Y}^{A}+MRS_{X,Y}^{B}$는 우리 사회가 공공재에 대하여 평가하고 있는 가치를 의미한다. MC와 $MRT_{X,Y}$는 우리 사회에서 공공재 생산을 위해서 감수해야 하는 비용이다.

따라서 설문에서 $MRS_{X,Y}^{A}+MRS_{X,Y}^{B}$가 3이고 $MRT_{X,Y}$가 5이므로 공공재의 한계적인 편익보다 한계적인 비용이 더 큰 상황이므로 공공재가 최적수준보다 과다공급되고 있는 것이다.

공공재인 마을 공동우물(X)에 대한 혜민과 동수의 수요가 각각 $X=50-P$, $X=30-2P$일 때, 사회적으로 바람직한 공동우물의 개수(㉠)와 동수가 우물에 대해 지불하고자 하는 가격(㉡)은? (단, P는 혜민과 동수가 X에 대해 지불하는 단위당 가격이고, 공동우물을 만들 때 필요한 한계비용(MC)은 41원이다.)

▸ 2013년 지방직 7급

	㉠	㉡
①	16개	7원
②	18개	6원
③	20개	5원
④	22개	4원

출제이슈 공공재 최적공급의 조건

핵심해설 **정답** ①

공공재 최적공급조건은 다음과 같다.

$MB_A + MB_B = MC$, $MRS^A_{X,Y} + MRS^B_{X,Y} = MRT_{X,Y}$

이에 따라 설문의 자료를 이용하여 풀면 다음과 같다.

1) 수요조건

① 혜민의 수요 $X=50-P$

② 동수의 수요 $X=30-2P$

③ 전체 수요 $P=65-1.5X$

2) 비용조건

$MC=41$

3) 공공재의 최적공급

$MB_A + MB_B = MC$

따라서 $65-1.5X=41$, $X=16$

4) 각자 지불액

① 혜민의 수요는 $X=50-P$이므로 혜민의 지불액 $P=34$

② 동수의 수요는 $X=30-2P$이므로 동수의 지불액 $P=7$

THEME 03 무임승차자 문제

1 공공재 최적공급의 문제점

1) 배제불가능성과 무임승차자 문제

공공재의 특성상 가격을 지불하지 않은 사람을 소비에서 배제시킬 수 없기 때문에 사회구성원들은 공공재에 대한 진정한 선호를 표출하지 않을 뿐만 아니라 공공재에 대하여 가격을 지불하지 않으려 한다. 다른 사람이 돈을 내어 주기를 바라면서도 자기는 돈을 내기 꺼린다. 그러나 일단 공공재 공급이 되면 돈을 내지 않으면서도 소비는 하려고 한다. 이렇게 공공재에 대한 비용은 부담하지 않으려 하면서 일단 생산이 되면 이를 이용하려는 행태를 무임승차자 문제라고 하며 이 문제의 근본적 원인은 바로 공공재의 배제불가능성에 있다.

2) 공공재의 과소공급

구성원들은 무임승차를 위해서 공공재에 대한 진실한 선호를 표출하지 않고 축소한 거짓된 선호를 표출하게 되고 결국 개인의 거짓된 한계편익의 합은 진정한 한계편익의 합보다 작다. 이러한 거짓된 선호에 기반한 시장수요를 바탕으로 공공재를 공급하게 되면 최적공급량보다 과소공급되는 문제가 나타난다.

2 무임승차자와 게임이론

A \ *B*	생산	무임승차
생산	5, 5	-10, 20
무임승차	20, -10	0, 0

1) 보수행렬표

공공재의 생산에 따른 비용은 30이 소요되며 이를 두 사람이 분담하면 한 사람당 15가 된다. 공공재의 편익은 두 사람 모두 각각 20을 얻는다. 따라서 공공재 생산 시 두 사람의 순편익은 각각 5가 된다. 만일 한 사람은 공공재를 생산하지만 다른 사람은 무임승차하게 되면, 공공재를 생산한 사람의 순편익은 -10이 되고, 무임승차한 사람의 순편익은 20이 된다.

2) 게임의 균형

이 경우 각 개인의 우월전략은 무임승차이며, 우월전략균형은 구성원 모두 다 무임승차하는 것이다. 우월전략균형은 내쉬균형이므로 내쉬균형도 구성원 모두 무임승차하는 것이다.

3 무임승차자 문제의 해결

1) 과세를 통한 공공재 비용 충당

공공재의 공급에 있어서 사회구성원 모두는 가능하다면 공공재 생산비용을 부담하지는 않고 공짜로 이용하려는 무임승차의 경향을 보이기 때문에 공공재의 공급을 시장자율에 맡겨두면 적정한 수준보다 과소공급되는 시장실패가 발생한다. 따라서 이를 방지하기 위해서 보다 강제적인 수단, 예를 들면 과세를 통하여 공공재의 생산비용을 충당하여 적절한 공공재 공급수준을 달성시키는 것이 필요할 수 있으며 이는 정부의 본연의 역할이 될 수 있다.

2) 수요표출메커니즘 활용

공공재의 적절한 공급을 위해서는 사회구성원들이 공공재에 대하여 가지는 진실된 선호를 찾는 것이 중요하다. 그러나 대부분의 구성원들은 거짓된 선호를 표출하여 공짜로 공공재를 이용하기 원하는데 이는 거짓된 선호를 표출하는 것이 자신들에게 유리하기 때문이다. 따라서 선호표출에 있어서 진실된 선호를 표출하는 것이 자신들에게 유리하도록 선호표출의 메커니즘을 고안해야만 공공재의 적정공급이 가능해진다. 구체적인 수요표출메커니즘은 본서의 수준을 넘기 때문에 생략한다.

Chapter 24

외부성

THEME 01 외부성

1 외부성의 의의

어떤 경제주체의 행위가 시장기구를 통하지 않고 다른 경제주체의 경제활동에 의도하지 않게 명시적으로 영향을 미치는 것을 외부성 또는 외부효과라고 한다. 이는 어떤 경제주체의 경제행위(소비행위, 생산행위)가 다른 경제주체의 효용함수, 생산함수에 영향을 미치고 있음에도 불구하고 이에 대하여 적절한 대가의 교환 혹은 보상이 이루어지지 않는 것을 의미한다.

2 외부성의 유형

1) 긍정적 외부성

어떤 경제주체의 행위가 다른 경제주체의 효용함수 혹은 생산함수에 긍정적 영향을 미치는 것을 의미한다(타인에게 편익을 창출하는 경우).

2) 부정적 외부성

어떤 경제주체의 행위가 다른 경제주체의 효용함수 혹은 생산함수에 부정적 영향을 미치는 것을 의미한다(타인에게 비용을 창출하는 경우).

3) 소비의 외부성

어떤 경제주체의 소비행위가 다른 경제주체의 효용함수 혹은 생산함수에 긍정적 혹은 부정적 영향을 미치는 것을 의미한다.

4) 생산의 외부성

어떤 경제주체의 생산행위가 다른 경제주체의 효용함수 혹은 생산함수에 긍정적 혹은 부정적 영향을 미치는 것을 의미한다.

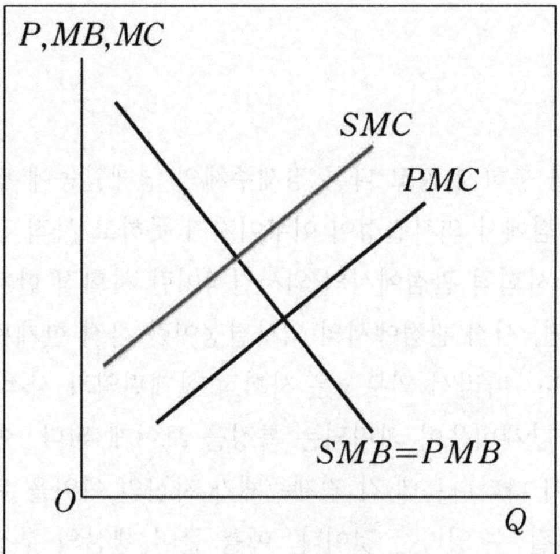

〈생산의 부정적 외부효과〉

(그림 24-1)

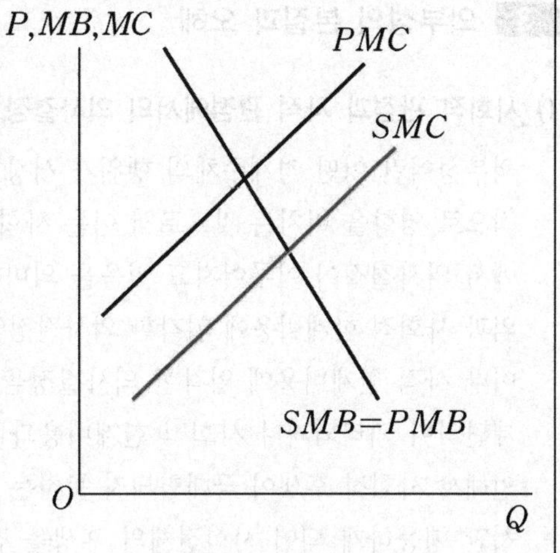

〈생산의 긍정적 외부효과〉

(그림 24-2)

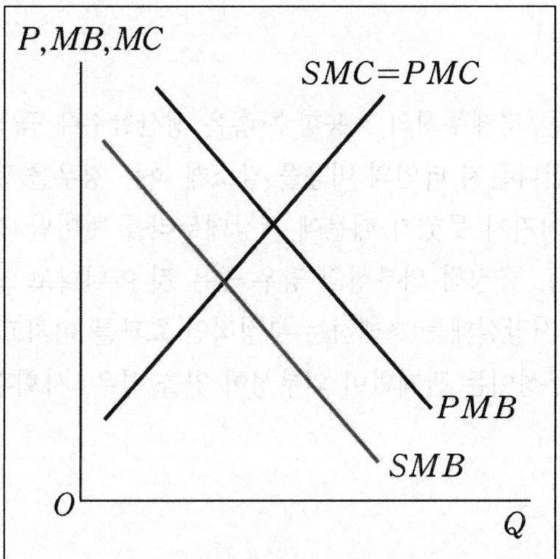

〈소비의 부정적 외부효과〉

(그림 24-3)

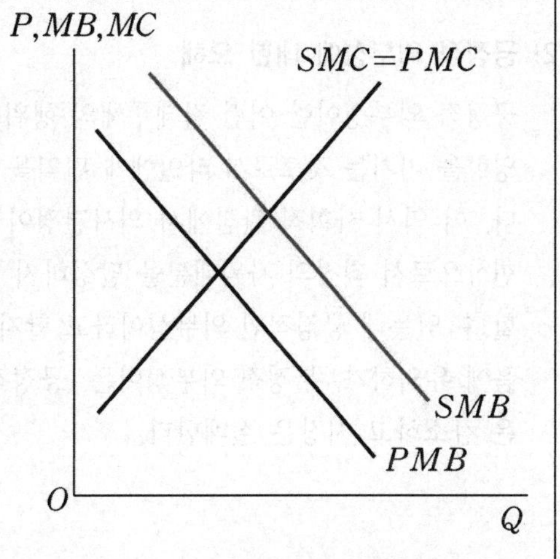

〈소비의 긍정적 외부효과〉

(그림 24-4)

5) 금전적 외부성

앞에서 본 실질적 외부성(기술적 외부성)과는 달리 시장가격기구를 통하여 다른 경제주체에게 영향을 미치는 것으로서 실질적으로는 외부성이 아니다.

3 외부성의 본질과 오해

1) 사회적 관점과 사적 관점에서의 의사결정

외부성이란 어떤 경제주체의 행위가 시장기구를 통하지 않고 다른 경제주체의 경제활동에 명시적으로 영향을 미치는 것으로서 이는 사회적 관점에서 의사결정이 이루어지지 못하고 사적 관점에서 의사결정이 이루어지고 있음을 의미한다. 사회적 관점에서의 의사결정이란 사회적 한계편익과 사회적 한계비용에 입각한 의사결정인 반면, 사적 관점에서의 의사결정이란 사적 한계편익이나 사적 한계비용에 입각한 의사결정을 말한다. 따라서 외부성은 사회적 한계편익과 사적 한계편익이 괴리되거나 사회적 한계비용과 사적 한계비용이 괴리되는 특징을 보이게 된다. 이로 인해서 사회적 후생이 극대화되지 못하는 현상이 나타나는데 각 경제주체가 자신의 이익을 위해서만 행동하게 되어 사회전체의 후생을 감소시킬 수 있다는 것이다. 예를 들어 생산의 부정적 외부성의 경우 생산자는 자신의 이익을 위해서만 행동한 나머지 사적 한계비용에 입각한 의사결정을 내리게 되고 이를 통해서 사회적 한계비용과 사적 한계비용이 괴리되어 사회후생이 감소하게 된다.

2) 긍정적 외부성에 대한 오해

긍정적 외부성이란 어떤 경제주체의 행위가 다른 경제주체의 효용함수 혹은 생산함수에 긍정적 영향을 미치는 것으로서 타인에게 편익을 창출한다든지 타인의 비용을 감소케 하는 경우를 말한다. 이 역시 사회적 관점에서 의사결정이 이루어지지 못했기 때문에 시장테두리를 벗어난 경제현상으로서 최적의 자원배분을 달성하지 못한다. 긍정적 외부성의 경우 좋은 것 아니냐고 오해할 수 있는데 긍정적인 외부성이라고 할지라도 시장실패를 초래하는 부정적인 효과를 미치고 있음에 유의하자. 부정적 외부성이든, 긍정적 외부성이든 관계없이 외부성이 있을 경우, 사회후생은 감소하고 시장은 실패한다.

4 외부성과 자원배분의 효율성

외부성이 비효율성을 가져오는 궁극적인 원인은 시장의 불완비성 때문이다. 외부성이 있더라도 외부성을 거래하는 시장이 있어서 적절한 대가와 보상이 확립된다면 효율적인 자원배분이 가능한 것이다.

필수예제

( )에 들어갈 내용으로 옳은 것은? ▸ 2018년 감정평가사

- 생산의 긍정적 외부효과가 있을 때, (ㄱ)이 (ㄴ)보다 작다.
- 소비의 부정적 외부효과가 있을 때, (ㄷ)이 (ㄹ)보다 크다.

① ㄱ : 사회적 한계비용, ㄴ : 사적 한계비용, ㄷ : 사회적 한계편익, ㄹ : 사적 한계편익
② ㄱ : 사회적 한계비용, ㄴ : 사적 한계비용, ㄷ : 사적 한계편익, ㄹ : 사회적 한계편익
③ ㄱ : 사적 한계비용, ㄴ : 사회적 한계비용, ㄷ : 사회적 한계편익, ㄹ : 사적 한계편익
④ ㄱ : 사적 한계비용, ㄴ : 사회적 한계비용, ㄷ : 사적 한계편익, ㄹ : 사회적 한계편익
⑤ ㄱ : 사회적 한계편익, ㄴ : 사적 한계편익, ㄷ : 사적 한계비용, ㄹ : 사회적 한계비용

출제이슈 외부성의 개념과 유형

핵심해설 **정답 ②**

생산에 있어서 긍정적 외부효과가 있을 경우 사적 비용에 비해 사회적 비용이 더 작다. 기하적으로는 사회적 한계비용곡선이 사적 한계비용곡선보다 하방에 존재하는 것으로 묘사할 수 있다. 이는 생산에 수반되는 긍정적 외부성이 사회적 관점에서 생산비용의 하락을 만들어 내기 때문이다. 사적 한계비용이 사회적 한계비용보다 더 크기 때문에 시장균형 산출량은 사회적 최적 산출량에 미달한다.

소비에 있어서 부정적 외부효과가 있을 경우 사회적 편익에 비해 사적 편익이 더 크다. 기하적으로는 사회적 한계편익곡선이 사적 한계편익곡선보다 하방에 존재하는 것으로 묘사할 수 있다. 이는 소비에 수반되는 부정적 외부성이 사회적 관점에서 편익의 감소를 만들어 내기 때문이다. 사적 한계편익이 사회적 한계편익보다 더 크기 때문에 시장균형 산출량은 사회적 최적 산출량을 초과한다.

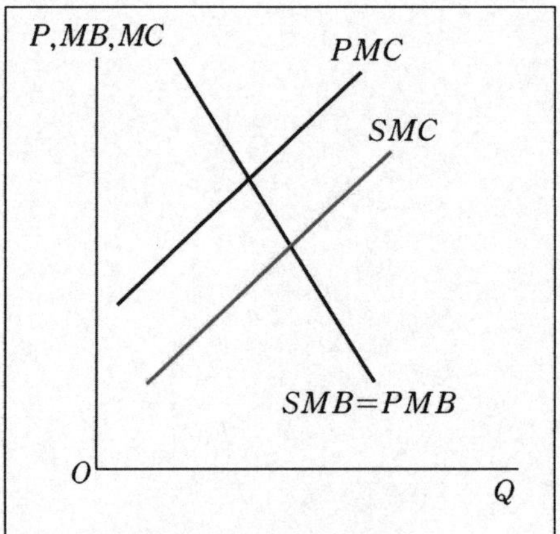

〈생산의 긍정적 외부효과〉

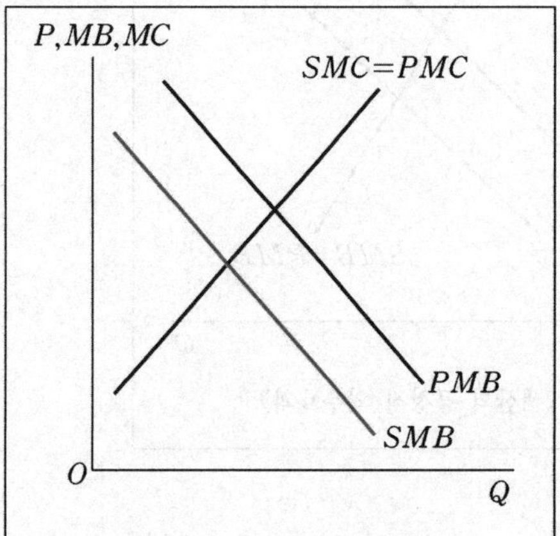

〈소비의 부정적 외부효과〉

X재의 생산과정에서 양(+)의 외부효과가 발생할 때 균형산출량 수준에서 옳은 것은? (단, X재 시장은 완전경쟁시장이고, X재에 대한 수요의 법칙과 공급의 법칙이 성립하며, 정부의 개입은 없다고 가정한다. P는 X재의 가격, PMC는 X재의 사적 한계비용, SMC는 X재의 사회적 한계비용이다.)

▶ 2016년 감정평가사

① $P=SMC=PMC$
② $P=PMC>SMC$
③ $P=PMC<SMC$
④ $P=SMC<PMC$
⑤ $PMC<SMC<P$

출제이슈 외부성의 개념과 유형
핵심해설 **정답** ②

생산에 있어서 긍정적 외부효과가 있을 경우 사적 비용에 비해 사회적 비용이 더 작다. 기하적으로는 사회적 한계비용곡선이 사적 한계비용곡선보다 하방에 존재하는 것으로 묘사할 수 있다. 이는 생산에 수반되는 긍정적 외부성이 사회적 관점에서 생산비용의 하락을 만들어 내기 때문이다.

시장균형은 사적 한계비용과 한계편익(사회적 한계편익과 사적 한계편익이 동일하다고 가정)이 일치하는 지점에서 형성된다. 그러나 사회적으로 바람직한 균형은 사회적 한계비용과 한계편익(사회적 한계편익과 사적 한계편익이 동일하다고 가정)이 일치하는 지점에서 달성된다. 사적 한계비용이 사회적 한계비용보다 더 크기 때문에 시장균형 산출량은 사회적 최적 산출량에 미달하고 시장균형 가격은 사회적으로 바람직한 가격을 상회한다.

위의 내용에 따라서 설문을 검토하면 ② $P=PMC>SMC$가 옳은 내용이다.

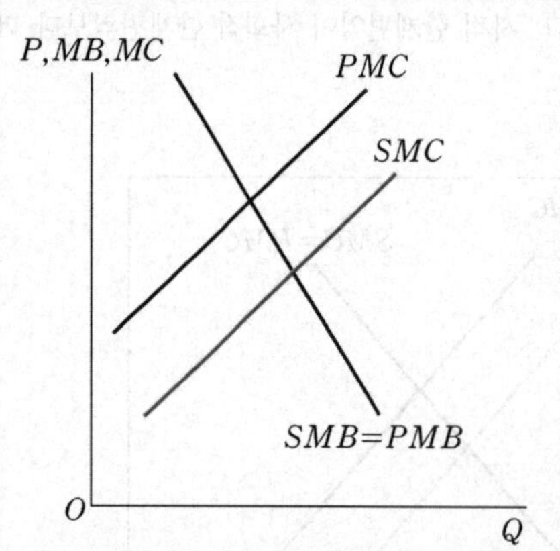

〈생산의 긍정적 외부효과〉

THEME 02 생산 외부성의 효과

1 모형설정

생산과정에 외부성이 존재하여 이를 외부한계비용으로 측정할 수 있다. 사적한계비용에 외부한계비용을 더한 사회적 한계비용은 생산 증가에 따라서 증가한다. 외부한계비용의 존재로 인하여 사적 한계비용과 사회적 한계비용이 불일치되고 있는 상황이다.

2 생산외부성과 자원배분

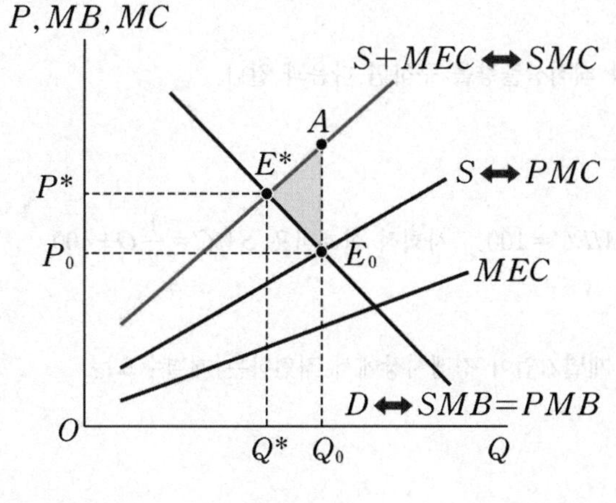

(그림 24-5)

1) 시장에서의 자원배분

사적 한계비용곡선과 수요곡선으로서 한계편익곡선이 교차하는 E_0에서 균형이 달성된다. 이때 산출량과 가격은 Q_0, P_0 수준이 된다.

2) 바람직한 자원배분

사회적 한계비용곡선과 수요곡선으로서 한계편익곡선이 교차하는 E^*에서 바람직한 자원배분이 달성된다. 이때 산출량과 가격은 Q^*, P^* 수준이 된다.

3) 사회적 후생 손실

시장에서의 균형은 바람직한 자원배분에 비해 과다생산되고 있으며 사회적 후생손실의 크기는 $\triangle AE^*E_0$만큼이 된다.

필수예제

기업 A의 사적한계비용 $MC=\frac{1}{2}Q+300$, $P=500$ 이고 기업 A가 발생시키는 환경오염 피해액은 단위당 100이다. 기업 A의 사회적 최적산출량은? (단, 완전경쟁시장을 가정하고, Q는 산출량, P는 가격이다.)

▸ 2023년 감정평가사

① 200　② 400
③ 600　④ 800　⑤ 1,000

출제이슈 생산의 부정적 외부성과 개별기업의 최적산출량

핵심해설 **정답** ①

설문의 자료를 이용하여 시장 균형산출량 및 사회적 최적산출량을 구하면 다음과 같다.

1. 비용조건

사적 한계비용 $PMC=\frac{1}{2}Q+300$, 한계외부비용 $MEC=100$, 사회적 한계비용 $SMC=\frac{1}{2}Q+400$

2. 수요조건

경쟁시장에서 활동하고 있는 개별기업이며, 이러한 개별기업이 경쟁시장에서 직면하는 개별수요는 $P=500$이 된다.

3. 개별기업의 사회적 최적산출량

생산에 부정적 외부성이 있는 경우 개별기업의 사회적 최적산출량은 $P=SMC$일 때, 달성되므로 따라서 $\frac{1}{2}Q+400=500$이 되고 $Q=200$이다.

4. 개별기업의 이윤극대화 산출량

생산에 부정적 외부성이 있는 경우 개별기업의 이윤극대화 산출량은 $P=PMC$일 때, 달성되므로 따라서 $\frac{1}{2}Q+300=500$이 되고 $Q=400$이다.

현재 완전경쟁시장에서 사적 이윤극대화를 추구하고 있는 어떤 기업이 생산하는 재화의 가격은 350이며, 사적 한계비용은 $MC = 50 + 10Q$이다. 한편 이 재화의 생산과정에서 환경오염이 발생하는데 이로 인해 사회가 입는 피해는 생산량 1단위당 100이라고 한다. 앞으로 이 기업이 사회적 최적생산량을 생산하기로 한다면 생산량의 변동은? (단, Q는 생산량이다.) ▸ 2019년 지방직 7급

① 10단위 감소시킨다.
② 10단위 증가시킨다.
③ 20단위 감소시킨다.
④ 20단위 증가시킨다.

출제이슈 생산의 부정적 외부성과 개별기업의 최적산출량

핵심해설 **정답 ①**

설문의 자료를 이용하여 시장 균형산출량 및 사회적 최적산출량을 구하면 다음과 같다.

1. 비용조건

사적 한계비용 $PMC = 50 + 10Q$, 한계외부비용 $MEC = 100$

2. 수요조건

경쟁시장에서 활동하고 있는 개별기업이며, 이러한 개별기업이 경쟁시장에서 직면하는 개별수요는 $P = 350$이 된다.

3. 개별기업의 이윤극대화 산출량

생산에 부정적 외부성이 있는 경우 현재 개별기업의 이윤극대화 산출량은 $P = PMC$일 때 달성되므로, 따라서 $350 = 50 + 10Q$이 되고, $Q = 30$이다.

4. 개별기업의 사회적 최적산출량

개별기업의 사회적 최적산출량은 $P = SMC$일 때 달성되므로,
따라서 $350 = 150 + 10Q$이 되고, $Q = 20$이다.

5. 생산량의 변동

개별기업의 이윤극대화 산출량 30에서 사회적 최적산출량 20으로 바뀌기 위해 10단위 감소가 필요하다.

PART • 08

100개의 기업들이 완전경쟁시장에서 경쟁하고 있다. 개별기업의 총비용함수와 외부비용은 각각 $C=Q^2+4Q$와 $EC=Q^2+Q$로 동일하다. 이 재화에 대한 시장수요곡선이 $Q_d=1{,}000-100P$로 표현될 때, 사회적으로 최적인 생산량과 외부비용을 고려하지 않는 균형생산량 간의 차이는? (단, C는 각 기업의 총비용, Q는 각 기업의 생산량, EC는 각 기업의 생산에 따른 외부비용, Q_d는 시장수요량, P는 가격이다.)

▸ 2016년 국가직 7급

① 50 ② 100 ③ 150 ④ 200

출제이슈 생산의 부정적 외부성과 사회적 최적산출량

핵심해설 **정답 ②**

설문의 자료를 이용하여 시장 균형산출량 및 사회적 최적산출량을 구하면 다음과 같다.

1. 비용조건
   1) 개별기업 차원
      사적 한계비용 $PMC=2Q+4$, 한계외부비용 $MEC=2Q+1$, 사회적 한계비용 $SMC=4Q+5$
   2) 시장차원(100개 기업 고려)
      사적 한계비용 $PMC=0.02Q+4$, 한계외부비용 $MEC=0.02Q+1$, 사회적 한계비용 $SMC=0.04Q+5$

2. 수요조건
   수요함수 $Q=1{,}000-100P$

3. 사회적 최적산출량
   생산에 부정적 외부성이 있는 경우 사회적 최적생산량은 $SMC=SMB$일 때 달성된다.
   따라서 $0.04Q+5=10-0.01Q$이 되고, $Q=100$이다.

4. 시장 균형산출량
   생산에 부정적 외부성이 있는 경우 시장 균형생산량은 $PMC=SMB$일 때 달성된다.
   따라서 $0.02Q+4=10-0.01Q$이 되고, $Q=200$이다.

5. 따라서 사회적 최적산출량과 시장 균형산출량 간의 차이는 100이 된다.

THEME 03 소비 외부성의 효과

1 모형 설정

소비과정에 외부성이 존재하여 이를 외부한계편익으로 측정할 수 있다. 사적한계편익에 외부한계편익을 더한 사회적 한계편익은 소비 증가에 따라서 감소한다. 외부한계편익의 존재로 인하여 사적한계편익과 사회적 한계편익이 불일치되고 있는 상황이다.

2 소비 외부성과 자원배분

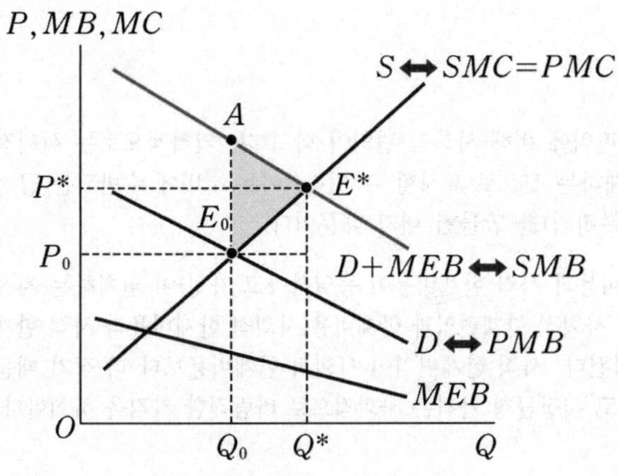

(그림 24-6)

1) 시장에서의 자원배분

사적 한계편익곡선과 공급곡선으로서 한계비용곡선이 교차하는 E_0 에서 균형이 달성된다. 이때 산출량과 가격은 Q_0, P_0 수준이 된다.

2) 바람직한 자원배분

사회적 한계편익곡선과 공급곡선으로서 한계비용곡선이 교차하는 E^* 에서 바람직한 자원배분이 달성된다. 이때 산출량과 가격은 Q^*, P^* 수준이 된다.

3) 사회적 후생 손실

시장에서의 균형은 바람직한 자원배분에 비해 과소생산되고 있으며 사회적 후생손실의 크기는 $\triangle AE^*E_0$ 만큼이 된다.

필수예제

A 재화가 양(+)의 외부효과(positive externality)를 창출할 경우, 다음 중 옳은 것은?

▸ 2018년 보험계리사

① 재화의 사회적 가치(social value)는 사적 가치(private value)보다 높고, 시장균형수량은 사회적 최적수량보다 많다.
② 재화의 사회적 가치는 사적 가치보다 낮고, 시장균형수량은 사회적 최적수량보다 많다.
③ 재화의 사회적 가치는 사적 가치보다 높고, 시장균형수량은 사회적 최적수량보다 적다.
④ 재화의 사회적 가치는 사적 가치보다 낮고, 시장균형수량은 사회적 최적수량보다 적다.

출제이슈 외부성의 개념과 유형

핵심해설 **정답 ③**

소비에 있어서 긍정적 외부효과가 있을 경우 사적 편익에 비해 사회적 편익이 더 크다. 기하적으로는 사회적 한계편익곡선이 사적 한계편익곡선보다 상방에 존재하는 것으로 묘사할 수 있다. 이는 소비에 수반되는 긍정적 외부성이 사회적 관점에서 편익의 증가(한계외부편익)를 만들어 내기 때문이다.

시장균형은 사적 한계편익과 한계비용(사회적 한계비용과 사적 한계비용이 동일하다고 가정)이 일치하는 지점에서 형성된다. 그러나 사회적으로 바람직한 균형은 사회적 한계편익과 한계비용(사회적 한계비용과 사적 한계비용이 동일하다고 가정)이 일치하는 지점에서 달성된다. 사적 한계편익이 사회적 한계비용보다 더 작기 때문에 시장균형 산출량은 사회적 최적 산출량에 미달하고 시장균형 가격은 사회적으로 바람직한 가격을 하회한다.

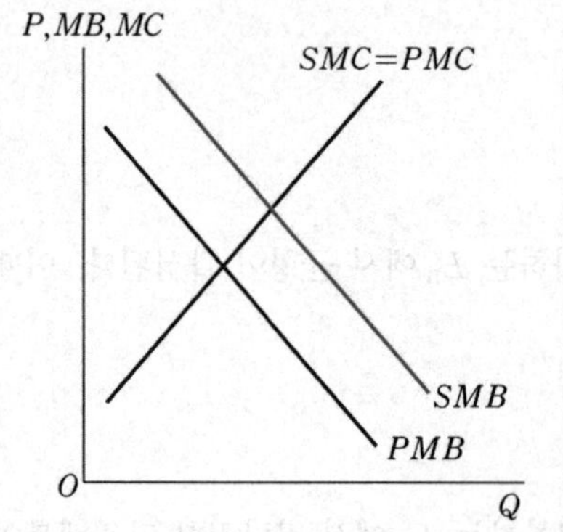

〈소비의 긍정적 외부효과〉

참고로, 이 문제는 A 재화가 양(+)의 외부효과를 창출한다고만 하였을 뿐 생산과정에서 창출되는 것인지 소비과정에서 창출되는 것인지에 대한 설명이 없다. 게다가 사회적 가치, 사적 가치라는 용어를 사용하였기 때문에 가치를 중의적으로 편익 및 가격의 의미로 해석할 수 있다는 점을 고려하면, 논란이 될 수 있다. 다만, 출제자의 견해를 선해하여 사회적 가치를 사회적 편익으로, 사적 가치를 사적 편익으로 해석하면, 소비과정에서의 외부성으로 자연스럽게 연결지을 수 있다. 위에서는 소비과정에서 창출된 긍정적 외부성으로 보고 풀이한 것이다.

외부효과에 대한 설명으로 옳은 것만을 모두 고르면? ▸ 2020년 국가직 9급

ㄱ. 외부효과가 있는 경우 자원의 비효율적 배분이 발생한다.
ㄴ. 소비측면에서 긍정적 외부효과가 발생하는 경우 사회적으로 바람직한 수준보다 많이 거래된다.
ㄷ. 생산측면에서 부정적 외부효과가 발생하는 경우 사회적 비용이 사적 비용보다 크다.

① ㄱ, ㄴ ② ㄱ, ㄷ
③ ㄴ, ㄷ ④ ㄱ, ㄴ, ㄷ

출제이슈 외부성의 경제적 효과

핵심해설 **정답** ②

설문을 검토하면 다음과 같다.

ㄱ. 옳은 내용이다.
외부성이란 어떤 경제주체의 행위가 시장기구를 통하지 않고 다른 경제주체의 경제활동에 명시적으로 영향을 미치는 것을 의미한다. 어떤 경제주체의 경제행위(소비, 생산)가 다른 경제주체의 효용·생산함수에 영향을 미치고 있음에도 불구하고 이에 대하여 적절한 대가의 교환 혹은 보상이 이루어지지 않는 것으로서 자원배분의 비효율성을 초래한다.

ㄴ. 틀린 내용이다.
긍정적 외부성 혹은 양의 외부성이란 어떤 경제주체의 행위가 다른 경제주체의 효용함수 혹은 생산함수에 긍정적 영향을 미치고 있음(타인에게 편익을 창출하는 경우)에도 불구하고 이에 대한 보상이 이루어지지 않고 있는 경우를 말한다.

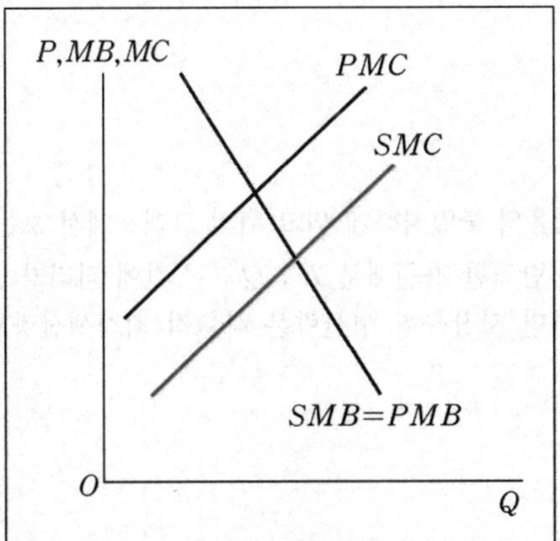

생산의 긍정적 외부성

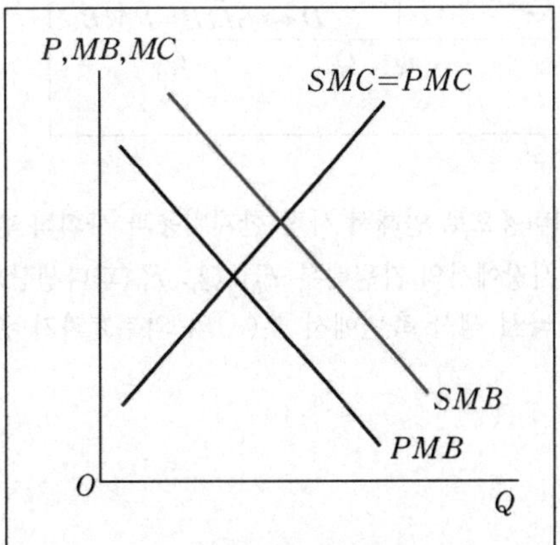

소비의 긍정적 외부성

설문에서 제시된 대로 소비에 있어서 긍정적 외부효과 혹은 양의 외부성이 있는 경우 앞에서 본 바와 같이 사회적으로 바람직한 산출량 수준에 미달하게 된다. 이는 민간의 의사결정은 사회적 편익이 아니라 사적 편익에 기하여 이루어지며, 사적한계편익이 사회적 한계편익보다 낮기 때문에 발생하는 현상이다. 따라서 시장에서 결정되는 균형생산량은 사회적으로 바람직한 최적생산량에 미달한다.

이러한 문제를 해결하려면, 긍정적 외부효과를 가져오는 소비행위에 따른 편익수준을 외부편익을 고려한 수준으로 높여서 소비주체 측에 인식되도록 할 필요가 있다. 이를 위해서 소비주체에게 보조금을 지급하는 경우 편익이 높아져서 과소생산의 문제를 내부화하여 해결할 수 있다.

ㄷ. 옳은 내용이다.

생산에 있어서 부정적 외부효과가 있을 경우 사적 비용에 비해 사회적 비용이 더 크다. 기하적으로는 사회적 한계비용곡선이 사적 한계비용곡선보다 상방에 존재하는 것으로 묘사할 수 있다. 이는 생산에 수반되는 부정적 외부성이 외부한계비용을 만들어 내기 때문이다.

시장균형은 사적 한계비용과 한계편익(사회적 한계편익과 사적 한계편익이 동일하다고 가정)이 일치하는 지점에서 형성된다. 그러나 사회적으로 바람직한 균형은 사회적 한계비용과 한계편익(사회적 한계편익과 사적 한계편익이 동일하다고 가정)이 일치하는 지점에서 달성된다. 사적 한계비용이 사회적 한계비용보다 더 작기 때문에 시장균형 산출량은 사회적 최적 산출량에 초과하고 시장균형 가격은 사회적으로 바람직한 가격을 하회한다. 이를 그래프로 확인하면 다음과 같다.

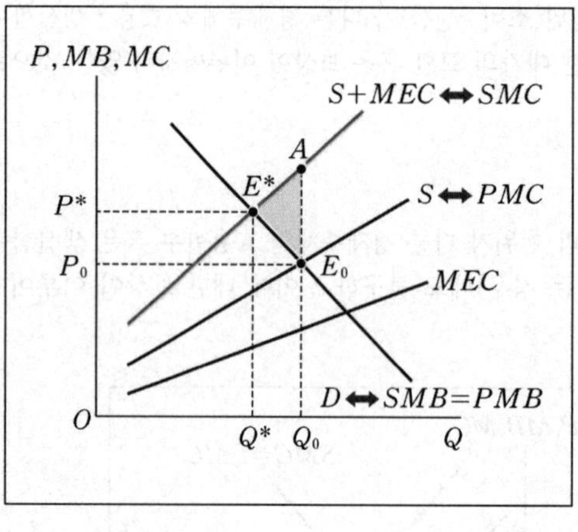

외부한계비용으로 인해서 사적 한계비용과 사회적 한계비용의 불일치하게 되고 위의 그래프에서 보는 바와 같이 시장에서의 자원배분 E_0, Q_0, P_0(과다생산)과 바람직한 자원배분 E^*, Q^*, P^*간에 괴리가 발생한다. 따라서 생산 측면에서 부(−)의 외부효과가 존재하면 시장균형 생산량은 사회적 최적생산량보다 많다.

THEME 04 피구세

1 의의

외부효과를 내부화하기 위해서 부과되는 세금을 피구세라고 한다. 이는 생산에 따라 부과되는 조세이며 역으로 생산의 감축에 따라 지급되는 보조금인 피구보조금도 피구세와 동일한 효과를 갖는다.

2 특징

1) 교정적 과세

외부경제 혹은 외부불경제를 창출하는 경제주체에게 적절히 세금을 부과하거나 보조금(음의 피구세)을 지급하여 자원배분의 비효율성을 시정할 수 있기 때문에 피구세는 교정적 과세의 특징이 있다.

2) 내부화

피구세나 피구보조금은 외부경제 혹은 외부불경제가 발생되고 있는 부문에 적절한 보상 또는 대가를 지급함으로써 사적 이익과 사회적 이익을 일치시키게 되는데 이를 내부화라고 한다.

3 효과

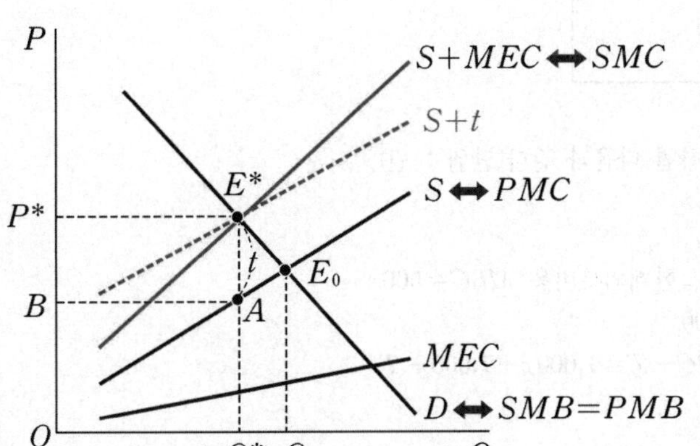

(그림 24-7)

1) 피구세 부과 전
E_0, Q_0, P_0

2) 피구세 부과 후
E^*, Q^*, P^*

3) 피구조세수입
□$P^* E^* AB$

필수예제

어느 물고기 양식장이 수질오염을 일으킨다고 알려져 있다. 이 양식장이 연간 x톤의 물고기를 양식할 때, 1톤을 더 양식하는 데 들어가는 한계비용은 $(1,000x + 7,000)$원이다. 동시에 1톤을 더 양식하는 데 따른 수질오염이 피해액, 즉 한계피해액은 $500x$원이다. 양식장의 물고기는 톤당 10,000원이라는 고정된 가격에 팔린다. 정부가 과다한 양식을 제한하기 위하여 피구세(Pigouvian tax)를 부과하기로 결정하였는데, 사회적으로 최적수준의 톤당 세액은? ▸ 2016년 국가직 7급

① 500원 ② 1,000원 ③ 1,500원 ④ 2,000원

출제이슈 피구세

핵심해설 **정답 ②**

피구세는 교정적 과세로서 외부경제 혹은 외부불경제를 창출하는 경제주체에게 적절히 세금을 부과하거나 보조금(음의 피구세)을 지급하여 자원배분의 비효율성을 시정할 수 있다.

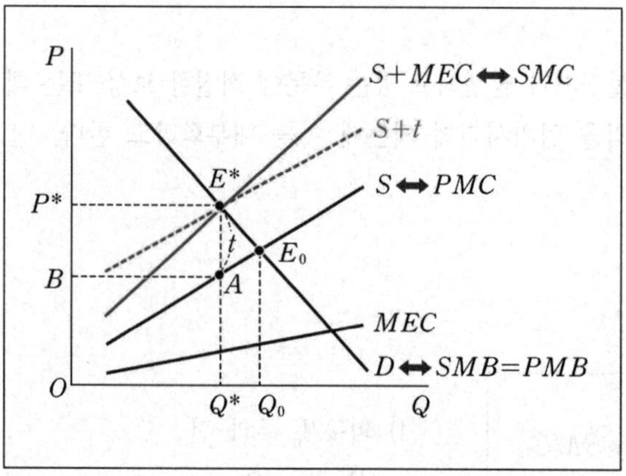

설문에 주어진 자료를 이용하여 피구세를 구하면 다음과 같다(단위 : 원).

1. 비용조건
   ① 사적 한계비용 $PMC = 1{,}000x + 7{,}000$, 한계외부비용 $MEC = 500x$
   ② 사회적 한계비용 $SMC = 1{,}500x + 7{,}000$
   ③ 피구세 T 부과 후 사적 한계비용 $PMC + T = 1{,}000x + 7{,}000 + T$

2. 수요조건
   수요함수 $P = 10{,}000$

3. 시장 균형생산량

시장생산량은 $PMC=P$일 때 달성된다.

따라서 $1,000x+7,000=10,000,\ x=3$

4. 사회적 최적생산량

사회적 최적생산량은 $SMC=P$일 때 달성된다.

따라서 $1,500x+7,000=10,000,\ x=2$

5. 피구세 T의 부과

사회적 최적생산량은 $PMC+T=P$일 때도 달성될 수 있다.

따라서 $1,000x+7,000+T=10,000$

그런데 이때의 생산량은 사회적 최적생산량으로서 $x=2$가 된다.

그러므로 피구세 $T=1,000$이 된다.

양식장 A의 한계비용은 $10x+70$만원이고, 고정비용은 15만원이다. 양식장 운영 시 발생하는 수질 오염으로 인해 인근 주민이 입는 한계피해액은 $5x$만원이다. 양식장 운영의 한계편익은 x에 관계없이 100만원으로 일정하다. 정부가 x 1단위당 일정액의 세금을 부과하여 사회적 최적 생산량을 유도할 때 단위당 세금은? (단, x는 양식량이며 소비 측면의 외부효과는 발생하지 않는다.)

▸ 2019년 국가직 7급

① 5만원 ② 10만원 ③ 20만원 ④ 30만원

출제이슈 피구세

핵심해설 **정답** ②

피구세는 교정적 과세로서 외부경제 혹은 외부불경제를 창출하는 경제주체에게 적절히 세금을 부과하거나 보조금(음의 피구세)을 지급하여 자원배분의 비효율성을 시정할 수 있다.

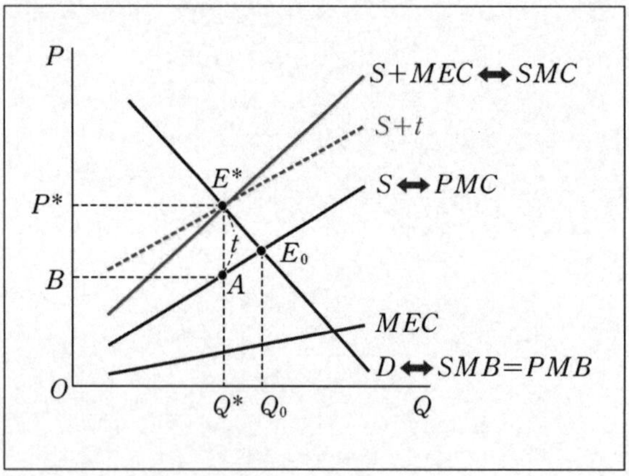

설문에 주어진 자료를 이용하여 피구세를 구하면 다음과 같다(단위 : 만원).

1. 비용조건
   ① 사적 한계비용 $PMC=10x+70$, 한계외부비용 $MEC=5x$
   ② 사회적 한계비용 $SMC=15x+70$
   ③ 피구세 T 부과 후 사적 한계비용 $PMC+T=10x+70+T$

2. 수요조건 (편익조건)
   수요함수 $P=100$

3. 시장 균형생산량
   시장생산량은 $PMC=P$일 때 달성된다.
   따라서 $10x+70=100$, $x=3$

4. 사회적 최적생산량

사회적 최적생산량은 $SMC = P$일 때 달성된다.

따라서 $15x + 70 = 100$, $x = 2$

5. 피구세 T의 부과

사회적 최적생산량은 $PMC + T = P$일 때도 달성될 수 있다.

따라서 $10x + 70 + T = 100$

그런데 이때의 생산량은 사회적 최적생산량으로서 $x = 2$가 된다.

그러므로 피구세 $T = 10$이 된다.

현재 어떤 생산자가 재화 X를 Q만큼 생산할 때 직면하게 되는 한계비용은 $MC=2Q$, 한계수입은 $MR=24$라고 하자. 재화 X의 생산은 제3자에게 환경오염이라는 형태의 외부불경제를 야기하는데, 재화 X가 Q만큼 생산될 때 유발되는 환경오염의 한계피해액(Marginal External Cost)은 $MEC=Q$이다. 정부는 X의 생산량을 사회적으로 바람직한 수준으로 감축시키기 위해, 생산자가 현재 생산량으로부터 한 단위 감축할 때마다 정액의 피구보조금(Pigouvian subsidy)을 지급하고자 한다. 정부가 이 생산자에게 지급해야 할 생산량 감축 1단위당 보조금은? ▸ 2016년 지방직 7급

① 2 ② 4 ③ 6 ④ 8

출제이슈 피구보조금

핵심해설 **정답** ④

피구세는 교정적 과세로서 외부경제 혹은 외부불경제를 창출하는 경제주체에게 적절히 세금을 부과하거나 보조금(음의 피구세)을 지급하여 자원배분의 비효율성을 시정할 수 있다. 피구세는 생산 시 과세되는 것이고, 피구보조금의 경우 감축 시 보조금이 지급되는 것이므로 기업의 비용함수에 미치는 효과는 동일하다.

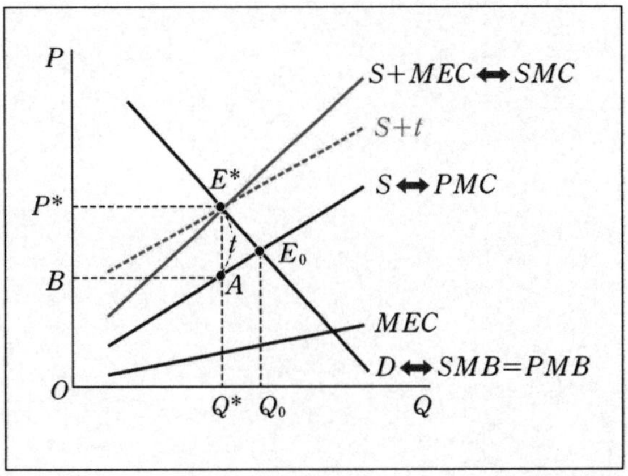

설문에 주어진 자료를 이용하여 피구세 혹은 피구보조금을 구하면 다음과 같다(단위 : 만원).

1. 비용조건
   ① 사적 한계비용 $PMC=2Q$, 한계외부비용 $MEC=Q$
   ② 사회적 한계비용 $SMC=3Q$
   ③ 피구보조금 S 지급 후 사적 한계비용 $PMC+S=2Q+S$

2. 수요조건
   한계수입 $MR=24$

3. 시장 균형생산량
   시장생산량은 $PMC=MR$일 때 달성된다.
   따라서 $2Q=24$, $Q=12$

4. 사회적 최적생산량

사회적 최적생산량은 $SMC = MR$일 때 달성된다.

따라서 $3Q = 24$, $Q = 8$

5. 피구보조금 S 지급

사회적 최적생산량은 $PMC + S = MR$일 때도 달성될 수 있다.

따라서 $2Q + S = 24$

그런데 이때의 생산량은 사회적 최적생산량으로서 $Q = 8$이 된다.

그러므로 피구보조금 $S = 8$이 된다.

THEME 05 직접규제

1 의의

직접규제는 정부가 공해배출량을 일정수준으로 직접 통제하는 것을 의미한다. 이를 위해서는 정부가 사회적으로 바람직한 최적의 오염수준을 결정하고 그만큼만 배출되도록 강제하는 절차가 필요하다.

2 최적 오염수준의 결정

1) 의의

오염물질의 정화 및 처리에 들어가는 비용이 불가결함을 고려할 때, 환경오염수준을 0으로 낮추는 것은 바람직하지 않기 때문에 오염제거비용과 오염피해비용을 동시에 고려하여 총비용을 최소화시키는 수준이 최적 오염수준이 된다.

2) 오염과 관련된 비용

① 오염피해비용

오염물질로 인한 피해에 따른 비용으로서 오염배출량이 증가함에 따라서 오염피해비용도 증가한다. 오염피해비용은 오염량의 증가함수로서 아래 그래프와 같이 우상향하는 모습을 보인다.

② 오염제거비용

오염물질 정화 및 처리에 따른 비용으로서 오염배출량이 감소함에 따라서 오염제거비용도 증가한다. 역으로 오염배출량이 증가함에 따라서 오염제거비용도 감소한다. 따라서 오염제거비용은 오염량의 감소함수로서 아래 그래프와 같이 우하향하는 모습을 보인다.

③ 오염의 총비용

오염의 총비용은 오염피해비용과 오염제거비용을 더한 비용이 된다. 기하적으로는 우상향하는 오염피해비용곡선과 우하향하는 오염제거비용곡선의 수직합이 된다. 이는 오염량이 증가함에 따라서 감소하는 모습을 보이다가 다시 증가하는 추세를 가지게 될 것이다. 감소추세는 오염량 수준이 낮은 경우 오염제거비용의 감소추세가 반영된 것이며 증가추세는 오염량 수준이 높은 경우 오염피해비용의 증가추세가 반영된 것이다.

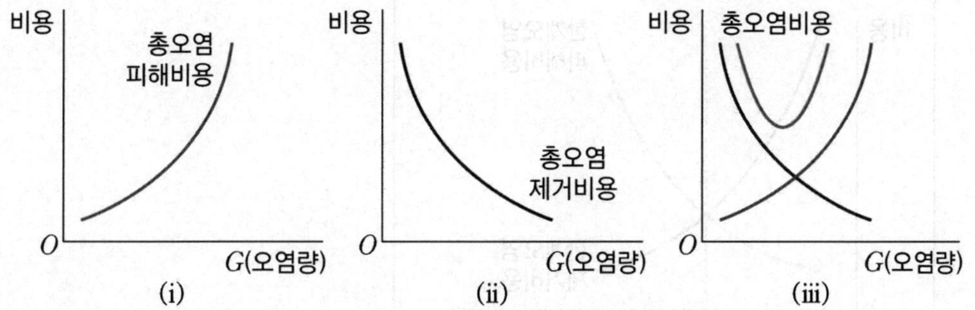

(그림 24-8)

3) 최적 오염수준의 결정 : 오염의 총비용 극소화

① 총비용 접근

오염의 총비용인 총오염피해비용과 총오염제거비용을 더한 총비용을 극소화시키는 수준에서 최적의 오염량을 구해낼 수 있다.

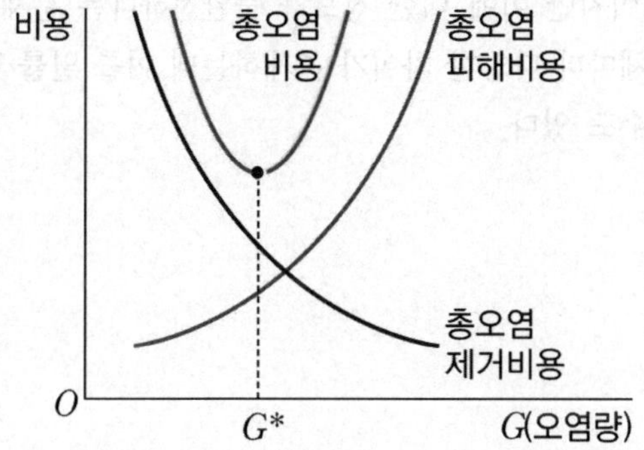

(그림 24-9)

② 한계비용 접근 : 한계오염피해비용 = 한계오염제거비용

총오염피해비용과 총오염제거비용을 더한 총비용을 극소화시키는 수준은 총오염피해비용을 미분한 한계오염피해비용과 총오염제거비용을 미분한 한계오염제거비용을 일치시키는 수준이 된다.

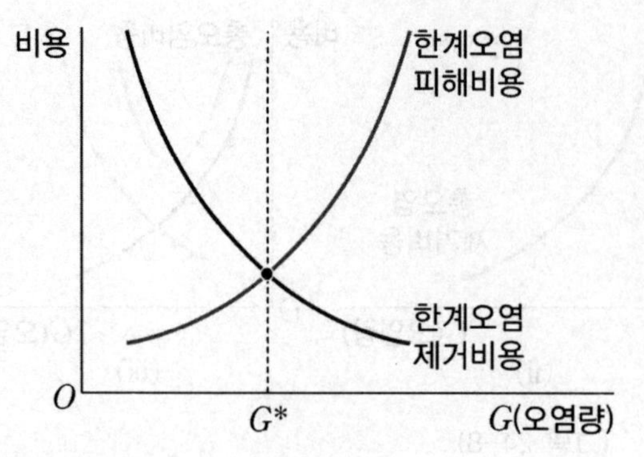

(그림 24-10)

3 문제점

공해배출에 대하여 정부가 직접적으로 규제할 경우에는 규제조직의 운영과 규제행정의 집행비용이 과다하게 소요된다는 문제가 있다. 특히 직접규제를 위해서는 최적의 오염량을 도출해내야 하는데 이를 위해서는 오염과 관련한 정보가 필수적이지만 이에 대한 정보가 불완전하다는 문제가 있다. 또한 오염배출의 주체가 다수인 경우에는 주체마다 다양한 차이가 존재하는데 이를 일률적으로 직접 규제하는 것은 오히려 비효율을 노정할 수도 있다.

필수예제

온실가스 배출량(Q)을 저감하기 위한 한계저감비용은 $40-2Q$이고, 온실가스 배출로 유발되는 한계피해비용은 $3Q$이다. 최적의 온실가스 배출량과 한계저감비용은? ▸ 2017년 감정평가사

① 8, 24 ② 9, 27 ③ 10, 30
④ 11, 33 ⑤ 12, 36

출제이슈 최적오염모형

핵심해설 정답 ①

오염물질의 정화 및 처리에 들어가는 비용이 불가결함을 고려할 때, 환경오염수준을 0으로 낮추는 것은 바람직하지 않다. 그렇다면, 최적의 오염량은 어떻게 구할 수 있는가? 우선 오염과 관련된 비용은 크게 2가지로서 오염피해비용과 오염제거비용이다. 이 둘을 합친 것이 오염의 총비용이다. 최적의 오염량은 오염의 총비용을 극소화할 때 달성될 수 있다.

① 오염피해비용
 i) 오염물질로 인한 피해에 따른 비용
 ii) 오염배출량이 증가함에 따라서 오염피해비용도 증가

② 오염제거비용
 i) 오염물질 정화 및 처리에 따른 비용
 ii) 오염배출량이 감소함에 따라서 오염제거비용도 증가

③ 오염의 총비용 = 오염피해비용 + 오염제거비용

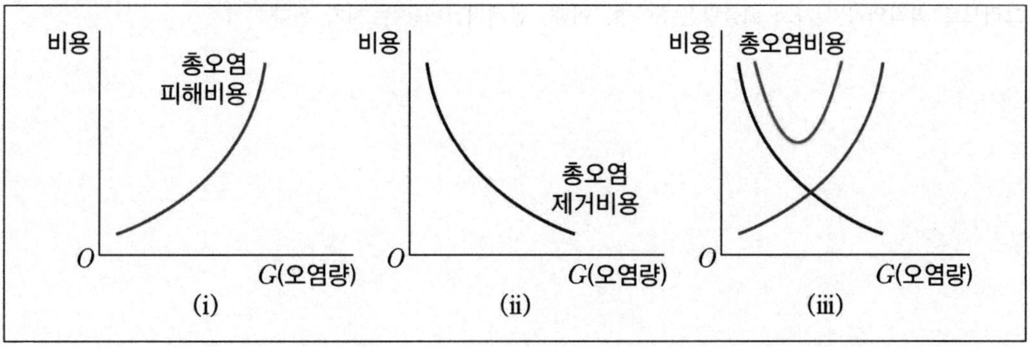

④ 최적오염량 도출

오염의 총비용(오염피해비용 + 오염제거비용)을 극소화시킬 때 최적오염량이 달성된다. 이를 한계비용접근으로 바꾸면 다음과 같이 한계오염피해비용과 한계오염제거비용이 일치할 때 달성된다.

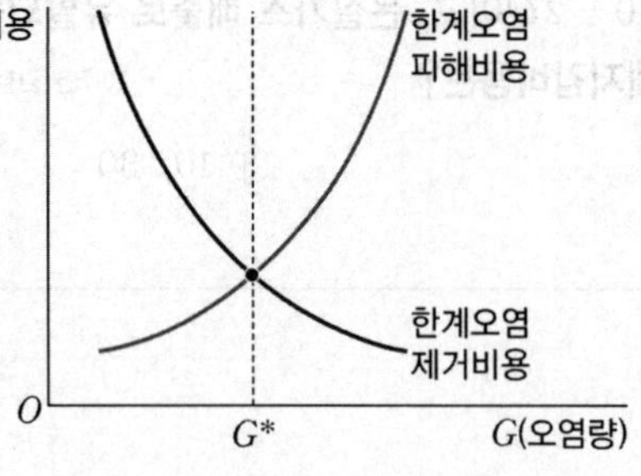

〈최적오염모형〉

위의 내용에 따라서 설문을 검토하면 다음과 같다.

1) 한계오염제거비용

온실가스 배출량(Q)을 저감하기 위한 한계저감비용은 $40-2Q$로 주어져 있다.

2) 한계오염피해비용

온실가스 배출로 유발되는 한계피해비용은 $3Q$로 주어져 있다.

3) 최적오염량 도출

최적의 온실가스 배출량은 한계오염제거비용과 한계오염피해비용이 일치하여 오염으로 인한 비용을 극소화할 때 달성된다.

따라서 $40-2Q=3Q$, $Q=8$이 된다.

그러므로 최적의 온실가스 배출량은 8이며, 이때, 한계저감비용은 24가 된다.

THEME 06 오염배출권 제도

1 의의

오염물질을 합법적으로 방출할 수 있는 권리 증서를 발행하여 오염배출의 주체(예 기업)에게 배분한 후 기업들 간에 자발적 거래에 의해 서로 자유롭게 사고팔도록 허용함으로써 오염배출량을 통제하는 제도를 오염배출권 제도라고 한다.

2 제도의 메커니즘

먼저 사회적으로 최적수준의 오염물질 방출량을 결정한다. 그 수준만큼은 오염물질의 방출이 가능하다는 의미이다. 이제 최적오염방출량에 따라서 기업들에게 오염배출권을 무상 혹은 유상으로 배분한다. 오염배출권을 받은 기업들은 각자 오염정화기술 및 비용을 고려하여 자유롭게 오염배출권 거래를 하게 된다. 이 과정에서 자연스럽게 오염배출권의 가격이 형성된다.

3 오염배출권 제도에서의 의사결정

1) 의사결정 원칙

① 각 기업은 자신의 오염물질 처리능력 수준, 즉 오염물질 처리비용과 오염배출권 가격을 비교하여 오염물질을 직접 처리할 것인지 오염배출권을 구입할 것인지에 대한 의사결정을 하게 된다.

i) 오염배출권 구입 시 비용 = 오염배출권 가격
ii) 오염배출권 미구입 시 비용 = 오염물질 처리비용
(오염배출권 구입 시 편익 = 오염물질 처리비용 절감)

② 각 기업의 의사결정은 오염관련비용을 극소화하고 이윤을 극대화하기 위하여 한계적 사고에 따라서 이루어지게 된다.

2) 오염물질 처리능력, 처리기술수준이 뛰어난 기업의 경우

이 기업은 오염물질 처리비용이 오염배출권 가격보다 더 낮은 상황이다. 오염물질 처리비용은 오염배출권 미구입 시 비용이며 오염배출권 가격은 오염배출권 구입 시 비용이 된다. 따라서 이 기업은 오염배출권 미구입 시 비용보다 구입 시 비용이 더 크므로 미구입하게 된다. 즉 이 기업은 오염물질을 직접 처리하는 것이 유리하기 때문에 할당량보다 더 많이 처리하게 된다.

PART • 08

3) 오염물질 처리능력, 처리기술수준이 낙후된 기업의 경우

이 기업은 오염물질 처리비용이 오염배출권 가격보다 더 높은 상황이다. 오염물질 처리비용은 오염배출권 미구입 시 비용이며 오염배출권 가격은 오염배출권 구입 시 비용이 된다. 따라서 이 기업은 오염배출권 미구입 시 비용이 구입 시 비용보다 크므로 구입하게 된다. 즉 이 기업은 오염물질을 직접 처리하지 않는 것이 유리하기 때문에 할당량보다 덜 처리한다.

4 오염배출권 제도의 효과

1) 사회 전체적으로 최적 오염물질량 달성

오염배출권 제도에 의하여 오염물질 처리능력이 뛰어난 기업이 낮은 비용으로 먼저 처리하기 시작하여 최적 오염물질의 배출을 달성하게 된다. 오염배출권 제도는 오염물질 처리능력이 상이한 기업들이 일률적으로 오염물질을 정화하는 것이 아니라 낮은 비용으로 오염물질을 처리할 수 있도록 유인하는 메커니즘이다.

2) 직접규제와 시장유인의 방식의 혼합

직접규제방식을 통해서 설정된 최적오염량 수준을 오염배출권 거래제도라는 시장유인의 방식을 사용하여 달성한다는 특징이 있다.

3) 배출권을 거래하는 기업 모두 이득

오염물질 처리능력이 뛰어나서 오염배출권을 판매하는 기업도 이득을 보고, 오염물질 처리능력이 뒤져서 오염배출권을 구입하는 기업도 이득을 보게 된다. 오염배출권의 거래로부터 거래당사자 모두 이득을 얻게 된다.

① 기업 1 : $A \to B$, $\triangle ABE$ 이득

상대적으로 오염물질 처리능력이 뛰어난 기업 1은 할당된 오염배출량 수준보다 더 많이 감축하고 그로 인해 남는 오염배출권을 기업 2에게 판매하게 된다. 이 과정($A \to B$)에서 $\triangle ABE$ 만큼의 이득을 얻게 된다.

② 기업 2 : $C \to D$, $\triangle CDE$ 이득

상대적으로 오염물질 처리능력이 뒤처진 기업 2는 할당된 오염배출량 수준보다 더 많이 배출하고 그로 인해 부족한 오염배출권을 기업 1로부터 구입하게 된다. 이 과정($C \to D$)에서 $\triangle CDE$ 만큼의 이득을 얻게 된다.

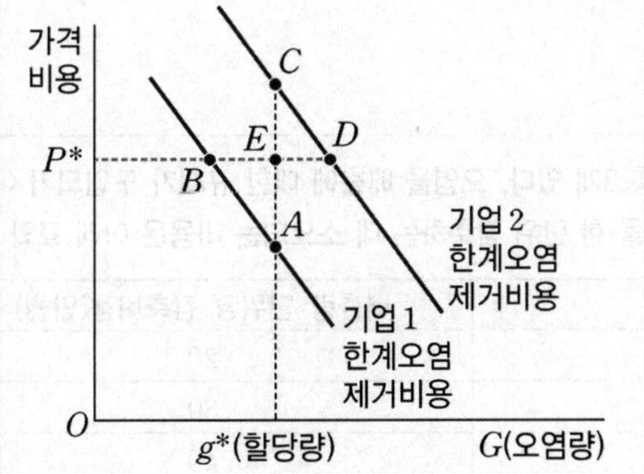

(그림 24-11)

5 경매를 통한 오염배출

오염을 배출하는 기업들은 정부에 대해 오염배출량의 일정단위에 대하여 가격을 지불하도록 하는 제도로서 이는 피구세와 유사한 방식이다. 그러나 오염배출량의 단위가격에 대하여 정부가 일방적으로 결정하지 않고 경쟁적인 입찰방식을 통해서 결정한다는 것이 피구세와 다른 점이다.

오염배출량의 경매입찰은 먼저 정부가 적절한 최적의 오염배출량을 결정한 후에 정부가 적절한 가격을 정하여 오염배출기업들에게 제시하여 기업들이 구입할 의사가 있는 오염배출의 허용량을 입찰로 받게 된다. 만일 기업들이 제시한 오염배출의 허용량이 정부의 최적 오염배출량보다 적을 경우에는 경매가격을 낮춰서 다시 입찰이 진행된다. 반대로 기업들이 제시한 오염배출의 허용량이 정부의 최적 오염배출량보다 많을 경우에는 경매가격을 높여서 다시 입찰을 진행하여 결국 기업과 정부의 오염배출량이 같아질 때 경매가 종료된다.

필수예제

어떤 마을에 오염 물질을 배출하는 기업이 총 3개 있다. 오염물 배출에 대한 규제가 도입되기 이전에 각 기업이 배출하는 오염배출량과 그 배출량을 한 단위 감축하는 데 소요되는 비용은 아래 표와 같다.

기업	배출량(단위)	배출량 단위당 감축비용(만원)
A	50	20
B	60	30
C	70	40

정부는 오염배출량을 150단위로 제한하고자 한다. 그래서 각 기업에게 50단위의 오염배출권을 부여하였다. 또한 이 배출권을 기업들이 자유롭게 판매/구매할 수 있다. 다음 중 가장 옳은 것은? (단, 오염배출권 한 개당 배출 가능한 오염물의 양은 1단위이다.) ▸ 2019년 서울시 7급

① 기업 A가 기업 B와 기업 C에게 오염배출권을 각각 10단위와 20단위 판매하고, 이때 가격은 20만원에서 30만원 사이에 형성된다.
② 기업 A가 기업 C에게 20단위의 오염배출권을 판매하고, 이때 가격은 30만원에서 40만원 사이에서 형성된다.
③ 기업 A가 기업 B에게 10단위의 오염배출권을 판매하고, 기업 B는 기업 C에게 20단위의 오염배출권을 판매한다. 이때 가격은 20만원에서 40만원 사이에서 형성된다.
④ 기업 B가 기업 C에게 20단위의 오염배출권을 판매하고, 이때 가격은 30만원에서 40만원 사이에서 형성된다.

출제이슈 오염배출권 거래제도

핵심해설 **정답** ①

오염배출권제도란 오염물질을 합법적으로 방출할 수 있는 권리 증서를 발행하여 오염배출의 주체(예 기업)에게 배분한 후 기업들 간에 자발적 거래에 의해 이를 서로 자유롭게 사고팔도록 허용함으로써 오염배출량을 통제하는 제도를 의미한다.

오염배출권제도에 의하면, 오염물질 처리능력이 뛰어난 기업이 낮은 비용으로 먼저 처리하기 시작하며, 오염물질 처리능력이 뒤처진 기업은 처리능력이 뛰어난 기업으로부터 오염배출권을 사들이게 된다. 양자 간 거래를 통해서 모두 거래로부터의 이득을 얻게 됨과 동시에 사회적으로 오염물질을 낮은 비용으로 처리할 수 있게 된다. 이는 직접규제의 방식(최적오염수준 설정)과 시장유인의 방식(오염배출권 거래)을 동시에 사용한다는 특징이 있다.

설문에서 기업 A는 가장 적은 비용으로 감축할 수 있으므로 오염배출권의 판매자가 되며, 기업 B, C는 구입자가 된다. 기업 A는 자신의 감축비용 20만원 이상으로 오염배출권 가격을 받으려고 하며, 기업 B, C는 자신들의 감축비용 30, 40만원 이하 수준에서 오염배출권을 구입하려고 할 것이다. 따라서 가격은 20만원과 30만원 사이에서 형성된다. 그리고 배출권의 거래량은 배출권을 초과하는 오염배출량 수준으로서 기업 A 10단위, 기업 B 20단위가 된다.

THEME 07 코즈 정리

1 외부성과 정부개입

코즈에 의하면 외부성의 존재가 반드시 정부의 개입에 의한 해결을 필요로 하지 않을 수도 있다. 정부개입 없이도 민간부문에서 자율적인 협상을 통해서 해결할 수 있음을 의미하며 이는 아래와 같이 코즈 정리로 분석되어 있다.

2 코즈 정리의 의의

1) 코즈 정리의 기본 가정

첫째, 외부성이 존재하는 경우 둘째, 외부성과 관련된 재산권의 부여가 확립되고 셋째, 협상에 따른 거래비용이 존재하지 않는다고 가정한다.

2) 코즈 정리의 결론

정부개입이 없더라도 이해당사자인 경제주체들 간의 자율적인 협상을 통해 효율적인 자원배분이 가능하다.

3 코즈 정리의 모형

1) 모형의 설정

① 오염배출자

오염량 감축 시 오염제거비용이 발생하므로 예를 들어 화학회사와 같은 오염배출자는 오염제거비용을 부담하게 된다.

② 오염피해자

오염량 증가 시 오염피해비용이 발생하므로 예를 들어 인근주민과 같은 오염피해자는 오염피해비용을 부담하게 된다.

2) 인근주민에게 환경에 대한 재산권이 인정되는 경우(그림 24-12)

인근주민에게 환경에 대한 재산권이 있을 때, 현재 오염량 수준이 G_1이라고 하자. 이때, 추가적인 오염량의 배출에 따라 인근주민이 느끼는 피해의 크기는 BG_1이다. 한편, 추가적인 오염량의 배출에 따라 화학회사가 감축할 수 있는 비용(편익이라고 해석해도 무방하다)은 AG_1이 된다. 따라서 화학회사는 BG_1보다는 크지만 AG_1보다는 작은 금액을 인근주민에게 보상하고 오염량을 배출할 수 있는 협상을 진행할 것이다. 이 과정에서 인근주민은 자신의 피해의 크기를 보상받을 수 있기 때문에 협상은 성립할 것이며, 최종적인 협상의 결론은 화학회사가 지불할 용의가 있는 최대금액과 인근주민이 수취할 용의가 있는 최소금액이 일치하는 G^*로 타결될 것이다.

3) 화학회사에게 환경에 대한 재산권이 인정되는 경우(그림 24-13)

화학회사에게 환경에 대한 재산권이 있을 때, 현재 오염량 수준이 G_2라고 하자. 이때, 추가적인 오염량의 감축에 따라 인근주민이 지불할 수 있는 비용(편익이라고 해석해도 무방하다)의 크기는 DG_2이다. 한편, 추가적인 오염량의 감축에 따라 화학회사가 지불해야 하는 비용은 CG_2가 된다. 따라서 인근주민은 CG_2보다는 크지만 DG_2보다는 작은 금액을 화학회사에게 보상하고 오염량을 감축할 수 있는 협상을 진행할 것이다. 이 과정에서 화학회사는 자신의 비용의 크기를 보상받을 수 있기 때문에 협상은 성립할 것이며, 최종적인 협상의 결론은 인근주민이 지불할 용의가 있는 최대금액과 화학회사가 수취할 용의가 있는 최소금액이 일치하는 G^*로 타결될 것이다.

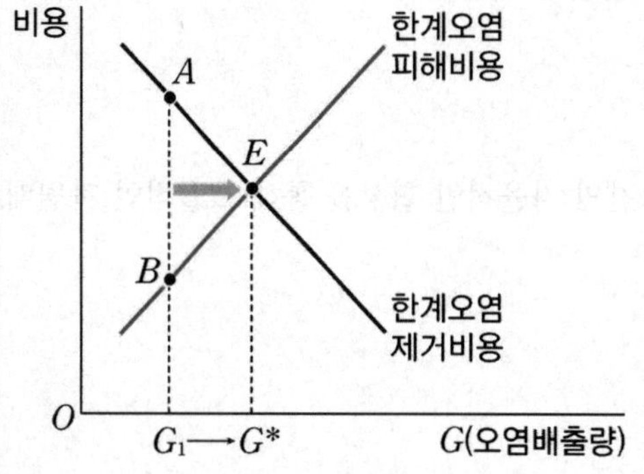

〈인근주민에게 환경에 대한 재산권이 인정되는 경우〉

(그림 24-12)

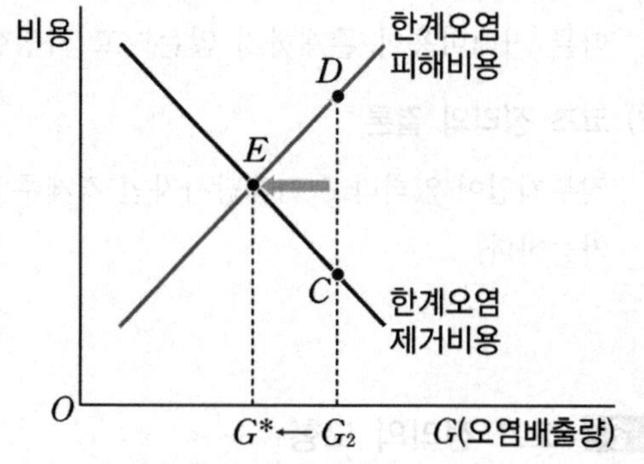

〈화학회사에게 환경에 대한 재산권이 인정되는 경우〉

(그림 24-13)

4 코즈 정리의 한계

1) 협상비용의 존재

코즈 정리는 협상에 따른 거래비용이 들지 않거나 아주 적은 경우에 성립할 수 있다. 만일 협상비용이 매우 크다면, 이해당사자들은 협상으로부터의 이득보다 협상비용이 더 크기 때문에 협상을 포기하게 될 것이다. 따라서 당사자들의 협상에 의한 외부성의 해결은 실패로 돌아간다.

2) 이해당사자 확정의 곤란

외부성을 둘러싸고 나타나는 문제를 코즈 정리에서 제안하는 방법으로 해결하기 위해서는 협상테이블에 누가 앉는가가 매우 중요하다. 그런데 환경오염과 같은 외부성에 있어서 가해자와 피해자, 즉 이해당사자를 확정하는 것은 현실적으로 쉽지 않다. 예를 들어 미세먼지나 산성비의 경우 누가 가해자인가를 두고 이견이 있기 마련이다. 결국 이로 인해서 협상테이블이 마련되지도 못하고 외부성의 문제의 자발적 해결도 요원하게 될 뿐이다.

3) 다수 이해당사자의 경우 전략적 행동의 가능성

이해당사자가 다수인 경우에는 협상을 통해서 모두가 동의하는 합의안을 마련하기가 쉽지 않다. 모든 당사자들의 의견을 모으기도 힘들거니와 통일하기는 더더욱 쉽지 않다. 결국은 협상은 지지부진해지고 와해되는 경우가 발생하게 된다. 또한 협상에 따른 비용은 부담하지 않으면서 협상의 결과는 향유하려는 무임승차자의 문제가 발생하여 제대로 협상이 진행되기 어려울 것임을 쉽게 예측할 수 있다.

필수예제

A국에서는 항공기 제조업체가 제품 생산과정에서 하천을 오염시켜 주민들에게 피해를 주고 있다. 이 경우 코즈 정리(Coase theorem)에 따라 하천문제 해결방안에 대해 설명한 것으로 옳은 것은?

▸ 2014년 국가직 7급

① 정부가 기업에 피구세를 부과한다.
② 거래비용에 관계없이 합리적인 문제해결이 가능하다.
③ 주민들이 기업과의 협의를 통해 하천문제를 해결할 수 있다.
④ 기업이 하천에 대한 사유재산권을 가져야만 효율적인 결과를 얻을 수 있다.

출제이슈 외부성과 코즈 정리

핵심해설 **정답** ③

코즈 정리에 의하면 ① 외부성이 존재하는 경우, 정부개입이 없더라도, ② 외부성과 관련된 재산권의 부여가 확립되고 ③ 협상에 따른 거래비용이 존재하지 않는다면 경제주체들 간의 협상을 통해 효율적인 자원배분이 가능하다.

설문을 검토하면 다음과 같다.

① 틀린 내용이다.
코즈 정리는 정부가 오염배출기업에 교정적 조세를 부과하는 방식이 아니라 이해당사자 간 자발적 협상에 의한 해결방식이다.

② 틀린 내용이다.
거래비용이 과다할 경우 코즈 정리에 의한 시장실패의 치유는 어렵다.

④ 틀린 내용이다.
코즈 정리에 의하면 기업이 하천에 대한 소유권을 갖든, 인근 주민이 소유권을 갖든 관계없이 협상을 통해서 오염문제를 해결할 수 있다.

A와 B는 사무실을 공유하고 있다. A는 사무실에서 흡연을 원하며 이를 통해 20,000원 가치의 효용을 얻는다. 반면 B는 사무실에서 금연을 통해 상쾌한 공기를 원하며 이를 통해 10,000원의 가치의 효용을 얻는다. 코즈의 정리(Coase Theorem)와 부합하는 결과로 옳은 것은? ▸ 2013년 국가직 7급

① B는 A에게 20,000원을 주고 사무실에서 금연을 제안하고, A는 제안을 받아들인다.
② B는 A에게 15,000원을 주고 사무실에서 금연을 제안하고, A는 제안을 받아들인다.
③ A는 B에게 11,000원을 주고 사무실에서 흡연을 허용할 것을 제안하고, B는 제안을 받아들인다.
④ A는 B에게 9,000원을 주고 사무실에서 흡연을 허용할 것을 제안하고, B는 제안을 받아들인다.

출제이슈 코즈 정리
핵심해설 **정답** ③

코즈 정리에 의하면 ① 외부성이 존재하는 경우, 정부개입이 없더라도, ② 외부성과 관련된 재산권의 부여가 확립되고 ③ 협상에 따른 거래비용이 존재하지 않는다면 경제주체들 간의 협상을 통해 효율적인 자원배분이 가능하다.

설문을 검토하면 다음과 같다.

1. 현재 상황

1) A는 사무실에서 흡연을 원하며 이를 통해 20,000원 가치의 효용을 얻는다. 반면 B는 사무실에서 금연을 통해 상쾌한 공기를 원하며 이를 통해 10,000원의 가치의 효용을 얻는다.

2) 현재 사무실에서의 흡연 혹은 금연에 대한 법적인 권리 혹은 의무가 누구에게 어떻게 주어져 있는지는 모르는 상황이다. 따라서 그 법적인 권리가 누구에게 부여되고 있는지에 대하여 경우의 수를 나눠서 분석해야 한다.

2. A에게 사무실에서의 흡연·금연을 결정할 권리가 있는 경우

1) A의 상황

① A는 사무실에서 흡연을 원하며 이를 통해 20,000원 가치의 효용을 얻는다.
② A는 사무실에서의 흡연·금연을 결정할 권리가 있다.
③ 따라서 A는 사무실에서 자유롭게 흡연하면서 20,000원 가치의 효용을 얻게 된다.

2) B의 상황

① B는 사무실에서 금연을 원하며 이를 통해 10,000원 가치의 효용을 얻는다.
② B는 사무실에서의 흡연·금연을 결정할 권리가 없다.
③ 따라서 B는 사무실에서 흡연을 통해 효용의 감소를 느끼고 있기 때문에, 효용을 증진시키기 위해서 적절한 협상을 제의할 유인이 있다.

3) A와 B의 자발적인 협상

① B는 A에게 적절한 금전을 지불하고 금연을 요구할 것이다. 이때 B가 지불할 용의가 있는 최대의 금액은 B가 금연으로부터 얻는 효용증가분을 초과하지 못하므로 10,000원이 된다.

② 그런데 A가 이러한 협상의 제안을 수락하려면, A가 받는 금전보상이 A의 효용감소분을 상쇄하고도 남아야 한다. 만일 금연을 용인할 경우 A는 금연으로 인한 효용의 감소가 20,000원이 된다.

③ 따라서 B는 10,000원 이하의 금전보상을 B에게 지불하고 금연을 제안할 것이며 한편, A는 그만큼의 금전보상으로는 흡연의 효용을 대체할 수 없기 때문에 제안을 거절할 것이다.

4) 협상의 결과

① 결국 A는 B가 제안한 협상을 거부한다.

② 여전히 A는 사무실에서의 흡연에 대한 권리가 있으므로 흡연을 계속한다.

3. B에게 사무실의 흡연·금연을 결정할 권리가 있는 경우

1) B의 상황

① B는 사무실에서 금연을 원하며 이를 통해 10,000원 가치의 효용을 얻는다.

② B는 사무실에서의 흡연·금연을 결정할 권리가 있다.

③ 따라서 B는 사무실에서 금연하면서 10,000원 가치의 효용을 얻게 된다.

2) A의 상황

① A는 사무실에서 흡연을 원하며 이를 통해 20,000원 가치의 효용을 얻는다.

② A는 사무실에서의 흡연·금연을 결정할 권리가 없다.

③ 따라서 A는 사무실에서 금연을 통해 효용의 감소를 느끼고 있기 때문에, 효용을 증진시키기 위해서 적절한 협상을 제의할 유인이 있다.

3) A와 B의 자발적인 협상

① A는 B에게 적절한 금전을 지불하고 흡연의 권리를 요구할 것이다. 이때 A가 지불할 용의가 있는 최대의 금액은 A가 흡연으로부터 얻는 효용을 초과하지 못하므로 20,000원이 된다.

② 그런데 B가 이러한 협상의 제안을 수락하려면, B가 받는 금전보상이 B의 효용감소분을 상쇄하고도 남아야 한다. 만일 흡연을 허용할 경우 B는 흡연으로 인한 효용의 감소가 10,000원이 된다.

③ 따라서 A는 10,000원 이상 20,000원 이하의 금전보상을 A에게 지불하고 흡연을 제안할 것이며 이에 따라 B는 흡연을 허용해주는 대신 금전보상을 받게 된다.

4) 협상의 결과

① 결국 B는 A가 제안한 협상을 수락한다.

② 따라서 A는 10,000원 이상 20,000원 이하의 금전보상을 지불하고 사무실에서의 흡연 권리를 얻어서 흡연하게 된다.

4. 결론

사무실에서의 흡연·금연을 결정할 권리가 누구에게 있든지 간에 관계없이 A와 B는 자발적인 협상을 통하여 사무실에서 흡연하는 상태로 결정된다.

설문을 검토하면 다음과 같다.

①, ② 틀린 내용이다.

B는 A에게 20,000원이 아니라 10,000원 이하의 금액을 주고 사무실에서 금연을 제안할 것이나 A는 이러한 제안을 거절할 것이다.

③ 옳은 내용이다.

A는 B에게 11,000원을 주고 사무실에서 흡연을 허용할 것을 제안하고, B는 제안을 받아들인다. 왜냐하면 B는 흡연을 용인하는 경우 효용이 10,000원 감소하지만, A로부터의 금전보상액 11,000원이 이를 상쇄하고도 남기 때문이다.

④ 틀린 내용이다.

A는 B에게 10,000원 이상 20,000원 이하의 금액으로 제안해야 한다. 만일 10,000원 미만의 금액을 제안할 경우 B는 그 금전보상액만으로는 자신의 효용감소를 모두 대체할 수 없기 때문에 제안을 거절하기 때문이다.

THEME 08 합병

1 합병의 의의

외부성이란 시장의 테두리 밖에서 일어나는 현상으로서 어느 한 경제주체가 다른 경제주체에게 의도치 않은 효과를 미치고 있음에도 이를 고려하지 못하는 것이다. 영향을 주고받는 경제주체 간에 합병이 성사되면 한 경제주체가 다른 경제주체에게 대가없이 영향을 미치던 것이 자연스럽게 합병기업 전체에 영향을 미치는 것으로 바뀌게 되는데 이를 외부성의 내부화라고 하며 이를 통해 외부성의 문제를 해결할 수 있게 된다. 합병을 통해서 이해당사자들이 이제는 별도의 기업으로서 개별적인 이윤극대화를 위해 행동하는 것이 아니라 결합이윤을 극대화하게 되는 것이다.

2 합병의 조건과 한계

1) 합병의 조건

합병이란 사업자 간에 일어나는 것으로서 이해당사자가 사업자가 아닌 경우 애초에 합병의 개념이 불가능하다. 또한 사업자 조건이 충족되더라도 합병을 위해서는 소수의 사업자만이 이해당사자로 등장해야 합병의 비용이 적게 소요되고 이 비용이 외부성의 비용을 넘지 말아야 한다.

2) 합병의 한계

① 합병과 거래비용

합병을 위해서 합병당사자 간에 의사의 합치가 되어야 하는데 이 과정에서 시간과 비용이 많이 소요될 가능성이 크다. 특히 외부성의 이해당사자가 다수이고 또 첨예하게 이해관계가 대립되는 당사자 간에는 이해관계의 조정이 쉽지 않기 때문에 합병이 현실적으로 불가능하다. 또한 다수의 사업자가 이해관계에 있을 경우 합병의 비용이 많이 소모되고 이 비용이 외부성으로 인한 비용을 초과할 경우에는 합병이 의미가 없게 된다.

② 합병과 독과점

합병으로 인한 독과점적 지위 형성을 통한 새로운 시장실패의 문제가 있다. 즉 외부성이라는 시장실패가 치유되더라도 독과점이라는 새로운 시장실패가 나타날 가능성이 크다. 특히 외부성으로 인한 후생감소분보다 독과점으로 인한 후생감소분이 더 클 경우에는 합병이 오히려 독이 될 뿐이다.

3 합병모형

1) **합병당사자 : 기업A, 기업B**

2) **비용조건**

① 기업A의 비용 : $TC_A = Q_A^2 + 2Q_A - Q_B^2$

② 기업B의 비용 : $TC_B = 2Q_B^2 + 2Q_B + Q_A^2$

3) **가격조건**

① $P_A = 10$

② $P_B = 22$

4) **외부성의 존재**

① 기업A의 생산은 기업B의 비용에 부정적 외부성을 끼치고 있다.
② 기업B의 생산은 기업A의 비용에 긍정적 외부성을 끼치고 있다.

5) **합병 이전 개별이윤 극대화**

① 기업A의 이윤극대화

$\pi_A = 10Q_A - (Q_A^2 + 2Q_A - Q_B^2)$

$\frac{d\pi_A}{dQ_A} = 10 - 2Q_A - 2 = 0$ 따라서 $Q_A = 4$가 되고, 이때 $\pi_A = 41$이 된다.

② 기업B의 이윤극대화

$\pi_B = 22Q_B - (2Q_B^2 + 2Q_B + Q_A^2)$

$\frac{d\pi_B}{dQ_B} = 22 - 4Q_B - 2 = 0$ 따라서 $Q_B = 5$이 되고, 이때 $\pi_B = 34$가 된다.

6) **합병 이후 결합이윤 극대화**

$\pi = \pi_A + \pi_B = (10Q_A + 22Q_B) - (Q_A^2 + 2Q_A - Q_B^2) - (2Q_B^2 + 2Q_B + Q_A^2)$

$\frac{d\pi}{dQ_A} = 10 - 2Q_A - 2 - 2Q_A = 0$ 따라서 $Q_A = 2$

$\frac{d\pi}{dQ_B} = 22 + 2Q_B - 4Q_B - 2 = 0$ 따라서 $Q_B = 10$

이때, 결합이윤 $\pi = 108$이 되어 합병 이전 개별기업의 이윤의 합 75보다 크다.
기업A의 생산은 합병 이전 4에서 합병 이후 2로 감소하였다.
기업B의 생산은 합병 이전 5에서 합병 이후 10으로 증가하였다.

THEME 09 공유지

1 공유재와 공유의 비극(tragedy of commons)

1) 공유재의 의의

공유지는 공유재의 한 예로서 일반적으로 공유재란 경합성은 있으나 배제성은 없는 재화를 의미한다. 공유재는 공공재와 유사하게 배제불가능성의 특징을 가지고 있지만 또한 사적재와도 유사하게 경합성의 특징을 모두 가지고 있다. 재화를 배제가능성과 경합성의 정도에 따라서 구분한 다음의 표에서 이를 확인하라.

경합성 \ 배제성	배제 가능	배제 불가능
경합적	사적 재화(막히는 유료도로)	비순수공공재, 공유자원(막히는 무료도로)
비경합적	비순수공공재(한산한 유료도로)	순수공공재(막히지 않는 무료도로)

2) 공유의 비극

공유재는 그 성질상 배제가 어렵기 때문에 누구나 공유재를 사용할 수 있다. 배제불가능하기 때문에 누구나 사용가능하고 이는 누구나 주인이 될 수 있다는 것이므로 법적으로 소유권이 분명하지 않다는 것을 의미한다. 내가 사용할 수 있지만 다른 사람도 배제 없이 사용할 수 있기 때문에 사실상으로 내 소유이기도 하지만 다른 사람 소유이기도 해서 소유권이 없는 것과 마찬가지가 되고 결국 아낌없이 소비하고 낭비하는 과잉소비가 발생한다. 그런데 공유재는 본질적으로 경합적이기 때문에 과잉소비가 발생하면 언젠가는 고갈되는 문제가 있다. 이렇게 공유재가 적정 수준 이상으로 남용되어 쉽게 고갈되는 문제를 공유의 비극이라고 한다.

2 공유의 비극과 외부성

1) 공유재와 배제불가능성

공동목초지에 방목하는 목축업자는 누구나 아무런 비용을 지불하지 않기 때문에 편익만 얻고 비용은 없다(혹은 미리 정해진 규칙에 따른 비용만 존재).

2) 공유재와 경합성

그러나 엄밀하게 보면 또 다른 유형의 비용이 존재하는데, 어느 한 목축업자가 자신의 소들을 방목하게 되면, 그만큼 다른 목축업자들이 목초지를 찾는 데 비용을 들이게 된다고 할 수 있다. 또한 목초지에서 먹일 수 있는 풀이 감소하여 소의 발육상태에 문제가 있어서 이윤이 감소한다.

3) 공유재와 외부성

즉, 다른 경제주체에게 의도하지 않은 비용증가, 이윤감소를 경험케 하는 것으로서 외부성이라고 할 수 있다. 더구나 이런 외부성은 일방적인 것이 아니라 쌍방으로 일어나게 된다.

4) 공유재와 시장실패

따라서 이와 같이 외부성이 존재하는 상황하에서 개별적 의사결정은 다른 목축업자나 사회 전체에 미치는 영향을 생각하지 않고 자신만의 이윤을 극대화하는 의사결정을 하게 된다.

3 하딘(Garrett Hardin)의 모형

1) 공유지의 상황

① 비용 조건

i) 2명의 농부(농부1, 농부2)가 마을의 공동목초지에서 소를 방목한다.

ii) 각각 키우는 소의 숫자는 g_1, g_2이며, 마을 전체 방목 수는 $G = g_1 + g_2$이다.

iii) 소를 키우는 비용은 소를 구입하는 비용과 사육하는 비용으로 이루어져 있으며 소 1마리당 $c = 40$으로 일정하다.

② 수입 조건(시장수요 조건)

i) 소 1마리의 가격 $P = 100 - G$이다.

ii) 소의 공급두수가 많을수록 시장수요에 의하여 가격은 하락한다.

iii) 한편, 소의 공급두수가 많을수록 소 한 마리당 목초가 부족해지기 때문에 소의 발육상태가 부실하여 가격이 하락한다. 이는 이윤의 감소로서 외부성을 반영하는 장치로 해석된다.

2) 공유지로부터의 이윤극대화

① 개별농부의 이윤극대화

i) 농부1의 이윤극대화

$$\pi_1 = (100 - g_1 - g_2)g_1 - 40g_1$$

$$\frac{d\pi_1}{dg_1} = 100 - 2g_1 - g_2 - 40 = 0 \text{ 따라서 } 2g_1 + g_2 = 60$$

ii) 농부2의 이윤극대화

$$\pi_2 = (100 - g_1 - g_2)g_2 - 40g_2$$

$$\frac{d\pi_2}{dg_2} = 100 - g_1 - 2g_2 - 40 = 0 \text{ 따라서 } g_1 + 2g_2 = 60$$

iii) 따라서 $g_1 = 20$, $g_2 = 20$이 된다.

② 마을전체의 공동이윤극대화

i) 마을전체의 이윤

$$\pi = (100 - G)G - 40G$$

$$\frac{d\pi}{dG} = 100 - 2G - 40 = 0 \text{ 따라서 } G = 30$$

ii) 따라서 $g_1 = 15$, $g_2 = 15$가 된다.

3) 공유지의 비극과 독과점 모형

① 개별농부의 이윤극대화는 꾸르노과점 모형을 반영하고 있다.

② 마을전체의 공동이윤극대화는 카르텔 혹은 독점모형을 반영하고 있다.

4) 공유지의 비극과 외부성

① 농부1의 행위가 가진 효과

i) 농부1의 이윤극대화

$$\pi_1 = (100 - g_1 - g_2)g_1 - 40g_1$$

$$\frac{d\pi_1}{dg_1} = 100 - 2g_1 - g_2 - 40 = 0 \text{ 따라서 } 2g_1 + g_2 = 60$$

한계수입 $MR_1 = 100 - 2g_1 - g_2$

ii) 농부1의 한계수입

농부1이 소 사육두수를 늘렸을 때, 가격(평균수입)만큼 농부1의 수입이 늘어나지만, 그로 인해 시장가격이 하락하여 농부1에게 손실이 발생한다. 이 모든 것을 고려하여 농부1의 한계수입으로 포섭이 된다.

iii) 농부2의 비용발생(외부성)

농부1이 소 사육두수를 늘렸을 때, 그로 인해 시장가격이 하락하여 농부2에게도 손실이 발생한다(외부성). 그러나 농부1은 자신의 이윤극대화 의사결정 시 이를 고려하지 않는다.

② 외부성의 효과와 공유지의 비극

i) 농부1이 사육하는 과정에서 농부2에게 의도치 않은 손실, 이윤감소를 발생시키지만, 이에 대하여 보상이 주어지지 않는다.

ii) 따라서 농부1의 사육의사결정은 과잉두수를 사육하게 되는 문제가 발생하고 결국 공유지는 황폐해지는 비극이 발생한다.

필수예제

공공재와 공유자원에 대한 설명으로 옳은 것만을 모두 고르면? ▸ 2020년 국가직 7급

ㄱ. 공공재는 경합성이 낮다는 점에서 공유자원과 유사하다.
ㄴ. 공유자원은 남획을 통한 멸종의 우려가 존재한다.
ㄷ. 정부의 사유재산권 설정은 공유자원의 비극을 해결하는 방안 중 하나이다.
ㄹ. 막히지 않는 유료도로는 공공재의 예라고 할 수 있다.

① ㄱ, ㄴ ② ㄱ, ㄷ ③ ㄴ, ㄷ ④ ㄴ, ㄹ

출제이슈 공공재와 공유재

핵심해설 **정답** ③

공유재란 경합성은 있으나 배제성은 없는 재화를 의미한다. 공유재는 공공재와 유사하게 배제불가능성의 특징과 함께 사적재와 유사하게 경합성의 특징을 모두 가지고 있다. 그런데 공유재의 경우 배제불가능성과 경합성이 결합되어 결국 공유재가 적정 수준 이상으로 남용되어 쉽게 고갈되는 문제가 발생하는데 이를 공유의 비극이라고 한다. 배제성이 없기 때문에 누구나 공유재를 사용하고 주인이 될 수 있어서 실제로는 소유권과 주인이 분명하지 않아서 과잉소비가 발생하고 경합성으로 인하여 결국 고갈되는 것이다.

설문을 검토하면 다음과 같다.

ㄱ. 틀린 내용이다.
공공재는 비경합적이고 배제가 불가능한 특징이 있다. 공유재는 경합성은 있으나 배제성은 없는 재화로서 배제가 불가능하다는 점에서 공공재와 공유재는 유사하다.

ㄴ, ㄷ. 모두 옳은 내용이다.
공유재는 배제가 어렵기 때문에 누구나 공유재를 사용할 수 있다. 배제불가능하여 누구나 사용가능하고 주인이 될 수 있어서 소유권이 분명하지 않다는 점에서 과잉소비가 발생하고 경합성으로 인하여 결국 고갈되는 것이다.

ㄹ. 틀린 내용이다.
막히지 않는 무료도로가 공공재의 예이고, 막히지 않는 유료도로는 비순수공공재의 예이다. 재화를 배제가능성과 경합성의 정도에 따라서 구분하면 다음과 같다.

경합성 \ 배제성	배제 가능	배제 불가능
경합적	사적 재화(막히는 유료도로)	비순수공공재, 공유자원(막히는 무료도로)
비경합적	비순수공공재(한산한 유료도로)	순수공공재(막히지 않는 무료도로)

공유자원의 비극에 관한 설명으로 옳지 않은 것은? ▸ 2019년 보험계리사

① 공유자원의 비극은 자원의 독점때문에 발생한다.
② 공유자원의 사용은 다른 사람에게 부정적 외부효과를 발생시킨다.
③ 공유자원의 사용에 있어 사적 유인과 사회적 유인의 괴리가 발생한다.
④ 공유자원에 대해 재산권을 부여하는 것이 해결책이 될 수 있다.

출제이슈 공유지의 비극

핵심해설 **정답 ①**

공유재란 경합성은 있으나 배제성은 없는 재화를 의미한다. 공유재는 공공재와 유사하게 배제불가능성의 특징과 함께 사적재와 유사하게 경합성의 특징을 모두 가지고 있다. 그런데 공유재의 경우 배제불가능성과 경합성이 결합되어 결국 공유재가 적정 수준 이상으로 남용되어 쉽게 고갈되는 문제가 발생하는데 이를 공유의 비극이라고 한다.

설문을 검토하면 다음과 같다.

① 틀린 내용이다.
공유자원의 비극은 자원의 독점 때문에 발생하는 것이 아니라, 공유재의 독특한 성격 때문에 발생한다. 공유재란 경합성은 있으나 배제성은 없는 재화로서 이러한 배제불가능성과 경합성이 결합되어 공유재가 적정 수준이상으로 남용되어 쉽게 고갈되는 문제로 나타나는 것이다. 배제가 불가능하기 때문에 누구나 공유재를 사용하고 주인이 될 수 있어서 소유권과 주인이 분명하지 않아서 과잉소비가 발생한다. 이러한 과잉소비는 경합성으로 인하여 결국 고갈되는 것이다.

② 옳은 내용이다.
공유자원에 접근가능한 특정주체의 소비 혹은 생산행위는 불분명한 소유권 확립과 결부되어 과잉소비로 이어진다. 특정주체의 과잉소비는 공유자원을 고갈시킴으로써 다른 주체들의 소비 혹은 생산행위에 부정적 영향 즉, 부정적 외부성을 초래하게 된다.

③ 옳은 내용이다.
공유자원을 사용하는 개별주체의 관점에서는 자신의 이익을 극대화하는 것이므로 합리적인 의사결정임에 틀림없다. 그러나 공유자원을 사용하는 전체의 관점에서는 부정적 외부성, 과잉소비, 고갈 등의 문제로 인하여 효율적이지 않다. 이는 공유자원을 사용함에 있어서 사적 유인과 사회적 유인이 외부성에 의하여 괴리되기 때문에 발생하는 것이다.

④ 옳은 내용이다.
공유자원은 배제성이 없기 때문에 누구나 공유자원을 사용하고 주인이 될 수 있고 실제로는 소유권과 주인이 분명하지 않기 때문에 과잉소비가 발생하고 결국 경합성으로 인하여 고갈되는 것이다. 따라서 공유자원에 대하여 재산권을 확립하는 것은 공유지의 비극을 해결하는 하나의 방법이 될 수 있다. 다만, 현실적인 적용가능성과 문제해결가능성은 낮다고 할 수 있다.

어느 마을에 주민들이 염소를 방목할 수 있는 공동의 목초지가 있다. 염소를 방목하여 기를 때 얻는 총수입은 $R=10(20X-X^2)$이고, 염소 한 마리에 소요되는 비용은 20이다. 만약 개별주민들이 아무런 제한없이 각자 염소를 목초지에 방목하면 마을주민들은 총 X_1마리를, 마을주민들이 마을 전체의 이윤을 극대화하고자 한다면 총 X_2마리를 방목할 것이다. X_1과 X_2는? (단, X는 염소의 마리수이다.)

▸ 2017년 감정평가사

① 12, 9　② 12, 16　③ 16, 12
④ 18, 9　⑤ 18, 12

출제이슈 공유지의 비극
핵심해설 **정답 ④**

공유재란 경합성은 있으나 배제성은 없는 재화를 의미한다. 공유재는 공공재와 유사하게 배제불가능성의 특징과 함께 사적재와 유사하게 경합성의 특징을 모두 가지고 있다. 그런데 공유재의 경우 배제불가능성과 경합성이 결합되어 결국 공유재가 적정 수준 이상으로 남용되어 쉽게 고갈되는 문제가 발생하는데 이를 공유의 비극이라고 한다. 공유재는 배제가 어렵기 때문에 누구나 공유재를 사용할 수 있다. 배제불가능하여 누구나 사용가능하고 주인이 될 수 있어서 소유권이 분명하지 않다는 점에서 과잉소비가 발생하고 경합성으로 인하여 결국 고갈되는 것이다.

설문에 주어진 자료를 모형화하여 풀면 다음과 같다.

1) 공유지의 상황

① 비용 조건

i) 마을주민들이 X마리의 염소를 방목한다.
ii) 염소를 방목하는 비용은 한 마리당 20으로 일정하다.

② 수입 조건(시장수요 조건)

i) X마리의 염소를 방목하여 얻는 총수입은 $R=10(20X-X^2)$이다.
ii) 염소를 많이 방목할수록 총수입이 줄어들기 때문에 외부성이 반영된 것으로 해석할 수 있다.

2) 공유지로부터의 이윤극대화

① 개별주민의 이윤극대화

i) 개별적인 의사결정
개별주민은 자신이 염소를 방목함으로써 다른 주민의 수입을 줄이고 총수입을 줄일 수 있다는 것을 전혀 고려하지 않는다.

ii) 개별주민의 한계수입
개별주민은 염소를 방목함으로써 얻을 수 있는 추가적인 수입은 $\frac{R}{X}$ 가 된다. 이는 사실상 평균수입으로 봐도 무방하다. 즉, 개인적 관점에서의 한계수입이라는 것은 전체적 관점에서의 평균수입이 된다. 따라서 $\frac{R}{X}=\frac{10(20X-X^2)}{X}=10(20-X)$이 된다.

iii) 개별주민의 한계비용 : 20원

iv) 이윤극대화
$10(20-X)=20$이 되어 $X=18$이 된다.

② 마을전체의 이윤극대화

i) 전체적인 의사결정
개별주민이 자신이 염소를 방목함으로써 다른 주민의 수입을 줄이고 총수입을 줄일 수 있다는 것을 모두 고려하여 의사결정이 이루어진다.

ii) 마을전체의 한계수입
마을전체 관점에서 주민이 추가적으로 염소를 방목함으로써 얻을 수 있는 추가적인 수입은 $\frac{dR}{dX}$이 된다. 즉, 전체적 관점에서의 한계수입으로서 $\frac{dR}{dX}=200-20X$가 된다.

iii) 마을전체의 한계비용 : 20원

iv) 이윤극대화
$200-20X=20$이 되어 $X=9$가 된다.

PART

09

기타 미시경제이론

Chapter 25

정보경제이론

THEME 01 정보경제

1 정보

1) 정보의 필요성

경제주체들이 의사결정을 함에 있어서 모든 것이 확실하다면, 의사결정에 정보는 필요 없다. 그러나 현실에서는 불확실한 상황에서 의사결정을 해야 하는 것이 불가피하다. 불확실한 여건에서 손해를 볼 수도 있고 여러 불리한 상황에 처하게 되기도 한다. 경제주체들은 이를 극복하기 위해서 불확실한 상황에 대한 정보를 획득하여 불확실성에 따르는 손해나 위험을 회피하기 위한 노력을 한다.

2) 정보의 의의

정보란 불확실한 상태 가운데 어떤 상태가 실현될 것인가를 보다 정확하게 예측하도록 도움을 주는 것을 의미한다.

2 정보의 분류

1) 완전한 정보와 불완전한 정보

해당 정보를 활용하게 되면 어떤 불확실한 상태가 발생하는지를 확실하게 알 수 있는 경우 그 때의 정보를 완전한 정보라고 한다. 반면 해당 정보가 특정의 불확실한 상태가 아니라 다수의 불확실한 상태와 연결되어 그중 어떠한 상태가 실현될지 확실하게 알 수 없는 경우 그 때의 정보를 불완전한 정보라고 한다.

2) 대칭정보와 비대칭정보

경제 내 주체들 누구나 동일한 수준의 정보를 보유하고 있는 경우 그 때의 정보를 대칭적 정보라고 한다. 반면 경제 내 주체들 간에 정보의 보유량에 있어서 차등이 존재하는 경우 그 때의 정보를 비대칭적 정보라고 한다. 어느 정도나 차등이 존재하는지에 따라서 다양한 비대칭적 정보의 상황이 발생할 수 있다. 이하에서는 가장 간단하면서도 극단적인 비대칭적 정보의 상황을 분석하기로 한다. 즉 경제 내 모든 주체들이 완전한 정보를 보유하고 있는 상황을 대칭정보라고 하고, 일부 경제주체는 완전한 정보를 보유하지만, 나머지 주체들은 아무런 정보가 없는 상황을 비대칭정보라고 한다.

3) 비대칭정보의 원인

① 감추어진 특성(Hidden Characteristic)

거래의 일방 당사자는 거래상대방에 대한 특성정보를 전혀 모르고 있는 경우 이를 감추어진 특성이라고 하며 거래 이전의 비대칭적 상황을 초래하는 원인이 된다.

② 감추어진 행동(Hidden Action)

상대방의 행동이 거래이행에 있어서 중요한 정보가 되는 경우로서 거래가 체결된 이후에 거래의 일방당사자는 상대방의 행동정보를 전혀 모르고 있는 경우 이를 감추어진 행동이라고 하며, 거래 이후의 비대칭적 상황을 초래하는 원인이 된다.

3 시장실패와 정보

경제에 불확실성이 존재하는 경우 의사결정에 정보가 필요하게 된다. 그러나 정보가 불완전하거나 정보가 비대칭적으로 분포되어 있는 경우 경쟁적인 시장에서 균형이 달성되지 못할 수도 있고 또는 균형이 달성된다고 하더라도 그로 인한 자원배분은 효율적이지 않을 수도 있다. 결국 시장거래가 축소되고 시장이 붕괴되어 불완비시장의 상태로 된다.

THEME 02 역선택

1 역선택

정보가 비대칭적으로 분포된 상황에서 정보를 갖지 못한 측의 입장에서 볼 때 바람직하지 못한 상대방과 거래를 할 가능성이 높아지는 현상을 역선택이라고 한다. 역선택은 감추어진 특성 때문에 발생하는데 특히 정보를 갖고 있는 측의 자기선택과정에서 발생한다. 예를 들어 나쁜 질의 차를 가진 사람은 자신의 차에 대한 정보를 잘 알고 있고 그렇기 때문에 자발적으로 이를 팔려고 시장에 내놓는다. 반면 좋은 질의 차를 가진 사람도 자신의 차에 대한 정보를 잘 알고 있고 그렇기 때문에 자발적으로 이를 시장에서 거두어들인다. 이 과정에서 시장에는 좋지 못한 품질의 자동차만 남게 되어 거래에 참가하는 이들은 역선택의 상황에 직면하게 되는 것이다.

2 중고차 시장과 역선택

1) 의의

중고차 시장에서 중고차에 대한 정보가 비대칭적으로 분포되어 있는 경우 나쁜 질의 중고차만 시장에서 거래되는 현상을 의미한다.

2) 중고차 시장 모형의 가정

현재 중고차 시장에 100대의 자동차가 존재하는 것으로 가정하자. 이 중 절반인 50대는 좋은 품질의 차인 반면 나머지 50대는 나쁜 품질의 차이다. 좋은 품질의 차 소유자는 최소한 300만원을 받으려 하는 반면 나쁜 품질의 차 소유자는 100만원만 받으면 된다는 생각을 가지고 있다. 한편 중고차 구매자는 좋은 품질의 차에 대하여는 350만원을 지불할 용의가 있지만 나쁜 품질의 차에 대하여는 150만원까지만 지불할 용의가 있다.

3) 중고차 시장에서 정보가 대칭적인 경우

좋은 품질의 차는 차 소유자가 최소한 받으려 하는 금액 300만원에서 차 구매자가 최대한 지불할 용의가 있는 금액 350만원 사이에서 거래될 것이다. 반면 나쁜 품질의 차는 차 소유자가 최소한 받으려 하는 금액 100만원에서 차 구매자가 최대한 지불할 용의가 있는 금액 150만원 사이에서 거래될 것이다.

4) 중고차 시장에서 정보가 비대칭적인 경우

① 구매자의 지불금액

구매자 입장에서 중고차의 품질에 대한 정확한 정보가 없기 때문에 각 품질의 차에 대해 지불할 용의가 있는 금액의 기대치($0.5 \times 350 + 0.5 \times 150 = 250$)인 250만원을 지불하려고 할 것이다.

② 판매자의 자기선택과정

구매자가 모든 중고차에 대하여 250만원을 지불할 용의가 있다면 좋은 품질의 차 소유자는 자기가 최소한 받아야 할 금액 300만원에 미치지 못하므로 판매를 단념할 것이다. 나쁜 품질의 차 소유자는 자기가 최소한 받아야 할 금액 100만원보다 높은 금액을 받을 수 있으므로 적극적으로 판매하려고 할 것이다.

③ 중고차 시장에 미치는 효과

판매자의 자기선택과정에 의해서 결국 시장에서 좋은 품질의 차는 모두 사라지고 나쁜 품질의 차만 남게 된다. 구매자들도 점차적으로 나쁜 품질의 차만 중고차 시장에 남아있음을 알게 되고 지불할 용의가 있는 금액의 평균 수준을 점점 낮춰갈 것이며 이 경우 보다 더 나쁜 품질의 중고차만 남아서 시장에서 거래되는 악순환이 초래된다.

3 보험시장과 역선택

1) 의의

보험시장에서 보험가입자에 대한 정보(사고발생확률)가 비대칭적으로 분포되어 있는 경우 사고발생확률이 높은 사람만 보험에 가입하는 현상을 의미한다.

2) 보험시장 모형의 가정

보험가입자가 일시불로 1천만원을 내고 보험에 가입할 경우 언제 어떤 이유로 사망하든지 간에 보험회사는 1억원의 보험금을 지급하는 것으로 가정하자. 보험에 가입하려고 하는 사람들은 건강하기 때문에 질병으로 사망할 확률이 낮은 사람과 병약하여 질병으로 사망할 확률이 높은 사람으로 구성되어 있다.

3) 보험회사의 보험료책정

① 보험시장에서 정보가 대칭적인 경우

보험회사 입장에서 보험가입자에 대한 정보를 완전히 파악하고 있어서 질병으로 사망할 확률이 낮은 집단과 질병으로 사망할 확률이 높은 집단을 정확히 구별해 낼 수 있다면 각 집단의 질병사망확률에 근거하여 집단마다 차등적으로 보험료를 책정할 것이다. 즉, 질병사망확률이 높은 집단에 대하여는 높은 보험료를 책정할 것이고 반면 질병사망확률이 낮은 집단에 대하여는 낮은 보험료를 책정할 것이다.

② 보험시장에서 정보가 비대칭적인 경우

i) 보험회사의 보험료 책정

보험회사는 보험에 가입하려고 하는 사람들의 질병사망확률 정보를 모르기 때문에 평균적인 질병사망확률에 근거하여 보험료를 책정할 것이다.

ii) 보험가입자의 자기선택과정

질병사망확률이 낮은 사람은 자기가 보험료로 낼 용의가 있는 금액보다 더 높은 보험료에 직면하므로 보험가입을 단념할 것이다. 질병사망확률이 높은 사람은 자기가 보험료로 낼 용의가 있는 금액보다 더 낮은 보험료에 직면하게 되므로 적극적으로 보험에 가입하려 할 것이다.

iii) 보험시장에 미치는 효과

보험가입자의 자기선택과정에 의해서 결국 보험시장에서는 건강하고 질병사망확률이 낮은 사람은 모두 사라지고 병약하고 질병사망확률이 높은 사람만 남게 된다. 보험회사도 점차적으로 질병사망확률이 높은 사람만 보험시장에 남아있음을 알게 되고 보험료를 점점 높여갈 것이며 이 경우 질병사망확률이 보다 더 높은 사람만 남아서 보험에 가입하는 악순환이 초래된다.

4 역선택의 해결방안

1) 신호

정보를 가진 측에서는 감추어진 특성에 대한 관찰 가능한 지표 또는 감추어진 특성에 대한 다양한 보증을 제공(예 중고차 성능기록부, 품질보증)하여 역선택의 문제를 완화시킬 수 있다. 보증은 바로 거래되는 상품의 질이 좋다는 신호가 된다. 이러한 정보의 제공을 신호발송(signaling)이라고 한다.

2) 선별

정보를 갖지 못한 측에서는 정보를 가진 측의 감추어진 특성에 관한 정보를 파악하기 위해 정보를 수집하여 바람직하지 못한 거래당사자와 바람직한 거래당사자를 구별하여 역선택의 문제를 완화시킬 수 있다(예 학력에 따라서 차별적으로 임금을 책정하는 것, 보험가입 시 건강진단서를 제출케 하여 차별적으로 보험료를 책정하는 것, 은행의 대출심사). 이를 선별(screening)이라고 한다.

3) 신뢰, 평판

정보를 가진 측에서 적극적으로 자신에 대한 평판과 신뢰를 축적하여 역선택을 해결하려는 유인이 있다. 기업이 자사 브랜드에 대한 명성을 쌓으려고 노력하는 것도 신뢰 및 평판의 축적을 통한 역선택의 해결방안으로 좋은 예가 된다.

4) 신용할당

신용할당(credit rationing)이란 현재의 이자율 수준에서 자금에 대한 초과수요가 있더라도 이자율을 인상하는 대신에 자금을 빌리려는 기업에게 원하는 자금규모보다 더 적게 대부하는 것을 의미한다. 만일 이자율을 인상하게 되면, 지불능력이 양호한 기업은 자금시장에서 철수할 것이며, 높은 리스크를 가진 기업만 남아서 높은 이자율을 받아들일 것이다. 이러한 역선택 현상을 회피하기 위해서 금융기관은 더 적은 규모의 대출을 하게 될 유인이 있고 이 과정에서 채무불이행 위험이 낮은 기업이 자금차입에 어려움을 겪을 수 있다.

5) 강제적인 보험가입

시장에 바람직하지 못한 속성을 가진 상품이나 거래대상자만이 나타나는 현상을 없애기 위하여 속성에 관계없이 모든 상품이나 거래대상자가 거래에 참여토록 강제하는 것이다. 예를 들어 건강보험의 경우 건강한 사람이든 건강하지 않은 사람이든 관계없이 누구나 강제적으로 가입해야 하며, 건강상태에 따라서 보험료를 내는 것이 아니라 소득 및 자산에 비례하여 보험료가 책정된다.

필수예제

중고차 시장에서 품질에 대한 정보의 비대칭성이 존재하는 경우 나타날 수 있는 현상으로 옳은 것을 모두 고른 것은?

▸ 2015년 감정평가사

ㄱ. 정보의 비대칭성이 없는 경우보다 시장에서 거래되는 중고차의 품질이 올라간다.
ㄴ. 보증(warranty)과 같은 신호발송(signaling)을 통해 정보의 비대칭으로 인한 문제를 완화할 수 있다.
ㄷ. 역선택(adverse selection)의 문제가 발생할 수 있다.

① ㄱ ② ㄴ ③ ㄱ, ㄴ
④ ㄴ, ㄷ ⑤ ㄱ, ㄴ, ㄷ

출제이슈 역선택과 해결방안

핵심해설 **정답 ④**

정보가 비대칭적으로 분포된 상황에서 정보를 갖지 못한 측의 입장에서 볼 때 바람직하지 못한 상대방과 거래를 할 가능성이 높아지는 현상을 역선택이라고 한다. 역선택은 감추어진 타입 혹은 특성(hidden characteristic) 때문에 발생한다.

예를 들어 보험회사는 보험가입자의 건강상태에 대하여 정확한 정보가 부족하기 때문에 건강한 사람과 그렇지 못한 사람의 중간 수준으로 보험료를 책정하게 된다. 이는 건강한 사람으로 하여금 보험가입을 꺼리게 함과 동시에 건강하지 못한 사람의 가입을 부추기는 것이 되고 마는데 이렇게 보험시장에 건강하지 못한 사람만 남게 되는 현상은 역선택의 좋은 예이다.

역선택에 대한 해결방안으로는 다음과 같은 것들이 있다.

1) 신호
정보를 가진 측에서는 감추어진 특성에 대한 관찰 가능한 지표 또는 감추어진 특성에 대한 다양한 보증을 제공(예 중고차 성능기록부, 품질보증)하여 역선택의 문제를 완화시킬 수 있다. 보증은 바로 거래되는 상품의 질이 좋다는 신호가 된다. 이러한 정보의 제공을 신호발송(signaling)이라고 한다.

2) 선별
정보를 갖지 못한 측에서는 정보를 가진 측의 감추어진 특성에 관한 정보를 파악하기 위해 정보를 수집하여 바람직하지 못한 거래당사자와 바람직한 거래당사자를 구별하여 역선택의 문제를 완화시킬 수 있다(예 학력에 따라서 차별적으로 임금을 책정하는 것, 보험가입 시 건강진단서를 제출케 하여 차별적으로 보험료를 책정하는 것, 은행의 대출심사). 이를 선별(screening)이라고 한다.

3) 신뢰, 평판
정보를 가진 측에서 적극적으로 자신에 대한 평판과 신뢰를 축적하여 역선택을 해결하려는 유인이 있다.

기업이 자사 브랜드에 대한 명성을 쌓으려고 노력하는 것도 신뢰 및 평판의 축적을 통한 역선택의 해결 방안으로 좋은 예가 된다.

4) 신용할당

신용할당(credit rationing)이란 현재의 이자율 수준에서 자금에 대한 초과수요가 있더라도 이자율을 인상하는 대신에 자금을 빌리려는 기업에게 원하는 자금규모보다 더 적게 대부하는 것을 의미한다. 만일 이자율을 인상하게 되면, 지불능력이 양호한 기업은 자금시장에서 철수할 것이며, 높은 리스크를 가진 기업만 남아서 높은 이자율을 받아들일 것이다. 이러한 역선택 현상을 회피하기 위해서 금융기관은 더 적은 규모의 대출을 하게 될 유인이 있고 이 과정에서 채무불이행 위험이 낮은 기업이 자금차입에 어려움을 겪을 수 있다.

5) 강제적인 보험가입

시장에 바람직하지 못한 속성을 가진 상품이나 거래대상자만이 나타나는 현상을 없애기 위하여 속성에 관계없이 모든 상품이나 거래대상자가 거래에 참여토록 강제하는 것이다. 예를 들어 건강보험의 경우 건강한 사람이든 건강하지 않은 사람이든 관계없이 누구나 강제적으로 가입해야 하며, 건강상태에 따라서 보험료를 내는 것이 아니라 소득 및 자산에 비례하여 보험료가 책정된다.

설문을 검토하면 다음과 같다.

ㄱ. 틀린 내용이다.

중고차 시장에서 정보의 비대칭성이 있는 경우 중고차를 구매하고자 하는 측은 중고차의 상태에 대하여 정확한 정보가 부족하기 때문에 좋은 품질의 중고차와 그렇지 못한 중고차의 중간 수준으로 내고자 하는 수요가격을 책정하게 된다. 이는 좋은 품질의 중고차를 공급하는 거래당사자로 하여금 중고차 판매를 꺼리게 함과 동시에 나쁜 품질의 중고차를 공급하는 거래당사자가 중고차시장에 진입하도록 부추기는 것이 되고 만다. 결국 중고차 시장에 나쁜 품질의 중고차만 남게 되는 현상이 역선택의 좋은 예이다.
따라서 정보의 비대칭성이 없는 경우보다 시장에서 거래되는 중고차의 품질이 내려간다.

ㄴ. 옳은 내용이다.

정보를 가진 측에서는 감추어진 특성에 대한 관찰 가능한 지표 또는 감추어진 특성에 대한 다양한 보증을 제공(예 중고차 성능기록부, 품질보증)하여 역선택의 문제를 완화시킬 수 있다. 이러한 정보의 제공을 신호발송(signaling)이라고 한다.

ㄷ. 옳은 내용이다.

중고차 시장에서 품질에 대한 정보의 비대칭성이 존재하는 경우 위의 "ㄱ"에서 설명한 바와 같은 역선택(adverse selection)의 문제가 발생할 수 있다.

다이아몬드 시장에서 차지하는 다이아몬드 품질의 등급별 비중과 판매자 및 구매자의 유보가격은 다음 표와 같이 알려져 있다. 구매자는 구입하려는 다이아몬드의 등급은 알 수 없다. 판매자는 다이아몬드의 등급을 정확히 알고 거래로 인한 이익을 모두 갖는다. 시장에서 거래되는 다이아몬드의 등급으로 옳은 것은? ▸ 2017년 보험계리사

등급	A	B	C
시장에서 차지하는 등급별 비중	20%	40%	40%
구매자 유보가격	9	8	6
판매자 유보가격	6	4	3

① A, B, C
② B, C
③ C
④ 어떤 다이아몬드도 거래되지 않는다.

출제이슈 역선택 모형

핵심해설 정답 ①

1) 정보비대칭의 상황

현재 구매자는 구입하려는 다이아몬드의 품질 등급은 알 수 없지만, 판매자는 다이아몬드의 품질 등급을 정확히 알고 있기 때문에 전형적인 정보비대칭의 상황이다.

2) 정보비대칭 상황하 시장균형의 도출

① 수요자의 행태

수요자는 구입하려는 다이아몬드의 품질 등급을 알 수 없기 때문에 시장에서 거래되는 다이아몬드의 평균적 등급에 대한 평균적인 지불의향을 보일 것이다. 이는 수요자의 구매유보가격을 다이아몬드의 등급별 비중으로 가중평균한 기댓값으로 나타난다. 따라서 기댓값은 $(0.2\times9)+(0.4\times8)+(0.4\times6)=7.4$가 된다.

② 공급자의 행태

공급자는 A등급의 다이아몬드에 대해서 6, B등급의 다이아몬드에 대해서 4, C등급의 다이아몬드에 대해서 3만큼의 가격을 받고자 한다.

③ 시장균형

수요자가 낼 의향이 있는 가격이 7.4로서 공급자가 받고자 하는 가격 6, 4, 3을 모두 초과하기 때문에 어떤 공급자도 시장에서 철수하지 않고 모두 다이아몬드를 판매한다. 따라서 시장에서는 모든 등급이 다이아몬드가 거래될 수 있다. 참고로 만일 수요자가 낼 의향이 있는 가격 7.4보다 더 높은 가격을 받고자 하는 공급자가 있다면, 그 공급자는 시장에서 바로 철수할 것이다.

THEME 03 신호발송과 선별

1 역선택의 해결방안

감추어진 속성으로 인하여 역선택의 문제가 발생하고 이로 인해 시장균형에 의한 자원배분이 비효율성을 노정하고 시장실패를 초래하게 될 때 이를 해결하기 위해서 정보를 가진 측과 정보를 갖지 못한 측 모두 다음과 같이 매우 상이한 해결방안을 제시할 수 있다.

2 신호발송

1) 의의

비대칭적 정보의 상황에서 정보를 가진 측은 자신의 특성에 대한 정보를 거래의 상대방에게 적극적으로 알리고자 하는 유인이 있다. 정보를 가진 측에서 비대칭정보의 상황을 극복하고 자신의 감추어진 특성에 대한 관찰 가능한 지표를 적극 제공하거나 또는 감추어진 특성에 대한 다양한 보증행위를 약속하는 노력을 신호발송이라고 한다. 예를 들면 중고차 성능기록부를 제공하거나, 무상보증수리 약속을 함으로써 자신의 특성을 상대방에게 적극적으로 알리기 위해 노력하는 것이다.

2) 신호발송모형

정보를 가진 측은 자신의 특성을 알리기 위해서 적절한 신호를 선택하여 정보를 갖지 못한 측에게 발송할 수 있다. 이를 통해서 정보를 갖지 못한 측에서 일률적으로 거래의 대가로 지불하고자 하는 금액을 더 높일 수 있도록 할 수 있다. 이는 신호발송의 편익이 된다. 그러나 문제는 신호발송을 위해서는 비용이 든다는 것이다. 따라서 신호를 발송하는 측은 신호발송의 편익과 비용을 모두 고려하여 최적의 신호발송수준을 결정해야 한다. 이제 신호를 받은 거래상대방은 거래의 대가를 제시하여 협상을 하게 되고 이 과정에서 신호를 발송하느라 비용을 들인 신호발송자는 거래의 대가에 따라서 신호발송수준을 역으로 결정하게 될 것이다. 이것이 바로 정보를 가진 측의 자기선택이 일어난다는 것이라고 할 수 있다.

3) 분리균형

정보를 가진 측을 그 특성에 따라서 다양한 타입으로 분류할 경우 정보를 가진 측은 적절한 수준의 신호를 발송하고 정보를 갖지 못한 측도 각각 그에 따라서 선택을 하고 그 때 수요와 공급이 일치하게 되면 균형이 성립하는데 이를 분리균형이라고 한다. 신호의 수준은 무수히 많기 때문에 이에 따라서 무수히 많은 분리균형이 나타날 수 있다. 이때 많은 분리균형 가운데 신호발송비용이 최소화된 경우의 균형을 가장 효율적인 신호발송균형이라고 할 수 있다.

4) 공동균형

만일 정보를 갖지 못한 측이 거래상대방이 발송한 신호의 수준에 따라서 상대를 분리하지 않고 거래를 하고 균형이 성립한다면 이때의 균형을 공동균형이라고 한다.

3 선별

1) 의의

비대칭적 정보의 상황에서 정보를 갖지 못하여 시장에서 불리한 선택에 직면하는 경제주체는 불리한 선택을 회피하기 위해 간접적으로 거래상대방의 감추어진 특성을 알아내기 위해 노력을 기울이게 되는 유인이 있다. 정보를 갖지 못한 측에서 비대칭정보의 상황을 극복하고 정보를 가진 측의 감추어진 특성에 관한 정보를 파악하기 위하여 기울이는 노력을 선별이라고 한다. 예를 들면 보험가입 시 보험가입자의 건강진단서를 제출케 하여 이를 활용하여 보험가입자의 건강상태를 파악하기 위해 노력하는 것이다.

2) 자기선택장치

정보를 갖지 못한 측은 선별을 위해서 자기선택장치를 고안하여 활용할 수 있다. 감추어진 특성이 있는 경우에 정보를 가진 측이 스스로 자신에게 유리한 선택을 하는 과정에서 자연스럽게 정보를 갖지 못한 측에게 감추어진 특성에 대한 정보를 드러내도록 하는 것을 자기선택장치라고 한다. 예를 들면, 보험회사는 보험상품을 차별화하여 복수로 제공하는데 이 과정에서 보험가입자는 자신에게 유리한 보험상품을 선택할 것이다. 보험가입자가 가입한 보험상품은 바로 보험가입자의 특성에 따라서 보험회사가 디자인한 보험상품과 정확하게 일치해야 한다. 이렇게 되도록 보험회사는 보험상품을 적절히 디자인하게 되는데 이것이 바로 자기선택장치로 기능하는 것이다.

3) 선별균형

정보를 갖지 못한 측이 자기선택장치를 디자인하여 차별화된 다양한 상품을 제시하여 역선택의 문제가 해결되고 그때 시장에서 성립하는 균형을 선별균형이라고 한다. 그런데 선별균형이 달성되려면 반드시 자기선택장치에 의하여 보험회사는 최소한 정상이윤은 얻어야 하며, 만일 그렇지 못한 경우라면 자기선택장치로 기능하는 차별화된 상품은 시장에서 사라질 수밖에 없다. 이는 균형달성을 위한 제약조건으로서 자기선택제약(self-selection constraints)이라고 한다.

4) 공동균형

만일 정보를 갖지 못한 측인 보험회사가 자기선택장치로 기능하는 차별화된 상품을 제공하지 않고 평균적인 단일한 보험을 제공한다고 하자. 즉 이는 단일한 보험을 선별의 장치로 활용하는 경우라고 할 수 있다. 이 경우에 달성되는 시장균형에서 보험회사가 정상이윤을 얻고 있다면 이때의 선별균형을 공동균형(pooling equilibrium)이라고 한다. 예를 들어 보험사들이 자기선택장치의 역할을 하는 보험상품을 제공하지 않고, 단일한 보험을 제공하는 경우에도 정상이윤을 얻고 시장에서 균형이 달성된다면, 공동균형이 된다. 그러나 경쟁적인 보험시장에서 정상이윤 달성이 가능한 공동균형은 존재할 수 없음이 알려져 있다.

5) 분리균형

앞에서 공동균형은 성립할 수 없음을 알았다. 이제 다시 3)으로 돌아가서 자기선택장치로서의 차별화된 보험상품을 다양하게 제시하고 이때 달성되는 시장균형에서 보험회사가 정상이윤을 얻고 있다면 이때의 선별균형을 분리균형(separating equilibrium)이라고 한다. 예를 들어 보험사들이 자기선택장치의 역할을 하는 보험상품을 제공하고 이때 시장균형이 달성된다면 분리균형이 된다. 그러나 분리균형이 항상 존재하는 것은 아님이 알려져 있다. 다른 보험회사가 해당 보험상품보다 더 우월한 보험을 제공할 경우에는 결국 분리균형은 성립하지 않는다.

6) 선별균형의 성격

선별균형으로서 공동균형은 불가능하며 분리균형은 제한된 경우에만 달성된다. 그런데 분리균형이 달성되더라도 차별화에 따른 제비용은 모두 바람직한 속성을 가진 거래당사자가 모두 부담하게 된다는 문제가 있다. 즉, 분리균형을 통해서 역선택의 문제를 해결한다고 하더라도 대칭적인 정보일 때 달성되는 시장균형과 비교할 때, 여전히 비효율적이라는 의미이다.

필수예제

정보의 비대칭성에 관한 설명으로 옳지 않은 것은? ▶ 2017년 감정평가사

① 사고가 발생할 가능성이 높은 사람일수록 보험에 가입할 가능성이 크다는 것은 역선택(adverse selection)에 해당한다.
② 화재보험 가입자가 화재예방 노력을 게을리할 가능성이 크다는 것은 도덕적 해이(moral hazard)에 해당한다.
③ 통합균형(pooling equilibrium)에서는 서로 다른 선호체계를 갖고 있는 경제주체들이 동일한 전략을 선택한다.
④ 선별(screening)은 정보를 보유하지 못한 측이 역선택 문제를 해결하기 위해 사용할 수 있는 방법이다.
⑤ 항공사가 서로 다른 유형의 소비자에게 각각 다른 요금을 부과하는 행위는 신호발송(signaling)에 해당한다.

출제이슈 역선택과 도덕적 해이의 개념과 해결방안

핵심해설 **정답 ⑤**

설문을 검토하면 다음과 같다.

① 옳은 내용이다.

정보가 비대칭적으로 분포된 상황에서 정보를 갖지 못한 측의 입장에서 볼 때 바람직하지 못한 상대방과 거래를 할 가능성이 높아지는 현상을 역선택이라고 한다. 역선택은 감추어진 타입 혹은 특성(hidden chara – cteristic) 때문에 발생한다.

예를 들어 보험회사는 보험가입자의 건강상태에 대하여 정확한 정보가 부족하기 때문에 건강한 사람과 그렇지 못한 사람의 중간 수준으로 보험료를 책정하게 된다. 이는 건강한 사람으로 하여금 보험가입을 꺼리게 함과 동시에 건강하지 못한 사람의 가입을 부추기는 것이 되고 마는데 이렇게 보험시장에 건강하지 못한 사람만 남게 되는 현상은 역선택의 좋은 예이다. 따라서 설문에서 사고가 발생할 가능성이 높은 사람일수록 보험에 가입할 가능성이 크다는 것은 역선택(adverse selection)에 해당한다.

② 옳은 내용이다.

어느 한 거래당사자는 자기 행동이 상대방에 의해 정확하게 파악될 수 없는 특정한 상황에서 상대방에게 바람직하지 못한 결과를 초래하고 자신의 이득을 추구하는 행동을 할 유인이 있을 수 있다. 이 경우 그 거래당사자는 바람직하지 못한 행동을 할 수 있는데 이를 도덕적 해이가 발생하였다고 한다. 도덕적 해이는 거래나 계약 이후에 나타나는 감추어진 행동(hidden action)이 문제된다.

예를 들어 건강보험에 가입하기 전에 비하여 가입한 이후에 건강관리에 소홀히 하고 대신 병원에 필요 이상으로 자주 다니는 현상이 나타나는 것도 도덕적 해이의 하나의 예이다. 설문에서 화재보험 가입자가 화재예방 노력을 게을리할 가능성이 크다는 것은 도덕적 해이(moral hazard)에 해당한다.

③ 옳은 내용이다.
자기선택장치로서의 역할을 하는 상품을 차별적으로 제공할 수 있다면 역선택의 문제가 해결될 수 있으며 이때 시장균형을 선별균형(screening equilibrium)이라고 한다.

i) 공동균형(pooling equilibrium)
만일 보험사들이 자기선택장치의 역할을 하는 보험상품을 제공하지 않고, 단일한 보험을 제공하는 경우에도 정상이윤을 얻고 시장에서 균형이 달성된다면, 이를 공동균형 혹은 통합균형이라고 한다. 그러나 공동균형이 성립하는 것은 불가능하다.

ii) 분리균형
만일 보험사들이 자기선택장치의 역할을 하는 보험상품을 제공하고 이때 시장균형이 달성된다면 이를 분리균형(separating equilibrium)이라고 한다. 그러나 분리균형이 항상 성립하는 것은 아니다.

iii) 선별균형의 성격
공동균형은 불가능하며 분리균형은 제한된 경우에만 달성된다. 분리균형이 달성되더라도 차별화에 따른 제비용은 모두 바람직한 속성을 가진 거래당사자가 모두 부담하게 된다는 문제가 있다. 즉, 분리균형을 통해서 역선택의 문제를 해결한다고 하더라도 대칭적인 정보일 때 달성되는 시장균형과 비교할 때, 여전히 비효율적이라는 의미이다.

이제 ③을 검토해보자. 통합균형 혹은 공동균형(pooling equilibrium)에서는 서로 다른 선호체계, 즉 서로 다른 속성을 가지고 있는 거래당사자들에게 동일한 상품, 예를 들어 동일한 요금체계의 보험상품이 제시되기 때문에 당연히 선택전략도 동일하게 된다. 따라서 ③은 옳은 내용이다.

④ 옳은 내용이다.
정보를 갖지 못한 측에서는 정보를 가진 측의 감추어진 특성에 관한 정보를 파악하기 위해 정보를 수집하여 바람직하지 못한 거래당사자와 바람직한 거래당사자를 구별하여 역선택의 문제를 완화시킬 수 있다(예 학력에 따라서 차별적으로 임금을 책정하는 것, 보험가입 시 건강진단서를 제출케 하여 차별적으로 보험료를 책정하는 것, 은행의 대출심사). 이를 선별(screening)이라고 한다.

⑤ 틀린 내용이다.
정보를 가진 측에서 비대칭정보의 상황을 극복하고 자신의 감추어진 특성에 대한 관찰 가능한 지표를 적극 제공하거나 또는 감추어진 특성에 대한 다양한 보증행위를 약속하는 노력을 신호발송이라고 한다. 예를 들면 중고차 성능기록부를 제공하거나, 무상보증수리 약속을 함으로써 자신의 특성을 상대방에게 적극적으로 알리기 위해 노력하는 것이다.

THEME 04 도덕적 해이

1 도덕적 해이

어느 한 거래당사자는 자기 행동이 거래상대방에 의해 정확하게 파악될 수 없는 특정한 거래상황에서 거래상대방에게 바람직하지 못한 결과를 초래하고 자신의 이득을 추구하는 행동을 할 유인이 있을 수 있다. 이 경우 그 거래당사자는 바람직하지 못한 행동을 할 수 있는데 이를 도덕적 해이가 발생하였다고 한다. 예로써 화재보험 가입 이후 화재 방지를 위한 노력을 기울이지 않거나, 의료보험 가입 이후 병원을 찾는 빈도가 증가하는 것을 들 수 있다.

2 보험시장과 도덕적 해이

1) 의의

보험시장에서 보험가입자의 행동에 대한 정보가 비대칭적으로 분포되어 있는 경우 보험에 가입한 이후 보험가입자는 보험가입 이전에 비하여 사고를 방지하려는 노력을 다하지 않는 현상을 의미한다.

2) 보험시장 모형의 가정

화재위험에 직면한 자가 화재보험에 가입하기 전에 화재예방을 위한 노력을 들일수록 화재확률이 감소하여 화재피해가 감소할 것이다. 즉 화재예방을 위한 노력과 편익(화재피해액)은 역의 관계에 있다. 그리고 화재예방을 위한 노력을 하게 되면 당연히 비용이 발생하게 된다. 즉 화재예방을 위한 노력과 비용은 정의 관계에 있다. 이때 화재예방노력에 따른 한계편익은 감소하고 한계비용은 일정하다고 가정하자.

3) 보험 가입 이전

화재위험에 직면한 자는 보험가입 전 화재예방노력에 따른 한계편익과 한계비용이 일치하는 수준에서 최적의 화재예방노력수준을 결정할 것이다.

4) 보험 가입 이후

① 화재예방노력에 따른 한계비용

화재위험에 직면한 자는 보험가입 후에도 화재예방노력에 따른 한계비용은 변화하지 않는다. 즉 화재보험 가입 전이든 후이든 간에 관계없이 화재예방노력을 기울이게 되면 비용은 자신에게 발생하는 것이다.

② 화재예방노력에 따른 한계편익

한계비용과는 달리 한계편익은 달라지게 된다. 왜냐하면, 화재보험에 가입한 이후에는 화재가 발생하더라도 보험회사로부터 보상을 받을 수 있기 때문에 화재예방노력으로부터 나오는 과거의 편익, 즉 보험가입 이전의 편익보다는 감소하게 될 것이기 때문이다. 이를 달리 표현하면, 화재보험에 가입한 이후에 보험가입자가 노력을 기울이는 이유는 보험회사로부터 보상을 받지 못하는 부분을 스스로의 노력에 의하여 커버하기 위한 것이므로 당연히 보험가입 이전의 한계편익에 비하여 낮은 수준이 될 것이다.

③ 균형의 도출

결론적으로 보험가입 이후에도 화재예방노력에 따른 한계비용은 불변이지만, 한계편익은 감소하게 된다. 따라서 최적의 화재예방노력수준은 한계비용과 한계편익이 일치하는 수준이므로 보험가입 이전에 비하여 화재예방노력수준은 감소하게 된다.

3 도덕적 해이를 해결하기 위한 방안

1) 공동보험

공동보험이란 사고발생 시 손실액 중 일정 비율만을 보상해 주는 보험방식으로서 보험회사와 보험가입자가 공동으로 보상하는 것을 의미한다. 보험가입자는 화재예방노력수준을 감소시키는 도덕적 해이를 할 경우 공동보상에 따라 자신이 부담해야 하는 비용이 증가하므로 당연히 화재예방노력수준을 증가시킬 것이다.

2) 기초공제

기초공제란 사고발생 시 손실액 중 일정금액 이하는 고객이 부담하고 그 일정금액을 초과하는 금액에 대하여서만 보험사가 부담하는 방식으로서 이것도 공동보험과 마찬가지로 보험회사와 보험가입자가 공동으로 보상하는 것을 의미한다.

3) 상한설정

상한설정방식은 사고발생 시 보장금액의 상한을 설정하여 그 금액을 넘어설 경우에는 보험사가 비용을 부담하지 않는 방식으로서 이는 기초공제와는 반대의 메커니즘으로 작동된다는 특징이 있다. 상한설정방식 뿐만 아니라 공동보험과 기초공제 모두 사고가 발생할 경우 보험가입자도 비용을 분담해야 하기 때문에 자연스럽게 보험가입자가 사고예방노력수준을 증진시키도록 유도하고 있다.

필수예제

다음 사례를 역선택(adverse selection)과 도덕적 해이(moral hazard)의 개념에 따라 올바르게 구분한 것은?
▸ 2014년 국가직 7급

ㄱ. 자동차 보험 가입 후 더욱 난폭하게 운전한다.
ㄴ. 건강이 좋지 않은 사람이 민간 의료보험에 더 많이 가입한다.
ㄷ. 실업급여를 받게 되자 구직 활동을 성실히 하지 않는다.
ㄹ. 사망 확률이 낮은 건강한 사람이 주로 종신연금(life annuity)에 가입한다.

	역선택	도덕적 해이		역선택	도덕적 해이
①	ㄱ, ㄹ	ㄴ, ㄷ	②	ㄴ, ㄹ	ㄱ, ㄷ
③	ㄱ, ㄴ	ㄷ, ㄹ	④	ㄴ, ㄷ	ㄱ, ㄹ

출제이슈 역선택과 도덕적 해이의 구별

핵심해설 **정답** ②

역선택과 도덕적 해이의 구별은 다음과 같다.

정보가 비대칭적으로 분포된 상황에서 정보를 갖지 못한 측의 입장에서 볼 때 바람직하지 못한 상대방과 거래를 할 가능성이 높아지는 현상을 역선택이라고 한다. 역선택은 감추어진 타입 혹은 특성(hidden characteristic) 때문에 발생한다.

예를 들어 보험회사는 보험가입자의 건강상태에 대하여 정확한 정보가 부족하기 때문에 건강한 사람과 그렇지 못한 사람의 중간 수준으로 보험료를 책정하게 된다. 이는 건강한 사람으로 하여금 보험가입을 꺼리게 함과 동시에 건강하지 못한 사람의 가입을 부추기는 것이 되고 마는데 이렇게 보험시장에 건강하지 못한 사람만 남게 되는 현상은 역선택의 좋은 예이다.

한편, 어느 한 거래당사자는 자기 행동이 상대방에 의해 정확하게 파악될 수 없는 특정한 상황에서 상대방에게 바람직하지 못한 결과를 초래하고 자신의 이득을 추구하는 행동을 할 유인이 있을 수 있다. 이 경우 그 거래당사자는 바람직하지 못한 행동을 할 수 있는데 이를 도덕적 해이가 발생하였다고 한다. 도덕적 해이는 거래나 계약 이후에 나타나는 감추어진 행동(hidden action)이 문제된다.

예를 들어 건강보험에 가입하기 전에 비하여 가입한 이후에 건강관리에 소홀히 하고 대신 병원에 필요 이상으로 자주 다니는 현상이 나타나는 것도 도덕적 해이의 하나의 예이다.

설문에서 자동차 보험 가입 후 더욱 난폭하게 운전한다거나(ㄱ) 실업급여를 받게 되자 구직 활동을 성실히 하지 않는 것(ㄷ)은 도덕적 해이에 해당하며, 건강이 좋지 않은 사람이 민간 의료보험에 더 많이 가입하거나(ㄴ) 사망 확률이 낮은 건강한 사람이 주로 종신연금(life annuity)에 가입하는 것(ㄹ)은 역선택에 해당한다.

THEME 05 본인 - 대리인 문제

1 본인-대리인 문제

감추어진 행동이 문제되는 비대칭적 정보의 상황에서 특히 당사자 간 계약관계가 본인-대리인 관계일 경우에 대리인이 본인의 이익에 반하여 자신의 이익을 추구하는 행동을 할 유인이 있을 수 있다. 이러한 상황에서 나타나는 문제들을 본인-대리인 문제라고 한다.

2 본인-대리인 문제의 특징

계약관계를 맺고 있는 계약당사자 중 한 쪽(대리인)이 다른 쪽(본인)의 경제적 후생에 영향을 줄 수 있는 행동을 취할 수 있으나 본인은 대리인이 취한 행동을 관찰할 수 없다는 특징이 있다. 특히 본인과 대리인은 서로 다른 이해관계 상태에 있기 때문에 대리인의 행동은 본인의 후생을 감소시키게 된다. 이러한 본인-대리인 문제는 본질적으로 대리인이 본인의 이익을 위해서 행동할 유인이 부족하기 때문에 발생하는 것이다.

3 본인-대리인 문제의 사례

1) 주주와 경영자

경영자는 회사의 주인인 주주에 의하여 경영상의 목적 달성을 위해서 고용된 관계에 있지만, 경영자의 이해관계와 주주의 이해관계는 매우 다르다고 할 수 있다. 주주는 회사의 이윤을 극대화시키는 데 관심을 갖지만 경영자는 어차피 보수는 정해졌으니 다른 관점에서의 이득, 예를 들면 자신의 위신이나 영향력을 극대화하기 위해서 이윤보다는 회사의 외형상 규모, 매출액, 시장점유율 등에 더 큰 관심을 가질 수 있다.

2) 국민과 관료

관료는 국가의 주권자인 국민과 국민의 대표에 의하여 공익상의 목적 달성을 위해서 고용된 관계에 있지만, 관료의 이해관계와 국민의 이해관계는 매우 다르다고 할 수 있다. 전체로서의 국민은 공익을 극대화시키는 데 관심을 갖지만 관료는 어차피 보수는 정해졌으니 다른 관점에서의 이득, 예를 들면 자신의 위신이나 영향력을 극대화하기 위하여 공익보다는 자신이 소속된 조직의 외형상 규모, 예산 등에 더 큰 관심을 가질 수 있다.

3) 기타

위에서 본 사례 이외에도 현실에도 많이 찾아볼 수 있는바 소송의뢰인과 변호사, 운동선수와 에이전트, 가수와 매니저 등 다양하다.

4 본인-대리인 문제를 해결하기 위한 방안

1) 원칙

앞에서 살펴본바 본인-대리인 문제는 본질적으로 대리인이 본인의 이익을 위해서 행동할 유인이 부족하기 때문에 발생하는 것이므로 이를 해결하기 위해서는 적절한 유인구조를 제시하는 것이 중요하다. 즉 본인의 이익을 위해서 일하는 것이 대리인 자신에게도 이득이 되도록 하여 대리인의 도덕적 해이를 방지하고자 하는 것이다.

2) 종류

① 성과에 따른 보수지급

대리인에게 본인 대리의 보수를 지급함에 있어서 고정보수를 지급하지 않고 대리인의 노력수준을 반영하는 보수를 지급하여 도덕적 해이를 줄일 수 있다. 이때 대리인의 노력수준을 반영하는 보수로는 대표적으로 성과급을 들 수 있다. 단 이를 위해서는 대리인의 노력수준과 본인을 위한 성과가 강력한 비례관계에 있어야 한다.

② 이윤의 공유

이 방식도 성과급과 같이 대리인의 노력수준을 반영하는 보수가 될 수 있다. 대리인의 노력수준에 의하여 본인을 위한 성과로서 이윤이 증가하게 되고 증가한 이윤을 대리인과 적절히 공유함으로써 대리인이 스스로 노력수준을 자발적으로 끌어올리도록 유도하게 된다.

③ 효율성 임금

대리인이나 종업원의 태업을 방지하고 생산성을 끌어올리기 위해서 시장에서의 균형임금수준보다 더 높은 수준으로 임금을 지급하는 방식을 의미한다. 전통적인 견해에서는 노동생산성이 임금을 결정하는 한계생산력설에 입각해 있지만 이 견해는 역으로 높은 임금이 높은 노동생산성을 유도한다는 것이다.

필수예제

주인-대리인 이론(principal-agent model)을 적용하기에 적절하지 않은 것은? ▸ 2010년 지방직 7급

	주인	대리인
①	주주	회사 사장
②	회사 사장	직원
③	스포츠 구단주	프로스포츠 선수
④	병원장	환자

출제이슈 본인-대리인 문제

핵심해설 **정답** ④

비대칭적 정보의 상황에서 대리인이 본인의 이익에 반하여 자신의 이익을 추구하는 행동을 할 유인이 있을 수 있다. 이러한 상황에서 나타나는 문제들을 본인-대리인 문제라고 한다. 본인은 대리인이 취한 행동을 관찰할 수 없으며 본인과 대리인은 서로 다른 이해관계 상태이기 때문에 계약관계를 맺고 있는 대리인이 본인의 경제적 후생에 영향을 줄 수 있는 행동을 취할 수 있다.

본인-대리인 문제의 사례로는 ① 주주와 경영자 ② 국민과 관료 ③ 소송의뢰인과 변호사 ④ 운동선수와 에이전트 ⑤ 병원장과 고용의사 혹은 환자와 담당의사 등 매우 다양하다. 설문 ④의 경우 병원장과 고용의사 혹은 환자와 담당의사의 관계에서 전자는 본인, 후자는 대리인의 성격을 가진다고 할 수 있으므로 틀린 지문이 된다.

한편 본인-대리인 문제는 도덕적 해이의 특수한 경우에 해당하므로 적절한 유인구조를 대리인에게 제시함으로써 본인의 이익을 위해서 일하는 것이 대리인 자신에게도 이득이 되도록 하여 대리인의 도덕적 해이를 방지하는 것이 필요하다. 유인설계로는 성과에 따른 보수지급, 이윤의 공유, 효율성 임금 등이 있다.

THEME 06 정보재

1. 정보재의 의의

어떤 상품 속에 담긴 정보가 그 상품에 있어서 매우 본질적이고 핵심적인 의미를 갖는 경우에 그러한 상품을 정보재(information goods)라고 한다. 예를 들면 책, 음악, 영화, 소프트웨어, 데이터 등을 정보재로 볼 수 있는데, 이러한 상품들은 상품을 싸고 있는 외양보다는 상품 속에 담긴 내용, 즉 정보가 상품으로서의 본질적 특징을 결정한다. 여러분이 읽고 있는 경제학 교과서에서 책 안에 담긴 내용을 빼고 나면 종이밖에 남지 않아 가치가 거의 없는 것이다. 음악이나, 영화, 소프트웨어 등도 마찬가지라고 볼 수 있다.

2. 정보재의 특성

1) 잠김효과(lock-in effect)와 전환비용(switching cost)

잠김효과(lock-in effect)란 특정재화나 서비스, 특정 시스템을 사용함에 있어서 이와 관련되거나 대체가능한 다른 제품, 서비스, 시스템의 선택이 제약받는 현상을 의미한다. 예를 들어 여러 종류의 워드프로세서 소프트웨어 중에서 특정 소프트웨어를 일단 선택하여 사용하기 시작하면, 이후에 여간해서는 다른 소프트웨어로 바꾸기가 쉽지 않다. 이렇게 특정 제품이나 서비스를 사용하면 그것에 묶여서 마치 자물쇠로 잠겨진 상태가 된다는 의미에서 잠김효과라고 한다.

정보재를 소비하기 위해서는 다른 일반적인 재화와는 달리 상품에 담긴 정보의 내용을 이해하고 숙달하여 활용하는 시간적 과정이 필요하다. 만일 이미 선택하여 사용하고 있던 정보재를 다른 정보재로 바꾸기 위해서는 또다시 다른 정보재에 대한 정보의 내용을 이해, 숙달하고 활용하는 과정이 필수불가결하다. 이는 소비자 입장에서 많은 시간과 노력을 들여야 하기 때문에 매우 불편하며 비용으로 작용하는데 이를 전환비용(switching cost)이라고 한다. 잠김효과가 강하게 나타날수록 전환비용이 매우 크며, 또한 전환비용이 클수록 잠김효과는 더욱 강하게 나타난다.

2) 네트워크효과(network effects)

우리는 앞서 수요-공급이론에서 특정상품에 대한 특정인의 수요가 다른 소비자들의 수요에 의하여 영향을 받을 수 있으며 이를 네트워크효과라고 함을 배운 바가 있다. 이는 상품을 소비하는 소비자들이 마치 네트워크를 결성하여 다른 소비자들의 수요에 영향을 준다는 의미로서 유행효과(bandwagon effect)나 속물효과(snob effect)를 들 수 있다.

정보재와 관련하여 네트워크효과를 해석해보면, 같은 정보재를 사용하는 소비자들의 경우 소비자규모가 커질수록 즉 특정 정보재에 대한 소비자 네트워크가 커질수록 소비자들의 효용이 더 커지게 됨을 의미한다. 상품구입의 의사결정에 있어서는 상품의 가격과 효용이 매우 중요하다.

정보재와 같이 네트워크효과가 강하게 나타나는 상품의 경우 당해 정보재를 사용하고 있는 소비자규모가 정보재의 효용에 큰 영향을 미치게 되어 상품구입 의사결정을 좌우하게 된다.

3) 긍정적 피드백효과와 수요측 규모의 경제(demand side economics of scale)

특정 정보재에 있어서 네트워크효과가 강하게 존재할 경우 정보재에 대한 수요는 조금씩 증가하다가 어느 시점에 이르면 갑자기 폭발적으로 증가하는 특성을 보인다. 이는 특정 정보재를 사용하는 소비자들이 점점 많아지면서 그로 인한 효용도 동시에 커지면서 다시 더 많은 소비자들이 소비에 동참하게 되는 연쇄효과로 인해 쏠림현상이 나타나는데 이를 긍정적 피드백효과(positive feedback)라고 한다.

이러한 긍정적 피드백효과로 인하여 특정 정보재를 사용하는 소비자규모가 어느 정도 커지면, 즉 시장에서 일정 정도의 시장점유율을 넘어서면 갑자기 수요가 폭증하면서 시장 전체를 장악하게 되는 것이다. 결국 시장에서 약자는 도태되고 승자가 모든 것을 독식하여 살아남게 되는 결과가 나타난다. 이를 수요 측 규모의 경제라고 한다. 일반적으로 규모의 경제는 생산의 과정에서 투입과 산출 간의 기술적 관계와 특성에 의하여 발생하므로 공급 측 규모의 경제이다. 그런데 정보재의 경우 네트워크효과와 긍정적 피드백효과에 의하여 수요 측 규모의 경제가 크게 나타날 수 있다.

4) 경험재(experience goods)

경험재는 소비자가 직접 선택하여 사용해 봐야지만 그 특성과 품질을 알 수 있지만, 탐색재는 실제로 사용해보지 않더라도 어느 정도는 상품의 특성과 품질을 알 수 있는 재화이다. 예를 들면 책, 영화, 소프트웨어와 같은 정보재는 소비자가 직접 소비하는 과정을 거치지 않고서는 그 품질을 가늠할 수가 없다. 이로 인해 정보재가 가져다주는 효용을 소비자들은 알기가 쉽지 않아서 소비를 망설이게 된다. 따라서 정보재의 공급자들은 소비자들에게 책의 일부 내용을 맛보기 형태로 공개한다든지 영화의 예고편을 보여준다든지 소프트웨어의 베타버전을 미리 공개하는 등의 전략을 구사한다.

5) 독특한 비용구조와 자연독점화 경향

정보재는 생산의 초기 단계에서는 많은 비용이 들지만 일단 생산이 시작되면 추가적인 생산비용은 그리 크지 않다는 특징이 있다. 예를 들면, 소프트웨어를 제작하기 위해서 초기에 막대한 연구비와 개발비가 투입되어야 하지만 일단 소프트웨어 제작이 완료되면 매우 싼 비용으로 소프트웨어를 제작하여 판매할 수 있다. 즉 정보재 생산에 있어서 비용구조는 고정비용이 매우 높은 반면, 한계비용은 매우 낮으며, 고정비용의 경우 매몰비용적 성격이 매우 강하여 일단 투입되면 회수하기가 어렵다는 특징을 보인다. 이러한 비용구조로 인해서 생산이 증가하면 할수록 평균비용이 계속 감소하게 되어 자연스럽게 독점화로 진행될 가능성이 매우 커진다. 결국 정보재의 가격은 정보재의 공급자가 결정하게 된다.

6) 전략적 가격설정(strategic pricing)

정보재는 소비자의 경험이 매우 중요하기 때문에 소비자들의 가치평가가 매우 다양하고 상이할 수밖에 없다. 결국 소비자들이 느끼는 효용도 다르고 소비자들이 낼 용의가 있는 금액도 다르다. 이에 따라 정보재는 가격차별이 매우 빈번히 나타난다. 또한 정보재는 수요 측 규모의 경제가 강하게 작동하므로 공급자 입장에서는 가급적 빠른 시간 안에 자사 정보재에 대한 소비자 네트워크를 확중하는 것이 매우 중요하다. 이를 위해서 소비자를 유인하는 전략을 구사하게 되는데 무료견본이나 할인판매 등의 전략적 가격설정이 자주 나타난다.

필수예제

정보재(information goods)의 기본적인 특성에 관한 설명으로 옳은 것을 모두 고른 것은?

▸ 2023년 감정평가사

ㄱ. 상품에 포함된 정보가 상품으로서의 특성을 결정하는 것을 정보재라 한다.
ㄴ. 정보재는 초기 개발비용이 크고 한계비용이 0에 가깝기 때문에 규모의 불경제가 일어난다.
ㄷ. 정보재에는 쏠림현상(tipping)과 같은 네트워크효과가 나타난다.
ㄹ. 정보재의 경우 무료견본을 나눠주는 것은 잠김효과(lock-in effect)를 노린 마케팅 전략이다.

① ㄱ, ㄹ
② ㄴ, ㄷ
③ ㄱ, ㄴ, ㄷ
④ ㄱ, ㄷ, ㄹ
⑤ ㄴ, ㄷ, ㄹ

출제이슈 정보재의 특성
핵심해설 **정답** ④

ㄱ. 옳은 내용이다.
어떤 상품 속에 담긴 정보가 그 상품에 있어서 매우 본질적이고 핵심적인 의미를 갖는 경우에 그러한 상품을 정보재(information goods)라고 한다. 예를 들면 책, 음악, 영화, 소프트웨어, 데이터 등을 정보재로 볼 수 있는데, 이러한 상품들은 상품을 싸고 있는 외양보다는 상품 속에 담긴 내용, 즉 정보가 상품으로서의 본질적 특징을 결정한다. 여러분이 읽고 있는 경제학 교과서에서 책 안에 담긴 내용을 빼고 나면 종이밖에 남지 않아 가치가 거의 없는 것이다.

ㄴ. 틀린 내용이다.
정보재는 생산의 초기 단계에서는 많은 비용이 들지만 일단 생산이 시작되면 추가적인 생산비용은 그리 크지 않다는 특징이 있다. 예를 들면, 소프트웨어를 제작하기 위해서 초기에 막대한 연구비와 개발비가 투입되어야 하지만 일단 소프트웨어 제작이 완료되면 매우 싼 비용으로 소프트웨어를 제작하여 판매할 수 있다. 즉 정보재 생산에 있어서 비용구조는 고정비용이 매우 높은 반면, 한계비용은 매우 낮으며, 고정비용의 경우 매몰비용적 성격이 매우 강하여 일단 투입되면 회수하기가 어렵다는 특징을 보인다. 이러한 비용구조로 인해서 생산이 증가하면 할수록 평균비용이 계속 감소하게 되어 자연스럽게 독점화로 진행될 가능성이 매우 커진다. 즉 규모의 경제와 자연독점화 경향을 보인다.

ㄷ. 옳은 내용이다.
같은 정보재를 사용하는 소비자들의 경우 소비자규모가 커질수록, 즉 특정 정보재에 대한 소비자 네트워크가 커질수록 소비자들의 효용이 더 커지게 된다. 상품구입의 의사결정에 있어서는 상품의 가격과 효용이 매우 중요하다. 정보재와 같이 네트워크효과가 강하게 나타나는 상품의 경우 당해 정보재를 사용하고 있는 소비자규모가 정보재의 효용에 큰 영향을 미치게 되어 상품구입 의사결정을 좌우하게 된다.

특정 정보재에 있어서 네트워크효과가 강하게 존재할 경우 정보재에 대한 수요는 조금씩 증가하다가 어느 시점에 이르면 갑자기 폭발적으로 증가하는 특성을 보인다. 이는 특정 정보재를 사용하는 소비자들이 점점 많아지면서 그로 인한 효용도 동시에 커지면서 다시 더 많은 소비자들이 소비에 동참하게 되는 연쇄효과로 인해 쏠림현상이 나타나는데 이를 긍정적 피드백효과(positive feedback)라고 한다.

ㄹ. 옳은 내용이다.
잠김효과(lock-in effect)란 특정재화나 서비스, 특정 시스템을 사용함에 있어서 이와 관련되거나 대체가능한 다른 제품, 서비스, 시스템의 선택이 제약받는 현상을 의미한다. 예를 들어 여러 종류의 워드프로세서 소프트웨어 중에서 특정 소프트웨어를 일단 선택하여 사용하기 시작하면, 이후에 여간해서는 다른 소프트웨어로 바꾸기가 쉽지 않다. 이렇게 특정 제품이나 서비스를 사용하면 그것에 묶여서 마치 자물쇠로 잠겨진 상태가 된다는 의미에서 잠김효과라고 한다.

정보재를 소비하기 위해서는 다른 일반적인 재화와는 달리 상품에 담긴 정보의 내용을 이해하고 숙달하여 활용하는 시간적 과정이 필요하다. 만일 이미 선택하여 사용하고 있던 정보재를 다른 정보재로 바꾸기 위해서는 또다시 다른 정보재에 대한 정보의 내용을 이해, 숙달하고 활용하는 과정이 필수불가결하다. 이는 소비자 입장에서 많은 시간과 노력을 들여야 하기 때문에 매우 불편하며 비용으로 작용하는데 이를 전환비용(switching cost)이라고 한다. 잠김효과가 강하게 나타날수록 전환비용이 매우 크며, 또한 전환비용이 클수록 잠김효과는 더욱 강하게 나타난다. 정보재는 잠김효과와 수요 측 규모의 경제가 강하게 작동하므로 공급자 입장에서는 가급적 빠른 시간 안에 자사 정보재에 대한 소비자 네트워크를 확충하는 것이 매우 중요하다. 이를 위해서 소비자를 유인하는 전략을 구사하게 되는데 무료견본이나 할인판매 등의 전략적 가격설정이 자주 나타난다.

Chapter
26 행태경제이론

THEME 01 전통적 경제이론에 대한 비판과 행태경제이론

1 행태경제이론의 태동과 의의

1) 태동

행태경제이론은 전통적 경제이론의 가정이라고 할 수 있는 합리성과 이기심이 얼마나 현실에 부합되는지를 검증하면서 출발하였다. 심리학자 트버스키, 카네만 등은 심리학적 실험결과나 현실경제에서 관찰되는 특이한 현상을 통해서 인간의 판단방식을 검증하고 이러한 판단방식의 특성이 선택에 어떻게 영향을 미치는지 연구하며 행태경제이론이 발전하기 시작하였다.

2) 의의

행태경제학 혹은 행동경제학(behavioral economics)이란 경제주체의 의사결정에 있어서 인간심리에 대한 전통적인 가정에 의문을 제기하고 인간이 의사결정을 하는 데 있어서 심리학적 요인을 도입함으로써 의사결정의 과정을 보다 현실에 가깝게 이해하고자 하는 이론분야이다.

2 전통적 경제이론과 행태경제이론

전통적으로 미시경제이론은 경제주체는 각종 제약조건을 인지한 상태에서 자신의 선호체계하에서 효용을 극대화한다고 가정하고 있다. 이를 위해서는 반드시 선호체계라는 것이 매우 체계적으로 확립되어 있어서 효용함수로 표현될 수 있어야만 한다. 그러나 현실에서는 선호체계가 그 공리를 만족하지 못하는 경우도 많고 실제 표출된 선호는 합리적이지 못할 때도 많다. 또한 인간이 항상 자신의 효용이나 이익을 극대화하는 것이 아니라 다른 행동방식을 취하는 것도 많이 발견되고 있다. 심지어는 어떤 금전적이나 물질적 이득이 전혀 없음에도 불구하고 그런 행동이 옳다고 생각하는 경우에는 기꺼이 행동에 옮기는 경우도 많이 볼 수 있다. 대표적으로 자원봉사행위라든지, 외국의 경우 식당 등에서 팁을 주는 행위가 바로 그것이다. 결국 미시경제이론의 가정과 실제현실이 괴리되면서 이론의 현실적합성이 떨어지는 측면이 나타나면서 인간의 경제적 의사결정행위에 대한 심리학적 접근이 도입되었다.

행태경제이론은 기존의 전통적 경제이론을 완전히 대체하는 이론이 아니다. 인간의 태도와 행위에 대한 심리학적 고찰과 직관을 통해서 기존의 경제이론을 보완하여 보다 풍부하게 만들어주는 보완적 접근이 바로 행태경제이론이다. 여기에서는 우선 인간의 합리성 가정을 비판적으로 고찰하면서 선호체계의 문제점을 살펴본다. 그리고 이를 바탕으로 위험이 있는 경우의 의사결정을 간단히 살펴본다.

THEME 02 행태경제이론과 합리성 및 선호체계

1 인간의 합리성 가정에 대한 비판

1) 인간의 모순성

경제학에서 가정하는 인간은 합리적인 경제주체로서 모순적인 행동을 해서는 안 된다. 특히 선호체계의 이행성 측면에서 모순성을 살펴보면, 어떤 선택대안 A를 B보다 선호하고 B를 C보다 선호하면, A를 C보다 선호하는 것이 합리적임에도 그렇지 않은 경우가 나타난다. 이를 위해서 경제학자들은 다양한 실험을 실시하였으며 결과는 놀랍게도 이행성을 만족하지 않는 경우가 많이 나타나고 있다는 것이다.

2) 휴리스틱

현실의 상황을 판단하는 것은 매우 복잡하기 때문에 사람들은 이를 단순화하기 위해 몇 가지 주먹구구식의 원칙을 사용하는데 이러한 독특한 심리적 메커니즘을 휴리스틱이라고 한다. 복잡한 의사결정에 따른 비용과 노력을 줄이기 위해서 사람들은 스스로 생각할 때 중요하지 않은 정보를 의사결정에서 처리하지 않고 무시하는 것이다. 이러한 의사결정은 주변 상황을 인식할 때 엄격한 객관성을 유지하지 못하고 특정한 편향을 보이는 것이기는 하지만 비용절감 측면에서는 상당히 유용한 것이 사실이다.

2 인간의 이기심 가정에 대한 비판

인간은 기본적으로는 자신의 이익을 중시하지만, 맹목적으로 이것만을 극대화하는 태도를 보이지 않음이 실험결과 입증되었다. 때로는 공익을 위해서 자신의 이익을 포기하는 행태를 보일 뿐 아니라 자신이 공정하다고 생각하는 결과를 가져오기 위해서 개인적 비용을 지불하는 경우도 있다.

공정성의 사례로서 최후통첩게임(ultimatum game)을 들 수 있다. 예를 들어 100만원을 앞으로 두 번 다시는 만날 일이 없는 사람과 나눠야 한다고 하자. 그런데 돈을 나누는 규칙은 내가 먼저 상대에게 나눌 금액을 제시하고 상대가 이를 받아들이면 그 방식으로 확정이 된다. 만일 내가 제안한 금액을 상대가 거부하면 두 사람 모두 100만원을 전혀 갖지 못한다. 이때, 인간의 이기심 가정에 따르면 100만원 중 99만원을 내가 갖고 1만원(예로 든 금액이며, 0보다 큰 금액이어야 함)을 상대방에게 주는 것을 제안한다면, 상대는 없었던 1만원을 얻게 되어 무조건 이득이므로 그 제안을 받아들이게 된다.

그런데, 실제로 실험결과는 어떠했을까? 실험에 참가한 이들이 가장 빈번하게 제시한 금액은 3 : 2 혹은 1:1이 되는 방식으로서 67만원 : 33만원 혹은 50만원 : 50만원이었고 거의 대부분 상대방도 이에 응하였다. 이는 아무리 이기심을 가진 인간이라고 하더라도 극단적으로 혼자만 이득을 보는 제안에 대해 망설이게 되며 특히 이는 상대방이 있는 경우에 더더욱 그런 경향이 나타나게 된다는 것이다.

3 소비자 선호체계에 대한 비판

1) 부존효과(endowment effect)

부존효과 혹은 소유효과란 어떤 물건을 소유하는 사람이 그것을 포기하기 싫어하는 성향이 있기 때문에 나타나는 효과로서 똑같은 상품에 대한 평가가 상황에 따라서 달라지는 특이한 현상이 나타난다. 똑같은 물건임에도 불구하고 소유하고 있는 것을 팔 때 받아야겠다고 하는 금액과 소유하지 않은 상황에서 그것을 살 때 낼 용의가 있는 금액 사이에 차이가 나타나는 현상이다.

만일 소비자가 잘 정의되고 안정적인 선호체계를 갖는다면, 한 상품에 대한 평가는 어느 상황에서든 똑같아야 하는데 그렇지 않을 수도 있다는 것으로 이는 무차별곡선상에서 효용의 비가역성을 의미한다. 이런 경우에는 무차별곡선이 꺾이게 되는데 소유에서 이탈할 경우에는 더욱 큰 평가를 내리게 됨을 반영하면 더욱 가파르게 될 것이며, 소유에서 추가가 될 경우에는 더욱 박한 평가를 내리게 됨을 반영하면 더욱 완만하게 될 것이다.

부존효과는 소유자의 가치평가와 비소유자의 가치평가가 차이를 보이는 것으로서 소유자 자신의 소유물건을 줄여서 팔아야 하는 경우에는 원래 평가보다 더 큰 금액을 받아야만 손해를 안본다고 생각하는 심리상태가 작동한 것이다. 반대로 물건을 살 때는 원래 평가보다 더 작은 금액을 내야만 손해보지 않는다고 생각하는 것이다. 이는 사람들이 이득을 얻는 것보다 손실을 회피하는 것을 더 중요하게 생각하는 것으로서 손실회피(loss aversion)성향을 잘 보여준다.

2) 정박효과(anchoring effect)

사람들이 의사결정을 할 때, 판단의 기준은 많은 경우에 있어서 현재 이용가능한 정보에 매우 크게 영향을 받아서 그 정보에 따라서 의사결정이 달라지게 되는데 이를 정박효과라고 한다. 특히, 현재 이용가능하여 가시적이긴 하지만, 사실은 의사결정과 상관도 없고 별 도움이 안 되는 정보라고 할지라도 그에 사로잡혀서 잘못된 의사결정을 하기도 한다.

현실에서 찾아볼 수 있는 가장 간단한 예로는 가격표를 붙일 때, 10,000원을 10,100원이라고 하지 않고 9,900원이라고 하는 것이다. 100원 차이이지만, 신중하지 못한 보통의 소비자라면 10,100원 심지어는 10,000보다도 훨씬 싸게 느끼게 되어 쉽게 소비를 하게 될 것이다.

카네만과 트버스키가 실시한 곱셈실험도 이를 반영하고 있다. 간단해 보이지만 곧바로 답을 내기에는 매우 까다로운 곱셈문제로서 "8×7×6×5×4×3×2×1"이 얼마인지를 실험참가자들에게 물었다. 단, 이때 답을 낼 때까지 시간을 충분히 주는 것이 아니라 바로 답을 해야 하는 조건이었다. 독자들도 한 번 생각해보라. 실험결과 실험참가자들의 답변을 평균해보니 2,250이었다.

이제 다른 실험참가자들에게 역시 곧바로 답을 내는 조건으로 "1×2×3×4×5×6×7×8"이 얼마인지를 실험참가자들에게 물었다. 독자들은 어떠한가? 실험결과 놀랍게도 실헙참가들의 답변의 평균은 512였다. 정답은 양쪽 모두 40,320이다.

사람들은 곱셈을 즉각 암산해서 답을 내야 하므로 처음 몇 개만 빨리 계산한 후에 이를 의사결정의 기준으로 삼아서 정답을 적당히 어림셈한 것이다. 큰 숫자부터 시작되는 곱셈은 의사결정의 기준이 큰 수가 되었고 작은 숫자부터 시작되는 곱셈은 의사결정의 기준이 작은 수가 된 것이다.

3) 프레이밍효과 혹은 틀짜기효과(framing effect)

정박효과가 사람들의 선호가 현재 이용가능한 기준과 정보에 과도하게 영향을 받는 것처럼 선호는 프레임에 의해서도 영향을 받을 수 있다. 사람들은 어떤 틀을 통해 선택과 관련된 행동, 결과 등을 인식한다. 동일한 상황에서의 문제를 여러 가지 다른 틀을 사용하여 다르게 인식할 수 있다는 뜻이다. 만일 잘 정의되고 안정적인 선호체계를 갖고 있는 사람이라면 상황을 어떤 틀에 의해서 인식하는지의 여부와 관련없이 똑같은 결정을 내려야 한다. 그러나 현실에서는 인식의 틀이 바뀜에 따라서 결정을 바꾸는 경향을 보이는데 이를 프레이밍효과라고 한다. 프레이밍효과도 앞서 살펴본 정박효과와 일맥상통한다고 할 수 있다.

프레이밍효과는 보여지는 방식이 어떠한지에 따라서 훨씬 더 매력적으로 그 대안이 보일수도 있고 그렇지 않을 수도 있음을 시사해준다. 동일한 내용의 문제나 정보이더라도 보여지는 방식이 매력적이고 긍정적일수록 사람들은 이에 대하여 높은 평가를 내리는 성향을 보인다.

예를 들어 어떤 화장품의 포장에 "노화를 억제해주는 스킨로션"이라는 표현을 사용하는 경우와 "젊음을 다시 가져다주는 스킨로션"이라는 표현을 사용하는 경우를 생각해보자. 포장의 문구만 제외하고는 두 화장품의 성분은 완전히 동일하다. 실험결과 많은 사람들이 젊음을 선택한 것으로 나타났다. 정보가 현실적으로 제한되어 있는 경우에 이렇게 보여지는 관점이나 틀이 매우 중요할 수 있음을 프레이밍효과는 시사해주고 있다.

4) 멘탈어카운팅 혹은 심적회계방식(mental accounting)

행태경제학자인 세일러에 의하면 사람들이 금전적 의사결정을 함에 있어서 여러 가지 선택대안을 다양한 정보에 의하여 종합적으로 평가하여 합리적인 선택을 하는 것이 아니라 비교적 자신만의 좁은 프레임을 만들어서 정보와 대안을 이에 끼워 맞춰서 선택을 한다고 한다. 이러한 금전적 의사결정에 있어서의 프레임을 멘탈어카운팅 혹은 심적회계라고 한다.

심적회계는 사람들이 금전과 관련된 정보와 행위를 평가하고 관리하기 위해 사용하는 심리적 프레임이며 이는 무의식적으로 형성되는 경우가 많다. 사람들은 마음속에 경제적 가치와 관련하여 독특한 회계방식을 가지고 있다. 즉, 마음속에 여러 개의 계정(accounts)을 설정해 놓고 있다. 예를 들면 정상적인 소득으로 들어오는 돈과 복권 등에서 얻은 돈을 수입원별로 구분한다든지 생활비에 쓸 돈과 오락비에 쓸 돈을 지출원별로 구분하는 것이다.

멘탈어카운팅에서 중요한 것으로는 금전적 의사결정에 있어서 마음속에 자신만의 독특한 계정을 보유하고 있는 것, 기준점에서의 변화를 중시하는 것, 기준점에서의 변화로 흑자와 적자를 계산하는 것, 흑적자의 평가에 있어서 시간적 기준을 설정하는 것, 손실회피를 중시하는 것 등이 제시되고 있다.

예를 들면 도박으로 딴 불로소득은 일상적인 근로소득 등과는 달리 여겨져서 다시 또 다른 도박에 사용되는 경우가 많다는 것이 관찰 결과 입증되었다. 또, 3,000만원짜리 새 자동차에 매립형 네비게이션을 설치하는 옵션이 100만원인 경우에는 쉽게 선택하지만, 현재 보유 중인 자동차에 100만원을 들여서 매립형 네비게이션을 설치하는 것은 꺼리는 경우가 많다.

한편, 다른 사례로 현재 미국 샌프란시스코 인근 실리콘밸리의 아파트 월세와 미국 다른 시골지역의 아파트 월세는 현격한 차이를 보이는데 실리콘밸리의 월세에 익숙한 사람은 시골지역의 월세를 매우 싸게 느낄 것이지만, 시골지역의 월세에 익숙한 사람은 반대일 것이다. 현재 자신에게 너무 익숙하고 자연스럽게 소비의 기준이 되어버린 기준점 혹은 준거점은 실제 소비자가 소비의사결정을 내림에 있어서 큰 영향을 미치게 될 것이다.

5) 시간적 비일관성(dynamic inconsistency)

전통적 미시경제이론에서는 시간이 흘러도 개인의 선호 및 선택은 변하지 않는다고 가정한다. 이를 동적 일관성이라고 한다. 의사결정주체는 동적 일관성을 가지기 때문에 시간에 따라서 선택을 달리 하는 잘못은 범하지 않는다. 정크푸드의 소비를 줄이고 금주를 하며 건강식을 하기로 하는 선택은 건강유지라는 목표를 위해서 일관되게 추진되는 것이 전통적 미시경제이론의 관점이다. 그런데 현실을 생각해보면 반드시 그렇지도 않다. 멀리 갈 것도 없다. 독자 여러분 스스로 건강을 위해서 자기통제가 잘 되고 있는지 생각해보면 답은 자명하다. 그렇다. 항상 다이어트와 운동은 내일부터인 것이다. 건강유지 및 증진이라는 목표달성을 위해서 일관된 선호체계에 따라서 오늘부터 미래에 걸쳐 계속 일관된 음식섭취와 자기통제가 이루어져야 함에도 실제로는 그렇지 않음을 우리 모두 잘 알고 있다. 지금 당장의 선호는 운동하지 않고 채식하지 않고 집에서

뒹굴뒹굴하면서 넷플릭스나 보고 치맥에 정크푸드를 먹는 것이다. 물론 미래의 선호는 열심히 운동하고 채식하고 책보며 공부하는 것이지만 말이다. 이렇게 시간에 따라서 사람들의 선호와 선택 그리고 효용이 달라지는 것을 시간적 비일관성 혹은 동적 비일관성이라고 한다.

6) 매몰비용의 오류(sunk cost fallacy)

매몰비용은 회수할 수 없는 비용으로서 기회비용이 0이다. 따라서 의사결정에 있어서 고려해서는 안 되는 비용이다. 그런데 실제로 의사결정에서 매몰비용이 완벽하게 무시되고 있을까? 합리적인 의사결정이 아니라는 것을 잘 알고 있지만 이 세상 그 누가 본전생각에서 자유로울 수 있겠는가? 이렇게 사람들은 무엇인가를 위해서 많은 지출을 했다면, 그것은 다 가치있을 것이라는 잘못된 판단을 할 수 있는데 이를 매몰비용의 오류라고 한다.

예를 들어 비싼 돈을 들여서 헬스클럽에 가입하였는데 며칠 운동한 후에 허리를 다치게 되었다. 병원에서도 안정이 최우선이라고 했고 운동하면 오히려 상태가 악화된다고 설명했음에도 불구하고 헬스클럽에 들인 돈이 아까워서 무리해서 가는 경우가 있을 수 있다. 역시 비싼 돈을 들여서 해외관광지의 좋은 호텔을 예약해두었다. 그런데 여행가는 당일 갑자기 고열에 극심한 피로로 인해서 도저히 여행갈 수 없는 상황에 이르렀다. 호텔비용을 모두 날리더라도 집에서 쉬는 것이 가장 최선의 방법이라는 것을 누구나 안다. 그럼에도 불구하고 호텔비가 아까워서 아픈 몸을 끌고 먼 이국의 호텔까지 갈 수도 있음을 우리 모두 잘 알고 있다. 이렇게 사람들은 누구나 매몰비용의 오류에 쉽게 빠지곤 한다. 수험생활에 투자한 시간과 비용이 만일 상당부분 매몰비용이라고 한다면 독자들은 어떻게 하겠는가? 한번쯤 생각해 볼 일이다.

THEME 03 행태경제이론과 불확실성

1 전망이론(prospect theory)

불확실성하에서의 선택에서 사람들이 보이는 행태를 기존의 기대효용이 제대로 설명해주지 못한다고 비판하면서 행태경제학은 전망이론을 제시하고 있다. 기대효용이론에서의 복권과 유사한 개념으로서의 전망이란 특정확률로 특정결과를 가져오는 계약 혹은 여러 가능한 상황과 확률이 연결되어 선택의 대상으로 되어 있는 것을 의미한다. 최근 불확실성하의 선택에서 전망이론이 점차 유용하게 활용되고 있으며 기존의 기대효용이론에서 간과하고 있는 부분에 대해 새로운 시각을 얻을 수 있다는 장점이 있다.

1) 전통적인 기대효용이론

기대효용이란 불확실한 상황 A, B를 내포하는 조건부상품 L에 대한 효용으로서 폰노이만-모겐스턴 효용함수에 의하면 다음과 같다.

A라는 특정상황(결과)에 대한 의사결정자의 평가, 즉 효용은 $U(A)$이고, B라는 특정상황(결과)에 대한 의사결정자의 평가, 즉 효용은 $U(B)$인 경우 불확실한 상황 A, B를 내포하는 조건부상품 L에 대한 효용은 각 효용에 대한 기대치로 구할 수 있으며 이는 $P\,U(A) + (1-P)\,U(B)$가 된다.

2) 전망이론

전통적인 기대효용이론에서는 실현가능한 상황, 즉 불확실한 상황 A, B로부터의 소득 혹은 자산을 근거로 하여 효용을 평가한다. 이때, 전망이론에서의 평가는 $Z(p)\,V(a) + Z(1-p)\,V(b)$로서 달라지게 된다. 단, 불확실한 상황 A, B로부터의 소득 혹은 자산을 A, B라고 하고 이는 현재상태 R에서 각각 a, b만큼의 변화라고 가정하자. 전망이론에서 Z는 확률가중치이며 V는 현재상태의 변화 a, b로부터 발생하는 수익과 손실을 해당 경제주체가 평가한 가치함수이다.

이때, 확률가중치 Z의 경우 p가 낮은 값일 때는 $V(p)$가 p보다 더 크며, 반대로 p가 높은 값일 때는 $V(p)$가 p보다 더 작다. 즉, 사람들은 낮은 확률의 사건에 대하여 실현될 가능성이 더 큰 것으로 주관적인 판단을 내리는 것이다. 실제로 사람들은 굉장히 낮은 확률로 당첨될 수 있는 복권을 기꺼이 구입하고, 역시 굉장히 낮은 확률로 일어날 수 있는 고가의 수입차와의 충돌에 대비한 보험을 기꺼이 들기도 한다.

그리고 가치함수는 현재상태로부터 양의 수익이 생기는 경우에는 그에 대한 평가도 양의 가치를 매기게 되지만, 음의 수익이 나는 경우에는 음의 가치를 매기게 된다. 그런데 가치함수 V는 앞에서 살펴본 부존효과와 손실회피를 반영하고 있다. 따라서 양의 수익보다는 음의 수익을 더 크게 여기고 있기 때문에 수익방향의 기울기보다는 손실방향의 기울기가 더 가파르게 된다. 물론 수익이든 손실이든 그 변화가 매우 커지게 되면 그 한계적인 가치변화는 줄어드는 특징을 보이게 되는데 이를 민감성 체감이라고 한다. 이제 가치함수를 위의 내용을 모두 반영하여 수익과 손실을 나타내는 횡축과 그에 대한 가치의 판단을 나타내는 종축에 기하적으로 표시해보면, 납작한 S자 모양이 되는 것을 쉽게 확인할 수 있다.

이제 위에서 살펴본 확률가중치, 가치함수를 아래에서의 반사효과, 확률과 태도변화 그리고 과정이론을 통해서 좀 더 자세히 보기로 하자.

2 반사효과(reflection effect)

1) 의의

절대적 금액은 똑같은데 단지 부호만 반대인 상황과 관련된 사람들의 선택에서 하나가 다른 것의 거울상에 해당하는 특성이 나타나는 것을 의미한다. 예를 들어 확실하게 3백만원을 얻는 경우와 80퍼센트의 확률로 4백만원을 얻는 경우 사이에서 선택할 경우, 대부분의 사람들은 3백만원을 확실하게 얻는 경우를 더욱 선호한다. 그러나 확실하게 3백만원을 잃는 경우와 80퍼센트의 확률로 4백만원을 잃는 경우 사이에서 선택할 경우, 대부분의 사람들은 80퍼센트의 확률로 4백만원을 잃는 것을 선호한다. 이득이 결부된 상황에서의 선택과 손실이 결부된 상황에서의 선택이 거울상처럼 반전되어 나타나는 현상이 바로 반사효과인 것이다.

2) 반사효과와 효용함수

전통적 경제이론에서는 위험기피적 태도를 전제하고 분석하는데 전망이론에 의하면 결과가 양인 경우에는 위험기피적이지만, 결과가 음인 경우에는 위험애호적일 수 있다. 따라서 효용함수가 결과에 따라 위험기피적인 태도와 위험애호적인 태도를 모두 반영하게 되면 S자 형태로 나타나게 된다.

3 확률의 크기에 따른 태도의 변화

1) 의의

앞에서 본 이득에 관해서 위험기피적인 태도와 손실에 관한 위험애호적인 태도는 대체로 중간정도의 확률에서 나타나는 현상이다. 만일 확률이 낮은 경우에는 이와 달리, 이익에 대해서 위험애호적인 태도와 손실에 대해 위험기피적인 태도가 나타나는 것이 일반적이다. 지극히 당첨확률이 낮은 복권을 기꺼이 구입하는 위험애호적인 태도와 지극히 발생확률이 낮은 화재사고 등에 대비해 보험에 가입하는 위험기피적인 태도가 나타난다. 이는 경제주체들의 의사결정에서 낮은 확률이 과대평가되고 있음을 의미한다.

2) 주관적 확률과 의사결정

전통적 경제이론에서는 경제주체들은 불확실성하에서 일정하게 주어진 객관적 확률에 의하여 의사결정을 하는 것으로 가정하지만 전망이론에서는 경제주체들이 의사결정 시 이용하는 확률은 객관적 확률이 아니라 이를 변형시켜 만든 주관적 확률이라고 한다. 객관적 확률이 매우 작은 경우에는 객관적 확률에 변화가 있더라도 주관적 확률은 거의 변화가 없을 수도 있다.

3) 확실성효과(certainty effect)

전망이론에 의하면 사람들은 확실한 결과에 대해서 "이례적"으로 높은 가중치를 부여하여 확실한 것을 매우 높게 평가한다. 이때 "이례적"이라는 것은 기대효용이론의 관점에서 볼 때 이해하기 힘들 만큼 높다는 뜻이다.

4 과정이론(procedure theory)

전망이론에 의하면 전통적 경제이론과 달리 최종적인 의사결정의 결과보다는 그 결과에 도달하는 과정에서 나타나는 일들이 중요하고 효용을 결정할 수 있다고 한다. 즉 최종적인 재산의 크기가 아니라 재산의 변화과정과 변화폭이 효용을 결정한다. 이로 인해서 기대효용이론에서는 불확실한 상황에서의 최종적인 재산의 크기 A, B가 효용을 결정하였다면 전망이론에서는 현재상태의 변화 a, b로부터 발생하는 수익과 손실에 의하여 효용이 결정되는 것이다.

필수예제

설문을 어떻게 구성하느냐에 따라 다른 응답이 나오는 효과는? ▸ 2019년 감정평가사

① 틀짜기 효과(framing effect)
② 닻내림 효과(anchoring effect)
③ 현상유지편향(status quo)
④ 기정편향(default bias)
⑤ 부존효과(endowment effect)

출제이슈 행태경제이론

핵심해설 **정답 ①**

행태경제이론은 전통적 경제이론의 가정이라고 할 수 있는 합리성과 이기심이 얼마나 현실에 부합되는지를 검증하면서 출발하였다. 행태경제이론은 심리학적 실험결과나 현실경제에서 관찰되는 특이한 현상을 통해서 인간의 판단방식을 검증하고 이러한 판단방식의 특성이 선택에 어떠한 영향을 미치는지를 연구대상으로 하며 심리학자 트버스키, 카네만에 의해 비약적으로 발전하게 되었다.

미시경제이론의 기초로서 소비자이론은 소비자 선호체계의 안정성에서 출발한다. 그러나 현실에서는 소비자 선호체계에 있어서 많은 의문이 일고 있다. 예를 들어 똑같은 재화 혹은 서비스에 대하여 소비자의 평가가 상황에 따라서 달라지는 현상이 일어날 수 있다.

1) 틀짜기효과(framing effect)

사람들은 어떤 틀을 통해 선택과 관련된 행동, 결과 등을 인식한다. 이는 동일한 상황에서의 문제라고 하더라도 여러 가지 다른 틀을 사용하여 다르게 인식할 수 있다는 뜻이다. 만일 잘 정의되고 안정적인 선호체계를 갖고 있는 사람이라면 상황을 어떤 틀에 의해서 인식하는지의 여부와 관련없이 똑같은 결정을 내려야 한다. 그러나 현실에서는 인식의 틀이 바뀜에 따라서 결정을 바꾸는 경향을 보이는데 이를 틀짜기효과(framing effect)라고 한다.

참고로, 심리학자 카네만은 틀짜기효과를 증명하기 위해 대학생들을 대상으로 정부의 특정보건정책들에 대한 설문조사를 실시하였다. 아무런 보건정책이 수립되지 못하면 600명의 사망자가 발생한다고 가정하였다.

① 첫 번째 실험

A정책 : 사망자 수를 200명 줄이는 정책

B정책 : 1/3 확률로 사망자 수를 600명 줄이고, 2/3 확률로 사망자 수를 전혀 못 줄이는 정책

② 두 번째 실험

C정책 : 400명의 사망자가 발생하는 정책

D정책 : 1/3 확률로 아무도 죽지 않고, 2/3 확률로 600명의 사망자가 발생하는 정책

③ 실험결과 첫 번째 실험에서는 A정책을 선호하였고, 두 번째 실험에서는 D정책을 선호하였다. 그런데 사실 A정책의 효과는 C정책의 효과와 유사하고, B정책의 효과는 D정책의 효과와 같다. 그럼에도 불구하고 설문의 틀이 바뀜에 따라서 사람들의 인식의 틀이 바뀌게 되어 정책선호가 변화하게 되었다.

2) 부존효과(endowment effect)

똑같은 물건임에도 불구하고 소유하고 있는 것을 팔 때 받아야겠다고 하는 금액과 소유하지 않은 상황에서 그것을 살 때 낼 용의가 있는 금액 사이에 차이가 있음을 의미한다. 팔 때 받아야겠다고 하는 금액의 경우 자신의 소유물을 포기하는 것을 싫어하므로 더 높은 가격을 받아야 하는 태도가 나타나는 것이다. 만일 소비자가 잘 정의되고 안정적인 선호체계를 갖는다면, 한 상품에 대한 평가는 어느 상황에서든 똑같아야 한다. 이렇게 어떤 물건을 소유하는 사람이 그것을 포기하기 싫어하는 성향이 있기 때문에 나타나는 효과로서 똑같은 상품에 대한 평가가 상황에 따라서 달라지는 특이한 현상을 부존효과(endowment effect)라고 한다. 부존효과를 무차별곡선으로 해석해보면 무차별곡선상에서 방향에 따라서 효용이 달라지는 효용의 비가역성을 의미한다.

Chapter

27 공공경제이론

THEME 01 조세일반이론

1 재정(public finance)의 의의

1) 광의의 개념으로 정부가 공공으로부터의 욕구를 충족시키고 합의된 공공의 이익을 수행하는 모든 경제적 활동을 재정이라고 한다.

2) 협의의 개념으로 정부가 조세, 국공채 등의 방식으로 재원을 조달하고 그 재원을 활용하여 국가경제의 효율성과 공평성 실현을 위해 지출하는 나라의 전반적인 살림살이를 의미한다.

2 조세의 의의

1) 의의

정부는 각종 재화와 서비스를 구입하기 위해서 경비가 필요하고 또한 국민을 대상으로 대가 없이 무상으로 구매력을 이전시키기 위한 이전지출에 또한 경비가 필요하다. 이러한 경비를 충당하기 위해서는 여러 가지 형태의 재정수입을 필요로 하며 이 과정에서 국공채를 발행하거나 공공기업의 이윤으로 충당하거나 사용자에게 부담금을 지우기도 한다. 이 중 정부가 재정수입을 목적으로 과세요건을 충족하는 자연인, 법인에게 개별적인 반대급부가 없이 강제적으로 징수하는 금품이나 경제적 부담을 조세라고 한다.

2) **부과권자** : 국가 또는 지방자치단체(중앙정부, 지방정부)

3) **징수목적** : 국가 또는 지방자치단체의 재정수입조달

4) **발생근거** : 조세법률주의에 의하여 과세요건 충족 시 발생

5) **반대급부** : 조세를 납부한 자에게 그에 상응하는 개별적인 반대급부는 제공되지 않는다.

6) **세원** : 소득, 재산, 부가가치 혹은 재산을 사고팔거나 소유권을 등록하는 각종 경제행위에 부과된다.

3 조세의 분류

1) 국세와 지방세

① 국세 : 국가가 과세권을 가진 조세(법인세, 소득세, 상속세, 증여세, 종합부동산세, 부가가치세, 개별소비세, 주세, 교육세, 농어촌특별세)

② 지방세 : 지방자치단체가 과세권을 가진 조세(취득세, 등록면허세, 재산세, 자동차세, 주민세, 지방소득세, 지방소비세, 담배소비세, 레저세)

2) 목적세와 보통세

① 목적세 : 조세수입의 용도를 미리 정한 조세(교육세, 농어촌특별세)

② 보통세 : 목적세 이외의 조세

3) 직접세와 간접세

① 직접세 : 조세를 부담하는 자와 조세를 납부할 의무가 있는 자가 동일한 조세(소득세, 법인세, 상속세, 증여세)

② 간접세 : 조세를 부담하는 자와 조세를 납부할 의무가 있는 자가 상이한 조세(부가가치세, 개별소비세, 주세)

4) 인세와 물세

① 인세 : 납세자의 인적사정을 고려하여 과세하는 조세(소득세, 상속세, 증여세)

② 물세 : 납세자의 인적사정을 고려하지 않고 과세하는 조세(부가가치세, 개별소비세, 주세)

5) 종가세와 종량세

① 종가세 : 과세표준을 화폐단위로 측정하는 조세로서 세율은 비율로 정한다(법인세, 소득세, 부가가치세, 상속세, 증여세, 종합부동산세 등 대부분의 조세는 종가세).

② 종량세 : 과세표준을 화폐 이외의 단위(개수, 중량, 부피 등)로 측정하는 조세로서 세율은 단위당 금액으로 정한다(개별소비세, 주세 등 일부).

4 조세부담의 귀착과 전가

1) 조세부담의 귀착(incidence)

① 법적 귀착(statutory incidence)

세법상으로 누가 조세를 납부해야 할 의무를 지는가의 문제이다. 세법상 조세납부 의무자에게 법적 귀착이 일어난다. 법적 귀착은 조세의 형식적인 부담일 뿐 실질적인 부담을 의미하는 것이 아니다.

② 경제적 귀착(economic incidence)

법상으로 조세납부 의무자가 있다고 하더라도 경제적으로 실제 조세부담을 지는 자가 따로 있을 수 있는데 이를 경제적 귀착이라고 한다. 경제적 귀착은 조세의 실질적인 부담으로서 조세의 법적 귀착과 차이를 보이는 이유는 전가가 일어나기 때문이다. 조세의 전가에 의하여 실질적으로 조세부담을 지는 자, 즉 경제적 귀착이 되는 자는 법적 귀착자와 거래관계에 있는 자가 된다.

2) 조세부담의 전가(shifting)

조세의 법적 귀착자가 조세부담을 자신과 거래관계에 있는 다른 주체에게 떠넘기는 현상을 조세의 전가라고 한다. 형식적으로 조세부담을 지는 자이더라도 조세납부액과 실질가처분소득의 변화 사이에는 차이가 발생하는데 이것이 바로 조세부담액의 전가액이 된다.

① 전전

법인세의 경우, 법인세 부과로 인하여 상품시장에서 공급을 줄이게 되면 상품의 소비자가격이 상승하게 된다. 이 경우 높은 가격에 상품을 사야 하는 소비자가 조세부담의 일부를 실질적으로 부담하게 되는 것이다. 이때 조세부담이 생산자인 기업으로부터 소비자인 가계로 전가되었다는 의미로 전전(forward shifting)이라고 한다.

② 후전

법인세의 경우, 법인세 부과로 인하여 요소시장에서 요소수요를 줄이게 되면 요소의 가격, 즉 노동임금이 하락하게 된다. 이 경우 낮은 임금에 노동력을 제공해야 하는 노동자가 조세부담의 일부를 실질적으로 부담하게 되는 것이다. 이때 조세부담이 요소수요자인 기업으로부터 요소공급자인 가계로 전가되었다는 의미로 후전(backward shifting)이라고 한다.

5 바람직한 조세제도의 요건

1) 조세부담의 공평한 분배

① 편익원칙

각 납세자가 공공서비스로부터 받은 편익에 비례하도록 조세부담을 분배하는 것이 공평하다고 보는 견해이다. 이는 우리가 보통의 재화나 서비스를 구입할 때 그에 대한 편익의 대가로서 가격을 지불하는 것처럼, 각각의 납세자가 공공서비스로부터 받는 편익에 비례하여 조세를 납부해야 한다는 원칙으로서 조세납부자들의 자발적 협조를 얻기 용이하다는 장점이 있다. 그러나 이 경우는 앞서 공공재에서 살펴본 바와 같이 자신의 편익에 대하여 거짓으로 표출하여 이득을 얻고자 하는 무임승차자의 문제가 발생하게 된다.

② 능력원칙

공공서비스의 편익이 어떻게 분배되고 있는지와는 무관하게 납세자의 조세부담능력(경제적 능력)에 따라서 조세부담을 분배하는 것이 공평하다고 보는 견해이다. 대부분의 국가에서 채택하고 있는 원칙으로서 일부 사적재의 성격을 갖고 있는 재화의 경우에만 제한적으로 편익원칙을 적용하는 경우가 많다. 그러나 이 원칙은 정부서비스의 혜택과 조세부담이 괴리되기 때문에 납세자들의 자발적 협조를 얻기 매우 어렵다는 문제가 있다. 조세부담의 기준이 되는 능력, 즉 경제적 능력이 도대체 무엇을 의미하는지가 매우 모호하다는 것도 문제이다.

i) 수평적 공평성(horizontal equity)

똑같은 경제적 능력을 가진 사람은 똑같은 조세부담을 져야 한다는 원칙이다. 문제는 단순히 측정의 기준이 되는 경제적 능력 지표가 같을 때만 조세부담이 동일해야 하는 것인지 아니면 경제적 능력 이외에 다른 조건도 동일할 때만 조세부담이 동일한지를 결정하기가 어렵다는 것이다. 예를 들면 똑같은 소득인데 결혼 여부에 따라서 조세부담이 다를 수도 있고, 똑같은 소득금액인데 그 원천이 소득세인지 아닌지에 따라서 조세부담이 다를 수도 있다.

ii) 수직적 공평성(vertical equity)

더 큰 경제적 능력을 가진 사람은 더 많은 조세부담을 져야 한다는 원칙이다. 문제는 경제적 능력이 더 커감에 따라서 얼마나 누진적으로 세부담을 늘려야 하는지에 대하여 통일된 견해는 없다는 것이다. 이는 적절한 누진세율구조의 디자인문제로서 매우 중요하다.

iii) 경제적 능력의 기준

무엇을 조세부담의 능력, 경제적 능력의 측정기준으로 삼아야 하는지에 대하여는 여러 견해가 존재한다. 경제적 능력의 평가기준이 될 수 있는 대리변수(proxy)로서 소득, 예산집합(소득과 여가), 임금률, 소비수준, 재산 등을 들 수 있다.

2) 경제적 효율성

조세는 민간부문의 의사결정에 교란을 초래하여 자원배분의 과정에서 비효율성을 초래하게 된다. 따라서 바람직한 조세는 이런 비효율성을 가능하면 적게 발생시키는 조세여야 한다. 효율적인 조세구조란 조세의 초과부담을 최소화하는 구조로서 나중에 살펴볼 램지규칙 혹은 역탄력성 규칙과 관련이 있다.

3) 행정적 단순성

조세제도가 아무리 공평하고 효율적이라고 하더라도 매우 복잡하여 납세자들이 이해하기도 어려울 뿐만 아니라 행정에도 비용이 많이 소요된다면 바람직한 조세라고 하기 어렵다. 따라서 조세제도는 행정적인 측면에서 매우 단순하여 납세자가 쉽게 이해하고 정부도 적은 비용으로 쉽게 집행할 수 있어야 한다.

6 수직적 공평성과 소득세제도

1) 의의

경제적 능력의 기준으로 소득을 채택할 경우, 어떻게 조세제도를 설계하여야 수직적 공평성이 실현되느냐가 중요하다. 이는 구체적으로 소득세제 함수의 세율 설정으로 나타난다. 수직적 공평성의 이론적 기초로는 밀의 동등희생의 원칙(equal sacrifice rule)을 들 수 있다. 이는 모든 납세자가 조세부담으로 인해서 감수해야 하는 희생이 동일하도록 조세구조가 디자인되어야 한다는 원칙으로서 동등희생은 희생의 절대량의 동일성, 희생의 비율의 동일성, 한계희생의 동일성 등이 제시되고 있다.

2) 소득세제 함수의 설정

소득에 따라서 조세가 부과되는 소득세의 세제함수는 다음과 같이 선형의 형태로 간단히 설정할 수 있다.

$T=a+bY$, T : 조세액, Y : 소득

3) 소득세의 세율

① 평균세율

소득(과세표준)에 대하여 조세액의 비율로서 $\frac{T}{Y}$가 된다.

② 한계세율

소득(과세표준)의 증가에 따라서 조세가 증가하는 수준을 측정한 것으로서 $\frac{dT}{dY}=b$가 되어 이는 소득세제함수의 기울기가 된다.

③ 실효세율

각종 공제가 이루어진 후의 과세표준이 아니라 공제 전 소득에 대하여 조세의 비율을 실효세율이라고 한다. 이는 겉으로 보기엔 누진적이지만, 부유한 계층의 소득 중 상당부분이 공제되어 조세부담이 실제로는 크지 않은 경우 소득계층의 실제적인 조세부담을 보기 위해 사용되는 개념이다.

4) 소득세제의 누진성 측정 : 평균세율 기준

① 누진적 세제

소득수준이 상승함에 따라서 평균세율이 증가하는 조세제도를 누진적(progressive)이라고 한다.

② 역진적 세제

소득수준이 상승함에 따라서 평균세율이 감소하는 조세제도를 역진적(regressive)이라고 한다.

③ 누진성의 측정

누진성의 정도를 α라는 지표로 측정한다고 하면, 소득이 Y_0에서 Y_1으로 증가할 때, 조세부담이 T_0에서 T_1으로 오른 경우 누진성의 정도는 다음과 같이 측정할 수 있다.

i) 평균세율의 증가분 / 소득의 증가분로 측정하는 방법

$$\alpha = \frac{\frac{T_1}{Y_1} - \frac{T_0}{Y_0}}{Y_1 - Y_0} = \frac{\text{평균세율의 증가분}}{\text{소득의 증가분}}$$

ii) 조세의 증가율 / 소득의 증가율로 측정하는 방법

$$\alpha = \frac{\frac{T_1 - T_0}{T_0}}{\frac{Y_1 - Y_0}{Y_0}} = \frac{\text{조세의 증가율}}{\text{소득의 증가율}}$$

5) 소득세제의 종류

① 선형누진세

$T = -S + tY$, T : 조세액, Y : 소득, S : 정액증여액, t : 세율

② 비례세

$T = tY$, T : 조세액, Y : 소득, t : 세율

6) 현실의 소득세제와 단일세율 제도

경제학적인 소득세제와는 달리 현실에서 법적으로 소득세의 부과는 매우 복잡한 과정을 거쳐서 이루어지고 있다. 이러한 과정 속에서 조세회피(절세를 위한 경제행위의 수정으로서 위법은 아님), 조세포탈(위법하게 조세의무를 기피)이 나타나고 복잡한 조세제도 운영에 많은 행정비용이 소요된다는 문제점이 있다. 이런 문제점 때문에 현실의 복잡한 소득세제를 수정하여 단일세율(flat rate)로 일원화하고 각종 공제규정 등을 대폭 정리하자는 것이 단일세율론의 주장이다. 단일세율을 통해서 조세회피나 포탈을 줄일 수 있고 방대한 조세행정비용도 절감할 수 있다는 장점이 있으나 수직적 공평이 저해된다는 단점도 상존한다.

7) 탈세모형

① 탈세의 편익과 비용

탈세를 시도하는 사람은 탈세액의 극대화를 통하여 기대소득의 극대화를 목표로 한다고 가정한다. 탈세에는 편익과 비용이 존재하는데 탈세의 편익은 바로 세금의 탈루로 인한 기대소득의 증가분이다. 이는 1원당 탈세액으로서 세율이라고 할 수 있다. 탈세의 비용은 탈세가 적발되었을 경우의 기대벌금액수로서 이는 탈세액이 증가할수록 체증적으로 증가한다.

② 최적의 탈세액

탈세로 인한 한계편익과 한계비용이 일치하는 지점에서 최적의 탈세액이 도출된다. 만일 세율을 상승시키는 경우 한계편익이 증가하여 오히려 탈세액이 늘기 때문에 세율상승은 탈세를 오히려 부추기게 되어 이는 누진세의 설계 시 중요하게 고려해야 할 사항이 된다.

③ 탈세액의 축소방안

탈세액을 0으로 만드는 것은 사실상 불가능하다. 왜냐하면 탈세액을 0에 가깝게 하려면 탈세로 인한 비용을 상승시켜야 하는데 이를 위해서는 탈세적발확률을 올리거나 벌금률을 올려야 한다. 그러나 현실적으로 탈세적발확률을 올리려면 그만큼 관련 행정조직을 확충하고 운용하는 데 비용이 들기 때문에 한계가 있을 수밖에 없다. 또한 이 과정에서 사생활 침해라는 문제가 야기될 수도 있어서 어려운 일이다. 한편 벌금률을 무조건 올리는 것도 과도한 국가형벌권의 행사로서 분명히 한계가 있다.

필수예제

직접세와 간접세에 대한 설명으로 옳지 않은 것은? ▸ 2016년 지방직 7급

① 간접세는 조세의 전가가 이루어지지 않는다.
② 직접세는 누진세를 적용하기에 용이하다.
③ 직접세는 간접세에 비해 조세저항이 크다.
④ 간접세는 직접세에 비해 역진적이므로 조세의 형평성을 떨어뜨린다.

출제이슈 직접세와 간접세의 구별

핵심해설 **정답 ①**

정부가 재정수입을 목적으로 과세요건을 충족하는 자연인, 법인에게 개별적인 반대급부가 없이 강제적으로 징수하는 금품이나 경제적 부담을 조세라고 한다.

조세를 담세자(조세를 부담하는 자)와 납세자(조세를 납부할 의무가 있는 자)의 동일여부를 기준으로 분류하면 다음과 같다.

① 직접세는 조세를 부담하는 자와 조세를 납부할 의무가 있는 자가 동일한 조세를 말한다(소득세, 법인세, 상속세, 증여세).
② 간접세는 조세를 부담하는 자와 조세를 납부할 의무가 있는 자가 상이한 조세를 말한다(부가가치세, 개별소비세, 주세).

설문을 검토하면 다음과 같다.

① 틀린 설명이다. 간접세도 조세의 전가가 이루어진다.

조세의 법적 귀착자가 조세부담을 자신과 거래관계에 있는 다른 주체에게 떠넘기는 현상을 조세의 전가라고 한다. 법적 귀착자는 세법상으로 누가 조세를 납부해야 할 의무를 지는 자를 말한다. 법상으로 조세납부의무자가 있다고 하더라도 경제적으로 실제 조세부담을 지는 자가 따로 있을 수 있는데 이를 경제적 귀착자라고 한다. 경제적 귀착이 되는 자는 법적 귀착자와 거래관계에 있는 자가 된다.

간접세는 조세를 부담하는 자와 조세를 납부할 의무가 있는 자가 상이한 조세를 말한다. 그런데 조세를 법적으로 납부할 의무가 있는 자가 모든 조세부담을 지는 것은 아니다. 실제로 부담하는 자가 존재하는데 이는 조세의 전가가 일어나기 때문이다. 간접세의 경우, 공급자에게 조세납부의무가 있더라도 실제로는 수요자와 그 부담이 나눠지므로 조세의 전가가 발생하는 것이다.

② 옳은 설명이다. 직접세는 누진세를 적용하기에 용이하다.

직접세는 조세를 부담하는 자와 조세를 납부할 의무가 있는 자가 동일한 조세를 말한다. 대표적으로 소득세, 법인세, 상속세, 증여세를 들 수 있다. 직접세는 조세의 전가가 일어나지 않으므로 과세당국이 누진세를 적용하기에 용이하지만, 부가가치세와 같은 간접세는 불특정 다수에게 조세의 전가가 발생하기 때문에 조세의 누진적 부과가 불가능하다.

③ 옳은 설명이다. 직접세는 간접세에 비해 조세저항이 크다.

직접세는 조세를 부담하는 자와 조세를 납부할 의무가 있는 자가 동일한 조세를 말한다. 대표적으로 소득세, 법인세, 상속세, 증여세를 들 수 있다. 직접세는 조세의 전가가 불가능하기 때문에 조세저항이 크다. 간접세는 전가가 가능하므로 직접세에 비해 조세저항이 작다.

④ 옳은 설명이다. 간접세는 직접세에 비해 역진적이므로 조세의 형평성을 떨어뜨린다.

부가가치세와 같은 간접세는 불특정 다수에게 조세의 전가가 발생하기 때문에 조세의 누진적 부과가 불가능하다. 부가가치세는 상품을 구입하고 소비하는 모든 경제주체에게 동일하게 과세된다. 이는 경제주체 간의 소득이나 능력을 전혀 고려하지 않고 일률적으로 매기는 조세이므로 부유한 계층의 세부담은 상대적으로 줄어들고 빈곤한 계층의 세부담은 상대적으로 늘게 되어 역진적인 성격을 가지며 조세부담의 공평성을 저해한다.

정부가 연 소득 2,000만원까지는 10%의 세금을 부과하고, 추가적인 3,000만원에 대해서는 20%, 5,000만원을 초과하는 소득에 대해서는 30%의 세금을 부과한다면, 연 소득 7,000만원에 대한 평균세율과 한계세율을 바르게 연결한 것은?

▸ 2019년 국가직 9급

	평균세율	한계세율		평균세율	한계세율
①	20%	30%	②	20%	25%
②	30%	25%	④	30%	30%

출제이슈 평균세율과 한계세율

핵심해설 **정답 ①**

조세부담의 공평한 분배를 위해서 편익원칙에 의하면 각 납세자가 공공서비스로부터 받은 편익에 비례하도록 조세부담을 분배해야 하며 능력원칙에 의하면 공공서비스의 편익이 어떻게 분배되고 있는지와는 무관하게 납세자의 조세부담능력(경제적 능력)에 따라서 조세부담을 분배해야 한다.

경제적 능력의 기준으로 소득을 채택할 경우, 어떻게 조세제도를 설계하여야 수직적 공평성이 실현되느냐가 중요하다. 이는 구체적으로 소득세제함수(예 $T=a+bY$, T : 조세약, Y : 소득)의 세율 설정으로 나타난다. 소득세의 세율에는 평균세율, 한계세율 등이 있다.

① 평균세율은 소득(과세표준)에 대하여 조세액의 비율로서 $\frac{T}{Y}$가 된다.

② 한계세율은 소득(과세표준)의 증가에 따라서 조세가 증가하는 수준을 측정한 것으로서 $\frac{dT}{dY}=b$가 되어 이는 소득세제함수의 기울기가 된다.

설문에 제시된 자료를 토대로 평균세율과 한계세율을 구하면 다음과 같다.

1) 소득세제
   ① 연 소득 2,000만원까지는 10%의 세금을 부과
   ② 추가적인 3,000만원에 대해서는 20%의 세금을 부과
   ③ 5,000만원을 초과하는 소득에 대해서는 30%의 세금을 부과

2) 소득세제에 따른 연소득 7,000만원에 대한 세금
   ① 연 소득 2,000만원까지는 10%의 세금을 부과 → 조세액 200만원
   ② 추가적인 3,000만원에 대해서는 20%의 세금을 부과 → 조세액 600만원
   ③ 5,000만원 초과소득에 대해서는 30%의 세금을 부과 → 조세액 (7,000-5,000)×30%=600만원
   ④ 총조세액 1,400만원

3) 연소득 7,000만원인 경우 평균세율

   소득(과세표준)에 대하여 조세액의 비율이므로 $\frac{T}{Y}=\frac{1,400}{7,000}=20\%$가 된다.

4) 연소득 7,000만원인 경우 한계세율

   5,000만원을 초과하는 소득에 대해서는 30%의 세금을 부과하므로 소득 7,000만원에 대한 한계세율은 30%가 된다.

조세부과와 공공요금 책정의 원칙에 관한 설명으로 옳지 않은 것은? ▸ 2019년 보험계리사

① 수직적 평등의 원칙에 따르면 소득이 많을수록 더 많은 세금을 부담한다.
② 수평적 평등의 원칙에 따르면 동일한 소득이라도 소득의 종류에 따라 세금이 달라진다.
③ 수익자부담의 원칙에 따르면 정부정책의 편익을 많이 받을수록 더 많은 세금을 부담해야 한다.
④ 수익자부담의 원칙에 따르면 지하철 운영에서 적자가 발생하면 지하철 요금을 인상해야 한다.

출제이슈 조세부과의 원칙

핵심해설 **정답** ②

조세부과에 있어서 원칙적으로 조세로 인한 부담을 공평하게 분배하고, 조세가 야기하는 초과부담을 최소화하는 것이 중요하다. 특히, 조세부담의 공평한 분배를 위해서는 편익원칙과 능력원칙에 따른 부담의 분배가 있다.

먼저 편익원칙이란 각 납세자가 공공서비스로부터 받은 편익에 비례하도록 조세부담을 분배하는 것이 공평하다고 보는 견해이다. 이는 수익자부담의 원칙과 맥을 같이 한다.

한편, 능력원칙이란 공공서비스의 편익이 어떻게 분배되고 있는지와는 무관하게 납세자의 조세부담능력(경제적 능력)에 따라서 조세부담을 분배하는 것이 공평하다고 보는 견해이다.

능력원칙은 수평적 공평과 수직적 공평으로 나뉜다. 수평적 공평성(horizontal equity)이란 똑같은 조세부담능력을 가진 사람은 똑같은 조세부담을 져야 한다는 원칙이며, 수직적 공평성(vertical equity)이란 더 큰 조세부담능력을 가진 사람은 더 많은 조세부담을 져야 한다는 원칙이다. 능력원칙에 있어서는 무엇을 조세부담의 능력, 경제적 능력의 측정기준으로 삼아야 하는지에 대하여는 여러 견해가 존재한다. 경제적 능력의 평가기준이 될 수 있는 대리변수(proxy)로서 소득, 예산집합(소득과 여가), 임금률, 소비수준, 재산 등을 들 수 있다.

설문을 검토하면 다음과 같다.

① 옳은 내용이다.
수직적 공평성(vertical equity)이란 더 큰 조세부담능력을 가진 사람은 더 많은 조세부담을 져야 한다는 원칙으로 이에 따르면 소득이 많을수록 더 많은 세금을 부담한다.

② 틀린 내용이다.
수평적 공평성(horizontal equity)이란 똑같은 조세부담능력을 가진 사람은 똑같은 조세부담을 져야 한다는 원칙으로 이에 따르면 동일한 소득인 경우 똑같은 조세부담능력으로 보고 같은 세부담을 져야 하므로 세금은 같다.

③ 옳은 내용이다.
편익원칙이란 각 납세자가 공공서비스로부터 받은 편익에 비례하도록 조세부담을 분배하는 것이 공평하다고 보는 견해로서 이는 수익자부담의 원칙을 의미한다. 이에 따르면 정부정책의 편익을 많이 받을수록 더 많은 세금을 부담해야 한다.

④ 옳은 내용이다.
수익자부담의 원칙에 따르면 공공서비스나 정부정책으로부터 많은 편익을 얻는 경우에는 더 많은 세금을 부담해야 한다. 따라서 만일 지하철 운영에서 적자가 발생하는 경우에는 지하철 서비스로 인해서 편익을 얻는 사람이 그 적자를 부담하여야 하므로 지하철 요금의 인상이 정당화될 수 있다.

광수는 소득에 대해 다음의 누진세율을 적용받고 있다고 가정하자. 처음 1,000만원에 대해서는 면세이고, 다음 1,000만원에 대해서는 10%, 그 다음 1,000만원에 대해서는 15%, 그 다음 1,000만원에 대해서는 25%, 그 이상 초과 소득에 대해서는 50%의 소득세율이 누진적으로 부과된다. 광수의 소득이 7,500만원일 경우 광수의 평균세율은 얼마인가? ▸ 2013년 서울시 7급

① 20% ② 25% ③ 28%
④ 30% ⑤ 36.67%

출제이슈 **평균세율**

핵심해설 **정답** ④

평균세율은 소득(과세표준)에 대하여 조세액의 비율로서 $\frac{T}{Y}$가 되며,

한계세율은 소득(과세표준)의 증가에 따라서 조세가 증가하는 수준을 측정한 것으로서 $\frac{dT}{dY}$가 된다.

설문에 제시된 자료를 토대로 평균세율과 한계세율을 구하면 다음과 같다.

1) 소득세제

① 처음 1,000만원에 대해서는 면세
② 다음 1,000만원에 대해서는 10%의 소득세율이 적용
③ 그 다음 1,000만원에 대해서는 15%의 소득세율이 적용
④ 그 다음 1,000만원에 대해서는 25%의 소득세율이 적용
⑤ 그 이상 초과 소득에 대해서는 50%의 소득세율이 적용

2) 소득세제에 따른 연소득 7,500만원에 대한 세금

① 처음 1,000만원에 대해서는 면세 → 조세액 0원
② 다음 1,000만원에 대해서는 10%의 소득세율이 적용 → 조세액 100만원
③ 그 다음 1,000만원에 대해서는 15%의 소득세율이 적용 → 조세액 150만원
④ 그 다음 1,000만원에 대해서는 25%의 소득세율이 적용 → 조세액 250만원
⑤ 그 이상 초과 소득에 대해서는 50%의 소득세율이 적용 → 조세액 (7,500-4,000)×0.5=1,750만원
⑥ 총조세액 2,250만원

3) 연소득 7,500만원인 경우 평균세율

소득(과세표준)에 대하여 조세액의 비율이므로 $\frac{T}{Y}=\frac{2,250}{7,500}=30\%$

THEME 02 조세의 초과부담과 램지규칙 · 역탄력성규칙

1 램지규칙(Ramsey rule)

1) 조세제도와 초과부담

어떤 조세제도가 있을 때 이로부터 나오는 초과부담(excess burden)이 발생하게 되는데 이의 총합을 극소화하여야 조세로 인한 비효율성을 최소로 만들 수 있다.

2) 조세제도의 초과부담 극소화

① 한계초과부담

어떤 상품에서의 조세징수액을 1원 증가시킬 경우 그로 인한 초과부담의 증가분을 한계초과부담(marginal excess burden, MEB)이라고 한다.

② 한계초과부담 균등화

만약 각 조세 사이에서 한계초과부담이 서로 다르다면 한계초과부담이 작은 쪽에서 조세수입을 조금 늘리고 반대로 한계초과부담이 큰 쪽에서 조세수입을 줄이면 초과부담의 합을 줄일 수 있다. 이는 세수를 늘림에 있어서도 마찬가지이다. 우선적으로 한계초과부담이 작은 쪽에서부터 조세수입을 조금씩 늘려나가면서 세수를 충당해 나가야 한다. 즉 조세제도 전체의 초과부담을 극소화하기 위해서는 각 상품에서의 한계초과부담을 균등하게 만드는 것이 필요하다.

3) 램지규칙

한계초과부담의 균등화 원칙을 식으로 표현하면 다음과 같다. X, Y 두 재화만 존재한다고 하자. 이때, 각 재화의 세율을 t_X, t_Y에서 t_X+1, t_X+1로 올릴 경우에 조세수입의 증가는 각각 X_t, Y_t이며, 세율상승으로 인한 초과부담의 증가분은 각각 $\frac{1}{2}\Delta X$, $\frac{1}{2}\Delta Y$가 된다. 이때, ΔX는 과세 후 X재 거래량의 변화분이고, ΔY는 과세 후 Y재 거래량의 변화분이다. 자세한 증명은 본서의 수준을 넘으므로 생략한다. 각 재화로부터의 한계초과부담은 다음과 같다.

$$MEB_X = \frac{\frac{1}{2}\Delta X}{X_t}, \quad MEB_Y = \frac{\frac{1}{2}\Delta Y}{Y_t}$$

이제 초과부담을 총합을 최소화하기 위하여 각 재화로부터의 한계초과부담을 일치시키면 다음과 같다.

$$\frac{\Delta X}{X_t} = \frac{\Delta Y}{Y_t}$$

X_t, Y_t : 거래량, ΔX : 과세 후 X재 거래량의 변화, ΔY : 과세 후 Y재 거래량의 변화

4) 램지규칙의 의미

과세로 인하여 수요량(거래량)이 감소하고 초과부담이 발생하게 되는데 전체 초과부담을 최소화하기 위해서는 과세 후 각 상품의 수요량(거래량) 감소율이 동일해야 한다는 의미이다. 모든 상품에 있어서 세율이 동일하다고 해서 효율적인 조세구조인 것은 아니다. 세율이 동일해야 하는 것이 아니라 조세부과로 인해 나타나는 수요량의 감소에 있어 동일한 비율이 달성되어야만 최적의 조세라는 것이다.

2 역탄력성규칙(inverse elasticity rule)

1) 역탄력성규칙

위의 램지규칙은 다음과 같이 수요의 가격탄력성을 포함한 식으로 바꿔 쓸 수 있는데 이를 역탄력성규칙이라고 한다.

$$\frac{\Delta X}{X_t}=\frac{\Delta Y}{Y_t}$$

X_t, Y_t : 거래량, ΔX : 과세 후 X재 거래량의 변화, ΔY : 과세 후 Y재 거래량의 변화

이때, 탄력성은 다음과 같다.

$$e_X=\frac{\frac{\Delta X}{X_t}}{\frac{\Delta P_X}{P_X}}, \quad e_Y=\frac{\frac{\Delta Y}{Y_t}}{\frac{\Delta P_Y}{P_Y}}$$

이때, $\frac{\Delta P_X}{P_X}$는 가격상승률로서 조세에 의하여 가격상승이 발생한 경우에는 사실상 세율을 의미한다.

따라서 $\frac{\Delta P_X}{P_X}=t_X$이고 $\frac{\Delta P_Y}{P_Y}=t_Y$가 된다. 그러므로 정리하면 다음의 식이 도출된다.

$$\frac{t_X}{t_Y}=\frac{e_Y}{e_X}$$

t_X : X재의 세율, t_Y : Y재의 세율, e_X : X재의 가격탄력성, e_Y : Y재의 가격탄력성

2) 역탄력성규칙의 의미

과세로 인하여 수요량(거래량)이 감소하고 초과부담이 발생하는데 전체 초과부담을 최소화하기 위해서는 세율은 가격탄력성과 반비례하도록 설정해야 한다는 의미이다. 즉 가격탄력성이 큰 상

품에는 상대적으로 낮은 세율을 적용하고 가격탄력성이 작은 상품에는 상대적으로 높은 세율을 적용해야 전체 초과부담의 합을 최소화할 수 있다는 것이다.

그러나 역탄력성규칙은 전적으로 효율성 측면에서 조세구조를 검토한 것으로서 공평성과는 거리가 있다. 가격탄력성이 작은 상품은 대부분 필수재일 것이며 가격탄력성이 높은 상품은 사치재일 가능성이 크다. 그렇다면 사치재에는 낮은 세율을 적용하고 필수재에는 높은 세율을 적용해야 한다는 결론인데 이는 공평성 측면에서 문제가 있다고 할 수 있다.

필수예제

X, Y 두 종류의 재화가 있다. X재 수요의 가격탄력성은 0.7이고, Y재 가격이 1% 상승할 때 Y재 수요량은 1.4% 감소한다고 한다. 램지원칙에 따라 과세하는 경우 Y재 세율이 10%일 때, X재의 최적 세율은?

▸ 2019년 지방직 7급

① 0.5% ② 5% ③ 7% ④ 20%

출제이슈 램지규칙

핵심해설 **정답 ④**

어떤 조세제도가 있을 때 이로부터 나오는 초과부담(excess burden)이 발생하게 되는데 이의 총합을 극소화하여야 조세로 인한 비효율성을 최소로 만들 수 있다. 조세제도 전체의 초과부담을 극소화하기 위해서는 각 상품에서의 한계초과부담을 균등하게 만드는 것이 필요하다.

한계초과부담을 균등화시키면 다음과 같은 식이 도출된다. 이를 램지규칙이라고 한다.

$\frac{\Delta X}{X} = \frac{\Delta Y}{Y}$, X, Y : 거래량, ΔX : 과세 후 X재 거래량의 변화, ΔY : 과세 후 Y재 거래량의 변화

램지규칙은 과세로 인하여 수요량(거래량)이 감소하고 초과부담이 발생하는데 전체 초과부담을 최소화하기 위해서는 과세 후 각 상품의 수요량(거래량) 감소율이 동일해야 한다는 의미이다.

위의 식을 다음과 같이 수요의 가격탄력성을 포함한 식으로 바꿔 쓸 수 있는데 이를 역탄력성규칙이라고 한다.

$\frac{t_X}{t_Y} = \frac{e_Y}{e_X}$, t_X : X재의 세율, t_Y : Y재의 세율, e_X : X재의 가격탄력성, e_Y : Y재의 가격탄력성

역탄력성규칙은 과세로 인하여 수요량(거래량)이 감소하고 초과부담이 발생하는데 전체 초과부담을 최소화하기 위해서는 세율은 가격탄력성과 반비례하도록 설정해야 한다는 의미이다.

설문에서 제시된 자료를 위의 역탄력성규칙의 식에 대입하여 풀면 다음과 같다.

① X재 수요의 가격탄력성은 0.7
② Y재 가격이 1% 상승할 때 Y재 수요량은 1.4% 감소하므로 Y재의 가격탄력성은 1.4
③ Y재 세율이 10%

램지원칙 혹은 역탄력성규칙에 따라 과세하는 경우 $\frac{t_X}{t_Y} = \frac{e_Y}{e_X}$, $\frac{t_X}{0.1} = \frac{1.4}{0.7}$

따라서 $t_X = 0.2$가 된다.

THEME 03 비용편익분석

1 정부지출의 타당성

정부의 재정활동은 조세뿐만 아니라 정부지출에 의하여도 이루어지고 있는바 정부의 각종 재화와 서비스 구입이나 사회간접자본의 건설 그리고 무상의 이전지출은 미시경제적으로나 거시경제적으로 매우 중요함은 주지의 사실이다. 정부가 조세 및 국공채 등을 활용하여 재원을 마련하고 그 재원을 적절히 지출하는 활동을 함에 있어서는 무엇보다도 정부지출의 당위성이 먼저 인정되어야 한다. 일반적으로 정부지출은 자원의 효율적인 배분과 소득분배의 공평성 제고, 그리고 각종 가치재의 공급을 위해서 사용되고 있다. 이제 좀 더 구체적으로 정부가 벌이는 사업대안에 대하여 정부지출의 당위성을 검토하는 분석기법이 필요한데 이것이 바로 비용편익분석이다.

2 비용편익분석

정부지출 중에서 특히 대규모 공공사업의 경우 그 타당성을 더욱 철저하게 평가해야 하는데 이를 위해서는 공공사업으로 인한 사회후생의 변화가 측정되어야 한다. 그러나 사회후생변화를 측정하기 위한 사회후생함수의 선정부터 사실상 어려운 문제이므로 이를 우회적으로 극복하기 위해서 비용편익분석을 사용한다. 비용편익분석은 어떤 공공사업으로부터 발생하는 편익과 이를 수행하는 데 드는 비용을 종합적으로 검토하여 그 사업의 경제성을 평가하는 것이다.

3 비용편익분석의 방법

1) 현재가치법

투자로부터 기대되는 수익의 현재가치와 투자에 따른 현재의 비용을 비교하여 높은 경우에 투자를 결정하는 방법을 현재가치법이라고 한다. 이때 순현재가치의 도출은 다음과 같다.

$$NPV = \frac{R_1}{(1+i)} + \frac{R_2}{(1+i)^2} + \frac{R_3}{(1+i)^3} + \cdots + \frac{R_n}{(1+i)^n} - C$$

현재가치법을 이용한 투자의 여부 결정은 먼저 순현재가치가 0보다 큰 경우에 투자의 당위성이 인정된다고 할 수 있다. 그리고 투자순위의 결정에 있어서 여러 투자안 가운데 순위를 정할 경우 순현재가치가 큰 순으로 우선순위를 결정한다. 단 이 경우에는 투자안의 규모에 따라서 순현재가치를 고려할 필요가 있다.

2) 내부수익률법

투자로부터 기대되는 수익흐름의 현재가치와 현재의 투자비용을 같게 만드는 할인율, 즉 투자의 수익률(내부수익률)을 구하여 이를 이자율 등 정해진 기준과 비교하여 투자를 결정하는 방식을 내부수익률법이라고 한다. 이때 내부수익률의 도출은 다음과 같다.

$\frac{R_1}{(1+\rho)}+\frac{R_2}{(1+\rho)^2}+\frac{R_3}{(1+\rho)^3}+\cdots+\frac{R_n}{(1+\rho)^n}=C$를 만족하는 ρ가 내부수익률이다.

내부수익률법을 이용한 투자여부의 결정은 내부수익률이 사전에 미리 정해진 이자율과 비교하여 더 큰 경우 투자의 당위성이 인정된다고 할 수 있다. 그리고 투자순위의 결정에 있어서 여러 투자안 가운데 순위를 정할 경우 내부수익률이 큰 투자안부터 투자를 한다.

4 편익과 비용의 평가기준

1) 논의의 배경

민간부문의 비용편익분석에서 편익과 비용은 단순히 투자로 인한 수익 혹은 수입과 이 사업을 시행하는 데 필요로 하는 경비로서 많은 경우 시장가격에 기초하여 측정할 수 있으므로 비교적 용이하게 측정가능하다. 그러나 공공부문의 비용편익분석은 이와는 성격이 다르다.

2) 관련시장이 존재하는 경우

공공부문은 사회적인 관점에서 편익과 비용을 측정해야 하므로 이른바 사회적 한계편익과 사회적 한계비용을 구해야 하는데 이는 시장가격을 가지고서는 도출하기 곤란하다. 시장가격은 외부성이나 시장의 불완전성에 의하여 왜곡된 가격이므로 이를 공공부문에 사용할 수는 없다. 이 경우에는 사회적 기회비용을 계산하여 잠재가격을 구하여 평가할 수 있다. 다만, 문제는 잠재가격의 산출 또한 무척 어렵다는 것이다. 따라서 현실적으로 왜곡된 시장가격을 적절히 조정한 조정된 시장가격을 사용할 수 있다.

3) 관련시장이 존재하지 않는 경우

공공사업으로 인하여 더 깨끗한 공기를 마실 수 있게 되고, 수명이 연장되었으며, 출퇴근과 같은 이동시간의 절약을 달성했다면 이로 인한 편익을 구해야 하는데 이는 공기나 시간이 거래되는 시장이 없기 때문에 그 시장가격에 기한 편익도출이 사실상 어렵다는 문제가 있다. 따라서 이런 경우에는 위에서 살펴본 조정된 시장가격을 사용할 수 없으므로 부득이하게 다른 방법을 사용하게 된다.

① 시간의 가치

공공사업으로 인하여 많은 이들의 시간절약이 가능해진 경우, 그 평가는 대체적으로 임금률을 중심으로 할 수 있다. 즉 절약된 시간의 가치는 바로 시간의 기회비용으로서 시간당 임금률을 사용할 수 있다. 다만 현실적으로 실업이 존재할 수도 있고 노동시간의 탄력적 조정이 불가능하여 임금률을 사용하는 것이 적절하지 않을 수도 있다는 한계가 있다.

② 생명의 가치

안전성을 제고하는 공공사업으로 인하여 사망률이 감소한다면, 그에 대한 평가는 인적자본접근법(사망 시 상실소득으로 평가), 지불의사접근법(사망감소를 위해 지불할 용의가 있는 금액으로 평가) 등으로 할 수 있다. 먼저 인적자본접근법이란 생명의 가치를 반대로 죽음으로 인하여 상실된 소득의 총액으로 평가하는 방법이다. 그러나 이는 노인이나 장애인과 같이 상실된 소득이 크지 않는 사람들에게 적용하는 것은 쉽지 않다는 점과 대체로 이 방법은 생명을 과소평가하기 쉽다는 점이 단점으로 지적된다. 사망을 피하기 위해서 기꺼이 지불할 의사가 있는 금액을 가상적으로 생각해보면 인적자본접근법이 얼마나 생명을 과소평가하고 있는지는 쉽게 짐작할 수 있을 것이다.

지불의사접근법이란 안전성의 제고를 위해서 사람들이 기꺼이 지불할 용의가 있는 금액을 측정하여 생명의 가치를 평가하는 방법이다. 특정시설을 설치함으로써 안정성을 제고하고 사망확률을 줄일 수 있다고 할 때, 이 설치비용에 대해 사람들이 얼마나 경비를 지출할 용의가 있는지를 묻는 방식이다. 이 방식은 위험성을 잘 모르거나 그를 무시하는 경우 지불용의금액이 현저히 낮아질 수 있기 때문에 역시 생명의 가치를 과소평가할 수 있다는 단점은 여전히 상존한다.

5 사회적 할인율

1) 의의

공공사업의 편익과 비용이 장기간에 걸쳐서 발생하는 경우, 현재가치 평가를 위해서 할인율의 선정이 매우 중요하다. 대체적으로 할인율은 사업에 소요된 자금의 기회비용으로 계산하지만, 공공사업의 경우 매우 다양한 사회적 목표를 추구하기 때문에 이러한 것들을 모두 고려하여 적정한 할인율을 선정해야 한다.

2) 민간부문에 준하여 사회적 할인율을 도출하는 방법

① 민간부문 투자의 세전수익률

만일 민간부문 투자에 사용될 자금이 공공사업에 투입된다고 가정하면, 그 자금은 민간부문에 사용되든, 공공부문에 사용되든 똑같은 수익을 올려야만 한다. 이때 민간부문의 수익률은 투자수익률이고 이는 세전수익률이라고 볼 수 있다. 왜냐하면, 공공사업을 위해 투자를 포기했으며, 이 투자는 자본의 생산성만큼의 수익이 가능한데 이는 세전의 수익이기 때문이다. 따라서 세전수익률을 사회적 할인율로 사용할 수 있다.

② 민간부문 소비의 세후수익률

만일 민간부문 소비에 사용될 자금이 공공사업에 투입된다고 가정하면, 그 자금은 민간부문에 사용되든, 공공부문에 사용되든 똑같은 수익을 올려야만 한다. 이때 민간부문의 수익률은 소비자의 시간선호율이고 이는 세후수익률이라고 볼 수 있다. 왜냐하면, 공공사업을 위해 소비를 포기했으며, 이 소비는 저축의 기회를 포기한 만큼의 수익이 가능한데 이는 이자소득세가 차감된 수익이기 때문이다. 따라서 세후수익률을 사회적 할인율로 사용할 수 있다.

③ 세전수익률과 세후수익률의 가중평균

공공사업에 투입된 자금이 일부는 민간부문의 투자에 쓰일 돈이고 일부는 민간부문의 소비에 쓰일 돈이라고 하면, 세전수익률과 세후수익률을 가중평균하여 사회적 할인율로 사용할 수 있다.

3) 사회적인 할인율

사회적인 할인율의 도출을 위해서는 민간부문의 할인율보다 낮아야 한다고 보는 견해가 있는데 그 근거는 다음과 같다.

① 미래세대 고려

공공사업은 현재세대뿐만 아니라 미래세대까지 장기간에 걸쳐서 영향을 미치는 사업으로서 미래세대의 편익이나 복지를 중시해야 한다. 따라서 이를 위해서는 민간의 할인율에 비하여 낮은 할인율을 적용해야 한다는 견해이다.

② 긍정적인 외부효과

공공사업은 긍정적인 외부효과를 창출하는 경우가 일반적이므로 민간의 할인율에 비하여 낮은 할인율을 적용하여 공공투자안의 당위성이 쉽게 인정되도록 해야 한다는 견해이다.

필수예제

정부에서 어떤 도로의 신설 여부를 결정하기 위해 해당 사업에 대해 비용 – 편익 분석을 수행한다고 생각해 보자. 이러한 비용 – 편익 분석에서 주의해야 할 점에 대한 설명으로 옳지 않은 것은?

▸ 2016년 지방직 7급

① 새롭게 고용되는 인력에게 지급되는 임금의 총액은 편익이 아닌 비용에 포함되어야 한다.
② 편익의 계산에서 도로건설을 통해 다른 지역의 서비스업이 이전해 오고 인구가 유입되는 이차적인 효과는 배제하는 것이 타당하다.
③ 편익이 장기에 걸쳐 발생하는 경우, 할인율이 낮을수록 사업의 경제적 타당성이 커진다.
④ 비용 계산 시 사회적 기회비용보다는 실제 지불되는 회계적 비용을 고려해야 한다.

출제이슈 공공부문의 비용편익 분석
핵심해설 **정답 ④**

정부는 조세 및 국공채 등을 활용하여 재원을 마련하고 그 재원을 적절히 지출하는 활동을 하고 있는데 이를 위해서는 정부지출의 당위성이 먼저 인정되어야 한다. 정부지출은 자원의 효율적인 배분과 소득분배의 공평성 제고, 그리고 각종 가치재의 공급을 위해서 사용되고 있다.

정부지출 중에서 특히 대규모 공공사업의 경우 그 타당성을 더욱 철저하게 평가해야 하는데 이를 위해서는 공공사업으로 인한 사회후생의 변화가 측정되어야 한다. 그러나 사회후생변화를 측정하기 위한 사회후생함수의 선정부터 사실상 어려운 문제이므로 이를 극복하기 위해서 비용편익분석을 사용한다. 비용편익분석은 어떤 공공사업으로부터 발생하는 편익과 이를 수행하는 데 드는 비용을 종합적으로 검토하여 그 사업의 경제성을 평가하는 것이다.

설문을 검토하면 다음과 같다.

① 옳은 내용이다.
도로신설을 위해서 새롭게 고용되는 인력에게 지급되는 임금의 총액은 비용이 된다.

② 옳은 내용이다.
편익의 계산에서 도로건설을 통해 다른 지역의 서비스업이 이전해 오고 인구가 유입되는 이차적인 효과는 배제하는 것이 타당하다. 이는 실질적 편익이 아니라 다른 지역이나 다른 사람의 후생감소를 대가로 하여 발생한 편익이기 때문이다. 이러한 편익은 사회전체적인 후생의 증가가 아니라 단지 소득의 재분배만을 의미할 뿐이다.

③ 옳은 내용이다.
편익이 장기에 걸쳐 발생하는 경우, 할인율이 낮을수록 사업의 경제적 타당성이 커진다. 왜냐하면, 장기간 동안 발생하는 편익을 측정하여 현재가치화 과정을 통해서 비용편익을 수행하게 되는데 이 과정에서 할인율이 낮을 경우 편익이 크게 평가되어 경제적 타당성이 커질 수 있기 때문이다.

④ 틀린 내용이다.
비용 계산 시 실제 지불되는 회계적 비용보다는 사회적 기회비용을 고려해야 한다.

THEME 04 지방재정이론

1 중앙집권제도와 지방분권제도

1) 중앙집권제도의 장점

경제안정화 측면에서 중앙집권제도는 거시적인 경제안정화정책의 체계적인 수행이 가능하다는 장점이 있다. 그리고 소득재분배 측면에서 일관되고 통일된 소득재분배정책을 통하여 지역 간 차별적 재분배정책의 문제점을 해결할 수 있으며 자원배분의 효율성 측면에서도 공공재나 외부성, 규모의 경제 성격이 있는 재화의 효율적 생산이 가능하다는 장점이 있다.

2) 지방분권제도의 장점

지방분권제도는 중앙집권제도에 비하여 지역주민의 선호를 잘 반영한 각종 정책 수립 및 집행이 가능(예 공공재)하며 정부지출에 대한 조세부담을 지역적으로 명확히 인식하게 되어 효율적인 공공사업이 가능하다. 또한 지방분권의 특성상 여러 지방정부 간 선의의 경쟁을 통해서 효율적인 공공사업이 가능하다.

2 오우츠의 분권화 정리

1) 재정연방체제

정부의 재정체제로서 중앙집권제도와 지방분권제도는 모두 장점을 가지고 있기 때문에 경제정책의 수행이나 공공사업 시행 시 적절한 재정체제가 담당하도록 하는 것이 중요한데 이를 재정연방체제라고 한다. 즉, 쉽게 표현하면 중앙정부와 지방정부 간 경제적 역할의 분담이다.

2) 분권화 정리

① 재정연방체제와 분권화 정리

재정연방체제의 정당성은 지방정부의 역할이 가지는 확실한 장점 및 우위에서 비롯된 것이다. 지방분권제도는 지역주민의 선호를 잘 반영한 각종 정책 수립 및 집행이 가능하며 지방정부 간 경쟁을 통한 효율성의 확보가 가능하다.

② 오우츠의 분권화 정리

지역공공재를 중앙정부가 생산·공급하든 아니면 지방정부가 생산·공급하든 비용이 동일하게 소요된다면 중앙정부가 일률적으로 공급하는 것보다는 각각의 지방정부가 스스로의 판단에 의하여 적절히 공급하는 것이 최소한 동등한 효율성을 확보하거나 혹은 더 효율적이다. 참고로 국가공공재란 전 국민이 다같이 소비하는 성질의 공공재를 의미하며 반면 지방공공재 혹은 지역공공재란 전 국민이 아니라 특정 지역의 주민들만이 소비할 수 있는 성질의 공공재를 의미한다.

3) 최적의 지방정부 규모의 결정

지방정부의 규모가 커짐에 따라서 편익과 비용이 발생하게 되는데 최적의 지방정부 규모는 한계적인 편익과 한계적인 비용이 일치할 때 달성될 수 있다. 지방정부의 규모가 커짐에 따라서 편익은 의사결정의 단위가 커짐에 따른 비용의 절감과 효율성의 이득이라고 할 수 있다. 한편, 지방정부의 규모가 커짐에 따른 비용은 비대해진 지방정부가 더 이상 지역주민의 선호를 제대로 반영하지 못해서 생기는 손실이라고 할 수 있다.

3 티부 모형

1) 의의

지방재정제도 혹은 지방자치제도의 정당성을 보여주는 근거로서 오우츠의 분권화 정리 이외에 티부 모형이 있다. 이에 따르면, 지역공공재는 집권화된 체제보다는 분권화된 체제에서 효율적 배분이 가능하다. 각 지방정부가 독립적으로 조세를 징수하고 지역공공재를 공급하는 경우 지역주민들은 자신의 선호에 따라서 선호하는 조세 및 지역공공재 공급체계를 가진 지역을 선택하게 된다. 즉 지역주민들은 지방재정제도를 직접 선택하는 것으로 이를 exit option에 의한 선택(발에 의한 투표)이라고 한다. 티부 모형은 다양한 지방재정제도에 대하여 exit option에 의한 선택(발에 의한 투표)이 가능한 경우에는 지역공공재의 배분이 효율적으로 이루어짐을 보여주고 있다.

2) 가정

① 다수의 지역사회에서 상이한 재정프로그램 제공

지역주민들이 선택할 수 있는 다양한 지역의 지방정부에서 각각 상이한 재정프로그램을 가지고 있어서 지역주민들은 자신들의 선호에 따라서 재정프로그램을 선택하고 이에 따라서 거주지역을 선택한다고 가정한다. 만약 다수의 상이한 재정프로그램이 제공되지 않는 경우에는 어쩔 수 없이 마음에 들지 않더라도 현재 거주하고 있는 지역에 머물게 될 것이며 이는 발에 의한 투표를 제약하게 된다.

② 재정프로그램에 대한 완전한 정보

지역주민들은 자신들이 선택할 수 있는 다양한 재정프로그램의 내용에 대한 완전한 정보를 얻고 있음을 가정한다. 만약 사람들이 다수의 상이한 재정프로그램에 대한 정보를 완전히 알고 있지 못한다면 다른 지역으로 이전할 만한 유인이 원천적으로 차단되어 역시 발에 의한 투표를 제약하게 된다.

③ 거주지역이전의 완전한 자유(이동성)

exit option에 의한 선택(발에 의한 투표)이 가능하기 위해서 지역주민들이 지역을 옮겨 다니는 데 있어서 제약이 없어야 한다는 가정이다. 이동성이 자유롭지 못하다면 더 나은 재정프로그램을 발견하더라도 옮겨갈 수 없기 때문에 역시 발에 의한 투표를 제약하게 된다.

④ 지역공공재 생산함수의 규모수익불변

지역공공재를 생산하는 데 있어서 소요되는 단위당 비용이 일정하게 불변으로 유지되어야 한다. 만일 지역공공재를 생산하는 데 있어서 규모의 경제가 있다면, 이로 인해서 비용상의 이득을 크게 얻는 지역정부가 존재하게 되어 결국 대규모의 소수의 지방정부만 남게 될 것이다. 이는 다수의 지역사회의 경쟁적 상황의 가정과 병존할 수 없기 때문에 지역공공재 생산에 있어서 규모수익불변을 가정한다.

⑤ 외부성의 부존재

지방정부의 경제활동으로 인해서 외부성이 존재하는 경우, 지역주민들이 지방정부를 선택하는 데 있어서 다른 지방정부의 활동을 고려하는 상황이 발생하는 문제가 있다. 예를 들어 어느 한 지역에서 도로를 건설하는 경우 그 지역뿐만 아니라 다른 지역의 주민들도 혜택을 보게 된다. 이 경우 인접지역의 주민이 해당 지역의 재정프로그램이 맘에 안 들더라도 인접지역의 공공재에 따라서 어쩔 수 없이 머물게 되는 경우가 발생할 수 있다. 따라서 각 지방에서의 공공사업으로 인한 혜택은 해당 지역민들에게만 적용된다는 가정이다.

3) 결론

① 위의 기본가정들이 충족된다면 각 지방정부가 독자적인 재정프로그램에 의해서 독립적으로 조세를 징수하고 지역공공재를 생산하여 공급하는 지방분권적 재정체제에서 지역공공재의 공급에 있어서 효율성 달성이 가능하다. 분권화된 체제에서의 자원배분이 파레토효율적이라는 것이다.

② 사용재 시장에서 소비자로부터 선택받지 못한 비효율적인 기업이 살아남을 수 없는 것처럼 지역공공재의 경우 지역주민으로 선택받은 가장 효율적인 재정프로그램만 남게 된다. 지방정부는 도태되지 않고 지역주민의 선택을 받기 위해서 지역주민들의 선호를 파악하여 이에 적합한 재정프로그램을 만들기 위해 최선을 다할 것이다. 결국 exit option에 의한 선택(발에 의한 투표)으로 인해 더 이상 개선할 여지가 없는 효율을 달성하게 되는 것이다.

③ 그런데 지역주민들의 재정프로그램에 대한 선호는 소득 및 자산과 밀접한 관련이 있고, 지역공공재의 재원마련을 위한 재산세제도 역시 소득 및 자산과 밀접한 관련이 있다. 많은 경우 지방정부의 재원은 재산세(property tax)를 통해서 충당되고 있다. 해당 지역에 주택이나 토지를 보유하고 사는 사람들이 내는 재산세가 바로 지방정부의 조세수입의 큰 부분을 차지하게 되는 것이다. 따라서 부자들이 사는 지역은 재산세 수입이 많기 때문에 지방정부는 양질의 지역공공재를 원활히 다량으로 공급할 수 있게 되는 반면, 빈자들이 사는 지역은 그렇지 않은 결과가 초래된다.

그렇다면 빈자들 입장에서는 부자들이 사는 지역에 아주 작은 집을 소유하여 살 경우에 낮은 재산세율을 적용받고 대신 지역공공재의 혜택은 매우 크게 누리게 되는 이점을 얻을 수 있게 된다. 이는 지역공공재에 무임승차가 발생하는 것을 나타낸다. 빈자들이 부자들의 지역에 와서 많이 살수록 부자들의 조세부담은 커지게 된다. 따라서 지역공공재에 무임승차를 방지하기 위하여 지역정부는 배타적 지역지구제도(exclusionary zoning regulation)를 도입하여 해당 지역에 건설되는 주택은 미리 정해진 최소의 규모를 초과하는 형식으로 규제될 수 있다. 결국 이로 인해서 경제수준 및 선호가 유사한 주민들이 동일한 지역에 거주하게 되는 상황이 나타날 것으로 예상된다.

필수예제

지방자치제도의 당위성을 이론적으로 뒷받침하는 티부 모형(Tiebout model)의 기본 가정에 해당하지 않는 것은?
▶ 2020년 국가직 7급

① 사람들이 각 지역에서 제공하는 재정 프로그램의 내용에 대한 완전한 정보를 갖는다.
② 사람들의 이동성에 제약이 없다.
③ 생산기술이 규모수익체증의 특성을 갖는다.
④ 외부성이 존재하지 않는다.

출제이슈 티부 모형의 가정
핵심해설 **정답** ③

각 지방정부가 독립적으로 조세를 징수하고 지역공공재를 공급하는 경우 지역주민들은 자신의 선호에 따라서 선호하는 조세 및 지역공공재 공급체계를 가진 지역을 선택하게 된다. 즉 지역주민들은 지방재정제도를 직접 선택하는 것으로 이를 exit option에 의한 선택(발에 의한 투표)이라고 한다. 티부 모형은 다양한 지방재정제도에 대하여 exit option에 의한 선택(발에 의한 투표)이 가능한 경우에는 지역공공재의 배분이 효율적으로 이루어짐을 보여주고 있다.

티부 모형의 가정은 다음과 같다.

① 다수의 지역사회에서 상이한 재정프로그램 제공
② 재정프로그램에 대한 완전한 정보
③ 거주지역이전의 완전한 자유(이동성)
exit option에 의한 선택(발에 의한 투표)이 가능하기 위해서 지역주민들이 지역을 옮겨 다니는 데 있어서 제약이 없어야 한다는 가정이다.

④ 지역공공재 생산함수의 규모수익불변
지역공공재를 생산하는 데 있어서 규모의 경제가 있다면, 대규모의 소수의 지방정부가 존재하게 되어 다수의 지역사회의 경쟁적 병존상황의 가정이 성립되지 않기 때문에 지역공공재 생산에 있어서 규모수익불변을 가정한다.

⑤ 외부성의 부존재
지방정부의 경제활동으로 인해서 외부성이 존재하는 경우, 지역주민들이 지방정부를 선택하는 데 있어서 다른 지방정부의 활동을 고려하는 상황이 발생하는 문제가 있다. 따라서 각 지방에서의 공공사업으로 인한 혜택은 해당 지역민들에게만 적용된다는 가정이다.

티부 모형에 의하면, 각 지방정부가 독자적인 재정프로그램에 의해서 독립적으로 조세를 징수하고 지역공공재를 생산하여 공급하는 지방분권적 재정체제에서 지역공공재의 공급에 있어서 효율성 달성이 가능하다. 사용재 시장에서 소비자로부터 선택받지 못한 비효율적인 기업이 살아남을 수 없는 것처럼 지역공공재의 경우 지역주민으로 선택받은 가장 효율적인 재정프로그램만 남게 된다. exit option에 의한 선택(발에 의한 투표)으로 인해 더 이상 개선할 여지가 없는 효율을 달성하게 되는 것이다.

박문각
감정평가사

조경국
경제학원론

1차 | 기본서

#1 미시편

제4판 인쇄 2024. 7. 25. | **제4판 발행** 2024. 7. 30. | **편저자** 조경국
발행인 박 용 | **발행처** (주)박문각출판 | **등록** 2015년 4월 29일 제2019-000137호
주소 06654 서울시 서초구 효령로 283 서경 B/D 4층 | **팩스** (02)584-2927
전화 교재 문의 (02)6466-7202

저자와의
협의하에
인지생략

정가 38,000원
ISBN 979-11-7262-059-2(1권)
ISBN 979-11-7262-058-5(세트)

MEMO